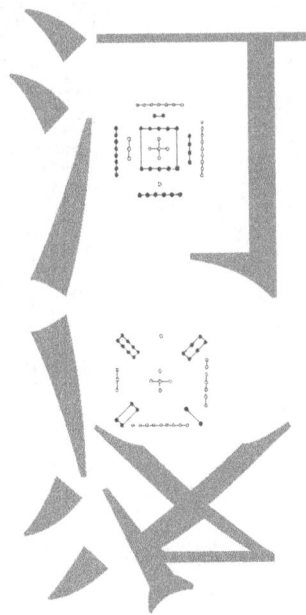

河洛文化研究丛书

河洛文化概论

程有为　著

河南人民出版社

图书在版编目（CIP）数据

河洛文化概论／程有为著. — 郑州：河南人民
出版社，2018.2
（河洛文化研究丛书）
ISBN 978 - 7 - 215 - 11326 - 8

Ⅰ. ①河… Ⅱ. ①程… Ⅲ. ①文化史—研究—
河南 Ⅳ. ①K296.1

中国版本图书馆 CIP 数据核字（2018）第 027198 号

河南人民出版社出版发行
（地址：郑州市经五路 66 号　邮政编码：450002　电话：65788063）
新华书店经销　　　北京虎彩文化传播有限公司印刷
开本　710 毫米 ×1000 毫米　　　1/16　　　印张　33
字数　420 千字
2018 年 2 月第 1 版　　　　2018 年 2 月第 1 次印刷

定价：230.00 元

目　　录

绪论……………………………………………………………………… 1

第一章　河洛地区的自然环境与河洛人 ……………………………… 12
　　第一节　河洛地区的自然环境 …………………………………… 12
　　第二节　创造河洛文化的河洛人 ………………………………… 16

第二章　河洛文化的滥觞 ……………………………………………… 21
　　第一节　河洛地区的史前考古发现 ……………………………… 21
　　第二节　河洛地区的古史传说 …………………………………… 25
　　第三节　华夏文化的源头 ………………………………………… 29
　　第四节　河图洛书 ………………………………………………… 38

第三章　河洛地区的物质文化 ………………………………………… 50
　　第一节　发达的社会经济 ………………………………………… 50
　　第二节　丰富的遗物遗迹 ………………………………………… 53

第四章　河洛地区的制度文化 ………………………………………… 82
　　第一节　国家制度的出现与完备 ………………………………… 82
　　第二节　三代礼乐制度的形成 …………………………………… 85
　　第三节　九品中正制的创立与门阀制度的初步形成 …………… 91

第四节　北魏孝文帝改制 ……………………………………… 95

第五节　科举制的形成与发展 ………………………………… 97

第六节　北宋王安石变法 ……………………………………… 102

第五章　河洛地区的思想学术（上） ……………………… 106

第一节　春秋战国的百家争鸣 ……………………………… 106

第二节　汉代的经学 ………………………………………… 113

第三节　魏晋南北朝的玄学与儒学 ………………………… 115

第四节　唐代的思想学术 …………………………………… 122

第五节　宋代的洛学 ………………………………………… 131

第六节　元明清三代的河洛后学 …………………………… 146

第六章　河洛地区的思想学术（下） ……………………… 162

第一节　史学 ………………………………………………… 162

第二节　地理学 ……………………………………………… 177

第三节　文字学 ……………………………………………… 182

第四节　目录学 ……………………………………………… 184

第七章　河洛地区的宗教 …………………………………… 188

第一节　东汉佛教的传入与道教的起源 …………………… 188

第二节　魏晋南北朝宗教的发展 …………………………… 189

第三节　隋唐宗教的兴盛 …………………………………… 194

第四节　宋代宗教的发展 …………………………………… 200

第五节　金元宗教的演变 …………………………………… 208

第六节　明清宗教的衰落 …………………………………… 211

第八章　河洛地区的文学 …………………………………… 214

第一节　先秦文学 …………………………………………… 214

第二节　秦汉文学 …………………………………………… 217

第三节　魏晋北朝文学 ………………………………………… 220

第四节　隋唐文学 ……………………………………………… 229

第五节　宋代文学 ……………………………………………… 246

第六节　金元文学 ……………………………………………… 256

第七节　明代文学 ……………………………………………… 262

第八节　清代文学 ……………………………………………… 267

第九章　河洛地区的艺术 ……………………………………… 272

第一节　先秦艺术 ……………………………………………… 272

第二节　秦汉艺术 ……………………………………………… 276

第三节　魏晋南北朝艺术 ……………………………………… 285

第四节　隋唐艺术 ……………………………………………… 297

第五节　宋金元艺术 …………………………………………… 306

第六节　明清艺术 ……………………………………………… 320

第十章　河洛地区的科学技术 ………………………………… 325

第一节　先秦科学技术 ………………………………………… 325

第二节　秦汉科学技术 ………………………………………… 327

第三节　魏晋南北朝科学技术 ………………………………… 331

第四节　隋唐科学技术 ………………………………………… 335

第五节　宋代科学技术 ………………………………………… 340

第六节　金元科学技术 ………………………………………… 347

第七节　明代科学技术 ………………………………………… 350

第八节　清代科学技术 ………………………………………… 353

第十一章　河洛地区的教育 …………………………………… 357

第一节　先秦教育 ……………………………………………… 357

第二节　秦汉教育 ……………………………………………… 359

第三节　魏晋南北朝教育 ……………………………………… 362

第四节 隋唐教育 ·· 366

第五节 宋代教育 ·· 370

第六节 金元教育 ·· 375

第七节 明代教育 ·· 377

第八节 清代教育 ·· 380

第十二章 河洛地区的民风民俗 ·································· 386

第一节 原始社会的风俗 ·· 387

第二节 先秦风俗 ·· 393

第三节 秦汉风俗 ·· 408

第四节 魏晋南北朝风俗 ·· 414

第五节 隋唐风俗 ·· 421

第六节 宋元风俗 ·· 428

第七节 明清风俗 ·· 442

第十三章 河洛文化与周边、外国文化的交流与互动 ········· 451

第一节 史前河洛文化与周边文化的碰撞与融合 ··········· 451

第二节 先秦时期河洛地区与周边地区的文化交流 ········· 462

第三节 秦汉至北宋河洛地区与周边地区的文化互动 ········ 475

第四节 河洛文化在国外的传播 ································· 484

第十四章 河洛文化与客家文化、闽台文化 ··················· 489

第一节 河洛汉人的南迁与江南经济文化的发展 ··········· 489

第二节 河洛文化与客家文化 ··································· 496

第三节 河洛文化与闽台文化 ··································· 498

第十五章 河洛文化的特性和历史地位 ······················· 502

第一节 河洛文化的特性 ·· 502

第二节 河洛文化的历史地位 ··································· 507

第三节　研究河洛文化的现实意义……………………………………512

参考文献…………………………………………………………………514
跋…………………………………………………………………………518

绪 论

河洛文化是根植于河洛地区的地域文化。河洛地区是黄河中游干流与其支流伊洛河交汇的地区。这一地区古称"天下之中",是华夏部族和汉民族的中心区,也是宋金以前历代封建王朝的腹里地区和都城所在地。河洛文化是生活在河洛地区的华夏部族、汉民族及其他民族的人民群众所创造,同时它也得益于与周边地域文化的交流与互动,能吸收其他地域文化的营养成分,以不断完善自己。

河洛文化博大精深,内涵丰富。它可以分为物质文化、精神文化及制度文化三个部分,精神文化则包括思想学术、宗教信仰、文学、艺术、科学技术、教育与民风民俗等,而河图洛书与二程洛学则是河洛文化所独有并带有标志性的思想学术,在中国传统文化中具有重要地位。

河洛文化作为中国古代一种重要的地域文化,既具有其普遍性,也有其特殊性。其特殊性有四:一是开放性或者说包容性;二是先进性或者说先导性;三是正统性;四是连续性。

河洛文化是中原文化和黄河流域文化的核心,在中华民族传统文化中具有十分重要、无可替代的地位。它是中华民族文化的主根和主源,也是中华民族传统文化的主干、主流和核心。

河洛文化是客家、闽台文化的根源,它倡导"大一统"思想与"和合"的精神,具有很强的凝聚力与向心力,是维系和连结包括港、澳、台同胞和海外侨胞在内的中华儿女的精神文化纽带,也是一座十分珍贵的文化宝库。深入研究河洛文化,弘扬其中的思想精华,对于构建和谐社会,实现祖国的和平统一,无疑会有重要的意义。

一、河洛地区与河洛文化圈

"河洛"一词多见于古代文献。据统计,"河洛"在二十五部正史中出现了108 次,其中正文中出现 105 次。其含义有三:一是河流名;二是地区名;三是图书名,而作为地名使用为最多。"河洛"作为河流名称,是黄河与洛水的合称;作为图书名,即"河图洛书"的简称;作为地区名称,则可以归纳为三类:一是微观的,指洛阳;二是中观的,指洛阳地区,即以洛水流域和嵩山地区为中心,包括汝水、颍水上游地区,北起中条山,南至伏牛山;三是宏观的,指黄河与洛水交汇的地区,范围若略扩大,在某种意义上成为中原的代名词。①

河洛地区是以河流流域命名的地区,即指黄河与洛水流域。"河"又称"河水",是古人对黄河的专称,长江在古代则被称为"江水"。此外,其他河流则称为"某水",而不称"河"或"江"。"黄河"是汉代以后出现的名称。黄河是中国的第二长河,干流全长 5464 公里。"河洛地区"这一概念中所谓的"河",不是指整条黄河,而是黄河的一段,即黄河中游与洛河交汇的一段。古黄河由北向南出晋、陕峡谷后,从潼关附近的河曲折向东流,至郑州附近(现行的河道则向东延伸至河南兰考东坝头),然后折向东北。这段流向由西向东的河段,古称为"南河"。"洛"指洛水,即今天的洛河。洛河作为黄河的支流有两条,一条发源于陕西秦岭东麓,至河南巩义汇入黄河,因为其最大支流是伊河,因而又称伊洛河;另一条是北洛河,发源于陕西北部白于山南,在陕西东部汇入渭河,古代曾直接流入黄河。但是从古文献记载看,北洛河和历史上的所谓"河洛"无关。"河洛"中的"洛"指的是伊洛河或者称南洛河。关于这一点,学术界历来没有疑义。今人冯秀珍断言:"'洛'为陕西洛水,'河'为渭河"、"'河洛'可指渭河、洛河两条河流及其流域。"②其说虽新,然而属于一种误解。渭河在古代称作渭水,而不称"河",且北洛河流域在古代并非经济文化发达的地区。因而此说难以为据。总之,"河"在古代专指黄河;"洛"则指发源于陕西华山南麓蓝田县境、至河南

---

① 邢永川:《"河洛"初考》,《河洛文化与汉民族散论》,河南人民出版社,2006。
② 冯秀珍:《客家与中原、河洛》,《客家与中原文化国际学术研讨会论文集》,中州古籍出版社,2003。

省巩义境汇入黄河的洛河。

　　洛水在黄河以南的河南巩义与黄河交汇,黄河以南的伊洛河流域自然属于河洛地区。那么,河洛地区是否包括黄河以北的一些地方呢?我们的回答是肯定的。因为一条河的流域自然包括河道两边的土地。一条大河流经一土地,把它一分为二,不能只讲其中的一边,而舍弃另一边。而且早在汉代,人们已将黄河南北的一些地方联系起来称作"三河"地区。著名史学家司马迁说:"昔唐人都河东,殷人都河内,周人都河南。夫三河在天下之中,若鼎足,王者之所更居也,建国各数百千岁。"①此处所言"三河"中的"河南"在黄河以南,属豫州;"河东"和"河内"都在黄河以北,属冀州。司马迁不仅将黄河南北的这三块土地当作一个地区,而且认为它们同为"天下之中"。从传说中的尧舜时期到商、周二代,三河地区都是都城所在地,是华夏部族活动的中心。司马迁又说:"昔三代之君(居)皆在河、洛之间,故嵩高为中岳。"②显然是把中岳嵩山包括在河洛地区之内。张守节《正义》引《世本》云:"夏禹都阳城,避商均也。又都平阳,或在安邑,或在晋阳。"《帝王世纪》云:"殷汤都亳,在梁,又都偃师,至盘庚徙河北,又徙偃师也。周文、武都丰、镐,至平王徙都河南。"由此可见,从汉人司马迁到唐人张守节都认为,黄河以北的平阳(今山西夏县西北)、安邑(今山西临汾西南)和殷墟(今河南安阳)都属于河洛地区。

　　我们认为,从自然地理讲,河洛地区位于黄土高原的东南隅,西起华山,东至豫西山地与黄河下游平原交界处,南自伏牛山、外方山,北至太岳山(又称霍太山),包括伊洛河流域、涑水流域、沁水流域及汾水下游地区。从现代行政区划来说,就是河南中西部和山西南部及陕西东部一小部分,包括河南省的三门峡市、洛阳市、郑州市、许昌市、焦作市、新乡市、鹤壁市、安阳市及开封市西部,山西省的运城市、临汾市、晋城市、长治市南部,陕西省的渭南市东部和商洛北部。

　　与"河洛"含义大体相同而异称的就是"三川"。周赧王六年(前309年)秦武王曾对甘茂说:"寡人欲容车通三川,窥周室,死不恨矣!"③汉人又说:"三川

①　《史记》卷一百二十九《货殖列传》。
②　《史记》卷二十八《封禅书》。
③　《史记》卷五《秦本纪》。

之二周,富冠海内。"①三川即指河、洛、伊,因伊水为洛水之最大支流,故"三川"可简称为"河洛"。秦灭周,置三川郡。三川郡辖境西起函谷关(今河南灵宝市北),东至今河南开封、中牟之间,北至古黄河,南至伏牛山。郡治在洛阳。三川郡的辖境四至有助于我们对河洛地区范围的了解。三川郡辖境比我们认为的河洛地区要小,可以说是河洛地区的中心地带。

与河洛地区相关的概念还有"三河"。著名史学家司马迁在其中说:"昔唐人都河东,殷人都河内,周人都河南。夫三河在天下之中,若鼎足,王者之所更居也,建国各数百千岁。"②可见,所谓三河,指的是河东、河内、河南三个地区。战国时期的三河,范围难以确指。秦统一六国后,设立了河东、河内、三川郡,为我们理解三河地区提供了依据。河东郡北自吕梁山南端南至黄河,西起黄河,东至少水(今沁水一线),郡治安邑(今山西夏县西);河内郡西起中条山、太行山东麓,东至古黄河白马津,北自漳水一线,南至古黄河,郡治怀县(今河南武陟西南),在黄河以南,则置有三川郡,其四至前已述及。秦朝的河东、河内和三川郡辖境为我们理解河洛地区的范围奠定了基础。

文化地理上的区域划分以自然地理为基础,但可以少有出入。古代文化意义上的河洛地区,又可称为河洛文化圈。朱绍侯先生说:"作为河洛文化圈,实际要超过河洛区域范围。笔者认为河洛文化圈应该涵盖河南省全部,东与齐鲁文化圈相衔接,西与秦晋文化圈相衔接,南与楚文化圈相衔接,北与燕赵文化圈相衔接。"③河洛文化圈的地域,也可以少许突破黄河和洛河流域的范围。如汝、颍河为淮河支流,其流域本应属于淮河流域,但中岳嵩山南麓的汝、颍河上游地域与河洛地区接壤,其文化很难和河洛地区文化截然分开,它仍然属于河洛文化圈。河洛文化圈大体上说,是东经110°~114.5°,北纬33.5°~36.5°的范围之内。

史称:"昔三代之君(居),皆在河、洛之间。""崤函有帝皇之宅,河洛为王者之里。"④河洛地区在中国史前和三代有着特殊的地位。徐旭生先生为寻找夏

① 《盐铁论》第三《通有》。
② 《史记》卷一百二十九《货殖列传》。
③ 朱绍侯:《河洛文化与河洛人、客家人》,《文史知识》1994 年第 3 期。
④ 《史记》卷二十八《封禅书》。

文化,遍检文献记载,从上百条夏史资料中,归纳出夏人活动的中心,"有两个区域应特别注意:第一是河南中部的洛阳平原及其附近,尤其是颍水谷的上游登封、禹县地带;第二是山西南部汾水下游(大约自霍山以南)一带。"①这一地域就属于河洛地区。

河洛地区的范围要小于中原地区,它是中原的核心区。生活在这一地区的华夏部族最先摆脱了野蛮和蒙昧,迈进了文明社会的门槛,建立了夏王朝。位于黄河中游的河洛地区是我国历史最为悠久的地区之一,在中华民族文明起源中具有举足轻重的特殊地位,起到了无可替代的重要作用。

"中原"一词,早见于先秦文献,其本义指原野。如《诗经·小雅·小宛》云:"中原有菽,庶民采之。"又如《左传》僖公二十三年:"晋楚治兵,遇于中原,其辟君三舍。"后来逐渐成为一个地域概念。如《孙子·作战》:"力屈财殚,中原内虚。"

中原亦称中土、中国、中州、中夏、中华,它多与四方、周边对称。先秦时期有洛邑(今河南洛阳)和陶(今山东定陶)为天下之中的说法。随着华夏族活动范围扩大,古豫州被视为九州之中,故称此地为中土。《禹贡》九州又从冀州始。汉代以冀、豫二州为中土。如《淮南子·地形》曰:"正中冀州曰中土。"《论衡·对作》:"建初孟年,中州颇歉,颍川、汝南,民流四散。"又以豫州为中州。可见,冀州和豫州都曾被称作"中原"。

在中国历史上的南北分裂时期,"中原"常与"南方"、"江东"等词相对称。如三国时期,诸葛亮在其《出师表》中说:"今南方已定,兵甲已足,当奖率三军,北定中原。"《宋史·李纲传》:"自古中兴之主,起于西北则足以居中原而有东南。"此时的中原是指黄河中下游地区乃至整个黄河流域。

元代国家统一以后以迄明、清,中原又多指今河南省一带。如《明实录》永乐十四年:"伏维北京,南俯中原。"

要之,"中原"有广义和狭义之分。狭义的中原指今河南一带。广义的中原,指黄河中游,或者黄河中下游,甚至整个黄河流域。由于时代不同,中原所指地域也不断发生变化。本书所言之"中原",其时段主要是史前传说时期和夏、

---

① 徐旭生:《1959 年夏豫西调查"夏墟"的初步报告》,《考古》1959 年第 11 期。

商、周三代,其地域主要是黄河中游地区。

考古学家将古代中国分为六个文化区,中原为其中的一个重要的文化区。严文明在论述《新石器时代文化的发展》时说:"在黄河流域和长江流域,较大的文化系统至少有六个。即黄河中游的中原文化系统;下游的海岱文化系统;在古黄河的下游及其附近,即今河北、辽宁和内蒙古交界的地方有一个燕辽文化系统;长江中游有两湖文化系统,下游有江浙文化系统,上游有巴蜀文化系统。此外在甘青地区和雁北地区都有从中原文化系统分化出来的亚文化系统。"①他明确指出新石器时代黄河中游地区为中原文化系统。宿白先生在《考古学文化的区系研究》中也将中国考古学文化分为六个区系:即"以燕山南北长城地带为重心的北方,以山东为中心的东方,以关中、晋南、豫西为中心的中原,以环太湖流域为中心的东南部,以洞庭湖——四川盆地为中心的西南部,以环鄱阳湖——珠江三角洲为中轴的南方"②。他明确指出考古学文化中的中原区系,以关中、晋南、豫西为中心。李学勤先生曾"试将我国青铜器时代划为七个文化圈,即:一、中原;二、西北;三、北方,又可分为北方和东北两个亚圈;四、东方,主要指山东地区;五、东南,又可划分为长江下游和东南沿海两个亚圈;六、南方,即长江中游及其以南;七、西南"。而"就商代及西周而言,中原与东方两者似乎通连,其他都可称为中原以外或者非中原的"③。他认为在属于青铜器时代的商、西周时期,黄河中游的中原文化圈和下游的东方文化圈在文化上的相互通连,也可统称为中原文化圈。

综上所述,中原在中国古代,不仅是一个重要地区,也是一个重要的文化区。在夏代以前,中原主要指黄河中游地区,后来又及于下游地区乃至整个黄河流域。本书主要论述河洛文化,所涉及的中原地区是指黄河中游地区。河洛地区是中原的中心区。

二、河洛文化的时间断限

关于河洛文化的时间断限,学术界的认识很不一致。形成这些不同认识的

---

① 宿白主编:《苏秉琦与当代考古学》,科学出版社,2001。
② 宿白主编:《苏秉琦与当代考古学》,科学出版社,2001。
③ 李学勤:《非中原地区青铜器研究的几个问题》,载《走出疑古时代》,辽宁大学出版社,1997。

原因是对地域文化的特点或差异的不同认识,也就是什么时间全国各地的文化已经趋于同一,差异已经不复存在,或者虽然存在却已经变得无关紧要。关于河洛文化的上限,人们的认识相差不大,都认为河洛文化的上限是史前的原始社会。具体而言,则是新石器时代。因为旧石器时代,不同地域文化的差异还不明显。

河洛文化的下限,人们的认识大相径庭。一种认识认为河洛文化是一种远古文化,其下限是夏朝建立。河洛文化"狭义讲乃是中原腹地伊、洛、河'三川'平原的远古文化"①。

第二种认识是是战国末期。孙家洲认为,河洛文化与其他地域文化一样,至秦朝统一后已不复存在。周文顺也认为:河洛文化的"准确定义为:夏商周三代河洛地区的文化现象"②,河洛文化即夏商周文化。

第三种认识是鸦片战争前夕或清末,将河洛文化限于中国古代。李先登说:"河洛文化指的是中国古代河洛地区的文化。"③韩忠厚也说:"河洛文化是产生于河洛地区的中国古代的传统文化。"④

第四种意见是现代。"河洛文化的时间跨度很大,其上限可上溯到传说中的五帝时代,其下限则一直到今天。"⑤

笔者以前曾认为,河洛文化作为河洛地区的文化现象,一直延续到现在。后来经过反复思考,认为第三种意见较允当。河洛文化应该是一种传统文化。它与现代文化有本质的区别。现在全国各地域的文化虽然仍存在一些差别,但是共同性的东西更多。

河洛文化的下限应该在鸦片战争前夕或者清末。包括河洛文化在内的各地域文化在时间上应该限定在中国古代。因为中国地域广大,各个民族、各个地域的发展很不平衡。由于各种历史条件的限制,在秦朝统一后,各个地区的文化仍

① 张振黎:《从"河图"、"洛书"乃"祭祀河洛神化"的演变,看河洛文化在华夏文明中的地位和作用》,《洛汭与河图洛书》,河南科技出版社,1996。
② 周文顺、徐宁生:《河洛文化》,五洲传播出版社,1998。
③ 李先登:《河洛文化与中国古代文明》,《河洛文化论丛》第一辑,河南大学出版社,1990。
④ 韩忠厚:《试论河洛文化在中国文化史上的地位》,《河洛文化论丛》第一辑,河南大学出版社,1990。
⑤ 程有为:《河洛文化略论》,《洛汭与河图洛书》,河南科技出版社,1996。

然存在着明显的差异,河洛地区和边疆少数民族地区的文化差异更大,各个地域文化都存在着自己的特点。而且在秦朝以后的二千多年中,国家的统一与分裂有一个长期的曲折的过程,其间也有几次分裂与割据,不同地区、不同民族建立的政权在文化上又有各自的特点。不同文化的交流、碰撞和融合有一个相当长的过程,不可能国家实现了政治上的统一,就同时实现了文化上的统一。因此在整个中国古代,虽然有文化的融合,各种不同特色的地域文化仍然存在。

但是到了近现代,中国的社会历史条件发生了重大变化。西方资本主义国家的文化传入中国,对中国传统文化进行了猛烈的冲击。20世纪初马克思列宁主义在中国传播,中华人民共和国的成立,社会主义制度的建立,社会主义新文化在中国形成,它与中国的传统文化有着本质的区别。而且由于交通条件的改善和文化传播媒体的改进和普及,全国各地文化的差异日益缩小,就连文化中比较顽固的方言,也随着普通话的推广而渐趋于消亡。因此我们不主张将现代社会主义新文化与古代传统文化作为同一种性质的文化看待。河洛文化作为一种古代传统文化,其下限应在鸦片战争前夕或清末。

三、河洛文化的内涵

文化是一个内涵十分丰富的概念。在中国古代,文化是封建王朝所施行的文治和教化的总称。文化作为专用术语,出现于19世纪中叶人类学家的著述中。1952年出版的美国人类学者克罗伯和克鲁克洪合著的《文化:关于概念和定义的探讨》一书,列举从1871年至1951年关于文化的定义就有161种。此后学术界关于文化的解释更为繁多。1971年英国学者爱德华·伯内特·泰勒在《原始文化》一书中指出,文化"是人类在自身的历史经验中创造的'包罗万象的复合体'。"[1]此后英国学者马林诺夫斯基中说:"文化是指那一群传统的器物,货币,技术,思想,习惯及价值而言的,这个概念实包含着及调节着一切社会科学。"他将文化分为物质设备、精神、语言、社会组织等四个部分。[2]

一般认为,文化有广、狭二义。从广义来说,指人类社会历史实践中所创造

---

① 〔法〕维克多·埃尔著、康新文、晓文译《文化概念》,上海人民出版社,1988。
② 马林诺夫斯基著、费孝通译:《文化论》,中国民间文艺出版社,1987。

的物质财富和精神财富的总和。从狭义来说,指社会的意识形态以及与之相适应的制度与组织机构。目前中国学者"关于文化的构成有四种观点:一是物质文化和精神文化;二是物质、制度、精神;三是物质、制度、风俗习惯、思想与价值;四是物质、社会关系、精神、艺术、语言符号、风俗习惯等。"①

　　本书关于河洛文化的阐述,采用广义文化概念,并参照上述认识,将文化分为物质文化、制度文化和精神文化三个方面,精神文化则包括思想学术、宗教、文学、艺术、科技、教育、风俗习惯等方面。之所以如此,是力求使读者对河洛文化有一个较为全面系统的认识。为了与一般的方志著作有所区别,本书对于物质文化和制度文化的阐述较为简略,着重对精神文化进行较为详尽的阐述。

　　河洛文化的内涵中有两个带有标志性的文化现象,一是河图洛书,二是二程洛学,需要特别予以说明。

　　河图洛书是河洛文化的源头。它本来是一种关于上古时代的传说,见载于先秦文献,反映了先民的自然崇拜和祥瑞意识。汉儒对它进行了解释和发挥,从而构建了一个古史系统,并把河图洛书与儒家经典《周易》和《尚书》联系起来,认为伏羲据"河图"画八卦,大禹据"洛书"作《洪范》九畴,于是河图洛书成为《易》学的源头。历代学者对它研究解释不辍。到了宋代,象数学派又画出了河图与洛书的图式。至今人们仍不断对它进行探索,并作出新的解释。河图洛书内容广泛,涉及古代哲学、医学、文字学等许多方面。河图洛书的研究遂成为一种学问,简称为"图书"学或"河洛学"。人们认为河图洛书是中国传统文化的源头。

　　洛学是北宋著名学者程颢、程颐创立的学说。因为两程兄弟是洛阳人,又在洛阳一带聚徒讲学,从事著述,故其学说称为洛学。洛学是宋学中的一个重要流派,它以"理"为哲学本体,因而又称"理学",或者"道学"。两程的学说在北宋灭亡后南传,对南宋学术有很大影响。南宋大儒朱熹继承发挥了两程的洛学思想,构建了更为完整的理学体系。后来,人们称之为"宋明理学",它是封建社会后期占统治地位的学术思想。

---

　　① 薛瑞泽:《河洛文化的概念问题》,《根在河洛》,大象出版社,2004。

四、河洛文化的发展阶段

关于河洛文化的发展演变,学术界已有不少论述。

朱绍侯先生说:"夏商周是河洛文化的源头,汉唐是河洛文化的鼎盛期,北宋是河洛文化发展的顶峰,并由此衰落下去。"①

徐金星、吴少珉先生以为:"河洛文化起源于史前裴李岗文化时期或更早,形成于夏商周三代,发展于汉魏南北朝,鼎盛于隋唐北宋,宋以后开始衰落,新中国成立后进入复兴期。"②对河洛文化的阶段划分更为细致。

我们认为,上述认识是很有道理的。但是我们又认为,河洛文化是一种传统文化,它仅限于古代,截止于清末。当代的河洛地区文化已与传统的河洛文化有本质的区别,因此本书不把当今河洛地区的文化作为河洛文化的一个阶段。

我们认为,河洛文化的发展演变,可以分为以下几个阶段:1.史前的原始社会,是它的滥觞期;2.夏商西周三代,是它的形成期;3.春秋战国至魏晋南北朝,是它的发展期;4.隋唐至北宋,是它的繁荣鼎盛期;5.金元明清是它的衰落期。

史前传说时代和考古学上的新石器时代及铜石并用时代,是河洛文化的滥觞期。这一时期河洛地区出现了创世神话和三皇五帝的传说,在考古学文化方面,形成了裴李岗文化、仰韶文化、河南龙山文化系列。

夏商周三代,河洛地区出现了相对统一的国家政权,国家制度、礼乐制度逐渐完备。青铜铸造技术成熟,进入了青铜器时代,文字正式形成,《尚书》《诗经》等典册成篇,河图洛书的传说出现,标志着河洛文化已经形成。

春秋战国时期河洛地区发生了重大的社会变革,王权衰落,礼崩乐坏,奴隶制崩溃,封建制建立,在学术文化上出现了百家争鸣的活跃局面。秦汉时期国家统一,铁器普遍使用,牛耕得以推广,社会经济发展迅速。汉武帝独尊儒术,东汉的都城洛阳成为儒学教育、研究的中心,佛教传入,道教兴起。魏晋时期玄学兴起,以建安文学、正始文学为代表的文学相当繁荣,佛教、道教迅速传播,河洛文化发展快速。

---

① 朱绍侯:《河洛文化研究之展望》,《洛阳工学院学报》2001年第3期。
② 徐金星、吴少珉:《河洛文化通论》第9页,光明日报出版社,2006。

　　隋唐时期国家再度统一,河洛地区作为东都所在地,经济文化在全国处于领先地位,文学、艺术等成就辉煌。虽然在唐后期和五代经济文化发展出现了波动,但是到了北宋,河洛地区的文学、艺术、科技、教育、学术都出现繁荣局面,文化发展到巅峰。

　　宋室南迁后,全国的经济重心已完全从河洛地区转移到江南,河洛地区也失去历代都城的地位。从金至元、明、清四代,河洛地区辉煌不在,河洛文化处于衰落期。

第一章 河洛地区的自然环境与河洛人

第一节 河洛地区的自然环境

一、优越的自然环境

河洛地区主要是指今河南省西部和中部,山西省的南部地区。这一地区位于黄土高原的东南隅,东部与华北大平原相接。其地形、地貌多种多样,由山地、丘陵、盆地和平原组成。

位于河南西部的山地是秦岭的余脉,由崤山、熊耳山、外方山和伏牛山组成,群山叠翠,风景优美。最高山峰为伏牛山的主峰摩天岭,高达 2400 米,中岳嵩山主峰高 1368 米。本山地海拔少量为 1000 至 2000 米,大部分在 1000 米以下。由于山高林密,又受伊、洛、汝、颍水流的分割侵蚀,地貌支离破碎,除河谷两岸外,可耕地面积较小,但林业发达。河南北部山区是太行山东麓的山西高原的东南边缘部分。太行山东向平原倾斜,由于断层作用造成若干大大小小的盆地,如林州盆地、沁阳盆地,因而有较大面积的可耕地,适宜农业生产。山西南部山地北有吕梁山、太行山,中条山由西南向东北延伸,海拔越 1500 米左右,其间有运城盆地、临汾盆地,盆地底部约 250 米左右,有黄土覆盖,较为肥沃,灌溉便利,是重要的农业区。

在河南西部、北部山地与华北平原的过渡地带是丘陵地区,海拔一般在 300 米至 400 米,土层较深厚,耕地面积较广,适宜种植耐旱作物和果树。

黄河从内蒙古自治区的托克托进入中游,由北向南流,成为河洛地区的西部边界。它到潼关附近,由于受秦岭阻遏,又折向东,横贯河洛地区。黄河的重要支流有汾河、涑水河、伊洛河、丹沁河等,这些河流在下游往往冲刷成大大小小的平原,土地肥沃,灌溉便利,适宜农耕,又有水上运输之便利,适宜人类生存。

河洛地区地处北温带,属于大陆性季风气候。一年四季分明。春季干燥多风,夏季炎热多雨,秋季天高气爽,冬季寒冷而少雨雪。1月份气温最低,大多在0°以下,一般不低于 – 10°。7月份气温最高,大多在26°至35°之间。全年平均气温一般在13°至16°之间,温暖适中。现代河洛地区的降水量为600~1100毫米,自南向北逐渐递减。四季雨量分配不均,夏季降水约占年降水量的一半以上,并多集中在7、8两个月,且多暴雨。这一地区的降水,古代多于近现代。在古代,这里的气候比现在要温暖湿润,特别是一万年以来的仰韶温暖期是如此。

降水量的季节悬殊,容易造成春旱夏涝,对农作物的生长有不良影响。但是只要采取有效措施,抗旱排涝,就可以减轻反常气候对农业的损害。自古以来在山区和丘陵地带多修筑陂塘蓄水,平原地区则开河挖渠,以备防洪排涝,天旱时进行灌溉。华北平原地下水资源较丰富,遇到干旱可以打井,汲取地下水浇灌农田。这是河洛地区自古以来农业较为发达的原因之一。

二、"天下之中"的地理位置

河洛地区在全国的地理位置,从南北方向上可以说是居中,在东西方向上虽然属于中部,但是明显偏东。但是在古代,人们一致认为,河洛地区,特别是河洛地区的中心洛阳,是"天下之中"或者"土中",因而洛阳一带历来有"中国"、"国中"、"中土"、"土中"之称。

至迟在西周初期,人们已经把洛阳一带作为"天下之中"看待。1965年在陕西宝鸡出土的西周初年的青铜器"何尊"铭文说:"唯王初迁宅于成周,复禀王礼福自天,在四月丙戌,王诰宗小子于京室,曰昔在尔考公氏克逨文王,嗣文王受兹因(命),唯武王既克大邑商,则廷告于天,曰'余其宅兹中国,自之乂民。'"此尊作于周成王五年,意思是说,周武王出兵伐纣灭商以后,认为洛阳一带是"中国"

（即国中），要将都城迁到这里，在这里治理全国民众。① 及周"成王即位，周公之属辅相焉，乃营成周雒邑，以此为天下之中也，诸侯四方纳职贡，道里均矣"②。当时周公姬旦又以为洛阳以东的阳城（今河南登封告成）为"天下之中"，在那里设置"测影台"，观测日影，以制定历法。

战国秦汉时期，人们继续以河洛地区为"天下之中"。战国时期人们认为，河洛地区"为天下之大凑"③，"街居在齐秦楚赵之中"④，从商业和交通角度说明当时河洛地区在全国的中心地位。著名史学家司马迁论述西汉的商业时说："洛阳东贾齐、鲁，南贾梁、楚。"又从政治、经济角度说："昔唐人都河东，殷人都河内，周人都河南。夫三河在天下之中，若鼎足，建国各数百千岁，土地狭小，民人众，都国诸侯所聚会。"⑤明确指出河洛地区为天下之中。西汉末王莽夺权之后，在进行"分州定域"的新的政治地理规划时，提出了"以洛阳为新室东都，常安（即长安）为新室西都"的设想，随后确定了将迁都于洛阳，"即土之中雒阳之都"的时间表。但由于新莽政权迅速崩溃，这一计划没有实现。到东汉光武中兴，方又定都洛阳。此后的曹魏、西晋，都以洛阳为都城，作为全国的政治中心。

西晋永嘉年间，匈奴人建立的汉国军队攻入洛阳，欲焚烧洛阳城门与府寺。王弥劝说刘曜："洛阳天下之中，山河四塞，城池、宫室不假修营，宜白主上自平阳徙都之。"⑥此建议未被采纳，但王弥在此重申洛阳为天下之中。此后北魏孝文帝将都城从平城迁到洛阳，也是因为河洛地区为"中土"。他说："朕世居幽朔，欲南迁中土；苟不南伐，当迁都于此。"⑦

隋朝是在北周的基础上建立的，继续以北周的都城长安为都城。但是隋炀帝杨广即位后，又把统治中心迁到洛阳，营建了东京。他说到营建东京的理由："然洛邑自古之都，王畿之内，天地之所合，阴阳之所合。控以三河，固以四塞，水陆通，贡赋等。……我有隋之始，便欲创兹怀、洛，日复一日，越暨于今。"⑧不

---

① 马承源：《何尊铭文初释》，《文物》1976年第1期。
② 《史记》卷九十九《刘敬传》。
③ 《逸周书》卷五《作雒》。
④ 《史记》卷一百二十九《货殖列传》。
⑤ 《史记》卷一百二十九《货殖列传》。
⑥ 《资治通鉴》卷八十七，永嘉五年。
⑦ 《资治通鉴》卷一百三十八，永明十一年。
⑧ 《隋书》卷三《炀帝纪上》。

仅重申洛阳天下之中的地位,而且表明在隋朝建立之初,就有建都河洛的打算。此后他又修筑沟通南北的大运河,巩固了洛阳在全国的交通中心地位。唐朝建立,以洛阳为东都,武周又以为神都。这虽然是改朝换代的需要,也因为河洛地区的全国中心地位。武则天改嵩山为神岳,封其神为"天中王",肯定了洛阳嵩山一带为天下之中。当时人陈子昂说:"况瀍、涧之中,天地交会,北有太行之险,南有宛、叶之饶,东压江、淮,食湖海之利,西驰崤、渑,据关河之宝。"[①]

综上所述,从西周以迄隋唐,历代统治者和政治人物无不以洛阳或河洛地区为天下之中。他们从交通便利、贡赋均等、形势险要等方面论述河洛地区的重要地位,认为它适宜建立都城,可以成为全国政治、经济、文化、交通的中心。

三、四通八达的交通

河洛地区在中国古代居"天下之中",不仅地理位置优越,而且交通便利,四通八达。早在夏商周三代,这里已经建立了相对统一的国家政权。由于河洛地区是都城所在地,为了便于对周边的控制和人员的往来,交纳贡赋,已经开始修筑洛阳到其他地区的道路。春秋战国时期各国间的往来和战争、商业活动更加频繁,道路也更加通畅,不仅有陆路运输,而且进行水上运输。黄河中游河段及其支流,都开始了船舶运输。战国时期的魏国还开凿鸿沟运河,沟通了黄河和淮河水系。

秦汉实现了国家的统一,秦始皇修筑"驰道"和"直道"。从咸阳到东方的主干道,出潼关经函谷关到达洛阳,再向东出虎牢关到达荥阳,可以向北到燕赵,向东到齐鲁,东南到江淮。东汉时期洛阳成为通往西域和欧洲的丝绸之路的东方起点,洛阳往南经南阳可达江汉地区,向北经河内可达太原、雁门,东北可达幽、冀。

隋代开凿了以洛阳为中心,北到涿郡(治今北京城西南)、南达余杭(今浙江杭州)的大运河,极大地方便了河洛地区的水上交通。

北宋时期以东京开封为都城,陆路四通八达。开封周围的水系有金水河、广济河、惠民河、蔡河、汴河等,可连通海岱、江南和涿郡。

---

① 《旧唐书》卷一百九十中《文苑中》。

总之,河洛地区不仅交通便利,而且长期是全国的交通中心。

第二节　创造河洛文化的河洛人

一、河洛民族

河洛文化是河洛地区的先民创造的。在河洛地区生活的人民是流动不居的。河洛地区是华夏部族和汉族的中心区,河洛文化由华夏部族、汉族和进入河洛地区的其他民族共同创造。河洛地区是中国古代各民族交会、冲突、杂居和融合同化的重要地区。发生在这一地区的民族融合数千年来一直在进行,最为突出的是先秦、魏晋南北朝和宋金元三个时期。

中国最古老的部族华夏族就出现和生活在河洛地区。华族创造的物质文化就是仰韶文化庙底沟类型。庙底沟类型诸特征因素在仰韶文化中传布最为广泛,它的分布地域是在三门峡和华山附近。这正与中国远古传说中华夏族发生及其最初形成阶段的活动和分布情况相吻合。苏秉琦先生说:"仰韶文化的庙底沟类型可能就是形成华族核心的人们的遗存,庙底沟类型的主要特征之一的花卉图案彩陶,可能就是华族得名的由来,华山则是可能由于华族最初所居之地而得名,这种花卉图案彩陶是土生土长的,在一切原始文化中是独一无二的,华族及其文化也无疑是土生土长的。"[1]其后,夏部族在嵩山周围和伊洛平原活动。史称:"昔夏之兴也,融降于崇山。"韦昭注:"融,祝融也。崇,嵩高山,夏居阳城,嵩高所近。"[2]又称:"自洛汭延于伊汭,居易无固,其有夏之居。"[3]可见,华族的中心区在三门峡地区与华山一带,夏族的中心区在伊洛平原和嵩山一带,都在河洛地区范围之内。

史家将古文献中的上古民族划分为不同的集团,傅斯年认为居于西方的是以炎、黄二族为主体的诸夏民族,居于东方的是与诸夏民族长期竞争对峙的东夷

---

① 苏秉琦:《关于仰韶文化的若干问题》,《考古学报》1965 年第 1 期。
② 《国语》卷一《周语上》。
③ 《逸周书》卷五《度邑篇》。

集团。① 徐旭生基本赞成夷夏东西的说法,又将居于南方的诸族划并为苗蛮集团。② 蒙文通的观点与徐旭生大同小异,他将上古民族分为江汉民族、河洛民族和海岱民族三个群体。③

华夏(即诸夏)民族活跃在河洛地区,因而蒙文通称之为河洛民族。早在史前的远古时期,华夏部族、东夷部族和苗蛮部族就在河洛地区交汇角逐,以黄帝为首的华夏部族取得胜利,其后裔建立夏王朝。后来原属东夷的商部族在漳河流域崛起,灭亡夏王朝,建立商王朝。其后居住在渭水流域原属西羌的周部族逐渐强大,东下灭亡殷商王朝,建立周王朝。夏商周三代,三个部族在河洛地区杂居融合,逐渐成为一体,商族、周族都成为华夏族的一部分。

周平王东迁洛邑后,"周遂陵迟,戎逼诸夏"。"伊洛间有杨拒、泉皋之戎,颍首以西有蛮氏之戎。"而在卢氏和商洛一带,又有阴戎。"诸戎饮食衣服不与华同,贽币不通,言语不达。"④春秋中期,北方的狄族军队灭邢、卫,兵临温县,南方的荆楚灭邓、谷后北伐蔡、郑。史称:"南夷与北狄交,中国不绝若线。"⑤鲁僖公十一年(前649年),戎狄军队攻打洛邑,周襄王出逃,晋文公出兵伐戎狄,襄王方得以返回。此后晋灭陆浑戎,楚执蛮氏而南迁,戎蛮衰弱。及至战国,韩、魏两国又灭掉伊洛之戎,戎人部分西逃,留下者融入华夏族。

秦汉王朝在地方实行郡县制度,以地域划分居民,打破了先秦以血缘划分的部落方国的藩篱,有利于民族的融合。进入中原地区的戎蛮夷狄完全融入华夏族,最终形成汉民族。河洛地区成为汉族的中心区。

魏晋南北朝时期是民族大流移、大融合的一个重要时期。建都洛阳的西晋王朝灭亡后,中国北方的少数民族匈奴、鲜卑、羯、氐、羌等"五胡"纷至沓来,在黄河中下游地区建立许多政权。河洛地区出现胡、汉杂居的局面。其间虽然有过激烈的民族冲突乃至仇杀,但也有各族人民的和平相处。一些有远见的统治者曾推行民族和解和融合的政策。北魏孝文帝迁都洛阳,鲜卑等北方各族随之大量迁入河洛地区。孝文帝实行了一系列的改变鲜卑旧俗的措施,如禁止鲜卑

---

① 傅斯年:《夷夏东西说》,《庆祝蔡元培先生六十五周年论文集》,1935。
② 徐旭生:《中国古史的传说时代》,广西师范大学出版社,2003。
③ 蒙文通:《古史甄微》,河北教育出版社,1996。
④ 《后汉书》卷八十七《西羌传》。
⑤ 《公羊传》鲁僖公四年。

语推行汉语,改少数民族复姓为汉族单姓,禁止穿鲜卑族服装,鼓励鲜卑贵族与汉族士人通婚等,促进了鲜卑等族同汉族的融合。

隋唐王朝的东都洛阳有许多西北少数民族乃至中亚、日本、朝鲜半岛等地的外国商人、僧侣和使臣居住,出现了多种民族文化的融会交合。建都河洛地区的"五代"诸政权中,后唐、后晋、后汉都是源于突厥的沙陀人所建。沙陀人在河洛地区建立政权,又导致西北和东北大批少数民族进入河洛地区。沙陀贵族不仅仿照汉族的政权模式,而且鼓励沙陀族人与汉人通婚,学习汉族文化,促进了沙陀等族与汉族的同化和融合。

长达四个世纪的宋、辽、金、元时期是河洛地区民族融合的第三个重要时期。北宋的都城开封是一座国际性的大都市,契丹、女真、党项使者往来于途,其他少数民族也络绎而至,不少人在河洛地区定居。金国灭亡北宋以后,"虑中州怀二三之意,始置屯田军,非只女真,契丹、奚家亦有之。自本部族徙居中土,与百姓杂处,计其户口给以官田,使自播种,以充口实"①。女真人的内迁从金太宗时至金末一直没有停止。特别是金迁都汴京,隋之内迁的女真人更多。他们与汉人杂处,互通婚姻,改用汉姓,学习儒学,民族特点逐渐丧失。迨至元末,内迁的女真人、契丹人已完全融入汉族。元朝统一全国后,因地域辽阔,需要屯兵驻守,便以"蒙古、探马赤军镇戍河洛、山东,据天下腹心",于是大批蒙古、色目军士迁入,"与民杂耕,横亘中原"。"时北方人初至,犹射猎为俗,后渐知耕垦,播植如华人。"经过长期的杂居交往,至元末明初,蒙古人及维吾尔、回、西夏遗民等色目人已与汉人不易识别。明初朱元璋诏令禁止胡服、胡姓、胡语,留在河洛地区的诸少数民族为避免受歧视,多改为汉姓,变成了汉人。清代又有不少满族人进入河洛地区,也逐渐与汉人融为一体。

总之,生活在河洛地区的华夏族和后来的汉族,以及进入河洛地区的其他民族的人民群众,都是河洛文化的创造者,他们共同创造了辉煌的河洛文化。

二、河洛地区的名人

唯物主义的历史观认为,人民群众是历史的主人,是历史的真正创造者,但

---

① 文懋昭著、崔文印校证:《大金国志校证》下册第520页,中华书局,1986。

是也不否认个人在历史上的作用。历史上每一个时代都会出现伟大人物,包括思想家、政治家、军事家、科学家、文学艺术家等,他们在各个不同方面做出了自己的贡献,推动了社会的前进,历史文化的发展。河洛地区的历史文化主要是历代生活在河洛地区的人民群众所创造,但是其中的一些杰出人物,和普通群众相比,无疑会对历史文化的发展起到更为明显的推动作用。

历史上河洛地区名人辈出,贤才济济。关于河洛地区的历史名人,尚无人进行认真的统计。河南省的地域与河洛地区虽略有出入,但差别不是很大。可以列举河南省历史名人的数字作参考。在19世纪20年代,学者丁文江曾对《二十四史》中立有列传的历史人物——进行籍贯考证,列出5783名历史人物的地理分布表,其中河南籍历史人物有912人,占总数的15.8%。此外,张志孚、何平立二先生主要依据《辞海》收录的历史人物为依据,将河南从春秋至清末具有历史影响的著名政治家、军事家、思想家、文学家、科学家中挑选了200多人,列成表格。[①] 由此可见河洛名人对中国古代文化的伟大历史贡献。

在中国古代,特别是南宋以前,河洛地区名人辈出,各类人才大量涌现。

先秦时期有:商代名相伊挚;春秋时期的政治家公孙侨;战国时期的商业鼻祖白圭,墨家学派创始人墨翟,纵横家的代表人物苏秦,前期法家申不害,大商人吕不韦,水利专家郑国,法家集大成者韩非,著名军事理论家尉缭等。

秦汉魏晋南北朝时期有:秦末农民起义领袖陈胜;西汉丞相、历算家张苍,著名政论家、文学家贾谊,思想家晁错,经济改革家桑弘羊;东汉发明家杜诗,文学家书法家蔡邕,名臣种暠;三国时期著名谋士郭嘉,著名书法家钟繇,著名音乐家杜夔,女诗人蔡琰,著名军事家政治家司马懿;西晋著名文学家潘岳;北朝著名书法家郑道昭等。

隋唐时期有:隋朝灭陈名将韩擒虎、贺若弼;唐代史学家李延寿、吴兢,名相长孙无忌,著名佛学家玄奘,开元名相姚崇、张说,画圣吴道子,著名画家郑虔,诗圣杜甫,著名文学家韩愈、柳宗元,诗豪刘禹锡,著名诗人元稹、白居易、李贺、李商隐等。

宋元时期有:宋代史学家薛居正,政治家赵普,著名画家郭忠恕,象数学家邵

---

① 张志孚、何平立著:《中州文化》第38~50页,辽宁教育出版社,1995。

雍,著名理学家程颢、程颐兄弟,著名政治家、史学家司马光,山水画家郭熙,画家李唐,名将钟师道,建筑学家李诫,抗金名将岳飞;金代名医张从政;元代思想家许衡,元曲作家钟嗣成,杂剧作家郑廷玉等。

明清两代有:明代抚辑东北边陲的邢恕,治理运河的宋礼,外交活动家傅安,教育家思想家曹端,镇边有功的马文升,著名思想家王廷相,救时首辅高拱,科学巨星朱载堉,军事家李化龙,著名书法家王铎,民族英雄史可法;清代文学家李绿园,史志学者武亿,治理台湾有方的曹瑾,实业家王锡彤,编辑文献的李时灿等。

我们说河洛文化是生活在河洛地区的河洛人创造的,但不排除外籍人士为河洛文化的形成和发展所做出的贡献。中国历史上很多朝代建都河洛地区,从外地到都城及畿辅求学、做官、经商、居住的历史人物无计其数。例如,关中人班固、马融,北海人郑玄,巴西安汉人陈寿,安定朝那人皇甫谧,吴人陆机、陆云兄弟,鲜卑人孝文帝元宏,吉州卢陵人欧阳修,抚州临川人王安石,蜀郡眉山人苏轼,庐州合肥人包拯,顺州邢台人郭守敬等,都是其中的佼佼者。仅以北宋为例,王安石、范仲淹、欧阳修、文彦博、张载、苏洵、苏轼、苏辙等,都在东京开封、西京洛阳等地活动。旅居河洛地区的外籍人士也为河洛文化的发展做出了不可磨灭的贡献。

第二章　河洛文化的滥觞

河洛文化起源于新石器时代,也就是传说中的三皇五帝时代。其依据就是新石器时代的考古发现和河洛地区的神话传说。河洛地区是华夏文化的源头,中国古代的符号文字、一些科学技术和原始的美术、音乐、舞蹈都与这一地区关系密切。古老的河图洛书传说也被人们视为中国文化的源头。河洛地区的史前文化在中国文明起源中占有重要地位。

第一节　河洛地区的史前考古发现

河洛地区的考古发现不仅十分丰富,而且从石器时代到铜石并用时代、铜器时代,形成了文化系列。

很多学者撰文指出,中国古代文明形成于公元前 3000 年,即考古学上的龙山时代。在龙山时代,特别是其中晚期,黄河、长江流域的史前文化发生了巨大变革。这个时代形成的龙山文化群体,是中国文明形成的基地。古史传说中的唐虞时代,在考古学上相当于龙山时代,或至少是龙山时代的晚期。

河洛地区早在旧石器时代已有人类居住并从事生产活动。在卢氏县横涧乡锄沟峪发现了距今十万年左右的更新世晚期的 4 块智人头骨残片及 2 枚牙齿化石,在三门峡市会兴镇会兴沟及水沟(水磨沟)发现了砍砸器、大尖状器、石球、砾石石核及石片等旧石器。其时代与北京周口店第 1 地点下层相当,属于旧石器时代初期,距今约四五十万年前。① 此外在陕县张家湾与赵家湾、灵宝弘农涧河沿岸的朱阳镇北、渑池县黄河南岸的任村和青山村等地也发现了旧石器时代初期的石器。在灵宝孟村发现了旧石器时代中期的刮削器及石片。② 在洛阳市凯旋路东端"洛阳第 1 地点"发现了古纳玛象化石及石核石器 13 件、石片石器 18 件,其中有圆刮器、长刮器及尖状器等,属于旧石器时代晚期,距今约 5 万年左右。③ 在灵宝黄河南岸邢家庄及函谷关北弘农涧河西岸也都发现了旧石器时代晚期的石器。但在旧石器时代,各地域之间的文化区别尚不明显。

在新石器时代早期,关中、豫西、豫中和冀南分布着老官台、裴李岗和磁山文化。到新石器时代中后期,这一地区普遍分布着仰韶文化。中原龙山文化就是继承仰韶文化而发展起来的。继中原龙山文化之后而发展起来的,在河南中西部和山西南部是二里头文化,在河南北部和河北南部是先商文化,在陕西关中地带是先周文化。

郑州大河村出土彩陶钵

河洛地区发现了许多新石器时代晚期和铜石并用时代的文化遗存。新石器时代晚期文化,如河南龙山文化早期的庙底沟二期文化遗存,分布在伊、洛、汝、颍河谷盆地和黄河南北两岸。后岗二期文化更为丰富,有分布于嵩山周围的洛阳王湾类型,分布于豫西、晋南、陕东的陕县三里桥类型,以及分布于豫北的安阳后岗类型等,晚期则有煤山类型。到了铜石并用时代,这里有分布于晋南临汾盆地襄汾"陶寺类型文化",而在豫中地区则有在王湾类型的基础上形成发展起来的以登封王城岗为代表的文化类型,豫北地区有在石岗类型的基础上发展起来的以汤阴白营晚期为代表的文化类型。

在龙山时代社会已出现等级,可以从陶寺墓地的情况中得到反映。陶寺墓

---

① 黄蔚文:《豫西三门峡地区的旧石器》,《古脊椎动物与古人类》1964 年 8 卷 2 期。
② 贾兰坡等:《山西旧石器》,科学出版社,1961。
③ 张森水等:《洛阳首次发现旧石器》,《人类学学报》1982 年 1 卷 2 期。

地面积超过一万平方米。墓葬分布甚密。仅 1978～1982 年发掘的 2000 平方米范围内即已发现墓葬 700 余座。[①] 墓葬可分为大、中、小三种,分别占 1.3%、11.4% 和 87.3%。大墓长 3 米上下,宽 2～2.75 米。有木棺,内撒朱砂,随葬品多至一二百件,其中往往有龙纹盘、石磬、木鼓、大量漆木器、陶器和玉石器等。中型墓一般长 2.2～2.5 米,宽 1 米左右。一般有木棺,随葬成组陶器及少量彩绘木器、玉石器及猪下颌骨等。有的保存较好的有麻布殓衾。与上述大中型墓形成鲜明对比的是 87% 以上的小型墓绝大多数无任何葬具和随葬品,仅个别的有木棺,或两三件骨笄、陶罐之类的随葬品。大中型墓与小型墓主人的区别,不仅是贫富的差别,还应有身份和社会地位的差别。大中型墓中往往出玉钺和石钺,应是军事权力的象征;有些大型墓中有石磬、木鼓等,更应是特殊地位的标志。由此可见陶寺墓地所代表的社会集团已有初步的阶级分化,这同城市的出现和城乡分化所反映的社会状况是一致的。[②]

中原龙山文化也有多处发现铜器和炼铜遗迹,一是河南郑州董砦的方形小铜片,二是登封王城岗的一件残铜器片,三是临汝煤山的炼铜坩埚残片,四是山西襄汾陶寺的铜铃等。

考古工作者在中原地区发现了十多处龙山时代的城堡。例如,登封王城岗城址包括相连的东西两小城合计面积约 2 万平方米,城内有建筑基址。很可能是文献中记载的"禹都阳城"遗址。在一些聚落遗址出现了水井。

关于夏文化,二里头类型和东下冯类型是二里头文化内部两个既有密切联系而又相对独立的文化类型,二者有许多共同点,但也有明显的区别。

河南偃师二里头遗址为夏王朝后期的都邑,这在当前的学术界基本上已经达成共识。"二里头遗址一期已发现有大型建筑基址的线索,就是说在这个时期夏朝王都在这里已经开始兴建起来。到了二里头文化四期,三期的二号宫殿这时仍在继续沿用,而且还发现一些该期新的宫殿基址的线索;四区和六区的铸铜和制骨手工业作坊这时也仍在继续生产;四期墓葬所反映的葬俗,与前期的基本相同"。"总之,二里头遗址四期既有王宫,又有手工业作坊,又有与以往相同

① 中国社会科学院考古研究所山西工作队:《1978～1980 年山西襄汾陶寺墓地发掘简报》,《考古》1983 年第 1 期。
② 白寿彝主编:《中国通史》第二卷第 330 页,上海人民出版社,1994。

的王室贵族的墓葬,还有相当多的人们生活在这里,显而易见,二里头遗址一至四期文化时期,都应是夏王朝的都邑所在地。""王都的出现是国家政权形成的主要标志,二里头遗址是我国迄今所发现的最早的王都的遗址。二里头遗址的发现,表明我国古代社会,至迟在二里头时期的中原地区,已经进入文明历史的新时期。"①

二里头文化玉器,有璧、琮、璋等。在偃师的二里头遗址,有的大型房子基址周围发现好多人骨架,没有固定葬式,有的经过捆绑,有的身首分离,不少同牲畜同埋。据研究,他们都是用于祭祀的人牲,而且出现了卜骨,说明当时已有宗教礼仪。

在山西夏县东下冯村,也发掘了一处"东下冯类型"文化遗址,该类型的文化主要分布于黄河以北山西省的西南部,与主要分布于黄河以南的二里头文化相邻近,时代基本相同,文化面貌也有颇多相似之处。这里在文献上曾被称之为"夏墟"。因此"东下冯类型"文化的发现,进一步扩大了人们探索夏文化的视野。

20 世纪 80 年代中期,在河南舞阳贾湖的裴李岗文化墓葬出土的龟甲等上面,发现若干刻画符号,有很像殷墟甲骨文"目"字、"户"字的,其年代范围为公元前 6600 年至公元前 6200 年。在中原龙山文化、二里头文化的陶器上,也发现了不少符号。河南登封王城岗两处龙山文化晚期灰坑中出土的陶片,刻有异常复杂的符号,很像是文字。② 山西襄汾陶寺类型晚期居址中出土的一件陶扁壶,有毛笔朱书的一个"文"字和其他的两个符号③,可能是文字的雏形。

总之,河洛地区的考古发现,从铜器的使用,都城的出现,贫富的分化,文字符号的产生,礼制的形成等诸多方面,为研究中国古代文明的起源提供了丰富的资料和坚实的证据,说明生活在这一地区的华夏先民率先迈进了文明的门槛。

前些年,河洛地区的新密新砦与古城寨,登封王城岗与陶寺遗址成为中国文明探源研究工程的重要遗址。在当前中国文明探源工程中,河洛地区也正在发挥着十分重要的作用。

---

① 郑杰祥:《新石器时代与夏代文明》,第 445～446 页,江苏教育出版社,2005。
② 李先登:《王城岗遗址出土的铜器残片及其它》,《文物》1984 年第 11 期。
③ 《中国文明起源座谈会纪要》,《考古》1989 年第 12 期。

　　刘庆柱先生说:"从探索中国古代文明形成源头来说,夏文化直接渊源于河南地区的河南龙山文化。""河洛地区是河南龙山文化的重要分布区,就这点而言,河洛地区可以说是夏文化、华夏文化的发源地及其形成发展的核心地区,也可以说是以后汉文化、中华民族文化的发源地。"①

　　历史事实表明,原始社会末期,生活在河洛地区的华夏部族较早摆脱了野蛮和蒙昧,建立了早期国家,迈进了文明社会的门槛,后来又在这里建立了相对统一的夏王朝。从古史传说和考古发现来看,河洛地区在中国古代文明起源中具有特殊的重要地位,起到了无可替代的作用。

第二节　河洛地区的古史传说

　　河洛地区古代遗留下来许多神话传说。这些古史传说虽然扑朔迷离、疑说纷纭,但它"自有真正的史实素地,切不可一概抹煞"②。古史传说为我们探讨古史提供了不可缺少的线索,对于研究文明起源问题更有不可低估的价值。

一、创世神化与三皇的传说

　　首先是创世神话。在太行山一带,流传着"盘古开天辟地"的神话。相传太初的天地混沌如鸡卵,盘古孕育其中。十万八千年后,盘古破卵而出。盘古死后,他的肢体变为天地、日月、山川和万物。"女娲补天"据说也发生在太行山区。此外还有发生在灵宝的"夸父追日",发生在济源的"愚公移山"等。

　　关于"三皇"的传说,历来说法不一。除了"天皇、地皇、人皇"等笼统的说法之外,较为具体的有四说:即伏羲、女娲、神农(见《风俗通议·皇霸篇》引《春秋纬运斗枢》);伏羲、神农、祝融(见《白虎通》);伏羲、神农、共工(见《通鉴外纪》);燧人、伏羲、神农(见《风俗通议·皇霸篇》引《礼纬含文嘉》)。总而言之,传说中的三皇有伏羲、女娲、神农、祝融、共工、燧人等。其中各说均有伏羲和神

农,各说不同的是女娲、共工、燧人、祝融。三皇中的人物,一方面体现了古人对自然神的崇拜,一方面表明他们是一个历史时代的代表。

"三皇"见于战国时期的文献记载。《韩非子·五蠹》称:"上古之世,人民少而禽兽中,人民不胜禽兽虫蛇。有圣人作,构木为巢,以避群害,而民悦之,使王天下,号之曰有巢氏。民食果蓏蚌蛤,腥臊恶臭,而伤害脾胃,民多疾病。有圣人作,钻燧取火,以化腥臊,而民悦之,使王天下,号之曰燧人氏。"《庄子·盗跖》曰:"古者禽兽多而人民少,于是民皆巢居以避之,昼拾橡栗,暮栖木上,故命之曰有巢氏之民。古者民不知衣服,夏多积薪,冬则炀之,故命之曰知生之民。神农之世,卧则居居,起则于于,民知其母,不知其父,与麋鹿共处,耕而食,织而衣,无有相害之心,此至德之隆也。"这两段话前者提及有巢氏和燧人氏,后者提及燧人氏和神农氏。《周易·系辞》则言"古者包牺氏之王天下也……作结绳而为网罟,以佃以渔,盖取诸离。包牺氏没,神农氏作,斲木为耜,揉木为耒,耒耜之利,以教天下",又提及包牺氏(即伏羲氏)和神农氏。

伏羲氏的传说散见于先秦、秦汉时期的文献中,唐人司马贞作《三皇本纪》,将这些传说联系起来,说:"太昊伏羲氏,……风姓,……生于成纪,……始画八卦,……造书契、结网罟、养牺牲,以龙纪官,……都于陈。"需要说明的是,太昊与伏羲氏并不是一个人。太昊是东夷部族的首领,风姓,以龙纪官,都陈;伏羲生于成纪,始画八卦、造书契、结网罟、养牺牲。秦汉时期人们将他们合二为一,称太昊伏羲氏。

伏羲结网罟、养牺牲,是中国远古渔猎时代的代表,他画八卦、造书契,又是文化的创造者,是中国的人文初祖。伏羲在河洛地区的传说有洛汭祭天、得河图,伏羲的女儿成为洛水之神等。今巩义河洛镇有伏羲台。传说伏羲在孟津县得河图。伏羲的女儿名伏妃,在洛水上游玩,落水溺死,成为洛水之神。

神农氏是中国进入农耕时代的代表。传说他是农耕的发明者,教民稼穑。陈县(今河南淮阳)为神农氏之都。传说又把神农氏与炎帝联系起来,称炎帝神农氏。实际上神农要早于炎帝。《帝王世纪》曰:"炎帝神农氏,姜姓也。……都于陈,作五弦之琴,始教百姓种谷,故人号曰神农氏。"

除了燧人氏、伏羲氏和神农氏以外,河洛地区还有共工和祝融的传说。共工活动的地域在今河南辉县一带,善于治水;祝融活动的地域在今河南新郑一带,被后世奉为火神。河南济源和西华等地有女娲的传说。

二、五帝的传说

河洛地区有许多关于黄帝、帝喾、尧、舜和大禹的传说,如黄帝为有熊(今河南新郑)国君,号有熊,黄帝铸鼎于荆山下(今河南灵宝阳平),帝喾都西亳(今河南偃师),尧都平阳(今山西临汾),舜都蒲坂(今山西永济),耕历山(今中条山),禹都阳城(今河南登封告成)等,均见于历史文献记载。

黄帝是中华民族公认的人文始祖,传说黄帝曾在河洛地区活动。司马迁的《史记·五帝本纪》以黄帝为五帝之首。黄帝:《集解》引徐广曰:"号有熊"。注:"号有熊"者,以其本是有熊国君之子故也;《正义》引《舆地志》云:"涿鹿本名彭城,黄帝初都,迁有熊也。"《集解》引谯周曰:"有熊国君,少典之子也。"皇甫谧曰:"有熊,今河南新郑是也。"因此人们称新郑为黄帝故里。据《山海经》记载,河南省新安县的青要山是黄帝密都。

《史记·封禅书》称:"黄帝采首山铜,铸鼎于荆山下,鼎既成,有龙垂胡髯下迎黄帝,黄帝上骑,群臣后宫从上者七十余人。"如今,灵宝市西阳平有黄帝铸鼎原与黄帝陵,现尚存唐贞元十七年(801年)所刻立的《轩辕黄帝铸鼎铭》石碑。这一记载虽为神话传说性质,但也反映了黄帝时代已能铸造铜器,黄帝有"群臣后宫",说明当时已有政权存在。

黄帝传位于颛顼,颛顼再传于帝喾高辛。《史记·五帝本纪》称:"至高辛即帝位。"《集解》引皇甫谧曰:"都亳,今河南偃师是。"如此说不误,帝喾时的都城与活动中心也在豫西伊洛平原。

继帝喾者为帝尧。《史记·五帝本纪》称"帝尧者,放勋。"《正义》引《帝王纪》云:"尧都平阳,于《诗》为唐国。"《括地志》云:"今晋州所理平阳故城是也。平阳河水一名晋水也。"平阳即今山西临汾。可见,尧时的都城和活动中心在晋南地区。

关于帝舜活动的地域,《史记·五帝本纪》记载如下:

"虞舜者":《索隐》"虞,国名,在河东太阳县。"《正义》引《括地志》云:"故虞城在陕州河北县东北五十里之虞山上。郦元注《水经》云:干桥东北有虞城,尧以女嫔于虞之地也。"

"舜,冀州之人也":《正义》:蒲州河东县本属冀州。《宋永初山川记》云:"蒲坂城中有舜庙,城外有舜宅及二妃坛。"

"舜耕历山":《集解》引郑玄曰:"在河东。"《正义》引《括地志》云:"蒲州河东县雷首山,一名中条山,亦名历山,亦名首阳山,亦名蒲山,亦名襄山,亦名甘枣山,亦名猪山,亦名狗头山,亦名薄山,亦名吴山。此山西起雷首山,东至吴坂,凡十一名,随州县分之。历山南有舜井。"

"渔雷泽":《集解》引郑玄曰:"雷夏,兖州泽,今属济阴。"《正义》引《括地志》云:"雷夏泽在濮州雷泽县郭外西北。"

"陶河滨",《集解》引皇甫谧曰:"济阴定陶西南陶丘亭是也。"《正义》案:于曹州滨河作瓦器也。《括地志》云:"陶城在蒲州河东县北三十里,即舜所都也。南去历山不远。或耕或陶,所在则可,何必定陶方得为陶也?舜之陶也,斯或一焉。"

"作什器于寿丘":《集解》引皇甫谧曰:"在鲁东门之外。"

"就时于负夏":《集解》引郑玄曰:"负夏,卫地。"《索引》:就时犹逐时,若言乘时射利也。《尚书大传》曰"贩于顿丘,就时负夏",《孟子》曰"迁于负夏"是也。负夏在今河南濮阳东。

"舜饰下二女于妫汭",《索隐》:皇甫谧曰:"妫水在河东虞乡县历山西。汭,水涯也,犹洛汭、渭汭然也。"《正义》引《括地志》云:"妫汭水源出蒲州河东南山。许慎云:'水涯曰汭。'案:《地记》云'河东郡青山东山中有二泉,下南流者妫水,北流者汭水。二水异源,合流出谷,西注河。妫水北也曰汭'。又云'河东县二里故蒲坂城,舜所都也,城中有舜庙,城外有舜宅及二妃坛'。"

上述记载舜的活动地域,主要是两地:一是晋南,一是豫东北、鲁西南,而言在晋南者略占优势。《括地志》对"陶河滨"是在今山东定陶说提出质疑,但渔雷泽、作什器于寿丘、就时于负夏,似乎在今鲁西南、豫东北地区。尽管如此,晋南作为虞舜的都城所在地,或者虞舜活动的两地区之一,当不存在问题。舜都蒲坂,在今山西永济县西南。

尧时治水的鲧,为禹之父。《连山易》说"鲧封于崇",为崇地之诸侯,《国语》称之为"崇伯鲧"。"崇"即"嵩",即中岳嵩山,崇地在今河南登封。鲧除治水之外,《世本》又谓"鲧作城",说明当时已修筑城墙作为防卫设施。

《史记·夏本纪》称：夏禹，《正义》："夏者,帝禹封国号也。"《帝王纪》云：
"禹受封为夏伯,在豫州外方之南,今河南阳翟是也。"阳翟即今河南禹州,为夏
禹初都。舜死后,"禹辞辟舜之子商均于阳城,天下诸侯皆去商均而朝禹。禹于
是遂即天子位,南面朝天下,国号曰夏后"。禹都阳城在今河南登封告成。

据《史记·五帝本纪》记载,尧舜时已经有了天文历法,开始授民时令,使人
们依据时令从事生产。当时的生产活动已有农耕、渔捞、畜牧、制陶、作器、纺织,
原始农、牧、渔和手工业已相当发达,有了储存粮食的仓廪和商业贩卖。不仅有
了聚、邑,而且有了都城。在政治方面有了百官分职、刑法、祭祀礼仪、制度。

总之,文献记载的关于五帝时代的传说,不仅说明河洛地区是五帝活动的中
心区,而且说明这一时期已有较为发达的原始农业和手工业,能够铸造铜器,也
有了商业,出现了都城、百官、刑法、礼仪,已经进入早期国家阶段,从而为建立统
一的夏王朝奠定了基础。

第三节　华夏文化的源头

原始社会是人类社会的发端,人类的生产活动,包括粮食种植、家畜饲养以
及制陶、纺织、制骨、制玉、建筑房屋和城墙等,无不创始于原始社会。人类创造
的各种精神文化,也有不少源于原始社会,例如文字、一些自然科学技术和多种
艺术都在这一时期萌生。史前河洛地区的文化是华夏文化的源头。

一、文字的起源

文字是记录人类语言和思维的符号,是人类在社会生产和生活中进行思想
交流、记事备忘、抒情达意等必不可少的手段之一,它可以超越时间和空间,比其
他手段有不可比拟的优越性。但是,文字是人类社会发展到一定阶段的产物。
关于文字的起源,唐兰先生在其《中国文字学》一书中说："最初的文字,是书契,
书是由图画来的,契是由记号来的。可是单有记号,单有图画,都还不是文字,要
在有了统一的语言之后。"

史称:"上古结绳而治,后世圣人易之以书契。"①据说在炎帝神农氏时代尚无文字,"神农氏结绳为治而统其事"。传说文字的发明者是"仓颉"。仓颉是黄帝的史官,造字始于黄帝时代。"仓颉之初作书,盖依类象形,故谓之文;其后形声相益,即谓之字。"②不过,造字不可能是某一个人所为。现代古文字学家科学地阐发了这一观点:"仓颉造字更是一种传说,无任何科学根据。就目前所能见到的数以千计的古汉字形体而论,绝非一人一时所创造,而是广大群众集体智慧的结晶。是他们在长期的生产与生活当中,因时因地不断地观察、思考和创造,并经过若干年代的积累,逐渐形成共同使用的文字,而绝不是天授神意或出于某个'圣人'的灵感。"③

目前考古发现证明,文字的起源可能比仓颉所处的黄帝时代更早。在河南舞阳贾湖遗址出土的一些龟甲及石质装饰品上,已发现一些刻画符号类似殷商甲骨文。甲骨学家研究后认为:这些"新发现的龟甲符号,可能同后来商代的甲骨文有某种联系"④。此话实质已肯定了这些符号同文字的渊源关系,说明在裴李岗文化时期刻画符号开始替代结绳纪事了。

在仰韶文化的许多遗址出土的陶器(陶片)上绘写或刻画了多种符号,其数量和种类远比裴李岗文化时期为多。河洛各地的遗址不断有所发现,如郑州大河村等遗址。发现新石器时代陶器上的绘写和刻画符号最多的是陕西临潼姜寨遗址,出土陶片有符号 129 个,计 38 种。

关于这些符号的性质,不太可能是标记、数字或个人记号,而是一种代表有着社会意义并为大众所识的符号,就是人们能够替代语言进行某种思想交流和思维信息传递的特殊符号——文字。著名历史学家、古文字学家郭沫若说:"彩陶上的那些刻画符号,可以肯定地说就是中国文字的起源,或者中国原始文字的孑遗。"⑤于省吾先生说:"这些陶器简单的文字,考古工作者以为是符号,我认为这是文字起源阶段所产生的一些简单文字。仰韶文化距今有六千多年之久,那

---

① 《周易·系辞下》。
② 许慎:《说文解字·序》
③ 高明:《中国古文字学通论》,第 31 页,文物出版社,1987。
④ 李学勤:《文物研究与历史研究》,载《中国文物报》1988 年 3 月 11 日。
⑤ 郭沫若:《古代文字之辩证的发展》,载《考古学报》1972 年第 1 期。

么,我国开始有文字的时期也就有了六千多年之久,这是可以推断的。"①

到河南龙山文化时代,符号日渐增多,开始成为语言的符号而成为社会上人们的思想交流工具。此时的原始文字,除了沿用仰韶文化时期符号类文字外,又增加了新的形体。这种现象已为各个文化遗址中出土的陶器上的刻画所证明。这些文字的意义,暂时不为人们所破译,但不能因此而否定其文字的性质。从首次发现成文文字看,龙山文化时期文字已走出草创单字的萌芽时期,进入文字功能形成、初步可联字成文、替代语言表达思想交流感情的时期。文字的出现意义重大。恩格斯曾精辟地阐明文字与文明的关系:"由于文字的发明及其应用于文献记录而过渡到文明时代。"②

我国已发现的最早的文字——甲骨文,就出现于河洛地区。甲骨文是契刻或者写在龟甲和兽骨上的文字,它主要流行于商代中晚期,主要发现于商代后期的都城殷墟(今河南安阳市小屯一带)。100多年来已发现甲骨15万片,已发现的字数超过五千字。甲骨文已是一种成熟的文字。此后经过一系列演变,到了汉代汉族形成以后,这种文字被称为汉字。如今已在河南安阳建成中国文字博物馆。

二、自然科学技术的萌芽

1. 铸铜与制陶技术

人类长期在大自然中生活,已认识到一些物质的物理和化学特性。仰韶文化时期在陕西临潼姜寨遗址29号房基的居住面上出土了圆形残铜片,河南也有个别遗址出土有炼铜渣,表明冶铜业已经出现。黄帝在今河南灵宝境内的荆山采铜铸鼎的传说并非子虚乌有。就是说,仰韶时期采矿冶炼之事确实存在。人们在当时已认识到矿石加热到一定温度,铜便由固体变成液体从矿碴中分离出来。凝固的铜块在同样的温度下,又可变成液体,在空气中冷却后又变成坚硬的成形可用的器物。人们对铜的物理特性已有一定的认识。这是人类在原始社会中最重要的物理知识。

---

① 于省吾:《关于古文字研究的若干问题》,载《文物》1973年第2期。
② 恩格斯:《家庭、私有制和国家的起源》第23页,人民出版社,1972。

河南龙山文化时期的另一类重大技术进步,是采用活动的炉——坩埚冶炼金属。坩埚既能把铜矿石冶炼出纯金属液,将其倒出冷却成为铜块铜锭,也可将铜块铜锭放入坩埚内熔化成液,然后将其直接倒入模范内浇铸铜器。这对后世的冶金技术发展有启迪作用。同时,这个时期出现了青铜器,如登封王城岗龙山文化 H617 窖穴和襄汾陶寺遗址所见,证明人们已懂得利用铜、锡、铅等多种金属按一定比例冶炼出比任何单一金属性能都要优越的合金技术。这是中国乃至全世界的一种早期合金,对于冶金术的发展具有重要影响。在中国就是靠青铜器的利用进入文明时代的,青铜铸造技术使中国创造了灿烂的青铜文化。

人们在陶窑内壁涂抹一层厚 2～6 厘米的黏土和草拌泥,使它耐火并增加气密性。先民通过观察、实践,认识到黏土、草拌泥和一般黄土有不同的耐火性能和密度,这也是一种物理知识。能够将一般黏土经过淘洗除去杂质、成型和放入窑中烧烤之后变成坚固耐用的陶器,不能不说当时人们已具有一定的化学知识。当时人们已具备一些基本的物理、化学知识,认识一些物质的物理、化学属性,这无疑是物理和化学两门学科创立的基础。

龙山时代的烧陶技术与仰韶时期相比有三项重要的进步:一是陶器制坯广泛采用轮制,这是古代首先运用机械进行生产。利用木制陶轮制坯,由于是利用木轮旋转之机械力成形,不仅速度快,效率高,而且陶器坯胎规整浑圆,厚薄均匀,远非能工巧匠双手可比。此举开创人类用机械替代手工进行生产的先例。二是改进烧陶窑结构。如陕县庙底沟龙山文化一号陶窑,创设窑箅,增设火道和火孔,达到 8 条火道和 25 个火孔。这是一项重要的技术进步,不仅使陶窑充分利用热能,使窑内陶坯受热均衡,烧出高质量的陶器,而且有了窑箅和多火道火孔的结构才能扩大窑室,是由小窑变成大窑的关键技术之一,为后世陶瓷业的飞速发展奠定了技术基础。三是龙山文化中烧制黑陶,采用了碳素还原的技术。这项技术对于制陶业也有重大意义。

而陶纺轮的使用所采取的轮轴力学原理,可说为机械学奠定了原始基础。①

2. 天文历法

由于生产和生活的需要,原始社会的人们逐渐观察日、月、星辰的运转和天

----

① 宋兆麟等:《中国原始社会史》第 440 页,文物出版社,1983。

体的变化。人们最早对天体的观察和记录,至迟发生在仰韶文化晚期。在郑州大河村遗址出土的仰韶文化彩陶的口、腹部,有着众多的精美彩绘图案,其中最令人注目的是天象纹饰,如太阳纹、月纹、星纹、云纹、日晕纹、日珥纹、星座纹等。① 在天文图像中,日晕纹、日珥纹反映人们对天象观察非常敏感和细致。因为日晕、日珥不是常有的现象,这些现象的出现,预示着天气要发生某种变化。星座在宇宙中的位置是十分重要的天文知识。它不仅牵涉到星辰的方位,也牵涉到它们运行的轨道与地球运行之间的关系,也就是说观察星座的位置变化可知人们在地球上的方位和季节的变化。先民不仅非常有兴趣地观察天象,还把观察到的天象彩绘到日用陶器上,说明他们已具有一些天文常识,很可能通过观察天象的变化掌握季节变换,以适时耕作。有一个彩陶罐的肩部,绘着十二个太阳纹,很可能象征太阳运行一周需十二个月,换言之一年有十二个月。能够懂得一年有十二个月,这在天文学史上是一件了不起的事,它为历法的创立奠定了基础。

河南龙山文化时代的人们,在继承仰韶文化时代天文知识的基础上,又丰富了天文学知识,有了原始历法。据《尚书·尧典》曰:"乃命羲和,钦若昊天,历象日月星辰,敬授人时。"尧任命羲和为相天地之官,专观天象以指导百姓适时耕作,羲和当时已能指示何时能开始耕作,并根据所谓"日中星鸟"、"日永星火"、"宵中星虚"和"日短星昴"等天象分别定出仲春、仲夏、仲秋、仲冬等四大季节之正时,因此,尧曰:"咨汝羲暨和,其三百有六旬有六日,以闰月定四时成岁。"也就是说,当时根据日月星辰的运行规律,已可知一年为三百六十六日和四季,具备了一些天文学基础知识并开始制定原始历法。当时是否已达到"授时于人,不误农作"的水平,难以考证,但从《夏小正》所记夏人的历法知识而言,此时至少已知一年十二个月并划分四季,岁种岁收之农时已经掌握,应该不成问题。当时农业有较大发展,同这些天文历法知识积累有密切关系。《竹书纪年》记载有夏代发生的陨石雨现象。商代卜辞有许多天文观测的记录,《殷历》也比夏代历法进步。

---

① 郑州市博物馆:《谈谈郑州大河村出土彩陶上的天文图像》,载《河南文博通讯》,1978 年第 1 期。

三、艺术的滥觞

1. 美术

雕塑和绘画,是两大形象艺术形式,二者在河洛地区起源很早,在全国处于领先地位。

雕塑艺术形式的创立,至迟可追溯到裴李岗文化早期,距今约8000年前。在新郑裴李岗遗址,出土2件陶塑猪头,1件陶塑羊头,当是中国最早的雕塑艺术品之一。这些陶塑是写实的,在技艺上十分粗糙,显示出原始性。但是先民们已懂得抓住被塑造对象最主要的特征,如猪嘴和羊角,并已达到形似,可视为成功的作品。猪、羊为人们所驯养,天天见,形象熟悉;而且猪、羊的肉可食,羊皮还可御冬寒,不仅是人们生活必需品,也是人们的一种活的财富或动产。于是既容易想象又容易塑造的家畜形象,便成为人们雕塑的首选对象。可见,雕塑艺术的起源同人们的现实生活是分不开的。

人们自身也是原始雕塑的主要对象。密县莪沟北岗遗址35号灰坑出土的裴李岗文化时期的陶塑人头像,扁头方脸,前额低陷,眉脊隆起,宽鼻梁,细长目,闭嘴,下颌前伸,整个脸形恰似原始蒙古人种,所用的技法是捏塑和线刻、浮雕混合,是一件成功的原始雕塑品。仰韶时期,在陕西华县泉护村、洛南、临潼邓家庄等遗址都发现了人头或半身陶塑,在河南陕县三里桥也出土有人面陶塑残片。

在河洛地区发现的另一类陶塑品是陶器上的装饰物。此类作品发现颇多,但残缺不全。陕县庙底沟遗址出土的一件红陶鸟头,头较小,睁目张嘴,长颈上有几道弦纹,似乎是颈项的彩环羽毛。仰韶文化庙底沟遗址一些陶器上还有鸮头形陶塑装饰,造形为大头大眼,尖勾嘴,颇为有趣。这些作品同样能够反映出当时的雕塑艺术水平。

浮雕作为一种雕塑艺术形式,在仰韶文化时期也已出现。浮雕的题材也主要是人和动物两类,往往是作为一种实用器物上的装饰而存在。人头部的浮雕作品,已发现了几件。河南陕县七里铺遗址出土的一件人面夹砂陶片,人眼镂空,大鼻隆起,嘴半张开。作品显得粗而不俗,陋而不劣。与人物浮雕相比,动物浮雕显得美观一些。在陕县庙底沟遗址出土陶片中发现3件壁虎浮雕。其中一件陶片上的壁虎完好无损,形象是扁头阔嘴,身躯上布满锥刺的斑纹,四肢弯曲而张爪,尾粗而曲折,整个形态是吃力向上爬行,生动逼真。

除陶塑外,在河洛地区的仰韶文化遗址中,还发现一些石雕、骨雕和蚌雕等几类不同形式的作品,不过,几乎都属于装饰品,技法尚粗,未形成独立的门类。

绘画艺术的起源,与雕塑同时或更早。古人不知绘画如何起源,故有种种传说。唐人张彦远写道:"古先圣王受命应箓,则有龟字效灵,龙图呈宝。自巢、燧以来,皆有此瑞。迹暎乎瑶牒,事传乎金册。庖牺氏发于荣河中,典籍图画萌矣。轩辕氏得于温洛中,史皇、仓颉状焉。……是时也,画同体而未分,象制肇创而犹略。无以传其意,故有书;无以见形,故有画。天地圣人之意也。"[1]在河洛地区盛传的"河出图书"和黄帝臣子史皇制图和仓颉造字的传说,反映了这一地区是图画和文字较早的发源地。

考古发现也证明河洛地区是绘画艺术的起源地之一。早在距今 7000 余年

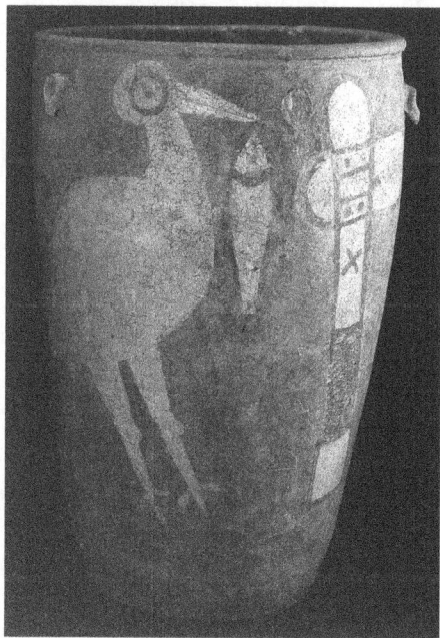

汝州出土彩陶缸鹳鱼石斧图

前的磁山、裴李岗文化便有简单的陶器彩绘,到距今 6000 多年前的仰韶文化时代,在陶器上便有人、动物、植物和几何图案的彩绘或图案。所以,河洛地区较为成熟的绘画至迟起源于裴李岗文化和仰韶文化时代。

仰韶时期的绘画,尚不是专门供人鉴赏的艺术品,而只是起装饰作用,或者说是一种"实用"艺术。这应是绘画与现实生活密切相关的昭示。仰韶彩绘的地方特色,主要是抽象的花瓣图案,以及一些蛙纹和星象图案。

陕县庙底沟遗址发现三例蛙的绘画,系绘在陶器表面作为装饰,有人又称其为蛙纹。它比较粗放,蛙体圆鼓,上面布满圆形斑纹,采取了夸张的手法。在汝州洪山庙遗址发现用作瓮棺的陶缸上绘有人面、人纹、龟、鹿、生殖器和太阳等图像装饰画。

---

①　张彦远:《历代名画记》,第 3 页,俞剑华注释,上海美术出版社,1964。

　　具有一定寓意和反映人的生活情趣的画也有发现。在汝州阎村遗址出土的一种陶缸外壁上,绘有一幅《鹳鱼石斧图》。这是用黑白两色颜料绘成的画。画中的鹳,圆头长嘴,眼圆瞪而有神,体态肥硕,尖尾,双腿挺直而张爪;鹳嘴尖上叼着一条倒垂的大鱼。在鹳鱼的右侧,竖立一把装在木柄上的石斧,木柄下部手握部分缠有菱形交错的绳索,柄上部刻画有一个"×"形符号。整幅画用朴素的写实手法,只有鹳的眼稍大,似用了夸张的手法,以突出表现眼睛的神态,有画龙点睛之妙。技法粗中有细,鱼和斧两者用粗黑线勾勒出轮廓而后用白粉填满实体,而对鹳则不用粗墨线勾轮廓而直接用白粉画出鹳的身体。对于鹳的羽毛和鱼的鳞片不写细部,而对石斧柄上缠绳和符号则着墨细描,可能是考虑到视觉效果的缘故。因为羽毛和鱼鳞一眼望去难以细分纹理,而绳索和符号则一目了然。该细的细,该粗的粗,这是一种艺术技巧,反映原始绘画已具有较高水平。这幅画反映了当时的农耕和渔猎生活。

　　在河南龙山文化时期,绘画技术日趋成熟。由于龙山人喜欢灰黑陶,不像仰韶人那样喜欢在陶器上作绘,故除了龙山文化早期陶器有少量彩绘外,未见遗留彩绘。而其他艺术作品则时有零星发现。龙山时期的雕塑作品仍多以实用装饰性为主体。如河南陕县三里桥遗址出土一件龙山文化陶器上的装饰性鸟头,造形为小圆头,大圆眼,嘴扁短欲张,神态生动,技法娴熟。登封王城岗遗址出土一件龙山文化时期的鸟头形器盖握手,手捏成的扁圆鸟头,尖钩嘴,用两个小圆泥饼捏制的眼睛十分突出,显示出粗犷的艺术风格。当时纯粹的雕塑艺术作品已占相当比例。河南安阳殷墟小屯村171号灰坑出土有2件龙山文化陶雕:一件牛头陶雕,刀法粗犷,唯两角较着力,用交叉刀纹刻出弯曲的双角,人们一眼可知这是黄牛头;另一件为陶枭,采取直身尾立的姿态。这是当时不可多得的形神兼备的写意陶雕作品,具有较高的艺术水平。[①]

　　2. 音乐舞蹈

　　娱乐是人们生活的需要,也是人与动物的重大区别之一。

　　音乐是人们利用有节律的音响表达丰富情感的抽象艺术形式,纯属一种抽象思维的产物,表现了人类智慧的发展。音乐又可分为声乐(歌唱)、吹奏乐、打

---

　　① 《中国雕塑史图录》(一),上海人民美术出版社,1983。

击乐、弦乐等几种。其中,声乐的起源,缺乏文献,难以稽考。但是从其他乐器发现的年代来看,声乐或与吹奏乐、打击乐、弦乐的创始时间同时或更早一些。《世本·作篇》载:"伏羲作瑟;神农作琴;女娲作笙簧;夷作鼓;伶伦作磬。"《帝王世纪》记载:"炎帝作五弦之琴。""黄帝杀夔,以其皮为鼓。"如果此说可信,在伏羲、炎帝和黄帝时代已经有了多种乐器。而《山海经》又载:"帝俊有子八人,是始歌舞。"帝俊,有学者认为即帝舜。据此可言声乐和舞蹈创始于五帝时代后期。

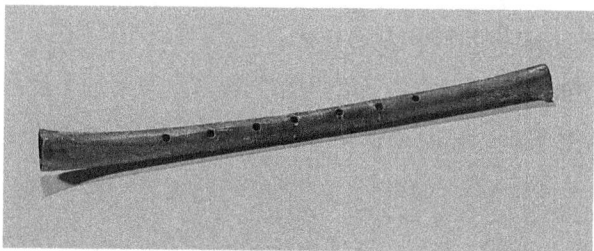

舞阳贾湖遗址出土骨笛

从考古发现来说,距今 8000 多年前的新石器时代,河洛地区已有音乐存在。

在河南舞阳县贾湖遗址出土有 16 支骨笛,这是我国发现的年代最早的乐器。这批骨笛系用大飞禽(鹤类)的腿骨钻孔制作,笛孔圆滑,孔距均衡,笛身光滑,似乎长时间吹奏。其中一件精美的骨笛,长 22.2 厘米,笛正面有 7 孔,在第 6 与第 7 孔之间有一调音小孔。[①] 经音乐史家测音鉴定,证明"这支骨笛比后世竖吹之管只少了背面的'六'、'勾'二音,正应是竖吹管乐器的祖制"。"这支骨笛的音阶结构至少是六音阶,也有可能是七声齐备的、古老的下徵调音阶。"[②] 早在七八千年前就具有六至七音阶的吹奏乐器,说明吹奏乐创始于新石器时代前期。

吹奏乐器除了骨笛外,还有陶埙。它是用陶土捏制成橄榄形或椭圆形,并在上面穿 1~7 个吹孔后烧制而成。器形十分简陋,但是制作容易。在仰韶文化遗址中时有发现,可能是普遍使用的原始形状。河洛地区所发现者皆残,难观其原形,西安半坡遗址两个陶埙完好无损,可供鉴赏。其中一个陶埙,长 5.8 厘米,中

① 河南省文物研究所等:《河南舞阳贾湖新石器时代遗址第二至五、六次发掘简报》,《文物》1989 年第 1 期。

② 黄翔鹏:《舞阳贾湖骨笛的测音研究》,《文物》1989 年第 1 期。

径 2.8 厘米,上下斜向贯穿一孔,孔径 0.5 厘米,现在用口吹起来仍吱吱有声。

　　打击器类的钟和铃,也创制较早。河南陕县庙底沟遗址出土一件仰韶文化陶钟,系用细泥红陶制成。它的外形近似后世的钟,钟身上细下粗,钟口外张,以受击时扬其声。在此陶钟肩部两侧各有一斜穿小孔,似乎是用细绳系一小钟摆锤,握住上端的圆柱状柄晃动,则可发出有节奏感的当当声。此陶钟较小,高 9 厘米,口径 5 厘米。因陶质坚硬,制作精良,叩之音质清脆悦耳。

　　舞蹈同音乐是孪生姐妹,是同时相伴而生的。舞蹈同歌唱一样是人们抒发强烈情感的一种手段和方式。人们在兴高采烈时,往往不由自主地手舞足蹈。人们"嗟叹不足,故不知手之舞之,足之蹈之也"①。舞蹈是人类最早的娱乐方式之一,也是一种历史悠久的文化艺术形式。传说舞蹈起源于原始社会。《事物纪原》引《山海经》说:"天与帝争神,帝断其首,乃以乳为眼,以脐为口,操干戚为舞。"又说:"帝俊八子始为舞。"《事物纪原》引《吕氏春秋》说:"舞乐之兴,始于黄帝。"考古材料表明,仰韶文化时代已有集体舞蹈。

　　龙山文化时期,河洛地区的音乐舞蹈也有新发展。五帝时期,即河南龙山文化时期又陆续发明一些新的乐器。《皇图要纪》曰:"帝喾造钟磬。"钟,可能为黄帝时代所发明,帝喾时可能造新型的钟。但此磬,可能为帝喾时代发明。襄汾陶寺遗址就出土了鼍鼓和石磬,证实其存在。新的乐器发明,显然是音乐发展的需要和象征。歌曲与舞蹈是密不可分的,歌促舞,舞必歌。《吕氏春秋》说:"陶唐氏之始,阴多滞伏,民多壅阏,故为作舞以宣导之娱矣。"②帝尧陶唐氏时期已进入阶级社会,大多数人受剥削和压抑,需要娱乐以抒发心中的郁闷,歌舞则是较好的宣泄方式,歌舞也是当时贵族较普遍的娱乐形式。

第四节　河图洛书

　　有人说:"河图洛书是中华文化的源头。"北京"中华世纪坛"的世纪大厅里,

---

① 《礼记》第十九《乐记》。
② 高承:《事物纪原》卷二《乐舞声歌部》,载《丛书集成初编》第 1209 册。

建有浓缩中华五千年文明史的圆壁浮雕,而以河图洛书为第一组,以太极八卦为第二组。可见这一观点已为人们所承认。河图洛书也是河洛文化的源头和标志。谈及河洛文化的起源,自然不能不说到河图洛书。

张正明先生说:"三代的河洛文化是中华文化的主源。《易·系辞上》云'河出图,洛出书。'《河图》与《洛书》只是中华文明抽象化且神秘化的符号,并非实有其物。图自河出,书自洛出,虽为传说,却正是先民对中华文明肇源于河洛的准确记忆。"①

王永宽先生说:"河图洛书是河洛文化中具有经典意义的并且是具有标志性的文化成果,也可以说是河洛文化的徽识。"②河图洛书是中华文明早期在河洛地区产生的。

戴逸先生说:"河图洛书,是河洛文化研究中的一个重要的内容。河图洛书,千古之谜。这个问题涉及到中国学术史上的一场公案。"③宋人欧阳修曾对象数学派的河图洛书理论提出质疑,明代的王廷相,清代的胡渭、黄宗羲、毛奇龄等也曾对河洛派提出批评。

河图洛书作为一种文化现象,距今时代久远,涉及内容广泛,历代学者的研究成果相当丰富,认识也大相径庭,因而存在问题很多。例如,河图洛书的内容和真伪问题,河图洛书的具体出处问题等,都有深入研讨的必要。

关于河图洛书传说的构建和阐释,从先秦到明清,前后延续了几千年。由于时代久远,原初的"河图"、"洛书"是什么,我们可能已无从得知,最多只能作些推测,而汉代、宋代人改造过的"河图"、"洛书"还可以知道得清楚些。下面分三个时期进行阐述。

一、先秦时期河图洛书的传说

河图洛书最早见载于先秦文献《尚书》《管子》《论语》《墨子》《竹书纪年》《周易》以及西汉方最后成书的《礼记》。

西周策立康王时,堂上陈列"越玉五重,陈宝,赤刀,大训,弘璧、琬、琰,在西

---

① 张正明、董珞:《先秦河洛文化族属述略》,《河洛文化与汉民族散论》,河南人民出版社,2006。
② 王永宽:《河图洛书探秘》第1页,河南人民出版社,2006。
③ 戴逸:《关于河洛文化的四个问题》,《寻根》1994年第1期。

序;大玉,夷玉,天球,河图,在东序"。①

春秋中期,管仲言:"昔人之授命者,龙龟假(至),河出图,洛出书,地出乘黄(神马)。今三祥未出者,虽曰受命,无乃失之乎"②。

春秋末期,孔子说:"凤鸟不至,河图不出,吾已矣夫。"③关于洛书的来源,一说是由凤鸟衔至,"凤鸟不至"就是"洛书不出"的同义语。

战国初期,墨子说:"赤鸟衔圭,降周之岐社曰:'天命周文王伐殷有国。'泰颠来宾,河出绿图,地出乘黄。"④

战国的文献记载,还有《易·系辞》中"河出图,洛出书,圣人则之"之语,为人们所熟知,《竹书纪年》也说"龙图出河"。

成篇于战国晚期至秦汉的《礼记·礼运》篇中说:"故天降膏露,地出醴泉,山出器车,河出马图,凤凰、麒麟皆在郊陬。"

由上述记载,我们可以得出以下几点认识:

1. 在西周,河图是一种珍贵的宝器,它和其他珍宝、器物陈列在殿堂的两序,是一种实实在在的器物。陈列品大多是玉器,天球似乎是一种仪器,此外就是河图,与天球排列在一起,可能是由人制造或者经过加工的器物。

2. 春秋战国文献记载的河图洛书是一种祥瑞,在帝王受命、圣人出现或遭逢盛世时才会出现。

3. 圣人效法河图洛书,制定行为准则或国家法典,或者受河图洛书的启示,进行创造发明。

4. 先秦文献记载的河图洛书比较简略,没有具体和某一位帝王联系起来,河图洛书是如何出现的,其内容究竟是什么,都含糊不清。

顾名思义,河图出于黄河,洛书出于洛水。关于河图洛书的具体出处,也是一个有争议的问题。其中比较有根据的说法是:河图出于河南孟津县老城,那里有始建于南北朝的龙马负图寺;洛书出于河南洛宁县西长水,那里有唐宋时期和清代的"洛出书处"古碑。此外,还有人说河图与洛书都出于河南巩义市的洛水

---

① 《尚书》第二十四《顾命》。
② 《管子》卷九《小匡》。
③ 《论语》卷九《子罕》。
④ 《墨子》卷九《非攻篇下》。

入黄河处。那里古称洛汭,附近有伏羲台,据说古代帝王多在此祭天。但是依据文献记载本意,"河出图,洛出书",河图与洛书似乎出在两个地方,不大可能在同一处。其实河图洛书作为一种古史传说,其具体出处难以确指。上述河图与洛书的具体出处,大多是汉代已降人们的说法。严格说来,它们只能是关于"河出图、洛出书"的纪念地。

二、汉代河图洛书传说的完备

在西汉前中期,有关河图洛书的议论尚不是很多。例如淮南王刘安等人说:"古者至德之世,贾便其肆,农乐其业,大夫安其职,而处士修其道。当此之时,风雨不毁折,草木不夭,九鼎重味,珠玉润泽,洛出《丹书》,河出《绿图》,故许由、方回、善卷、披衣得达其道。"①这里大体上沿袭先秦河图洛书为祥瑞之兆的说法。

汉武帝时的孔安国曾为《尚书》作传,他说:"'河图',八卦。伏羲氏王天下,龙马出河,遂则其文,以画八卦,谓之'河图',及典谟皆历代传宝之。"又说"天与禹,洛出书。神龟负文而出,列于背,有数至于九。禹遂引而第之,以成九类,常道所以次序。"②两汉之际,刘歆以为:"伏羲氏继天而王,受'河图',则而画之,八卦是也。禹治洪水,赐'洛书',法而陈之,《洪范》是也。"③扬雄也说:"大易之始,河序龙图,洛贡龟书"④。孔安国首先将河图、洛书与八卦、《洪范》九畴联系起来,而且明确指出伏羲受河图,大禹受洛书,这是关于河图洛书的极其重要的阐释,对以后有很大影响。

西汉后期至东汉,谶纬之学盛行,儒学增添了浓厚的神学色彩。"谶"是一种关于吉凶的隐语式的预言,"纬"是解释经书的著作,二者是有所区别的。由于汉代纬书中夹杂有许多虚玄、迷信的内容,于是后人就把二者合称为谶纬。汉代的纬书多达五六十种,可分为二类:一是"七经纬",即依据《周易》《尚书》《诗经》《礼经》《乐经》《春秋》和《孝经》等七种儒家经典附会而成的纬书;二是关于

①　《淮南子》卷二《俶真训》。
②　《尚书》第二十四《顾命》、第六《洪范》,孔安国传。
③　《汉书》卷二十七《五行志上》。
④　扬雄:《灵赋》,《文选》李贤注。

河图洛书的纬书。七经纬中也涉及河图洛书。河图洛书多见于纬书。例如，《礼纬·含文嘉》说："伏羲德合上下，天应以鸟兽文章，地应以河图洛书，伏羲则而象之，乃作八卦。"

安阳姜里周文王演易坊

谶纬中有大量关于河图洛书的传说，对河图洛书的解释可谓五花八门。谶纬书中认为得到河图洛书的人涉及伏羲、黄帝、尧、舜及后来的夏禹、商汤、周文王、周武王、秦始皇、汉高祖等十几位帝王，传送图书的灵异动物也有龙马、大鱼、灵龟、黄龙等等，不一而足。河图洛书的载体有龟甲、玄色绦状的舒卷图、黑玉、玄甲、尺二玉牒等。对于河图洛书内容的解释，各种纬书也有不同的说法，概括而言，一说河图是标志帝王兴起与灭亡年代的一种图画；一说河图是记载帝王次序之图，也是记载山水名称及行政区划的地图。今人王永宽认为河图洛书是一种祥瑞之兆。他说："上述说法都贯穿着同一种精神，即认为古代圣明的君主的出现都是上膺天命的，因此上天便赐予他象征着权利和身份的宝物，或者显示出吉祥昌盛的征兆"[1]。

东汉后期的郑玄是兼通今文、古文经学的儒学大家，他也说"伏羲氏有天下，龙马龟图出于河，遂法之画八卦"[2]，认同了纬书关于河图洛书的说法。

总之，自孔安国、刘歆提出伏羲河图八卦与大禹洛书九畴的诠解之后，经过谶纬学说的附会，成为汉代纬书中河图洛书中的基本内涵，也是汉代谶纬演绎河

---

① 王永宽：《河图洛书探秘》第 88 页，河南人民出版社，2006。

② 《礼记》第九《礼运》"河出马图"，孔颖达疏。

洛崇拜与圣人受命思想的主题生发点。

汉代学者对于洛书的研究有两点贡献,一是纬书关于太一九宫的解释将洛书和八卦联系起来,二是明确提出了洛书的具体内容。

1. 从太一九宫图讲八卦与洛书的关系

纬书《周易乾凿度》议论九宫问题时说:"故太一取其数以行九宫,四正四维,皆合于十五。"郑玄为之作注解,其大意是说太一即北辰之神,也就是天帝。众星的关系如同一个家庭,有父母和三男三女。天帝和众星居所的分布即为九宫。天帝居中央之宫,他象天子巡狩方岳一样,巡行于家庭成员之间。他巡行的顺序是按照后天八卦的方位图,从坎起,至离止。其路线是:

坎(中男)—坤(母)—震(长男)—巽(长女)—中央—乾(父)—兑(少女)——艮(少男)—离(中女)。

如下图:

巽 东南 长女	离 南 中女	坤 西南 母
震 东 长男	中央 北辰所居	兑 西 少女
艮 东北 少男	坎 北 中男	乾 西北 父

上图中的八个卦象分别代表着八个方位,同时也分别代表着这个家庭中各个成员的居所。太一之神的巡行顺序,若用一至九的数字排列,则即是九宫的数字排列,亦即"洛书"的数字排列:

四	九	二
三	五	七
八	一	六

考古工作者在安徽阜阳双古堆汉墓发现的西汉初年的太一九宫式盘,有助

于说明这一点。① 太一九宫式盘地盘与八方详列八节、八宫名称,所见内容与《灵枢经·九宫八风》大体相同。九宫方位与后天八卦相应,而后天八卦又与宋人所谓洛书九数图相应。

2. 关于洛书的内容

《尚书·洪范》中记载箕子答周武王问说:"天乃赐禹洪范九畴,彝伦攸叙。初一曰五行;次二曰敬用五事;次三曰农用八政,次四曰协用五纪;次五曰建用皇极;次六曰乂用三德;次七曰明用稽疑;次八曰念用庶征,次九曰飨用五福,畏用六极。"②

东汉时,《汉书》的作者班固以为上引《洪范》篇中的一些文字就是"洛书"的原文。《洛书》本文六十五字:"初一曰五行;次二曰羞用五事;次三曰农用八政,次四曰叶用五纪;次五曰建用皇极;次六曰乂用三德;次七曰明用稽疑;次八曰念用庶征,次九曰飨用五福,畏用六极。"他认为这就是"所谓天乃赐禹大法九章常事所次者也。以为《河图》《洛书》相为经纬,八卦、九章相为表里"③。

郑玄注引《春秋纬》云:"河,龙图发,洛,龟书成,《河图》有九篇,《洛书》有六篇。"王充《论衡》云"河图洛书,言兴衰存亡。"是又皆以为书名。

河图洛书的传说虽然发源于先秦,但到汉代才构建完成。汉代将"河图"、"洛书"与两部最重要的儒家经典——《周易》、《尚书》进行联系,尤其是将古老而神秘的"河出图,洛出书"的传说与《周易》的创制进行联系,使河图洛书成为《周易》的源头。此后研究《易》学的人都不可能回避河图洛书,于是河图洛书成为中国古代学术的一个重要组成部分。

在战国秦汉之际已经出现了河洛受命说,它主要是为秦而发。当时人认为,"三代之居皆在河洛之间",而秦却建都于关中的咸阳。且秦朝抛弃了三代的文化传统,实行法制,尚武功,结果仅传二世而亡。"昔三代居三河,河洛出图书。秦居渭阳,而渭水数赤,瑞异应德之效也。"④此说在汉代得以延续。西汉末刘歆作《世经》,本着"伏羲继天而王,为百王先"的信念,创立追本于伏羲的古史系

---

① 安徽省文物工作队等:《阜阳双古堆西汉汝阴侯墓发掘简报》,《文物》1978 年第 8 期。
② 《尚书》卷十二《洪范》。
③ 《汉书》卷二十七上《五行志上》。
④ 《汉书》卷二十七中之下《五行志中之下》。

统。在此前后,纬书提出大致相同的新古史系统。但它以河洛为帝王受命神坛,从而为新古史系统提出了地域中心根据。纬书中以伏羲、神农、黄帝为首,下至秦汉的帝王系统,就是以河洛神坛为中心而构拟出的上古以来帝王受命的王朝体系。它所包含的祥瑞意蕴,实际上是一种建立在"天人感应"说理论基础之上的神道设教。但它大体上为后世所接受,成为中国文化传统的古史信仰根基。

河洛受命说主要是总结三代文化的背景下提出的一种政治文化理想,但它在学术思想上的影响不容低估。就中国文化史而言,伏羲画卦乃中国文化始启的象征。中国古代文化的历史定位,基本上经由河洛受命说的思想体系被确认下来。伏羲八卦与河洛中心从此成为中国人认同的文化起源的根本象征,三皇五帝史统亦经此形成并成为中国文明早期的象征性古史体系,最重要的是它们作为中国历史的基础性沉淀渗入到中国人深层文化的心理意识中。就此意义而言,谶纬河洛说在总结三代文化和开创中国文化的信仰根基方面,其所具意义是无与伦比的。[①]

三、宋代学者对河图洛书的阐释

宋代,河图洛书的研究进入了一个新阶段。宋儒继承了河图洛书传说和它们是八卦、《洪范》来源的观点,将研究重点转移到河图洛书本身是什么的问题上。他们在提出自己对河图洛书的新释的基础上,重新将其用于解说《易》和《洪范》,从而形成了一种哲学理论。

宋儒研究河图洛书的代表人物,一是象数学派邵雍、刘牧、朱震,二是理学的集大成者朱熹及其弟子蔡元定等。邵雍的《皇极经世书》、刘牧的《钩沉索引图》、朱震的《汉上易传》和朱熹的《周易本义》以及蔡元定撰、朱熹删定的《易学启蒙》、蔡元定的《皇极经世指要》等书,都详细研究了河图洛书,内容相当丰富,不再一一列举。

朱熹的《周易本义》卷首有蔡元定绘制的两个图式。据说这两个图是邵雍首先提出来的,传至刘牧将两个图的名称颠倒了,朱震又重新更正过来,蔡元定从朱震之说,以后便通行于世,就是我们今天可以看到的"河图"、"洛书"。

---

① 葛志毅:《汉代谶纬河洛说的历史文化意义》,《邯郸学院学报》2007 年第 1 期。

"河图"由 1 至 10 组成,奇数 1、3、
5、7、9 用白圈画出,偶数 2、4、6、8、10 用
黑点画出。5 个奇数相加为 25,5 个偶
数相加为 30,二者相加为 55。《周易·
系辞上传》说:"天一,地二;天三,地四;
天五,地六;天七,地八;天九,地十。天
数五,地数五。五位相得而各有合,天
数二十有五,地数三十,凡天地之数五
十有五,此所以成变化而行鬼神也。"可
见,"河图"中的数字正是《周易系辞·
上传》中所说的天数、地数、天数之和、
地数之和、天地数之和。这就是"河图
之数"。再从数的分组和排列方位来
看,它是"一与六共守而居于北,二与七
为朋而居于南,三与八同道而居于东,
四与九为朋而居于西,五与十相守而居
于中"①。

河图分组的意义有二:一、表示数

河图

洛书

洛图洛书

字虽多,性质不过一阴一阳。凡奇数皆为阳,偶数皆为阴。一切事物都是一阴一
阳,用数来表示就是一奇一偶,从而把数与阴阳联系起来;二是说明五行之数与
五行之位。汉代以降以五行说《易》者,皆以水的生数为 1,成数为 6;火的生数
为 2,成数为 7;木的生数为 3,成数为 8;金的生数为 4,成数为 9;土的生数为 5,
成数为 10。又认为五行的方位是水北、火南、木东、金西、土中。河图的分组正
是以五行的生数和成数各为一组,方位正是五行之数与各置五行的方位,从而把
数与五行联系起来。

"洛书"由 1 至 9 组成,也是奇数 1、3、5、7、9 用白圈画出,偶数 2、4、6、8 用黑
点画出。奇数 1、3、5、7、9 分居正北、正东、正中、正西、正南;偶数 2、4、6、8 则分

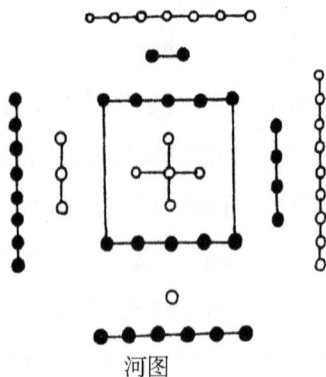

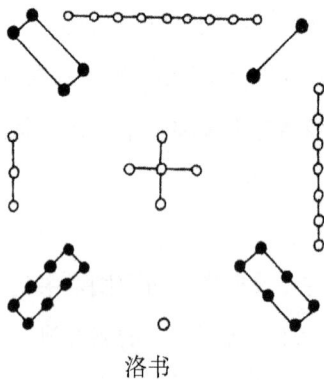

_____

① 蔡元定撰:《易学启蒙》。

居西南、东南、西北、东北。这个图式用数字表示,则是所谓"戴九履一,左三右七,二四为肩,六八为足"①,五居中央。这个图式有一个有趣的数字关系,即每一纵行、每一横行、每一斜行的三个数的和均为15。

把这种数字关系说成洛书,其意义在于:一、说明"洛书"如何产生《洪范》九畴:"'洛书'之实,其一为五行,其二为五事,其三为八政,其四为五纪,其五为皇极,其六为三德,其七为稽疑,其八为庶征,其九为福极:其位与数尤晓然也。""洛书"画出了四方、四隅和中央九个方位,最大数为九,与《洪范》九畴的九类大法联系起来;二是"'洛书'以五奇数统四偶数,而各居其所,盖主于阳以统阴,而肇其变,数之用也"②。就是说,"洛书"由1、3、5、7、9五个奇数统带着2、4、6、8四个偶数组成,奇数排在四方和中央,偶数列在四隅,表示一切制变的根本原理是以阳统阴。

总之,"宋儒这种'河图'、'洛书'的新见解,是用一些特殊的数字(如阳数、阴数、天数、地数、大衍之数、九畴之数)来说明《易》和《洪范》,在说明《易》时进而从数字关系推出八卦图象。而八卦历来被认为是万事万物之源。因此追根究底,数是一切自然现象和社会现象的本源"③。因此宋儒的"河图"、"洛书"是以数为本原的哲学理论。

从宋代开始,有些学者对河图洛书的真实性提出了质疑,不同观点之间也进行了一些辩难,这是非常可贵的,它有利于研究的继续深入。

四、今人对河图洛书的研究

回顾河图洛书传说形成的过程和历代学者对它的阐释,可以看出:

1. "河图"、"洛书"最初的出现,当时人们认为这只是一种国家王权巩固和国家兴盛的祥瑞征兆。稍后,就被学者定为《八卦》(阴阳说)、《洪范》(五行说)形成的依据。秦汉之际,"纬书"学说兴起之后,把原来的"图书"科学内涵,撇在一边,侧重在论证"图书"的出现是天子受命时接受的天书上。这三种观点的研究,长期没有进展。

---

① 甄鸾著:《数术记遗》。
② 蔡元定撰:《易学启蒙》。
③ 刘宝才:《"河图""洛书"初探》,《洛汭与河图洛书》,河南科技出版社,1996。

2.从西汉的孔安国、刘歆,到东汉六朝及隋唐的学者,对"河图"也无新见解,而对"洛书"的解释,却出现了新进展。他们认为"洛书"是九宫数的次第。萧吉认为,它是明堂制度记九室的次第。长期以来,《洛书》也成了数学之谜。"洛书"龟文已与术数家的九宫数混为一谈。

3.宋代的学者对"河图洛书"的看法有了很大变化。自从在四川传出陈抟撰《龙图》、画《先天图》、《河图》、《洛书》图,也传出了三派门徒的学说。随后,又产生了陈学真伪之争。他们认为:起初,"河图"、"洛书"本无关系,后来才有了"图、书"同为八卦之本的观点。汉代刘歆将二者分属伏羲、大禹两代文化事项之后,又出现了将二者都认为是伏羲时代的文化创造。

关于河图洛书,古人由于历史条件的限制,难以有科学的认识,也难以得出完全正确的结论。20世纪80年代以来,《周易》之学成了国内外学术界的显学,以"河图"、"洛书"为基础的《周易》之学博大精深,具有无限广阔的研究前景。在现代科学技术迅猛发展的今天,人们对河图洛书有了比较深入的研究,也产生了一些新的认识。例如,韩永贤认为河图洛书乃我国游牧时代的气候图和罗盘;周兴华认为河图为古代的马形岩画,洛书为龟形岩画。但是这些观点尚难以得到验证。

当前关于河图洛书比较有代表性的观点,是以下几种:

王永宽认为:"河图洛书的产生所反映的远古物象崇拜意识表现在几个基本问题上。其一是河图洛书的来源。传说认为河图洛书是从黄河、洛河的河水中来的,这反映了远古时期先民的河流崇拜意识。其二是河图洛书的传送媒介。传说认为河图洛书是由龙、马、龟衔来或驮来的,这反映了远古先民的灵异动物崇拜意识。其三是河图洛书的主要表现形式。传说认为河图洛书的基本符号是数的概念,这反映了远古时期先民的数字崇拜意识。"[1]

李昌明认为"古河图洛书很可能既是一种符号,又是一种祥瑞。作为祥瑞的河图洛书,乃为帝王受命之应;作为符号的河图洛书,伏羲则之而画八卦。"[2]

曲辰认为"'河图'、'洛书',显然是后人根据《易·系辞》中的大衍之数,以

---

① 王永宽:《河图洛书探秘》第38页,河南人民出版社,2006。
② 李昌明:《河图洛书——中华文化之根》,《洛汭与河图洛书》,河南科技出版社,1996。

及《说卦传》中的内容而画出的图形,它是地处中原的河洛地区先民们的一种创造,表现出了中原地区先民们的聪明智慧。""'河图'、'洛书'是中国古代哲学思想发展中用作预测事物变化、进行数学演算的一个组成部分,它的出现又使中国古老的唯物辨证哲学思想突现出一种精奥之中的神秘色彩。"①

刘宝才先生以为,先秦的"河图"、"洛书"是一种文化起源论,汉代的"河图"、"洛书"是一种神道设教论,宋儒的"河图"、"洛书"是一种哲学本体论。②

总之,人们认为,河图洛书反映了远古先民的物象崇拜意识,它可能既是一种符号,又是一种祥瑞。它是中国古代哲学思想发展中用作预测事物变化进行数学演算的一部分。它分别是一种文化起源论、神道设教论和哲学本体论。河图("十数图")洛书("九数图")体现了古人的宇宙自然观,并被运用于古代天文学、医学、数学等领域,对中国传统文化的形成和发展起到了重要的作用。无论从思想方面、还是学术方面说,河图洛书是前人留给我们的一份珍贵的文化遗产,值得人们努力去发掘。

---

① 曲辰:《试谈"河图""洛书"对中国古哲学的影响》,《洛汭与河图洛书》,河南科技出版社,1996。
② 刘宝才:《"河图""洛书"初探》,《洛汭与河图洛书》,河南科技出版社,1996。

第三章　河洛地区的物质文化

第一节　发达的社会经济

在距今一万至八千年间,河洛地区气候温暖湿润,土质疏松肥沃,非常适宜农作物种植,原始旱作农业就在这一地区出现。裴李岗文化时期的先民开始用石斧砍伐荆棘,用石铲除去荒草,种植粟、黍等谷物。稍后的仰韶文化时期,先民们植麻养藕,栽种蔬菜。大禹"致力乎沟洫",开始了农田的灌排。历法《夏小正》的出现,说明人们已懂得物候农时。商代后期的甲骨文中,已有乞求"受年"(丰收)的文字。西周时期农业生产技术更加成熟,作物品种增多,粟、稷、麦、稻、黍、菽及麻均有种植。

伴随着原始农业的发展,原始手工业也成为一个独立的行业。制陶、制玉和青铜铸造技术逐渐提高,需要专人从事生产,于是手工业逐渐从农业中分离出来。特别是供帝王贵族享用的手工产品更为精美,需要一批专门的工匠进行生产,官营手工业应运而生。手工业首先在夏商王朝的都城发展起来。

原始社会后期,私有财产增加,出现了物品交换。夏代商业逐渐兴起。商族的先公"王亥"就曾驾着牛车到有易部族贩卖,这是中国关于商品贸易的最早事例。由于商族有经商的传统,后世人们把从事商业活动的人称为商人。

从春秋战国到唐宋的一千多年中,河洛地区的农业、手工业和商业发展迅速,社会经济长期在全国处于领先地位。

　　春秋战国时期,由于铁农具的使用和牛耕的推广,河洛地区由原始农业进入传统农业阶段。战国时期铁农具在河洛地区已基本普及。在辉县固围村的魏国墓葬中,一次出土铁农具 58 件。后世常见的各种铁农具,几乎都可以在此找到其雏形。李悝的"尽地力之教",推动了魏国农业生产的发展。公元前 3 世纪中叶,魏国在黄河以南开凿的"鸿沟"运河,既可灌溉两岸的土地,又便利了水上交通运输。

　　汉代,河洛地区是全国人口最为稠密的地区之一,适宜耕作的土地都已得到垦殖,播种使用耧车,代田法、区种法等先进技术得到推广。西域等地的作物、果树陆续传入,河洛地区成为全国粮食和桑蚕的主要产区。在河南、河内、河东等郡兴修了一些水利工程,形成了沟渠陂塘为主体的灌溉网络。虽然东汉末的董卓之乱使河洛地区的农业生产遭到严重破坏,曹魏实行的屯田和兴修水利,又使农业生产得到迅速恢复,从洛阳到寿春"农官田兵,鸡犬之声,阡陌相属",呈现出一派繁荣景象。

安阳殷墟妇好墓出土象牙杯

　　隋代与唐前期国家统一,社会相对安定,为农业生产的发展创造了条件。这一时期河洛地区再度成为全国人口密度最大的地区之一。山区和河池边的土地也得到了垦植,于是这一地区重新成为全国粮食和桑蚕的首要产地。唐代中叶的"安史之乱"使河洛地区人口锐减,农业遭到严重破坏,唐后期的藩镇割据与五代政权的频繁更迭都不利于农业生产的发展。虽然建都开封的北宋统治者曾采取措施恢复和发展这一地区的农业生产,但全国经济重心南移之势已不可逆转。此后,河洛地区的农业生产逐渐落后于江南地区,发展相对缓慢。

　　在河洛地区的历史上不仅有发达的农业,也有发达的手工业和商业。

　　商周时期青铜铸造是河洛地区手工业的主要门类。郑州商城、安阳殷墟和洛阳出土的以司母戊大方鼎为代表的青铜器琳琅满目,显示了高超的工艺水平。新郑出土的春秋时期的莲鹤方壶,可谓国之瑰宝。

西周晚期至春秋时期铁器开始出现。三门峡出土的铜芯铁剑,被誉为"中华第一剑",是我国已发现的最早的人工冶铁制品。战国时期河洛地区冶铁业迅速发展,韩国的铁器较为著名。西汉时期河洛地区的河南郡、河内郡和河东郡都设有铁官,管辖有不少大型冶铁作坊。郑州古荥冶铁遗址中的大型冶铁炉,每炉每天可炼生铁一吨左右。对巩义铁生沟冶铁遗址的发掘研究表明,当时人们已能炼成性能良好的铸铁脱炭钢和球墨铸铁,它比世界西方生产球墨铸铁要早一千多年。当时河洛地区生产的铁器远销我国西南、西北边陲地区。

陶瓷也是古代河洛地区的一个重要手工业门类。仰韶文化遗址出土的彩陶绚丽斑斓,郑州商城出土的原始瓷尊是中国较早的原始瓷器。汉代河洛地区出土的陶仓楼、水榭,反映了陶器制造的新水平。魏晋南北朝时期河洛地区的瓷器烧制技术臻于成熟。洛阳西晋墓中出土的狮形青瓷盂胎质纯、硬度高、釉料匀,通体晶莹,已属真正的瓷器。

考古工作者在巩义黄冶发现了唐三彩窑址。洛阳一带出土的三彩陶器造型精美,釉色斑斓,是不可多得的艺术珍品。巩义黄冶也是后期青瓷的主要产地。巩义、安阳等地的白瓷烧造技术也很先进。五代时期郑州柴窑的产品誉满天下,有"青如天,明如镜,薄如纸,声如磬"的美名。北宋全国有五大官窑,河洛地区独有其三,汝州的汝窑为五大名窑之首,烧制的青瓷色彩繁多,以天青色最负盛名,陈留的官瓷、禹州的均瓷也很名贵。

河洛地区是蚕丝的重要产区,丝麻纺织作为家庭手工业普遍存在。东汉时河内郡一次缴纳绢帛 15 万匹,平均每户一匹。东汉都城洛阳有许多织室。魏晋时丝织生产开始采用经马均改良的织绫机,朝歌、许昌等地的丝织品种类繁多,质量上乘。隋至唐前期,河洛地区盛产蚕丝,郑州、汴州、怀州的绢较为著名。北宋河洛地区的丝织和刺绣工艺水平很高,都城开封锦院所产丝织品和蜀锦并称天下第一。

河洛地区农业手工业发达,水陆交通便利,为商业的发展创造了良好的条件。

早在夏商时期,河洛地区已有商品交换。西周时期洛阳有"司市"主管市场。春秋时期,周(今洛阳)人经商之风已盛。郑国允许商人自由经营,商人为郑国的开发作出了贡献,"弦高犒师"成为千古佳话。战国时期"周人之俗,治产业,力工商,逐什二为务"[①]。洛阳人白圭被商人奉为鼻祖。

秦西汉时期洛阳是全国著名的商业都市,温、轵(今济原南)、阳翟(今禹州)和平时(今山西临汾西南)都是地区性的商业都会。东汉时洛阳是全国商业的中心,也是丝绸之路的东部起点,城内有三大市场,许多西域胡商来此从事贸易。

三国时期,洛阳"多豪门大族,商贾胡貊,天下四会,利之所聚"[②],是中国北方的商业中心,西晋时洛阳的商业区规模更大。北魏初洛阳居民有 11 万户,末期增至 40 万户。在原有的马市、金市之外,又兴建了大市、小市和四通市。洛阳居住着许多外国商客,是一个国际性的商业都市。

隋朝在东都洛阳兴建了丰都、通远、大同三市,市场规模超过京城长安。丰都市周围八里,内有 120 行,3000 多个店肆。盛唐时洛阳人已过百万,"商旅贸易,车马填塞"。隋大运河修通后,汴州(今开封)商业迅速发展,唐代已成为有居民 60 万的商业都会。自江淮到河洛,舟车辐辏,人庶浩繁。北宋时东京开封人口逾百万,城内商旅云集,货如丘山,商业空前繁荣,是当时世界上最大的城市。

综上所述,数千年来河洛地区的广大民众辛勤劳作,努力从事农业和手工业生产,创造了巨量的物质财富,并经营商业,发展社会经济,以满足人们的物质需求,创造了辉煌的物质文明。

第二节　丰富的遗物遗迹

河洛地区的先民创造的物质文明,由于数千年的沧桑变化,大多已荡然无存,有的则深埋于地下,今人已难以看到。但是我们依据文献记载和考古发掘,仍然可以考知其概貌。

---

① 《史记》卷六十九《苏秦列传》。
② 《三国志》卷二十一《傅嘏传》引《傅子》。

先民创造的物质文明,包括史前文化遗址、历代都城、陵墓、建筑、石刻造像和出土文物等,内容极为丰富。

一、史前文化遗址

早在距今数十万年,原始人群已在河洛地区生活。他们穴居野处,依赖采集和狩猎生活,不仅学会了打制和使用石器,而且学会了用火。在山西襄汾丁村、河南三门峡附近和卢氏县,发现有古人类化石。河洛地区是旧石器时代文化遗址的主要分布区。在洛阳北窑发现了旧石器时代中期遗址,在郑州织机洞、安阳小南海发现了旧石器时代晚期的遗址。在许昌灵井发现了中石器时代的遗址。

裴李岗文化是河洛地区发现的新石器时代早期文化,时代距今约 8000 余年至 7000 年,以新郑裴李岗遗址命名。这种文化遗存以手制陶器和石磨盘、石磨棒为主要特征,代表性的遗址还有新密莪沟和舞阳贾湖等遗址。尽管当时的生产力还相当低下,但是已经出现了原始农业,家畜饲养业、制陶和纺织业等原始手工业,进入了母系氏族社会。

到了新石器时代中期,河洛地区的先民创造了仰韶文化。仰韶文化以发现于河南省渑池县的仰韶遗址而得名,时代距今 7000 到 5000 年,以轮制彩陶为主要特征,主要分布在河南西部、陕西中部和山西南部一带。河洛地区的遗址以三门峡、洛阳、郑州最为集中,重要遗址有郑州大河村、汝州阎村、汝州洪山庙、郑州西山、洛阳王湾、安阳后岗、陕县庙底沟、灵宝阳平西坡等。仰

郑州大河村遗址出土彩陶双连壶

韶文化时期的经济与裴李岗文化时期相比有了长足的进步,磨制的石质农具数量和种类成倍增加,农作物种类增多,产量提高,制陶和纺织手工业进一步发展,社会逐渐向父系氏族过渡。1926 年著名考古工作者李济在山西夏县西阴村发现了半只被利器切割过的蚕茧壳,说明河洛地区在史前就有家养蚕。

不仅仰韶文化首先发现的地点在河洛地区,而且河洛地区是仰韶文化分布

的中心。安志敏先生说:"仰韶文化是以河南为中心,而分布于河北、山西、陕西及甘肃的渭河上游。"①苏秉琦先生说:"仰韶文化遗存的发生中心就在汾、涑、伊、洛之间的黄河两侧。"②

继仰韶文化之后,河洛地区的先民进入龙山文化时代。龙山文化以发现于山东章丘龙山镇城子崖而得名,河洛地区同类遗存被称为"河南龙山文化"或"中原龙山文化",出土陶器以灰陶居多。重要遗址有安阳后岗、陕县三里桥、洛阳王湾、汝州煤山、辉县孟庄等。这一时代发现了许多城址,例如河南登封王城岗、偃城郝家台、辉县孟庄、安阳后岗、焦作许堡及新密古城寨、新砦,山西襄汾陶寺等。这些古城遗址往往有夯土城墙、城门、高台建筑、排水管道、房基、窖穴,属于大型聚落遗址。此外,在郑州牛砦和汝州煤山龙山遗址中发现了炼铜用的坩埚,在郑州董砦和登封王城岗龙山遗址发现有铜片或青铜器残片,襄汾陶寺遗址发现有铜铃和铜齿形器,说明当时已经进入铜石并用时代。

二、手工业遗址遗迹

河洛地区进入文明时代后,社会经济发展迅速,农业、手工业和商业在全国长期处于领先地位,农业遗迹不多,只能从生产工具的进步来观察,商业遗迹也不多,许多城市市场荡然无存,只有手工业遗址被发现或发掘,从一个方面反映河洛地区社会生产的发展水平,说明河洛先民创造的物质文化。

(一)铸铜冶铁遗址

1.铸铜遗址

在偃师二里头夏代晚期遗址发现有铸造铜器的陶范、坩埚碎片和铜渣,这是铸铜作坊的遗存。二里头遗址出土铸铜遗物的地点不止一处,面积最大和出土铸铜遗物最多的是在第四区发现的一处,面积达1万平方米以上,延续时间也比较长。它是一座工场式作坊,出土有各种形式的坩锅、炉壁、陶范,有的陶范还有花纹,说明铸造技术已比较成熟。

郑州商城遗址铸造青铜器的作坊位于北城墙外和南城墙外,即今郑州市南

①　安志敏:《中国新石器时代论集》第59页,文物出版社,1982。
②　苏秉琦:《关于仰韶文化的若干问题》,《苏秉琦考古学论述选集》,文物出版社,1984。

关外和紫荆山北,出土有大量的坩埚片和数以千计的铸造各种铜器的陶范。其中南关外遗址面积 1000 平方米,延续时间较长,内涵也较丰富。发现有铸铜场地以及熔铜炉残片、炼铜坩埚和陶范残片、炼渣、炭屑、矿石等铸铜遗物。铸铜场地地面平坦,其上分布着不少附有铜锈的硬面。在场地东北隅,发现残熔铜炉一座,炉底近似椭圆形圆坑,草拌泥壁面粘有铜渣。铸铜

偃师二里头出土的夏代铜爵

坩埚有三种,一是用大口尊作胎,一是用砂质红陶缸作胎,一是用黏土堆制,接敷草拌泥。坩埚内壁都附有铜渣。出土的陶范以外范居多。器范有工具范、兵器范和容器范三类。遗址出土了一些铜工具和兵器,还有容器残片、小块铜片及铜簪。

在安阳殷墟的苗圃北地、薛家庄南地、孝民屯西地和小屯东北地,发现了四处铸铜遗址,其中以苗圃北地的面积最大,达 1 万米以上,铸铜遗物也比较丰富。遗址东区可能是生产区,西区是居住区。东区发现房基 20 多座,有些房基内出有碎陶范,可能是烘烤陶范的工房。遗迹有烧土硬面和料礓石粉硬面,烧土硬面可能是熔铜的场地,草泥土柱是支撑熔炉的座,流面可能是铜掖的流道。料礓石硬面伴出有陶范和范

洛阳出土的西周铜方鼎

泥坯等,可能是制范模的场地。在房子周围的灰坑和窖穴中出土有陶范、范坯等。发现的铸铜遗物有熔炉、坩埚、陶范、模和各类工具。已发现熔炉 5 座,结构有建于地面的土炉式和土坑式两种,形体有圆形和椭圆形两种。炉内壁普遍有一层发亮的"烧流"面,有的粘有木炭末和铜渣。坩埚残片有粗砂硬陶和细砂泥质两种。出土陶模陶范 2 万多块,范上有榫或眼。外范以礼器范为主,多有花

纹,以饕餮纹和夔纹居多,往往以雷纹为地。还发现有石范。此外还发现整修铜器的磨石和修陶范模的各种工具。殷墟出土的司母戊大方鼎,代表着商代青铜铸造工艺的最高水平。

在洛阳北窑村发现了一个大规模的西周王室铸铜作坊遗址,面积近 20 万平方米,内有房基、烧窑、灰坑、墓葬等遗迹,出土大量破碎陶范和熔铜残炉壁,熔铜炉内壁一般为 0.9 至 1.1 米,最大者可达 1.7 米,用耐火材料建成,炉温可达1200 度,一座炉子可用多个皮革鼓风器鼓风助燃,以提高炉温。作坊始于西周初年而废于穆王时。西周洛阳冶铜作坊的冶铸技术比殷商有所提高。一是作坊规模增大。洛阳北窑的冶铜作坊比安阳苗圃铸铜作坊大十余倍,所用的熔铜炉有小型竖筒形和大型炉两种,均以草拌泥或细条泥盘筑作为炉内衬,形成耐火内腔,辅以皮革鼓风助燃,可以大大提高炉温,加快熔铜速度,提高产量。二是制范技术有进步。外范分为内外两层,内层为浇注面和分型面,陶质细腻坚硬;外层质地松软,含有颗粒较大的沙子。每块外范均有榫眼、榫卯和长方形子母口。比较复杂的器物用合范浇注。不仅模范刻纹精细,而且可用一模翻作数范。工匠已经掌握了焊接技术,青铜器的一些附件是在器身铸成后焊接上去的。

东周时期的铸铜遗址以山西省的侯马遗址最为典型。该遗址位于牛村古城南郊,年代为春秋中期偏晚到战国早期。遗址中的房屋或供人居住,或是工作场所。窖穴有脚窝、硬面、遗迹,似为贮物或工作场所。灰坑中堆积陶片、陶范、熔炉残块等。该遗址发现的熔炉很小,为内燃式,可以移动,鼓风管用草泥制成。烘范窑火门前部与窑前活动硬面相接,后连窑室,底部硬面光平,遗物包括熔炉、鼓风管、炼渣、陶范、陶器、原始瓷器、铜器等。遗址中发现陶范 5 万多块,熔炉和鼓风管 2 万多块。陶范种类繁多,说明该作坊曾生产过多种产品。陶范模的文饰,采用圆雕、高浮雕、浅浮雕、线刻、错镶等多种技艺手法。遗址中发现与铸铜有关的工具 600 多件,犹以砾石、刻刀为多。陶范胎体薄而轻巧。整个铸造过程,从模、范、芯和浇注系统的设计、制作到合范、浇注,每道工序都精确、熟炼,大大提高了生产效率。大型规整器用分层模范拼接,器物附件普遍采用合范分铸,有的设计有榫卯作用的洞,有两件小型饰件横排叠铸、浇口分置,开战国至汉代叠铸的先河。

2. 冶铁遗址

在两周之际河洛地区已经出现人工冶铁。三门峡虢国墓地出土的玉茎铜芯柄铁剑,将三种不同材质连于一体,是我国发现的最早的人工铁器。洛阳水泥制品厂出土有春秋战国之际的铁锛、空首铁镢,前者为生铁铸件,后者系展性铸铁铸造。战国时期铁器已推广到农具方面,辉县固围村发掘的五座战国墓中共出土铁器93件,包括铁犁、镢、锄、刀、斧、铲、削、凿等。此外,还有86件铁茎铜镞。①

在河南新郑郑韩故城东城西南部和登封告成古阳城南垣外发现有战国铸铁作坊遗址。阳城南垣外的冶铁遗址发现熔铁炉残块、陶鼓风管残片和陶范。陶范的形制规整,凡一套相扣合的范底与范盖,皆大小相同并扣合严密。在铸铁之前,为了使范底与范盖扣合紧密,防止铸范错位,先用绳子把每套范或数套范捆绑起来,并在范外再糊上一层加固泥,然后经过入窑烘烤,趁热浇注。这一遗址表明,汉代的铸铁设备和技术,在战国中晚期已经出现。新郑韩国仓城铸铁遗址,发现固态退火脱炭窑炉的地下抽风井与烘范窑,遗物有熔炉壁残块与各种工具的模范。河南西平酒店冶铁遗址位于堂溪河两岸,包括杨庄和赵庄两处,面积达37.5万平方米。其南北两面有河水,西边有铁矿产地铁山,东边是为管理冶铁官员而建的冶炉城。赵庄遗址保留一座炼铁炉址,是目前发现最早的黑色炭素耐火材料炼铁炉。该作坊从东周一直延续到汉代,遗址中遍布炉渣、炼炉遗迹和遗物。舞钢市的翟庄、许沟、圪赵冶铁遗址群属于韩国的冶铁遗址,应是韩国铁制兵器的主要产地之一。

汉代河洛地区的冶铁业很发达,代表性的遗址有古荥、鹤壁鹿楼、巩义铁生沟、鲁山望城岗、新安古灯、林州正阳集等。

鹤壁鹿楼(又名故县)冶铁遗址面积99万平方米。东半部是战国冶铸场地,西半部是汉代冶铸场所。战国铸造区的遗迹有烘范窑、井、窖穴,遗物中有工具范、铁工具、熔炉壁残块、建筑材料等。汉代区域有铁矿石,是河内郡的铸铁作坊。林州正阳集冶铁遗址位于顺河乡正阳集风霜沟南半部,古称"东冶",汉代遗物有铁炼渣、具有夯层的炼炉壁、熔炉壁残块、鼓风管残块、铁矿石与矿粉、木

---

① 中国科学院考古研究所:《辉县发掘报告》,第69～108页,科学出版社,1956。

炭屑、陶片等。熔炉内径1米左右,炼炉积铁块高1.5米,径6米左右。可能是河内郡铁官一号作坊。温县招贤汉代叠铸烘范窑遗址位于县西招贤西北台地上,发现大量铁熔渣、熔炉壁残块、泥质碎范块等,挖掘出四座残炉基、窑址,保存有500多套未曾浇注的叠铸范,主要是车马器。烘范窑为长方形,可容纳叠铸范700套左右。

古荥遗址位于郑州市惠济区古荥镇西南,是河南郡铁官的一号作坊,面积很大。发掘区的东部是铸铁和制陶区,西部是冶炼区。发现的椭圆形炼炉是中国汉代最大的炼炉,每日可产铁一吨。巩义铁生沟遗址是河南郡铁官的三号作坊,是一处冶炼和铸造的综合性作坊。遗址发现有炼炉基与熔炉壁残块、炒钢炉、退火脱炭炉、烘范窑、范和铁器等。炼炉缸部及基部使用以木炭为原料的黑色炭素耐高温材料,可有效增强铁的纯度,提高铁的质量。脱炭炉的底部与四壁是空腔,炉温较高,烘温均匀,脱炭效果好。生产的球墨铸铁质量很高。

新安孤灯铸铁遗址位于石寺乡上孤灯村畛河北岸,保存面积6万平方米。出土有窖藏铁范83件、罐藏王莽铜钱、炼炉与熔炉壁块。铁范上铸有"弘一"、"弘二"铭文,当为弘农郡铁官的两个作坊之一。渑池冶铁遗址位于渑池火车站东,时代从东汉到北朝,发现有较多的炼铁渣和熔渣、炼炉和熔炉壁残块等,出土有大型积铁块和两件鼓形铁砧。遗址东北部有一铁器窖藏,藏铁器60多种,4000余件,主要是农具、生产工具、生活用具、交通工具的附件与兵器等。对此铁器分析表明,有多件二三级球墨可锻铸铁。中国古代制作铁器的模式是"液态冶炼——液态快速铸造成型——固态批量淬火脱炭——获得钢、钢铁之间的各类性能的优质产品"。

(二)陶瓷砖瓦窑址

郑州商城的制陶作坊遗址位于今铭功路西侧,面积约1400平方米,发现有不少房基、陶窑和墓葬。陶窑分布在遗址东部,窑址有圆形和椭圆形两种,由窑室、火膛、火门、窑箅、窑柱组成。在遗址内发现三处白灰地坪,土质坚硬,表面平整,推测是制造陶坯的场地。在窑址周围的灰坑中,堆积有大量烧坏的陶器。遗址内还出土不少制陶工具,其中有陶拍、陶杵和印模,印模花纹有云雷纹、方格纹、夔纹和饕餮纹。①

夏代和早商，人们以瓷土作胎烧制出素瓷，从商代中期开始，就有了带釉的原始青瓷，汉代至盛唐，瓷器烧制业获得更大发展，北宋时达到顶峰。

目前发现的瓷窑遗址集中分布在河南省的安阳、林州、鹤壁一带。此外，焦作、博爱、修武一带，新安、宜阳一带，汝州、宝丰、郏县、禹州一带，新密、登封也分布较多。

郑州商城出土原始瓷尊

相州窑位于安阳市北郊洹水两岸，窑址面积约 9 万平方米，时代始于北齐，盛于隋，终于唐，发现有内径 1 米左右的圆形耐火土窑体，窑具中支烧具的数量众多，形制复杂，烧瓷技术较为先进。烧制的瓷器施釉薄而均匀，釉面光亮透明。新密瓷窑为唐代窑址，发现有窑炉、还有匣钵、三角形垫饼等窑具，瓷器以白釉为主，黑黄釉次之，间有青釉。巩义黄冶窑则以烧制三彩器著称，以黄、绿、白最为常见，采用两次烧成法烧制。鲁山段店窑主要烧制鲁山花瓷，又称黑釉花斑器。此窑始创于唐初，历经五代、宋、元，达数百年之久。

河洛地区发现了许多宋代瓷窑遗址，如汝州的汝窑，禹州的钧台窑，登封曲河窑，鹤壁集窑等，风格各异，反映了北宋时期这一地区制瓷业官民并举、蓬勃发展的局面。

汝州境内发现瓷窑址 30 余处，严和店窑址是一处规模较大、烧造工艺精良的民间汝窑址。窑址西北圆形窑炉排列有序，发现了匣钵、垫饼等窑具，瓷器种类有碗、双系罐等，文饰以印花缠枝、折枝花卉为主，釉色青绿，润如堆脂。宝封清凉寺窑址发掘出 22 件瓶、洗、盘、器盖等宫廷御用瓷器，为当地烧制。禹州钧台窑是一处北宋晚期的官营手工业作坊，面积 36 万平方米。窑炉呈圆形或马蹄形，布局有序，窑炉结构易于控制火候，使氧化焰还原，从而达到釉色变幻的效

① 河南省文物研究所：《郑州市商代制陶遗址发掘简报》，《华夏考古》1991 年 1 期。

果。产品形制复杂,种类繁多,有花盆、碗、盘、炉、钵、洗等,釉色晶莹细润,有天蓝、紫红、月白、豆青等,玫瑰紫、鸡血红等窑变灿如晚霞,特别引人注目,这种在还原情况下烧制的铜红釉,开我国陶瓷工艺的新境界。

鹤壁集窑面积36万平方米,是我国宋元时期北方以烧造白地黑花器为主的大型民间窑址,已发掘的五座圆形窑炉为就地挖筑的半地穴式土壁窑,出土各种窑具、瓷器3700多件。所出器物多施白地黑花、白地褐花,手法有刻花、绘花、剔花和印花,题材为花鸟虫鱼、人物、风景等,代表当时烧瓷工艺的一个重要流派。

此外,登封曲河窑、郏县黄道窑、禹州扒村窑、修武当阳窑,都是宋代重要窑址,有些一直延续到元明时代。

三、历代都城与陵墓

（一）都城

河洛地区是历代都城所在地,全国八大古都,河洛地区就有洛阳、开封、安阳、郑州四大古都。这些古都或被兵燹毁坏,或被深埋于地下。但是有的遗址遗墟尚在,有的被考古工作者发掘,得以重见天日。这些都城遗址遗墟,集中表现了先民的巨大创造能力和高度的智慧。

偃师二里头遗址是夏代的都城遗址,考古工作者以为是夏都斟鄩。二里头遗址位于偃师市西,面积约4平方公里。宫殿区位于遗址中部。一号宫殿建筑基址是一座夯土台基,面积近一万平方米,由正殿、中庭、门道、塾、廊庑组成。正殿坐北朝南,是一座面阔8间、进身3间的"四阿重屋"式建筑,与南部大门和东西两塾遥相对应,中部是一个5000平方米的宽阔庭院,四周围以封闭式的廊庑建筑。二号宫殿建筑基址位于一号宫殿基址东北,由四面围墙、陵墓、墓前正殿、庭院、门塾和廊庑组成。正殿面阔三间。庭院内发现两处排水设施。宫殿区周围是一般房址、窖穴、水井、道路和灰坑,还有铸铜、制陶、制骨等各种手工作坊,出土有陶器、青铜器和玉器。

偃师商城遗址位于偃师市西四公里处。城址包括大城、小城和宫城三重城垣。大城平面呈菜刀形,城墙周长5500米,总面积190余万平方米。北城墙有一门,东西城墙各有二门,两两相对,其间有大道相通。小城位于大城西南部,大致呈正方形,面积约80万平方米,修建年代早于大城。扩建大城时曾利用小城南城墙、西城墙和东城墙的南段,将其内外两侧加宽培高。宫城在小城内偏南,也呈正方形,面积约 4 万平方米。宫殿建筑群密集分布于宫城西南部。四号宫殿建筑基址位于宫城东部,平面呈正方形,保留有正殿、廊庑、庭院和门道等遗迹。五号宫殿建筑基址位于宫城东南隅,发现上下两层建筑遗迹:上层宫殿平面为长方形,发现有正殿和庑址;下层宫殿平面呈方形,残存有柱洞和墙基。宫城北部的池苑,由一座人工挖的水池和两条水渠构成。在大城西南隅有二号建筑基址,小城东墙外侧、大城东墙内有三号建筑群基址,为府库类的建筑遗存。在大城中部和北部,发现多处贵族和平民居住的房址及铸铜和制陶作坊遗迹。结合文献记载,此遗址应为汤都西亳。

　　郑州商城遗址位于郑州市中部偏东,面积 25 平方公里。城墙用版筑法分段分层夯筑而成,有 11 个缺口。城内中部偏北和东北部是宫殿区,宫殿为回廊重檐结构,现存有三座大型宫殿的夯土台基。城外有墓葬区,出土大量精美的青铜礼器及原始瓷器、玉器、陶器等。城墙外发现有铸铜、制骨和制陶作坊。这一城址规模宏大,功能齐全,为商代前期的重要都城。有人认为是汤都亳,也有人认为是仲丁所迁的隞都。

　　安阳殷墟位于安阳洹水之滨,是商代后期的都城。数十年来,考古工作者在此发掘出殷商的宫殿、王陵、青铜器、刻字甲骨等。宫殿宗庙遗址在小屯村一带,刻字甲骨也在这里出土;洹水北岸的武官村北地是王陵区,也是大规模的祭祀场所。至今在殷墟已发掘出宫殿宗庙建筑群遗址 50 多座,王陵大墓 12 座,贵族平民墓葬数千座,祭祀坑上千个,车马坑 30 多个,手工作坊 5 处,出土甲骨 15 万片和大批青铜器、玉器、陶器和骨器。近年来又在洹水北发现了商代城址。殷墟是盘

安阳殷墟出土玉人

庚迁殷后商代的都城。

洛阳周王城遗址。西周成王时期,遵照周武王的遗训,曾在洛阳营造新都,统治东方广大地区。又营造成周,以居殷遗民。周平王东迁后,以周王城为都城。东周王城遗址北依邙山,南临洛水,位于涧水两岸。平面大体呈正方形,城墙周长 15 公里。宫殿建筑基址分布在城址的中部或偏南部,发现有堆积较厚的板瓦、筒瓦和两组南北相邻的大型建筑基址。近年又在城址的西南角发掘一处战国中晚期的大型建筑基址,出土大批建筑构件和器物。城址北部分布着规模巨大的烧陶窑场和制骨、铸铜作坊遗址。南部偏东有许多大型粮窖,东部为墓葬区,发现有多座"甲"字形大墓和 18 座车马坑,出土有"天子"墨书的石圭、"王作"铜鼎和六匹马驾车的遗迹。据文献记载,周王城共十二门,城内设经纬大道各九条,"前朝后市,左祖右社",排列有序,井井有条。

汉魏洛阳故城遗址是东汉、曹魏、西晋、北魏四个朝代的都城遗址。它在周代成周城的基础上扩建而成。城址位于洛阳市东 15 公里处,平面为一不规则的南北长方形。城墙为夯土修筑,周长约 14 公里,开十二门。现存故城的基本结构和布局,基本上为北魏遗留。城址由宫城、内城、金墉城和外郭城组成。宫城位于故城内中部偏西,平面为南北长方形。宫城南垣的正门阊阖门遗址带有双阙,西部有太极殿基址,东部有椭圆形水池和四座夯土台基。故址西北角的金墉城遗址呈"目"字形。城南有灵台、辟雍、明堂、太学等建筑遗址。

隋唐洛阳城遗址是隋唐两代的东都遗址,隋炀帝大业年间开始营建,唐代又进行局部增建和改造。该城由外郭城、皇城、宫城及东城、含嘉仓城、圆壁城等小城组成。外廓城南宽北窄。城垣基址宽 15 至 20 米,开有八门。定鼎门、厚载门等均为一门三道,城内街道纵横交错,有里坊 103 个,又有北、西、南三市。皇城环绕宫城东、南、西三面,东西两侧与宫城形成夹城。宫城近方形,城垣夯筑,内外砌砖。应天门为宫城正门,两侧有巨大的双阙。在宫城中轴线上发现六座大型夯土基址,二号基址为明堂遗址。城西为西苑,皇城西南隅有上阳宫遗址。

北宋东京城遗址位于开封市区及其周围。五代后周奠定了该城的基础,北宋逐渐形成。东京城分为外城、里城和宫城三重。外城周长 29 公里,有 12 门。外城东北部有著名的祐国寺塔(俗称铁塔),东南隅有天清寺塔(繁塔)。里城又称内城或阙城,周长 10 公里有余,是衙署、寺观和商业店肆集中的地方,已发现南墙正门朱雀门和作为南北中轴线的御街以及御街与汴河交会处的州桥。宫城又称皇城,周长近2.5公里,已发现南、北二门及皇宫正殿大庆殿基址。

郑韩故城位于新郑市城关,是春秋时期郑国和战国时期韩国的都城。夯土城垣周长约20公里,由东、西两城组成,中有隔墙。西城为宫城,发现有大面积宫殿遗址,大型储物仓窖等。东城为郭城,城内发现铸铜、铸铁、制骨、制陶等作坊多处。城内外曾发现多处墓葬区,出土的春秋中晚期青铜器,习称"新郑彝器",以莲鹤方壶最为知名。

(二)陵墓

夏后皋墓,位于陕县菜园乡北沟村西,冢高4.5米,周长30余米。《左传》僖公三十二年载"崤有二陵焉:其南陵,夏后皋之墓也",即此。孔甲墓在三崤山,位于"洛州永宁县(今洛宁县)西北二十里",二者相距不远。

商王陵墓位于安阳市武官村、侯家庄一带的洹水北岸高地上。20世纪30年代先后发掘11座大墓和1200座祭祀坑,50年代又发掘了武官村大墓和210多座祭祀坑,近年又发掘了相传出土司母戊方鼎的大墓。在小屯村北发掘了商王武丁配偶妇好墓,出土文物丰富精美。

东周王陵。东周一代25王,均葬于洛阳。东周王陵可分为三个区域:一是王城陵区,位于西工区东周王城东部,先后钻探、发掘出一批大型陵墓及车马坑、马坑,包括四座"甲"字形大墓,出土有带墨书"天子"二字的石圭,一座"亚"字形大墓及两座车马坑,出土有带有"王作"铭文的铜鼎,又有驾六匹马的车马坑,证明此处为王室及贵族墓地;二是金村陵区,位于汉魏故城遗址东北部,民国时期在此发现一批东周大墓,20世纪60年代又探明一座大墓,周围有20余座陪葬墓和车马坑。据文献记载,周威烈王、景王葬于此地;三是周山陵区,位于市区西南周山,三座相依的土冢居东,称"三山",相传为周敬王、悼王、定王的墓葬;西面有一孤冢,文献记载是周灵王的陵墓。

东汉皇陵。东汉有12位皇帝,除了汉献帝禅陵在焦作外,其余均埋葬在洛阳。在邙山者有五座,即原陵、恭陵、宪陵、怀陵和文陵,在洛阳东南偃师境内有六座,即显节陵、敬陵、慎陵、康陵、静陵和宣陵。东汉开国皇帝光武帝原陵位于孟津白鹤乡铁谢村西南黄河南岸,陵区平面呈长方形,由祠庙、方丈院和陵园组成。墓冢高20米,园内有古柏一千多株。有考古工作者疑其非真。

曹魏皇陵。曹魏前后五帝,均葬于洛阳。由于魏文帝曹丕作《终制》规定:"寿陵因山为体,无为封树,无为寝殿、造园邑、通神道。"故地面不存遗迹遗物。据文献记载,文帝首阳陵在偃师首阳山火车站一带,魏明帝高平陵位于汝阳县埠云乡汝店村东南霸陵山(又称大石山)下,陵为长方形,高15米,墓冢周围发现大量建筑遗物。

西晋皇陵。西晋共四位皇帝,怀、愍二帝死于平阳(今山西临汾),武、惠二帝及追封的宣、景、文三帝的陵墓均在洛阳一带。晋武帝峻阳陵位于偃师市南蔡庄以北山坡上。在此处发现的20多座晋墓中,一号墓位于墓地最东边,规模最大,墓道长36米,宽10米有余,即为峻阳陵。晋文帝崇阳陵位于偃师市潘屯、杜楼二村北枕头山。墓道长46米,宽11米,墓地周围残存陵垣及建筑遗迹。

洛阳邙山魏宣武帝陵

北魏皇陵。北魏孝文帝迁都洛阳,历六帝而国分为二,其中有四帝葬于洛阳。北魏皇陵区位于瀍河两岸的邙山上。宣武帝景陵位于洛阳市北郊邙山乡冢头村。陵墓为夯土筑成,现高24米。经发掘,墓平面呈"甲"字形,由墓道、甬道和墓室组成。墓室为青条砖砌筑,高9米有余,顶为四角攒尖式,石棺床位于墓室西侧。孝文帝长陵、孝庄帝静陵与宣武帝景陵位于一条南北轴线上,孝明帝定陵位于孟津县送庄乡西山岭头村南。

唐代皇陵。唐朝以洛阳为东都,唐昭宗李晔被朱温胁迫,迁至洛阳,死葬于此。昭宗和陵位于偃师市南缑氏镇东北的景山之巅。此外,在和陵东的景山白云峰顶,又有唐恭陵,乃高宗太子李弘之陵墓。陵园坐北朝南,呈正方形,四周有围墙,开四门。神道宽50米,两侧分列翁仲、天马、望柱,封土呈覆斗形,残高22米,墓前立有高宗亲书碑刻一通。

五代皇陵。梁、唐、晋、汉、周五代以洛阳、开封为都,皇陵多在河洛地区。后梁太祖朱温宣陵位于伊川县白沙乡朱岭村,墓前石刻已不存。后唐庄宗李存勖陵墓位于新安县西沃乡下坂峪村败仗沟,原墓冢高大,墓园6000平方米,今墓冢已平。后唐明宗李嗣源的陵墓位于今孟津县送庄乡送庄村南,墓冢高12米,保存较好。后晋高祖石敬瑭显陵位于宜阳县石陵村,陵冢现高20米,目前有少量石刻已埋于地下。后汉高祖刘知远睿陵位于禹州市苌庄乡柏村西北,墓冢现高8米,四方各有一对石狮,已残损。神道长约300米,石像生已不存。后汉隐帝刘承祐颍陵东距睿陵约四公里。后周三帝的陵墓都在新郑市郭店镇郭店村附近。太祖郭威嵩陵位于郭店村南高家村北,墓冢高约12米,陵前石碑数通已毁。世宗柴荣庆陵位于郭店村西北陵上村西,墓冢现高约20米,陵前有明、清两代御制碑刻28通。恭帝柴宗训顺陵位于陵上村东北,现高约4米。

北宋皇陵。北宋皇陵位于今巩义市芝田镇一带,有"七帝八陵",现存8座帝陵和18座后陵,可分为西村、蔡庄、孝义和八陵四个陵区。西村陵区在西村镇常封村和滹沱村之间,有宋宣祖永安陵、太宗永昌陵和太宗永熙陵,陵园均为南北长方形。永安陵是宋开国皇帝赵匡胤之父赵弘殷的陵墓。陵台高5米,神道东侧

巩义宋永泰陵

有石雕像4件。永昌陵位于永安陵西北,陵台为覆斗状,神道两侧现存石雕像45件。永熙陵位于滹沱村东,陵台高16米有余,60件神道石雕像完整无缺。三帝陵附近均有皇后陵与陪葬墓;蔡庄陵区在今芝田镇蔡庄村北岭上,主要是宋真宗永定陵,附近有3座后陵和名臣包拯等陪葬墓。永定陵陵台为方形覆斗状,高15米有余。现存陵园地面建筑基址,神道两侧58件石雕像保存完好;孝义陵区在孝义镇外沟、二十里铺和孝南村一带。有宋仁宗永昭陵和宋英宗永厚陵,附近亦有后陵与陪葬墓。永昭陵陵台呈方形覆斗状,高近15米,神道两侧60件大型石雕排列有序,陵园建筑均已修复。永厚陵陵台高近15米,现存神道石雕像56件,附近有后陵与陪葬墓;八陵陵区在芝田镇八陵村南,有宋神宗永裕陵和宋哲宗永泰陵,又有5座后陵。永裕陵陵台高15米,陵前存石雕像52件。永泰陵位于永裕陵西北,陵台高近15米,陵前现存石雕像56件。

除历代皇陵外,河洛地区还有许多名人墓葬。

在中国古代有不少名臣陪葬皇陵,或者在都城做官,死后埋葬于京畿地区。

因此,河洛地区有许多历史名人的墓葬。例如商代的伊尹、比干,周代的姜尚、苏秦、卜商,秦代的吕不韦、李斯,汉代的张良、晁错、袁安、许慎、蔡邕,魏晋的关羽、阮籍、山涛、向秀,唐代的魏征、狄仁杰、杜甫、白居易、韩愈、李商隐、元结、姚崇、刘禹锡,宋代的包拯、范仲淹、欧阳修、苏轼、苏辙、邵雍、程颢、程颐,元代的许衡,明代的何瑭,清代的王铎等。

四、建筑

河洛地区的古建筑主要有宫廷衙署建筑、园林建筑、宗教建筑、祠庙、学校、会馆和民居等。宫廷建筑、园林建筑和民居大多不存,宗教建筑得以不断修复,保留下来的相对较多。

（一）宫殿、衙署与园林建筑

宋金以前,河洛地区长期是都城所在地,在洛阳、开封、安阳、郑州等地,都有许多宫廷建筑。由于这些建筑多为土木建筑,时间距今大多在千年以上,因而基本荡然无存,有些深埋于地下,靠考古工作者的发掘方能重见天日。宫廷建筑在都城部分已述及,此处不赘。

宋代以后的衙署,尚有存者。开封府衙已经修复。洛阳北宋衙署遗址已被考古工作者发掘。

河洛地区有许多官私园林。例如东汉洛阳北宫西北有濯龙园,又有芳林苑。三国时魏文帝在汉濯龙园和芳林苑的基础上,兴建了芳林园。后避齐王曹芳的名讳,改称华林园。园中有人工堆砌的景阳山,山北为天渊池,池中有三坛夹水而立,景色十分秀丽。北魏时修复华林园,整个北宫园林连成一片。当时洛阳城内外除了皇家园林外,还有官僚豪富的私家园林。例如位于洛阳邙山的晋石崇的金谷园,地势起伏,幽径崎岖,泉溪涌流,果树罗布,楼阁辉映,景色宜人。

隋炀帝营建东都,在洛阳城西建西苑,这是一所规模宏大的皇家园林。苑中有积翠池,是一个周围5公里的人工湖。湖中叠石为假山,称蓬莱、方丈、瀛州,高出水面三四十米,山上建有通真观、习灵台、总仙宫。苑内建有宫殿堂亭,又遍植花木,绿树流翠,碧波摇红。武则天时改称神都苑,规模略有缩小,但名花异草,垂柳修竹,掩映壁阶;奇山怪石,珍禽异兽,充斥其中。苑东南有凝碧池,苑中牡丹最负盛名。

洛阳名园最多,北宋李格非所作《洛阳名园记》,有详细记述。

北宋都城开封的皇城西北部有后苑区,是帝妃宴游之所。宋徽宗时修建延福宫,将大型园林与密集殿群连接起来,又凿池为海。从全国各地运来奇花异石进行装点,又新修了最大的皇家园林,称艮岳。

(二)宗教建筑

河洛地区宗教兴盛,有许多佛教寺院和道教宫观。比较而言,宫殿和世俗建筑,在改朝换代和社会动乱中容易毁坏,而宗教建筑除了自然毁坏外,往往因为人们对宗教的信仰而幸存下来。

河洛地区在汉唐时期有许多全国著名的重要寺院,多为土木建筑,难以耐久,屡经毁坏而屡次重修,保存下来的多为明清建筑,而砖石结构的寺塔多能保存下来。

河洛地区的古塔,最早建于南北朝时期。洛阳的永宁寺美仑美奂,木塔高耸入云,不久毁于雷火,今仅能见其塔基。登封北魏嵩岳寺塔,建于北魏正光年间,为我国现存最早的古塔。塔平面呈十二角形,为十五层密檐式砖塔。安阳灵泉寺北齐石双塔,在全国也极为少见。

现存的唐代砖石塔很多。建于唐天宝五年(746年)的登封净藏禅师塔是我国现存最

登封北魏嵩岳寺塔

早的八角形塔;登封"肖光师塔"为唐代稀有的六角形塔;登封法王寺塔、永泰寺塔、二祖庵塔、同光禅师塔、法如禅师塔,汝州法行寺塔、林州洪谷寺塔,都是唐代砖塔的佼佼者;汝州风穴寺七祖塔,第一层设塔心室,其上砌成叠涩塔檐,外轮廓呈抛物线形,塔刹由覆钵、相轮、宝盖及火焰宝珠组成,为同类密檐式方塔之冠;安阳修定寺唐塔系单层亭阁式,塔身四壁由不同类型模制浮雕砖镶嵌而成,有人物、动物、花卉等图象70余种,为唐代砖雕艺术的奇珍。唐代石塔有林州阳台寺双石塔、内黄复兴庵双塔和里固石塔,安阳灵泉寺双塔,浚县福胜寺双石塔和陇西殷公浮图,淇县陈婆造心经浮图、延津王法明造七级浮图等,均为方形密檐式,

下有基座,上有塔刹或盖顶,塔身或刻佛经或发愿文,或刻佛像和伎乐人,精彩纷呈。五代的寺塔有建于后唐同光四年(926年)的登封少林寺东行均禅师塔,建于后周的武陟妙乐寺塔。

河洛地区的宋塔数量较多,平面多呈六角形、八角形和方形,外部多为楼阁式。开封祐国寺塔高55米有余,整体用雕有飞天、坐佛、麒麟、狮子等50多种图像的褐色琉璃砖嵌砌而成,是我国现存最高大的琉璃砖塔。重要的宋塔还有滑县明福寺塔、济源延庆寺舍利塔、开封繁塔、原阳玲珑塔、荥阳千尺塔、新郑凤台寺塔、宜阳五华寺塔、鄢陵乾明寺塔和兴国寺塔、修武圣国寺塔、尉氏兴国寺塔、宝丰香山寺塔。此外,还有登封少林寺西塔院弥勒塔和释迦塔,少林寺塔林中的普通塔和智浩塔,以及浚县巨桥迎福寺双石塔等。

金代的洛阳白马寺齐云塔、沁阳天宁寺三圣舍利塔、三门峡宝轮寺塔等保存完好,在造型上融合了唐宋密檐式塔和楼阁式塔的艺术和结构特点;修武百家岩寺塔是一座平面呈八角形的九级楼阁式砖塔,檐下施斜拱,相当华丽,文物价值很高。此外,登封少林寺塔林中有不少形制较小的金代塔,其中西堂老师和尚塔造型优美,雕刻精致,砌工考究,为金代和尚塔的代表。

河洛地区现存元塔数十座,除登封少林寺塔林中的一批元塔外,辉县天王寺善济塔是一座形体较大的仿宋楼阁式砖塔,安阳天宁寺塔颇有特点,平面呈八角形,上大下小,塔檐下施斜拱,顶部建有10米高的宝瓶状塔刹。安阳小白塔用白色石块砌筑而成,塔体雕有二龙戏珠、力士、观音、花卉等,为体形较大的喇嘛塔。

明清时期河洛地区的大型寺塔较少,现存的明塔有许昌文明寺塔、新郑卧佛寺塔、卫辉千佛寺塔、延津万寿寺塔、林州惠明寺塔、鹤壁玄天洞石塔等。

宗教建筑除寺塔之外,还有寺院。

登封少林寺始建于北魏。少林寺西北的初祖庵大殿,创建于北宋宣和七年(1125年),大殿建在石砌高台上,面阔3间,进身3间,单檐歇顶,琉璃瓦剪边顶,檐下置硕大斗拱。前檐立4根八角石柱,柱上有浮雕。该殿是河南尚存最早木结构建筑之一,有重要的艺术价值。少林寺门前有明代石牌楼两座,千佛殿创建于明万历年间。其余明清建筑天王殿、大雄宝殿、藏经阁和钟楼、鼓楼,1928年被石友三焚毁,后来又重建。山门为清雍正年间创建。

宜阳灵山寺建于金大定年间(1161～1189年),尚存有山门、前殿、毗卢殿、大雄殿、藏经楼等。毗卢殿为单檐歇山筒板瓦顶,大雄殿为单檐庑殿灰色筒板瓦顶,均建于金代。

汝州风穴寺创建于北魏,现存唐至清代建筑百余间和上下塔林两处。主体建筑依山就势,有山门、天王殿、中佛殿、毗卢阁和方丈院。中佛殿为金代建筑,面阔和进深各3间,单檐歇顶式;钟楼初建于宋,明代大修,多为明代构件。登封清凉寺大殿也是很有价值的金代建筑。

温县慈胜寺中轴线上尚存山门、天王殿及大雄殿。山门和天王殿均为单檐悬山绿色琉璃瓦顶,山门檐下置一斗二升斗拱,保持元代风格,大雄殿为单檐歇山琉璃瓦顶,殿内壁画为元代作品。济源大明寺,创建于宋代。其中佛殿面阔和进深各3间,单檐歇山式,为元代建筑。山门和中佛殿西侧配殿建于明代,建于清代的后佛殿内的彩绘保存完好。博爱汤帝庙大殿也是元代建筑。

始建于东汉的洛阳白马寺现存建筑多为明代建筑,又多次修葺。中轴线上有山门、天王殿、大佛殿、大雄殿、接引殿和清凉台上的毗卢阁等。门前石马为宋代遗物,大雄殿韦驮天将为元代泥塑。开封相国寺创建于北齐,现存山门、钟亭、二殿、大雄宝殿、八角琉璃殿、藏经楼等,多为清代建筑。河洛地区的其他寺院多建于明清时期。

河洛地区的道教宫观主要有济源的阳台宫、奉仙观,开封延庆观玉皇阁等。

阳台宫始建于唐开元十五年(727年),元代重建玉皇阁。现存玉皇阁为明代建筑,三滴水歇山绿琉璃瓦顶,阁内用12根通天柱,第一层外檐下的20根方形石柱上均有浮雕,雕工甚佳。三清殿面阔5间,进深3间,单歇山灰色筒板瓦顶,殿内顶为四个藻井,配置大小不同的叠筑斗拱和龙形图案,十分精巧玲珑。殿内外石柱均有浮雕。奉仙观创建于唐,有山门、玉皇殿、三清大殿等建筑。三清大殿建于金初,面阔5间,进深3间,单檐歇山顶,檐柱为粗大的八角形石柱,前后檐下置斗拱,梁架长9米,用材奇特。

开封延庆观初建于金,其玉皇阁初建于元,阁上部分多为明代重修,共三层,用青砖琉璃瓦建成。下层平面为方形,青砖砌造,外部为四坡顶,室内下方上圆,四角砌出斗拱,穹隆顶饰砖雕花卉图案,颇似蒙古包。中层外部八面壁体附加相互边接的8座悬山式建筑的山面,上施以正脊。上层阁身之上设平座和兰色琉璃栏杆。中心券作八角亭式阁室,穹隆式顶外部阁顶作琉璃攒尖式,上施铜质火

开封延庆观玉皇阁

焰宝珠,垂脊上的神像为蒙古族和维吾尔族装饰。①

济源济渎庙寝宫是著名的宋代建筑。登封中岳庙大殿建于明代,面阔九间,进深五间,是河洛地区最大的单体木构建筑。

洛阳关林据说是三国蜀汉名将关羽首级的葬地。唐代在此建关羽祠庙。现存建筑为明清建筑群,包括戏楼、钟鼓楼、启圣殿、大殿、二殿、三殿、焚香亭、石坊等,雕梁画栋,五彩缤纷,布局完整,独具特色。后有墓冢。关林为全国三大关庙之一。

解州关帝庙位于山西运城市解州城内,为全国三大关庙之一。解州是蜀汉名将关羽的家乡。此庙创建于隋朝,清代重修,占地 18500 平方米,为宫殿式庙宇建筑,前后两院自成格局。

五、石刻造像

(一)碑刻

碑碣出现于秦汉,河洛地区现存的碑碣较多。例如:《汉司徒袁安碑》,发现于偃师,现存河南博物院,其书法为汉代小篆之精品;《豫州从事尹宙碑铭》,发现于洧川(今尉氏县洧川镇),现存鄢陵县城中学,文字结构严密,壁画雄健,为汉隶之佳作,《汉循吏故文熹长韩仁铭》,出土于荥阳,现存荥阳第二高中,书法为汉隶中的不同流派。

三国时期的碑刻有《受禅表》碑和《上尊号奏》碑,现存临颍县繁城镇汉献帝庙中,前者碑额篆书“受禅表”三字,碑文为隶书,形体为方形,书法遒古。西晋有著名的临辟雍碑,原立于偃师东大郊村北太学遗址,现立于该村南街。碑额隶书“大晋龙兴皇帝三临辟雍皇太子又再莅之盛德隆熙之颂”,两侧雕螭龙盘绕,碑座雕孔子及弟子颜渊等人像。碑文为隶书,竖长方形。此碑为晋碑之冠。北

---

① 《河南省志》卷五十七《文物志》第 312～313 页,河南人民出版社,1993。

魏《中岳嵩高灵庙之碑》位于登封市中岳庙内,刻立于北魏太安二年(456 年),字体古拙,介于隶、楷之间,是南北朝时期最早用楷体书写的两碑之一。此外还有宋代重刻的卫辉比干庙魏孝文帝《吊比干文》刻石等,滑县《乐陵太守刘君之碑》则以螭首称罕。

　　河洛地区现存的唐代碑刻较多,以中岳嵩山最为集中,例如《大唐嵩阳观纪圣德感应之颂碑》,立于登封市北嵩阳书院大门外,碑首雕刻分三层,上为二龙戏珠,中为云盘,下为题额及龙、麒麟,题额为篆书。碑座四面龛中雕武士。碑文记述唐玄宗令道士孙太冲在嵩阳观和缑山升仙太子庙为其炼丹事,李林甫撰文,徐浩书丹。碑高 9 米,雕刻精美。此外还有《少林寺碑》、《唐太宗赐少林寺教碑》、《大周封祀坛碑》、《唐灵运禅师功德塔碑》、《少林寺戒坛碑》、《大征禅师碑》等。唐元结墓碑原立于鲁山县北青条岭泉上村元结墓前,著名书法家颜真卿撰文并书,字体端庄雄健,气势磅礴;《升仙太子之碑》立于偃师市缑山顶升仙观旧址,圣历二年(699 年)刻立,碑首题额为鸟篆飞白体,碑文为武则天所书,书法行草相间;洛阳龙门的《伊阙佛龛之碑》,是著名书法家褚遂良的真迹,此外还有《管元惠神道碑》和偃师《圣教序碑》。《夏日游石淙诗并序》摩崖刻石位于登封市东南石淙河车厢潭北石壁上,刻于圣历三年(700 年)。时武则天游嵩山,在石淙河巨石上宴群臣,即兴赋诗,群臣和之,薛曜书写序、诗,工匠刻石,书法瘦劲奇伟。浚县后周显德六年(959 年)刻立的《准敕不停废记碑》有关于灭佛事件的重要记载。

　　宋《西门大夫庙记》碑位于安阳县北丰乐镇东西门豹祠,嘉祐二年(1057 年)刻立,圆首篆额,碑文楷书赞颂战国魏西门豹治邺的政绩,字迹工整秀丽,称颂千古。《昼锦堂记》碑原刻于治平二年(1065 年),后毁,元至元年间重刻,今存安阳东南营街韩琦祠内。碑首圆形,题额篆书,碑文楷书,是欧阳修为韩琦所筑昼锦堂而撰写,颂扬韩琦的功德、志向和富贵观,著名书法家蔡襄书丹,世称三绝。《大观圣作之碑》位于新乡市红旗区原文庙内,大观二年(1108 年)刻立。碑首雕二龙戏珠,题额楷书。碑文为宋徽宗为学校制定的"八行八刑"条规,瘦金体,宋徽宗撰文并书丹。开封《开封府题名记碑》,济源《延庆舍利塔记》,都是有名的宋碑。济源的《创建石桥记碑》是罕见的金代隶书刻石,开封金代《女真进士题名碑》是现存稀有的女真文碑刻。

元代河洛地区也有不少碑刻,例如少林寺《息庵禅师道行之碑》和《显教圆通大禅师照公和尚塔铭并叙》,前者为日本和尚邵元撰文,后者是其撰文并书丹;登封少林寺《裕公和尚碑》和安阳出土的"渔庄记"刻石,均出自著名书法家赵孟頫之手。

(二)石窟造像

河洛地区是我国石窟寺数量较多的地区之一。石窟造像主要分布在沿黄河南岸一线的巩义、偃师、洛阳、新安、义马至陕县,包括宜阳和嵩县,太行山以东的安阳、林州、鹤壁、浚县、淇县、卫辉,太行山以南的博爱、沁阳等地。

河洛地区诸石窟中最重要的是洛阳龙门石窟,分布于洛阳南郊伊水两岸的峭壁上。现存窟龛2100多个,佛像约10万尊,题记3600品,佛塔40多座。大多为北魏和唐代遗存,最有代表性的是古阳洞、宾阳洞、潜溪寺、惠简洞、万佛洞、大万五佛洞,规模最大的是奉先寺大卢舍那像龛。龙门石窟是我国三大石刻艺术宝库之一,已被列入世界文化遗产名录。其次是巩县石窟寺,位于今巩义市南河渡镇寺湾村。洞窟内多设中心塔柱,造像题材多为一佛、二弟子、二菩萨,最为珍贵的是在三个洞窟内雕有18幅帝后礼佛图。各窟中心塔柱基座上刻有伎乐,所用乐器有琵琶、箜篌、横笛、洞箫、排箫、筝、竽、阮咸、法螺、磬、羯鼓等。洞内藻井上的飞天、莲花、化生等图象和文饰雕刻极为精美。近年发现的新安西沃石窟,有并排两个洞窟,刻凿于北魏孝昌元年(525年)和普泰元年(531年),因修建小浪底水库而整体搬迁新安铁门千唐志斋。安阳灵泉寺石窟位于县城西南的宝山、岚峰山、马鞍山一带,始建于东魏,延续至隋唐、北宋。雕造在各山崖壁上的200多座石塔,多有塔铭与纪年,数量为全国之冠。义马鸿庆寺石窟现存四个洞窟,内凿佛龛46个,佛像120余尊,4幅佛传故事浮雕,其中以第一窟的大型浮雕"降魔变"最为精美。还雕凿有宫城建筑,布局完整,雕技娴熟,代表着北魏晚期河洛地区小型石窟的艺术成就。

此外,河洛地区还有一批价值较高的造像碑。例如洛阳的"刘根造像碑",偃师的"寺沟造像碑",洛宁的"千佛碑",登封的"刘碑寺造像碑",卫辉的"孝文皇帝造九级一躯碑",辉县"北魏造像碑",淇县"田迈造像碑",浚县"石佛寺造像碑"等,均为北朝重要佛教石刻,或书法工整严谨,疏朗秀劲;或字体结构致密,绵柔茂美。造像刻工精细,刀法纯熟。新乡"临清驿长孙氏造像碑"和滑县

"邴法敬造像碑"均为研究隋唐佛教石刻艺术的重要实物资料。

（三）石雕

中岳庙山门前东西两侧石翁仲,高 1.22 米,平头大脸,腰系大扣纽带,造型古朴淳厚,庄严肃穆,刻立于东汉元初五年(118 年),为汉代石雕艺术之珍品。

洛阳汉石辟邪为东汉后期遗物,1955 年洛阳南郊孙旗屯出土,现藏洛阳古代艺术馆。形体似虎豹,头类狮子,口大牙锐,头生双角,下颌有卷须,昂首斜侧,怒目眈眈,身生双翼,弧形长尾支撑地面,作欲跃势。造型想象力丰富,艺术手法简洁明快。同出的独角天禄,现藏中国历史博物馆。许昌汉石辟邪亦为东汉末遗物,1978 年许昌市南石庄村北砖瓦窑场出土,现藏许昌市博物馆。其形似虎狮,有一对三棱形角,引颈昂首,怒目大口,呲牙伸舌,双耳竖起,突胸后倾作欲跃之势,四肢踏长方形底座上。

隋代石狮出土于洛阳中州路东段枯井内,现存洛阳古代石刻艺术馆。狮子昂首,鼓腹,蹲坐,颈毛为螺旋纹,颈两侧有一道形似云气的浮雕,狮尾卷于臀部。艺术风格既追求写实效果,又保留夸张和装饰的意趣,在中国雕塑史上有重要价值。

河洛地区的石雕首推中岳嵩山的东汉三阙,即太室阙、少室阙和启母阙,为庙门前的神道阙。太室阙分为东西两阙,每阙由阙基、阙身、阙顶组成,高近 4 米。阙顶用三块巨石雕成四阿顶,顶上雕重脊、瓦垄,檐下雕椽,四边雕瓦当和板瓦唇,瓦当面浅雕柿蒂纹图案。阙身用八块石叠砌而成,南北两面用减地平雕的手法

登封汉启母西阙

刻出数十幅画面,内容为百戏、狩猎、奇禽、怪兽以及神话故事、贵族生活等内容,其中以"车骑出行图"、"马戏图"和"斗鸡图"更为意趣横生。少室阙和启母阙的结构形态与太室阙基本相同,只是阙身浮雕画面有所不同。少室阙身的浮雕图画主要是车马出行、双龙穿壁、双兽争食、四灵、羽人、蹴鞠、赛马、斗鸡、斗兽、马戏和山水;启母阙浮雕画面主要有夏禹化熊、启母石、孔甲畜龙、郭巨埋儿、饮

宴、骑马出行、交龙穿杯、斗鸡、驯象、蹴鞠、幻术、虎扑鹿和人物画。三阙的浮雕采用减地平雕手法,刀法简练,线条流畅,形象生动,反映出较高的艺术水平。

六、出土文物

先民创造的物质文化,有些被埋入地下,经过考古发掘,得以重见天日,被文物部门收藏,成为珍贵的文物。

(一)青铜器

河洛地区是出土三代青铜器的重要地区。在偃师二里头夏代遗址出土的青铜器可分为容器、兵器、工具和饰件。容器有鼎、斝、爵,兵器有戚、戈、镞,工具有锛、刀、锥、凿和鱼钩,装饰品有铜牌饰,还有铜铃等。铜爵高 22.5 厘米,长流,尖尾,束腰,平底,三足细长。流进口处有二菌状短柱,腰部有两道凸线,两线间装饰有五个乳钉。铜饰件的铸造工艺最为精美。二里头出土铜器表面粗糙,少文饰,具有早期青铜器的特点,但铸造技术已相当成熟,而且有较高的工艺水平。

商代前期河洛地区出土的青铜器以郑州商城遗址最为集中,主要是窖藏和墓葬。数十年来先后在张寨南街杜岭、二里岗向阳食品厂和南顺城街发现了三个窖藏铜器坑,出土铜器 28 件,其中有 25 件容器,三件兵器。容器种类齐全,多为青铜器中的精品,有鼎、鬲、罍、盉、瓿、斝等。8 件铜方鼎均古朴端庄,当为王室重器,其中以张寨南街窖藏一号鼎最大最重。它如圆鼎、扁足鼎、尊、

郑州商城出土铜牛首尊

罍、提梁卣、鬲、爵、瓿、斝等,都有精美的花纹,尤其是尊、罍、卣,通体饰细密的花纹,尊的肩部饰有三个突出的牛首,罍的肩部饰有三个立体的羊首,提梁卣结构复杂,形态匀称协调,最为精美。这些青铜器花纹较简单,多为单线条的饕餮纹、乳钉纹,一般无铭文,个别器物上有族徽符号。郑州出土的年代最早的青铜器的铸造技术工艺与二里头的青铜相比较,有明显的继承关系,"但是,郑州商代铜器的铸造技术工艺水平比二里头文化有显著的提高,出现了不少新器形,尤其是

花纹装饰中出现了以饕餮纹为主题的风格,很具特色"①。

商代后期的青铜器以安阳殷墟为代表,殷墟出土的青铜器有四五千件,器类齐全,包括礼器、乐器、兵器、工具、用具、艺术品、车马器。仅礼器就有鼎、甗、瓿、斝、爵、盉、尊、罍、卣、壶、瓿、觯、簋、盂、觥、方彝、盘、鬲、甑、缶、罐等20余种,工具有斧、锛、凿、削、刀、锥、铲、钻、锯等10余种,兵器有戈、矛、戳、钺、大刀、胄、镈、镞、弓形器等多种,余不赘述。其中以礼器的铸造工艺最为精美。殷墟出土的青铜礼器不仅种类繁多,而且形制多样。各种器物不仅有圆形、方

安阳殷墟出土司母戊大方鼎

形,还有扁形。最大最重的器物是传为武官村大墓出土的司母戊大方鼎,通高133厘米,长110厘米,宽78厘米,重875公斤。此外,侯家庄西北岗大墓出土的牛鼎和鹿鼎,妇好墓出土的两件司母辛大方鼎,也是大型重器。妇好墓出土的三联甗、偶方彝、提梁卣等结构复杂,鸮尊、四足觥模仿鸟兽形象造型,既具有实用性,也有很高的艺术性。青铜礼器绝大多数铸有花纹,种类有神化性动物、写实性动物和几何形三种。除平面花纹外,还有立体装饰,主要是鸟兽的头形。文饰多以纤细的云雷纹衬地,饕餮纹为主题,还流行虎纹、鸟纹、蝉纹和蚕纹等。殷墟青铜器承袭了商代二里岗青铜器的铸造工艺,但也有明显发展变化,这种变化主要表现是:各类器物的形制和种类有所增加,形式亦比较复杂;花纹装饰更加精美;出现了铭文。

西周早期的青铜器继承晚商青铜器的特点,风格趋向简朴,装饰图案多为粗线条的几何纹,并出现长篇铭文。20世纪20年代与50年代在洛阳北窑西周贵族墓地出土大批青铜器,包括礼器、兵器、工具和车马器等。其中礼器有鼎、簋、鬲、盘、壶、尊、爵等,不仅制作精美,而且多半有铭文。兽面纹铜方鼎和方座铜

① 陈旭:《夏商考古》第112页,文物出版社,2001。

簋,考母铜罍、无耳铜鬲和人形铜辖,都是其中有代表性的器物。此外在郑州石佛乡洼刘村北的西周墓葬中也出土有青铜器,主要是鼎、甗、尊、卣、簋、瓿、罍等,多有文饰和铭文。在位于山西翼城、曲沃两县交界处的天马—曲村遗址中的晋穆侯、献侯及夫人墓出土有鼎、簋和其他青铜礼器。例如晋献侯墓的椁中有五鼎四簋,上有"晋侯邦父"铭文,还有尊、壶、盘、匜、甗、爵、簋编钟等。三门峡上村岭虢国墓地北区为国君和高级贵族葬地,其东部的 2009 号墓出土随葬品极为丰富,仅青铜鼎就有 30 多件,铜器多有铭文。该墓青铜礼器的配置是九鼎八簋八鬲,铭文为"虢仲"作器;西部的 2001 号墓出土随葬器物 3200 多件,包括铜礼器、乐器、兵器和车马器。礼器中有铜鼎 10 件,乐器中有铜甬钟一套八件,均有"虢季作宝"字样。在平顶山应国墓地多出土有青铜礼器组合。95 号墓出土各种随葬品 400 余件,其中铜器约占 90% 以上,青铜礼器为五鼎六簋组合,除铜匜外,皆有铭文,可分为公、侯、伯三组。墓主为应伯。应公鼎、鸭形盉、应侯簋和甗、公作敔簋及镶红铜龙纹提链壶,均为精品。在浚县辛村西周卫国墓地共出土青铜器 100 多件,有礼器、兵器、车马器,其中以兵器为多,礼器有 16 件。珍贵的康侯簋流入英国,太保鸟形卣流散到日本。

　　东周时期洛阳作为都城所在地有很多王室和贵族墓葬,出土大批青铜器。春秋时期洛阳出土的青铜器数量虽然不算多,但器形较大,纹饰粗犷而繁缛。1957 年在洛阳金墉城遗址附近出土的齐侯盂器形高大,重 75 公斤。1991 年在周王城中部春秋墓出土大型铜器 40 余件。近年在洛阳二十七中"亚"字形春秋墓中出土的"王作"铜鼎,当为周王自作,有重要价值。新郑是春秋时期郑国的都城,出土有大量青铜器。20 世纪 20 年代在县城南街李家楼的春秋大墓中出土青铜礼器 132 件,包括"莲鹤方壶"、王子婴次燎炉及大型甬钟、车马器等。20 世纪 90 年代在郑韩故城先后三次发现 10 多个青铜礼乐器坑,出土

新郑出土春秋莲鹤方壶

青铜器 460 余件。新郑出土的一对莲鹤方壶,高 126 厘米,长颈鼓腹,盖上饰莲

瓣两层,中立一鹤,振翅欲飞。颈两侧有龙形双耳,腹部满饰蟠龙纹,四角有四头翼兽。圈足下有两头走兽,张口吐舌,支托全器。其造型庄重,设计巧妙,铸造精致,静中有动,突破了商周青铜器威严静止的格调,反映了春秋时期金属工艺的新风貌。[①] 卫辉出土的鸟兽纹贯耳壶,装饰繁缛绮丽,形象生动有趣。

洛阳的战国青铜器多在东周王城及王陵区出土。民国年间在金村陵区出土一批极其精美的青铜器,其中错金银器85件,惜多流失海外。1982年中州路南战国陪葬坑出土青铜器147件。洛阳西工区八一路战国墓出土的错金银带流铜鼎精美绝伦,铜壶通体饰凤鸟纹和人与虎、豹等野兽搏斗的画面,可谓珍贵的艺术精品。1971年在新郑白庙范村北发现一个铜兵器坑,出土戈、矛、剑等兵器180件,大多带有铭文。在卫辉山彪镇战国晚期魏国墓地出土铜器1400多件,包括礼器、乐器、兵器工具、车马器和杂器五大类。其中14件鼎中有五件列鼎一套,两对华盖壶与莲鹤方壶风格相近,一对嵌红铜鉴以水攻陆战图闻名于世。陕县(今河南三门峡)后川魏国墓葬出土大量青铜器,其中一座墓中出土大型礼乐器70件。其中的错金蟠螭纹方罍、镶嵌红铜羽纹扁壶、错金几何纹方鉴、跽坐人漆绘灯,堪称战国错金银铜器的代表作,说明当时的错金工艺已经精细入微,印制文饰反映了战国冶金技术的新成就。此外,在辉县琉璃阁和固围村的魏国墓中也出土有许多铜礼器、乐器、兵器和车马器。琉璃阁出土的镶嵌龙纹扁壶、蟠虺纹鼎、龙兽纹四耳鉴,山彪镇出土的嵌绿松石云纹方豆等,都是文物精品。

春秋中期至战国初期,青铜器出现新的风格,制作轻薄精巧,文饰为活泼的动物纹与细密复杂的几何纹,雕刻有狩猎、战争、飨宴等图景,又采用错金银、鎏金、镶嵌和细线雕等新工艺,使青铜器面貌一新。三门峡出土的错金几何纹方鉴,堪称战国镶错嵌工艺的代表,同地出土的镶红铜羽纹扁壶是用模印印制花纹的典范。

秦朝时间短暂,河洛地区出土的青铜器较少。洛阳市西郊小屯村窖藏出土的错金银鼎,通体饰错金银图案与柿蒂纹,造型小巧玲珑,制作精致华丽。汉代洛阳是铜镜的制作中心,出土的王公王母画像镜等造型美观,构图合理,浮雕古朴。

---

① 《河南省志》卷五十七《文物志》第554～555页,河南人民出版社,1993。

（二）陶瓷器

商代前中期在郑州二里岗商代遗址出土的陶器，以大口黑陶尊和绳纹陶鬲具有代表性。在焦作府城早商遗址出土有陶鬲、大口陶尊和陶罐。安阳市博物馆收藏的黑陶尊质地细腻，颜色漆黑，火候较高，为商代制陶工艺的杰作。

汉代河洛地区出现了许多彩绘陶器、陶建筑明器和陶俑。例如洛阳西汉墓葬出土有彩绘陶壶、彩绘狩猎陶壶和彩绘博山炉。在荥阳河王村、新密后士郭、焦作东郊与机床厂南等地的东汉墓中出土有彩绘舞乐陶仓楼、彩绘陶仓楼、彩绘四重陶仓楼和双阙彩绘陶仓楼。在郑州的汉代墓葬中出土有各种画像空心砖。在洛阳汉墓中出土有七盘舞俑、杂技俑与砖雕舞俑，在灵宝张湾汉墓中出土有六博俑。在济源泗涧沟西汉墓出土的八件陶俑分为三排，杂技俑和舞俑在前排表演，乐俑并列跽坐其后伴奏，指挥俑在后，以吹排箫俑最为形象逼真。这些陶俑为研究汉代雕塑和乐舞艺术提供了实物资料。

在唐朝的东都洛阳出土了数量众多的唐三彩器，称作"唐三彩"。它以黏土作胎，以黄、绿、蓝三色作基调，经 800 度的高温烧制而成。大体可分为三类，即俑、动物和器物。三彩俑有文吏俑、武士俑、女坐俑、踏牛天王俑和胡人牵马俑等；动物俑有三彩马、骆驼及镇墓兽；器物有三彩罐、贴花鍑、鸳鸯枕、兽头壶、鹰头壶等。在巩义黄冶唐三彩窑址发现有三彩女俑、长颈瓶、鸡冠壶、罐、坛、朴、水注等。唐三彩造型优美，装饰新颖，色彩斑斓，影响及于日本、朝鲜、东南亚及欧洲各国。三彩器一直延续到宋代，在新密法海寺和济源镇安寺出土有宋三彩舍利塔和听琴图枕。

郑州商城出土的原始青瓷尊是中国较早的瓷器。洛阳北窑西周遗址出土原始瓷器较多，瓷罍可为其代表。在鹤壁辛村出土的西周青釉瓷豆造型古朴，已是较为成熟的青瓷器。

安阳县洪河屯村北齐范粹墓出土的黄釉瓷扁壶，壶身两面饰有《胡腾舞》图案，造型别致，极为罕见；同时出土的浅黄釉长颈瓶造型美观，色彩晶莹，也是一件极好的艺术品。安阳市北郊隋代张盛墓出土有白瓷人面镇墓兽、武士俑和围棋盘，说明河洛地区已能生产白瓷。巩义黄冶和铁炉村是北方白瓷的主要产地，出土的白瓷有碗、盘、壶、罐、枕等十多个品种。新密、郏县窑除生产白瓷外，还生产其他颜色的瓷器。

宋代河洛地区是全国瓷器的主要产地,北宋有五大名窑,即汝、钧、官、哥、定,前三者都在河洛地区。在宝丰清凉寺汝官窑遗址出土有刻花鹅颈瓶、熏炉、圈足洗、刻莲纹碗等,在洛阳涧西收集到汝窑荷叶式碗;禹州钧台窑址出土有玫瑰紫彩斑菱花盘、月白釉匜、三足炉、钵、盘、碗、六足花盆等,都是珍贵的瓷器精品。在鄢陵县城内窖藏出土的钧瓷盘、大碗,禹州黄庄窖藏出土的钧瓷炉,都是典型的钧瓷产品。

（三）玉器

夏代,河洛地区已有玉器生产。偃师二里头遗址出土有玉器镯、璋、琮、珏、筒、钺、版、刀和柄形饰等。玉璋和玉钺是贵族朝聘、祭祀和丧葬活动用的礼器,玉璋与柄形玉饰雕琢精美。

郑州商城出土的玉器有璧、戈、铲与柄形饰等。新乡市博物馆征集收藏的玉人和玉戈都是难得的商代玉雕工艺品。安阳殷墟出土玉器数量相当可观,正规发掘出来的约有 2000 多件,仅妇好墓就出土玉器 755 件。殷墟玉器可分为礼器、仪仗、工具、用具、装饰品、艺术品和杂品。礼器有琮、圭、璋、璧、环、瑗及簋、盘等,多刻有文饰。妇好墓出土的玉簋造型优美,通体雕有花纹;仪仗有戈、矛、戚、钺、大刀和镞;工具有斧、凿、锛、锯、刀、铲、镰和纺轮;用具有梳、耳勺、匕及研磨朱砂用的臼、杵和盘。妇好墓出土的梳和调色盘都很精美。装饰品有头饰、冠饰、臂饰等佩戴的饰物和衣坠等,亦有镶嵌的饰品。饰品雕刻精细,是玉器中的精华。妇好墓出土的玉璜,两面雕人面兽身纹和带冠的侧身人面纹像,是璜中精品;艺术品用于观赏,妇好墓出土的玉龙、玉凤和玉虎,即属此类。

洛阳北窑西周墓出土玉器 200 多件,种类齐全,礼器有璋、琮、璧、璜、圭等;仪仗兵器有戈、剑、钺、刀等,装饰品有柄形器、环、贝、虎、牛、羊、鸟、鱼、蝉等。这些玉器多琢磨精细,造型生动,形象逼真。其中的玉伏虎、鸮和调色器都是西周玉器中的精品。平顶山应国墓地出土的玉鹰、人形玉佩和珠联牌组玉佩,三门峡虢国墓地出土的巨冠玉鸟、玉面罩和联璜组玉佩,都是周代的玉器精品。

洛阳金村出土的罗纹玉璧以碧玉琢成,两面满步螺涡图案,格外雅致美观,为战国玉璧之精品。汉代洛阳出土的玉器种类繁多,佩玉和葬玉相当流行。洛阳博物馆收藏的西汉玉璧,孟津平乐东汉墓出土的玉尺,都很珍贵。

魏晋时期装饰玉与观赏玉增多,洛阳涧西正始八年墓出土的白玉杯质地纯白,形制规整,堪称稀世瑰宝。偃师王窑村晋墓出土的玛瑙璧周边透雕龙像纹,外郭呈葵瓣形,晶莹剔透,是不可多得的艺术珍品。

（四）金银器

春秋战国以后,河洛地区出现了金银器。洛阳铜加工厂出土的战国贴金双龙首银带钩造型别致,是罕见的银制工艺品。汉魏以降,金银器逐渐增多。洛阳邙山金村出土的一组西晋金狮,神态威武,雕工精致。孟津发现的"晋归义王金印",是当时民族融合的见证。

唐代河洛地区的金银器明显增多,仅伊川鸦岭唐齐国太夫人墓就出土金银器物 321 件,在洛阳东都宫城遗址、偃师杏园村等地也多有出土。金银器物种类繁多,装饰纹样华丽繁缛,富有生活气息和时代风格。伊川鸦岭出土的海棠形双鱼纹鎏金银盏、鹤首银支架、银盘、银锅、提梁银铛做工精湛。洛阳隋唐故城出土的"杨国忠银锭"对研究唐代经济有一定价值。特别值得提及的是丝绸之路的遗物,例如洛阳邙山唐墓出土的波斯萨珊王朝银币,洛阳龙门安菩夫妇墓出土的东罗马金币,是东都洛阳与中亚、西亚经济文化交流的历史见证。

宋代金银器物已经社会化和商品化。洛阳邙山宋代壁画墓出土的金银器有金簪、金丝编饰、金耳饰、银勺、银箸和银盒等,金丝编饰和耳饰以细如毛发的金丝编制而成,工艺精湛;银盒银盘刻饰折枝花卉纹样,素雅大方。

第四章　河洛地区的制度文化

河洛地区长期是全国都城所在地,是全国的政治中心。中国历史上的许多重要制度在这里制定并率先推行。因此,河洛地区存在着丰富的制度文化,包括国家政治制度、礼乐制度、经济制度、文化制度等,它是河洛文化的一个重要组成部分。

第一节　国家制度的出现与完备

国家的出现,国家制度的建立,是人类进入文明社会的重要标志之一。生活在河洛地区的华夏族最先摆脱了野蛮与蒙昧,迈入文明社会的门槛。早在传说中的五帝时代后期,考古学上的龙山时代,河洛地区已经出现早期国家,及至夏代,形成了相对统一的国家政权,直至商、周两代,国家政权更加完备,国家制度也更为完善。

一、早期国家的出现

在距今约五千年前后,传说中的五帝时代后期,即尧舜时期,考古学上的龙山文化时代,河洛地区已经出现早期国家。

约从公元前4000年开始,河洛地区进入仰韶文化中期,又叫做庙底沟期,即最为繁荣的阶段。这一时期社会人口急剧增长,聚落之间的分化十分严重。如陕西华县泉护村、华阴西关堡等都是面积超过百万平方米的大型中心聚落。这类中心聚落,经常有大型建筑遗址出现。仅在河南灵宝西坡遗址,就已经清理出数座面积 100 平方米上下的大型半地穴式房屋基址,建筑的居住地面、墙壁的处理十分考究。[①] 约从公元前 3500 年的仰韶文化晚期开始,高度统一的局面不复存在,各地文化的独立性和不平衡性凸现出来。整个仰韶文化松散离析的态势持续到大约公元前 3000 年左右,开始了一场大规模的重组,其中河洛地区的文化扮演了重要角色。这里的仰韶文化最早发生变化,过渡为庙底沟二期文化,并在不太长的时间内迅速扩散开来,几乎覆盖了原来整个仰韶文化的范围。再到公元前 2500 年前后,形成了几支既有联系,又各具特色的地方文化,分别为关中地区的客省庄二期文化、豫西地区的王湾三期文化、豫北冀南的后冈二期文化、豫东地区的造律台文化以及局限在晋南襄汾盆地的陶寺文化。

伴随着文化的重组,人群流动,以及周边文化的大量涌入,河洛地区显得混乱不堪,社会越发动荡不安,各种矛盾空前加剧。剧烈的冲突似乎首先发生在村落之间。聚落群内部一些有实力的村落开始建筑城垣工事,在对付那些更强大的近邻的同时,逐渐谋取了聚落群的领导地位。随着这些城池,如河南的郑州西山古城、登封王城岗、安阳后岗、辉县孟庄、密县古城寨、偃城郝家台以及山西襄汾陶寺等城池的矗立起来,河洛地区遂进入小国林立的时代。这时,冲突也进而扩大到邦国之间,大量乱葬、殉人和武器数量激增的考古记录都发生在这个时期。

位于晋中南的襄汾盆地,传说是陶唐氏即帝尧所居。这是一个面积不大、相对独立的地理单元。其中庙底沟二期文化至龙山时代的遗址分布十分密集,按规模大小可分为四个等级。最大的陶寺遗址,仅中部古城垣内的面积就达 200 万平方米以上。历年的考古工作除在遗址上发现城垣以外,还有随葬品极为丰富、突出的大型墓葬和数量庞大却几乎一无所有的平民小墓,以及大型夯土建筑基址,同时还出土过铜铃、铜齿形器、鼍鼓、特磬等重要遗物,俨然是整个晋南盆地这个大型邦国的中心。

豫西、晋南被人们认为是虞舜、夏禹以及稍后夏王朝的所在。在考古学文化

---

① 河南省文物考古研究所等:《河南灵宝市西坡遗址 2001 年春发掘简报》,《华夏考古》2002 年第 2 期。

上,这里是庙底沟二期文化的核心区,直至龙山文化阶段,遗址群的分布十分密集。大型聚落或城址如洛阳王湾、禹县瓦店、登封王城岗、密县古城寨、洛宁西王村、武陟大司马、济源庙街等各居一方,群雄并举。在彼此之间格外复杂激烈的冲突中,逐渐酝酿成熟一种新的社会秩序,其标志就是被认为是夏文化的二里头文化和被认为是夏王朝中心都邑的偃师二里头遗址。禹将王位传给儿子夏启,以继承制替代了禅让制度,标志着中国历史上第一个"家天下"王朝的开始。

二、相对统一的国家政权—夏商周王朝

　　夏代已是文明程度相当高的社会,国家建立,礼制形成。有国家就有军队,战争亦不可避免。国王就是最高军事首领。文献记载有不少夏与外族的战争。夏王有多少军队史无明文,流亡中的少康尚"有众一旅",可能是 500 人。夏后启讨伐有扈氏的誓辞云:"用命赏于祖,弗用命戮于社。"[1]"祖"即宗庙,"社"是祭祀土神的场所,二者同是国家的象征。一些学者认为二里头遗址一号或二号大型宫

偃师二里头出土的玉钺

殿式建筑就是宗庙,高大雄伟的殿堂和它前面可容纳逾千人的广阔庭院表明,它们肯定是举行重大礼仪活动的场所。夏代已有刑法。"夏有乱政,而作禹刑。"[2]"皋陶于是敬禹之德,令民皆则禹。不如言,刑从之。"[3]夏代尊卑贵贱之分的等级制度已经形成,而且已有贡赋制度。"夏后氏五十而贡。"[4]"昔夏之方有德也,远方图物,贡金九牧。"[5]

　　商和西周的基本政治制度,是在中央行国王制,地方行分封制。国王是一国的元首,后来称"天子",享有崇高的地位,握有最大的权力。国王将国土分为两

---

① 《尚书》卷七《甘誓》。
② 《左传》昭公元年。
③ 《史记》卷二《夏本纪》。
④ 《孟子》卷五《滕文公上》。
⑤ 《左传》宣公三年。

种不同的统治区。以国王所居京师为中心,四周五百里之内为王畿,或称内服,由国王或朝廷直辖。王畿以外的广大地区称外服,就是分封诸侯的地区。商代所谓诸侯大多是原来的部落方国,处于独立或半独立状态。到了西周,才正式实行分封制。商朝的官职设置已比较完备:"越在外服:侯、甸、男、卫、邦伯;越在内服:百僚庶尹、惟亚、惟服、宗工。"①在中央设相,又称冢宰,为百官之长,是商王的首辅。相以下的重要官职,有卿士、三公。执事官有帅、史、卜、祝、耤臣、小臣、百工等,分掌天文、历法、占卜、祭祀、农事、手工等文化、经济庶政。武职有师、马、多马、多射等,主军马、射击等事。军队编制有师、旅、行,分左、中、右三部,士兵主要由平民组成。据文献记载,商代的五服有侯、甸、绥、要、荒,甲骨文中的爵名有侯、伯、子、男、任等。西周的国家制度在商代的基础上又有所发展,此处不赘。

夏商周三代国家的显著特点是分封世袭制,社会上氏族组织长期存在,统治集团则在氏族制的基础上逐渐发展为一种严密的宗法制,这在周代表现得特别明显。所谓分封,就是把一个地区的土地和人民都授予一位诸侯全权管理,即所谓授民授疆土,代代承袭。诸侯对王室的义务则是要镇守疆土,按时朝觐纳贡,必要时率领军队勤王。诸侯在自己的封疆内也可以把土地和人民授予亲属或者亲信以为卿大夫,卿大夫又可以按照同样的道理封赐家臣。这样层层分封即是一种国体,也是一种政体。由于强调嫡长子继承和大宗小宗的区别,使得这种体制能够把政权和族权乃至神权巧妙地结合起来。既能保证中央和地方政权的巩固,又能够照顾到各个地方的具体情况,维系广大领域内不同族系和不同文化传统的各诸侯国的统治,并使之逐渐华夏化。②

第二节　三代礼乐制度的形成

礼制是中国古代的重要制度。"礼,经国家、定社稷、序民人、利后嗣者

---

① 《尚书》卷十四《酒诰》。
② 袁行霈、严文明等主编:《中华文明史》第一卷《绪论》第22页,北京大学出版社,2006。

也。"①这句话说明了礼的重要作用。郭沫若先生说:"大概礼之起源于祀神,故其字后来从示,其后扩展而为对人,更其后扩展为吉、凶、军、宾、嘉的各种仪制。"②

河洛地区是中国礼乐制度产生和发展的地区。夏礼和殷礼在河洛地区率先实行。周礼因袭夏礼和殷礼,周代的礼乐制度是周公在洛阳制定的。

一、礼制的萌芽

礼,来源于原始社会时期先民们的祭神习俗。祭祀时往往伴有十分隆重的仪式,于是礼仪便随着原始宗教的盛行而萌芽。

在仰韶文化时期,河洛地区的先民存在着一种多神崇拜。这些神灵代表着当时人们所处的环境,如日、月、山、水、动植物等。人们崇拜祭祀它们,是为了祈求这些神祇保佑平安、丰收和人丁兴旺,这是一种宽泛的"社祭"。后来,帝颛顼实行"绝地天通",这是社会内部的宗教改革,内容主要是禁止一般巫觋沟通天地的职能,虽然社祭被保留下来,但由最高统治者专擅。宗教在相当程度上沦为统治者的政治工具。

在早期宗教体系中,祖先崇拜只是其中并不重要的一部分,祖先神灵是众多被设想的自然神灵中的一个。公元前3500年以后,伴随着社会生产的进步和私有观念的发展,原始氏族组织开始向父系家族公社转变,进而演变为宗族。由于财产及相关权益的世代传承是在家族或宗族内部完成的,因此,各家族或宗族对自己祖先的祭祀越发显得重要起来。本于血缘亲情的祖先崇拜,出于对财产继承的经济利益和稳定社会秩序的目的而被进一步强调,其宗教神秘色彩日渐淡薄,逐渐变成了一种道德观念。

从埋葬方式可以看出等级制度和礼制的萌芽。庙底沟二期与中原龙山文化中的大量墓葬资料表明,在最高等级的贵族和社会底层之间,还可以再划出一到两个中间等级。他们的墓葬规模和随葬品的丰度与最高级墓葬相比,呈现出等差递减的趋势,而社会最底层的墓葬,则大小仅可容身,随葬品极少,甚至一无所

---

① 《左传》隐公十一年。
② 郭沫若:《孔墨的批判》,见《十批判书》,人民出版社,1954。

有。这个时期似乎开始有了对不同等级身份的人物所享受的物质财富内容和数量质量方面的规定。一些特殊的随葬器物,如襄汾陶寺墓地出土的特磬、鼍鼓等礼乐仪仗之器和整猪随葬等现象仅见于大型墓葬,其他人没有能力也没有资格享用。案、俎、盘、豆等彩绘木器和彩绘陶器等虽也见于中型墓葬,但数量和质量皆不能与大墓出土者相提并论。这些现象表明,"当时在丧葬行为中,已经出现了某种制度。尽管有关其他方面的考古材料不多,但依然可以据此推测当时社会生活的其他方面,也有某种程度的规范化倾向。这应当就是所谓礼制的萌芽。"[①]

原始宗教是一种多神宗教。多神崇拜的盛行,使原始礼仪的内容渐趋丰富,成为后世繁琐礼仪制度的滥觞。

二、夏代礼制的形成

礼制由神鬼而及于人,是私有制和私有观念出现之后的事。私有制和私有观念的出现,极大地动摇了原先人们之间平等和谐的人际关系。错综复杂的人际关系要求必须有一定的礼仪规范对人们的行为加以约束,以维护社会的稳定和发展。

夏王朝建立后,随着国家的产生和阶级关系的复杂化,迫切需要一整套确定人们等级身份以稳定统治的制度,正如《礼记·礼运篇》所说"今大道既隐,天下为家,各亲其亲,各子其子,货力为己,大人世及以为礼,城郭沟池以为固,礼仪以为纪,以正君臣,以笃父子,以睦兄弟,以和夫妇,以设制度",于是礼的中心内容也由原始社会的祭神习俗演变成调整人们社会关系的行为准则。

礼制是社会成员的行为规范。从表面上看,礼制是对不同身份等级的人从穿着佩戴、出行的车马仪仗、住宅尺度、宴饮声乐器具、祭祀规格直至丧葬仪式的一系列严格规定,实质上则是通过这一严格的行为规范,强调每一个人时刻注意自己在社会中的位置,以达到维护社会秩序的目的。由于中国古代社会是建立在小农经济基础上的由氏族或宗族的血缘关系构成的社会,于是其社会等级制度或礼制中又调和进了这一层内容,即尤其强调了对祖先的祭祀、崇拜和"孝",

---

① 袁行霈、严文明等主编:《中华文明史》第一卷第 81 页,北京大学出版社,2006。

从而带有强烈的道德色彩。

礼制在夏代已经形成。孔子说："夏礼吾能言之"，"殷礼吾能言之"，只是"文献不足征"①。

偃师二里头文化就是夏文化，已经成为学术界的共识。二里头文化已经属于青铜时代。不仅青铜器的种类和数量远较龙山时代为多，青铜器的使用功能也发生了重大变化，反映身份等级的礼器和用于战争的兵器凸现出来。它们已经超越了日常生活所需的范畴，更多的用来充作维护等级和秩序的工具。礼器的出现在其他材质的器物上也有体现，如玉石器中的戈、钺、圭、璋、琮和柄形器，漆器和陶器中的觚、爵、盉等。这些器物一般都出土在规格较高的墓葬中，部分器物还往往以组合形式相伴共存，如不同材质的爵与盉就是如此，类似于商代的觚、爵、斝与周代的鼎、簋组合。

社又称社稷，是祭祀土神和谷神的地方。社大概只是一个封土坛，其上或植树，或立石。二里头遗址内还没有明确为社的遗址，但"封土曰坛，除地曰墠"的祭祀遗址已发现多处。这类祭祀遗址主要分布在宗庙宫殿区的北面，呈东西方向排成一线，大约连绵二三百米。遗址的形状分为两类：一类是封土为"坛"，平面呈圆形，突出地表之上，坛径在5米以内。坛上布列着一圈或两圈不同土质、直径约1米左右的圆形土墩。另一类是除地为"墠"，是一种平面呈长方形的半地穴式建筑物，系在浅穴内铺垫层层净土，往往还有成片的烧土面，一般不见柱洞，应是没有屋顶的场地。"墠"的规模大小不一。对照文献记载，上述两类遗址应是祭祀天地诸神的坛、墠遗址。

在河洛早期文明中，礼制是一大特色，其主要载体就是各种礼器，它是别等级、明贵贱、维护人际次序、保护社会权利的工具。在二里头文化中出现了大量的不同材质的礼器，而且发现了祭祀用的坛、墠遗址，说明二里头文化是三代礼制的开始。

三、商代礼制的发展

商代礼制在考古学中反映最突出的是祭祀之礼。当时的统治者视祭祀为国

---

① 《论语》第三《八佾》。

典,即国家的头等大事。祭礼主要表现在对祖先的庙祭和对天地诸神的社祭上。

　　商代祭祖曾实行周祭制度。所谓周祭,是指商王室用五种祀典轮流而又周而复始地祭祀成系列的先公先王先妣。除周祭外,还有一些对祖先的不成系统的祭祀典礼,称为"特祭"或"选祭"。商王祭祀祖先在宗庙中进行。在郑州商城和安阳殷墟都发现有大型祭祀遗址。在郑州商城宫殿区北部发现的祭祀遗址,祭堂平面呈正方形,长宽各 2.35 米,堂门面向西南,四壁用夯土筑成。后墙根的中部设一长方形祭台,台上有火烧和供祭的痕迹。此祭祀遗址近临宫殿区,居于城内的中心部位,可能是商王祭祖的宗庙遗址。① 殷墟发掘时自北向南分为甲、乙、丙三区,甲区为宫室遗址,乙区为宗庙遗址,丙区为祭坛遗址。乙组建筑基址规模巨大,在乙七、乙八建筑基址周围有成行密集排列的殉葬坑,殉有大量的马、羊、狗和人等,此建筑基址似为商王祭祖的宗庙遗址。在乙组建筑基址以南,又发现大型建筑基址,其中 1 号房是主要建筑,南面至少有 6 处门道,门道两侧有排列规则的祭祀坑,坑内多数埋人骨架 3 具,其中各有 1 具跪状人骨架。从房"内无隔墙、无居住痕迹、门外有祭祀坑等现象分析,这座基址大概是用于祭祀的宗庙性建筑"②。殷墟用于祭祀的宗庙性建筑规模庞大,与殷墟卜辞大量记有祭祖的内容可以相互印证。

　　除对祖先的庙祭以外,最重要的就是对天地诸神的社祭。殷墟卜辞中的"土"即"社"字。卜辞中关于祭"土"即祭"社"的内容颇为丰富,说明商代祭社是一种经常性的礼仪活动。"殷人之礼,其社用石"③。在郑州商城东北隅发现了社祭遗址,场地中部有 6 块大石,中心一石最高,四周放置 5 块。社石周围已发现 8 个祭祀坑,分 3 行排列。坑内埋狗,有的狗骨架下还有人骨架。祭祀坑内的狗、人骨架应是祭社时的牺牲,祭完之后埋在社石的周围。④

　　商代的丧葬之礼在考古学中有充分的反映。殷墟卜辞中有许多丧葬的内容。贵族墓葬中随葬觚、爵套数的多寡与其他铜礼器相联系,代表着墓主身份等级的高低,体现着商代的等级制度。在安阳殷墟西北冈王陵区,还发现了送殡行

---

①　徐良高:《中国民族文化源新探》第 159 页,社会科学文献出版社,1999。
②　中国社会科学院考古研究所安阳工作队:《河南安阳殷墟大型建筑基址的发掘》,《考古》2001 年第 5 期。
③　《淮南子》卷十一《齐俗》。
④　中国社会科学院考古研究所:《中国考古学·夏商卷》第 352 页,中国社会科学出版社,2003。

列所用仪仗的痕迹和祭墓现象①,说明商王或高级贵族死后,要举行送葬之礼和祭墓之礼。王陵区东区分布着大量祭祀坑,内容以人祭坑为主,也有少量兽祭坑和器祭坑。从埋在王陵墓旁并分组排列的情况看,这些坑应该是为某王举行安葬仪式或为某王举行祭祀活动而形成的。由此可见,王陵区也是举行祭祖之礼的重要场所。

四、周代礼乐制度的创立

周礼对于夏、商之礼有一定的承袭关系,也有所损益。孔子说:"殷因于夏礼,所损益,可知也;周因于殷礼,所损益,可知也。"②西周之礼乐制度不仅对在河洛地区形成的夏商礼制有所承袭和发展,而且周礼也是周公姬旦在河洛地区制定的。

西周初期,周武王既死,成王年幼,周公摄政。管、蔡、霍三叔勾结纣子武庚,发动叛乱,周公率军东征,平息了叛乱。他又依照武王生前的安排,在伊洛平原营建洛邑,作为统治东方广大地区的中心,并迎接成王到洛邑治理国家,称为成周。周公在洛邑制定了西周的礼乐制度。春秋时鲁国人季文子说:"先君周公制礼。"③《尚书大传》说得更为具体:"周公摄政,一年救乱,二年克殷,三年践奄,四年建侯卫,五年营成周,六年制礼作乐,七年致政成王。"④可见,周公是在营建成周之后,在洛邑制定礼乐的。周公制礼这一说法在春秋战国时期很盛行,也不是没有道理的。周公作为周初的最高行政长官,根据当时的情况,将殷礼斟酌取舍,做一番"损益"工作,从而制定出一套适合新兴的周王朝所需要的礼,是完全可能的。但是不应该把周公对于制定周礼所起的作用过于夸大。正如顾颉刚先生所说:"周公制礼这件事是应该肯定的,因为在开国的时候哪能不定出许多的制度和仪节来?……不过一件事情经过了长期的传说,往往变成了过分的夸大。周公制礼这件事常常说在人们的口头,就好像周代的一切制度和礼仪都由他一手而定,而周公所定的礼是最高的,因此在三千年来的封建社会里,只有

---

① 胡厚宣:《殷墟发掘》,学习生活出版社,1955。
② 《论语》卷二《为政》。
③ 《左传》文公十八年。
④ 《通鉴外纪》卷三引。

小改而无大变化,甚至说男女婚姻制度也是由他创立,那显然违反了历史的真实。"①

反映周礼的文献主要有"三礼",即《周礼》、《仪礼》和《礼记》。《周礼》主要讲官制和政治制度,《仪礼》讲朝聘、婚丧、祭祀、乡射和燕飨等多种礼制,反映了当时的内政外交、亲族关系、宗教观念以及宫室、车马、服饰、饮食等制度和贵族的社会生活情形等。《礼记》则主要是孔门弟子讨论礼的理论和行为准则的文献,也有解释《仪礼》的篇章。传统说法《周礼》是周公所作,但现存的《周礼》明显有较晚时期的成分。"三礼"的最后形成可能都在战国,其中的内容有些反映了周代礼的制度和思想,有些是理想化的东西。

周礼将礼和乐紧密结合在一起。"乐"即音乐,古人认为音乐能感化人心,移风易俗。"乐也者,圣人之所乐也。而可以善民心,其感人深,其移风易俗,故先王著其教焉。"②故用乐来配礼,使人们的思想"和"于"礼"。

洛阳东周天子驾六车马坑

周代的礼乐制度,实际上是一种以人伦道德、等级观念为枢机的政治制度。"礼"规定人们的等级秩序,"乐"引导人们在遵守等级秩序的前提下亲和。周公开始制定的西周礼乐制度,经过儒家学派创始人孔丘的倡导和宣扬,对中国的封建社会有深远影响。礼乐不仅是封建制度的标准,也是处理人际关系和实施教化的标准,是不同层次的人都有义务遵守的制度。

第三节　九品中正制的创立与门阀制度的初步形成

东汉、曹魏、西晋三朝都建都洛阳,河洛地区属于京畿地区。东汉中期以后,

① 顾颉刚:《周公制礼的传说和〈周官〉一书的出现》,中华书局《文史》第六辑。
② 《礼记》第十九《乐记》。

河洛地区出现了土族。曹魏建立初期,在陈群的提倡下,实行九品中正制。九品中正制的实行又促进了士族门阀制度的形成。

一、东汉河洛地区的世家大族的出现

东汉时期沿袭西汉,在任官制度上实行察举制、征辟制和任子制。到了东汉后期,察举征辟任官,渐渐注重门第。官吏为了把持政权,扩大本家族的利益,"朋党为私,背实趋华"。"其贡士者,不复依其质干,准其才行,但虚造声誉"①,于是察举制成为豪族或官僚沽名钓誉、安插私人的工具。征辟制的实行,公府和州郡长官可自行辟除掾属,为发展个人势力开了方便之门;士人为了做官,也投靠依托权门,形成了所谓"名公钜卿,以能致贤才为高,而英才俊士,以所依秉为重"②。这样便发展成为一种私恩的结合。任子制专为中上层官吏而设,西汉二千石以上官吏方有任子特权,东汉后期范围扩大,安帝时低于二千石的校尉、尚书也可享受这一特权。这种选官制度实行的结果,豪族子弟可顺利进入官场,成为世家地主中新的阶层。他们还可以把较小的家族或某些中小地主以"门生"、"故吏"的名义招揽在自己周围,形成一个个以某一家族为中心的政治势力。私人传经讲学之风促进了官吏集团的形成。有些大官以传经相标榜,授业范围很广,弟子甚多。通过经学入仕,又形成了一些累世公卿的家族。有的累世公卿的门阀大族,"门生、故吏遍于天下。"③

早在东汉后期,河洛地区已经形成了一些世家大族。最为著名的是弘农杨氏和汝南袁氏。弘农华阴(今属陕西)大族杨氏,有杨宝习欧阳《尚书》,于西汉末期隐居教授。其子杨震亦学欧阳《尚书》,"明经博览,无不穷究",人称"关西孔子"。他"常客居于湖(今河南灵宝西北),不答州郡礼命数十年"④。年五十始仕州郡,后官至太尉。杨震子杨秉亦至太尉,杨秉子杨赐位至司徒、司空,杨赐子杨彪官至司空、司徒、太尉,录尚书事。杨氏一家四世连续担任"三公"高官。汝南汝阳(今河南商水西北)袁氏,世代传习孟氏《易》,自袁良以后,其孙袁安官

① 《后汉书》卷四十九《王符传》引《潜夫论·实贡》。
② 《东汉会要》卷二十七《选举下》。
③ 《后汉书》卷七十四上《袁绍传》。
④ 《后汉书》卷五十四《杨震传》。

至司空、司徒,袁安子袁敞、袁京皆为司空,袁京子袁汤为司空、太尉,袁汤子袁逢亦至司空,袁逢弟袁隗至太傅。袁氏四世中有五人官至三公。这些大族累世为高官,传经学,有大批门生、故吏,成为官吏中的首脑人物。但是弘农杨氏和汝南袁氏在汉末建安年间遭受重大变故而一蹶不振。

二、九品中正制的推行

东汉后期,选官失实。当时洛阳民谣:"举秀才,不知书。察孝廉,父别居。寒素清白浊如泥,高第良将怯如黾。"曹魏建立后,对选官制度进行了改革,创立了九品中正制度。

建安年间,曹操坚持用人不拘一格、"唯才是举",曹魏建立后,用人标准发生了变化。九品中正制(又称九品官人法)的制定,就是这一变化的重要标志。九品中正制是出身于颍川许昌陈氏家族的陈群提出的,时间是曹丕已即王位还未受禅称帝的延康元年(220 年)。史称:陈群,"文帝在东宫,深敬器焉。……及即王位,封群昌武亭侯,徙为尚书。制九品官人之法,群所建焉。"①九品中正制出现的背景和具体办法是:"魏文帝为魏王时,三方鼎立,士流播迁,四人错杂,详覈无所。延康元年,吏部尚书陈群以天朝选用不尽人才,乃立'九品官人之法',州郡皆置中正,以定其选,择州郡之贤有识者为之,区别人物,第其高下。"②由此可见,九品中正制的出现就是为衣冠士族服务的。州郡的中正,都由在朝廷任职的本地人充当,而这些任职的人则是以本地的士族名士为主。担任中正职务的另一项条件是德充才盛,德的问题提出后,无德无行、不仁不孝的人很难被品评出来。于是曹操"唯才是举"的精神被完全否定。同时,九品官人法和中正制,实质上是汉末汝南"月旦评"的继续。汉末,汝南名士许靖、许劭兄弟品评士人,每月更换品题,成为一种社会舆论,而九品官人法,则是一种官方评论。

九品中正制在实行初期还有一定的积极意义。正如西晋人卫瓘所说:"其始造也,乡邑清议,不拘爵位,褒贬所加,足为劝励,犹有乡论遗风。"③不久,问题就显露出来。魏齐王曹芳正始年间,夏侯玄曾指出:"自州郡中正品官度才以

---

① 《三国志》卷二十二《陈群传》。
② 《通典》卷十四《选举二》。
③ 《晋书》卷三十六《卫瓘传》。

来,有年载矣,缅缅纷纷,未闻整齐。"①到了西晋时期,九品官人法和中正品评人物的制度实行的结果,已是"上品无寒门,下品无士族"②,九品中正制已完全成为维护士族门阀利益的工具。

三、士族门阀制度的初步形成

起初,权立九品,"盖以论人才优劣,非为世族高卑"③。但是由于大小中正皆取"著姓士族"来充任,其结果必然为世家大族所操纵,于是九品中正制就成为门阀士族手中的政治工具,促进了门阀政治的形成。

由于九品官人之法的实行,九品的定评掌握在担任州郡大小中正的当地著姓世族之手,于是官品的升降,大都凭借"世资",久而久之,就造成"公门有公,卿门有卿"④和"高门华阀,有世及之荣;庶姓寒人,无寸进之路"⑤的情况。

九品中正制的特点有二:其一,九品之"品",作为人品,不是社会道德观念,而是由中正官评定,经司徒府批准,即被封建工朝备案,具有权威性。其二,这样定下来的人品,不仅是一种荣誉,它还与吏部铨选,与官职紧密联系在一起。评为上品则官品起点高,且升迁快,容易登上高位;反之,往往沉滞于卑官贱职。

西晋初,九品中正制在官吏的选拔、任用上出现了新的特点,这就是"二品系资"。李重上奏说:"如(癸酉)诏书之旨,以二品系资或失廉退之士,故开寒素以明尚德之举。"⑥所谓"二品",是中正对人才高下的品第,其衡量标准为德、才。二品是上品,应由德充才盛者获得。可是西晋时正式加上了一项标准,这就是"资"。所谓资,本来仅指个人当官的功劳和资历,后来又包括父祖的功劳和资历,称作"门资"或"世资"。而系资的最简便的办法,是按本人与父祖的官爵高低来衡量,这就是"计资定品"。所谓"二品系资"是指五品以上的官品,于是官品五品与六品之间成为人品上品和卑官例用官位的分界线。

总之,西晋时期的门阀制度已初步形成,其大体趋向是官品决定人品和门第

---

① 《三国志》卷八《夏侯玄传》。
② 《晋书》卷四十五《刘毅传》。
③ 《宋书》九十四《恩幸传论》。
④ 《晋书》卷九十二《文苑·王沈传》
⑤ 赵翼:《廿二史札记》卷八《九品中正》。
⑥ 《晋书》卷四十六《李重传》。

高下,在不发生意外的情况下,又导致官品的进一步提高。到了东晋南朝,大体趋向是门品决定官品,门阀档次进一步提高,门阀制度正式确立。

曹魏以后,河洛地区士族势力更加发展。如颍川颍阴荀氏,自东汉荀淑为朗陵令,子孙颇盛。荀淑有八子,时称八龙。次子荀绲,为济南相。荀绲子荀彧,官至守尚书令。荀彧有四子:长子恽,虎贲中郎将;次子俣,三子诜,大将军从事中郎,四子觊,位至太尉。荀氏在魏晋南北朝,为世"冠冕"。又如颍川许昌陈氏,自汉陈寔为太丘长,其子陈纪任五官中郎将、尚书令,位至九卿。陈纪子陈群,魏文帝时官至镇军大将军,领中护军,录尚书事,累官至司空,其后子孙历两晋南北朝,并处高位。再如颍川长社钟氏,自汉钟皓为郡功曹,有两子名迪、敷。钟迪之孙钟繇,魏时历官大理、相国、廷尉、太傅。钟繇二子钟毓、钟会,并历要职。河东裴氏自裴潜仕魏至尚书令,河东卫氏自卫觊仕魏至尚书,他们的子孙,一直到两晋南北朝,还是"衣冠"连绵不绝。他如荥阳开封郑氏,自郑众仕汉为大司农,玄孙郑浑仕魏至将作大将。陈郡谢氏,自谢缵仕魏为典农中朗将,缵子衡仕西晋至九卿,衡子安仕东晋至太傅,为江左"盛门"。九品中正制的实行,使这些门阀士族累世显贵。

第四节　北魏孝文帝改制

北魏后期,魏孝文帝将都城从平城(今山西大同)迁至洛阳。在迁都洛阳前后,孝文帝进行了一系列政治、经济、文化方面的改革。因为这些改革发生在太和年间,故史称"太和改制"。

一、迁都前的政治经济改革

早在十六国后期,北魏的势力已达到黄河北岸。进入南北朝后,北魏和南朝的刘宋争夺黄河以南地,河洛地区成为北魏的辖区。

北魏进入中原后,农业成为主要的经济形式。由于汉族豪右对土地"多有占夺",鲜卑贵族也"就耕良田,广为产业"①,再加上把大片良田辟为牧场,农民无田业的现象十分突出,人口流亡严重。不仅国家赋税收入减少,也影响社会的稳定。为了将农民从豪族地主的荫护下解脱出来,固定在土地上,太和九年(485年),孝文帝决定实行均田。

均田制的主要内容是:男子十五以上,授给露田四十亩,桑田二十亩,妇人授露田二十亩。露田加倍授给,以备休耕,不得买卖,身死或年满七十归还官府。桑田永为个人所有,在一定条件下可以买卖。奴婢和耕牛参加授田。奴婢依一般农民授田。耕牛每头授田三十亩,限四牛。地方官吏按官职高低,授以公田。刺史十五顷,郡丞、县令六顷。公田不得买卖。

与均田制颁布的同时,又实行三长制以代替原来的宗主都护制。所谓三长,即五家立一邻长,五邻立一里长,五里立一党长。三长皆由本乡有威望的人担任。三长制的实行改变了"民多荫冒,五十、三十家方为一户"的情况②,使政府得到大批编户,保证了国家的财赋收入。

与均田制、三长制相辅相成,又实行了新的租调制,规定一夫一妇出帛一匹,粟二石;其他人口耕牛,依此类推。家庭作为受田纳税单位,人民负担也有了定规,改变了原来"九品混通"的混乱局面。

上述改革措施,都在河洛地区推行。

二、迁都洛阳后的改革

孝文帝迁都洛阳后,鲜卑等北方少数民族百姓随之由长城南北南迁至河洛地区。他们保留着较多的少数民族的风俗习惯和奴隶制残余,和中原地区的封建制度很不适应。于是孝文帝又实行了一些改革,内容可概括为以下几点:

禁止使用鲜卑语和其他北方少数民族语言,推广汉语。孝文帝称汉语为"正音",诏令不得以"北俗之语"言于朝廷,违犯者免除官职。推行汉语的结果是消除了各民族在语言上的隔阂,有利于鲜卑等族与汉族人之间的思想文化交流。

---

① 《魏书》卷二十八《和跋传》。
② 《魏书》卷五十三《李冲传》。

禁止穿鲜卑服。孝文帝在迁都前就诏令大臣议定衣冠服制,制定了官吏的服装,妇女的服装也仿照南朝汉人。迁都洛阳后,更严格禁止穿鲜卑服装。他以为穿什么服装并非小事,而是关系着国家的兴亡。

改鲜卑复姓为汉族单姓。北方鲜卑等族的姓氏多为复姓,孝文帝下令将它改为汉字单姓。他首先将自己的姓氏"拓跋"改为"元",然后将其他复姓均改为单姓,如丘穆陵氏改为穆氏,步六孤氏改为陆氏等。他还规定鲜卑贵族八姓和汉士族四姓地位相同,并要求鲜卑贵族和汉士族联姻。

规定迁到洛阳的代郡(今山西大同)人一律以洛阳为籍贯,死后葬在洛阳,不得还葬北方。于是南迁的代人都成了洛阳人。

孝文帝实行改革,移风易俗,不仅加快了北方少数民族与汉民族融合的历史进程,也使遭受战乱破坏的洛阳和河洛地区出现了新的繁荣。

第五节　科举制的形成与发展

南北朝后期,士族门阀势力衰落,庶族寒门地主的地位上升,九品中正制也走到尽头。科举制度创立于隋朝大业年间,隋炀帝在洛阳首开科举,唐高宗、武则天时又有所发展,北宋时期全国的科举考试在东京开封举行,科举制度已趋于完备。

一、隋朝科举制的创立

隋炀帝即位后,营建了东都洛阳,作为其统治中心。科举制就是隋大业年间在洛阳创立的。

隋文帝开皇年间,废除了以门第取士的九品中正制,开始实行"分科举人"。隋炀帝大业年间,继续实行分科举人的政策。大业三年(607年)四月,诏文武有职事者,以孝悌有闻、德行敦厚、义节可称、操履清洁、强毅正直、执宪不挠、学业优敏、文才秀美、才堪将略、膂力骁壮十科举人。大业五年六月,诏诸郡"以学业该通、才艺优恰,膂力骁壮、超绝等伦,在官勤慎、堪理政事,立性正直、不避强御四科举人"①,由十科变为四科。

后来,隋炀帝又"置明(经)、进(士)二科"②,以试策取士。史称:"近炀帝始置进士之科,犹试策而已。"③通过分科考试选拔官吏,这就是科举制。科举制脱胎于汉代的察举制,特别是东汉开始实行的孝廉考试。东汉时左雄在洛阳实行察举改革,实行孝廉试策,为隋炀帝实行科举考试所借鉴。

二、唐代河洛地区的科举

(一)都畿、河南诸道的贡举考试

唐代科举考试的科目繁多,大体上可分为常举和制举两大类。所有科目河洛地区诸州府县均可考试荐举。

常举,即常科考试。考试科目有:秀才、明经、俊士、明法、明字、明算、一史、三史、开元礼、道举、童子、五经、三经、二经、一经、三礼、三传、武举等,皆为岁举之常选科目。概因"唐兴,世崇儒学,虽其时君贤愚好恶不同,而乐善求贤之意未始少怠,故自京师外至州县,有司常选之士,以时而举"④。

制举,是由唐代皇帝下诏举行的特别考试,往往是由皇帝临时的需要而决定,主要有:贤良方正能直言极谏科,才识兼茂明于体用科,才高未达沉寂下僚科,博学通艺科,下笔成章志烈秋霜科等,约在百种以上。

各地学士,要参加科举考试,首先要"怀牒自列于州、县",带着乡里或私学的证明,到所在府州县治所报名,然后参加严格的"州试县试",州、县长官为监试官。县试被录取者,参加州试。州试通常在每年秋天举行,由州刺史负责。州试也分进士、明经等科进行。洛阳东都国子监所属诸学的毕业生,则由国子监组织考试,成绩合格者直接由国子监报送尚书省,不必参加地方的选拔考试。

(二)东都省试与"东选"

武则天时,长安、洛阳两地同时举行科举考试,称为"两都试"。东都洛阳举行的中央科举考试,多在东都国子监或河南府举行。

① 《册府元龟》卷六四五,《贡举部》。
② 刘肃:《大唐新语》卷十《釐改》,中华书局,1984。
③ 《旧唐书》卷一百一十九《杨绾传》。
④ 《新唐书》卷四十四《选举志上》。

当贡士举子到主管常举考试的尚书省时,"皆疏名列到,结款通保及所居,始由户部集阅。①"即填写自己的姓名、三代履历和三人(后五人)自相保结,户部审查核实之后,再将名册送至礼部,等待由尚书省礼部定期命题考试。主司在考试前先披阅举子贡士的"省卷",以评量其文才诗笔,作为及第与否的参考。

每年春节前后,举子贡士参加尚书省举行的全国统一的科举考试,即省试。省试是科举考试最关键的考试。明经、进士等科的考试均为三场,每场以一日为限。省试一般在礼部贡院进行。省试完毕后,由主考官员评阅试卷,参考所呈"省卷",初步确定及第者及其名次,递呈宰相,确定及第者名单。

吏部对及第进士、明经等的考试,亦称"关试"或"释褐试"。武则天时铨选考试以东都为主。吏部铨选试在春季举行。东都选试或专派黄门监、侍郎主持,或由东都留守、河南尹代为主持。"吏曹所铨者四,谓身、言、书、判。"身,即观看相貌体检;口试,要求词说合理,对答得体;书法,要求字体秀丽;判词,以考察被选人的法律知识和拟判文笔,此项最难也最重要。

特别值得提及的,是武则天在洛阳首开"武举",选拔军事人才。她又亲自在宫殿中考试全国各地举子,创立"殿试"制度。这些,对以后各代的科举考试都产生很大影响。

隋唐河洛地区的科举考试,在中国科举考试史上占有重要地位。当时国家级科举考试——省试和吏部铨选考试长期在洛阳举行。通过科举考试,隋唐时期河洛地区涌现了众多的杰出政治家、诗人和散文家,呈现出人才济济、群星璀璨的局面。

三、北宋科举考试制度的完善

五代均建都于河洛地区的开封和洛阳,当时由于战乱频繁,科举考试时断时续,北宋仍都开封,科举制度逐渐完善。

北宋对于科举取士的全过程的控制日趋严密,在各个环节上强化了对于举子与考官双方的规范。

宋代确立了三级考试制度,地方主持的选拔初试称作"乡试"或"解试"。乡

---

① 《文献通考》卷二十九《选举二》。

试合格,向中央递送、参加高一级考试者,称为"乡贡进士"。为防止考试作弊,考官的亲属、门客等另外组织考试,称作"别头试"。下层官员参加考试,也另行组织,称作"锁厅试"。全国性的选拔考试,由皇帝临时任命主考官,由尚书省礼部主持,称作"省试"。皇帝亲自主持的殿廷复试,称作"殿试"。经殿试而最终录取者,即为"天子门生"。解试第一名称"解元",省试第一名为"省元",殿试第一名为"状元"。宋仁宗皇祐元年(1049 年),冯京"举进士,自乡举、礼部以至廷试,皆第一",被誉为"连中三元"。①

考试之前,被指定的考官全部进入贡院,考试期间不得私自外出或会见亲朋。这一做法,当时称作"锁院"。

为杜绝请托舞弊,宋代不仅禁止考前的"行卷"和"公荐",而且自真宗朝开始,各级考试的试卷一律"封弥"、"誊录"。省试不仅有知贡举总其责,又专设参与命题、阅卷的点检试卷官、参详官,负责程序监督的编排试卷官、封弥官、誊录官、对读官,乃至监门官、巡铺官等。试卷经由点检试卷官、参详官及知贡举官员三级核定成绩后,方能拆封,公布等第。殿试中也实行初考、复考、详定三级评定制度。

科举取士从唐代的投状、行卷到北宋的封弥、誊录,在程序环节的处理方式上发生了重大变化。这一过程虽然未必能确保公平,但在很大程度上可以避免舞弊。此外,当时还围绕省试录取名额是否按地区分配问题,进行了激烈的辩论和认真的探讨。

四、金代科举的延续

金代的科举分为乡、府、省、御(殿试)四级。宣宗以前河洛地区只举行乡试和府试,宣宗迁都南京(今河南开封)后增加了省试和殿试。据《金史·选举志》,乡试日期为三月二十日。府试之期,若策论进士则在八月二十日试策,隔三日试诗。词赋进士则在八月二十五日试赋及诗,隔三日试策论。经义进士则在词赋后三日试经义,又三日试策。次律科,次经童,每场都隔三日进行。会试,策论进士以正月二十日试策,依次间隔三日,考试科目同前。御试以三月二十日

---

① 《宋史》卷三一七《冯京传》。

策论进士试策,二十三日试时论;二十五日词赋进士试赋诗论,而经义进士也在这天试经义,二十七日试策论。如御试日遇雨雪,则候晴日。乡试于诸州分县举行,以本县县令为试官,榜首称乡元,也称解元。府试榜首叫府元,会试榜首称状元,御试即殿试,在皇宫举行。

　　庋藏于开封市博物馆的《女真进士题名碑》又称《宴台金源国书碑》,记述女真人考试的情况,原存开封市宋门外宴台河村的宣德庙(即关帝庙),清道光九年(1829 年)被发现。该碑高 190 厘米,宽 60 厘米,厚 22 厘米,全用女真文书写,额题"进士名题刻石",碑文 23 行,因风雨剥蚀严重,文字损毁甚多,满行字数已不详。《女真进士题名碑》用女真小字写成。宋末元初人周密在所著《癸辛杂识》一书中便记载了此碑:"汴学有女真进士题名,其字类汉而不可识。"尽管如此,通过对该碑的辨识,已经能够确定此碑立于金哀宗正大元年(1224 年)六月十五日,碑文的内容也能够略知梗概。开封作为金朝末年的首都,曾举行过进士考试。当时女真人与汉人分别考试,女真人考试时以女真文书写,考中进士后立碑留念,此碑就是记录该科进士考试的。该碑叙述考试的时间与内容是:"四月十五日试策,十七日试论诗。"《金史·选举志》说:"世宗大定十一年(1171 年),创设女真进士科,初但试策,后增试论,所谓策论进士也。"关于考试的时间,《金史·选举志》又说:"御试,则以三月二十日策论进士试策,二十三日试时论,二十五日词赋进士试赋诗论,而经义进士亦以是日试经义,二十七日乃试策论。"碑文所记内容与《金史》吻合。《女真进士题名碑》所记进士全是女真人,无一汉人在内,可证明女真人与汉人是分科考试的。大定十一年始实行策选之制,十三年规定每场策一道,须写 500 字以上,免乡试府试,只参加会试御试。大定二十年(1180 年)规定:"今后以策、诗试三场,策用女真大字,诗用小字,程试之期皆依汉进士例。"①国内现存女真文碑不多,开封博物馆庋藏的这通碑是研究女真科举制度、女真文字弥足珍贵的资料。②

　　科举考试制度的确立和完善,不仅扩大了封建统治的阶级基础,而且提高了官吏队伍的素质,有利于封建政权的巩固。虽然科举制度后来出现了不少弊端,

---

①　《金史》卷五十一《选举志一》。
②　亚明:《〈女真进士题名碑〉研究述略》,《中原文物》1990 年第 4 期。

但它直至清末才被废除,对中国封建社会产生过巨大影响。

第六节　北宋王安石变法

王安石变法是宋代的一次重要的政治经济制度改革,它首先在河洛地区试行或推行。虽然由于遭受保守派的反对而受挫,收效不很显著,但其措施多切合实际,对后世有一定影响。

一、变法的背景与经过

到了北宋中期,北宋建立70余年的积弊日深,三冗(冗官、冗兵、冗费)成为当时政治经济的重大危机。宋仁宗即位后,群臣希望革新政局。庆历三年(1048年)范仲淹任参知政事,上《答手诏条陈十事》,即所谓"明黜陟、抑侥幸、精贡举、择官长、均公田、厚农桑、修武备、减徭役、覃恩信、重命令"十事,建议实行以整顿吏治为中心的改革。因为这次改革发生在庆历年间,史称"庆历新政"。但是改革遭到朝廷权贵的反对,以失败而告终,导致阶级矛盾的激化。

"庆历新政"失败后,"三冗"问题越来越严重,官吏们纷纷要求改变现状。治平四年(1067年)宋神宗即位,锐意于改革。熙宁二年(1069年)二月,以王安石为参知政事,进行变法。首先创设变法的领导机构——"制置三司条理司",由王安石和枢密副使韩绛兼领,吕惠卿任"检详文字",章惇为编修三司条理官,曾布为检正中书五房公事,共同负责变法事宜。同年七月至十一月先后颁布实行均输法、青苗法、农田水利法。次年五月,废"制置三司条理司",以司农寺为推行新法的机构,吕惠卿改任判司农寺,后王安石与韩绛拜相,变法在守旧派的反对和内部意见不一的情况下艰难地进行,直至熙宁七年四月王安石实行免行法,受到神宗和曾布的联合抵制,被迫辞去相位为止。

二、以富国强兵为核心的诸新法

王安石推行新法,目的是富国强兵,正如王安石所说:"修吾政刑,使将吏称

职,财谷富,兵强而已。"①新法有以下十项内容:

均输法:以朝廷的支出所需决定调运的数量,可以"徙贵就贱,用近易远","从便变易蓄买",以节省购价和运输费用,达到"便运输,省劳费,去重敛,宽农民,庶几国可足用,民财不匮"的目的②。

青苗法:也称常平法或常平新法。以各路常平仓、广惠仓所积存的一千五百万贯、石以上的钱、谷作为本钱,粮价贵时以低于市场价售粮,粮价贱时以高于市场价收购。允许缺钱粮的农户根据需要向官府借钱,粮食收获后还官,称为青苗钱。每年正月、五月,由农户自愿向本县官府借贷,各等户都定有限额,粮食收获后随交纳夏秋税时归还,加息二或三分,遇重灾允许延期归还,以收"广积蓄,平物价,使农人有以赴时趋事,而兼并不得乘其急"的实效③。

农田水利法:奖励各地"开垦废田、兴修水利"④,由受益民户按户等出工出料兴修。如民力不足,可依青苗法向官府借贷;再不足,则由官府劝导富户出借,依例计息,由官府催还。

免役法:又称募役法。免除原先民户按户等轮流到官府服差役(旧称差役法)的义务,改为官府出钱募人充役。官府向原先充役的农村上三等户按户等征收"免役钱",向城镇上五等户及农村不服差役户按户等减半征收"助役钱",另外各加征十分之二,称为"免役宽剩钱",以备灾年使用。此法熙宁二年(1069年)十二月公布办法征求意见,次年十二月在开封府试行,四年十月正式向全国推行。

市易法:熙宁五年初,平民魏继宗上书,建议在东京开封设市易司,控制市场,增加政府收入。同年三月颁布此法,先在开封设市易务,后在杭州、广州、扬州等地设置,开封市易务改为都提举市易司。市易机构以官钱为本,收购市场上的滞销货物,商贩可以金银产业为抵押向市易机构赊购货物贩卖,半年或一年归还,加息一分或二分。此法对限制大商人垄断市场,增加官府收入,具有一定作用。

---

① 《续资治通鉴长编》卷二百二十,熙宁四年二月庚午。
② 《宋史》卷一百八十六《食货志下》。
③ 《宋史》卷一百七十六《食货志上四·常平》
④ 《宋会要辑稿》《食货一》之二十八。

免行法：宋都开封的工商行业除纳赋税以外，官府所需物品、人工均向各行业摊派。熙宁六年，肉行徐中正等"乞出免行役钱，更不以肉供诸处"。是年七月颁行免行法，各行依据获利多少按月或按季向市易务交纳免行钱后，"与免行户祗应"①，由官府雇人代役。

方田均税法：每年九月县官主持丈量土地，以东西南北各千步为一方，计四十顷六十六亩多，以肥瘠分为五等作为纳税的依据。以各县旧有税额按土地等级，由各户实际拥有顷亩数平均负担。此法实行的结果，原先富户隐瞒田产、人口，偷漏田税，以及农户的田产出卖后仍负担田税等田赋不均的情况有所改变，官府也增加了收入。

将兵法：为了减少军队人数和军费开支，改变"更戍法"所造成的兵不知将，将不知兵，军队缺乏训练，战斗力下降的状况，从熙宁二年开始精简军队，压缩编制。熙宁七年，为了提高军队战斗力，首先在华北实行"将兵法"，后来在华北、西北、东南共设92将。每将设将和副将各一人，选择有作战经验和有才能的人担任，"使兵知其将，将练其士，平居知有训励而无番戍之劳，有事而后遣焉，庶不为无用矣"②。

保甲法：开封府郊县原先有民户自相结合组成保甲以维护地方治安的情况。熙宁三年十二月因而颁行《畿县保甲条例》，规定每十户为一保，设保长；五十户为一大保，设大保长；十大保为一都保，设都、副、保正。每户二丁以上，一人任保丁，置备弓箭，进行训练，每大保每夜轮差五人"巡警"，并实行保内连坐。此法首先在开封一带实行后逐渐推行全国。保丁"教艺既成，更胜正兵"，除维持地方治安外，还能部分代替军队，达到"消募兵骄志，省养兵财费"的目的。③

保马法：全称保甲养马法，是为了解决军马缺乏而令民户养马的新法。熙宁五年五月开始在开封府属县实行，次年八月推行于整个华北地区，定额为8000匹，后来增加到1万匹。民户自愿养马，每户一至二匹，官府供马或自买马官府给钱，每养一匹马每年可享受免除"折变缘纳钱"14400文的优待。此法后来又有所改变，元封三年（1082年）二月改行"户马法"，强制富裕农户养马。元丰七

---

①　《续资治通鉴长编》卷二四四，熙宁六年四月庚辰；卷二四六，熙宁六年八月庚申。

②　《宋史》卷一百四十一《兵二·将兵》。

③　《宋史》卷一百九十二《兵六·保甲》，《续资治通鉴长编》卷二二一，熙宁四年三月丁未。

年二月,令京东、京西两路停止实行户马法,改为每一都保养马 50 匹,每匹给价钱 10 贯,另有其他优待,称作"保马法"。两路共养马 10 万匹左右。[①]

此外,当时还对科举、教育及军器制造等进行改革,元丰五年又对中央官制进行改革。在军事制度方面,又在开封府实行保甲"集教法",派禁军教头训练大保长,又行"团教法",由大保长训练保丁。此法后来推广到华北地区。

上述 10 项变法措施,不但在开封制订颁布,而且有些法令依据开封附近的经验而制订,不少法令都是在开封府首先实行或试行,然后向外地推广。这些改革法令切中时弊,如能坚持实行,会收到富国强兵的成效。但由于北宋统治集团内部意见不一,保守派强烈反对新法而屡受挫折。及支持改革的宋神宗去世,宋哲宗幼年即位,保守派在朝中得势,实行元祐"更化",新法逐渐被废除。哲宗亲政后,不是集中精力进行改革,而是不遗余力地打击守旧派,于是北宋政权逐渐走向衰落。

---

①　陈振:《论保马法》,《宋史研究论文集》,上海古籍出版社,1982。

第五章　河洛地区的思想学术(上)

第一节　春秋战国的百家争鸣

春秋战国时期是社会剧烈变革的时代,在文化发展上被称作"轴心"时代。士人的思想比较自由,出现了"百家争鸣"局面。在这个时期形成的所谓道家、法家、墨家和儒家等思想学术流派,对中国古代传统文化有着难以估量的深远影响。

一、道家

道家学派的创始人老子,姓李,名耳,字聃,号伯阳,春秋末年楚国苦县(今河南鹿邑东)人。曾任周朝守藏室之史,即管理王室图书档案的史官。他博览群书,有深奥的学问。周室衰败时,即辞官隐居。老子的哲学思想的精华,保存在《道德经》一书中。也有学者认为:此书不是老子所著,而是黄老学说的崇拜者、楚人环渊(关尹)根据老子学说撰写的。《道德经》是后称,早期书名为《老子》,1973年湖南长沙马王堆3号汉墓曾出土帛书《老子》两种写本。尽管编排次序不同,但是基本内容大体一致。

老子哲学思想的核心是"道"。他认为,道是万物之母,万物都是道派生出来的。《老子》说:"道生一,一生二,二生三,三生万物。"但是,这个"道"不是客观物质,而是神秘玄妙的、看不见的东西,即"无"。《老子》又说:"天下万物生于有,有生于无。"①可见,所谓道即无,是属于精神范畴的东西。有鉴于此,道家学派的思想体系基本上是属于唯心主义的。基于这个哲学思想体系,老子的"道"与"德"可概括为"无为自化,清静自正"八个字②。《老子》写道:"我无为,人自化。我好静,人自正。"③老子倡导"无为"政治,并非真的无所作为,而是一切顺其自然。老子在政治上主张实行"愚民"政策。这个"愚民"主张是:"不尚贤,使民不争。不贵难得之货,使民不为盗。不见可欲,使民心不乱。是以圣人之治,虚其心,实其腹,弱其志,强其骨。常使民无知无欲,使夫智者不敢为也,为无为,则无不治。"④这种愚民的思想主张是出于维护其阶级利益的需要,对社会具有负面影响。

但是,老子的哲学思想中亦有进步的一面,即某些朴素唯物辩证法因素,这应是《老子》中的精华。这些朴素唯物辩证法思想因素,主要表现在以下三个方面:其一,认为"道可道,非常道。名可名,非常名"⑤。认为世间万事万物都在不断变化,决不会守成不变。一切事物的变化都是一个循序渐进的过程,一个从量变到质变的过程。这符合客观事物发展规律。其二,认为"有无相生,难易相成,长短相较,高下相倾,音声相和,前后相随"⑥。文中的有无、难易、长短、高下、前后等,不仅是一对反义词,而且是反映世界的事物无不包含着相互矛盾对立的两个方面。而这两个矛盾对立面,又是互相依存和相反相成的,缺一不可:无有即无所谓无,无难即无所谓易;无长即无所谓短;无高即无所谓下;无声即无所谓音;无前即无所谓后。这些观点,有意无意揭示了世界客观事物的本质,对于认识物质世界有积极意义。其三,由于认识到世界事物存在着矛盾对立面,并观察到这两个对立面可以转化,即在一定条件下向它的对立面转化,便产生了早期的朴素的辩证法思想。《老子》说:"祸兮福之所倚,福兮祸之所伏。"⑦这句名言即反映了可贵的辩证法思想。老子的思想与孔子思想的最大不同,就是它不

①　《老子》第四十、四十二章。
②　《史记》卷六十三《老子韩非列传》。
③　《老子》第五十七章。
④　《老子》第三章。
⑤　《老子》第一章。
⑥　《老子》第二章。
⑦　《老子》第五十八章。

仅涉及社会政治,而且涉及到宇宙本体,具有很强的哲理性和思辨色彩。它启迪后人对自然、社会和人生进行深入地思考和探索,在中国哲学史上具有重要地位。

老子的思想哲学在当时是很有影响的,甚至儒家鼻祖孔子曾"问礼于老子"。事后孔子赞叹老子曰:"吾今日见老子,其犹龙邪!"有不少思想家如庄子、申不害(申子)、韩非等都受到老子学说的影响,或继承和发展了老子开创的道家思想,其中以庄子成就较大。

庄子,名周,战国时期宋国蒙地(今河南民权)人。他出身没落贵族家庭,曾任"漆园吏"。尽管他职微薪薄,生活清苦,但博览群书,学识渊博。"其学无所不窥,然其要本归于老子之言。"①他著书十余万言,旨在"明老子之术",成为战国时期道家学派代表人物。

《庄子》一书,是庄子及其后学所著,大体可反映庄子的思想学说。《庄子》原有52篇,今存33篇,其中《内篇》7篇集中反映了庄子与老子哲学思想体系的一致性。关于"道",庄子说:"夫道,有情有信,无为无形;可传而不可受,可得而不可见;自本自根,未有天地,自古以固存;神鬼神帝,生天生地……"②又说:"夫道,覆载万物者也,洋洋乎大哉!"③他把老子关于"道"的论说作进一步的阐述,仍然认为"道"是无形的,它是世界万物之母,生天地,生鬼神,生帝王,生万物;"道"虽"不见其形,不闻其声,而序其成"。强调"道"是"在太极之先而不为高,在六极之下不为深,先天地生而不为久,长于上古而不为老",也就是说"道"先于一切,高于一切,是至高无上的。这样,把虚无的"道"看做是主宰世界一切事物的无形力量,否定客观世界物质的第一性。过分强调属于精神范畴的"道"的作用,便堕入唯心主义的深渊,而使"道"学更加玄妙。庄子甚至说:"道也者,口之所不能言也,目之所不能视也,耳之所不能听也,所以修心而正形也。"既然"道"不能言、不能视、不能听,如何能得"道",又如何传"道"呢?最终只有"无为"了,是故"以无为之谓道"。由此可见,"虚无"和"无为"是老庄哲学的核心。

在《庄子》一书中,把老子哲学中的关于世界事物矛盾对立和统一的观点转

① 《史记》卷六十三《老子韩非列传》。
② 郭庆藩辑:《庄子集释》卷三上《大宗师》。
③ 郭庆藩辑:《庄子集释》卷五上《天地》。

化为无本质差的相对论。庄子曰:"天下莫大于秋毫之末,而太山为小;莫寿乎殇子,而彭祖为大。""物无非彼(非),物无非是,自彼则不见,自知而知之。故曰:彼(非)出于是,是亦因彼(非),彼(非)是方生于万生之说。"①他把一切事物都看做是相对的,无论是大小、是非、寿夭、善恶、贵贱等都是相对而言,其实是一样的,无本质差别。这样,庄子就把老子关于事物有两个矛盾对立面并可相互转化的进步观点抛弃了,也脱离朴素的辩证法,从而陷入更深的唯心主义泥潭之中。

由于相对主义的认识论,抹煞了客观事物的本质差别,也就否定了认识事物的客观标准,就落入不可知论的窠臼。《齐物论》一文中甚至连庄周在梦中变为蝴蝶,抑或是蝴蝶做梦变为庄周这种事情,孰是孰非都分不清:"昔者庄周梦为蝴蝶,栩栩然蝴蝶也……不知周也。俄然觉,则遽遽然周也。不知周之梦为蝴蝶与? 蝴蝶之梦为周与?"②这其实不是寓言,而是庄周认识论的绝妙反映。对自身的事情尚且分不清是与非,与别人辩论当然也辨不清是非。对事物的本质认不清,必然导致认识论上的悲观绝望:"吾生也有涯而知也无涯,以有涯随无涯,殆矣!"知识、学识当然是无尽头的,但是通过学习、观察和实践,总是会认识一些事物,发现一些事物的内在运动规律。社会实践是认识客观事物的必由之路,人们只有参与改造客观世界的行动,才能获得正确的认识。不可知论是唯心的、错误的理论。

当然,庄子的思想中也有某些积极的东西。他痛恨当时的社会统治者,揭露"窃钩者诛,窃国者为诸侯"的不合理社会现象,并拒绝楚威王聘任他为相,鄙视金钱、利禄、权贵,并发誓"终身不仕","宁游戏污渎之中自快"。③ 他具有一种追求自由的思想倾向。这种思想在他的《逍遥游》篇中也得到反映。不过,他追求的是没有限制和没有"所待"的绝对自由:"夫列子御风而行,冷然善也,旬有五日而后反。彼于致福者,未数数然也。此虽免乎行,犹有所待者也。若夫乘天地之正,而御六气之辩(变),以游无穷者,彼且恶乎待哉!"在人世间所谓绝对的

① 郭庆藩辑:《庄子集释》卷一下《齐物论》。
② 郭庆藩辑:《庄子集释》卷一下《齐物论》。
③ 《史记》卷六三《老子韩非列传》。

自由是没有的,而庄子的"至德之世"①和"建德之国"②的理想社会是不可能实现的。

我们不能低估庄子思想对后世思想观念和文化的影响。诚如有的学者所言:"庄子思想的生命十分奇特:作为一种理论形态、思想体系,它在先秦以后就停止了发展,已经终结;但是,庄子的思想观念、庄子的语言,仍然生机盎然地生长在魏晋、唐宋迄至今天的我们的生活及思想之中。"③

二、法家

虽然申不害与韩非两人之学"本于黄老",但却主"刑名法术之学",分别成为法家学派的创始人和集大成者。

申不害,又称申子,为郑国京邑(今河南荥阳东南)人,曾任韩昭侯相。他内修政教,外应诸侯,国治兵强,政绩卓著④。他的著作不多,传世仅《申子》二篇,或另有《中书》六篇。申子主要提倡重"术"(即权术)的思想理论,认为君王要做到"操生杀之权,课群臣之能",以巩固新兴的封建统治阶级政权,就必须重"术","君操其本,臣操其末,君治其要,臣行其详"⑤。

韩非,出身于韩国贵族,为战国时期法家学说之集大成者,著有《韩非子》55篇,总结了商鞅、申不害和慎到三家的思想,克服了他们学说中的片面性,从而提出了较完整的法治理论。他主张法、术、势三者结合。他说:"君无术,则弊于上;臣无法,则乱于下。"⑥又说:"抱法处势则治,背法去势则乱。"⑦法即成文法令,术即君控制臣的手段,势即指君王权力。把法、术、势三个要素有机结合成一体,即为韩非思想体系中的基本理论。

韩非子虽把"道"视为万物之本,却把它作了质的改造。他说:"道者,万物之始,是非之纪也。是以明君守始以知万物之源,治纪以知善败之端。"⑧又曰:

---

①　郭庆藩辑:《庄子集释》卷四中《马蹄》、卷五上《天地》、卷九下《盗跖》。
②　郭庆藩辑:《庄子集释》卷二〇《山木》。
③　崔大华:《庄学研究》之《自序》,人民出版社,1992。
④　《史记》卷六三《老子韩非列传》。
⑤　《群书治要》引申子的《大体篇》。
⑥　王先慎撰:《韩非子集释》卷十七《定法》。
⑦　王先慎撰:《韩非子集释》卷十七《难势》。
⑧　王先慎撰:《韩非子集释》卷一《主道》。

"道者,万物之所然,万理之所稽也。"①显然,这个道不再是玄妙的、不可捉摸的东西,而是形成万物、左右万物的内在总规律。在这里所提出的"理"的概念则是指万物的具体的特殊规律。他又说:"物有理不可以相薄,故理之为物之制。万物各异理而道尽万物之理。"②这样,"道"的宇宙观由唯心主义变为唯物主义,有了质的飞跃。

韩非的认识论中,提出了"参验"办法以检验认识是否正确。他说:"参伍之道:行参以谋多,揆伍以责失……言会众端,必揆之以地,谋之以天,验之以物,参之以人。四徵者符,乃可以观矣。"③对于人们言论的是非得失,不是事先就可知道的,而在事后经过"参",即多方比较研究,以及经过"验",即实际检验。经过对天、地、物、人(众)的各方面参验之后,"四徵者符"就可以明白地看到了。这个认识论是唯物主义的,与老庄的认识先验论不同。

韩非还具有"进化"的历史观,反对复古,主张变法。他说:"世异则事异。……事异则备变。"他认为复古者必为人所嘲笑:"今有构木钻燧于夏后氏之世者,必为鲧、禹笑矣。有决渎于殷、周之世者,必为汤、武笑矣。然则今有美尧、舜、汤、武、禹之道当于今之世者,必为新圣笑矣。"因此,"圣人不期修古,不法常可,论世之事,因为之备"④。明确提出要"废先王之教"⑤和"以法为教"⑥。反对复古,反对因循守旧,正是新兴地主阶级为巩固政权而要改革和变法的客观需要,这是一种进步的历史观。

基于这种历史观,针对当时的社会情况,韩非主张以"刑"和"赏"二柄为手段实行法治。他说:"明主之所以导制其臣者,二柄而已矣。二柄者,刑、德也。何谓刑、德?曰:杀戮之谓刑,庆赏之谓德。为人臣者畏诛罚而利庆赏,故人主自用其刑德,则群臣畏其威而归其利矣。"⑦不过,在"刑"与"赏"二柄中不是平衡使用的,仍偏重于"刑",而且是"重刑"。他说:"今不知治者皆曰:'重刑伤民,

① 王先慎撰:《韩非子集释》卷六《解老》。
② 王先慎撰:《韩非子集释》卷六《解老》。
③ 王先慎撰:《韩非子集释》卷十八《八经》。
④ 王先慎撰:《韩非子集释》卷十九《五蠹》。
⑤ 王先慎撰:《韩非子集释》卷十七《问田》。
⑥ 王先慎撰:《韩非子集释》卷十九《五蠹》。
⑦ 王先慎撰:《韩非子集释》卷二《二柄》。

轻刑可以止奸,何必于重哉!'此不察于治者也。……是以上设重刑者而奸尽止,奸尽止则此奚伤于民也?所谓重刑者,奸之所利者细,而上之所加焉者大也。民不以小利蒙大罪,故奸必止者也。所谓轻刑者,奸之所利者大,上之所加焉者小也。民慕其利而傲其罪,故奸不止也。"①

韩非强调"立法术,设度数"。实行法治的目的在于"利民萌,便众庶",而推行法治还有种种好处,重要的是"法不阿贵",做到"法之所加,智者弗能辞,勇者弗敢争;刑过不避大臣,赏善不遗匹夫"②。强调在法面前不管大臣、权贵、众庶、匹夫都是一样的,没有高低、贵贱之分,包含有"在法律面前人人平等"的思想成分。

韩非的哲学比老庄哲学有较多的唯物主义成分,他又反对儒家倡导的"仁义"学说,强调实行法治,具有进步性。特别是韩非集法家学说之大成,其法家思想不仅对于巩固当时新兴地主阶级建立的封建制度有重要作用,对于后世也有深刻的影响。

三、儒家学说的西渐

西周时周公姬旦在洛阳制礼作乐,在吸收前代礼乐的基础上,制定了周代的礼乐制度。到了春秋时代,周平王东迁洛阳,洛阳成为周代礼乐的渊薮。虽然鲁国是周公之子伯禽的封国,也是一个礼乐的中心,但是据说在春秋后期,鲁国人孔子曾经前往洛阳,向老子问礼。孔子在周代礼乐的基础上,创立了儒家学派。孔子周游列国时,首先在河洛地区传播儒学。孔子死后,其高足弟子卫国温县人卜商(字子夏)在"西河"教授,开创章句之学,魏文侯等都向他学习,儒学得以在河洛地区传播。

四、墨学与纵横家

墨学是墨子创立的学术流派,它代表了平民的思想主张。墨子名翟,鲁(今河南鲁山,一说山东滕州)人,一说宋国人(今河南商丘)人,曾在宋国做官,又曾

---

① 王先慎撰:《韩非子集释》卷十八《六反》。
② 王先慎撰:《韩非子集释》卷十七《问田》。

到楚国活动。他与墨家后学著有《墨子》一书,主张尚贤、尚同、兼爱、非攻,节用、节葬等。墨学在战国时期是一种显学,当时有有天下学者"不归儒,则归墨"的说法。墨子去世后,墨家分为多个派别。

河洛地区的周(今河南洛阳)和卫国(都今河南濮阳)交通便利,商业发达,为纵横家的产生提供了沃土。纵横家的代表人物是苏秦和张仪。苏秦是洛阳人,张仪是卫国人,据说他们都是鬼谷子的学生。苏秦主张合纵,即联合关东六国共同对抗秦国;张仪则主张连横,即秦国与关东有的国家联合,对关东六国进行分化,实行各个击破。纵横家研究的是军事政治策略。传世文献《战国策》,出土文献《战国纵横家书》,记载了纵横家的活动和主张。

第二节 汉代的经学

西汉前期,汉武帝接受董仲舒的建议,"罢黜百家,独尊儒术",使中国古代学术发展道路发生重大变化。当时,不仅在朝廷设立"五经博士",在都城设立太学,教授"五经",还在郡县设立学校,设置经师,向人们广泛传授儒学。

西汉时期河洛地区涌现出一批经学家,较为著名的有戴德、戴圣、焦延寿、京房、杜钦等。戴德,字延君,梁国(今河南商丘)人,为今文礼学"大戴学"的开创者。他的主要贡献是搜集古代各种有关礼仪的议论,精选其中符合儒家学说者,编成《大戴礼记》一书,计85篇。他的侄子戴圣,与他同在后苍门下学礼,宣帝时同时任博士。戴圣潜心于搜集研究古代有关礼仪的言论,编成《小戴礼记》49篇,即流行至今的《礼记》。这两部著作,对后世影响很大,成为研究和了解西汉以前各种礼仪的必读书。汉代名儒桥仁,字季卿,与两戴同乡,曾与杨荣师从小戴学《礼》,终于学有所成,著《礼记章句》49篇,发展了小戴礼学。

著名经学家京房,东郡顿丘(今河南清丰)人,曾拜焦延寿为师学《易》经。他不囿于成说,以"通变"说《易》,成为今文《易》经的"京氏学"创始人。其著作流传后世的有《京氏易经》3卷和《周易京氏章句》1卷。

东汉时期在河洛地区涌现出的古文经学家,最著名的是许慎。许慎,字叔重,汝南召陵(今河南漯河召陵区)人,才华出众,精通经典,时人称"五经无双许叔重"①。他的著作有《五经异义》10卷,已佚,只有古文字学巨著《说文解字》传世。这部著作总结了古文经学训诂的成就,由此可见他在古文经学训诂和注释方面的贡献。此外,比较著名的古文经学家还有服虔、应劭、郑众、周防、荀爽、朱穆等,亦有不少著作,对后世经学的发展有一定影响。

服虔,字子慎,河南荥阳人。灵帝中平年间,官拜九江太守。他自幼读经,对经学有很深的造诣。其著作有《春秋隐义》、《左氏传解》、《汉书音训》和《通俗文》等,惜多亡佚。他通晓经学,学问深奥,曾以《左传》发难,驳倒今文经学家何休。他所注《左传》,曾一度盛行北方地区,被视为范本。

应劭,字仲远,汝南南顿(今河南项城西北)人,官拜泰山太守。他自幼受父应奉的熏陶,通晓经史。献帝迁都许昌时,因典籍不存,典章制度难循。他遂缀集所闻,撰成《汉官礼仪故事》,并参与制定宫廷礼仪制度和典礼仪式。他的著作,计有《律本章句》、《尚书旧事》、《决事比例》、《春秋断狱》等136篇。其传于后世的《汉官仪》和《风俗通》(又名《风俗通义》)两书,是研究汉代及其以前社会状况的很有价值的参考书,尤其是《风俗通》多为治上古史者征引。

郑众,字仲师,河南开封人。其父郑兴官拜太中大夫,对经学有较深的造诣,尤精于《左传》,为学者所推崇。晚年曾在弘农阆乡(今河南灵宝西)讲授《左氏传》。郑众自幼受父教,通晓《左氏春秋》、《易经》、《诗经》。曾任大司农,故世称"郑司农"。其官爵虽不显赫,经学著作却颇丰富,有《春秋删》、《春秋牒例章句》、《国语章句》、《周易注》、《周礼注》和《毛诗注》等,惜俱亡佚不存。唯清代马国翰的《玉函山房辑佚书》中尚辑存《春秋牒例章句》、《国语章句》各1卷。郑兴、郑众父子在经学上名噪一时,并影响后世。

周防,字伟公,汝南汝阳(今河南商水)人。幼读经史,后举孝廉,拜郎中,迁陈留太守。其著作不多,有《尚书杂记》32篇。

荀爽,字慈明,颍川颍阴(今河南许昌市)人,历官郎中、平原相、司空。党锢事件发生后,曾隐匿海上及汉滨十余年,专事著述。他一生著作颇丰,时称硕儒。主要著作有《礼传》、《易传》、《诗传》、《尚书正经》、《春秋条例》、《汉语》、《公羊问》和《涝谶》等百余篇,多已佚。只有清代马国翰的《玉函山房辑佚书》中收录

---

① 《后汉书》卷七十九《许慎传》。

《易传》、《礼传》各 1 卷。

　　河洛地区经学的兴盛,与东汉以洛阳为都城密切相关。洛阳城南开阳门外规模宏大的太学,是东汉全国最高学府。在太学门前立有熹平年间由著名学者、书法家蔡邕书写的六经,即《尚书》、《诗经》、《周易》、《春秋》、《公羊传》、《仪礼》。它既是太学生的必读教材,又是研究经学的标准文本,全国各地读经者纷纷抄录。《熹平石经》对经学的传播无疑有很大的作用。

　　为了统一经义,论定谶纬,东汉章帝建初元年(79 年)在洛阳白虎观召开儒学会议,当时的著名学者参与这次会议。会上由魏应秉承章帝旨意发问,淳于恭代表诸儒作答,最后

洛阳东汉熹平石经

由章帝亲自裁决。讨论结果由班固纂辑成《白虎通德论》,又称《白虎通义》。会议集中讨论了 40 多个问题,贯通“五经”大义,涉及社会、礼仪、风俗、制度、伦理道德等多方面,在汉代经学史上具有重要意义。

第三节　魏晋南北朝的玄学与儒学

　　魏晋南北朝时期河洛地区是各种学术思想形成、发展、碰撞、融汇的重要地区。魏晋都城洛阳仍是全国儒家经学的传播中心,玄学也在洛阳及其周围地区形成,佛教学说在这里传播和弘扬,道教的改革也与河洛地区有关。洛阳及河洛地区是北方乃至全国的思想学术中心。

一、玄学

　　到了汉魏之际,原占居“独尊”地位的儒学呈现衰颓之势,先秦时期已经形成的道家、法家学说又有所抬头,士人的思想较为解放。“魏晋之际,天下多故,

名士少有全者"①,于是不少人产生远离社会政治的想法,消极避世,转而研究老庄之学。这些,为玄学的兴起创造了条件。

魏晋两代都城所在的河洛地区,是清谈玄学形成和兴盛的地区。首先煽起玄谈之风的,也是河洛籍人士。

魏晋时人称《老子》、《庄子》和《易经》三部书为"三玄"。人们认为,研究这三部书的目的是探讨宇宙的本源、人生的目的等抽象的哲学理论,内容较为玄远,因而称之为玄学。注释经典和清谈是研讨、传播玄学思想的主要方式。玄学家崇尚老庄,实际上是主张君主无为,门阀专政。

首倡玄风的是南阳人何晏和山阳(今山东微山)人王弼,他们主要倡导"贵无"学说。何晏字平叔,为曹操养子,姿容佳美,有才学,善辩,深得曹操宠爱。但因行为不检,为曹丕憎恶,因而在曹魏前期得不到重用。及曹爽执政,迁侍中、尚书,典选举,后为司马懿所杀。何晏好老庄之言,提出圣人无喜怒哀乐的观点,著有《论语集解》、《道德论》、《无名论》等。王弼字辅嗣,其父王业在魏朝任尚书郎。王弼在洛阳出生,幼时聪慧,少年博览群书,年十余,好老氏,通辩能言,著有《道德经注》、《周易注》、《论语释疑》、《老子指略》(辑佚)、《周易略例》等。

何晏、王弼祖述老子,把"无"作为哲学的最高范畴,提出"以无为本、以有为末"的本体论。史称"魏正始中,何晏、王弼等祖述老庄,立论以为:天地万物皆以无为本。无也者,开物成务,无往不存者也。阴阳恃以化生,万物恃以成形,贤者恃以成德,不肖恃以免身。故无之为用,无爵而贵矣"②。这是一种"贵无"的思想体系。

从"以无为本"的观点出发,何晏、王弼主张为政要顺应自然。何晏说:"自然者,道也,道者无也。""有之为有,恃无以生。事而为事,由无以成。"③王弼认为,为政者应"以无为居,以不言为教,以恬淡为味",然后方能达到"治之极也。"④只要崇尚自然,笃守无为,则万物自化。

在都城洛阳的玄学思想界,除了何晏、王弼的"贵无"学说外,还有裴頠为代

---

① 《晋书》卷四十九《阮籍传》。
② 《晋书》卷四十三《王衍传》。
③ 《列子·仲尼》第四张湛注引何晏《无名论》,《列子·天瑞》注引。
④ 王弼《老子注》六十三章注。

表的"崇有"学说。裴頠是河东闻喜(今属山西)人,在洛阳朝廷中任散骑常侍、国子祭酒。他反对"贵无贱有"之论,认为"无"不能生"有","有"为"自生"。世界上一切事物和现象都是"有"而不是"无","道"是万有的总和。

在认识论方面,王弼提出言不尽意、得意忘象的学说。他说:"夫象者,出意者也;言者,名象者也。尽意莫若象,尽象莫若言。"[1]也就是说,象是达意的工具,言是明象的工具。达意要通过象,明象要通过言。指出了认识的对象和认识的媒介、工具的区别。他又说:"得意在忘象,得象在忘言。故立象以尽意,而象可忘也。"[2]从而把"象"的必须忘掉看做是得意的条件,把"言"必须忘掉看做是得象的条件。他将认识的对象与认识的媒介、工具对立起来,自然是不妥当的,但这种"言不尽意"论对后世的文艺创作与欣赏有较大的影响。

魏晋时期的士人把社会政治问题提高到哲学世界观领域,出现了名教与自然的关系的争论。"名教"是封建社会的政治制度和伦理道德等封建文化的总称,"自然"即魏晋时期玄学所讲的总规律(道),包括自然观和人生观。王弼认为名教出于自然,是通过政治理论来论证名教不能不以无为本,名教也是它的"本体"的产物,是符合"道"的。统治者(圣王)的作用就在于使名教反映自然,按道的原则办事。这种论点是在为封建制度的合理性寻找理论根据。

在魏晋鼎革之际,又有"竹林七贤"在洛阳和河内郡(治今河南武陟西南)等地活动。他们继续著书清谈,倡扬玄风。所谓竹林,即河内郡修武县(今属河南)一带地方,多竹。七贤为陈留尉氏人阮籍及其侄子阮咸,谯国铚县(今安徽宿州西南)人嵇康,河内郡人山涛、向秀,沛国(今安徽睢溪西北)人刘伶和琅琊(今山东临沂)人王戎。在正始末年至嘉平末年的五六年中,七人常聚集于竹林之下,肆意酣畅。七贤中的代表人物是阮籍和嵇康。

阮籍字嗣宗,出身贵族家庭。曾任步兵校尉,故人称阮步兵。他早年有济世之志,因对现实不满,纵酒谈玄,尤好《老》、《庄》,著有《通易论》、《通老论》、《达庄论》、《乐论》和《大人先生传》等。嵇康字叔夜,出身贫寒,曾在山阳(今河南焦作市东南)居住20年,又在洛阳的魏朝廷中任中散大夫,世称嵇中散。他推

---

① 王弼:《周易略例·明象》,《学津讨原》第一集,上海涵芬楼,1922。

② 《周易略例·明象》。

崇老庄学说,以清高超俗自居,著有《养生论》《声无哀乐论》等,终因抨击时政,被司马氏杀于洛阳东市。

阮籍有自己的自然观。他说:"天地生于自然,万物生于天地。自然者无外,故天地名焉。天地者有内,故万物生焉。"①认为天地自然存在,万物自然发生,自然界之外不存在精神性的主宰。万物出于自然,"道"取法于自然。人的形体和精神都是自然界的产物,身体是自然界的"精气",精神是自然界某种运动的功用。

从"天地万物自然一体"的自然观出发,其社会政治观点既主张"自然",排斥"名教",又把"自然"和"名教"调和起来,要求"圣人明于天人之理,达于自然之分,通于治化之体"②。他幻想一种没有斗争、没有君臣"名教"、不受道德约束的"自然"社会,认为"君立而虐兴,臣设而贼生,坐制礼法,束缚下民"。"汝君子之礼法,诚天下残贼、乱危、死亡之术耳,而乃自以为美行不易之道,不亦过乎!"③他讽刺虚伪的礼法之士像破裤中的虱子一样,自以为腐朽的寄生生活安全无恙,其实一旦遇到火就难以逃脱。阮籍仇视礼法之士,崇尚自然,却又认为礼法不能废除。阮籍认为:"尊卑有分,上下有等,谓之礼。""礼乐正而天下平。"④他在"名教"和"自然"的关系上持自相矛盾和折中态度。

嵇康认为万物都是禀受元气而产生,由天地间阴阳二气的作用孕育而成。他说:"天地合德,万物资生,寒暑代往,五行以成。"⑤在形神关系方面,他认为二者是互相依赖的,"形恃神以立,神须形以存。"⑥他还把客观的声音与主观的感情严格划分开来,认为二者有所不同,这当然是正确的,但忽视了二者的联系,认为主观感情完全是内心自发,不因客观的刺激而有所缺失。他把音乐简单地看做声音,认为"声无哀乐"。嵇康也把人仅仅看做抽象的、生理学上的人,忽视了人的社会属性,认为人性的善恶和才能,是由赋受的气质决定的。

在社会政治思想方面,嵇康针对当时司马氏集团假借"名教"诛除异己,提

① 《阮籍集》卷上《达庄论》。
② 《阮籍集》卷上《通老论》。
③ 《阮籍集》卷上《大人先生传》。
④ 《阮籍集》卷上《乐论》。
⑤ 《嵇康集》卷五《声无哀乐论》。
⑥ 《嵇康集》卷三《养生论》。

出"越名教而任自然"的思想主张。他说:"夫气静神虚者,心不存乎矜尚;体亮心达者,情不系于所欲。矜尚不存乎心,故能越名教而任自然;情不系于所欲,故能审贵贱而通物情。"①认为人们应该超出名教的束缚,不尚虚荣,摆脱物质享受等欲望,不为追求富贵而胡作非为。他还主张"无为而治"。他说:"崇简易之教,御无为之治,君静于上,臣顺于下,玄化潜通,天人交泰。"②通过统治者的"无为",使天下太平无事。嵇康常"非汤武而薄周孔",毁弃礼法,主张"越名教而任自然",为司马氏所不容,终遭杀身之祸。

在竹林七贤中,又有向秀,字子期,官至黄门侍郎、散骑常侍。他曾为《庄子》作注,名《庄子隐解》,"发明奇趣,振起玄风"。认为万物自生自化,所以各任其性,即是"逍遥"。但是"君臣上下"亦皆出于"天理自然",故不能因要求"逍遥"而违反"名教"。他主张自然与名教合一。

西晋中叶的元康年间,在都城洛阳又涌现郭象、王衍、乐广、谢鲲等一批名士。其中部分人继承"竹林七贤"遗风,放浪形骸,蔑视"名教",而郭象多致力于理论探讨,在后世影响较大。郭象,字子玄,河南(今洛阳)人,有才气,善辩论,喜好《老》、《庄》。向秀的《庄子注》余《秋水》、《至乐》二篇注释未竟,郭象述而广之,别为一书。向秀注本早佚,现存的《庄子注》可视为向、郭二人之共同著作。《庄子注》充分反映了郭象的哲学思想。郭象认为无不能生有和物各自生,否定了何晏、王弼关于"无"能化生万物的观点。他说:"无既无矣,则不能生有,有之未生,又不能为生,然则生生者谁哉? 块然而自生耳。"③认为世界万物,包括人,都是自然而然地各自生成的。从没有造物者这一观点出发,他进而认为任何事物的产生,既不依靠任何规律(道),也不自己决定。"凡得之者,外不资于道,内不由于己,掘然自得而独化也。"④万物毫无原因地独自生存着,变化着,人们不必要去探求它。这就是"独化"的学说。

在社会政治观点方面,郭象主张人们各安其性分。他说:"天性所受,各有本分,不可逃亦不可加。""性各有分,故知者守知以待终,愚者抱愚以至死,莫有

①　《嵇康集》卷五《释私论》。
②　《嵇康集》卷五《声无哀乐论》。
③　郭象《庄子注》第二《齐物论注》。
④　郭象《庄子注》第六《大宗师注》。

能中易其性者也。"①在名教与自然的关系上,郭象说:"夫神人即今所谓圣人也。夫圣人虽在庙堂之上,然其心无异于山林之中,世岂识之哉?"②他把神仙和最高统治者(圣人)调和起来,把"名教"与"自然"的矛盾调和起来,甚至认为按照名教的原则生活,才最符合自然。

颍川长社(今河南长葛)人钟会,是司马昭的主要谋士,长于名家之学,著有《道论》20 篇。当时人谈论才性关系,有同、异、离、合四种观点,其代表人物为傅嘏、李丰、王广和钟会。钟会著《四本论》,概括阐述各种观点,遂流传于世,产生过很大反响。

陈留尉氏(今属河南)人阮瞻"素执无鬼论,物莫能难"③。

魏晋时期,河洛地区的思想学术十分活跃。当时的名士就"贵无"与"崇有"、"名教"与"自然"、"形神"关系、"才性"关系等开展热烈的争论,在宇宙本体论、认识论、人性论、社会政治理论方面的认识上都比前代更为深入。

二、儒学

东汉时期儒家经学在学术思想领域处于独尊的地位,洛阳太学则是经学研究和传播的中心。虽然儒家经学内部发生"今古文"的学派之争,经学日益繁琐和谶纬神学化,但是儒学的研讨和传播并没有因东汉王朝的灭亡而停顿。魏晋时期洛阳是经学的研究和教育中心,聚集着一批全国著名经学家,进行着郑学与王学之间的斗争。

汉末北海高密(今山东高密西南)人郑玄先入洛阳太学学习经术,后又进关中师事名儒马融,兼通今古文经,成为当时的鸿儒。他曾遍注《周易》、《尚书》、《毛诗》、《仪礼》、《论语》、《孝经》、《尚书大传》,"括囊大典,网罗众家,删裁繁诬,刊改漏失,自是学者略知指归"④。汉魏之际,郑氏一家之学在洛阳乃至全国盛行,立于学官,成为太学的教学内容和经学考试的依据。

稍后,又有东海郡郯县(今山东郯城北)人王肃在洛阳的曹魏朝廷中供职,

---

① 郭象《庄子注》第二《齐物论注》。
② 郭象《庄子注》第一《逍遥游注》。
③ 《晋书》卷四十九《阮籍传》。
④ 《后汉书》卷三十五《郑玄传论》。

曾任秘书监,兼崇文殿祭酒,迁太常。他"善贾、马之学,而不好郑氏,采会同异,为《尚书》、《诗》、《论语》、《三礼》、《左氏》解,及撰定父朗所作《易传》"。因为他是魏初名臣王朗之子,又成为专擅魏政的司马昭的岳父,因而所著诸经解,"皆列于学官"①。但他为了和门徒众多的郑学相颉颃,不惜伪造《孔子家语》、《孔丛子》诸书,并据之撰《圣证论》,攻击郑玄,遂遗讥后世。

　　魏世称为儒宗的还有弘农(今河南灵宝东北)人董遇、陈留(今河南开封东南)人苏林、颍川(今河南许昌市东)人邯郸淳等。董遇字季直,曾为汉献帝侍讲,官至大司农。他撰有《周易章句》、《老子训注》,尤精《左氏传》,为之作朱墨别异,治经开一新途。苏林字孝友,"博学,多通古今字指,凡诸书传文间危疑,林皆释之"②。景初年间,魏明帝以为苏林和秦静等俱老,恐无能传业者,诏"科郎吏高才解经义者三十人",从高堂隆、苏林、秦静,"分授四经三礼,主者具为设课试之法"③。邯郸淳字子叔,博学有才章,又善《仓》、《雅》、虫、篆、许氏字指,官至博

洛阳曹魏正始石经

士、给事中,是一位兼通经学和文字学的学者。

　　此外,还有天水人薛夏,博学有才,黄初年间任秘书丞,魏文帝常与他终日谈论书传。京兆新丰(今陕西临潼东北)人贾洪饱学多才,而特精于《春秋左传》,曾任白马(今河南滑县旧县东)王曹彪相。河东(今山西夏县西北)人乐祥,从南阳步行到许昌,向谢该质问疑难,撰《左氏乐氏问七十二事》。黄初中征拜博士,他"五业并授",门徒达数千人。

　　曹魏后期以迄西晋,洛阳及其周围地区兴起玄学之风,士人以研究《老》、

---

①　《三国志》卷十三《王朗传》。

②　《三国志》卷二十一《刘劭传》引《魏略》。

③　《三国志》卷二十五《高堂隆传》。

《庄》、《易》三玄为时髦。儒学逐渐衰退,但并未断绝。如弘农(今河南灵宝东北)人董景道,字文博,明《春秋》三传、《京氏易》、《马氏尚书》、《韩诗》,皆精究大义。他专尊郑学,撰《佛通论》非驳诸儒,深广郑著。荥阳郡开封(今属河南)人郑冲,博究儒术及百家言,曾为高贵乡公曹髦讲授《尚书》,与孙邕、曹羲、荀凯、何晏等共集《论语》诸家训诂之善者,记其姓名,因从其义,有不妥者辄加改易,名曰《论语集解》,奏上朝廷,流传后世。

东晋十六国时期中原战乱频仍,民不聊生,儒学的传播受到影响。北魏时有河内温县(今属河南)人常爽,置馆温水之右,教授门徒700余人,有《六经略注》行于世,号称儒林先生。其子常文通及孙常景,亦善儒学,成为世家。又有河南洛阳人元善,通儒学,尤明《左氏传》。陈郡(今河南淮阳)人袁跃,亦潜研儒学,有文集行世。

十六国北朝时期河洛地区的儒学家仍然固守古文经学的藩篱,以章句训诂为学问,拒斥《老》、《庄》之玄虚,这和南朝儒学与《老》、《庄》结合,阐发经义时不拘家法章句,形成鲜明对比。史称“南北所治,章句好尚,互有不同。江左《周易》则王辅嗣,《尚书》则孔安国,《左传》则杜元凯;河洛《左传》则服子慎,《尚书》、《周易》则郑康成。《诗》则并主于毛公,《礼》则同尊于郑氏。大抵南人约简,得其英华;北学深芜,穷其枝叶”①。褚衮、孙盛又有“北人学问,渊综广博”;“南人学问,清通简要”之说。② 由此可见河洛地区儒学风尚与江南的差异。

河洛儒学的发展与政治的关系尤为密切。孝文帝等大力倡导儒学,不仅巩固了其封建政权,也加速了鲜卑等少数民族封建化的进程,对于消除民族间的隔阂和偏见,促进民族融合,发挥了巨大作用。

第四节 唐代的思想学术

隋唐时期河洛地区的思想家有韩愈、徐文远、白履忠、郑覃、姚崇、刘禹锡、张

---

① 《隋书》卷七十五《儒林传》。
② 《世说新语》卷上之下《文学》。

廷珪等人。韩愈倡导新儒家的道统学说,成为中唐时期反佛的代表;刘禹锡是一位著名的思想家,其著作阐述了进步的自然观;李筌则融合道家和兵家的观点,形成自己的哲学和军事思想。

一、韩愈的新儒家思想及其反佛教斗争

(一)韩愈的道统说和他的反佛教斗争

韩愈字退之,河内河阳(今河南孟州)人,因祖辈曾居昌黎,故称韩昌黎。他是唐代著名的思想家、古文运动的领导者,也是一个对宋明理学有重大影响的哲学家。在唐代反佛教的斗争中,他也持积极态度。因而后人称他"文起八代之衰,道济天下之溺"。其著作编为《韩昌黎文集》,其中《原道》、《原性》、《原人》、《谏迎佛骨表》都是重要的哲学论文。

韩愈在民族文化、学术传统、理论体系等方面对佛教进行批判,他的新儒学也正是在批判佛教的过程中形成和发展的。为了从理论上与佛教抗衡,韩愈创立了圣人相传的道统。他之所以反对佛老,主要是因为他们破坏了封建的君臣、父子和夫妇等伦常关系。

韩愈重新提出以《大学》为纲领的理论体系,以修身、齐家、治国、平天下的理论反对佛教的只讲个人修养身心的出世原则。他主张凡是不承认纲常伦理关系的学说,应一律禁止,不允许佛教凌驾于中国传统的先王学说之上。他认为先王学说的中心是仁、义、道、德。"博爱之谓仁,行而宜之之谓义,由是而之焉之谓道,足乎己、无待于外之谓德。仁与义,为定名,道与德,为虚位。"①所谓"定名",是说仁与义有它固定不移的内容,不能随意解释。他从当时的道统立场出发,把当政者为缓和社会矛盾所采取的恩赐理念称作"仁",符合这种道德标准的行为叫做"义",将能够推行仁义者称作"圣人"。韩愈把历史的发展、社会的进步归功于圣人的功劳。他认为人们的生产生活、创造发明是圣人所教,国家组织、政治制度是圣人安排建立,圣人是历史的缔造者和推动者。

韩愈根据自己的主观设计,描绘出理想的社会秩序的蓝图:人们受教于《诗》、《书》、《易》、《春秋》;制度是"礼、乐、刑、政";社会成员是"士、农、工、

---

①　韩愈:《原道》,《韩昌黎文集校注》卷一,马其昶校注,马茂元整理,上海古籍出版社,1986。

贾";伦常关系是"君臣、父子、师友、宾主、昆弟、夫妇"。显然,佛、道二教不符合上述标准,佛、道不讲仁义,不顾君臣关系。他说:"君者出令者也,臣者行君之令而致之民者也。民者出粟米麻丝,作器皿,通货财,以事其上者也。"关于君臣关系,他强调君主只有权利,臣民只有义务。韩愈引证《大学》关于治国平天下的封建社会理论与道德修养原则和佛教的出世学说相对抗:"《传》曰:'古之欲明明德于天下者,先治其国;欲治其国者,先齐其家;欲齐其家者,先修其身;欲修其身者,先正其心;欲正其心者,先诚其意。'"①他重新提出修齐治平原则,除了在理论上与佛教对抗外,还有强化中央集权的意义。韩愈在政治上主张强化中央集权,在宗教问题上反对佛教,在当时均有进步意义。

韩愈的政治立场与当时的社会状况相抵牾,正如他自己所言:"公不见信于人,私不见助于友,跋前踬后,动辄得咎。"②正因为如此,他的斥佛老、扬道统,比当年孟子"辟杨墨"要艰难得多。但他表示:"使其道由愈而粗传,虽灭死,万万无恨!"决不"因一摧折,自毁其道以从于邪也"③。韩愈极力抨击当时势力最大的佛教,在客观上有积极意义。韩愈不信佛教,却信天命与鬼神,他不是以无神论反对佛教,因而他反佛教的现实意义更大于他在思想学术领域中的意义。

(二)韩愈的"性三品"说

在人性论问题上,韩愈继承和发展董仲舒的性三品说,对孟子、荀子、扬雄等人的人性论都有所补充和修正。他在《原性》中说:"性也者,与生俱生也。情也者,接于物而生也。性之品有三,而其所以为性者五。情之品有三,而其所以为情者七。"

韩愈认为人性与人的生命俱生,性的生命是五德:仁、义、礼、智、信,人人都具有,但又可根据差异分为上、中、下三等。上品的人性"主于一而行于四",以一德为主,但也通于其他四德;中品"一不少有焉,其于四也混"。中品人性对于某一道德有所不足或有所违背,其余四德也有不足或不合;下品的人性"反于一而悖于四"。一德既反,对其余四德不合。情的具体内容是喜、怒、哀、惧、爱、恶、欲。人情也有三品:上品情的发动都符合道德原则;中品情的发动有过与不

---

① 韩愈:《原道》。
② 《进学解》,《韩昌黎文集校注》卷一。
③ 《与孟尚书书》,《韩昌黎文集校注》卷三。

及,但又合乎道德原则的要求;下品情的发动违背道德标准。他认为通过教育,上品之性可以"就学而愈明",下品之性能"畏威而寡罪"。韩愈提出人性三品说,其实际意义是说明"上者可教而下者可制"。

韩愈的性三品说,比过去的人性论更为详尽细致,它鞭辟入里地阐明善、恶根源于性,而表现为善、恶,实由于情。一方面承认人性有差别,另一方面强调按照封建道德标准改造中品人性的可能性。既避免了过去孟子、荀子等人人性论的片面性,又重申用道德控制人性的必要性。韩愈反对佛教宣扬所谓灭情以见性的出世观点,认为在伦常关系中才能使情"动而处其中",因情以见性,彻底批驳佛教的出世的人性论。

(三)李翱的性善情恶与"复性"学说

韩愈的弟子李翱,字习之,陇西成纪(今甘肃秦安)人。他的重要哲学著作《复性书》,在理论上发展韩愈的反佛思想并有所创新。李翱继承韩愈的基本思想观点,以《中庸》作为理论根据,以反对佛教。

李翱的人性论是性善情恶说,他认为:"人之所以为圣人者,性也;人之所以惑其性者,情也。喜、怒、哀、惧、爱、恶、欲七者,皆情之所为也。情既昏,性斯匿矣。非性之过也,七者循环而交来,故性不能充也。"(《复性书》)既然每个人的性,都符合圣人的标准,为什么人们不能成为圣人呢? 原因是情的困扰使得善性不能得到扩充,情是性之累。李翱和韩愈都认为性是基本的,情从属于性,但李翱的思想更加明确犀利。他进一步探讨人性的根源:"性者,天之命也,圣人不得之而不惑者也;情者,性之动也,百姓溺之而不能知其本者也。"性是天生的,"人生而静,天之性也"(《乐记》)。但圣人是超乎常人的特殊人物,他们"不往而到,不言而神",显然不是常人的感情。李翱认为排除情感,拂去思虑,便会产生一种清明"至诚"的境界,可以"尽人之性","尽物之性",最后达到"赞天地之化育"、"与天地参"了。

李翱认为治国平天下,格物致知,圣人的制礼作乐,是复性的途径。他的人性论和老、庄、列、释的人性论的区别就在于此。

韩愈、李翱反对佛教,提出了自己的正面主张。他们开始提出代替佛教的新儒家理论,但还不太精细。到了北宋,张载开始对佛学进行系统的驳斥,反佛斗争进入到一个新阶段。

二、刘禹锡的自然论和"天人交相胜"说

刘禹锡字梦得,河南洛阳人,他是唐代著名的思想家和诗人,其著作编为《刘禹锡集》,其哲学思想主要是自然论和"天人交相胜"说。

(一) 自然论

刘禹锡的《天论》,继承先秦以来的思想传统,补充柳宗元《天说》的思想,对有神论展开了批判。

刘禹锡给"天"以唯物的解释:"天,有形之大者也;人,动物之尤者也。"[①]他批判佛教和玄学家把"空"或"无"当做世界本体的观点,说道:"若所谓无形者,非空乎? 空者,形之希微者也。为体也不妨乎物,而为用也恒资乎有,必依于物而后形焉。今为室庐,而高厚之形藏乎内也。为器用,而规矩之形起乎内也。音之作也有大小,而响不能逾;表之立也有曲直,而影不能逾。非空之数欤? 夫目之视,非能有光也,必因乎日月火炎而后光存焉。所谓晦而幽者,目有所不能烛尔。彼狸狌犬鼠之目,庸谓晦而幽邪? 吾固曰:以目而视,得形之粗者也;以智而视,得形之微者也。乌有天地之内有无形者邪? 古所谓无形,盖无常形尔,必因物而后见耳。"

这一思想显然来自老子,但他对"无"的解释远比老子彻底。刘禹锡认为:"空"不是超越物质形体之外的独立存在,而是物质形体的一种表现形态,宇宙万物是一个生长发展的自然过程。他说:"天之有三光悬寓,万象之神明者也,然而其本在乎山川五行。浊为清母,重为轻始。两位既仪,还相为庸。嘘为雨露,噫为雷风。乘气而生,群分汇从。植类曰生,动类曰虫。倮虫之长,为智最大。"以地的物质性来论证天的物质性,这是刘禹锡对天地形成的朴素的唯物主义的论述。万事万物"乘气而生",山川、雨露雷风、植物动物,直至"为智最大"的人类,都是气在阴阳交互运动中产生的。由此而产生的事物,各有特性,从而产生无穷无尽的事物。这体现了刘禹锡朴素的辩证法观点。

对客观世界的发展变化,刘禹锡提出"理"、"数"、"势"三个重要的哲学范畴。他说:"理"是贯串于事物发展过程的规律,"数"是事物存在及其规律的必

---

①   以下所引均出自刘禹锡著、瞿蜕园笺证:《刘禹锡集笺证》卷五《论上》,上海古籍出版社,1989。

然性,"势"是事物发展的客观趋势。"理"、"数"、"势"三者都是本身固有的不以人的意志为转移的客观原则。他认为万事万物都受"理"、"数"、"势"的支配,"有形"的、"无形"的事物均如此。

当然刘禹锡不可能对自然、社会各方面取得完全符合科学的认识,他的"理"、"数"、"势"的观念,仍带有宿命论倾向。他虽然否定上帝或天意,但他的"数"、"势",仍包含有人类无法掌握的命运的因素。

(二)"天人交相胜"说

刘禹锡继承荀子的唯物自然观,根据当时的科学水平和对有神论斗争的经验,提出"天人交相胜"说,即自然界和人类社会各有自己的特殊规律,它们之间既相互区别又相互作用。这是刘禹锡在无神论的发展上的突出贡献。

刘禹锡认为人和天的区别在于:"天之道在生植,其用在强弱;人之道在法制,其用在是非。"生物界只有强弱竞争,没有是非可言;人类社会,却有维持社会秩序的礼法制度所规定的"是非"作为行为的准则。自然现象和社会现象各有自己的独特法则。"天之所能者,生万物也";"人之所能者,治万物也"。人类社会的职能,是"治万物",对万物加以利用改造。春耕夏耘,秋收冬藏,斩木穿山,冶炼金属。"用天之利,立人之纪",建立礼法和社会制度,制定赏罚标准,禁止强暴,崇尚功业。这是对荀子的"制天命而用之"的思想以及礼治和法治的社会政治思想的继承和丰富。

刘禹锡对宗教起源提出过极有价值的见解:"人能胜乎天者,法也。法大行,则是为公是,非为公非,天下之人蹈道必赏,违之必罚……福兮可以善取,祸兮可以恶召,奚预乎天邪?"他认为当时佛教的有神论和无神论盛行蔓延的原因,是由于政治不上轨道,绝灭"人理"的缘故。"人诚务胜乎天者也。何哉? 天无私,故人可务乎胜也。"为此他坚决反对当时"政出权道"、"权幸家,荣势足以破理"的强权政治,高扬打击豪门的旗帜。他的"人诚务胜乎天"的思想,是对荀子"人定胜天"思想的继承,并直接服务于政治革新的任务。

刘禹锡提出,宗教的产生,除了社会原因外,还有它的认识论根源。当规律未被认识时,就会产生有神论;当人们认识了规律后,就会对有神论产生怀疑。对自然、社会的认识均如此。"生乎治者人道明,咸知其所自,故德与怨不归乎天。生乎乱者人道昧,不可知,故由人者举归乎天。""人道明","有公是公非",

赏罚得当,不会产生有神论;"人道昧",是非赏罚无定,吉凶祸福"不可知",方产生有神论。

刘禹锡视人们的愚昧无知为宗教产生的原因,却忽视了深刻的社会根源,且没有触及问题的本质,导致他的无神论具有不彻底性。而且他把宗教蔓延的社会原因当做其合理存在的根据,并予以容忍,是错误的。

三、李筌的唯物论和军事思想

李筌约为唐玄宗时人,曾隐于登封少室山,号称"少室布衣",后来任荆南节度判官、刺史。① 他研究道教经典,著有《阴符经疏》。《阴符经》可能出于北朝,或与道士寇谦之有关。李筌的《太白阴经》一书有丰富的军事辩证法思想。

(一)自然观和无神论思想

李筌的哲学思想主要保存在《阴符经疏》中。《阴符经》是道教的重要经典,与兵家思想有关,也有不少宗教神秘主义思想。李筌的《阴符经疏》对天地作了明确的唯物的解释。

关于宇宙起源的问题,李筌说:"天者,阴阳之总名也。阳之精气轻清,上浮为天;阴之精气重浊,下沉为地,相连而不相离。……故知天地则阴阳之二气,气中有子,名曰五行。五行者天地阴阳之用也,万物从而生焉。万物则五行之子也。故使人观天地阴阳之道,执天地五气而行,则兴废可知,生死可察。除此外,无可观执,故言尽矣。"这一段话是对《阴符经》"观天之道,执天之形,尽矣"的注释。李筌继承两汉以来的唯物论传统,以为天地为阴阳二气所构成,五行为二气的产物,万物又由五行产生。

李筌把"五贼"解释为五行之气。"五贼者,五行之气,则金、木、水、火、土焉。……所言贼者,害也,逆之不顺,则与人生害,故言贼也。"五行之气是客观存在的物质,它的运行不以人的意志为转移,"逆之"则对人发生危害。李筌明确提出人如了解五行运行的规律,并掌握它,即可免于贼害。

对自然变化与社会治乱的关系,李筌也力图作唯物的解释:"愚人见星流日晕、风雨雷电、水旱灾蝗而生忧惧,殊不知君臣道德,政理淳和,安抚黎人,转祸为

---

① 据余嘉锡:《四库提要辨正》卷十一,第595页,科学出版社,1958。

福。……天地悬日月以照善恶,垂列宿以示吉凶,皆道德自然之理矣。……为君有道,政理均和,主信臣忠,百姓戴上,虽有水旱,不能为灾也。水旱者天地也,文理者时物也。若明时物之理者,皆能转祸为福,易死而生。故曰我以时物之理哲。"李筌已感觉到天地、万物与人之间有矛盾又有统一的关系。顺应这个自然之理,就可得到吉利。他虽然没有达到刘禹锡将天道与人道区分的认识水平,但已发展了仲长统的"人事为本,天道为末"的思想,无情批判了当时笃信阴阳五行的思想。他认为,离开一定的条件,仅靠"阴阳"不能产生万物。而迷信阴阳、占卜,依靠天命鬼神,只能导致败亡。战争的胜败,主要决定于人事。

(二)重视主观作用的辩证法思想

虽然李筌充分认识到地形对战争的重要性,但他并没有陷入地形决定论中,强调充分发挥人的主动作用。他根据《孙子兵法·九地篇》关于利用地势的原则,认为"兵因地而强,地因兵而固"。地形是主要的因素,作战时必须充分考虑地理环境,但这只能作为"兵之助",真正起作用的是人,不是地,"地之险易因人而险"①,地理险阻不是最终决定胜败的因素。

李筌用大量史实批判先天人性论,指出这种说法与事实不符。他认为人的勇怯之性是后天形成的。"勇怯在乎法,成败在乎智。怯人使之以刑则勇,勇人使之以赏则死。能移人之性,变人之心者,在刑赏之间。勇之与怯于人何有哉!"②

李筌认为战争的胜负取决于双方力量的对比,强大者胜。但必须"乘天之时,因地之利,用人之力,乃可富强"。"乘天之时"并不是坐等上天的恩赐,而是"春植谷,秋植麦,夏长成,冬备藏"③,尽量发挥人力;"因地之利"不是专靠土地的肥沃和地形险要,而是要积极调动全国各地的物力;"用人之力",是要把人力用于生产方面,他认为,只有发挥人力,才能"不畏强御"。

李筌还指出,贫富不是天生不变的,而是取决于主观努力的发挥。"夫有容身之地,智者不言弱;有市井之利,智者不言贫。地诚任,不患无财;人诚用,不畏

① 《太白阴经·地无险阻》,此处引用连同以下所引《太白阴经》皆出自《丛书集成初编》。
② 《太白阴经·人无勇怯》。
③ 《太白阴经·人无勇怯》。

强御。"①尽管他忽视转化的条件,但没有把人的贫富归于天命,没有把国家的强弱委之命定,他始终给人的主观努力以充分的估价,力图从人类本身的努力,从社会内部寻求说明社会的原因。他在中国哲学史的社会历史观方面,是有建树的。

李筌强调作战要利用一切有利的条件:"战阵无常势,因敌以为形。故兵之极至于无形,无形则间谍不能窥,智略不能谋。"②有利的形势必须使全军明了,才可以增加作战的信心。"夫未见利而战,虽众必败;见利而战,虽寡必胜。"一切形势是由人造成的,战和不战都"制在于人"。指挥作战,必须捕捉战机,"见利而起,无利而止"③。要善于利用一切有利的形势,掌握主动权。把握了有利的形势,才能高屋建瓴,势如破竹,否则只能失败。

(三)主动发现敌人意图和利用权术

李筌发展了《孙子兵法》的权谋思想。他主张根据敌人的不同特点,探测敌人的心思。只有充分了解敌人,才可以争取主动。争取主动的原则是"避人之长,攻人之短;见己之所长,避己之所短"。他继承和发展了《孙子兵法》中利用敌人的特点,化敌人的优点为弱点,变自己的弱点为优点的思想。主张制造一些对自己有利、对敌人不利的条件以探测敌人的意图,这是对《孙子兵法》"知己知彼"思想的运用和发展。

李筌的军事辩证法,继承和发展了《孙子兵法》的辩证法和朴素唯物论思想,进一步认识到人的主观能动作用。他的贡献不局限于军事科学本身,也具有一般认识论和方法论的哲学意义。他避免了过去的学者论述社会现象常犯的宿命论和偶然论错误,而附之以更多的唯物论因素。

另外,唐代河洛哲学家还有姚崇,又名元崇,陕州(今河南三门峡市)人,历任武则天、睿宗、玄宗三朝宰辅。他坚持"人定胜天"的唯物主义立场,反对神学天命论。唐玄宗时,他反对河南道一些地方禳祭蝗虫的世俗迷信,批判了灾变迷信观点。他坚持无神论,和傅奕、吕才二人一样,是从唯物论出发反对佛教和禄命迷信的杰出代表。他还提倡薄葬,反对厚葬。总之,姚崇是对唐代政局有影响

---

① 《太白阴经·人无勇怯》。
② 《太白阴经·兵形篇》。
③ 《太白阴经·作战篇》。

的思想家。

第五节　宋代的洛学

中国的传统儒学发展到宋代，产生了宋学。所谓宋学，是指宋代学者对中国儒家经典认识的学说。

关于宋代学术，史称："至宋中叶，周敦颐出于舂陵，乃得圣贤不传之学，作《太极图说》《通书》，推明阴阳五行之理，命于天而性于人者，了若指掌。张载作《西铭》，又极言理一分殊之旨，然后道之大原出于天者，灼然而无疑焉。仁宗明道初年，程颢及弟颐寔生，及长，受业周氏，已乃扩大其所闻，表章《大学》《中庸》二篇，与《语》《孟》并行，于是上自帝王传心之奥，下至初学入德之门，融会贯通，无复余蕴。迄宋南渡，新安朱熹得程氏正传，其学加亲切焉。大抵以格物致知为先，明善诚身为要。凡《诗》《书》六艺之文，与夫孔、孟之遗言，颠错于秦火，支离于汉儒，幽沉于魏晋六朝者，至是皆焕然而大明，秩然而各得其所。"①

宋代学术昌盛，学派众多，讲学之风甚盛。宋学包括周敦颐的濂学、二苏（苏轼、苏辙）所倡的蜀学、王安石的新学、二程兄弟（程颢、程颐）的洛学、张载的关学等。宋室南渡后，王安石的新学因受到排斥而逐渐衰微，关学则后继无人，只有二程理学逐渐取得学术上的正统地位。

洛学发祥于西京洛阳（今属河南）。程颢、程颐兄弟长期在洛阳居住、著述和聚徒讲学，形成了自己的学术派别，人们称之为洛学，其理论形态是理学，又称道学。

一、二程的生平事迹

程颢、程颐出身于书香门第、累代簪缨之家。其高祖父程羽是宋太宗赵光义为藩王时的幕僚，又当过宋真宗赵恒的老师，很受朝廷倚用，官至兵部侍郎，在京师开封有高宅大第，死后赠官少师。二程的曾祖父、祖父也都做过官。二程的父

———————————

① 《宋史》卷四百二十七《道学一》。

亲程珦靠着祖先的荫庇,在京城和地方做了几十年的官,致仕后居住洛阳。这种得天独厚的环境使得二程成为满腹经纶的学者。

程颢字伯淳,后人称明道先生。他和程颐少时,都从学于理学先驱者周敦颐。程颢年轻时考中进士、步入仕途后,做了几任地方官。当时任御史中丞的吕公著看中程颢办事干练,便推荐他为太子中允、权监察御史里行。御史是言官,有弹劾不称职官吏的职责,权监察御史里行就是一个临时性的见习御史。尽管此时他人微言轻,还是同吕公著站在一起反对王安石变法,上疏批评王安石的新政,为此被贬谪到地方上去做官。神宗死后,反对王安石变法的官员控制朝政,程颢被召回朝廷任宗正寺丞,执掌皇族的宗族事务。但他还没来得及登程,便因病去世,终年 54 岁。

嵩县宋二程故里道学堂

程颐字正叔,后人称伊川先生。他虽然学问渊博,但却屡试不第。在太学读书时,因写了一篇《颜子所好何学论》而享誉遐迩,成为著名"处士",即没有官职的读书人。神宗死后,王安石的反对派执掌政权,程颐才出任崇政殿说书,职掌是教皇帝读书。他在任崇政殿说书时,往往随心所欲地议论时政,因而受到别人指责。当时朝中已形成以苏轼为首的蜀党和以程颢为首的洛党,两党水火不容,互相攻讦。程颐不想在斗争的漩涡中沉浮,便回到别离已久的洛阳,担任判西京国子监之职,管理洛阳的太学分校。

神宗死后,哲宗当时年幼,英宗的皇后高氏(太皇太后)垂帘听政,对变法持反对态度,因而司马光等得以重掌朝纲。及至哲宗亲政,改元绍圣,表示要继续神宗的改革政策。这样一来,原来反对变法的那些人失势,并被称为"奸党",局势发生逆转。程颐也在"奸党"之列,被削夺官职,贬往四川涪州编管(交地方官管制)。程颐处变不惊,在贬所完成《周易传》的写作。哲宗死后,徽宗赵佶即位,程颐得以自由居住,再次回到洛阳,重任"权判西京国子监"之职。但好景不长,他的官职很快便被收回,成为一个普通百姓。不久,又有人上疏弹劾,说他写书诋毁朝政,应予追究。于是朝廷下令追回并销毁他所有的出仕文件,并审查他的著作。大观元年(1107年),程颐悒郁而终,享年75岁。

二程对王安石的变法虽持反对态度,但也主张变革,因为他们都是封建统治集体的成员,并无根本利害冲突。王安石看到当时的社会危机四伏,认为朝廷的失误在于不法先王之政。而效法先王之政,是要效法其意,即根据北宋的实际情况,进行变法革新。二程则认为,针对当时的政治经济危机,宋王朝应通过行仁政、重礼义教化等办法,缓和阶级矛盾,调整社会关系,以此来达到长治久安。王安石讲究功利,强调经济效用,被二程看做是"兴利"之举。程颢在熙宁年间上疏指出,"兴利之臣日进,尚德之风浸衰,尤非朝廷之福"①。"尚德"与"兴利"成为二程与王安石在变法上的分歧点。二程认为,尽管王安石的新法不好,但反对者应该就事论事,区别对待,不该意气用事。反对变法的人执政后,应该对变法者宽容,同样不该意气用事。对司马光执政后的某些措施,程颐也不赞成。二程在评论新旧党争教训时说:"新政之改,亦是吾党争之有太过,成就今日之事,涂炭天下,亦须两分其罪可也。"②

二程在政治上主张行王道,施仁政。要做到这一点,必须先"格君心之非",而后天子才能"视民如伤",择贤才,严法度,推行改革,振兴国家。要格君心之非,一要靠着宿贤儒辅导,二要人君心正,三要有良好的环境影响,也就是说天子身边的人都要品德高尚。二程看到了庶民百姓的巨大作用,提出重民保民思想。如何重民呢?二程认为应"以顺民心为本,以厚民生为本,以安而不扰为本"③。正如孟子所言,应"视民如伤"。程颢任县令时,"凡坐处皆书'视民如伤'四字,常曰:'颢常愧此四字。'"④他不仅以此为座右铭,而且身体力行。二程还认为国家的兴衰存亡与人才有很大关系。程颐说:"天下之治,由得贤也;天下之不治,由失贤也。"⑤法律的制定与各项政令的推行,都得靠人才,如果没有优秀人才,国家是难以臻于至治的。

二程的言论和著作被后人编为《二程全书》,其中有《二程遗书》、《二程外

① 《二程集》第二册第548页,中华书局,1981。
② 《二程集》第一册第29页,中华书局,1981。
③ 《二程集》第二册第531页,中华书局,1981。
④ 《二程集》第二册第429页,中华书局,1981。
⑤ 《二程集》第二册第513页,中华书局,1981。

书》、《伊川文集》、《明道文集》、《伊川易传》、《程氏经说》、《二程粹言》等,共约80余万言。

二、二程的思想学说

二程兄弟除在外地做官以外,长期在家乡从事教育活动,兴办书院,授课讲学,影响不断扩大。二程以继承孔孟道统自居,阐发六经,致力于《易》,又尊崇《孟子》与《礼记》中的《大学》《中庸》,使之与《论语》并列。他们以"理"为核心和最高范畴,形成了一个有机的思想理论体系。

理、气问题,是宋代哲学的中心议题。围绕这一问题,二程建立了理一元论的本体论哲学。

二程哲学的最高范畴是"理"。这个理是最根本的,是独立于心的客观实在。"理"作为最高的精神实体,不但是产生宇宙万物的根源,而且也是事物形成的原因、天地万物的主宰。"理"作为哲学范畴,虽非由二程首创,但把"理"或"天理"作为世界万物的最高本原和封建伦理纲常的化身,应该说是从二程开始。程颢说:"吾学虽由所受,天理二字却是自家体贴出来。"[1]程颐则说:"凡眼前皆是物,物物皆有理,如火之所以热,水之所以寒。至于君臣父子间皆是理。"[2]邵伯温问程颐:"孟子言心、性、天,只是一理否?"程颐回答说:"然。自理言之谓之天,自禀受言之谓之性,自存诸人言之谓之心。"[3]这就是说,"天人合一"、"天理合一",这种观点是程颐理本论的核心。二程认为,"天理云者,这一个道理,更有甚穷已? 不为尧存,不为桀亡。人得之者,故大行不加,穷居不损。"[4]"理"既存在于自然界,也存在于人类社会,是世界万事万物的普遍规律和准则。二程认为"万物皆只是一个天理",他们说:"理则天下只是一个理,故推之四海而准,须是质诸天地,考诸三王而不易之理。"[5]二程所说的"天理",就是世界万事万物的最高存在,是天地万物的最高主宰,万事万物由它而生,由它而灭,天理是永恒的最高精神实体。其实,程颐说的"理"也即天地万物的自然规

---

[1]　《二程集》第二册第 424 页,中华书局,1981。
[2]　《二程集》第一册第 247 页,中华书局,1981。
[3]　《二程集》第一册第 296 页,中华书局,1981。
[4]　《二程集》第一册第 31 页,中华书局,1981。
[5]　《二程集》第一册第 38 页,中华书局,1981。

律。认识事物的规律,才能处理万事万物,这是对的。但程颐所说的"理"或"天理"是指封建统治阶级的伦理纲常,认为"理"或"天理"只有圣人才能掌握,则是错误的。

《二程遗书》中说:"父子君臣,天下之定理,无所逃于天地之间。"又详细解释说:"为君尽君道,为臣尽臣道,过此则无理。"很明显,君臣、父子、夫妇间的封建等级关系是永远不能改变的,臣听命于君,子听命于父,妻子听命于丈夫,这是定理。二程宣扬天理,是要把君权、父权、夫权、神权当做禁锢百姓思想的四条绳索,为封建统治者服务。二程又提出"存天理,灭人欲"的政治伦理观点。他们认为,人的欲望都应该克制,以保持"天理"。凡是不符合礼的言论、行动都是"人欲",均应在清除之列,人们应该按"礼"去办事。有人问程颐,孤苦无依的寡妇再嫁是不是"人欲"? 有人娶寡妇为妻是否算"失节"?《二程遗书》中引用程颐的话说:"若取(娶)失节者以配身,是已失节也。"他又说:"饿死事极小,失节事极大。"这就是说孤苦伶仃、无依无靠的寡妇即使冻死、饿死,也是微不足道的小事,如果为了生存而再嫁就是失节,是应该受到谴责的。一个男子如果娶寡妇为妻,同样是失节,同样是违反天理。这种"存天理,灭人欲"的说教显然是不足取的,但是人的欲望需要节制,则是对的。

二程所谓的"理"或"天理",又是"道"。理与气的关系也就是道与气(器)的关系。程颐对于"气"及"气"与"理"的关系也做了一些论述。他认为气是有形的,气之形来自理。他说:"有理则有气,有气则有数。行鬼神者,数也。数,气之用也。"[1]程颐又把气分为"真元之气"和"阴阳之气",以"真元之气"为气的根源。

致知格物和主敬的认识论也是二程哲学体系的重要组成部分。根据先秦儒家经典《礼记·大学》中"致知在格物,格物而后致知"的命题,二程提出了"格物致知"说。程颐说:"'致知在格物'。格,至也,如'祖考来格'之格。凡一物上有一理,须是穷致其理。"[2]又说:"《大学》曰:'物有本末,事有终始,知其先后,则近道矣。'人之学莫大于知本末终始。至知在格物,则所谓本也,始也;治天下

---

① 《二程集》第四册第 1030 页,中华书局,1981。
② 《二程集》第一册第 188 页,中华书局,1981。

国家,则所谓末也,终也。……格犹穷也,物犹理也,犹曰穷其理而已也。穷其理,然后足以致之,不穷则不能致也。格物者适道之始,欲思格物,则固已近道矣。"①简言之,格物就是穷理,穷理即能致知。因此格物是通向道的开端,否则便不能"近道"。这是二程理学认识论的核心,也是对人们认识过程和修养方法的总概括。"格物致知"的目的,就是要通过正心、诚意、修身的功夫,达到治国,平天下这一目标,同时还要提高认识事物的水平,达到"天人合一"。那么如何解释"格物"呢?程颐说:"格,至也,言穷至物理也。"这就是说,"格"就是"至","物"即"事物"。每一件事皆有其理,因此格物必须要穷理。"格物致知"就是要去掉物欲的蒙蔽而穷至事物之理。程颐所说的"理",乃是封建伦理纲常。他的"格物致知说","是认识论,又涉及明善穷理的价值观和道德观,还涉及治国平天下的政治观等诸多方面"②。

　　二程对于认识的对象、主体、途径和方法、过程以及知行关系等都做了深入的探究。他们肯定主体有认识能力。程颢说:"人心莫不有知,惟蔽于人欲,则亡天德矣。"③程颐也说:"知者吾之所固有,然不致则不能得之,而致知必有道,故曰'致知在格物'。"④在主体能知方面,二程又有"生知"和"感应"两种认识。关于认识的途径和方法,程颢提出了"以诚敬存之"的主敬说:"学者须先识仁。仁者,浑然与物同体。义、礼、智、信,皆仁也。识得此理,以诚敬存之,不须防检,不须穷索。"⑤所谓"以诚敬存之",就是一种内心体贴的工夫,人们通过这种内心体贴,才能达到"仁"的境界。程颐认为,人有两种知识,即"闻见之知"和"德性之知"。前者是"物交物则知之,非内也,今之所谓博物多能者是也"⑥,即通过感官而获得的感性知识;后者是不假闻见的先天固有,来源于内心,如同孟子所说的"良知"。二者各有利弊,需要取长补短,才能得到真知。二程指出的认识途径是:从正心诚意到格物穷理再到脱然贯通。

　　在知行关系方面,二程提出"知先行后"的主张。因为知是人们固有的,不

---

①　《二程集》第一册第316页,中华书局,1981。
②　卢连章:《程颢、程颐评传》第146页,南京大学出版社,2001。
③　《二程集》第一册第123页,中华书局,1981。
④　《二程集》第一册第316页,中华书局,1981。
⑤　《二程集》第一册第16～17页,中华书局。1981。
⑥　《二程集》第一册第316页,中华书局,1981。

必依赖于行,这是先知,行则必须先知而后行,也就是说没有认识就无法行动。程颐举例说:"譬如人欲往京师,必知出哪门,行哪路,然后可往。如不知,虽有欲行之心,其将何至?"①知先行后说主张知行统一,二程强调"以知为本",有知必行。程颐说:"知之深,则行之必至,无有知之而不能行者。知而不能行,只是知得浅。"②但在一定条件下,知行也有不一致的情况。程颐认为,"人知不善,而犹为不善,是亦未尝真知。若真知,决不为矣"③。他强调有知才有行、有了真知才能有实践,知和行相辅相成,是不可分离的统一体。但他一味强调先认识后行动,把知强调到不恰当的地步,也是不妥当的。

二程的哲学体系中包含着朴素的辩证法思想。程颐说:"唯随时变易,乃常道也。""消长相因,天之理也。"④世界上的事物总是处于不断的运动变化之中。程颢说:"天地万物之理,无独必有对,皆自然而然,非有安排也。"⑤他指出了矛盾的普遍性。二程还把矛盾的对立看作事物的产生和运动变化的内在根源。对立的双方相互作用,即"遇"或"交感",推动着事物的产生和运动变化。

在人性论方面,二程提出了"天命之性"和"气质之性"的理论。程颐说:"'生之谓性',止训所禀受也。'天命之谓性',此言性之理也。今人言天性柔缓,天性刚急,俗言天成,皆生来如此,此训所禀受也。若性之理也则无不善,曰天者,自然之理也。"⑥他们认为,天命之性就是天理在人身上的体现,是天赋予人的,所以为善,而气质之性是每个人所禀受的性,人所禀受的气有清浊,人的气质之性才有善、恶之分,才能有高下之别。但是人可以通过修养来变化气质。

在社会历史观方面,二程继承了先秦儒家"法先王"的观点。他们把"法先王"与天理论结合起来,进行了一些发挥,这里不再赘述。

总之,二程兄弟作为理学的创始人,奠定了理学理论体系的基础。冯友兰先生说:"在道学以后的发展中,程颢的思想就成为心学,程颐的思想就成为理学。他们兄弟二人,不但创建了道学,也开始了道学中的两大派别,这在哲学史上是

---

① 《二程集》第一册第187页,中华书局,1981。
② 《二程集》第一册第164页,中华书局,1981。
③ 《二程集》第一册第16页,中华书局,1981。
④ 《二程集》第三册第862页、第819页,中华书局,1981。
⑤ 《二程集》第一册第121页,中华书局,1981。
⑥ 《二程集》第一册第313页,中华书局,1981。

罕见的。"①

三、程门弟子

二程有很多门徒,他们来自全国各地,不远千里,负笈至河南求学。史称:"时河南程颢与弟程颐讲孔孟绝学于熙、丰之际,河洛之士翕然师之。"②由此可知,王安石在熙宁、元丰年间变法期间也是洛学的大发展时期。程颐"平生诲人不倦,故学者出其门最多,渊源所在,皆为名士"③。他们当中的不少人后来成为朝廷命官,官至御史大夫、吏部尚书等衮衮大员者不乏其人,在学术上有成就的也很多。

二程弟子甚众,最著名的有谢良佐、游酢、吕大临、扬时四人,号称"程门四先生"。而河洛地区的弟子则有谢良佐、吕希哲、朱光庭、邢恕、尹焞、李吁、刘绚等。

谢良佐,字显道,上蔡人,神宗元丰年间考中进士,在政治上反对王安石变法。徽宗建中靖国年间,他在京师居官,徽宗曾在殿上召见,回答不合上意,被贬监西京(今河南洛阳)竹木场。他又说过徽宗的年号"建中"与唐德宗的"建中"年号相同,将来不免播迁之类的话,遂以诽谤罪系狱,被废为民。

谢良佐在许多方面继承和发扬二程的学说。如在天理论上,谢良佐继承二程"天人合一"的观点。在《上蔡语录》中,他说:"所谓天理者,自然的道理,无毫发杜撰。"因为是自然道理,个别人不能随心所欲地制造天理。天理是仁,是人心,是伦理道德的总概括。天理和人欲是对立的,有一分人欲,就减去一分天理。人欲横流,随意做事,就使得天理不存,只有去掉人欲,天理才能长存。谢良佐提倡"仁",他认为仁的最高境界是人心。提出"人心与天地一般"、"人心与天地一体",这实际上就是把人心与天地等同,封建伦理道德的最高境界是人心。要想达到"仁"的境界,就要去私心,灭人欲。在穷理方面,他提出求真的观点,即亲自听到、见到但没有亲身体验过的事物,不能算真知。如被火烧伤的人、被虎咬伤的人,感受与别人不同,这才算有了真知。穷理需要一个过程,即从闻见之知

---

① 冯友兰:《中国哲学史新编》下册第 121 页,人民出版社,2004。
② 《宋史》卷四百二十八《杨时传》。
③ 《宋史》卷四百二十一《程颐传》。

到"全得此心"的过程。比如烧伤、咬伤只是一时痛痒,其感觉不可能深刻、全面,只有"全得此心"才算是上了一个层次。在穷理过程中,谢良佐发现主观与客观之间会发生矛盾。怎样解决这一矛盾呢? 他提出"悟"的方法。在《上蔡语录》中,他又说:"有言下悟者,有数年而悟者,有终身不悟者。"所谓悟,即主观想象,而圣人却用不着"悟",这当然是错误的。对待佛学,他认为佛与儒有共同之处,佛学也有高妙处,但佛学不穷理,且以理为障碍,所以儒学高于佛学。

吕希哲,字原明,祖籍安徽寿县,其祖父吕夷简为仁宗时宰相,举家迁往开封,其父吕公著又在哲宗朝为官,遂为开封人。王安石变法时,欲起用吕希哲,他以政见不同为由,不肯出仕。哲宗元祐年间,任兵部员外郎,由妹婿范祖禹举荐,被哲宗任用为崇政殿说书,遂劝天子以修身为本,修身以正心诚意为主。他说:"心正意诚,则身修而天下化,若身不能修,虽左右之人且不能谕,况天下乎?"①后擢右司谏。因绍圣党争案,分司南京(今河南商丘),谪居和州(今安徽和县)。徽宗初年,一度入朝为官,又以直秘阁知曹州(今山东曹县)。崇宁党祸受株连,夺职知相州(今河安阳),徙邢州(今河北邢台),又罢为宫祠,寓居淮、泗间十余年而后卒。

吕希哲年少时以焦千之、孙复、石介、胡瑗等哲学家为师,由于他的父亲吕公著曾为哲宗朝宰相,他便多与名儒耆宿交游,切磋学问。他与程颐本是太学同学,年龄也在伯仲之间,但因程颐学问渊博,便拜之为师。他晚年又研究《易经》和佛学,获益不少,不过头脑中根深蒂固的还是儒家学说。他任崇政殿说书时,竭力提倡人君以修身为本,他主张尽孝须是自己尽孝,上至天子,下至百姓,谁也不能例外。尽孝还要有长幼之序。他的孙子吕本中问他,有兄弟二人,年岁相差不大,也要分别长幼吗? 希哲说:"圣人重先后之序,如天之四时,分毫顷刻,皆有次第。物理自然,不可易也。"②既然天地间春夏秋冬都一分一毫不差,兄弟之间当然也要有次序了。吕希哲还主张佛儒相合,他说:"佛氏之道,与吾圣人吻合。"③他是在程氏门徒中唯一持此说的人。二程对佛家一方面持批评态度,认为"出家"人不事父母,不敬兄长,不赡养妻子儿女,违反儒家的伦理道德;另一

---

① 《宋史》卷三百三十六《吕希哲传》。
② 《宋元学案》卷二十三。
③ 《宋元学案》卷二十三。

方面又在思想和行动上吸收佛家的某些观点。

朱光庭,字公掞,偃师人。他幼年聪颖好学,10 岁便能写文章。登进士第后,任万年县主簿,因政绩颇佳,人称"明镜"。他与程颢、张山甫合称"关中三杰"。他后来当过县令、签书河阳判官,从吕大防于长安幕府。哲宗即位,司马光荐为右正言,首请罢王安石的变法机构与措施,又弹劾蔡确、章惇等人。宣仁皇太后喜其正直,许他尽言,不必顾忌。后任左、右谏议,迁集贤殿修撰。因替罢相的刘挚辩护,落职任亳州(今属安徽)、潞州(今山西长治)知府。朱光庭著有《河南集》、《闻见录》等。

朱光庭先师从胡瑗、孙复,后又师从二程。胡瑗教他"学之本在忠信",又夸奖他"奋不顾身,尽忠许国",而缺点是议论太过。程颐在为他写的祭文中说,二程提倡洛学时,众人惊异,只有年龄很小的朱光庭笃信不疑,并"笃学力行,至于没齿,志不渝于金石,行可质于神明,在邦在家,临民临事,造次动静,一由至诚"。

朱光庭在政治上反对王安石变法,要求罢除变法机构中的提举常平官,取消保甲法、青苗法等。哲宗时上疏,请求天子诚心正意、修身齐家,治国平天下。他认为养天下人才,应以学校为先。"臣以为所修善政,莫先于置名师兴学校,以养人才。"①应当遴选"名师"、"真儒"去当教师,才能出高才。所谓名师,一要精通经术;二要德行醇厚人师;三要教学态度认真。对佛学,朱光庭持批判态度。他认为信佛之人太多,搅乱社会风气,影响儒学的传播,提出要力排异端,禁止大夫、平民百姓信佛尊佛。

尹焞,字彦明,一字德充,洛阳人。少年时师从程颐,参加科举考试,因考题有"诛元祐诸臣议",不答而出,从此不再参加考试。程颐死后,"焞聚徒洛中,非吊丧问疾不出户,士大夫宗仰之"②。靖康初年,种师道推荐尹焞德行可备劝讲,召至京师,赐号和靖处士放归。金兵陷洛阳,尹焞家人均遇害,他本人被门人抬入山中而免。伪齐刘豫欲聘他为官,不从,从商州(今陕西商洛)奔蜀,至阆中(今四川阆中),得程颐著《易经》十卦,后又得《易传》全书。绍兴四年(1134 年)

---

① 赵汝愚:《宋朝诸臣奏议》卷八十四《上哲宗乞戒约士大夫传异端之学》。
② 《宋史》卷四百二十八《尹焞传》。

在程颐被贬之地涪陵辟三畏斋,闭门研究《易经》,以后历任秘书郎兼说书、秘书省监、主管万寿观、留侍经筵、礼部侍郎兼侍讲等职,最后以提举江州(今江西九江)太平观致仕。

在政治上尹焞反对与金人议和,主张收复失地。他说:"若和议一成,彼日益强,我日益怠,侵寻脧削,天下有披发左衽之忧。"[1]他还主张修己以安百姓。所谓"修己",即用敬、礼、慎独来完善自己。尹焞对"敬"做得很认真,在任崇政殿说书、给高宗讲解经义时,前一天便沐浴更衣,把所讲之书放在案上,穿朝服再拜,当晚宿于别室。学生问他如何学《论语》时,他说"须庄敬"。他认为,所谓"礼",就是在一言一行上都要合乎礼仪,以礼来约束自己;所谓"慎独",就是在没人监督、约束的情况下严格要求自己。

根据孟子所说"人皆可以为尧舜"的观点,程颐提出了"学可以至圣人",尹焞对这一说法又作了发挥。怎样才能至圣人呢? 一是要"无欲",无欲才可达天理;二是要收敛身心,即摒除私心杂念。要学习圣人,须在玩味、涵养、践履三方面下工夫。玩味即修心,涵养就是修身,践履就是要身体力行。

尹焞的天理观是体用一原、理一分殊、动静一理。所谓"体用一原",体即道体,也即天理,它像不可抗拒的潮流,只能顺应而不能违反。这种潮流在自然界是天道,在人类社会是人道。不管是天道、人道,都是天理的体现。"理一分殊"是程颐提出来的,即把天理与具体事物之理区别开来,实际上是说一般(理一)与个别(分殊)之间的关系。尹焞只是转述了老师的观点,他本人并无新创意。所谓"动静一理",是指动和静之间的关系,比如钟未撞时声音在钟内,撞它就有声音,不管是发声不发声,都是钟的本性。在对待佛学上,尹焞也和他的老师一样,认为佛有可敬之处,但又不相信佛家的生死轮回学说。

邢恕字和叔,阳武(今河南原阳东南)人。神宗熙宁年间进士及第,曾任崇文院校书。吴充执政时,用他为馆阁校勘、著作佐郎。蔡确代吴充为相时,神宗见他写的《送文彦博诗》,甚为赏识,授予职方员外郎。徽宗时蔡京当国,打算对付西夏,起用邢恕为延、泾原经略安抚使,升为龙图阁学士。邢恕不懂兵法韬略,他提出的攻夏方略,被人讥为"类儿戏"。不久,西夏人入寇,警报一日五六次奏

---

① 《宋史》卷四百二十八《尹焞传》。

至京师,蔡京知邢恕不可用,调至太原,又当过几任地方官,最后回朝任显谟阁待制,卒年 70 岁。

程颢退居洛阳后,士大夫与其交往者甚多。在任者从他那里释疑解惑,闾里士大夫因仰慕而从之游,莘莘士子来洛阳者必登门求教。作为二程的学生,邢恕说程颢是"通儒全才"、"完人"。"于是先生身益退,位益卑,而名益高于天下。"①这还算是持平之论。那么程颐又是如何评价邢恕的呢? 有一次他与弟子谢良佐谈话,谈及邢恕。谢良佐说:"邢七(即邢恕)久从先生,想都无知识,后来极狼狈。"程颐说:"谓之全无知则不可,只是义理不能胜利欲之心,便至如此也。"②知徒莫若师,程颐的话可说是一语中的。

李吁,字端伯,偃师县缑氏人。哲宗元祐年间登进士第,任秘书省校书郎。他曾师从二程。二程语录皆是其门人整理而成,李吁整理的《师说》一章,最令程颐满意。他说:"语录,只有李吁得其意,不拘言语,无错编者。"③李吁认为,有些人是既怕死又想利己,才信佛学佛的。为人要养心,养心要有义理。言语不庄不敬,便会产生鄙诈;相貌不庄不敬,便会产生怠慢之心。为人还要有恕心,恕就是孔子说的"己所不欲,勿施于人"。

刘绚,字质夫,其先世为常山(今河北曲阳)人,后随祖父迁入开封,遂为开封人。他以祖荫授官,先后任寿县主簿、长子县县令、京兆府教授、太学博士,卒于官。刘绚是二程的学生,程颐称赞他:"游吾门者众矣,而信之笃、得之多、行之果、守之固,若子者几希。"④《程氏遗书》中明道先生语一、二、三、四部分是刘绚记录整理的。这一部分"强调了理的主观性,强调封建统治秩序的天经地义,同时也批判了佛学的某些观点"⑤。

四、洛学的传播

北宋末南宋初,二程弟子在不同地区讲学,洛学得以在外地传播,形成了一些新的地域学派。如吕大临、吕大忠、吕大均在陕西传播二程洛学和张载关学;

---

① 《二程集》第 32 页,中华书局,1981。
② 《二程集》第 261 页,中华书局,1981。
③ 《二程集》目录,中华书局,1981。
④ 《二程集》第 643 页,中华书局,1981。
⑤ 卢广森、卢连章主编:《洛学及其中州后学》第 170 页,河南大学出版社,1999。

谯定、谢湜、马涓在四川传播二程洛学，是谓涪陵学派；谢良佐、胡安国、胡宏、张栻在湖北、湖南传播二程洛学，是谓湖湘学派；杨时、游酢、罗从彦在福建传播二程洛学，是谓闽学派；周行己、许景衡、刘安节、鲍敬亭、袁溉在浙江传播二程洛学，成为崇尚事功的永嘉学派；王苹在江苏传播二程洛学，是谓吴学派，此学派与江西陆学有学术渊源关系。总之，这些学派由于受程颢和程颐思想学说差异的影响，而逐渐形成了程朱理学、陆王心学、事功之学三大学术体系，而其中影响最大的应首推由二程奠基、朱熹集大成的理学。杨时、尹焞和谢良佐是理学南传的关键人物。

　　南剑州将乐（今属福建）人杨时是南宋初年洛学南播的正宗传人。据《龟山先生年谱》记载：起初，"明道先生之门，皆西北士，最后先生（杨时）与建安（今福建建瓯）游定夫酢，往从学焉，与言无所不说，明道甚喜，每言杨君最会的容易，独以大宾敬先生。后辞归，明道送之出门，谓坐客曰：'吾道南矣。'"后来杨时又经常以书信问学。杨时深得程颢的器重和赞赏。程颢看到学人多从佛学，惟独杨时、谢良佐不变，称赞说："学者皆流于夷狄，惟有杨、谢二君长进。"神宗元封八年（1085 年），程颢卒。哲宗元祐八年（1093 年），杨时又与游酢以师礼见程颐于洛阳，于是有"程门立雪"的佳话。杨时不仅对二程洛学信之笃，学至诚，业至精，而且是二程洛学的自觉传播者。他一方面利用自己学者兼学官的便利条件，辗转东南，兴教立学，积极传播二程洛学；另一方面又著书立说，阐发二程的思想学说。他认真修订《伊川易传》，并为之作序，又把二程的语录，改写成《河南程氏粹言》；并著《中庸义》，用二程理学思想诠释《中庸》，拓宽了解经途径。因此，史称，杨时既渡江，"东南学者推时为程氏正宗"，并断言，朱熹之学"得程氏之正，其原委脉络皆出于时"。① 总之，杨时在洛学南传过程中起了最重要的作用。

　　杨时的弟子罗从彦在向杨时问学时，也曾前往洛阳拜见程颐，归而卒业于杨时。他在从杨时到朱熹创建闽学的道路上，起着承上启下的作用。李侗是罗从彦的弟子，他二十四岁时，闻郡人罗从彦得河洛之学，遂前往求学。李侗一生没有做官，全力教授乡里，问学求道，有《李延平集》传世。

　　南剑州将乐人杨时、南剑州沙县（今属福建）人罗从彦与南剑州剑浦（今福

---

① 《宋史》卷四百二十八《杨时传》。

建南平)人李侗,被后人称作"南剑三先生",是洛学与闽学之间的重要中介人物。"他们递相传授,致力于二程洛学的传播和阐发,为闽学及其思想体系的形成和成熟作了必要的准备。"①

朱熹祖籍徽州婺源(今属江西)。但他生于闽,学于闽,学术活动也主要在闽地。他是李侗的弟子,也是杨时的三传弟子。正如清人蒋恒所言:"盖朱子生于闽之尤溪(今属福建),受学于李延平(即李侗)及崇安(今属福建)胡籍溪、刘屏山、白冰水数先生。学以成功,故特称闽。盖不忘道统所自。"②其学术流派称为闽学。朱熹发扬光大二程洛学,是理学的集大成者。

由于二程、朱熹大力宣扬封建道德与伦理纲常,符合统治者的需要,因而备受青睐。在统治者的倡导下,他们的影响越来越大。元明清三代,程朱理学成为占统治地位的学术思想。河洛地区成为理学名区,二程成为孔孟在河洛地区的化身。谚语说:"出了潼关道,碑碣两边靠。不是颂功德,就是表节孝。"形象地道出洛学所起的教化作用。

五、邵雍、邵伯温父子的象数学

邵雍,字尧夫,自号安乐先生,范阳(今河北涿州)人,幼年随父迁居共城(今河南辉县),后来定居洛阳。他死后,宋哲宗赐号康节,故后人称他为邵康节。其主要著作有《皇极经世》、《伊川击壤集》等。他终身未出仕做官,却经常出入高官权贵之门,与富弼、司马光、王拱辰、程颢、程颐等交往甚密。邵雍与他们不仅在政治思想上所见略同,而且在经济生活上也受到他们的关照。邵雍在洛阳的住宅安乐窝,就是司马光等人出资为他修建的。邵雍表面上不问世事,专门著述,实则处于政治漩涡之中。司马光反对王安石变法,与之有莫逆之交的邵雍,自然也是变法的反对者。

邵雍是北宋著名哲学家之一。他的哲学主要是先天象数学,讲的是宇宙先天模式和演化。他的《先天图》渊源于道家的方士:"陈抟以《先天图》传种放,放传穆修,穆修传李之才,之才传邵雍。"③邵雍认为,《八卦先天图》所显示的象数

---

① 刘树勋主编:《闽学源流》第89页,福建教育出版社,1993。

② 蒋恒:《八闽理学源流》。

③ 《宋史》卷四百三十五《朱震传》。

系列能够演示宇宙的发生过程。他所说的《八卦先天图》，就是把《周易》的六十四卦绘制成方图、圆图及《伏羲八卦方位图》、《卦气图》。象数学这个名词听起来颇为深奥，实际上就是运用符号、卦象及数字关系来推算宇宙变化的学说。《八卦先天图》体现了邵雍的象数学思想。

邵雍认为太极世界存在于天地之前，"心"就是"太极"或者"道"。他在《观物外篇》中说："生天地之始者，太极也。"同时又说："心为太极，又曰道为太极。"那么，太极又是什么呢？他解释说："太极者，一也，不动，生二，二者神也。神生数，数生象，象生器。"器就是万物。也就是说，从太极的本体来说，它的自身没有变异，但太极的作用则变化莫测，这就叫做"神无方"。用先天图来解释宇宙演化，完全没有科学根据。

邵雍推演神秘主义象数系统时用的是"一分为二"法，他说太极分两仪，两仪分四象，四象分八卦，八卦相错，产生六十四卦。具体地说，一分为二，二分为四，四分为八，八分为十六，十六分为三十二，三十二分为六十四，就好比树根上产生树干，树干生树枝，树枝上有树叶，"合之斯为一，衍之斯为万"。这里的两仪、四象、八卦、六十四卦是"象"，一、二、四、八、十六、三十二、六十四是"数"，综合起来便是象数系列。和象数系统相适应，太极分为天地，天地分为四时，四时分为日月星辰、水火木石，然后再分为寒暑昼夜、风霜雨露等。这种"合之斯为一，衍之斯为万"的说法表面上很符合辩证法，其实也是没有科学根据的。

邵雍之子邵伯温，字子文，早年就与司马光等人相识。"伯温入闻父教，出则事司马光等，而光等亦屈名位辈行，与伯温为再世交，故所闻日博，而尤熟当世之务。"[①]后被河南尹与部使者推荐，任大名府（今属河北大名）助教，调潞州长子县（今属山西）尉。哲宗绍圣初年，改任永兴军（今湖北阳新）铸钱监，后为环庆路帅府幕僚。徽宗即位，上书数千言，要求恢复祖宗制度，分君子小人，戒劳民用兵等，语气恳切。大观年间出监华州西岳庙，知陕州灵宝，徙芮城（今属山西），又任永兴军耀州三白渠公事。为避童贯，出知果州（今四川南充北）。后来又任过成都路刑狱、利州路转运副使等官职。卒年 78 岁。著有《河南集》、《邵氏闻见录》等。

---

① 《宋史》卷四百三十三《邵伯温传》。

邵伯温在政治上反对王安石变法,他抨击王安石的用人政策,大谈变法的危害,进而对王安石进行人身攻击。在哲学上坚持周敦颐、程颐的客观唯心主义思想体系,认为哲学的最高范畴是太极,太极乃万物之原。世上未有万物之前,太极已存在。他说:"是故知太极者,有物之先本已混成,有物之后未尝亏损,自古及今,无时不存,无时不在。"太极是一,一生二,二生四,四生八,八生十六,十六生六十四,可见先有太极,后有万物。那么太极的"一"是什么呢?邵伯温说"一"是天地之心,造化之原,天地之心就是圣人之心。天地之心怎么又和圣人之心联系在一起了呢?他认为:"备天地,兼万物,而合德于太极者,其惟人乎?"①这里的人当然不是指普通的人,而是指圣人,因为只有圣人才能以"天地为一体,万物为一身",因此圣人之心也就是天地之心。

邵伯温还相信佛教宣扬的生死轮回学说。他在《邵氏闻见录》中说,其曾祖母张氏虐待其祖母李氏,李氏欲自尽,夜梦神人赐玉筷一双、食羹一杯,并对她说:"无白尽,当生佳儿。"后来果生一男孩,就是伯温之父邵雍。他相信鬼神,并以此美化自己的祖先。这是不足取的。

总之,二程洛学在中国传统文化中占有重要地位。正如张岱年先生所说:"在传统文化里面,儒家学说占主要地位;在儒家学说中,自宋以后,理学占主要地位;在理学里,程朱学派主要是洛学占主导地位。"他认为"二程洛学是理性主义的哲学","应该承认二程的许多贡献,对于他的缺点我们也要注意克服"②。这一评论可谓公允。

第六节　元明清三代的河洛后学

一、金代河洛学术

金代也以儒家思想作为统治百姓的基本思想。金代研究哲学最早的是霸州信安(今河北霸县东信安)隐士杜时升。章宗时他渡河南下,隐居嵩、洛山中,从

①　黄宗羲、全祖望等:《宋元学案》卷十,"四部备要"本。
②　张岱年:《正确评定二程洛学》,《洛学与传统文化》,求实出版社,1989。

学者甚众。"大抵以'伊洛之学'教人自时升始。"①在这之后不久,蒙军便大举南下,宣宗播迁南京,金境几无净土。杜时升死于哀宗正大末年,没有书籍传世。金代自世宗、章宗之世,儒风丕变,学校日盛,"当时儒者虽无专门名家之学,然而朝廷典册、邻国书命,粲然有可观者矣"②。既然当时还没有专门名家之学,杜时升关于伊洛之学的内容未能流传下来,也就很自然了。

金代末年的王若虚曾任县令、国史院编修官等职,在河洛地区生活很长一段时间,著有《滹南遗老集》。在这部书里,对宋代理学家程颐妇女饿死事小,失节事大的提法提出了批评,他说:"此迂儒执方之论也。先王制礼,虽曲为之防,亦须约以中道而合乎通情,故可以万世常行,而人不为病。若程氏者,刻覈已甚矣。"③在金代便有这种不同于流俗的见解,是难能可贵的。另外,他对"五经"、《论语》《孟子》《史记》《新唐书》等书的议论,也有独到见解。

二、元代河洛理学

受宋代理学家的影响,元代河洛地区也出现了几个理学家,其中成就最大的是姚枢与许衡。

（一）姚枢传播理学

姚枢,字公茂,号敬斋、雪斋,祖籍柳城(今辽宁朝阳),后迁入洛阳,遂为洛阳人。他少年时折节读书,遂有王佐之才。杨惟中与他一起觐见元太宗窝阔台,然后奉太宗命在宋军中搜求儒、道、释、医、卜者,在德安(今湖北安陆)得名儒赵复,送往燕京,程颐、朱熹之学得以薪火相传。姚枢因功被授为燕京行台郎中,后弃官携家来辉州(今河南辉县市)讲学授徒,"刊诸经,惠学者,读书鸣琴,若将终身"④。名儒许衡从他受学,后来成为理学大家。世祖即位,立十道宣抚使,以姚枢为东平道宣抚使。中统二年(1261年)又拜太子太师,改大司农。后来又任中书左丞、昭文馆大学士、翰林学士承旨等官职。

姚枢在政治上为元帝国的长治久安献计献策。世祖忽必烈即位前,他上疏

---

① 《金史》卷一百二十七《杜时升传》。
② 《金史》卷一百二十五《文艺传上》。
③ 王若虚:《滹南遗老集·杂辨》,"丛书集成初编"本。
④ 《元史》卷一百五十八《姚枢传》。

陈述二帝三王之道,把治国平天下的大纲列为 8 条:"修身、力学、尊贤、亲亲、畏天、爱民、好善、远佞。"又提出救时之弊,共 30 条,如设立省部,则政出一门,不会朝令夕改;重用有才干之人,淘汰不称职的官员。其他如颁俸禄、定法律、严征敛、简驿传、修学校、重农桑、宽赋税、肃军政、布屯田等,都与国计民生有关。世祖征大理,表示能按姚枢不妄杀人的建议去做,姚枢说:"圣人之心,仁明如此,生民之幸,有国之福也。"世祖即位后,姚枢认为,圣贤之后裔如不通诗、书,与百姓子弟何异?应在孔、颜、孟三族子弟中选其俊秀者,以杨庸为教官,为国家培育人才。中统四年(1263 年)姚枢又提出"罢世侯,置牧守"的建议,设置安抚、经略、宣抚三使司。"其法,选人以居职,颁俸以养廉,去污滥以清政,劝农桑以富民。不及三年,号称大治。"①这一建议得到世祖忽必烈的赞许。

姚枢在理学传播上贡献很大。他在太宗窝阔台时随蒙古军南下,奉命搜集儒、佛、道、医和卜者,俘获宋朝名儒赵复,觉其举止不凡,坐卧都和他一起。赵复于夜间逃走,姚枢策马追赶,终于在一条河边将他截住。赵复甚为感动,答应和他一起北上,并交出程、朱理学著作 8000 余卷。后来姚枢、杨惟中在中书令耶律楚材支持下,设立以赵复为儒师的燕京太极书院,讲授程朱理学。理学之所以能传入北方,姚枢之功不可湮没。元朝统治者本是大漠草原上的游牧民族,盘马弯弓,自是好手,但统治以农业为主的汉人地区,则显得力不从心。正当他们一筹莫展之际,姚枢等送来程朱理学,用三纲五常作为统治百姓的思想武器,正好迎合了元朝统治者的需要,无怪乎元世祖把姚枢视作股肱之臣了。

(二)许衡的理学思想

许衡字仲平,号鲁斋,怀孟河内(今河南沁阳)人,著有《鲁斋遗书》等,《宋元学案》一书中立有《鲁斋学案》。他在元朝被视为"朱子之后一人",与刘因、吴澄并称为元代三大学者。许衡、刘因又是元朝立国时倚重的学者,官至左丞、国学祭酒。

儒士姚枢隐居辉州(今河南辉县)时,许衡从其受学,非常重视朱熹的《小学》。所谓《小学》,是关于洒扫应对的日常工夫,许衡认为这是理学的入门和要津。他在《小学》中领悟出许多道理,并努力实践,提出"道"是"民生日用"和养

---

① 《元史》卷一百五十八《姚枢传》。

民"治生"的思想,给沉闷的理学带来了清新空气。他提出在元朝管辖的区域内弘扬儒学,推行汉法,又与刘秉忠、张文谦等一起定官制、立朝仪,并参与制订历法,以儒学六艺教授蒙古弟子。特别是在他大力倡导下,朱熹的《四书集注》在仁宗时被定为科场程式。他不遗余力地维护封建统治秩序,在元朝是知名度很高的人物。

许衡对于天道有自己的看法。他说:"道生太极,函三为一,一气既分,天地定位。"所谓太极,是指原始混沌之气。《周易·系辞》中有"易有太极,是生两仪,两仪生四象,四象生八卦"的记载。就是说气运动而分阴阳,由阴阳而产生出春、夏、秋、冬四时,有了四时才产生出天、地、风、雷、水、火、山、泽等八种自然现象。许衡提出"道"在"太极"之上,强调"道"是绝对性的。所谓"函三为一"是指老子所说的"道生一,一生二,二生三"。"道"在许衡这里,与程颢所说"天之自然"即"理"是一个意思。他认为由"道"而衍生"一气",然后分为天地,这才分出有形可见的具体世界。"一气"也叫"精气",由"精气"产生出日月星辰、人和万物等有"轮廓"的东西。而本原的"道"是一种绝对不动的精神实体。按照许衡的学说,世界的生成与演化,是从绝对走向相对,而后相对交错,产生出万物,故世界是从无到有的。这种先有理后有物的解释,是不科学的。

许衡推崇朱熹,在很多方面发挥了朱熹的学说。例如朱熹在讲到格物致知时,提出实践不可偏废,他说:"切问、近思是主于致知,忠信、笃行是主于力行。知与行,不可偏废。"知与行相辅相成,好比车的两轮,知之愈明,则行起来愈是坚定;行动越是坚定,道理就知道得越是清楚。现在的弊端就在于,讲学者大多缺乏实践,而实践者又轻视理论,殊不知实践者所以成功,是讲学的功劳。许衡据此发挥说,世界上只有两件事,即知与行,两者应当齐头并进。圣人教人,也只是两个字,从"学而时习之"开始,便只说是知与行;凡是行之不力者,都因为知之不真,如果知之甚真,哪有行之不力的道理? 许衡强调,只有努力实行才算体现了真知。根据这一精神,他在教育实践中主张读书之暇,便应该习礼,或学习书算。年龄小的让他学习拜跪、揖让、进退、应对,或射,或投壶,负者罚其读书若干遍。先生教书时内容不要贪多,但须详尽,若学生不甚理解,应打比方,务必使其通晓。读书的目的应是行动,而不仅是口头表白。其实,许衡所说的"行",主要是二程、朱熹所一再宣扬的克己,也即是"存天理,去人欲"。

理学的主要内容是天道心性,心性又是理学的中心。许衡认为理在人身上的体现就称为心、性。有人问他:"心也、性也,一理也如何?"他回答说:"便是一以贯之。"他认为心、性、理三者是一回事。他还认为,人在形成为人时,又受气的清浊不同的影响。所以人在出世之后,其人性又非先天的本然之性,是气质之性,表现千差万别,有的智,有的愚,有的美,有的恶。有的气质清美,能够超凡入圣,成为大圣人;有的气质浊恶,成为与禽兽无异的恶人。多数人处于中间状态,美恶兼而有之,清浊程度不同,应该让这些人去其昏蔽,恢复其明德之性,然后成为圣人。如何改变一个人的气质呢? 关键是修养,如谨慎、虔诚、持敬等。如一人独处之时,不与外物接触,因此也不会被物欲昏蔽,这叫做未发之时;已与外物接触,叫做已发之时。两者之间还有个将发未发的瞬间。根据不同的情况,修养方法也不相同,特别是人的欲念将萌而未发的时候,应当特别谨慎,不要因一念之差而做错了事。

许衡在论及天理与人的关系时,似乎是人人平等,其实并不如此。他认为,因为各人的气质不同而有贫富贵贱的差别,这种差别是上天造成的,个人不能改变。这显然是为社会上存在的不合理的等级制度制造理论根据,是不可取的。许衡的理学虽继承朱熹的学说,但并未严守朱学门户,他主张存天理于心中,这与朱熹是不一致的。由他所开创的以实践为特征的流派,到了明代便成了朱学的正统。

许衡的理学思想固然有不正确的一面,但他的贡献也是不应该抹杀的。蒙古人崛起于草莱之间,与中原地区相比,无论其经济、政治制度、文化思想都是落后的,许衡在此时通过自己不懈的努力,对蒙、汉之间的融合和文化交流做出了显著的成绩。他主持元朝国学,以儒家经典教授蒙古弟子,后来许多达官显宦就出自他的门下。这些人对推动蒙汉文化的交流,相互借鉴、吸收,起了很大作用。他力劝元世祖忽必烈推行"汉法",以汉法作为元朝的立国准则,要忽必烈以得"民心"为要,同时要兴学校、重农桑,这些建议都是符合当时的实际情况的。蒙古人进入中原之后,客观形势促使他们接受汉化。从这个角度说,许衡所起的作用,是应该充分肯定的。

三、明代河洛理学与经世致用之学

明代河洛地区哲学思想的发展和全国整个大的学术氛围密不可分,同时它又带有明显的地域特色。明代前期,占统治地位的哲学思想是程朱理学。同时,一些学者也倍感理学独尊不利于学术的发展,出现了一批开明务实的哲学家,如高拱、王廷相等。

(一)占统治地位的理学思想

明初在思想领域不遗余力地推行程朱理学,河洛地区产生了一大批理学思想的积极追随者,如刘淳、曹端、崔铣、何瑭等。

曹端,字正夫,号月川,河南渑池县人。少年时便喜欢儒家经典,认为"六经四书,天下万世言行之绳墨也"。为攻读儒家之书,以出人头地,他拟了一副对联:"勤勤勤勤,不勤难为人上人;苦苦苦苦,不苦如何通古今。"他熟读周敦颐的《太极图》《通书》及张载的《西铭》等书后,感慨地说:"道在是矣!"①永乐七年(1409 年)考中举人,被授为山西霍州学正。永乐二十年(1422 年)补蒲州(今山西永济蒲州镇)学正,再调霍州学正。他先后主管州县教育 20 余年,深受学生爱戴,著有《家规辑略》《夜行烛》《语录》《西铭解》《太极图说解》《四书详说》等,主要著作均被收入《曹月川集》中。他死后,"诸生服心丧三年,霍人罢市巷哭,童子皆流涕。贫不能归葬,遂留葬霍"②。

曹端主张无论是治国治家,都要有法可依,有章可循。他在《家规辑略序》中说:"国有国法,家有家法,人事之常也。治国无法则不能治其国,治家无法则不能治其家。譬则为方圆者,不可无规矩;为平直者,不可无绳墨。"这种规矩和绳墨即家法与国法。什么是国法和家法的准则呢? 曹端认为是儒家学说中的"三纲""五常"。"三纲"即君为臣纲、父为子纲、夫为妻纲;"五常"是指君臣、父子、兄弟、夫妇、朋友之间的五种关系:即父子有亲,君臣有义,夫妇有别,长幼有序,朋友有信。他还认为仁是万善之首,礼是人们行为的规范,举手投足都要符合仁与礼。他在《四书详说序》中说:"《论语》曰仁,《大学》曰敬,《中庸》曰诚,《孟子》曰仁义,合之则帝王精一执中之旨而已矣。"曹端还提倡廉洁,认为只有做到廉洁,便能公而无私,便能在官吏和百姓中树立威信。《曹月川年谱》记述他的话说:"古人云,吏不畏吾严,而畏吾廉;民不畏吾能,而服吾公。公则民

---

① 《明史》卷二百八十二《曹端传》。
② 《明史》卷二百八十二《曹端传》。

不敢慢,廉则民不敢欺。"

曹端尊崇儒家学说,在理学思想上也加以继承与发挥。他认为宋朝大儒所说的太极、天理是万物之源。但是不管太极也好,理、性也好,都是一个东西,只不过说法不同而已。他在《存疑录序》中说得很明白:"性即理也,理之别名曰太极。"他特别强调太极的作用,认为太极是先天地而生的,太极没有形象,没有声气,没有方位,但却充塞天地,贯彻古今,无所不在,无时不有。他也很强调道的伦理性。《曹月川年谱》中引用他的话说:"道,何道也?既非老子之道,又非佛氏之道。儒家之道不过明人伦而已。"人伦就是儒家学说的三纲五常。这就是说,曹端的"道"把世界观、人生观和伦理道德都糅合在一起了。他还重申宋儒程颐"理一分殊"的观点,并有诗说:"天月一轮映万川,万川各有月团圆。有时川竭为平地,依旧一轮月在天。"把月比为"理一",把"万川映月"比为"分殊",川里的水虽然枯竭了,但一轮明月仍然高悬于天上。诗虽很形象,但以万川映月来说明"理一分殊",并不很贴切。

曹端不信佛教,反对生死轮回之说。他认为佛教是东汉明帝时传入中国的,轮回之说这时才有,明帝之前则无轮回,这在情理上是说不通的。天堂地狱之说也不可信。佛家提倡出家修行,男女如果都出家,不能结为夫妇,若干年后,人都死绝了,谁来奉佛呢?这种看法还是很有道理的。

何瑭,字粹夫,号柏斋、虚舟,原籍河南武陟,后迁沁阳。弘治十四年(1501年)河南乡试第一,次年考中进士,选为翰林院庶吉士。因不愿依附宦官刘瑾,挂冠而去。刘瑾被诛,才官复原职。后历任开州(今河南濮阳)同知、东昌府(今山东聊城)同知、山西提学副使、浙江提学副使、太常寺少卿、南京工部左侍郎、北京户部右侍郎、礼部右侍郎、右都御史等官职。退隐林泉后,创建景贤书院,授徒著书。著作有《儒学管见》、《阴阳管见》、《柏斋集》等。

何瑭认为儒家思想主要体现在《四书》之一的《大学》中。他在《儒学管见》中对儒家的精义作了阐释:"人之有生,莫不有身焉,亦莫不有家焉。仕而在位,则又有国和天下之责焉。修齐治平,莫不有道,此则道之实体也。具此道于心神心性之间,明德也;行此道于家国天下之际,亲民也。明德为体,而实见于亲民之用;亲民为用,而实本于明德之体。盖内外合一者也……此《大学》之要指也。"这就是说,明德、亲民、治国、齐家、平天下,《大学》一书中讲得很清楚。他强调学以致用,反对为读书而读书。治理国家一定要与《大学》中的修身、齐家、治国、平天下结合起来。吏部和兵部掌管官员,用人一定要公平,不徇私情;户部与工部掌管理财,一定要节俭,不要聚敛;礼、刑两部掌管天下善事,禁一切恶事。何瑭对腐败深恶痛绝,他曾上书明武宗,提出禁贪墨以肃吏治、严纪律以振兵威、治财用以固邦本的建议。

何瑭继承王阳明的心学思想,强调心是万理之源。又以为形与神是两回事,阳是神,是天;阴是地,有形。何瑭是心学的代表人物。

崔铣字仲凫、子钟,号后渠,河南安阳人。出身于官宦之家,弘治十八年(1505年)考中进士,选为翰林院庶吉士,授编修。因得罪宦官刘瑾,被逐出翰林院,任南京吏部主事。刘瑾被诛,回朝为经筵讲官,晋升侍读。正德十二年(1517年)因与宰相意见不合,辞官归家,在洹水旁建后渠书屋,讲学授徒。嘉靖二年(1523年)擢任南京国子祭酒。次年大江南北发生饥荒,崔铣上书天子,请求"亲贤人,远小人"。世宗以为是攻讦自己,命其致仕。16年之后,皇太子立,选崔铣为少詹事兼侍读学士,转南京礼部尚书。死后赠礼部尚书,谥文敏。著有《读易余言》、《洹词》、《大学全文》等。

崔铣在政治上强调"民为邦本"。他在《读易余言》中说:"盖君居民上,如山盘地上。山以地为基,君以民为本。厚其地则山保其高,厚其民则君保其宅。"把天子比做山,把百姓比做地,土地根基深厚,山才能立得牢;对待百姓宽厚仁慈,君主的江山才能长久。这种比喻形象而贴切。崔铣还主张以"三纲"和礼制治国。君臣之间地位永远不能改变,臣要忠君,君要爱臣。为官之人应当尽孝,不能尽孝道的人也难以尽忠。治家之道应从女子始,妻正则夫正,夫正则家庭之风正,寡妇不应再嫁。所谓以礼治国,是指不管是个人、家庭、国家,都必须以礼行事,国家才会得到治理。道德也不可或缺,为官者道德高尚,才能成为百姓的表率,把国家治理好。他还主张"因时而治",不一味守古、泥古。这些都是有借鉴意义的。

在哲学上,崔铣是心学的继承者。心指思想,也指良知良能。人生下来本是"赤子之心,天理纯全",具有良知良能,只因蒙上尘埃,所以才"昧心不诚"。一旦扫除尘埃,便可恢复到"天理纯全"的良知良能状态。他在《洹词》中为"心学"下定义:"德者,得也;学者,觉也;义者,宜也;不善者,过也。合而言之,皆心学也。"认为心学可以作为判断一切是非的标准。

崔铣重视对客观事物的认识。他说:"水之流,鸢之飞,鱼之跃,皆实体也。"认识这些实体,有从未知到熟知的过程。他还认为"人定胜天",只要认识自然界的规律,在同自然界斗争中即使失败,认真总结教训,还是能胜天的。这种看法是很可贵的。

尤时熙字季美,号西川,洛阳人。年少时潜心读书,嘉靖元年(1522 年)考取举人。嘉靖十一年授河北元氏县学谕,后调山东章丘县学谕,积极传播王阳明心学。后又任国子学正、户部浙江司主事等。嘉靖二十六年(1547 年)辞官归隐林泉,聚徒讲学 38 年之久,河洛学子拜尤时熙为师者数百人。其著作有《拟学小记》、《圣谕衍》等。

尤时熙在政治上提倡德政,认为德政包括爱民、养民、理财三个方面。所谓爱民即孔子说的"泛爱众而亲仁",即爱自己,也爱别人。如果利君不利民,利己不利邻,利诸侯而不利天子,都不能算作仁。养民是要体味百姓生活的艰难,要薄赋税,重农桑。理财则要注意节俭,不可见利忘义。

在哲学上,尤时熙对心学作了发挥。他认为心是万物之主。"主"是指人的主观知觉作用,"物"指世间万物。因为"万物皆备于我",心便成为万物之源。他承认天理、人欲的存在,但不赞成二程所说的两者对立,不同意存天理、灭人欲的提法。他认为"人欲天理,本无二体",人欲就是天理,过头了就是恶,不过头就是善。这种说法比二程说得更有道理。但他认为"分殊即理一",是不对的。因为二程说的"理一分殊"是指一般与个别的关系,把二者等同起来,显然是个倒退。

孟化鲤字叔龙,号云浦,河南新安人。万历八年(1580 年)考中进士,被授为户部主事,榷河西务赋税,管理银库。万历二十年被免官放归。回到家乡后建立书院,与四方学者讲学论道,从游者数百人,一时名声大噪。虽穷山幽谷之人,皆知其名,称之为孟师。其著作有《尊闻录》、《诸儒要录》、《读易寐言》等。

孟化鲤作为尤时熙的弟子,虽也主张心是万物之源,但对心的理解有自己的看法。他认为心并非血肉之心脏,而是真心、赤子之心。真心是一种浩然之气,充塞于天地之间。赤子之心是说心地洁洁净净,不藏污纳垢。孟子曾说仁是人心,他发挥说仁就是心,心就是仁。"孟化鲤所说的心既非物质性的心脏,也不是气质之心,而是精神性的心。"①他还认为"万物皆心也",也即心是万物之源。这里的万物既包括物质方面的天地万物,也包括精神方面的仁义道德。因此,不管是物质性的东西还是精神性的东西,皆由圣人的心所产生。这和崔铣、尤时熙的说法有共同之处。

(二)经世致用之学

随着程朱理学官学地位的确立,理学所倡导的"存天理,灭人欲"的三纲五常伦理教条,把全国思想界带到"非朱氏之言不尊"的时代。从中央的国子学到地方府州县学,从私家书院到乡村里社,"家孔孟而户程朱"。在理学冰封雪覆式的统治之下,一些有主见的河洛学者,如王廷相、高拱、吕坤等,敢于独立思考,努力探索世界的本原,阐发朴素的唯物主义思想,给人以清新之感。

王廷相,字子衡,号浚川,仪封(今河南兰考)人。嘉靖元年(1522年)进士,历任庶吉士、兵科给事中、判官、知县、御史、佥事、副使、右布政使,累官至南京兵部尚书。他"幼有文名,博学好议论,以经术称。于星历、舆图、乐律、河图、洛书、邵、程、张之书,皆有所论驳"②。他的博学和执著为学术研究打下了坚实的基础。

王廷相的哲学观点与当时盛行的理学和心学格格不入。在宇宙观上,他继承张载的一元论思想,认为世界的本原是物质的,人物草木皆"气聚而成"。他说,"天内外皆气,地中亦气,物虚实充气,通极上下,造化皆实体也"③。王廷相对理学家的"天理至上"的观点提出批评,认为应当是"气"在"理"之先,"理"在"气"之中。他说"万理皆出于气,无悬空独立之理"。认为朱熹的"未有天理之先,毕竟也只是理"的论断是支离颠倒的。

在新的历史时期,王廷相把唯物史观又向前推进了一步。他用"气变理亦变"的思想,来解释人类社会不断发展演化的道理。他说:"鸿荒之地,犹夫禽兽也。唐虞之际,男女有别,而礼制尚阔也。殷人五世之外许婚。周人奴妇而侄娣往媵。以今观之,犯礼伤教道甚矣。当时圣人不以为非,安于旧制之常故尔。是

①　卢广森、卢连章主编:《洛学及其中州后学》第284页,河南大学出版社,1999。
②　《明史》卷一百九十四《王廷相传》。
③　王廷相:《慎言·道体篇》,参见《王廷相哲学选集》,中华书局,1965。(以下省略"参见《王廷相哲学选集》,中华书局,1965")。

故男女之道,在古尚疏,于今则密,礼缘仁义以渐而美者矣。"①同时,他认为,政治制度也需要随着社会历史的进步演化而变化,"三代之事,有尧舜未能行者"②。由于历史是不断发展变化的,所以思想文化和政治体制都不拘于形式,他反对复古,反对循规蹈矩。在社会变革中,他主张循序渐进,"变有要乎?曰:渐。春不见其生而日长,秋不见其杀而日枯,渐之义也,至矣哉!"③

王廷相认为学者应当不断学习,而不能墨守成规,裹足不前。他说:"道无穷尽,故圣人有所不能"。他反对"惟前言是信",认为知识是发展的,知识源于实践:"学者于道,贵精心以察之,验诸于天,参诸事会,务得其实而行之。"④

更可贵的是,王廷相还用朴素的唯物主义思想指导自己的政治行为。他在任职期间,"务得其实而行之"。他与当时的宦官刘瑾和权奸首辅严嵩进行了坚决的斗争。他批评当时腐败政治说:"今之时政繁矣,风移矣,民劳矣,财困矣,生促矣,天下之大灾也。"⑤他针对明中叶以后社会风俗由俭入奢的事实,断言是统治者的生活奢侈和挥霍无度,无端加重百姓的负担,造成国家财政困难,民不聊生。各级官员应当体恤民力,务实为民。这种思想在明中期物欲横流、政治腐败的大环境下,是极其难能可贵的。他的务实思想和对理学无情的鞭挞,对明清之际先进思想的出现产生了一定的影响。

高拱字肃卿,河南新郑人。嘉靖二十年(1541年)进士,历任庶吉士、国子监祭酒、礼部尚书,首辅内阁大学士。他的官职一度居一人之下,万人之上,与中央高层统治者有着一种极其微妙的关系。他先受权臣严嵩和徐阶的重用和赏识,被荐入文渊阁;后又与张居正和冯保联手,打击徐阶,登上内阁首辅之位;但最终又被张、冯二人取代,且险些丧命其中,终独善其身于乡里。

高拱除了政治主张引人注目以外,在哲学思想方面也有突出的成就。高拱的哲学观点一反传统理学和心学的保守,主张经世致用。他从无神论的角度出发,反对程朱空泛的理学,批判他们天命论的思想,强调人的主观能动性。他从封建国家的长远利益出发,着于改革官吏选拔和任免制度,"其在吏部,欲遍识

---

① 王廷相:《慎言·文王篇》。
② 王廷相:《慎言·作圣篇》。
③ 王廷相:《慎言·御民篇》
④ 王廷相:《慎言·见闻篇》
⑤ 王廷相:《困知记》卷上。

人才,授诸司以籍,使署贤否,志爵里姓名,月要以岁会之。仓卒用人,皆得其人"①。一大批政治、经济、军事等方面的人才,经他荐举而步入仕途。他在军事制度方面的改革也收到很好的效果。

高拱学识渊博,一生著作颇丰,有《高文襄公集》和《玉画公草》等。

四、清代抱残守缺的理学思想

河洛地区的学术在明代就已经显示出其明显的保守性,发展到清代愈加显著。清代河洛地区学术已陷于低谷,不仅远远落后于江、浙诸省,甚至落后于山、陕地区。思想界占主体地位的仍然是维护封建传统秩序的理学,其代表人物主要有孙奇逢、汤斌、耿介、李来章、张伯行等。

(一)孙奇峰

孙奇逢字启泰,号钟元,原籍直隶容城(今属河北)。他幼时"好奇节,而内行笃,修负经世之学,欲以功业自著"②。因不满明末政治腐败,与东林党交往甚密,强烈抨击魏忠贤之流,以图修明政治。明亡以后,家乡的土地被清政府圈占,举家移居河南辉县百泉山(又称苏门山)下的夏峰村,与弟子躬耕,并建立"兼山堂",授徒讲学,著书立说,成为清初著名的经学大师,人称为"夏峰先生"或"苏门先生"。他教学有方,"有问学者,随其高下浅深,必开以性之所近,使自力于庸行。上自公卿大夫,及野人、牧竖、工商、隶圉、武夫、悍卒,壹以庆意接之。用此名在天下,而人无忌嫉者"③。其门徒达百人之多,整整影响了一代学者,"北方学者,大概出于其门"④。孙奇逢与黄宗羲和李颙齐名,并称"清初三大儒"。清王朝倾慕其才学,多次征召欲用之。但他"两朝征聘十一次,坚卧不起"⑤。他在河洛地区讲学、著书达25年,终年92岁。

孙奇逢一生著作颇丰,涉及理学、经学和史学诸多方面,主要有《理学宗传》《四书近旨》《书经近旨》《圣学录》《甲申大难录》《岁寒居答问》《读易大旨》《畿辅中州人物考》《新安县志》等。后人编为《夏峰先生集》、《孙夏峰先生全集》。

---

① 《明史》卷二百一十三《高拱传》。
② 《清史稿》卷四百八十《孙奇逢传》。
③ 李元度:《国朝先正事略》卷二十七《名儒·孙夏峰先生事略》,岳麓书社,1991。
④ 黄宗羲:《明儒学案》卷五十三《诸儒学案下》。
⑤ 徐珂:《清稗类钞》性理类《夏峰学派》。

　　孙奇逢早年师承陆九渊和王阳明,到晚年统治者大力扶植程朱理学,其学术研究和思想也倾向于斯,并试图把理学与心学结合起来,其宇宙观与认识论呈现出矛盾性。在宇宙观上,他坚持理、气二元论。一方面,他主张程朱"理在气先"的观点,另一方面又说"道不离器,离器何所觅道;性不离形,离形何所觅性"。在认识论上,他有时沿用程朱"体认先理"的先验论观点,但也不否认实物的客观存在,主张"离事物则无可致"①。孙奇逢认为,"天理为要,以日用伦常为实际,其治身务自刻厉,人无贤愚,苟学必开,以性之所迁,使其力于庸行"②。他的思想影响了河洛一大批学者,睢州人汤斌、登封人耿介、兰考人张伯行、柘城人窦克勤、上蔡人张沐等都受其熏陶。

　　孙奇逢寓居河洛期间,他的河北学友也不乏追随者,如保定名儒魏一鳌,以及清苑人高金乔、范阳(今涿州)人耿极等都与孙奇逢交往甚密。其中魏一鳌每隔一年就要到河南来一次,一住就是数月。后来,他也在苏门山上构建"雪亭"以居,受孙奇逢之托编写《北学录》。他为孙奇逢编修年谱,并在此授徒讲学,对河洛儒学的传播起到了重要的作用。汤斌曾高度评价魏一鳌的治学精神,把他的"雪亭"比喻为朱子的"寒泉精舍"③。孙奇逢的第四子博雅也是一位学识渊博的理学大师,河洛许多学者出自其门下,如汤斌、耿介等。

　　(二)汤斌

　　汤斌字孔伯,号潜庵,又号荆岘,归德府睢州(今河南睢县)人,顺治九年(1652年)中进士,在京师从事史书编撰工作,又任潼关兵备道。后辞官回家照顾病中的父亲。在"丁忧"服丧期间,听说孙奇逢在夏峰村讲学,遂负笈前往,向他学习程朱理学与陆王心学,获理学精要。康熙十七年(1678年),应召考试,获博学鸿儒科第一,授翰林院侍讲,曾任编修《明史》的总裁官,参与编修《明史稿》27卷,包括本纪、历志、后妃和列臣诸传。因其理学思想深邃,受到康熙皇帝的重用,历任江苏巡抚、礼部和工部尚书、内阁学士。

　　康熙皇帝曾说:"今以道学名者,言行或相悖。朕闻汤斌从孙奇逢,有操守,可补江宁巡抚。"汤斌临行前,康熙皇帝敕令汤斌用理学纲常伦理道德,去治理

---

① 孙奇逢:《夏峰先生集》卷一。
② 《清史稿》卷四百八十《孙奇逢传》。
③ 李元度:《国朝先正事略》卷二十七《名儒·孙夏峰先生事略》,岳麓书社,1991。

日渐浮华的江南社会。汤斌在治理江苏期间,宣扬程朱理学思想,以此施政化民。他下令各州县普遍设立社学,讲《孝经》、小学,整饬民风,并大修儒学祀堂,严禁妇女着奇装异服等有伤风化的行为。他禁毁刻印淫词小说的书坊,取消火葬及水葬,大力推行土葬。他任职期间,体恤民情,兴修水利,以减轻人民负担。他清正廉洁,生活简朴,日日以野菜与豆羹为食;理政勤奋,常常通宵达旦,深受当地百姓拥戴。离职时"敝篮数肩,不增一物于旧",吴民哭泣挽留,遮道焚香送别,罢市三日。①

汤斌的哲学思想体现在他的著作《洛学篇》、《潜庵诗文集》、《睢州志》和《明史稿》中。他尊崇程朱理学,但并不废王阳明心学,认为"圣贤之学,其要心而已。存心者,存天理而已。"②他倡导身体力行,务求实际,"以刻励讲求实用为主,无阳明杳冥放荡之弊"③,主张"滞事物以穷理"。汤斌的道德最高准则是"孝",他说,天下万善同出一源,即"孝"。他认为,人能孝则事君必忠,事长必顺,交友必信,居官必廉,临民必宽。他一生致力于理学的研究与推广,把程朱理学运用到政治中去,被康熙皇帝称为"理学名臣"。雍正时他被入祀贤良祠,乾隆年间赐谥"文正",道光时从祀孔子庙,以表彰他在维护清朝封建统治和弘扬程朱理学上的建树。

在治史方面,汤斌极力推崇陈寿,以《三国志》为楷模,做到尽去繁枝,独存劲干。

(三)张伯行

张伯行字孝先,号恕斋,又号敬庵,开封府仪封(今河南兰考)人,人称仪封先生。康熙二十四年(1685年)考取进士,历任内阁中书舍人、道守、巡抚,终至礼部尚书。他廉洁、爱民和不畏权势,"清白之名闻天下",被康熙帝誉为"天下第一清官"。任职期间,他以经义严格约束自己的行为,把儒学精要"躬行实践,施于政事"。

他一方面致力于理学研究,阐述宣扬理学思想。他从政之余,复办学著书。书房里有数千卷经书,终日饱读《小学近思录》,对程朱语类和濂、洛、关、闽等硕

---

① 李元度:《国朝先正事略》卷五《名臣·汤文正公事略》,岳麓书社,1991。
② 《中州明贤集》卷二《睢州移建庙学碑记》。
③ 徐珂:《清稗类钞》性理类《睢州学派》。

儒书籍,口诵笔录,著作百余卷,自行编纂文集,有《正谊堂文集》、《道学源流》、《困学记》、《濂洛关闽集解》、《伊洛渊源录》和《性理正宗》等传世。另一方面又竭力把理学运用到实践中去。他在任福建与江南巡抚期间,"爱民如子",向百姓灌输伦理纲常,得到康熙帝的嘉奖和百姓的爱戴。雍正十年(1732),他晋升为礼部尚书,赐入"礼乐名臣榜",参加祭崇圣祠,死后获赠太子太保,谥"清恪"。

(四)耿介、李来章与冉觐祖等

耿介字介石,号逸庵,河南登封人。顺治八年(1651年)进士,由检讨而为官福建、江西一带,曾入直上书房,辅导皇太子。他在服母亲"丁忧"以及辞官在家期间,闭门修习理学。他曾慕名到苏门,受业于孙奇逢,并与汤斌和上蔡人张仲诚探讨学术问题。在登封的数年间,他在著名的嵩阳书院讲学、授徒。他笃信天理,践履笃实,服官冰蘖自矢,居家淡泊自甘。其著作有《理学正经》、《性理要旨》、《中州道学篇》、《孝经易知》、《敬恕堂存稿》等。

李来章字礼山,河南襄城人。受家人影响,专门研究濂、洛之学,后接受李颙、孙奇逢的思想,对理学产生浓厚兴趣。康熙年间中举以后,又受业于儒学大师魏象枢,与当时河洛地区的几位理学名家过从甚密。他曾入主南阳书院,作《南阳学规》和《达天录》;又修葺襄城紫云书院,讲读其中,四方学者自远而至。李来章的哲学思想因循先儒,认为要想学到真道,必须苦读经典,理学思想有益于国用。他的著述颇丰,有40余种,行世者有《礼山园文集》、《洛学篇》和《连阳八排瑶风土记》等。

冉觐祖字永光,号蟫庵,河南中牟人。他杜门潜居,精研《四书集注》20年。康熙三十年(1691年)考中进士并选庶吉士,任翰林院检讨。但他不愿做官,殚精实学,潜心著书。其学博涉儒学群经,兼采汉、宋儒学之说,深受康熙帝的赏识,有"气度老成"之誉。耿介曾延请他到嵩阳书院讲学,以程朱理学为宗,问者云集。张伯行创建书院,也曾请他前去主持教务。他一生著作甚多,有《为学大旨》18则,《天理主敬图》、《五经四书详说》及诗文、杂著20余种。

孙奇逢、汤斌、李来章、张伯行、耿介、冉觐祖和窦克勤、张沐,时人合称之为"中州八先生"。他们的学术代表了清前期理学研究的最高成就。他们在顺治、康熙年间重塑封建统治思想方面发挥了重大的作用,其渊博的学识和诚笃的信念,影响了清初河洛地区乃至全国的学风与民风。但清前期的理学研究可谓

"竭而无余华",说其抱残守缺也不过分。乾、嘉之际,理学进一步失去吸引力,汉学取代宋学,成为支配学术界的学术思想,知识界"株守考订,訾议宋儒,濂洛关闽之书无读者"①。全国许多学者在政治、文学、良知三者之间重新权衡,把读书看成是科举考试入仕的重要工具,而把学术研究转向新的领域。

　　清中期同治年间以后,理学名儒相继去世,在西方文化与启蒙思潮的冲击下,程朱理学迅速衰落。但是到晚清的道光末年至光绪初年,程朱理学一度"复兴"。伴随着汉学的衰微,理学崇奉者活跃起来。河洛地区以理学知名者有刘廷诏、苏源生、李堂阶、王检心、王涤心等。程朱理学仍拥有庞大的社会基础,在广大中下层民众的思想和信仰中占据着统治地位。

---

①　昭梿:《啸亭杂录》卷八,中华书局,1980。

第六章　河洛地区的思想学术(下)

第一节　史学

一、先秦时期史学的奠基

在商周二代,朝廷中就有史官,但其大部分是书记官之史,兼掌占卜。春秋战国史官的职掌不外乎记历数、卜筮、算数、作册命、制禄命官书等。大约在东周晚期,朝廷中已有史正、太史等一类专职史官,一方面负责注记,即收集与保存史料,另一方面负责史书撰述。总之,史官和史学在殷商和西周时代还处于萌芽时期,到春秋时代,以记载历史大事与年代的史官和史学著作才正式出现,标志史学正式形成。

至迟在春秋战国时期,河洛地区已出现了一些史籍。例如杂辑而成的《尚书》是我国最早的王室文诰汇编,现存58篇,分别按朝代编辑,分为《虞书》、《夏书》、《商书》和《周书》。此外还有《逸周书》,原名《周书》,有71篇,是研究周代历史文化的一部有价值的文献资料。《尚书》和《逸周书》大多记述河洛地区的史事。

和鲁国《春秋》性质相同的编年史,有《竹书纪年》,西晋时发现于汲郡(今河南卫辉)的魏襄王墓冢,是魏国的一部编年史。它上起夏代,下继殷商西周,春秋时晋国、战国时魏国,止于魏襄王时。此书记载了夏、商、西周各王世数和总年数,而且所记历史事实与传统说法,特别是儒家关于夏、商、西周的许多重大史实记述和理解完全不同,因而有弥足珍贵的史料价值。惜此书已亡逸,有清人辑本可用。

此外还有《左传》和《国语》也可能出于河洛地区。《左传》的成书年代大致在周威烈王二十三年(前403年)至周安王十六年(前386年)之间。"《左传》一书的作者虽然难以肯定,但是可以肯定《左传》与三晋尤其是魏国关系最为密切。"①这是因为:1.《春秋》经以鲁国史事记述最多,但《左传》所记史事却以晋国最多,而鲁国反而次于晋国;2.鲁国用周正,《春秋》经也用周正。而《左传》用夏正,晋为夏墟,为《左传》提供大量资料的国家也应是晋国;3.《国语》与《左传》互为表里,两者关系密切。《左传》以晋史最多,《国语》也是以《晋语》为最多。《国语》全书共21卷,而《晋语》就占了9卷。可见两书的史料主要来自晋国;4.《汲冢书》有《师春》一卷,"全录《左传》卜筮事,无一字之异"②。《汲冢书》出自魏襄王墓,不管是《师春》抄《左传》,还是《左传》抄《师春》,说明《左传》的编写与流传与魏国关系极为密切。③ 同理,《国语》也应如此。

《左传》又称《左氏传》,也属于编年体史书。它上起于鲁隐公元年,下迄鲁哀公二十四年,记载了春秋时期250余年的历史。《左传》中所记晋事最多,鲁事、楚事次之,郑事、齐事又次之,卫、宋、周、吴、秦、越、陈各国事更次之。④《左传》所记史事与《春秋》不尽相同,有的《春秋》有而《左传》没有,有的《春秋》没有而《左传》却有,且《左传》记事要比《春秋》详细得多,史料价值也要大些。

《国语》是我国最早的一部国别史,分别记述周、鲁、齐、晋、郑、楚、吴、越等八国的历史,其中周、郑和晋国都属于河洛地区。它上起西周时期周穆王讨伐西戎,下迄三晋灭智伯,记述周代500多年的历史。《国语》是各国史官的原始记录,后经史官加工整理而成。全书共21卷,其中《晋语》有9卷之多,《周语》有3卷,其余则仅有2卷或1卷。《国语》与《左传》相比,是以记言为主,其笔墨主要集中在记述人物语言上,通过语言反映人的思想认识。因此,它是研究周代思想文化史的重要史料。

① 郑师渠主编:《中国文化通史》1《先秦卷》第386页,中共中央党校出版社,2000。
② 《新唐书》卷一百三十二《刘贶传》。
③ 徐仲舒:《左传选·后序》,中华书局,1979。
④ 白寿彝:《中国史学史》第一册第228页,上海人民出版社,1986。

据刘节先生考证,河洛地区还有一些史书已经亡佚,却见于记载。如志类,有《周志》、《郑志》,应为周王室和郑国的史书。编年类,有《周春秋》、《宋春秋》,应为周王室和宋国的史书。书类,有《周书》、《郑书》,应为周王室和郑国的史书。①

二、汉代史学的发展

汉代,特别是东汉,河洛地区的史学有了新的发展。

西汉时,褚少孙曾补《史记》。褚少孙,颍川(今河南禹州)人,汉元帝、成帝时为博士,人称"褚先生"。司马迁的《史记》记述黄帝至汉武帝太初年间3000余年的历史,是中国第一部纪传体通史。在司马迁死后仍有若干篇残缺,于是"好览观太史公列传"的 褚少孙为之补写。他多方收集资料,写成《武帝纪》、《三王世家》、《日者列传》、《龟策列传》等,保存了一些珍贵的第一手资料,对于研究古代社会有一定价值。

东汉洛阳朝廷中设有史官。一是兰台令史,为少府卿属官,掌书奏及印工文书,由掌图籍而兼撰史传;二是太史令丞,掌天文等。

东汉时史家在洛阳修撰的《东观汉纪》,是以纪传体撰写的一部关于东汉历史的鸿篇巨制,也是一部官修史书。它创始于汉明帝时,经安帝、桓帝和灵帝、献帝时几次续修,参与的史家有班固、刘珍、黄景、边韶、蔡邕、杨彪等。蔡邕为此书撰写的"十意"(即"十志",为避桓帝名讳而改称)未完成而散佚。《东观汉纪》原名《汉纪》,著述地点主要在洛阳南宫东观。后人为了和其他《汉纪》相区别,称《东观汉纪》。《隋书·经籍志》著录为143卷,记事起于光武帝,终于灵帝。汉献帝时开始散佚,唐宋继续散佚,至元代已荡然无存。清代有两种辑本。但是该书在早期流传阶段为世人所重,人们将它和《史记》、《汉书》合称为"三史",比它晚出的东汉诸史均取材于它。

荀悦的《汉纪》是一部记述西汉一代的编年体史书。荀悦,字仲豫,颍川颍阴(今河南许昌市)人,东汉末年的杰出史学家。他曾任黄门侍郎,著有《申鉴》五篇。汉献帝好阅读典籍,以班固的《汉书》文繁难省,诏令荀悦依《左氏传》体

---

① 刘节:《中国史学史稿》第35~38页,中州书画社,1982。

例撰《汉纪》，共30篇。该书以"达道义、彰法式、通古今、著功勋、表贤能"为宗旨，"辞约事详"，"论辩多美"，时人称为佳史。

《汉纪》虽系借鉴《汉书》断代为史的方法，专写西汉的历史，但在史书的写作方法和思想内容上却有不少创新：首先，《汉纪》采用"通比其事，例系年月"的方法，按年、月、日的顺序，记述重要的史事和重要人物，同时又将同类而年月无考的事与人记述于旁，大大丰富了史书的内容；其次，《汉纪》的取材，虽本于《汉书》，却参考了其他史料，既补《汉书》之缺，又增添了一些新的内容。荀悦提及《汉纪》具体内容时罗列了法式、废乱、持平、兵略、政化、休祥、灾异、华夏之事、四夷之事、常道、权变、策谋、诡说、术艺、文章等16个方面，内容之广非以前其他史书可比；再次，荀悦撰《汉纪》的指导思想，就是把历史写成后世统治者的鉴戒史，他认为"古今异制，损益随时"①，提出统治者要"应变济时"的政治主张。荀悦的《汉纪》进一步明确了史学与封建政治的关系，认为治史的目的是为君主提供借鉴。这种史学思想对后世封建史学的发展有深远的影响。同时，在《汉纪》中也有宣扬"天人感应"思想，美化帝王和愚民的消极倾向。当然，荀悦在史学思想方面还是有一定进步性的，他明确提出君主为政，当"先本民财以定其志"，即先使人民有供吃穿之财，才能使人民接受统治者的"刑教"统治。这种君主必须"为民"的思想，应当嘉许。

此外，班固的传记体断代史《汉书》也在洛阳写成。班固字孟坚，扶风安陵（今陕西咸阳市东）人，曾在洛阳太学读书。其父班彪，曾续《史记》，"采其旧事，旁贯逸闻，作《后传》六十五篇"。班固继承父志，修撰《汉书》。汉明帝看过后欣赏他的才能，召诣校书部，除兰台令史。后又升迁为郎，点校秘书。明帝令班固继续撰成《汉书》，凡一百卷。

三、魏晋南北朝史学的繁荣

魏晋南北朝时期是中国史学迅速发展的时期，以洛阳为中心的司、豫地区的史学则更为发达。建都洛阳的曹魏、西晋和北魏诸朝均设有兼职或专职的史官，从事官修史书的著述，私家修史者踵司马迁和班固之后，蔚然成风。这一时期不

---

① 荀悦：《汉纪》卷八，《两汉纪》上册第115页，中华书局，2002。

仅史学著作数量空前,类别增多,质量也有所提高。

　　就史官设置而言,魏明帝太和年间,朝廷已设有史职,隶属于中书省。晋惠帝元康二年(292 年),设著作郎一人,称大著作,下有佐著作郎 8 人,隶秘书省。史称"惠帝元康二年,改中书著作为秘书著作,专掌史任,隶秘书省"。除著作郎、佐郎外,又有秘书监督促其事,还有学综文史者以他官兼领著作的情况。北魏之初,史臣以他官兼领。废帝普泰年间以后,别置修史局,有 6 人,职掌撰述。"后魏置起居令史","后又别置修起居注二人,以他官领之,而隶集书省。"①北齐时起居与著作分设,前者掌王言行,以为国志,后者掌缀国录。

　　魏晋南北朝的史书,除了官修的诸帝起居注连续不断外,还有许多私家撰写的体例不一的断代史书。

　　官修的诸帝起居注,曹魏时期已有修纂,西晋时方较为详备。据《隋书·经籍志》记载,晋武帝有《泰始起居注》20 卷,《咸宁起居注》10 卷,《太康起居注》21 卷;惠帝有《元康起居注》1 卷,《惠帝起居注》2 卷,怀、愍二帝有《永嘉·建兴起居注》13 卷。北魏时期有《后魏起居注》336 卷,孝文帝迁都之后的部分也在洛阳撰成。

　　司马彪,字绍统,河内温县(今属河南)人,西晋宗室,泰始年间任秘书丞。他依据谯周所删削的《后汉史》,补安帝、顺帝以下事,从光武帝起,止于献帝,著成《续汉书》纪、志、传共 80 篇。此书是除官修《东观汉纪》之外,第一部东汉史书,惜已不存。后人将其《八志》与范晔《后汉书》合刊,得以流传至今,是研究东汉一代典章制度的重要资料。此外,他又著《九州春秋》,记汉魏之际袁绍、袁术、曹操、刘表、公孙瓒、孙策、刘备等群雄并起事,被列为史部杂史类,现已亡佚,有辑本。

　　巴西安汉(今四川南充)人陈寿,字承祚,才学出众,蜀亡后举家迁居洛阳,以文士入仕晋朝,得司空张华的赏识,任著作佐郎,迁著作郎。太康元年(280年),西晋灭吴,国家重新统一。陈寿开始整理三国史事,著《魏书》《蜀书》《吴书》共 65 卷。张华对此书极为欣赏。陈寿后迁治书侍御史,死于洛阳。尚书范頵等上表称:"故治书侍御史陈寿作《三国志》,辞多劝诫,明乎得失,有益风化。

---

　　①　《册府元龟》第七册,卷五五四《国史部总序》,中华书局影印,1960。

虽文艳不如相如,而质直过之,愿垂采录。"于是朝廷责成河南尹、洛阳令到陈寿家中抄写,藏于官府。《三国志》从总体上超出前人对于魏、蜀、吴三国史事的撰著,后人评价甚高。或称陈寿"善叙事,有良史之才",或称"陈寿三《志》,文质辨洽,荀、张比之迁、固,非妄誉也"。《三国志》是继司马迁、班固之后而写成的第三部纪传体史学名著。其不足之处,一是缺《志》,典系难明;二是叙事过于简略。南朝时有裴松之为之作注,补阙漏,备异闻,矫正谬误,论辩得失,亦有其史学价值。

安定朝那(今宁夏固原东南)人皇甫谧,字幼安,出继叔父,徙居新安(今河南渑池),不务仕宦,博览书籍,著《帝王世纪》10卷,起自上古,迄于曹魏,叙述史事涉及疆域四至、垦田数量、户口多寡,对开国皇帝汉高祖、光武帝各有评论,又歌颂高士、逸士。

太原晋阳(今山西太原西南)人王沈,字处道,魏高贵乡公正元年间(254～256年)迁散骑常侍、侍中,典著作,与荀颛、阮籍共撰《魏书》,其后王沈独就其业,勒成44卷,是书为纪传体史书。然此书为官修,"多为时讳",殊非实录,久佚。

吴郡吴县华亭(今上海松江县)人陆机,西晋太康末年(289年)来到洛阳,著有《晋纪》4卷,记宣帝司马懿、景帝司马师、文帝司马昭于曹魏当权时史事。刘知几曾言:"陆机《晋书》,列纪三祖,直叙其事,竟不编年。年既不编,何纪之有?"该书不符合编年史体例,唐以后亡佚。陆机另撰有《洛阳记》,记载洛阳的城池、台阁、宫殿、街市、关隘、寺观等,较为详备,惜已散佚。

在西晋灭亡后南迁的河洛士人中,也出现了一些史家,写出了一批颇有价值的著作。

陈郡陈县(今河南淮阳)人王铨,少有著述之志,每私录晋事及功臣行状,未就而卒。其子王隐亦博学多闻,继承父亲遗业,西都(洛阳)旧事多所谙究。西晋愍帝时南渡长江。太兴初年(318年),被东晋朝廷召为著作郎,令与郭璞共撰晋史。因遭受豪族虞预排挤,前往武昌依靠庾亮,书得写成,呈送朝廷。全书93卷,《隋书·经籍志》著录86卷。然此书"文辞鄙拙,芜舛不伦。其书次第可观者,皆其父所撰,文体混漫义不可解者,隐之作也"①。此书为第一部晋史,仅述西晋史事,然纪、志、传体例完备,改志为记,开创之功实不可没。因文笔欠佳,已佚。另著有《晋书·地道记》,以州郡县为纲目,系以城邑、山川、关隘、沿革。

颖川颖阴(今河南许昌)人荀绰,字彦舒,博学有才,怀帝时任司空从事中郎,后为后赵石勒参军。他曾撰《晋后书》15 篇,一作《晋后略》,《隋书·经籍志》著录 5 卷,主要记载西晋史事,早已亡佚。又著有《晋百官表注》。

颖川鄢陵(今属河南)人庾翼,亦为南迁士族。曾任安西将军、荆州刺史,著有《晋阳秋》(一作《晋春秋》)。该书未见著录,卷帙不详,盖论述西晋及东晋穆帝以前史事,为编年体史书,已亡佚。

东晋新蔡(今属河南)人干宝,字令升。他博览书记,以才器被召为著作郎,领国史,著《晋纪》,记述自宣帝至于愍帝共 53 年史事,凡 20 卷。"其书简略,直而能婉,咸称名史。"②《隋书·经籍志》著录为 23 卷。

南朝宋时人谢灵运,祖籍陈郡阳夏(今河南太康),生于江南,曾任秘书监。修撰《晋书》,粗立条例,竟未就。《隋书·经籍志》有著录,为 36 卷。

陈郡阳夏(今河南太康)人袁宏,字彦伯,为一代文宗。仿荀悦《汉纪》而写成《后汉纪》,是一部编年体史书。全书 30 卷,起自王莽末年的农民大起义,迄于刘备称帝,记述东汉 200 余年的兴衰史。该书史料翔实,搜罗丰富,详略有体,便于观览。因而在魏晋所撰诸家后汉史书中独流传至今。他又撰《竹林名士传》3 卷。袁宏的堂弟袁山松少有才名,博学有文采,著有《后汉书》100 卷。该书诸志较为齐全,已佚。

中州南迁士人中,史学成就最高者,应首推晋宋之际的范晔。范晔字蔚宗,顺阳郡顺阳县(今河南淅川)人,少好学,博涉经史,善为文章。因酗酒被贬为宣城太守,郁郁不得志,于是"广集学徒,穷览旧籍,删烦补略",删众家《后汉书》为一家之作,"欲因事就卷内发论,以正一代得失"。全书十纪、八十列传,惟十志未完成。该书编次周密,有所创新,作为一部纪传体断代史,远远超过同类著作,体例、史实考核及论赞文字多有独到之处,因而成为"前四史"之一,流传至今。

---

① 《晋书》卷八十二《王隐传》。
② 《晋书》卷八十二《干宝传》。

唐刘知几称赞说:"范晔之删后汉也,简而且周,疏而不漏,盖云备矣。"①

北魏末期,崔鸿在洛阳史馆,搜集资料,修成《十六国春秋》。崔鸿,字彦鸾,东清河郡鄃县(今山东淄博东南)人,"少好读书,博综经史",与李鸿道并称"洛阳二鸿"。景明三年(502年),奉命撰起居注,参修国史,得以出入秘阁,接触文献,经过数年之功,草成《十六国春秋》102卷。孝庄帝永安年间(528～530年),其子崔子元缮写一本奏上,得以流传。全书以晋朝为主,区分时事,各系本录,又有表、赞、序列,体裁完备,足以包举各家,超出以前有关十六国史事的著述。刘知几称:崔鸿"考核众家,辨其同异,除烦补阙,错综纲纪,易其国书曰录,主纪曰传"。此书为唐修《晋书·载记》所取资,北宋中叶开始散佚。现有节录本《十六国春秋纂录》16卷行世。该书的编纂使十六国时期的重要史事得以保存下来,为后人研究"五胡十六国"历史提供了不少资料。

除了上述断代史著作外,还有一些专史著作。

东魏时杨衒之撰写的《洛阳伽蓝记》是一部佛教史专著。全书共分五卷,分别记述北魏后期洛阳城内外的著名佛寺40余所,附见寺院亦40余所。此书内容以魏都南迁40年间洛阳佛教寺塔的兴废为主,也反映了当时的政治状况、人物、风俗、地理及掌故传闻,不少史料可补《魏书》之缺。该书对研究都城洛阳的盛衰,北魏王朝的兴亡,都有较高的价值。

西晋太康初年(280年),在汲郡(今河南卫辉)有一古墓被盗掘,人称魏安厘(一说襄王)王墓,或为一贵族墓。盗墓人名不准。墓中出土有铜剑、玉律及钟、磬等,而古代书籍甚多,有竹简数十车,皆漆书蝌蚪文字,盗墓者烧竹简照明,造成其中不少篇章残缺毁坏。晋武帝命令秘书校缀次第,寻推指归,以当时通行文字抄写。参与其事的有荀勖、束皙、和峤、卫瓘、杜预等人,或撰次注写,或参校,或考正,或注释。整理后计有古书16种,即《易经》2篇,《易繇阴阳卦》2篇,《卦下易经》1篇,《公孙段》2篇,《国语》3篇,《名》1篇,《师春》1篇,《琐语》11篇,《梁丘藏》1篇,《缴书》2篇,《生封》1篇,《大历》2篇,《穆天子传》5篇,《图诗》1篇,《杂书》9篇,《竹书纪年》13篇。

上述古书,现存的尚有《穆天子传》及古本《竹书纪年》。《穆天子传》记周

---

① 刘知几:《史通》卷十二《古今正史篇》。

穆王出游,见西王母事,荀勖整理为 5 卷。叙述穆王巡游途中与西方民族的往来,当地的物产。保存了古代中西交通史料,附记有美人盛姬的故事。《竹书纪年》当为魏国史官所记自夏代至魏安厘王时史事。其内容和传世文献有差异,史料价值较高。宋代亡佚,今存辑本。清代学者治此书者较多,如陈逢衡、雷学淇、朱右曾、王国维等均有专著。

四、隋唐史学的建树

隋唐时期史学得到较大的发展,一是官修史书制度的确立,二是出现了新的史学创作。河洛地区史家在史学方面颇多建树。

隋代河洛地区的史学家不多,较有名的是于仲文。他是洛阳人,曾为军中将领,炀帝即位后参掌文武选事,撰有《汉书刊繁》、《略览》各 20 卷。

唐代河洛史家及在史学上有建树的学者不下 20 人,其中最著名的是李延寿、吴兢、蒋乂。

李延寿,字遐龄,相州(今河南安阳)人,唐初史学家李太师之子,太宗及高宗时兼修国史,曾修《五代史志》、《晋书》,撰写《太宗政典》。其最突出的成就是以一人之力,删补整理宋、齐、梁、陈、魏、北齐、北周、隋八代史事,历时 16 年编成《南史》80 卷、《北史》100 卷,备受后世推崇。其宗旨是撰写一部阐明王道得失,褒贬恰当,足资劝戒,事详而文省的南北朝史。《南史》、《北史》是在对南北朝八部史书作删繁、增补、订正的基础上撰成的,故较之南北八书,叙事简净,条理分明,史事翔实而可信。问世以后,颇受人们重视,对后世影响颇大。其体例为薛居正《旧五代史》和欧阳修《新五代史》所采用。

吴兢,字西斋,汴州浚仪(今河南开封)人,博通经史,成就卓著,深得朱敬则等史家器重。武则天时,宰相魏元忠推荐他说:"兢有史才,堪居近侍。"[1]中宗时他曾与韦承庆、崔融、刘子玄撰成《武则天实录》,又与刘知己、徐坚共撰史书,并私撰《唐书》、《唐春秋》30 卷(未成),有《齐史》10 卷、《太宗勋史》1 卷、《唐书备阙记》10 卷、《中宗实录》20 卷、《睿宗实录》5 卷。玄宗时他被贬为荆州司马,以史稿自随。吴兢一生忠于史职,号为"良史"。他撰有多种史书,今仅存《贞观政

---

① 《旧唐书》卷一百一《吴兢传》。

要》10卷,广为流传。该书记贞观年间唐太宗与房玄龄、杜如晦、魏征等45人的问答及有关谏诤事迹,涉及唐初立国方针、为君之道、任贤纳谏、君臣鉴戒等一系列内容,总结"贞观之治"的历史经验较为系统,是研究李世民及初唐政治的重要参考资料。

蒋乂,字德源,祖籍常州义兴(今属江苏),徙家河南(今河南洛阳),他与子蒋偕、蒋系都是唐代史家,博学多才。他生性明敏,博通群籍,入集贤院校理图书,以部分类,得善书2万多卷。宪宗时他与独孤郁、韦处厚修《德宗实录》50卷。他居史职长达20年,精通百家,著述达百余篇。其子蒋偕曾与卢耽、牛丛等撰写《文宗实录》,参与补作《唐历》所缺大历年间史事。蒋系在文宗时与沈傅师等修撰《宪宗实录》。蒋氏父子三人撰修国史,世称"良笔"。

除此以外,还有一些学者曾在朝中担任史职,成就斐然。如:范履冰,河南泌阳人,武则天招文士入宫修史,他与元万顷等入选,号为"北门学士",历经20余年撰成《列女传》、《臣轨》、《百僚新戒》等。刘允济,巩县(今河南巩义)人,工诗文,与王勃齐名,撰《鲁后春秋》20卷进献。丘悦,嵩县人,有文才,撰有《三国典略》30卷。独孤郁,字古风,洛阳人,预修《德宗实录》。

五、宋元史学的盛衰

北宋史官制度更为完备。在东京开封的朝廷中有起居院、日历所、实录院、国史院、玉牒所和会要所,形成了古史派、疑古派、考据派等史学流派,出现了新史体和新史书,史学出现了繁荣局面。

(一)司马光与《资治通鉴》

司马光,字君实,陕州夏县(今属山西)人,出生于光州(今河南光山)。仁宗宝元初年(1038年)中进士甲科,历官天章阁待制兼侍讲知谏院。英宗立,进龙图阁直学士。神宗即位,擢为翰林学士。因反对王安石变法,出判西京御史台,居洛阳十五年。哲宗元祐元年(1086年)拜尚书左仆射,兼门下侍郎,是年9月卒。著有《资治通鉴》《考异》《稽古录》及《文集》等。

英宗时司马光在东京开封任龙图阁直学士,患历代史繁,不能遍览,遂撰"通志"八卷,于治平三年(1066年)献上,英宗乐之,命置局于崇文院续修,刘恕、刘攽与司马康参与其事,在东京开封以五年时间完成《周纪》、《汉纪》和《魏纪》共七十五卷。熙宁三年(1070年)九月以后,司马光外放,知永宁军(今陕西西安)宣抚使,次年判西京(今河南洛阳)御史台,后又提举嵩山崇福宫,皆以书局自随。书局迁往洛阳,自晋以后十三朝书稿,在洛阳和嵩山完成。前后历时19年。

《资治通鉴》全书294卷,是一部编年体通史,上起周威烈王二十三年(前403年),下迄五代周世宗显德六年(959年),记述1362年的历史。司马光编写此书的目的是要"鉴前世之兴衰,考当今之得失"。此书得到宋神宗的赏识,认为它"鉴于往事,有资于治道",给它定名为《资治通鉴》,并亲自为之作序。此书搜集的资料相当丰富,除"正史"之外,采用的杂史不下300余种。在史料的剪裁、整理、排比和史实的考订方面,也下过一番工夫,遇到史料记载的重要异同,还在《考异》中作了考证。《考异》引用的书,有不少现已失传,它保存了这些佚书的部分记载。《资治通鉴》对于人们了解、研究从战国到五代这一时期的历史,有重要的参考价值。它是我国编年史中一部有代表性的著作,在编写方法和体裁上,都对后世产生过很大影响。

(二)其他史书

除了《资治通鉴》外,北宋还修了几部正史,如《新唐书》、《新五代史》。

《新唐书》是由欧阳修、宋祁、范镇、吕夏卿等人奉敕编撰,曾公亮为监修官。全书包括本纪10卷、志50卷、表15卷、列传150卷,共225卷。此书大约从庆历四年(1044年)由曾任知制诰、翰林学士的宋祁开始编写,到了嘉祐三年(1058年)方完成列传书稿,志和表分别由范镇、吕夏卿负责编写。但本纪无人撰写,全书也无人总其成,宋仁宗遂命欧阳修主持其事。欧阳修字永叔,庐陵(今江西吉安)人。宋仁宗庆历三年(1043年)在东京开封朝廷中任谏官时,参与范仲淹领导的"庆历新政"活动,后被贬为地方官。直到至和元年(1054年),才被调回宋廷,任翰林学士,主编《新唐书》。欧阳修"接续残零,刊撰纪、志六十卷"[①],最终完成此书的撰写。《新唐书》与《旧唐书》比较,在编撰体例上有自己的特点:一是《新唐书》对志、表两部分十分重视,增加了以往史书所没有的《仪卫志》《选举志》和《兵志》,志、表保存了较多的史料;二是仿效《春秋》笔法,进行"忠奸顺

---

① 《欧阳文忠全集》卷九十一《辞转礼部侍郎扎子》。

逆"的褒贬。此外,《新唐书》列传中保存了一些《旧唐书》未载的史料,例如唐代后期人物和少数民族的史料。

《新五代史》原名《五代史记》,凡75卷,欧阳修撰。此书在景祐三年(1036年)前已着手编写,到皇祐五年(1053年)基本完稿,先后经历了18年左右的时间。欧阳修在编撰《新五代史》时写给尹师鲁的信中说"史者国家之典法也",史书记载"君臣善恶,与其百事之废置",目的在于"垂劝戒,示后世"。因此他把"褒贬义例"放在首要地位,用"春秋笔法"进行褒贬,以维护封建统治秩序。在编撰体例上改变了《旧五代史》的编排方法。《旧五代史》一朝一史,各成体系,《新五代史》则打破王朝的界限,把五朝的本纪、列传综合在一起,依时间先后顺序进行编排,并分类编排列传。此外,《新五代史》补充了《旧五代史》中所没有的一些史实。

五代的编年史还有尹洙所撰《五代春秋》二卷。尹洙字师鲁,河南(今河南洛阳)人。欧阳修作《新五代史》时,曾约他分撰,《五代春秋》一书可能在当时辑要而成。

(三)金元史学的衰落

金代没有出现河洛籍的史学家,但有几本大量记载河洛事迹的史学著作,即《中州集》、《壬辰杂编》及《汝南遗事》、《归潜志》等。《中州集》与《壬辰杂编》均为元好问所著,《壬辰杂编》专门记述金末丧乱之事,今已亡佚。这两本书都是元代纂修《金史》的重要来源,诚如《金史·元德明传附好问传》所说:"纂修《金史》,多本其所著云。"《中州集》采取"以诗存史"的写作手法,记载了许多在诗文中有成就及有才能却未出仕的隐居者。《金史·艺文传》所载33人中就有司马定国、任询、周昂等10人的列传是转抄《中州集》而成,只是在文字和顺序上略作调整而已,还有许多人的列传以及《隐逸传》的部分内容也是取材于《中州集》。

元代河洛地区没有出现史学大家,但一些河洛人士的文集中有些篇章颇具史学价值,可补元史之阙。如王恽《秋涧集》中所收记、序、行状、碑志200余篇,记述的是金、元之际及世祖忽必烈时期的重大事件,是研究元史不可或缺的书籍。姚燧的《牧庵文集》虽大多数属文学作品,部分篇章仍可作治元史的参考,诚如《四库全书总目》所说:"碑志诸篇,叙述详赡,尤多足补元史之阙。"

六、明清方志修纂的兴盛

地方志的编写在河洛地区有着悠久的历史。志书是以一定区域为中心,详细记述该地区的政治、地理、军事、经济、风土人情、人物等,是一种重要典籍,其"移风易俗,镜往证今,酌时而审"①,对当时和后世都有重要的参考价值。河洛地区地方志的纂修和研究在明清两代获得突飞猛进的发展。

(一) 明代的方志

在明代嘉靖和万历年间,河洛地区出现了修志的高潮。据学者考证,明代河南共修志 261 种,其中亡佚 175 种,尚存 86 种。存志中有《河南通志》2 部,府志 21 种,县志 63 种。② 省志方面,嘉靖时河南布政使邹守愚修,开封学者李濂、朱睦修纂,嘉靖三十四年刊行的《河南通志》价值颇高。该书共 45 卷,对此前的志书有重大突破,记述黄河变迁,且有插图,开地方志"河防志"之先河。

理学家崔铣参与纂修嘉靖本《彰德府志》,他提出志书的主要作用是"备物垂轨。不轨不物,眩观于乡,虽文奚用哉? 故地理稽实而黜附会,建置遵制而明制;田赋以恤隐,祠祀以正典;官师均列而信教;人物、选举,上行而下秩;宫室制奢杂,志辅化,崇正义而黜异端,捐浮冗而要简省"。同时,提出志书应当言简意赅,不尚浮华。③ 其后修志者,多以其见解为圭臬。

开封学士李濂致力学术研究 40 年,在志书编修上付出很多精力。他除了与朱睦楔合纂《河南通志》外,还有多部关于古都开封的志书,如《祥符文献志》、《祥符乡贤志》、《汴京遗迹志》等。

朱睦楔,字灌甫,号东坡居士,为明太祖朱元璋七世孙,周定王朱橚后裔,人称西亭先生。他天资聪颖,"被服儒素,覃精经学,从河、洛间宿儒游。年二十通《五经》,尤邃于《易》、《春秋》"。他延请四方名士,究经学精要,潜心著述。万历五年(1577 年)为周藩宗正,领宗学。所撰有《五经稽》6 卷、《授经图传》4 卷、《韵谱》5 卷。志书有《河南通志》《开封府志》《中州文献志》《中州人物志》等,

---

① 嘉靖《河南通志》序。

② 申畅编著:《河南方志研究》,第 11 页,中州古籍出版社,1991。(以下省略"中州古籍出版社,1991")。

③ 嘉靖《彰德府志》崔铣《序》,转引于申畅编著:《河南方志研究》。

史学作品有《明帝世表》《周国世系表》《建文逊国褒忠录》《中州列女传》等。①

(二)清代的方志

清代河洛地区各级政权莫不多重视志书的编纂。早在顺治十五年(1658年),时任河南巡抚的贾汉复就倡导全省开展大规模的修志活动,他说:"中州夙称文献名邦,高贤辈出,其于典故载籍必所素重,昨据该司呈送通省府州县志书,仅四十六种,其余各属咸称兵燹之后,荡然无遗……各府州县凡无志者,速宜纲罗旧章……"②,进行修纂。康熙二十九年(1690年),巡抚阎兴邦再次通令全省各府州县修志,并成立全省修志统辖机构,由继任巡抚顾汧执行修志。③ 地方志通常由地方最高行政长官充任编纂主纂官,儒学教授与训导及学校的生员参与具体的编写工作。在总量上,清代的方志要比明代多一倍,几乎每一府州县均有志书,而且许多县都有两部以上。清代的志书在内容、体例与质量上也好于前代。

清代 10 朝河洛地区均有方志编写,康熙、雍正两朝是清代集中修志的时期,一批代表性志书问世。据统计,两朝共修志书 135 种,其中亡佚 27 种,今存 108种。但其中以康熙朝编写最多,仅现存的就高达 96 种,占河南清代志书现存的四分之一强。乾隆、嘉庆两朝修志达到清朝修志的最高峰,这一时期的修志理论渐趋成熟,志书内容颇丰,两朝修河南志达 129 种,亡佚 10 种。④

省志的编写在各朝都较受重视。顺治十七年刊出巡抚贾汉复、沈荃修纂的第一部 50 卷《河南通志》;康熙三十四年(1695 年)刊出巡抚顾汧、学者张沐修纂的第二部 50 卷本《河南通志》;雍正十三年(1735 年)刊出巡抚田文镜、邹升恒与学者孙灝、夏兆丰共同修纂的第三部《河南通史》;乾隆三十二年(1767 年)刊出的由阿思哈、嵩贵修纂的 84 卷本通志,是第四部《河南通志》。这些通志内容详细,涉及面广,子目繁多,诸如帝王、沿革、天文(星野)、山川、疆域、建置、封建、选举、学校、祠祀、陵墓、寺观、古迹、祥异(灾荒)、风俗、户口、田赋、物产(土产)、职官、河防、名宦、孝义、列女、隐逸、仙释、方伎、艺文等卷别应有皆有。

---

①　《明史》卷一百一十六《朱睦㮮传》。

②　顺治《汜水县志》卷首;《阌乡县志》卷首,顺治十六年刊本。

③　《商城县志》卷一《院檄》,康熙二十九年刊本;康熙《汝宁府志》卷首。

④　申畅编著:《河南方志研究》,第 24～27 页。

各府州县镇也编写史志,在河南省的 9 府、10 州、1 厅和 98 县中,共有府志 30 种,州志 37 种,厅志 3 种,县志 278 种。[①] 为后世研究这一时期河南的政治制度、经济发展、社会生活、自然科学和社会科学,提供了大量有价值的史料,也是一笔珍贵的文化财富。

这一时期,河洛地区也涌现出了一大批修志专家。

顺治年间最杰出的史志专家是孙奇逢,其方志著作有:《守容纪略》《畿辅人物考》《中州人物考》《容城县志》,并协助修纂《新乡县志》。他的方志理论观点新颖,对后来的修志颇有参考价值。耿介修有《河南通志》、《嵩阳书院志》和《耿氏家乘》等志书。河内人萧家芝主修有《河内县志》5 卷和《怀庆府志》20 卷,亦称于时。

康熙、雍正两朝较有名望的河南籍修志者有张沐、汤斌、窦克勤、李来章等。

张沐在 5 年之内纂了《上蔡县志》《开封府志》和《河南通志》,皆上乘佳作。在编纂《河南通志》时,他"点订差讹,芟繁补阙","正其伪讹,崇简尚实,准诸礼义,删黜浮嚣,归于正大",并补充旧志的不足部分,增加兵制、邮传和仓庾等内容,"纤细毕具",丰富了志书体系。[②]

登封人景日昣,字东阳,号嵩崖,康熙三十年(1691 年)进士,官至礼部侍郎、尚书。他对嵩山的研究为后人留下一笔宝贵的财富,其专著有《嵩岳庙史》10 卷和《说嵩》32 卷,是研究嵩岳地区人文历史的重要史料,其他作品还有《嵩阳学凡》《嵩崖尊生》《嵩阳风雅》《嵩崖文集》和《嵩崖新集》等。

这一时期还出现了修外省志较为著名的"新安吕氏修志世家"。吕履恒,字元素,号坦庵,河南新安人,出身官宦之家。其父吕维祺曾出任前明南京兵部尚书。吕履恒官至户部侍郎、仓场总督,著有《宁乡县志》(宁乡,属湖南长沙府)。其弟谦恒,字天益,康熙四十八年(1709 年)进士,官至光禄寺卿,纂有《一统志万姓通谱》。其子宣曾,官至永兴(今属湖南)知县和靖州直隶州(今属湖南)知州,纂有《宁乡县志》和《靖州志》。曾孙燕昭,乾隆年间举人,官江宁(今江苏南京)知府,修有《江宁府志》。吕氏世代修志,堪称佳话。

① 张文彬主编:《简明河南史》第 319 页,中州古籍出版社,1996。

② 《河南通志》,张沐《序》,康熙二十四年刊本。

乾隆、嘉庆两朝省志和各府志都得以续修,并出了一批佳作,产生了几位修志名家。

河南禹州人王隶修,字念祖,号孝山,是一位修志颇多的作家。他先后任确山县教谕、四川珙县知县、云南南安州州判等。他一生任职一处,修志一地,共修有《禹州志》《叶县志》《确山县志》《珙县志》和《禹州纪年》等。

武亿,河南偃师人,清嘉庆年间著名考据学学者,在地方志编修方面有突出的贡献。他主修和参与编修的地方志主要有《偃师县志》《宝丰县志》《郏县志》《鲁山县志》和《安阳县志》等。这些志书的价值都很高,尤以后两部为最。其子武穆淳也在修志方面有不凡的成绩。他修的《浚县志》和《安阳县志》,内容翔实,"可补此邦文献之遗"。

第二节　地理学

一、先秦地图与地理著作的出现

至迟在商代,河洛先民已经有了方位概念。甲骨文中有东、西、南、北四个方位,《尚书·禹贡》和《周易》则记载了八个方位。

至迟在西周初期,河洛地区已经出现了地图。史称:"我卜河朔黎水,我乃卜涧水东瀍水西,惟洛食。我又卜瀍水东,亦惟洛食。伻来以图及献卜。"①伻图即遣人绘图。这里所说的"伻来以图"的"图",是为选建洛阳城址而特别绘制的地图。② 由于政治、军事和建设的需要,地图发展迅速,周代已经出现行政区划、交通及农业、矿产等专用地图。

早期的区域地理专著有《山经》和《禹贡》。

《山经》是《山海经》一书中写作时间最早、地理价值最大的部分。《山经》的作者以河洛地区的中心(今河南省西部)作为"中山经"的主要部分,自此以南为"南山经",以北为"北山经",以西为"西山经",以东为"东山经"。这五个部

---

① 《尚书》第十五《洛诰》。
② 侯仁之主编:《中国古代地理学简史》第3页,科学出版社,1962。

分就是五个地区。每个地区之内,作者以山岭为纲,分列次第,按照一定的方向和道里依次描述各座山的地形、水文、气候、天然动植物以及矿产资源等。"《山经》不仅是一部古代地理著作,而且是一部百科全书式的著作,是'我国最早的类书'。"①

《禹贡》由"九州"、"导山"、"导水"和"五服"四部分组成。"九州"主要依据河流、山脉、海洋等自然分界线来划分,反映了人们自然区划思想的萌芽。各州就山川、湖泽、土壤、植被、田赋、特产和运输路线等特点进行区域对比,是早期区域地理的杰出著作。"导山"部分,专列山岳 20 余座,并归纳几条自西向东的脉络。"导水"部分专写河流,共 9 条水系。"五服"的划分反映了大一统的思想。《禹贡》托名大禹治水土,划分九州、五服,制定贡赋,可能成书于战国时期。

二、汉代的《地理志》和《水经》

班固在洛阳撰写的《汉书》中有《地理志》,是中国历史上第一部以"地理"命名的地学著作。它以西汉平帝元始二年(2 年)的建制为基础,以疆域政区为纲,依次叙述全国 103 个郡(国)和所管辖的 1587 个县(道、邑、侯国)的建制沿革情况。在每一个郡(国)项中,都记有当地的户口数,部分郡(国)还记有某些重要的山川、水泊、特产、官营工矿、关塞、祠庙、古迹等。这些记载是很宝贵的地理文献资料,具有十分重要的研究价值。

总之,"《汉书·地理志》是中国地理学发展史上一部具有划时代意义的不朽之作。它不仅包含有丰富的自然地理知识,而且也有大量的人文地理的内容。它开创了中国古代特有的地理学模式。"②,开以后正史《郡国志》、《地理志》之先河。从《汉书》开始,我国正史有中 2/3 都撰有"地理志",并且都以"汉志"为范本。从某种意义上讲,《汉书·地理志》的出现,标志着中国古代地理学走向成熟。

汉代又有《水经》一书,是以水系为纲的地理著作。据说是东汉洛阳人桑钦所撰,记载我国水道 137 条。但其内容较简单,北魏时郦道元为之作注,称《水

---

① 白寿彝主编:《中国通史》第三卷《上古时代》下册第 1424 页,上海人民出版社,1994。
② 郑师渠主编:《中国文化通史》2《秦汉卷》第 546 页,中共中央党校出版社。

经注》,流行于世。

汉代的地图称作舆地图。在东汉洛阳的朝廷秘府藏有舆地及括地杂图,代表着当时地图绘制的最高成就。

三、魏晋的地图

西晋国家重新实现统一,为地理学的发展创造了条件。在河洛地区出现了《禹贡地域图》和《水经注》为代表的一批地理学著作和地图。

著名的地图学家裴秀,字季彦,河东闻喜(今属山西)人,父祖世代在洛阳朝廷中担任高官。裴秀8岁能写文章,博学强记,书传无不尽览。25岁时被辟为黄门侍郎,后历任廷尉、尚书、司空等职,负责管理国家的户籍、土地、田亩、赋税和地图。他多次随军出征,积累了丰富的地理知识。他以为秘府所藏仅有"汉代舆地及括志杂图,各不设当率,又不考准望,亦不备载名山大川"。于是从泰始三年(267年)开始,组织大量人力,以《禹贡》为依据,对古代九州的范围及西晋时十六州的山岳、河道、城邑、水陆交通等,进行普查和核实。他采取"疑者则阙,古有名而今无者,皆随事注列"的方法,在门客京相璠等人的协助下,于泰始六年绘制出《禹贡地域图》18幅。图中既有古今地名对照,疑缺者则予注明。这是一部空前规模的地图集,也是见于记载的我国最早的一部历史地图集。

除了绘制《禹贡地域图》外,裴秀还提出了《制图六体》:"一曰分率,所以辨广轮之度也;二曰准望,所以正彼此之体也;三曰道里,所以定所由之数也。四曰高下,五曰方邪,六曰迂直,此三者各因地而制宜,所以校夷险之异也。""分率"就是比例尺,"准望"就是方位,"道里"就是距离。"高下"、"方邪"、"迂直"是指地势起伏、倾斜和山川走向。这一制图理论对后世影响很大,为唐代贾耽绘地图所宗。英国李约瑟说裴秀"堪称中国科技制图学之父"[①]。

西晋时的地理著作,还有《晋太康三年地记》,《旧唐书·经籍志》著录五卷,《新唐书·艺文志》著录十卷。该书以州、郡、县为纲目,下述山水、要地、沿革、统属,与正史《地理志》体例大体相同,南北朝时流行。

北魏最著名的地理著作《水经注》,为郦道元所著。郦道元,字善长,范阳涿

---

① ［英]李约瑟:《中国科学技术史》第1分册第108页,科学出版社,1975。

鹿(今河北涿州)人。他少年好学,多观奇书,曾在洛阳等地任尚书主客郎、治书御史、东荆州刺史、河南尹等职。他以为前人所著《水经》内容过于简单,遂为之作注。全书共 40 卷,记载水道 252 条。不仅叙述水流的发源和流向,使水道清晰可辨,又兼及流经地区的山岳、丘陵、陂泽的地望,重要的关塞隘障、郡县乡亭聚地址、故墟及有关的历史遗迹,还有人物、神话、歌谣、谚语、方言等记载。全书内容丰富,是研究历史、地理、水利、沿革的重要资料,后人多进行整理和研究。

此外,又有中山卢奴(今河北定州)人李义徽补清河王元怿记室,撰有《舆地图》,记述北魏时全国州、郡、县及山川、城邑等,已亡佚。还有《后魏风土记》,盖为代郡(今山西大同)人陆恭之所作。陆恭之,字季顺,魏明帝时在洛阳朝廷任侍御史、著作佐郎等职。该书详述北魏境内的郡县、城池、山川、地理沿革、民俗风情、历史事件,是一部重要历史地理著作,惜已佚。又有《大魏诸州记》,撰者不详,《隋书·经籍志》著录 21 卷,记述北魏的州郡、县邑、山川、城池、物产等,也已亡佚。

关于一地的著作,有西晋人陆机所撰《洛阳记》,记载洛阳的城池、台阁、宫殿、街市、关隘、寺观等,对研究洛阳魏晋故城有较高价值,已散佚。又有北魏卢元明的《嵩高山记》记述中岳嵩山及其周围地区的佛寺道观、建筑、草木、禽兽、名人游踪、怪异神灵等,已亡佚。

四、随唐地理学的进步

隋唐营建东都后,洛阳成为国际性的大都会,各民族和各国商人、使者辐辏而至,学者视野的开阔使地理学与地图学得到长足发展。隋炀帝曾诏令将全国各地地图汇集尚书台,组织人力编绘了《区宇图志》129 卷,《诸州图经集》100卷。《区宇图志》是我国第一部一统志,已佚。民部侍郎裴矩奉命在张掖主管西域互市工作,采访搜集 44 个国家的风土人情,辑成《西域图记》一书。该书是我国古代有关中西交通的一部重要地理文献,已佚。偃师高僧玄奘赴西域求取佛法,了解西域地理和风土民情,撰成《大唐西域记》一书,留传后世。

唐朝廷极其重视地图的编绘,全国州府每 3 年或 5 年绘制一次地图,交兵部职方掌管,据此唐玄奘综合编绘成总舆图《十道图》。在洛阳的图书收藏机构里,既有各郡县的地图,也有国家编绘的一统图。由于巩固边防和对外交往的需要,地图大量出现。在编绘地图技术上,较西晋又有进步,创立了以朱、墨分注古今地名的技法,至今仍为编制历史地图学者所用。

卫县(今河南卫辉东)人谢偓,善于作赋,在地理学上建树最大。他曾与萧德言等合撰唐代分道、计州的地方志名著《括地志》550 卷,又《序略》5 卷。《序略》述历代沿革和贞观十三年(639 年)都督府区划和州县建置。《括地志》全面叙述全国政区建置沿革,兼记山川形势、风俗物产、古迹人物等,旁征博引,考证严密,南宋时散佚。现在传世的《括地志》,有清王谟、孙星衍的辑本。

五、北宋地理学的新发展

宋代的地理学成就主要表现在地理书籍的编撰和地图的制作等方面。

到了宋代,以图经形式编撰地理书籍仍然很盛。宋初规定:"凡土地所产,风俗所尚,具古今兴废之因,州为之籍,遇闰岁造图以进。"[①]北宋朝廷也数次大规模绘编天下图经和诸道图经,如《开宝诸道图经》。此后官方修地理书更多,有《太平寰宇记》《元丰九域志》与《历朝九域志》等。

《元丰九域志》为北宋官修地理总志,王存等人撰,凡十卷。元丰三年(1080年)成书。其体例因袭唐宋图经,而取消其地图部分。以熙宁、元丰间四京二十三路为标准,分路记载府、州、军、监、县之户口、乡镇、山泽、道里等,对各地区间四至八到,叙述最详,州县土贡,又备载额数,可资考核。

从宋初开始,修地理书出现了明显的变化,图经中的文字部分越来越多,而图则渐处于附庸地位,地理书逐渐向方志过渡。

北宋统治者很重视地图绘制,积极组织人力绘制新图。宋真宗时,诏令"翰林院遣画工分询诸路,图上山川形势,地理远近,纳枢密院"[②],用绢 100 匹,合而画之,藏于秘阁,这就是淳化四年(993 年)完成的大型地图——《淳化天下图》。大中祥符初,命学士王曾修《九域图》3 卷,熙宁九年(1076 年)又命沈括编制《天下州县图》,即《守令图》,经 12 年完成。宋仁宗天圣元年(1023 年),晏殊绘成《十八路州军图》。

---

① 《宋史》卷一六三《职官志三》。
② 王应麟:《玉海》卷十四。

第三节　文字学

文字是记录语言的符号,也是文明社会的标志之一。文字的发明和使用,光前启后,使人类文明源源不断地传播、交流、承袭和发展。河洛地区是汉字起源的重要地区,其后的文字学研究也取得辉煌成就。

一、文字的起源与发展

文字是记录人类语言和思维的符号,是人类在生产和生活中进行思想交流、记事备忘、抒情达意等必不可少的手段之一。但是,文字是人类社会发展到一定阶段的产物。最初的文字,是书契,书是由图画来的,契是由记号来的。在河洛地区,有仓颉造字的传说。不过,造字不可能是一个人所为,而是广大人民群众集体智慧的结晶,是人们在长期的生产与生活当中,不断地观察、思考和创造,并经过若干年代的积累,逐渐形成共同使用的文字。

在裴李岗文化舞阳贾湖遗址出土的一些龟甲及石质装饰品上,已发现一些刻画符号类似殷商甲骨文字。这些符号同甲骨文字有渊源关系。在许多仰韶文化遗址出土的陶器(陶片)上,绘写或刻画了多种符号,其数量和种类远比裴李岗文化时期为多。河南郑州大河村等遗址不断发现陶器上的绘写和刻画符号,陕西临潼姜寨遗址出土陶片有符号 129 个,计 38 种。有学者认为,这些符号是一种有着社会意义并为大众所识的符号,就是人们能够替代语言进行某种思想交流和思维信息传递的特殊符号——文字。

到河南龙山文化时代,文字作为语言的符号而成为社会上人们思想交流的工具。此时的原始文字,除沿用仰韶文化时期符号外,又

安阳殷墟出土甲骨文

增加了新的形体。这种现象已为各个文化遗址出土的陶器上的刻画所见。龙山文化时期文字已走出草创单字的萌芽时期,进入文字功能形成、初步可联字成文替代语言表达思想、交流感情的阶段。

我国已发现的最早的文字——甲骨文,就出现于河洛地区。甲骨文是契刻或者写在龟甲和兽骨上的文字,它主要流行于商代中晚期,主要发现于商代后期的都城殷墟(今河南安阳市小屯一带)。一百多年来已发现甲骨 15 万片,已发现的字数超过五千字。甲骨文已是一种成熟的文字。此后经过一系列演变,到了汉族形成以后,这种文字被称为汉字。

周代,河洛地区制作的铜器上,铸有许多文字,称作钟鼎文,或者金文。虢季子白盘是西周三大著名青铜器之一,有铭文 110字。钟鼎文与甲骨文相比较更成熟,象形意味较大,形声字明显增加,形体风格多样化。春秋战国时期各地的文字字型有较大差异,

温县出土盟书

在关东地区有所谓"六国文字"。至秦灭关东六国,实行"书同文",汝南上蔡(今属河南)人李斯为文字的统一做出了很大贡献。

二、许慎与《说文解字》

秦汉时期,虽有统一文字,然又有隶、行、草诸书体杂行,使文字本身复杂化,若不专门研究,不仅无从认识字体的原始构成及其涵义,更无法洞明隶、篆、行、草诸体衍变之轨迹,于是文字学应运而生。

汝南召陵(今河南漯河召陵区)人许慎,字叔重,是东汉时期的著名古文经学家,有"五经无双"的盛誉。他为了解决研究经学遇到的文字问题,撰写了《说文解字》一书,这是一部全面而系统地研究文字的巨著。原书共有 15 卷,收9353 个单字,重1163 字,对每个字均从形、音、义三方面解说,包罗西周至战国

时期的篆、籀、古文体。他根据每个字的形体构造,分别列入 540 部,再依据"六书"(汉字构造六种规则),即象形、指事、会意、形声、转注、假借,加以解释或说明,使读者不仅可溯知造字之本原,又可分辨隶、行、草诸书体嬗变之踪迹。

后来徐铉嫌《说文解字》篇帙繁重,每卷又分上下,遂为 30 卷,段玉裁又为之作注。该书是自西周至东汉时期古文字研究的集大成著作,是我国第一部系统的古文字学专著,它首创部首文字编排法和六书释例,奠定了我国汉字字典的体例基础。后世从事古文字研究者,均以《说文解字》为基础。

三、魏晋的文字与音韵学

魏晋南北朝的文字训诂学著作,有曹魏张揖的《广雅》,晋人吕忱的《字林》。

张揖,字雅让,清河(今属河北)人,太和年间在洛阳任博士之职,著《广雅》,又名《博雅》。此书分为上、中、下 3 卷,唐以后析为 10 卷,篇目次序依据《尔雅》,博采汉人笺注与《三苍》、《说文》、《方言》等书,增广《尔雅》所未备,是研究古代词汇和训诂的重要资料。

晋朝人吕忱,字伯雍,著《字林》,部目依《说文解字》,系为补《说文解字》漏略而作,收 12824 字。此书在唐以前,与《说文》并重。吕忱弟吕静为音韵学家,仿李登《声类》,编《韵集》5 卷,未传于世。

中国古代的官方语言,称"雅言"。所谓雅言,即"夏言",即河洛华夏族的语言。东周"雅言"以王都洛邑的语音为准。东汉以后,历代都以洛阳太学教书音为标准书音相传授。唐后期李涪曾说"中华音切,莫过东都",推崇洛阳语音为正音。南宋陆游《老学庵笔记》也说:"中原唯洛阳得天地之中,语音最正。"可见,中国古代长期以河洛语音为"雅音"、"正音"①。

第四节　目录学

曹魏时期,洛阳的朝廷藏书管理已较为完备。荥阳开封(今河南开封市)人

---

①　《中国古代的普通话》,《光明日报》2006 年 12 月 26 日。

郑默,字思元,在朝中任秘书郎,主管朝廷藏书。为了掌握藏书的基本情况,满足检索需要,他"考核旧文,移省浮秽",将秘书、中、外三阁的图书进行了一次整理,经过多年努力,编成《中经簿》这部目录书。中书令虞松称赞说:"而今以后,朱紫别矣。"该书久佚,难知其详。

西晋初年,颍川颍阴(今河南许昌)人荀勖,字公曾,"领秘书监,与中书令张华依刘向《别录》,整理记籍"①。因为此项任务繁重,他上表辞去主管音乐之职:"臣掌著作,又知秘书。今复校错误十万余卷书,不可仓卒,复兼他职,必有废顿者也。"②在张华等人的通力合作下,这项图书目录编撰工作终于完成。阮孝绪《七录序》说:"晋领秘书监荀勖因魏《中经》,更著《新簿》,虽分为十有余卷,而总以四部别之。"③当时新发现的汲冢竹书,经荀勖编次,亦列入此簿。

《中经新簿》所载图书共计1885部,20935卷,"盛以缥囊,书用湘素",装帧精美。它将图书分为四部:一曰甲部,为六艺及小学诸书;二曰乙部,有古诸子百家、近世子家、兵家、术数;三曰丙部,有史记、旧事、皇览、杂事;四曰丁部,有诗赋、图赞、汲冢书。经西晋中后期的战乱,图籍多亡佚。《中经新簿》的编纂在中国图书编撰学中占有重要地位。它对古代图书作了一次比较系统的记录,开创目录学著作存录亡书的先例,为后世考辩图书真伪提供了便利。这是一次目录学发展史上的变革,为此后的目录书编撰提供了借鉴。

东晋南朝时,南迁的中原士人也编撰了一些目录学著作。宋少帝时陈郡长平(今河南西华东北)人殷淳,字粹远,曾任秘书郎、秘书丞,在秘书阁撰《四部书目》凡40卷,流行于世。不久,谢灵运等人又撰次编成《元嘉八年秘阁四部目录》。而最为著名的,应推阮孝绪的《七录》。

梁代的阮孝绪,字士宗,陈留尉氏(今属河南)人,终身治学,不愿仕宦。他"少爱坟籍,长而弗倦。卧病闲居,旁无尘杂,晨光才启,缃囊已散;宵漏既分,缘方掩。""凡在所遇,若见若闻,校之官目,多所遗漏,遂总集众家,更为新录。"④《七录》共计12卷。(1)经典录,包括《易》《尚书》《诗》《礼》《乐》《春秋》《论

① 《晋书》卷三十九《荀勖传》。
② 《北堂书抄》卷一○一《艺文部七》,台湾文海出版社有限公司,1978。
③ 《广弘明集》卷三,文渊阁《四库全书》本,第1048册。
④ 梁阮孝绪:《七录序》,《广弘明集》卷三。

语》《孝经》和《小学》共 9 部;(2)纪传录,包括《国史》《注历》《旧事》《职官》《仪典》《法制》《伪史》《杂传》《鬼神》《土地》《谱状》《簿录》等 12 部,亦即史部目录;(3)子兵录,包括《儒》《道》《阴阳》《法》《名》《墨》《纵横》《杂》《农》《小说》《兵家》等 11 部;(4)文集录,包括《楚辞》《别集》《总集》《杂文》等 4 部;(5)技术录,包括《天文》《谶纬》《历算》《五行》《卜筮》《杂占》《刑法》《医经》《经方》《杂艺》等 10 部;(6)佛法录,包括《戒律》《禅定》《智慧》《疑似》《论记》等 5 部;(7)仙道录,包括《经戒》《服饵》《房中》《符图》等 4 部。凡 55 部,录书 6288 种,共计 854 帙,44526 卷。

《七录》是一种大型目录书,也是一部最为完整、有系统有体例的著作。书中部类有条不紊,井然有序。它首次将史籍从文艺经典中分离出来,使史学摆脱附庸地位,成为一门独立、专门的学问。

北魏孝文帝时,编次《魏阙书目录》,并向南朝借书。另有秘书丞卢昶所编《甲乙新录》,均散佚不存。北齐也曾进行校书。

隋唐五代时期,河洛地区的藏书和图书出版业得到长足发展,体现了当时文化的盛况。由于洛阳长期是都城或陪都,成为全国重要的政治、经济、文化中心,处在当时图书印制业的前沿,在很大程度上体现和代表着当时河洛地区的总体水平。

隋炀帝即位,将秘阁藏书限写 50 副本,藏于洛阳观文殿,计有 89663 卷。为了区别和查阅之便,按藏书的质量分为三品,装上不同颜色的卷轴。另外,隋代又选派学者柳边等,对国家全部 37 万卷藏书进行整理,除其重复猥杂,得正御本 3700 余卷。学者们把整理后的图书藏于洛阳,并编成《隋大业正御书目录》9 卷。

唐玄宗开元三年(715 年),褚无量校正内库所藏图书,他"奏请缮写刊校,以引经籍之道。于是上于东都乾元殿前,施架排因,大力搜写,数年间,四部充备"。这次图书整理影响深远。开元四年,褚无量协助洛阳人元行冲进行图书目录的编辑工作。开元九年辑成《群书四部录》200 卷、序例 1 卷,共著录图书 2655 部,48169 卷。继元行冲之后,其同乡毋煚"改旧传之失者三百余条,加新书之目者六千余卷",遂成《古今书录》,分为四部,凡 45 类,著录图书 3060 部,51852 卷,藏于乾元殿。玄宗开元年间,文化典籍日臻兴盛。长安、洛阳"两都聚书四部,以甲乙丙丁为次,列经、史、子、集四库,其本有正有副,轴、带、帙、竿皆异色别之"。唐代洛阳图书的规模、收集、分类、整理已颇为可观。

总之,中国古代目录学起源于河洛地区,发展兴盛于河洛地区。

第七章　河洛地区的宗教

第一节　东汉佛教的传入与道教的起源

东汉前期的统治者从刘秀开始,大力提倡谶纬迷信,再加上自西汉以来被董仲舒神学化的儒家思想的影响,东汉时期谶纬迷信思想泛滥。尽管有思想家王充和桓谭等对谶纬迷信和董仲舒的"天人感应"学说进行了有力的批判,也不能从根本上改变这种思想倾向。谶纬迷信的泛滥为宗教的发展提供了肥沃的土壤。

汉代的道教,除黄老道继续发展外,东汉后期,太平道作为一种土著宗教,在司、豫、兖、荆等地传播,信徒甚众。太平道的经书称《太平经》,内容庞杂,包括天地、阴阳、五行、干支、灾异、鬼神以及当时的社会状况,主要宣传宗教和封建伦理观念。

汉明帝永平八年(65年),光武帝刘秀的儿子楚王刘英曾招聚沙门(和尚)祭祀求福,可见其时佛教已传入内地。汉明帝又派遣蔡愔、秦景、王遵等12人到大月氏国(今阿富汗地域)求取佛教经典。蔡愔等人获得佛祖释迦牟尼图像和《四十二章经》,并邀请在大月氏传教的两名高僧摄摩腾和竺法兰一起回到京都洛阳。次年,汉明帝敕令在洛阳雍门外修建佛教寺院,这就是我国第一座佛寺"白马寺",摄摩腾和竺法兰两位高僧在白马寺内先后译出《四十二章经》和《十二地断结经》。桓帝时有安息人安世高(名清),翻译了《安般守意经》等39部佛经。灵帝时又有月氏人支娄迦谶到洛阳,译出《般若道行经》等 14 部佛经。这些佛教经典的翻译,为佛教在中国的传播起到促进作用。佛教教义中宣扬人的生死轮回说、因果报应说、"行善""修道"说、慈悲为本说,对生活在艰难困苦中的劳动人民,以及遭受种种冤屈磨难的人们有很大的迷惑性。从教义内容看,佛教比道教的长生不老、得道成仙之类的教化更具有吸引力。所以,汉代以后,佛教发展迅速,信奉佛教者越来越多。

始建于东汉的洛阳白马寺

第二节　魏晋南北朝宗教的发展

东汉末的战乱年代,佛教开始在民间传播开来。三国时期,曹魏的都城洛阳是中国北方的佛教传播中心,西晋时得以延续。北朝时期的洛阳、邺城,佛教极其兴盛,道教也在嵩山等地传播。

一、佛教的传播与兴盛

汉魏之际,不少西域僧人来到洛阳,翻译佛经,传播佛法。魏齐王曹芳嘉平二年(250 年),中天竺(今印度)人昙诃迦罗在洛阳白马寺译出《僧祇戒心经》,并集众僧受戒,在中国创立受戒度僧制度。嘉平四年,天竺(或作康巨)人康僧铠也在白马寺译经。高贵乡公曹髦正元元年(254 年),安息僧人昙无谛在白马寺译出《昙无德羯磨经》。中原汉人如南阳人韩林、颍川(今河南许昌市东)人皮业等通过向西域僧人学习,已粗通佛法。

魏世不仅有许多西域僧人在洛阳翻译佛经,传播佛教,而且还有汉族僧人赴西域求法。颍川(今河南许昌)人朱士行是文献记载中最早剃度为僧的汉族人。他"尝于洛阳讲《小品》,往往不通。每叹此经大乘之要,而译理不尽,誓志捐身,远求《大品》。遂以魏甘露五年(260年)发迹雍州,西度流沙。既至于阗(今新疆和田),果写得正品梵书,胡本九十章,六十余万言"[1]。他因事被阻不得东归,遂于西晋太康二年(281年)派遣弟子于阗人弗如檀(汉译"法饶")等10人将经书送回洛阳。朱士行的出家和西行,表明佛学东渐后,已逐渐为汉族士人领悟,并在河洛地区立足。

西晋时期,洛阳的佛寺已发展到42所。在洛阳和河洛地区聚集着竺法护、竺法行、竺叔兰等一批西域名僧,也出现一批当地的名僧。如支遁,字道林,原姓关,陈留(一说林虑)人,曾在洛阳白马寺与人谈论庄子,能以佛理入玄言,永嘉年间避难过江,为名士推崇。又如帛法祖,本姓万,河内(今河南沁阳)人;于法兰,高阳(今河南杞县西)人;支孝龙,淮阳人,还有中州人刘元真。当时洛阳译经讲道之风不辍。晋武帝及惠帝时期,竺法护等僧人一直在洛阳翻译佛经。

仓垣(今河南开封东北)是河洛地区又一佛教重镇。朱士行的弟子弗如檀携正品梵书佛经辗转到达仓垣水南寺,元康元年(291年)在寺里与竺叔兰等译出《放光经》。太安二年(303年),竺法寂亦到达仓垣水北寺,译写经文。

西晋时洛阳的高僧大德多与名士交游。竺叔兰醉酒道旁,被拘送河南狱,河南尹乐广与之谈笑酬对。支孝龙亦与名士庾敳、阮瞻过从甚密。讲佛与谈玄逐渐形成相得益彰之势。

西晋末永嘉年间直至十六国时期的动乱为佛教的广泛传播提供了沃土。永嘉四年(310年)龟兹(今河南新疆库车)高僧佛图澄来到洛阳,欲在此建寺,因战乱而未果。后石勒屯兵葛陂(今河南新蔡北),佛图澄杖策诣军门,大受礼敬,遂同石勒北上,常以佛道劝化。石虎即后赵王位,亦倾心事奉佛图澄。由于后赵二石笃信佛教,邺县(今河北临漳西南)佛教渐盛,影响及于河北、中州,名扬遐迩。佛调须菩提等数十位名僧,远自天竺、康居(今哈萨克斯坦)来邺受学,中土弟子更多,相台(今河南安阳、河北临漳)遂成为北方一佛教重镇。

佛图澄的高足释道安,常山扶柳(今河北冀州)人。时值后赵亡国,冉闵建

---

① 僧祐:《出三藏记集》第515页,中华书局,1995。

魏,河北丧乱,道安流离颠沛,率徒至王屋山避乱。后为前燕所逼,南渡黄河,留居陆浑(今河南嵩县),山棲木食修学。兴宁三年(365年)再迁新野,分一部分徒众东下建康(今江苏南京),自带部分徒众南下襄阳,著书讲学,制订僧规,造塔铸像,后被前秦苻坚带回长安(今陕西西安)。道安是我国佛教史上颇负盛名的大师,般若学派"本无宗"的创建者。其弟子慧远,少时随舅游学于许昌、洛阳,后随师南下襄阳,协助译经,伸张教义,又到庐山弘扬佛法,也成为名僧。道安与慧远,是十六国时期的佛教般若学大师。当时大乘中观宗的思想在中土佛教界奠定了支配地位。

前秦灭亡后,佛图澄的另一弟子荥阳人法和与罽宾(今克什米尔)沙门僧伽提婆召集门徒,俱游学洛阳,四五年间,研讲遂精。僧伽提婆等渐通晓汉语,乃知前译佛经之失误,于是法和从僧伽提婆重译《阿毗昙经》及《广说》。此后,诸经律渐皆译正。

后秦姚兴时,龟兹高僧鸠摩罗什到达长安,长安佛教颇盛。荥阳人法和、林虑(今河南林州)人道融、豫州(今河南洛阳)人慧平、河内(今河南沁阳)人僧业都从之受学,于是鸠摩罗什之学也在河洛地区产生了影响。

东晋十六国时期,佛教学说在河洛地区广为传扬,并由洛阳、邺县传至长江流域及关中等地。

北魏迁都洛阳之后,洛阳再次成为北方佛教的中心。上至皇帝皇后,下至百官贵族,竞相奉佛,建功德,种福田。孝文帝在洛阳建报德寺,宣武帝又建立瑶光、景明和永明寺。胡太后建造的永宁寺及佛塔,更是"殚土木之工,穷造型之

登封少林寺山门

巧"。著名的龙门石窟,也在此时开始凿建。诸王以下,以至于宦官、羽林虎贲,多舍宅为寺。孝明帝神龟元年(518 年),洛阳的寺舍已达 500 所,夺民居 1/3。经河阴之变,诸元歼尽,王侯第宅,多题为寺。正光年间,洛阳佛寺激增至 1367 所,真是"昭提栉比,宝塔骈罗,争写天上之姿,竞模山中之影,金刹与灵台比高,广殿同阿房等壮!"①中岳嵩山也先后建成嵩阳寺、少林寺、闲居寺等一批寺院,成为佛教圣地。

北魏洛阳的佛事盛况空前。每年四月八日,1000 多躯佛像依次进入宣阳门,至阊阖宫前,接受皇帝散花。"于时金花映日,宝盖浮云,幡幢若林,香烟似雾。梵乐法音,聒动天地;百戏腾骧,所在骈比。名僧德众,负锡为群;信徒法侣,持花成薮。车骑填咽,繁衍相倾"②,一派佛国景象。

神龟元年(518 年)十一月,胡太后派遣洛阳崇立寺比丘惠生与敦煌人宋云从洛阳出发,经于阗(今新疆和田),越葱岭,入天竺(今印度),至乌苌国(今巴基斯坦芒拉奥尔城)采诸经论。正光三年(522 年)始返回洛阳,取得大乘经典 170 部。

北魏后期,菩提流支等一批高僧在洛阳永宁寺译经,盛况空前,所译之经多为法相唯识之学。永平元年(508 年)翻译《十地经论》,地点在太极紫庭,宣武帝曾亲自在殿上笔受,所译其他要典有《深密解脱传》、《入楞伽经》、《金刚经论》、《法华经论》、《无量寿经论》等。禅学、华严学也在洛阳、嵩山等地流行。

北魏分裂为东、西魏后,洛阳的僧徒大多迁到邺城(今河北临漳西南)。邺城成为北方佛教的又一中心,有佛教寺院 4000 所,僧尼 8 万人。河内地区的佛教再度兴盛。

武牢(今河南荥阳汜水)人慧可,俗姓姬,初名神光,少年博览群书,通达"三玄",出家后居洛阳龙门永穆寺,精研大乘、小乘教义。40 岁前后到达嵩山少林寺,师从南天竺僧人菩提达摩学法。达摩死后,云游黄河南北。天平初年(543 年)到邺城传扬经法。他继承了达摩的禅学思想,依据《楞伽经》,认为求佛重在坐禅而不在悟言,要以"忘言忘念,无得正观"为宗,把豁然自觉、舍妄归真和身

---

①   范祥雍:《洛阳伽蓝记校注》,《原序》第 1 页,上海古籍出版社,1978。

②   范祥雍:《洛阳伽蓝记校注》第 133 页,上海古籍出版社,1978。

佛无别作为义理。天保三年(552年),他授法于弟子僧璨,再传于道信、弘忍,分为北宗(神秀)、南宗(慧能)。朝歌(今河南淇县)人法上,出家后隐居林虑山,曾至洛阳讲《法华经》,年届不惑,游化怀、魏,后入邺城。慧光在洛阳,依佛陀禅师受《三归》,后也至邺城。他是地论学派相州南派的开创者。

浚县大伾山北朝大佛

南北朝时期,中国佛教开始分为北统和南统。以洛阳、邺城及长安为中心的北统重视宗教行为,强调修心与养性,与儒家的心性之学较为接近。它与以建康(今江苏南京)为中心的佛教南统偏重义理,不脱三玄之轨范,僧徒与士大夫结合继承魏晋遗风,有着明显不同。

北魏后期,由于各族统治者提倡佛教,中原人民在民族和阶级双重压迫之下,生活穷苦,有的为逃避徭役和租调,纷纷出家为僧。"正光以后,天下多虞,王役尤甚,于是所在编户,相与入道,假慕沙门,实避调役。"僧尼人数已占北魏人口的1/10。

二、道教的改革与复兴

早在东汉末期,太平道就在中原地区流传。张角以传道为名,组织黄巾起义,在洛阳及颍川(今河南禹州)、汝南、南阳等郡都有不少太平道徒众。太平道以《太平经》为经典。这时的道教仅在民间流布,成为下层劳动人民反抗封建统治思想的工具。当时的道教正处在原始阶段,后来金丹派、符水派在民间传播。

北魏初期,五斗米道在中原和北方流传。上谷昌平(今属北京市)人寇谦之少年时即修习张鲁"五斗米"道术,后随道士成公兴入华山,旋转栖嵩山石室,修道凡七年。神瑞二年(415年),编成《云中音诵新科之诫》20卷,号曰《并进》,并托言太上老君授予"天师之法"。泰常八年(423年),又造出《天中三真太文录》60余卷,号称《录图真经》。他以这两部新经为依据,开始清理整顿道教。"除去三张(张修、张衡、张鲁)伪法","专以礼度为首,而加之以服食闭练。"①将道教与封建礼教紧密结合,改造成为封建统治者服务的新道教。

始光初年(424年),寇谦之离开嵩山,到北魏都城平城(今山西大同)献书。太武帝拓跋焘派谒者奉玉帛牲牢,祭祀嵩岳,迎接尚在嵩山的寇谦之弟子。嵩山道士40多人到达平城,朝廷为他们起天师道场,供给衣食。他们遂行拜祠之礼,开展传道活动。

京兆(今陕西西安)人韦文秀,隐于嵩山修道,被征至平城,并派他与尚书崔赜到王屋山合丹。

及北魏迁都洛阳,亦在城外设立道坊,行拜祠之礼。北齐文宣帝高洋时,金陵道士陆修静投奔邺都(今河北临漳西南),劝文宣帝废除佛教。天保六年(555年)8月,文宣帝召集佛、道两教代表人物在殿前论难,道士辞穷,遂下令废除道教,"敕道士皆剃发为沙门",于是齐境皆无道士。②

第三节　隋唐宗教的兴盛

一、佛教

继南北朝佛教迅速发展之后,隋唐时期河洛地区佛教趋于极盛,在建寺、度僧尼、凿窟造像、佛事活动方面均呈现盛况,佛经翻译和佛学著述讲论蔚成风气,佛教宗派形成,并东传朝鲜、日本等地。

(一)隋代高僧智颉、道信

智颉,隋代著名的高僧,佛教天台宗的创立者,又称"智者大师"。他俗姓陈,字德安,祖籍河南许昌,曾拜名僧慧思为师学习禅法,修行法华三昧。他是一个社会活动能力很强的宗教领袖,生前造大寺35所,度僧4000余人,有传业弟子32人。

智颉依据《法华经》阐明的诸法实相的原理,融合当时南北佛教的特点,正

---

① 《魏书》卷一百一十四《释老志》。
② 《资治通鉴》卷一百六十六,绍泰元年。

式将止观并重作为最高修养原则。他在《修习止观禅法要》中说:"泥恒之法,入乃多途,论其急要,不出止、观二法。所以然者,止乃伏结之初门,观是断惑之正要;止则爱养心识之善资,观则策发神解之妙术;止是禅定之胜因,观是智慧之由借。""若人成就定(止)、慧(观)二法,当知此之二法,如车之双轮,鸟之双翼,若偏修习,即堕邪倒。"天台宗所谓"止",即佛教训练的坐禅;所谓"观",即佛教宗教世界观的建立,即般若。由此可看出,佛教与道教的互相吸收融合的迹象,佛教已开始脱离印度佛教的依傍,具有中国佛教的特点。

在主观和客观联系方面,智颛以主观吞没客观,他在《摩词止观》中说:"一界具三十种世间,百法界即具三千种世间,此三千在一念心。若无心而已,介尔有心,即具三千。"世界的多样性、复杂性,在他看来,不过是一念心的产物;没有主观的思维,也就没有世界的变化发展。只有心才是最真实、最可靠、最根本的实体。客观实在的世界是幻象,不论长达十年,还是短到一刹那,都可包罗在一心之中。事物的存在完全可超出空间、时间之外,它不过是人们一心虚构的产物。以此为基础,智颛建立了"三谛圆融"的宗教世界观。

智颛"三谛圆融"的观点,在于说明一切事物只是因缘和合的假想。因缘是假设的一种关系,不是独立存在的实体,是"空"的。所谓"三谛圆融",无非是客观精神和主观精神的符合,即将物质统一于精神。

智颛还创五时、八教之说,在中国佛教史上占有重要地位。他的著作很多,主要经他口述,由弟子灌顶集录而成。除天台宗的代表作《法华玄义》、《法华文句》、《摩词止观》外,他还著有《四教义》、《净名义疏》、《金光明文句》、《观音义疏》等。

道信,河南泌阳人,著名高僧,禅宗四祖。他于少林寺拜师求佛,得其传法。唐太宗四次诏请他入宫,并赐号曰"大医禅师"。道信于湖北破头山弘法34年,传法于弘忍。其弟子法融,别立牛头禅。

道信首先主张"心净即佛土"、"心即佛"。在他看来,只要坚持念佛,就能使躁动的心灵安定下来,去除攀缘之心,最终达到一种与佛同体的平等不二的心理境界,这就叫正法,也叫净土,即佛教追求的最高境界。其次,道信强调坐禅摄心。这是初学禅者入道之门,包括身心两方面的训练:从身体训练说,要独居一处,端身正坐,宽衣解带,放身纵体,腹气出尽,清虚恬静;从心理训练上说,要于静处直观身心,摈弃一切感觉妄想。再次是发心自悟。道信认为"学者有四种人",一种是靠行为求解脱,但不能用智慧使自己得到证明的"下下人";一种是有行为有智慧,也不能证明自己的"中下人";再一种是没有行为只有智慧,不能自证的"中上人";最后是有行为有智慧有自证能力的"上上人"。真正有慧根之人不需要这些烦琐的步骤,就能得到"定慧一体"的自悟。这是一种相当玄妙的修行路径,暗示了一种更直接更超绝的解脱之道。道信在修行方式上,不同于先师到处游化的做法,改为定居寺院,潜心苦修。他传法甚严,世称"东山法门"。

(二)唐代佛教宗派与高僧、译师

唐代河洛地区佛教的宗派,主要有四派:即禅宗、法相宗、律宗和密宗。高僧主要有法琳、王梵志、玄奘、神秀、怀素、道岸、智周、僧一行等。翻译家除玄奘大师外,还有房融。

玄奘,原姓陈名祎,洛州缑氏(今河南偃师南)人。他是唐代杰出的高僧、佛教学者、旅行家,与鸠摩罗什、真谛并称为中国佛教三大翻译家,法相宗的创始人。他所编译的《成唯识论》和弟子窥基所著《成唯识论记述》,是这一派的代表性经典。玄奘一生的主要活动是全力从事佛教经典的翻译工作,共翻译经论 1335 卷。

玄奘以艰苦卓绝的精神,克服重重困难,完成赴印度取经的重任。他在印

偃师唐玄奘故居

度求学期间虚心学习各种佛教经典知识,在中印文化交流史上写下了辉煌的一页。他的学识、社会声望都得到印度僧众和国君的推重,但他毅然回到自己的祖国,从事佛教经籍翻译工作,并创建法相宗,又名唯识宗。

唯识宗把"识"作为世界的本原,认为"彼相(各种观象)依识所转变而假设",即世界万物都是由"识"变现出来的。他们所说的"识"有八种,即眼、耳、鼻、舌、身、意、末那、阿赖耶。前六识类似我们所说的感觉、知觉和思维。它们以"外境"为对象,或与"外境"联系,具有辨别作用。末那识能够思考和度量,胜过

前六识,起维持前六识和第八识的联系作用。阿赖耶是八识中最根本的一种,具有主宰一切的作用。它是前七识的共同依据,叫做"根本依",其中包含有神秘的"种子",又称"种子识"。"种子"先变为七识,再变现为世界上各种现象。这些现象仅仅是幻象,不是实有,由此他们说"唯识无境"。

第八识所藏的种子中有"相分"种子和"见分"种子,它们所变的"识"在活动时也分成两个方面:一方面变现出"相分",即各种现象;另一方面变现出"见分",即认识能力。人的认识活动,不是主观和客观发生关系,而是"识"认识自己的过程,即"识"的"见分"认识"相分"。种子又分为"共相"种子和"不共相"种子。"共相"种子变现出来的"相分",人们有共同的感受;"不共相"种子变现出来的"相分",只有本人才能感受它。各种"识"在活动时,互相影响和依赖,但最后都取决于第八识。第八识中还包藏着邪恶的有漏种子和清净的无漏种子。人们要想成佛,须通过累世修行,消灭有漏种子,增加无漏种子,方能进入天国。

唯识宗坚持"一切唯识",否认客观世界的独立存在,把事物说成是主观意识所产生的幻象,用宗教的烦琐哲学,论证人们成佛升天必须忍受现实的苦难,放弃对不合理的现实的斗争。

神秀,俗姓陈,汴州尉氏(今属河南)人。佛教禅宗北宗创立者。他少览经史,博学多闻,曾投师于禅宗五祖弘忍门下,学成后广传禅法,从学者众多。神秀颇受武则天、中宗和睿宗的礼遇,赐号"大通禅师"。因他是在北方传"渐悟"禅学法门,故称"北宗"。他曾作偈词:"身是菩提树,心如明镜台。时时勤拂拭,莫使有尘埃。"其掌门弟子为普寂、义福等。

怀素,俗姓范,祖籍南阳邓州(今河南南阳市),他是唐代律宗三派之一的东塔宗的创始人。他师从载誉而归的玄奘,专攻律,写成《四分律开宗记》20卷,称为新疏,还著有《俱舍论疏》15卷、《遗教经疏》、《遗教经疏钞》、《新疏拾遗钞》、《四分僧戒本》及《四分尼戒本》等。

智周,唐代法相宗僧人慧沼之弟子,曾在濮阳报城寺传授法相宗教义,对因明学也有补充,新罗僧人智凤、智鸾、智雄,日本僧人玄昉都曾师从他学法。智周成为继窥基、慧沼之后的法相宗三世祖,称"濮阳大师",著有《成唯识论演秘》、《因明入正理论前记、后记》等。

房融,洛阳人,佛经翻译家,武则天时曾入朝为官。他通晓佛经,精于梵语,与天竺名僧般剌、密谛共同译出《首楞严经》。

五代后唐的法华禅师，俗姓阎，原武（今河南原阳）人，少林寺主。唐武宗灭佛使得少林寺庙宇荒废，佛事消寂，法华禅师召募化缘，完成大殿的整修工作，恢复寺院的正常秩序。法华禅师卒于少林寺，建塔而葬。塔背面有《大唐嵩山少林寺故寺主法华钧大塔铭》，记载他的生平及当时的佛教状况，为研究五代时期少林寺及社会状况提供了珍贵的资料。

二、道教

唐代道教相当兴盛。道教的发展，备受统治阶级的关注，敕令建立的道观不胜枚举，著名道士累世迭出。河洛地区著名的道教学者和道士有成玄英、刘道合、司马承祯、韩湘子等。

成玄英，字子实，陕州（今河南三门峡市）人，太宗时加号"西华法师"。他曾注《老子》，名《道德真经义疏》，近人蒙文通有辑本，又注《庄子》，名《南华真经注疏》，共 30 卷，大旨仍承向秀、郭象《庄子注》旧义而有所发挥，重视训诂，杂有佛教思想。清代郭庆藩《庄子集释》予以全文收录。

刘道合，陈州（今河南淮阳）人。高宗深尊礼之，令他在所隐之处建立太乙观。他为高宗炼丹，丹成而卒。

司马承祯，字子微，河内温县（今属河南）人。他是南朝道士陶弘景的三传弟子，曾遍游名山大川，传道于天台山。武则天、睿宗、中宗对他恩礼有加，赋诗相遣。玄宗准许他"于王屋山自选形胜，置坛室以居焉"。他"在王屋山所居为阳台观"，玄宗亲"自题额，遣使送之。赐绢三百匹，以充药饵之用"[1]。司马承祯善篆、隶书法，奉命用三体书写《老子》、《坐忘论》等。玄宗

登封唐嵩阳观经圣德感应之碑

---

① 《旧唐书》卷一百九十二《隐逸传》。

刊《老子经》正文而定之,并赐承祯号"真一先生",死后玄宗亲制碑文。

司马承祯不重视道教中炼丹、服食、法术变化的神仙方术,而偏重于道教理论的研究。他以"摈见闻、去知识"为唯一修炼方法,认为修炼主要在于修心,修心在于主静。他说:"心者一身之主,百神之师,静则生慧,动则生昏。""静"是产生智慧的根源,"动"可导致昏乱。他教人去动守静,具体办法是:"学道之初,要须安坐,收心离境,住无所有,不著一物,自入虚无,心乃合道。"①这和佛教的止观、禅定的宗教修养方法有类似之处。

他的宗教神秘主义的"静"的境界,不是与"动"完全对立、完全脱离的。他说:"若执心住定,还是有所,非谓无所。"把离境当做唯一任务,不去想它,只坚持以"定"为对象去思虑,还是不能摈除思虑,应当做到"心不著物,又得不动,此是真定正基。用此为定,心气调和,久益清爽,以此为验,则邪正可知"②。他教人既要经常不起任何思虑,又不能完全不思考。

司马承祯认为,要达到应物而不为物累,必须把宗教认识论和本体论紧密结合起来,即所谓"坐忘""收心"。这种主静去欲的神秘主义、僧侣主义的精神状态,和后来宋代理学家所宣扬的"定性"的主张十分接近。这种"坐忘",成为周敦颐的《太极图说》的"无欲故静"的"主静"学说的先驱。

三、祆教、摩尼教、景教

(一)祆教

祆教是古波斯琐罗亚斯德创立的宗教。它以火为圣洁,奉火为善神的象征,故又称火教或拜火教。有时也称祆道、火祆,其神庙称祆祠、大秦寺等。祆教于南北朝时传入中国,唐代大为流行,朝廷曾置祆正,官阶从七品。唐中叶渐废不传。祆教在河洛地区的传播,以洛阳为中心,盖缘于当时商业的发达。"两京及碛西诸州火祆,岁再祀,而禁民祈祭。"③据《唐两京城坊考》记载,东都洛阳会节坊、立德坊皆有祆祠。④ 另外,汴州(今河南开封)也建有祆祠。

---

① 《坐忘论·收心》。
② 《坐忘论·收心》。
③ 《新唐书》卷四十六《百官志一》礼部。
④ 吕思勉:《隋唐五代史》下册第1384页,中华书局,1959。

(二)摩尼教

摩尼教是古波斯人摩尼创立的宗教。它宣扬光明与黑暗对立是善恶的本原。摩尼为明的代表,故摩尼教又称明教、明尊教。此教自晋朝传入中国,唐代广泛传播。武则天时,波斯拂多诞持摩尼教《二宗教》(明与暗)来朝。后摩尼教多在长安、洛阳及西域商人中流行。唐宪宗时在洛阳建摩尼寺。虽然唐武宗曾下令禁绝摩尼教,废寺入官,但直到五代时期,摩尼教仍有传播。后"梁贞明六年(920年),陈州(今河南淮阳)摩尼党类立毋乙为天子"。"后唐、石晋时,复潜兴,推一人为主,百事禀从。"①可知五代时摩尼教还在河洛地区民间流传。

(三)景教

景教是基督教的支流,5世纪初聂斯托良所创。唐贞观年间,波斯人阿罗本携景教经典入住长安,其信徒多为来华的西域人,流传地区为长安、洛阳。玄宗天宝四年(745年)诏曰:"其两京波斯寺,宜改为大秦寺,天下诸府郡置者,亦准此。"②德宗建中二年(781年)所立《大秦景教流行中国碑》,记载了景教传入中国的情况,碑下及两侧有古叙利亚文题名。洛阳修善坊有景教寺庙,2006年洛阳出土有景教经幢。景教于武宗会昌五年(848年)与佛教同时遭到禁绝。

第四节 宋代宗教的发展

北宋出现儒、佛、道三教调和或合流的趋势,士大夫多研习佛道理论,名僧、道士也认真钻研儒家经典。佛、道二教与世俗儒家理论相结合,迎合最高统治者的需要,因此受到重视。北宋没有发生过禁佛禁道的事件,佛、道取得了较为宽松的发展空间。

一、佛教

五代后周曾大肆拆毁佛寺。宋太祖登基之初,便诏令"诸路州府寺院经显

---

① 《僧史略》卷下。
② 《通典萨宝注》,商务印书馆,1936。

德二年(955年)停废者勿复置,当废未毁者存之"①,停止了周世宗的废佛令,但已废的暂不恢复。经唐末五代长期社会动荡之后,佛、道戒律破坏得相当厉害,如皇建院僧辉文等人,在出迎赵匡胤时,竟"携妇人,酣饮传舍",引起赵匡胤震怒,下诏开封府杖打辉文,琼隐等17名僧人,"各决杖配流"②。但赵宋王朝并非要取缔或贬抑佛教,而是在整顿的同时实施保护政策。

佛教在理论上迎合宋太祖巩固皇权的需要,以求自身的发展。佛教努力克服深为专制皇权厌恶的"无君无父"理念,公开把皇帝供奉到与"佛"同等的地位,主动调整与世俗统治者的关系。禅宗云门宗名僧契嵩在《镡津文集》中大讲《皇极》、《中庸》等儒家义理,认为佛家的"五戒"即儒家的"五常":"不杀,仁也;不盗,义也;不邪淫,礼也;不饮酒,智也;不妄言,信也"。其中有《孝论》一篇。佛门弟子大讲孝道,佛、儒理论即可融为一体。乾德年间,僧人行勤等157人请求游历西域,赵匡胤赐每人钱3万以壮行色,开宝年间又派人雕造《大藏经》,这说明他对佛教的教化是很重视的。宋太宗对佛教的作用也有清醒的认识,他说:"浮屠氏之教,有裨政治。"③不仅在各地大建佛寺,而且命右街僧录赞宁编撰《大宋僧史略》与《大宋高僧传》,又恢复了唐宪宗元和年间已经废弃的译经院。他多次亲临译经院视察,诏令将所译佛经刊板摹印,以广流传。《大藏经》在宋太宗时完成,共5076卷,规模宏大。雍熙三年(986年)宋太宗亲自撰写《新译三藏圣教序》。

宋真宗说:"道、释二门,有助世教。"④他虽沉溺于道教,但也没有废弃佛教,不惜降尊纡贵,亲为佛经作注,同时撰写《释氏论》。他认为释教戒律之书,"与周、孔、荀、孟迹异道同,大指劝人之善,禁人之恶。不杀则仁矣,不窃则廉矣,不惑则正矣,不妄则信矣,不醉则庄矣。苟能遵此,君子多而小人少"⑤。真宗朝在全国设置度僧戒坛72所(不含东京),致使僧尼数量大增。徽宗时曾一度压抑佛教,但不久就纠正了这一偏颇行动。重视佛教是宋朝统治者的基本国策。

官僚士大夫多与佛僧交游,不少人成为不出家受戒的佛门弟子。禅宗僧徒

① 李焘:《续资治通鉴长编》卷一,建隆元年。
② 李焘:《续资治通鉴长编》卷二,建隆二年。
③ 李焘:《续资治通鉴长编》卷二十四,太平兴国八年。
④ 李焘:《续资治通鉴长编》卷六十三,景德三年。
⑤ 李焘:《续资治通鉴长编》卷四十五,咸平二年。

写的禅宗史《五灯会元》中列举的俗家法嗣或信徒有杨亿、李遵勖、夏竦、苏轼、苏辙、黄庭坚、张商英、胡安国等著名文人学士。宰辅多为佛经润文官,如仁宗朝宰相王随、文彦博、富弼、韩琦,参政夏竦、欧阳修;神宗朝宰相富弼、王安石等,都积极参与翻译佛经的润文修定。《大宋祥符法宝总录》集录从太平兴国七年(982年)到大中祥符四年(1011年)30年间所译佛经,为杨亿所修,真宗赐序;道原撰《禅宗传灯录》呈宋真宗,真宗诏杨亿、王署等刊削裁定,赐名《景德传灯录》;《天圣传灯录》为李遵勖撰,宋仁宗制序冠首。宋主崇佛,宰辅秉承帝意,带头整理佛经禅录,于弘扬佛教作用甚大。

　　除东京开封因其特殊的佛教中心地位而拥有众多僧尼外,河洛地区的京西、京东是佛教力量较薄弱的地区。

　　就寺庙和僧尼地理分布的密度而言,东京府首屈一指。周宝珠先生的《宋代东京研究》,列出史籍有名可考的东京寺院100余座,宋徽宗宣和年间,开封府有寺院691座。相国寺在唐代的基础上进一步扩大规模,它南临汴河,西近御道,东、北与商业区相邻,是左街佛寺之首。开宝寺在唐代封禅寺基础上大大扩展,共24院,有"屋数千间,连数坊之地,极于钜丽"①,是右街佛寺之首。相国寺、开宝寺等著名寺院,都是官府为"兴佛法"、"营佛事"而出资扩建的,是朝廷举办重大佛事及祈雨、赈济等活动的场所。

开封宋祐国寺塔

　　就整个北宋而言,禅宗流行最广,而就河洛地区而言,律宗占主导地位。"汴京自周朝毁寺,太祖建隆间复兴,两街止是南山律宗。"②所谓"两街",即左、右

---

① 江少虞:《宋朝事实类苑》卷四十五《建寺》,上海古籍出版社,1981。(以下省略"上海古籍出版社,1981")

② 释觉岸:《释氏稽古略》卷四,"四库全书珍本"三集。

街,是佛寺管理机构的名称,实际包括整个东京的佛寺。律宗发祥于曹魏时的洛阳,唐时分为三脉:南山宗、相部宗、东塔宗。律宗三宗以南山最盛。

宋仁宗皇祐元年(1049 年),内侍李允宁施舍自己的一座宅院建立禅宗寺院,仁宗赐额曰"十方净因禅院",禅宗开始在东京立足。每到假日,许多士大夫到此禅院聆听主持怀琏讲经,禅宗的影响逐渐加强。宋神宗元丰二年(1079年),卫国公主捐地建法云寺,召淮西禅师法秀主持。元丰六年,令"大相国寺六十二院以其二为禅院,余为律院"①,朝廷召著名僧人宗本主持慧林院,东林主持智海院。在最高统治者的扶持下,禅宗在河洛地区得到发展,影响也越来越大。

二、道教

道教徒众人数远不及佛教,但它与北宋政权的关系比佛教更为紧密。一方面,最高统治者需要道教为其铺张正名,另一方面,道教也需要依附皇权扩大影响,尤其是宋真宗、徽宗两朝推崇道教,给道教以特殊地位,使之显赫一时。

宋太宗任开封府尹时,就与张守真等道士有来往。在宋太宗继承兄位的前一天,张守真曾在皇宫建隆观设醮降神,说天神降语预言太宗继位。宋太祖大怒,要将张守真处死,而当天夜里太祖即死于非命。为洗刷自己弑兄篡位的嫌疑,太宗编造了一个道教神灵"翊圣"(神名)降临的神话,证明自己入继大统出自神授。太宗继位后厚赏张守真,封他为崇元大师,并耗巨资令凤翔府为张守真修"上清太平宫",派士兵 100 人担任警卫,可见道士张守真在太宗继位中起过重要作用。

道教理论与佛教一样向世俗皇权靠拢。道士张守真假借天神之名,在回答三教之中"崇奉何者即得获其福"的问题时,一改隋唐佛、道相互攻击的传统,指出佛教"制心治性",是"一贯于道","奉之求福,亦无涯"。他说,"《太上道德经》大无不包,小无不纳,修身炼行,治家治国,世人若悟其旨归,达其妙用",则可以"无所不至矣"。道教可以修身齐家,治国平天下,这完全是吸收儒家的观点。张守真认为周公、孔子"皆列仙品",儒教"治世之法,治民之术,尽在此

---

① 李焘:《续资治通鉴长编》卷三百三十七,元丰六年。

矣"①。他对佛、儒都进行褒扬,表露出三教调和的思想。宋仁宗时著名道士蓝方把儒家孝、信、诚、谨、睦等修身信条作为道教内修功行的根本,认为只要按此信条做到"内外一体,表里为用",就是"神仙之用心也"②。这样,儒、佛、道三家教义相互融合,有"混一同归"的趋势。

宋太宗时河洛地区有两位影响较大的道教人物陈抟与种放。

陈抟字图南,自号扶摇子,宋太宗赐号希夷先生,亳州真源(今河南鹿邑县)人。后唐时他参加科举考试落榜,不再求取功名,先在武当山九宫岩隐居,不久移居华山,后又迁徙到嵩山少室。他创就了一种"至人之睡"的内丹修炼法,通过安卧静养,使元气运于体内,阳神游于碧空,达到修身养性的目的。他的内丹理论,奠定了道教内丹学的基础。宋太宗召他入朝,令中书问他黄白之术,他不予回答,只说:主上是有道仁圣之君,现在正是君臣协心同德致天下太平的大好时机,所谓勤行修炼,无出于此。陈抟真正给后世带来影响的,是从"河图洛书"中发明了《周易先天图》卦的次序,他所著的《先天图》、《太极图》由种放、穆修传给邵雍和周敦颐、二程,并深受朱熹推崇,为理学的发展做出了贡献。《宋史》本传还说他"著有《指玄篇》八十一章,言导养及还丹之事",但没有流传下来。

种放字明逸,洛阳人,自称"退士",著有《退士传》。他出身于世代儒业之家,在终南山豹林谷隐居30年,潜心研究先秦典籍,是宋初的饱学之士。真宗咸平末年,宋夏战事持续十余年,朝廷有厌兵之意。其时种放隐居山中,有诗云:"胡雏负恩信,圣主耻干戈。"真宗闻此,将种放召入朝廷,授左司谏,累迁谏议大夫、工部侍郎。景德初年种放辞官,又回到终南山。他是陈抟学说的嫡传弟子,从陈抟学内丹"辟谷术"。他传河图洛书于李溉,再传至刘牧而创《象学》;传《先天图》于穆修,穆修传李之才,李之才传至邵雍而创《先天学》;传《太极图》于穆修,穆修传周敦颐而做《太极图说》。一人传三门高深学问,其《易》学修养不言自明。

宋太宗崇尚黄、老,收集道书,派徐铉等人整理雠校,此事是真宗朝大规模编纂道藏的先声。张守真代天神"黑杀将军"传言,助太宗继位,真宗尊黑杀将军

① 江少虞辑:《宋朝事实类苑》卷七《道释》。
② 刘斧:《青琐高议》后集卷十,上海古籍出版社,1984。(以下省略"上海古籍出版社,1984")。

为翊圣保德真君,还让宰相王钦若编撰《翊圣保德真君传》三卷,自己亲为作序。"澶渊之盟"后,宋、辽握手言和,息兵止戈。真宗想用道教神灵来"镇服四海,夸示夷狄",于是便有天书、封禅之事出现。

真宗造假说自己的"圣祖"赵玄朗传授天书,将赵氏始祖塑造成道教神灵。为崇奉"天书"和"圣祖",真宗规定"天书"第一次降落的正月初三为"天庆节",诏令诸路州县"择官地建道观,并以天庆为额"。如因民力"不胜其扰"而愿"因旧观为之"者亦可。于是,"天下始遍有道像矣"①。后来,真宗又令各州县天庆观在显著位置增建圣祖殿,官员上任离职,都要到圣殿拜谒。道教在皇权的荫庇和倡导下得到迅速发展。

宋真宗死后,道教的影响力很快衰减。宋徽宗时期,外部强敌环伺,侵扰不断,内部民不聊生,起义接踵。宋徽宗欲以道教神化自己的统治,在部分佞臣、宦官和道士的共同策划下,又掀起一场崇奉道教的活动。

大观元年(1107年),宋徽宗亲批"道士序位令在僧上,女冠(女道士)在尼上"②,把道教的地位抬到佛教之上。政和初年(1111年),他效法仿真宗的做法,说自己梦见神人传言,告诉他"汝以宿命,当兴吾教"③,于是定十一月五日天神降临日为天应节,令天下洞天福地修建宫观,并"诏每州置神霄宫,就以道观为之,或改所在名制,揭立匾榜"。政和三年,规定"释教修设水陆及祈禳道场,辄将道教神位相参者,僧尼以违制论,主者知而不举,与同罪"④。又令天下官吏士庶等呈献道教仙经,各地监司、郡守应多方搜求,免得遗漏。政和四年"置道阶,凡二十六等"⑤,品级与朝廷命官中大夫至将仕郎相当,把道士纳入国家官僚体制,又诏诸路选道士十人送京师左右街道录院学习道经道规。政和七年,令地方官员不得科配、借索、骚扰道徒,郡官、监司与道徒相见,依长老之礼。僧徒有愿披戴为道士者,赐度牒、紫衣以示鼓励。宣和元年(1119年),诏令僧人称德士,女尼称女德,寺院改名为宫院或观,住持改名知宫观事。僧录司也改为德士司,左右街道录院改名为道德院,天下州府僧正司并改为德士司,佛家所奉神像

① 李焘:《续资治通鉴长编》卷七十二,大中祥符二年。
② 黄以周等辑补:《续资治通鉴长编拾补》卷二十七,大观元年。
③ 杨仲良:《续资治通鉴长编纪事本末》卷一百二十七《道学》引蔡攸《史补》。
④ 毕沅:《续资治通鉴》卷九十一,徽宗政和三年,北京古籍出版社,1957。
⑤ 《宋史》卷二十一《徽宗本纪》。

也改着道装。徽宗对道教恩宠有加,"一为道官,恩数与士大夫无异","其在外者,则绯袍象简,冠带鱼袋,出入州县,轩然自得"①,加入道教有诸多好处,求富贵者趋之若鹜。

由于佛教徒的抗争,也由于方士所为大多荒诞不经,后来徽宗不再对道教百般宠信。宣和七年(1125 年),金人南侵,徽宗宣布"罢道官"②,又诏"道录院道官品等,一切指挥并依元丰法"③。至此,风靡一时的道教便不再辉煌。

天禧五年(1021 年),东京道士女冠共 959 人,占全国总数的 4.85%,在北方仅次于京东路的 960 人。由于道教有更浓重的官方色彩,各宫观使均由朝廷命官担任,东京成为道教的中心。东京见于史载的宫观有近 70 所,许多为官府修建。

三、犹太教及祆教

元义宗天历二年(1329 年)的诏书说:"僧、道、也里可温、术忽、答失蛮为商者,仍旧制纳税。"④这里的"术忽"即指犹太族。《元史·顺帝本纪》也有募"各处回回、术忽殷富者赴京师从军"的记载。这说明在元代中国各地已有很多犹太人。著名史学家陈垣认为,犹太教是一种民族宗教,和不同民族集合而崇拜的宗教不同,"故其种族所至之处,即为其宗教所布之处;知犹太族何时始至中国,即知犹太教何时至中国也"。

那么,犹太教是什么时候传入东京开封的呢? 庋藏于开封市博物馆的几通一赐乐业教碑所说时间不一。明代弘治二年(1489 年)的《重建清真寺记》碑说:"噫! 教道相传,授受有自来矣。出自天竺,奉命而来。有素、俺、艾、高、穆、赵、金、周、张、石、黄、李、聂、金、张、左、白等十七姓,进贡西洋布于宋。帝曰:'归我中夏,遵守祖风,留遗汴梁。'"明代正德七年(1512 年)的《尊崇道经寺记》碑说:"至于一赐乐业教……本出自天竺西域。稽之周朝,有经传焉……厥后原教自汉时入居中国。"清代康熙二年(1663 年)的《重建清真寺记》碑(今已遗失

---

① 《靖康要录》卷四,《四库全书》本。
② 《宋史》卷二十二《徽宗本纪》。
③ 《靖康要录》卷四。
④ 《元史》卷三十三《文宗本纪二》。

不存)则说:"教起于天竺,周时始传于中州。"

正德七年碑说犹太教在汉代就已传入中国,虽然史书记载不多,但并非不可能。因为唐末农民起义军领袖黄巢在攻破广州时,就"杀死了回教徒、犹太人、基督教(景教)徒和祆教徒 12 万人。"[1]显然犹太人在这之前就已来到中国,但人数不会太多。至于说在公元前 11 世纪的周朝就有犹太人来过中国,尚未见于史册,"正德碑"与"康熙二年碑"仅是推测而已。因此,史学家陈垣说:"谓汉以前已有犹太人曾至中国则可,谓开封犹太族为汉代所遗留则不可。"[2]

以上诸碑中以弘治碑最早,碑文中说犹太教是宋朝传入开封的,应比较可信。北宋的首都汴梁,人口大约有 100 万,是全国的政治、经济、文化中心,其繁荣程度超过同一时期欧洲的任何城市。宋朝皇帝不失泱泱大国之风,对这批犹太移民表示欢迎,让他们"留遗汴梁",并不足怪。金世宗大定三年(1163 年),开封的犹太人修建了一座犹太会堂,当地汉人弄不清犹太教与伊斯兰教有何区别,称之为"清真寺"。每逢犹太教节日,犹太人便聚集于此礼拜、祈祷。

宋朝东京的犹太人有一百多户,分为李、俺、艾、左、白、张、石等 17 个家族。有些学者认为这些姓氏源于希伯来姓名,如"李"就是"利米","艾"即"以斯拉"、"周"是"犹大"等等。他们称自己的宗教为"一赐乐业教",即"以色列"之意。他们在宰杀牛羊时要剔掉腿筋,故被称为"挑筋教",他们居住之地也被称为"挑筋教胡同"。当地居民"因分不清犹太人与回民的区别,因为他们都不食猪肉,只是看到他们戴着蓝色的帽子,因此便把他们叫蓝帽回回"[3]。

开封的犹太人有"敬天礼拜"的习俗,正如"弘治碑"所说,"敬天礼拜之道,足以阐祖道之蕴奥"。敬天礼拜的目的是为了弘扬祖宗懿德。每天的寅(早)、午(中午)、戌(晚上)时均要做礼拜,一日 3 次。礼拜前"必先沐浴更衣,清其天君,正其天官,而恭敬进于道经之前"。沐浴更衣表示对祖先的虔诚;"天君"指心,即敬祖先要心诚;"天官"指耳、目、口、鼻等感觉器官,意思是要聚精会神。礼拜的仪式有鞠躬、静默、鸣赞等。男子在礼拜时须脱鞋,同时戴上蓝帽,女人则不许戴头巾。仪式开始不用乐器,由掌教宣读"摩西五经"并朗诵"诗篇",做礼

① 　江文汉:《中国古代基督教及开封犹太人》第 172 页,知识出版社,1982。
② 　陈垣:《开封一赐乐业教考》,《陈垣集》第 70 页,中国社会科学出版社,2000。
③ 　肖宪:《圣殿长存:古犹太文明探秘》第 197 页,云南人民出版社,2001。

拜时要面向西方,因为圣地耶路撒冷在西方。此外还有"祭"和"斋"。"祭者,尽物尽诚,以敬答其覆载之恩者也。"所谓覆载之恩是指祖先,祭祖的目的是为了报恩。祖先是指犹太人的祖先亚当、亚伯拉罕等人。春祭用芹藻,秋祭用果实。"斋"为七天一次,一般在每周周六举行,"斋之日,不火食",即这一天不生火煮饭,停止一切活动。

北宋时东京还有祆教。祆教是古代波斯(即伊朗)的宗教,其基本教义是善恶二元论,认为世界的两大本原是善和恶。唐代祆教传入中国,至宋时已逐渐衰微,但仍有相当影响。宋人张邦基说:"东京城北有祆庙,祆神本出西域,盖胡神也,与大秦穆护同入中国,欲以火神祀之。京师人畏其威灵,甚重之。"[1]真宗时祆教徒还参加过祈雨活动。孟元老的《东京梦华录》记载:"马行北去旧封丘门外祆庙斜街州北瓦子",还有"大内西去右掖门、祆庙"[2],看来东京的祆庙不止一处,但影响已不大了。

第五节　金元宗教的演变

金、元两代对各种宗教采取兼容并蓄态度,因此佛教、道教、伊斯兰教、基督教等都有发展的空间。各种宗教在河洛地区继续发展,特别是道教有明显发展。

一、道教

道教在宋代之前统称正一天师道,没有其他派别。到了金代开始有了新道教。

北宋覆亡后,金兵大举南下,山河破碎,社稷易主,百姓既有国破家亡的隐痛,也受沉重的民族压迫,迫切需要宗教作为慰藉。金朝统治者也想以道家忍辱不争的说教来麻痹百姓,缓和社会矛盾,于是新道教便应运而生。

金熙宗天眷年间(1138~1140年),卫州(今河南卫辉)人萧抱珍创"太一

---

① 张邦基:《墨庄漫录》卷四。
② 孟元老:《东京梦华录·马行街铺席》,《东京梦华录·大门西右掖门外街巷》。

道",又称"太一教"。"太一教者,始金天眷中道士萧抱珍,传太一三元法箓之术,因名其教曰太一。"①该教用"太一三元法箓"为人祈禳治病,很快为河洛一带的百姓所接受,入道的人越来越多。萧抱珍所居之处已显得湫隘,便在州东三清院故址另建新房。金熙宗皇统年间,沧州刘德仁又创"大道教"(元代称"真大道")。太一教与大道教都得到金朝统治者的认可,皇统八年(1148 年),金熙宗闻萧抱珍之名,派人将他召至宫阙,赐以"太一万寿"观额。

太一教、大道教虽然得到金朝统治者的承认,又流传广泛,但因教义过于简单,教主文化修养低,不能尽括道教传统文化。大定七年(1167 年),陕西咸阳人王喆(即王重阳)在宁海(今山东牟平)创立全真道。全真道是具有完整教义教制的新教派。他认为"识心见性",即为全真。认为儒、释、道三教同源,主张三教合一,以《道德经》、《孝经》和《般若经》为主要经典,重清修,不尚符箓,不事黄白术。太一道、大道教、全真道是金朝初年中国北方出现的三大新道教。

太一教是三个新道教中唯一的符箓派。所谓太一,"盖取元气混沌,太极剖判,至理纯一之义也"②。太一也是秦汉以来所供奉祭祀的最高神。所谓三元,是指天、地、水三官,道教认为三官大帝分掌众生命籍。三元之奉始于早期的天师道,从道统渊源上看,应属正一派系③

萧抱珍逝世后,由弟子韩道熙嗣教,按教规袭萧姓,故称萧道熙。大定九年(1169 年),金世宗下令在观内建立"万寿"额碑,太一教声势大振,门徒增至数万人之多,甚至东海之滨也有信奉太一教者。这种兴盛局面一直持续到元朝。

太一教的三代师萧志冲本姓王,初住中都(今北京)天长观,因河水犯郡城而移居苏门(今河南辉县市)。当地百姓求教者接踵而至,"岁所传无虑数千人"。后来他又移住汲县(今河南卫辉)朝元观,讲道授徒。章宗明昌年间,尚书右丞刘玮自大名(今属河北)移镇河中(今山西永济西蒲州镇),路过朝元观时,专门前往拜谒,执弟子礼甚恭。州的副长官移剌前往谒见,见志冲静坐无为,问他有何受用,他回答说:"静中自有所得,非语言可以形容。若无得者,虽片时不

---

①　《元史》卷二百二《释老传》。

②　陈垣:《南宋初河北新道教考》卷四引《鲒埼亭集》,中华书局,1962。

③　任继愈主编:《中国道教史》第 555 页,上海人民出版社,1990。

能安,况终身乎?"①章宗因后嗣未立,在亳州太清宫设普天大醮,萧志冲也参与其事,后来又到中都太极宫诵经百日,可见金朝统治者是很重视太一教的。

全真道在河洛兴起后,王重阳的七个弟子各传一派,其中有四派以河洛为开教祖庭:"丘长春及其弟子在嵩阳崇福宫传全真龙门派,谭处瑞(长真)在宜阳韩城传真南无派,孙不二(道姑)在洛阳三井洞传全真清静派,刘处玄在洛阳云溪观传全真随山派,均属内丹派,注重性命双修。"②他们都有关于修炼的著作传世。王重阳卒于开封,其弟子在开封建重阳观,即后来的延庆观。金代以后,全真道各派遍及河洛地区。

道教在元代很受重视,中央和地方都设有专门管理机构,地方上各郡设道官一人,官阶为五品,道观则设主掌。道官一般情况下由道士充任,但须经政府任命。河南鹿邑县有三通蒙古国时期及元朝初年中央政府保护道教的碑文,最早的是元宪宗七年(1257年)的《海都太子令旨碑》,该碑嵌于鹿邑县太清宫山门前围墙内,碑为青石制成,保存完整,但字迹已漫漶不清。中统二年(1261年)的《太清宫圣旨碑》嵌于鹿邑县太清宫太极殿前右侧槛墙内,陈智超先生据原碑拓片补入《道家金石略》一书。

二、佛教

金、元两代对宗教采取优容政策,对佛教进行扶持。元朝统治者注意保护佛寺,凡是和尚、也里可温(基督教)均不当差役,不出地税商税,寺内财产不得侵犯。现存河南鹤壁市的一通元代碑文说:"大名路里有的临济寺,浚州(今河南浚县)有的金山嘉祐禅寺、法云寺,这的每寺里住持的,用长老通提点柔监寺、喜监寺等和尚每……这的每的寺里房子内,使臣休安下者,铺马祗应休拿者,地税商税休与者,属寺家的水土、园林、碾磨、店铺、席解、典库、浴堂,不拣甚么物件,他的不论是谁,休夺扯要者,休使气力者……"。这通碑文是以圣旨形式下的,前边标有成吉思汗皇帝、月可台(窝阔台,即太宗)皇帝、薛禅皇帝(世祖忽必烈)、完者都皇帝(成宗铁穆尔)、曲律皇帝(武宗海山)字样,立碑的时间是"鼠

①　王若虚:《滹南遗老集·太一三代度师萧公墓表》,"丛书集成初编"本。
②　赵荣珦:《道教与河洛文化》,载《河洛文化论丛》第一辑第171页,河南大学出版社,1980。

儿年二月二十八日大都里有时分与来",鼠儿年为仁宗皇庆元年(1312年),这时武宗刚刚崩逝,仁宗才嗣位不到一年时间,因此碑文上仍写上了成宗皇帝。

金末,曹洞宗福裕主持嵩山少林寺,入元后又受到皇室礼遇和重视,于是曹洞宗一直在少林寺延续。元初,洛阳白马寺主持、女真族僧人龙川被封为"扶宗弘教法师"、"司空护法大师",并兼管江、淮一带僧务,有"龙川大士僧中雄"的称誉。成宗时,白马寺主持文才被封为"真觉国师"。嵩山少林寺方丈福裕为元世祖钦命,死后封晋国公。河洛地区的佛寺、高僧不仅在全国有重要的地位,在国外也有很大影响。特别是以禅宗和武术闻名的少林寺,吸引了许多外国僧人前来学习。如弘庆元年(1312年),日本僧人大智来游嵩、洛,曾在少林寺习武12年。天历二年(1330年,日本高僧古源邵元来到少林寺,居住21年,曾担任书记,如今少林寺塔林仍存邵元所写碑刻。

此外,元代把伊斯兰教徒译为木速蛮或木速鲁蛮,汉文史籍则称为回回人。这些回回人是蒙古人西征时从中亚、波斯等地俘虏或抢掠来的,久而久之,他们习惯了中原地区的生活,皆以中原为家,不愿回归故土,于是造成"元时回回遍天下"的局面。所有的回回人都遵守伊斯兰教规,"居中土也,服食中土也,而惟其国俗是泥也"①。河洛地区各地都有清真寺。

犹太教在元代继续受到优待,明弘治二年(1489年)开封的《重建清真寺记碑》说:"元至元十六年己卯(1279年),五思达重建古刹清真寺,坐落土市字街东南,四至三十五丈。"此寺实为犹太教堂。

第六节　明清宗教的衰落

明清两代,朝廷对宗教的控制加强,河洛地区佛教和道教从总体上有衰落的趋势,佛教、道教和儒学也趋于合流。伊斯兰教有所发展,西方天主教及基督教开始传播、发展。

---

① 许有壬:《哈只哈心碑》,《至正集》卷五十三,宣统刻本。

一、佛教

明代朝廷严格控制佛教,设善世院统理僧务,限定佛教产业,毁除私建寺庙。河洛地区各大寺庙的田产曾被限制在 60 亩以内。清代对佛教的控制有所放松,遇到灾荒年景,往往滥发度牒。乾隆十五年(1754 年)取消了官给度牒制度。道光年间以后,国势衰落,河洛各地寺庙、僧尼也有所减少。清末,河南省境内庵堂寺院有 900 余座,大寺庙僧众不超过百人。

明清时期河洛地区禅宗兴盛,而在"五家七宗"中又以临济宗最盛。临济宗 25 世、31 世和 41 世祖首先在河南南阳、桐柏一带传播其教,清乾隆四十九年(1784 年)以后,流布渐广,且日益兴盛,洛阳、南阳等地的佛教多属临济宗。

由于金末曹洞宗名僧福裕主持嵩山少林寺,元代福裕又受到皇室礼重,明清少林寺僧仍属曹洞宗。

二、道教

明代初期对道教管理严格,到了嘉靖、万历年间,又滥发度牒,于是河洛各地大肆修建道教宫观,广置田产。南阳玄妙观有耕地 6000 余亩,洛阳上清宫、浚县碧霞宫、济源阳台宫等田产也在千亩以上。就连有的府城城隍庙的田产也在 500 亩以上。

清代庙观田产不断增置,土地大多租佃给农民,收取课租。由于资财充裕,许多大宫观多次得以修缮。清代晚期,道教衰微,宫观建筑倾颓。当时民间信仰

中岳庙天中阁

道教之风兴盛,道士除正常日课、圣诞庆祝、三元节(正月十五为上元,七月十五为中元,十月十五为下元)设斋外,还为民间做道场。在登封中岳庙、浚县浮丘山都有庙会。

金元时期,全真道各派遍及河洛地区。明代趋于衰落,清代得以复兴,但盛况已不如元代。

三、伊斯兰教与天主教传入

随着元代探马赤军在中原屯田,穆斯林散布河洛地区,始建立简陋的礼拜寺。元末明初,这些礼拜寺正式命名为"清真寺"。早期的清真寺主要限于开封、洛阳等故都和一些有水运码头的口岸。明清时期,清真寺数量不断增加,分布于各地。

明末,陕西道教经师胡登州提出新格底木学说,其弟子海巴巴和冯阿訇到河南开封传播胡派学说,遭到以开封东大寺为代表的各清真寺的抵制,掀起了新老格底木学派之争。

明万历四十二年(1613 年),意大利籍神父艾儒略、郭居静和法国籍神父金尼阁等天主教耶苏会士先后到河南开封,以传播科学知识为名,进行短期的传教活动。明末崇祯元年(1628 年),意大利籍神父毕方济到达开封,求见周藩王室,献上礼品,在开封购置民房,改建教堂。后来费乐德接续其事,向一般市民传教,教徒达数百人。

清顺治末康熙初(约 1660～1665 年),法国耶苏会士恩理格至开封主持传教事务,改建教堂,又先后在朱仙镇、扶沟和商丘设立传教点。道光二十三年(1843 年)法国遣使会传教士安巴都等四人,到南阳靳岗恢复传教,天主教渐次发展,至光绪二十六年(1900 年),河南省天主教徒已发展到 1300 多人,于是外国教士重新划分了教区。

此外,光绪九年(1883 年)英国传教士在上海建立的基督教"中华内地会",也开始在河洛地区传播基督教。

第八章　河洛地区的文学

第一节　先秦文学

河洛地区文学萌芽于夏商时期,西周、春秋、战国时期有明显发展。

一、文学的萌芽

河洛地区最早的文学作品是神话传说,例如女娲补天、夸父追日、愚公移山、大禹治水和洛神等。《列子·汤问》:"夸父不自量力,欲追日影,逐之于隅谷之际。渴欲得饮,赴饮河渭。河渭不足,将走北饮大泽。未至,道渴而死。弃其杖,尸膏肉所浸,生邓林。邓林弥广数千里焉。"夸父是一位气壮山河的英雄。邓林就是桃林,它和夸父山都在今河南灵宝境内。《水经注·河水》:"湖水出桃林塞之夸父山,广圆三百仞。"《元和郡县图志》卷六:"桃林塞,自县以西至潼关皆是也。"愚公移山的故事,人们耳熟能详,愚公所移的王屋山,在今河南济源境内。

夏商时代是河洛地区文学的萌芽期。殷墟出土的较长的甲骨卜辞,叙事较为完整,可以看成初期的记叙文。流传至今的《尚书》中的《虞书》、《夏书》、《商书》记述的都是河洛地区的史事,《周书》也有一部分记述河洛地区的史事。它们已是篇幅较长的散文作品。《虞书》、《夏书》当为后人根据传说所撰写,《商书》和《周书》则出自当时人之手笔。例如《商书》中的《盘庚》三篇就是动员商人迁都的演讲辞,文字读起来艰涩聱牙,较多保留了原始风貌,是我国记言文之滥觞。商周之际产生于河洛地区的卜筮之书《周易》，反映了当时的社会生活。其文辞含蓄委婉，多用比兴、象征手法，描摹事物简练传神，并追求形式美，有更多的文学色彩。

二、周代文学的发展

西周春秋时期河洛地区的文学，无论是诗歌还是散文，都取得很高的成就。周代的诗歌荟萃于《诗经》一书中。在十五国风中，反映河洛地区的诗篇有十国，即"周南"、"召南"、"王风"、"郑风"、"桧风"、"邶风"、"鄘风"、"卫风"、"唐风"、"魏风"等。《诗经》中有半数作品出自河洛地区。东周的都城洛阳的周围地区为王畿，即今河南洛阳、焦作市辖境，其诗篇称作"王风"。"王风"中的诗篇反映平王东迁后王室衰微，但又不失泱泱大国之风度，许多诗篇有深刻的反思。《黍离》的第一章，是抒发怀古之幽思的作品。诗云："彼黍离离，彼稷之苗。行迈靡靡，中心摇摇。知我者，谓我心忧；不知我者，谓我何求。悠悠苍天，此何人哉？"诗篇以痛苦忧愤的旋律震撼读者的心灵，对后世影响很大，"黍离之悲"成为亡国之思的代名词。"周南"则是汝颍上游和汉水以北地区，"召南"系指今陕县以西渭河下游秦岭南麓一带。"周南"的第一篇《关雎》是一篇描写青年男女炽热爱情的民歌，数千年来一直脍炙人口。郑国位于今河南中部，桧地位于外方山以北、荥泽以南的溱、洧之间，与郑国接壤。"郑风"是郑国的诗篇，其中许多篇章是反映青年男女恋情的佳作。如《将仲子》是一位热恋中的少女写给她心上人的优美情诗。其第一章是："将仲子兮，无逾我里，无折我树杞。岂敢爱之，畏我父母。仲可怀也，父母之言亦可畏也。"诗篇揭示了礼制对人性的桎梏和对青年男女爱情的约束。邶、鄘、卫三地在黄河以北漳水以南，与今豫北地区大体相当。三地的民歌也可统称为"卫风"，其中有丰富的感情抒发，又有深刻的理性批判。《鄘风·载驰》是一爱国诗篇，为许穆夫人所作。许穆夫人是卫国公室女子，时卫国被狄人灭亡，她欲回去吊唁。由于其行为不符合礼教，归国途中被阻拦，心中忧愤，遂写此诗。其首章是："载驰载驱，归唁卫侯。驱马悠悠，言至于漕。大夫跋涉，我心则忧。"《卫风·氓》的主人公是一位善良、温柔又富于反抗精神的妇女，诗作以简洁的笔触勾勒了她的悲剧人生，是我国最早的叙事诗。魏地南枕河曲，北涉汾水；唐地位于太行山以西、黄河以东，太岳吕梁山一带。二者即古河东地,今晋南运城、临汾一带。

春秋战国时期河洛地区作家辈出,作品异彩纷呈,《老子》、《墨子》、《庄子》、《韩非子》等代表着当时散文的最高成就。

《老子》又称《道德经》,据说是道家创始人老子的著作。老子姓李名耳,楚国苦县厉乡曲仁里(今河南鹿邑太清宫)人,长期在洛阳周王室任守藏史。传说老子应函谷关关尹喜的请求,写成《老子》。《老子》一书阐述了老子的思想学说。书中以"道"作为最高的哲学范畴,将它说成宇宙万物的创造者和终极真理,包含着朴素的辩证观点,又提出小国寡民的社会理想。《老子》作为中国历史上第一部文人和个体的大型作品,在文学方面取得较高的成就:首先,作者尽量避免枯燥的逻辑推理,而是用鲜明的形象来表现哲理,如以水喻理,说"上善若水"、"天下莫柔弱于水,而攻坚强者莫之能胜";其次,语言简练精审、骈俪和谐。文中常在散句中夹杂用韵自由的韵语及对偶或排比句,又采用互文见意的表达形式,多用俪辞,对偶工巧,言简意赅,增强了文章的艺术性。

《墨子》是墨家学派的创始人墨子及其后学的著作。墨子名翟,鲁国(今河南鲁山,一说山东滕州)人,又说宋国人。他出身贫贱,曾作宋国大夫,晚年居鲁阳(今河南鲁山)。《墨子》一书现存53篇,其中的《尚贤》、《尚同》、《兼爱》、《非攻》等十论,是墨子讲学的记录。墨子的文学思想主要表现在"先质而后文"的见解。墨子对禽滑厘说:"故食必常饱,然后求美;衣必常暖,然后求丽;居必常安,然后求乐。为可长,行可久,先质而后文,此圣人之务。"[1]就是说,人们必须首先具备生存的物质条件,然后才能进行精神创造和文化娱乐活动。这一思想在书中的体现,就是所论述的问题内容充实,观点明确,语言平易,重在以理服人,不运用华丽的辞藻和生动的描写。其中不少文章,是先秦散文中的名篇。

《韩非子》是法家集大成者韩非的著作。韩非出身于韩国(都今河南新郑)贵族,曾师从大儒荀子。他多次以变法图强游说韩王,不被听纳,遂发愤著书。《韩非子》中的一些长篇政论文,如《说难》、《孤愤》、《五蠹》等,说理透辟,文风峻拔严刻;另一些寓言性杂文多用历史故事和寓言说理,生动形象,文学意味较浓。书中引用寓言300多则,不少寓言流传很广,脍炙人口。

---

① 刘向:《说苑》卷二十《反质》。

此外,卫国人商鞅的《商君书》、魏国大梁(今河南开封)人尉缭的《尉缭子》等,都是较好的散文作品。

第二节　秦汉文学

汉代河洛地区文学,以散文、辞赋和诗歌较为突出。

一、散文

汉代河洛地区散文创作呈现繁荣之势,以贾谊、晁错为代表的政论文大放异彩。贾谊,河南郡洛阳(今属河南)人,以文才出众知名郡中。年方20多岁被朝廷召为博士,很快迁任太中大夫。因遭人嫉妒诽谤,被贬长沙,再迁梁怀王太傅。怀王坠马死,自以为失职,抑郁而死。贾谊的政论文以《过秦论》、《陈政事疏》和《论积储疏》最为脍炙人口。《过秦论》描写秦朝灭亡时说:"始皇既没,余威震于殊俗。"然而陈胜"瓮牖绳枢之子,氓隶之人,而迁徙之徒。才能不及中人,非有仲尼、墨翟之贤,陶朱、猗顿之富;蹑足行伍之间,而崛起阡陌之中,率罢敝之卒,将数百之众,转而攻秦;斩木为兵,揭竿为旗,天下云集而响应,赢粮而景从,山东豪俊遂并起亡秦族矣。……夫一夫作难而七庙隳,身死人手,为天下笑者,何也?仁义不施,而攻守之势异也。"文笔生动流畅,理喻切中肯綮。贾谊的政论文运用诸多历史典故,以形象而夸张的语言,贴切而生动的比喻,阐述深刻的哲理,最具文采,代表着汉初散文的最高成就。晁错,颍川郡(治今河南禹州)人,西汉景帝时任御史大夫,推行重农抑商的经济政策,著有《论贵粟疏》、《言兵事疏》、《贤良对策》、《守边劝农书》等。其政论文语言简练,辞意明畅,逻辑严密,论述深刻,显示出政论家的明快大度。著名文学家鲁迅评论贾谊、晁错二人"为文皆疏直激切,尽所欲言",而贾文"尤有文采,而沉实稍逊"。他们的政论文"皆为西汉鸿文,沾溉后人,其泽甚远"①。此外,汉初颍川人贾山"言多激切,善指事意",著文多篇,其《至言》借秦为喻而言治乱之道,是西汉前期以秦亡为史鉴的政论名

---

① 鲁迅:《汉文学史纲要》第七篇《贾谊与晁错》,《鲁迅全集》第9卷第391页。

篇。

东汉时期班固在洛阳朝廷中担任史官,专门从事汉史的撰作,前后花费数十年时间,终于完成《汉书》的编写。《汉书》具有较高的文学性,与司马迁的《史记》勘称史传散文的双璧。汉末著名文学家蔡邕,字伯喈,陈留郡圉县(今河南杞县南)人,长期在都城洛阳生活,官至左中郎将。其散文主要是章表奏疏和碑铭诔赞。刘勰《文心雕龙》称其碑铭"叙事也该而要,其缀采也雅而泽,清词转而不穷,巧义出而卓立"。最有代表性的《郭有道碑》《陈太丘碑》等,有较高的文学价值。

二、辞赋

汉赋是由楚辞发展而来的一种长篇论文。贾谊、张衡、蔡邕等是汉代河洛地区辞赋的代表作家,留下不少辞赋名篇。张衡的《二京赋》、蔡邕的《述行赋》,则是辞赋的名篇。

汉初的骚体赋,还有《离骚》的韵味。贾谊的《吊屈原赋》是骚体赋的代表作。他以《离骚》的余韵,表达自己与屈原类似的愤懑心情。他的《鵩鸟赋》以赋明理,以理遣情,开创汉赋中的散体赋,对汉赋尤其是散体大赋的发展有积极的影响。

东汉中叶散体小赋应运而生,成为文学家讥讽时事、抒情咏物的有力武器。此时的汉赋主要作家有张衡、蔡邕等人。

张衡字平子,南阳西鄂(今河南南阳市北)人,长期在洛阳作官。他的辞赋代表作是《二京赋》《归田赋》等。《二京赋》包括《西京赋》和《东京赋》,分别描写长安和洛阳的事迹,并抒发胸臆。赋中不仅有京城的景物和百戏的精彩、生动的描绘,而且对统治者的荒淫无耻行为进行有力的鞭挞,规劝他们切不可"好剿民以娱乐,忘民怨之为仇"。此赋被称为"长篇之极轨"。《归田赋》分别写归田的原因和退隐之乐趣,表现了作者"纵心物外"的超凡脱俗态度。它是抒情小赋的典型作品,拓宽了散体小赋的发展道路,后人争相仿效。

蔡邕也是汉赋的重要作家,现存赋17篇,《述行赋》可谓其代表作。赋中描写统治者争权夺利的情景:"贵宠煽以弥炽兮,金守利而不戢;前车覆而未远兮,后乘驱而竞及。"同时揭露统治者的骄奢和人民生活的痛苦:"穷变巧于台榭兮,民露处而寝湿;消嘉谷于禽兽分,下糠秕而无粒。"真实地反映了当时的社会现实。其《释诲》则是一篇自鸣不平的赋作,在陈说人生之道中深蕴愤慨之情,典事络绎纷纭,语言华采富丽,可谓"体奥而文炳"。

张衡、蔡邕的散体小赋多用骈语俪句,对六朝的徘赋和骈文有直接影响。此外陈留浚仪(今河南开封)人边韶、边让父子也有不少赋作,边让的《章华台赋》较为著名。

三、诗歌

汉代河洛地区的诗歌包括文人的诗作和民间歌谣两类。文人诗可分为五言和七言两类,以五言为多。张衡的诗作有《四愁诗》、《怨篇》和《同声歌》,以《四愁诗》影响最大,试看其第一章:"我所思兮在泰山,欲往从之梁父艰,侧身东望涕沾翰。美人赠我金错刀,何以报之英琼瑶。路远莫致倚逍遥,何为怀忧心烦劳。"这首诗并非情诗,而是感时伤身之作,表现诗人对国事的关心和忧虑,对后代七言诗的形成具有重要影响。蔡邕的诗作有《答元成诗》、《答卜元嗣诗》、《翠鸟》和《饮马长城窟行》。其《翠鸟》云:"庭陬有若榴,绿叶含丹荣。翠鸟时来集,振翼修形容。回顾生碧色,动摇扬缥青。幸脱虞人机,得亲君子庭。驯心托君素,雌雄保百龄。"这首诗反映了士人在汉末宦官专权、政治黑暗的环境中惶惶不可终日的心情。全诗以物喻人,借鸟之情抒己之情,含蓄、贴切、自然,有些句子颇工整。此外宋之侯的《董娇娆》,以洛阳城中路旁桃李起兴,设置人花对话,说明花谢还可再开,女人的青春却一去不复返。此诗融抒情叙事于一体,语言清新活泼,富有生活气息,有浓郁的乐府民歌风味。汉末,文人五言诗渐趋成熟。在《古诗十九首》中,产生于洛阳的就有《青青陵上柏》、《驱车上东门》和《凛凛岁云暮》等。

汉代河洛地区产生了大量歌谣。这些歌谣有些被乐府采集,有些仅流传于民间。东汉的都城洛阳流传的歌谣较多。这些歌谣具有鲜明的时代性和强烈的批判性,内容多是对统治者的揭露和鞭挞。例如《顺帝末京都童谣》:"直如弦,死道边。曲如钩,反封侯。"讽刺外戚梁冀专横跋扈,朝政日非,正直的官员李固死在路边,投机倾侧的胡广等人反而封侯。《桓帝时京都童谣》:"举秀才,不知书。察孝廉,父别居。寒素清白浊如泥,高第良将怯如黾。"揭露东汉后期的人才选拔完全名不副实的状况,是对当时察举制度严重扭曲的极大讽刺。桓帝时的《小麦童谣》:"小麦清清大麦枯,谁当收获妇与姑。丈夫何在西击胡。吏买马,君具车,请为诸君鼓咙胡。"揭露统治者连年用兵,造成田地无人耕作和赋役不均的社会现实,表达了人民群众的愤怒和抗议。这些歌谣内容丰富,有很高的艺术性,对后世文人诗作有一定影响。

此外,西汉前期著名方士洛阳人虞初撰有《周说》943 篇,已佚。前人称其"以《周书》为本",可能是对《周书》的演义,又有志怪小说性质。此书被后人奉为小说鼻祖,而"虞初"也因此成为志怪小说的代称。

第三节　魏晋北朝文学

魏晋北朝时期河洛地区聚集了一批在全国颇享盛誉的作家,写出了不少脍炙人口的作品。特别是建安年间、正始年间和太康年间,这一地区文坛高潮迭起,诗歌、辞赋、散文及文学评论诸方面都有引人注目的成就。

一、诗歌

魏晋时期河洛地区诗歌创作兴盛,作家作品众多。

1. 建安诗歌

汉魏之际的建安年间(196～220 年),河洛地区出现极大的社会动荡和战乱,改变了文人学士的生活和思想。他们继承汉乐府的现实主义精神,采用五言诗的形式,反映当时的社会生活,作品具有"慷慨悲凉"的时代风格,形成了后代称作"建安风骨"的优良传统。

建安年间,"三曹"(曹操、曹丕和曹植)和"七子"(王粲、孔融、徐干、应瑒、阮瑀、陈琳、刘桢)以及女诗人蔡琰等主要在许县(今河南许昌)和邺城(今河北临漳西南)一代生活和创作,他们的作品反映社会的动乱和百姓的疾苦,也表现了统一天下的理想和壮志。

曹操是建安文学的主将和开创者。他的许多诗篇描写中原地区遭受战乱的凄惨景象。其《薤露行》抒发作者目睹遭受董卓之乱后洛阳成为一片废墟的哀伤心情。《蒿里行》述写关东州郡起兵讨伐董卓无功,回头来为追求势利互相残杀的情况:"铠甲生虮虱,百姓已死亡。白骨露于野,千里无鸡鸣。生民百遗一,念之断人肠。"流露出作者伤时悯乱的感情。"建安之杰"曹植的《送应氏》写道:"步登北邙阪,遥望洛阳山。洛阳何寂寞,宫室尽焚烧。垣墙皆顿擗,荆棘上参天。不见旧耆老,但睹新少年。侧足无行径,荒畴不复田。念我平常居,气结不能言。"女诗人蔡琰的《悲愤诗》叙写自己在董卓之乱时被掳入胡族的不幸遭遇,是一篇感伤离乱、追怀悲愤的长篇叙事诗。诗中写道:"卓众来东下,金甲耀日光。平土人脆弱,来兵皆胡羌。猎野围城邑,所向悉破亡。斩截无孑遗,尸骸相撑拒。马边悬男头,马后载妇女。长驱西入关,迴路险且阻。""欲死不能得,欲生无一可。"这是建安诗坛的一座奇葩。蔡琰又有《胡笳十八拍》,是一篇浪漫的抒情杰作。

陈留尉氏(今属河南)人阮瑀也写有一些反映社会现实的诗作。如《驾出北郭门行》,描写后母虐待孤儿的事,揭露封建家庭的冷酷无情。汝南南顿(今河南项城)人应玚曾任曹丕五官将文学,其诗多应酬之作。他在邺城所作《侍五官中郎将建章台集诗》除反复歌颂曹丕的功德外,也曾代雁为辞,反映自己经历困苦流离的生活,表现了想依靠曹氏父子干一番事业的心情。

曹植长期在河洛地区生活,写有一些脍炙人口的诗篇。如《名都篇》言:"名都多妖女,京洛出少年。宝剑值千金,被服丽且艳。斗鸡东郊道,走马长楸间。驰骋未能半,双兔过我前。揽弓捷鸣镝,长驱上南山。""归来宴平乐,美酒斗十千。"揭露了纨绔子弟斗鸡走马、弋猎狩宴的荒淫生活。

2. 正始诗歌

正始年间,阮籍、嵇康等人云集都城洛阳,掀起文学创作的高潮。

阮籍字嗣宗,陈留尉氏(今属河南)人,阮瑀之子,擅长五言诗。流传至今的82首咏怀诗,把隐藏在内心的痛苦和愤懑用隐约曲折的形式倾泻出来,表现了极为复杂的思想感情。如:"驾言发魏都,南向望吹台。箫管有遗音,梁王安在哉?战士食糟糠,贤者处蒿莱。歌舞曲未终,秦兵已复来。夹林非吾有,朱宫生尘埃。军败华阳下,身竟为土灰。"通过对战国时期魏国败亡的历史回顾,曲折地表现对曹魏政治黑暗的不满。又如"嘉树下成蹊,东园桃与梨。秋风吹飞藿,零落从此始。繁华有憔悴,堂上生荆杞。驱马舍之去,去上西山趾。一身不自保,何况恋妻子?凝霜被野草,岁暮亦云已。"借树木繁华遭秋风,野草被凝霜,比喻士人遭时势动乱、家族难保的情景。阮籍的诗风质朴自然而多感慨,有"言在耳目之外,情寄八荒之表"的美誉。

嵇康字叔夜,谯国铚县(今安徽宿县东南)人,长期在洛阳、河内(今河南焦作一带)生活。他在政治上属于拥曹派,对掌握曹魏政权的司马氏极为不满。他喜欢写四言诗。其《太师箴》云:"骄赢肆志,阻兵擅权,矜威纵虐,祸崇丘山。刑本惩暴,今以胁贤。昔为天下,今为一身。"揭露魏之季世的政治状况,痛斥司马氏的恐怖统治。他后来因友人吕安事牵连,被捕入狱。在洛阳狱中写的《忧愤诗》称自己"托好老庄,贱物贵身。志在守朴,养素全真"。但由于"好善暗人"、"显明臧否"而贾祸,虽"澡身沧浪"也难以洗清,想"颐性养寿"而不可得。诗中自怨自艾之情若隐若现。

河内温县(今属河南)人司马懿是曹魏重臣。青龙四年(236年)领兵伐公孙渊,归途经过家乡,与父老故旧宴饮,作《饮宴诗》云:"天地开辟,日月重光。遭逢际会,奉辞遐方。将扫逋秽,还过故乡。肃清万里,总齐八荒。告成归老,待罪武阳。"表达了为国家建功立业、然后退隐的愿望。

3. 太康诗歌

西晋太康、元康年间,实现了全国的统一,社会出现"小康"的局面。士族阶层歌咏升平,形式主义的诗风得以发展。太康年间活跃在河洛地区诗坛的有三张(张载、张协、张亢)、二潘(潘岳、潘尼)、二陆(陆机、陆云)和一左(左思)。

潘岳字安仁,荥阳中牟(今属河南)人,为权臣贾谧的二十四友之首,官至黄门侍郎,人称贾黄门。其《金谷集作诗》云:"朝发晋京阳,夕次金谷湄。回溪萦曲阻,峻阪路威夷。绿池泛淡淡,青柳何依依。滥泉龙鳞澜,激波连珠挥。前庭树沙棠,后园植乌樗。灵囿繁石榴,茂林列芳梨。"写出了金谷园流水潺潺、绿树成荫的美好景色。他有《悼亡诗》三首,写离家赴任前对亡妻的悼念,情感真挚,堪称其代表作。第一首云:"帏屏无仿佛,翰墨有余迹。流芳未及歇,遗挂犹在壁",是物在人亡的感受;"春风缘隙来,晨霤承檐滴。寝息何时忘,沉忧日盈积",写沉浸在悲哀之中,不觉冬去春来,都很动人。谢晦称"潘诗烂若舒锦,无处不佳"。潘岳的诗辞藻华丽,铺叙过多,往往平缓繁冗而缺少含蓄。潘岳的侄子潘尼,字正叔,官至太常卿。其诗作多应酬赠答,注重辞藻。其《三月三日洛水作》云："暮春春服成，百草敷英蕤。聊为三日游，方驾结龙旗。廊庙多豪俊，都邑有艳姿。朱轩荫兰皋，翠轩映洛湄。临岸濯素手，步水擎轻衣。陈钩出比目，举弋落双飞。羽觞乘波进，素俎随流归。"又有《赠河阳》《赠陆机出为吴王郎中令》等。

陆机、陆云兄弟是吴郡华亭（今江苏松江县）人，东吴灭亡以后从江南来到洛阳做官，写了不少诗篇。如陆机的《赴洛道中作》的第一首："总辔登长路，呜咽辞密亲。借问子何之，世网婴我身。永叹罪北渚，遗思结南津。行行遂已远，野途旷无人。""山泽纷纡余，林薄杳阡眠。虎啸深谷底，鸡鸣高树巅。哀风中夜流，孤兽更我前。悲情逐物感，深思郁缠绵。伫立望故乡，顾影凄自怜。"形象地写出北去远行途中的亲身感受。但其诗多追求辞藻和对偶，流于堆砌呆板，繁冗乏力。二陆都写有《为顾彦先赠妇》诗，陆云写道："我在三川阳，子在五湖阴。山海一何旷，譬彼飞与沉。目想清蕙姿，耳存淑媚音。独寐多远念，寤言抚空衿。彼美同怀子，非尔谁为心。"丈夫到洛阳游宦，妻子留居江南，以诗赠答，抒离别之情，意切情深。

左思是齐国淄博（今属山东）人，因妹被选入宫，举家迁居都城洛阳。左思官至秘书郎。其《咏史诗》言之有物，继承了建安诗风。如"弱冠弄柔翰，卓荦观群书。著论准过秦，作赋拟子虚。边城苦鸣镝，羽檄飞京都。虽非甲胄士，畴昔览穰苴。长啸激清风，志若无东吴。铅刀贵一割，梦想骋良图。左眄澄江湘，右盼定羌胡。功成不受爵，长揖归田庐。"抒发自己的报国壮志。但是由于出身寒微，得不到重用，其诗又表现对门第观念的不满："郁郁涧底松，离离山上苗。以彼径寸茎，荫此百尺条。世胄蹑高位，英俊沉下僚。地势使之然，由来非一朝。金张籍旧业，七叶珥汉貂。冯公岂不伟，白首不见招。"左思咏史，不专咏一人一事，咏古人而己之性情俱见，人称千秋绝唱。

张载的《七哀诗》写董卓之乱中东汉皇帝陵寝被掘毁的情景，"北邙何累累，高陵有四五。借问谁家坟，皆云汉世主。恭文遥相望，原陵郁膴膴。季世丧乱起，贼盗如豺虎。毁壤过一抔，便房启幽户。珠柙离玉体，珍宝见剽虏。园寝化为墟，周墉无遗堵。""昔为万乘君，今为丘中土。感彼雍门言，凄怆哀古今。"表现了作者感伤凄怆的心情。

西晋河洛地区还有洛阳人郭泰机、河内温县（今属河南）人司马彪、陈留尉氏(今属河南)人阮修、颍川长社(今河南长葛)人枣嵩等,均有诗作传世。

4.北朝诗歌

北朝河洛地区有一些文人诗作。如河内温县人常景出身于儒学世家,感慨自己久处门下职事积岁不迁,以为蜀人司马相如、王褒、严君平、扬雄皆有高才而无重位,托意赞之。其《司马相如》篇云:"长卿有艳才,直致不群性。郁若春烟举,皎如秋月映。游梁虽好仁,仕汉常称病。清贞非我事,穷达委天命。"范云的《别诗》:"洛阳城东西,常作经时别。昔去雪如花,今来花似雪。"也脍炙人口。

"北朝三才"之一的温子昇写有《从驾幸金墉城》诗:"兹城实佳丽,飞甍自相并。胶葛拥行风,岧峣阆流景。御沟属清洛,驰道通丹屏。湛淡水成文,参差树交影。""细草缘玉阶,高枝荫桐井。微微夕渚暗,肃肃暮风冷。"对仗极为工整。此外,颜子推的《从周入齐夜度砥柱》:"侠客重即辛,夜出小平津。马色迷关吏,鸡鸣起戍人。露鲜华剑彩,月照宝刀新。问我将何去,北海就孙膑。"即景抒情,显示了自己的抱负。

价值较高的还是一些民歌。北朝河洛地区民歌生活气息浓厚,与文人诗作大不相同。与东晋南朝民歌相比,也有粗犷豪放、慷慨激昂、题材广泛、语言刚健等特点。《河中之水歌》前人一作晋辞,一说为梁武帝所作。从其内容看,应是一首北方民歌。其辞是:"河中之水向东流,洛阳女儿名莫愁。莫愁十三能织绮,十四采桑南陌头。十五嫁为卢家妇,十六生儿字阿侯。卢家兰室桂为梁,中有郁金苏合香。头上金钗十二行,足下丝履五文章。珊瑚挂镜烂生亮,平头奴子擎履箱。人生富贵何所望,恨不早嫁东家王。"不少民歌为鲜卑等北方少数民族所作。如《折杨柳歌》:"遥望孟津河,杨柳舞婆娑。我是虏家儿,不解汉儿歌。"

北朝民歌成就最高的,应首推《木兰辞》。它大约作于北魏迁都洛阳以后,东西魏分裂以前。在流传过程中,可能经过隋唐文人润色。这篇三百多字的民歌,写的是少女木兰代父从军的故事,塑造了一个女英雄的形象。它采用反复回旋的句式,渲染女扮男装、代父从军的人物形象。如"东市买骏马,西市买鞍鞯。南市买辔头,北市买长鞭。""且辞爷娘去,暮宿黄河边。不闻爷娘唤女声,但闻黄河流水鸣溅溅。且辞黄河去,暮至黑山头。不闻爷娘唤女声,但闻燕山胡骑鸣啾啾。"这种夸张铺陈笔法,将木兰出征前后的心情刻画得细腻淋漓,更为悲壮感人。而对十年征战的经历,却只用六句:"万里赴戎机,关山度若飞。朔气传金柝,寒光照铁衣。将军百战死,壮士十年归。"区区 30 个字,就勾画出木兰英勇善战的气概。而对木兰返回故乡,又采取反复回旋的写法,烘托出全家人的欢乐喜庆气氛和木兰纯洁、智慧的本色,表现她不慕荣华富贵、向往和平生活的高尚品德。这首民歌塑造了人民群众心目中的理想人物形象,因而能流传千古。

二、辞赋

魏晋南北朝时期不少诗人兼作赋,作家作品颇多。河洛地区的辞赋作品虽也有长篇巨制,但以短篇小赋为多,不以用典咏物为要,而以抒情适性见长。

建安之杰曹植不仅以诗文著称,辞赋也很出色。著名的《洛神赋》,就是黄初三年(222 年)他到京师洛阳朝觐,返回封地途中渡洛水时,想起洛神的传说而作。这篇抒情小赋融铸神话体裁,通过梦幻境界,描写了一个人神恋爱的悲剧。曹植以惊人之笔着力描绘洛神的容貌、姿态和装束之美:"其形也,翩若惊鸿,婉若游龙。荣曜秋菊,华茂春松。仿佛兮若轻云之蔽月,飘飘兮若流风之回雪。远而望之,皎若太阳生朝霞;近而察之,灼若芙蕖出绿波。"在比喻之后,又予以实写:"浓纤得衷,修短合度。肩若削成,腰如约素。延颈秀项,皓质呈露。芳泽无加,铅华弗御。云髻峨峨,修眉联娟。丹唇外朗,皓齿内显。明眸善睐,辅靥承权。瑰姿艳逸,仪静体闲。柔情卓态,媚于语言。奇服旷世,骨相应图。"接着写在神奇的幻境中,他与洛神相会,诉说衷肠。终因人神不能结合,洛神与他告别。他也心怀惆怅,踏上归途。

曹植之外,赋作家还有何晏、向秀等。魏明帝将东巡,恐炎夏酷热,在许昌建景福殿。何晏作赋,述写景福殿的建造经过与壮美,极尽铺陈之能事。正始年间,向秀经过友人、嵇康、吕安故居,作《思旧赋》,物在人逝,难抑伤感之情。阮籍作有《东平赋》《首阳山赋》《鸠赋》《猕猴赋》《清思赋》《元父赋》等。

西晋时期河洛地区的赋作家以潘岳和左思最为著名。

潘岳的赋作很多,有《籍田赋》《射雉赋》《西征赋》《秋兴赋》《闲居赋》等。《籍田赋》歌颂泰始四年(268 年)正月晋武帝初行籍田仪式以劝农之事,《西征赋》乃潘岳任长安令西去,作赋述所经历,论沿途的山水人物,为赋中之长篇。《秋兴赋》述秋天的景色和和作者的心情。《闲居赋》写仕进之途不畅,不愿闻知时事,闲居洛郊田园的情景。其赋作内容广泛,各有特色。

左思的《三都赋》是西晋赋作中的鸿篇巨制,由蜀都、吴都、魏都三篇构成,独立而相互关联。它在形式上继承了汉代班固、张衡京都大赋的套路,但在写一地物产、山川、人物时更为求实,是其十年精心覃思之作。赋中通过三个假设人物——孙吴的王孙、刘蜀的公子和曹魏的先生之间的叙谈,将三座名都作了淋漓尽致的描绘。从经济到政治,以及历史地理、风土人情和特产等应有尽有。写成之后,著名学者皇甫谧为之作序,张载、刘逵为之作注,复经张华的赞扬,得以蜚声文坛。豪富之家竞相传写,洛阳为之纸贵。

东晋南朝时,南渡的河洛地区士人中也出现了一些辞赋作家和作品。济阳考城(今河南兰考)人江淹,字文通,是南朝最优秀的骈文作家,他将诗歌中的咏史和代言的传统引入辞赋之中。其《恨赋》和《别赋》最为著名。前者言古人不称其情,皆饮怀而死;后者写不同类型人物的离别情绪,刻画各自的心理状态。言离别之黯然销魂多用独白。如恋人惜别:"下有芍药之诗,佳人之歌,桑中卫女,上宫秦娥。青草碧色,春水绿波,送君南浦,伤之如何?"

总之,魏晋南北朝时期河洛地区的辞赋已改变了汉代以渲染铺陈为特点的大赋的形式,改为以叙事抒情为主的小赋,内容丰富,可读性增强,达到了骈文的高峰。

三、散文

魏晋南北朝的河洛文坛也涌现了一批散文作家,创作了一些说理、叙事、抒情、写景的优秀散文。

早在建安年间,这一地区就出现了不少散文佳作。曹操被人称为"改造文章的祖师",他的散文用简洁朴素的语言把要说的话自由地写出来,具有"清凌""通脱"的风格。其《让县自明本志令》作于建安十五年(210年)年底。当时北方已经统一,政权逐渐巩固,内外矛盾突出起来。曹操的内外政敌一直攻击他要废汉帝自立,以动摇其政治基础。此令叙述他自己的生活经历和思想变化过程,申明自己忠于汉室,无不逊之志,表现了政治家的雄伟气魄和斗争锋芒。曹丕在孟津写《与朝歌令吴质书》,回忆昔日南皮之游,伤生离死别之情,其《与钟大理书》亦很著名。阮瑀与陈琳均以书檄擅名,其章表书记被称为当时之俊。阮瑀的《为曹公作书与孙权》,铺张扬厉,纵横驰骋,多用对偶排比句法,表现出散文向骈体发展的倾向。应玚亦善于书信，有《与满公琰书》《与侍郎曹长恩书》《与颍川长岑文瑜书》《与从弟君苗君胄书》，或为应答，或戏乞雨，或述遭遇，言自己"官无金、张之援，游无子、孟之资，而图富贵之等，望殊异之宠，是陇西之游、越人之射耳"，抒发自己欲归田园的心意。

曹魏时，阮籍、嵇康等人善写文章。嵇康的《与山巨源绝交书》具有反抗思想。山涛字巨源，荐嵇康为选曹郎。嵇康以为山涛不知其心志，要与他断绝交往。书中称自己蔑视礼教，为官既有七"不堪"，又有二"不可"：即"每非汤武而薄周孔"，"为世教所不容"；又"刚肠疾恶，轻肆直言，遇事便发"。表达了自己"守陋巷，教养子孙，时与亲旧叙离阔，陈说平生，浊酒一杯，弹琴一曲"的心愿。全文直述胸臆，嬉笑怒骂，锋利洒脱，表现了作者峻急刚烈的性格。其《养生论》言养生可以长寿，有理有据，颇具说服力，《管蔡论》也很有名。阮籍著文颇多，说理的有《通易论》《通老论》《达庄论》和《乐论》，表述了自己的玄学思想。最有价值的是《大人先生传》，文中说："君立而虐兴，臣设而贼生，坐制礼法，束缚下民。"一语道破封建统治的本质，又指出钻营利禄的礼法之士，就像破裤子里的虱子，一旦遇到火，难逃覆亡的命运。此文对封建社会进行了尖锐的批判和深刻的揭露，全文使气骋辞，奇偶相生，韵散间杂，风格独特。魏晋之际，钟会撰《檄蜀文》，陈安危，劝迎降，颇有说服力。

西晋时期陆机撰《五等论》，言："五等之君，为己思治；郡县之长，为利图物。"实行郡县制则"君无卒岁之图，臣挟一时之志。五等则不然，知国为己土，众皆吾民。民安君受其利，国伤家婴其病。"因此主张实行五等爵制。皇甫谧的《三都赋序》言赋作的历史和特点，"因客主之辞，正之以魏都，折之以王道，其物之所出，可披图而校，体国经制，可得按记而验"。此序使该赋身价十倍。潘岳所写诔文，如《杨扬州诔》、《杨仲武诔》、《夏侯常侍诔》等，均值得称赞。

南北朝时期的一些史传和地理著作中，有一些较为质朴的叙事、抒情和写景作品。范阳涿县（今河北涿州）人郦道元曾在洛阳任御史中尉，又在颍川、鲁阳等地任地方官。他所著《水经注》在描写山川景物方面，取得了值得珍视的成就。不仅《江水注》中的"巫峡"为千古传诵的名篇，《河水注》中的"孟门"气势也颇宏伟："此石经始禹凿，河中漱广，夹岸崇深，倾崖返捍，巨石临危，若坠复倚。古之人有言，水非石凿而能入石，信哉！其中水流交冲，素气云附，往来遥观

者,常若雾露沾人,窥深悸魄。其水尚崩浪万寻,悬流千丈,浑洪赑怒,鼓若山腾,
濬波颓叠,迄于下口,方知慎子'下龙门流浮竹,非驷马之追也'。"东魏时杨衒之
的《洛阳伽蓝记》写洛阳城的兴废:"当时四海晏清,八荒率戢……百姓殷阜,年
登俗乐。鳏寡不闻犬豕之食,茕独不见牛羊之衣。于是帝族王侯,外戚公主,擅
山海之富,居山林之饶。争修园宅,互相夸竞。"而经过永熙之乱,"城郭崩毁,宫
室倾覆,寺观灰烬,庙塔丘墟,墙被蒿艾,巷罗荆棘。"对比极为鲜明,词文清丽隽
永。

四、文学评论

建安年间,由于社会政治状况和时代思潮的变化,文学创作极为活跃,文学
创作的自觉性明显提高,品评文章的风气逐渐形成。

曹丕的《典论·论文》和《与吴质书》都是关于文学批评的论著。前者在曹
魏建立后契刻于石,和石经一起立于洛阳太学门前。《论文》指出,自古以来存
在着"文人相轻"的积习,客观地指出"建安七子"在各体文章创作中的长处和短
处。作家之所以互有长短,一是因为文体各有长短,二是因为作家的才性不齐。
曹丕将文章分为四科:"夫文本同而末异,盖奏议宜雅,书论宜理,铭诔尚实,诗
赋欲丽。"此四科不同,"故能之者偏也。唯通才能备其利。"为什么作家"能之者
偏"呢? 因为"文以气为主,气之清浊有体,不可力强而致。""气"是作家的才性
在文章中的反映。曹丕讲文气,注重清高和俊逸。他将文章当做"经国之大业,
不朽之盛事",鼓励作家积极创作。《论文》标志着文学批评新时期的到来。

西晋时期,陆机著《文赋》,"述先士之盛藻,因论作文利害之由"。他在赋中
论述十种文体的风格特征,说:"诗缘情而绮靡","赋体物而浏亮","论精微而朗
畅"。不仅对文体的区分更加细密,标准也有所改变,反映了太康年间的新文风
更为注重形式的轻巧绮靡。赋中生动地描述作家创作的过程:先有创作的动机,
接着进行构思,再"选义按部,考辞就班"。指出立意为本,选辞为末,并深入地
探讨了立意和修辞问题。《文赋》第一个把创作过程、方法、方式、技巧等问题提
上文学批评的议程,功绩不可磨灭。但它忽视文章的思想内容,侧重表现的方法
技巧,助长了形式主义的文风。

南朝梁时,颍川长社(今河南长葛)人钟嵘著《诗品》一书,是我国第一部诗

歌评论著作。它仿照汉代"九品论人,七略裁士"的先例品评诗人,以纠正齐梁时代诗坛"庸音杂体,人各为容"的混乱局面。全书品评了两汉至梁代120位诗人,书序中谈到对诗的看法:"故诗有三义焉。一曰兴,二曰比,三曰赋。文已尽而意有余,兴也;因物喻志,比也;直书其事,寓言写物,赋也。宏此三义,酌而用之,干之以风力,润之以丹采,使味之者无极,闻之者动心,是诗之至也。"由此可见,钟嵘强调赋和比、兴的相济为用,对内在的风力与外在的丹彩同样重视。他论诗反对用典,也反对沈约等人的"四声八病"主张。他善于概括诗人独特的艺术风格,多从赋比兴、风骨辞采、诗味和有无佳句等方面评论。但他往往把辞采放在首位,很少涉及思想内容。《诗品》是中国第一部论诗的专著,对后代的诗歌评论影响巨大。

第四节 隋唐文学

隋代历时较短,河洛地区的文学成就不高。但河东汾阴(今山西荣河)人薛道衡是隋代艺术成就最高的诗人。诗作以《昔昔盐》最为著名。此诗虽然写思妇怀念征人的传统主题,但"暗牖悬蛛网,空梁落燕泥"一联,透过环境细节的描写,刻画出旷妇孤独寂寞的心境,显示出艺术独创性。其小诗《人日思归》:"入春才七日,离家已二年。人落归雁后,思发在花前。"以计算归期的思想活动,委婉地表达思家的深情,有含蓄不尽的风味。

唐代河洛地区诗歌散文创作成就辉煌。唐初陕县(今河南三门峡)人上官仪是上官体诗的代表人物。盛唐时巩县(今河南巩义)人杜甫的诗作反映了当时的社会状况,有"史诗"之誉,他也被称为"诗圣"。中唐宜阳诗人李贺诗风怪异,洛阳人元稹的乐府诗简古拙朴。晚唐河内(今河南沁阳)人李商隐的无题诗情意缠绵,语言清丽。孟县(今河南孟州)人韩愈是当时古文运动的领袖,他提倡"文以载道",言贵独创,写有不少优秀散文作品,名列"唐宋八大家"之首。

唐代河洛地区的文学得到蓬勃发展,名家辈出,流派纷呈,出现了空前繁荣的景象。在各种文学体裁中,以诗歌最为繁盛,散文也颇有影响,传奇、词等文体也已出现。

一、诗歌

(一)初唐的宫廷诗

唐初浮艳诗风泛滥,写作宫廷或艳情诗的文人不少,上官仪可谓其代表人物。上官仪是陕州陕县(今河南三门峡)人,太宗时作过宫廷侍臣,受命做诗应和,有《奉和山夜临秋》《奉和过旧宅应制》《早春桂林殿应制》等 28 首。他"本以词彩自达,工于五言诗",且诗风"好以绮错婉媚为本",适合宫廷需要,士大夫纷纷仿效,成为一种颇有影响的诗歌创作体裁,称为"上官体"①。他还归纳六朝以来诗歌中的对仗方法,提出"六对"、"八对"之说,对唐代律诗的形成有一定的促进作用。

上官仪之后,杜审言出现于诗坛。杜审言祖居襄阳,高宗在位时在东都洛阳任职。他除了应制、奉和诗之外也有一些诗作颇少雕饰,以浑厚见长。其诗作以五言诗成就较高,如《和晋陵陆丞早春游望》,形象鲜明,工致而不伤于纤巧。他的五言诗创作,对唐代"近体诗"的形成和发展有一定贡献。因此,前人说:"近体,梁陈已有,至杜审言而始叶于度。"②

在唐初宫廷诗写得较多的还有沈佺期和宋之问。沈佺期是相州内黄(今属河南)人,其两首乐府古题最为人称道。宋之问是虢州弘农(今河南灵宝)人,其《度大庾岭》最为著名。沈、宋二人在律诗方面成就颇大。他们的诗讲究音韵和对仗,形式力求工致,在"回忌声病,约句准篇"上很下工夫,对唐代律诗的形成和发展贡献较多。

上官仪的孙女上官婉儿是中宗朝宫廷中的著名女作家。其应制诗修辞华美,但内容贫乏,几首反映宫禁生活的感伤诗较有价值。如:"叶下洞庭初,思君万里余。露浓香被冷,月落锦屏虚。欲奏江南曲,贪封冀北书。书中无别意,惟怅久离居"。时人张说称她"独使温柔之教,渐于生人;风雅之声,流于来叶",开一代诗风。

汝州人刘希夷善写长篇歌行,特别是充满哀怨的闺情诗。其诗柔婉纤巧,代

---

① 《旧唐书》卷八十《上官仪传》。
② 王夫之:《薑斋诗话笺注》第 130 页,人民文学出版社,1981。

表作为《白头吟》。此诗自然流畅,充满悲叹韶光易逝的情调,哀伤感人。诗中的"年年岁岁花相似,岁岁年年人不同"是为人传诵的名句。

总之,以"上官体"为主的宫廷派诗歌辞藻华丽,对仗工整,在唐代律诗的形成和发展中具有一定的作用。它以众多的诗人、柔隽的诗风承前启后,继往开来,在唐诗中占有一定的地位。

此外,王绩及唐初四杰中的王勃、杨炯都是河洛地区人。

绛州龙门(今山西稷山)人王绩,字无功,仕途失意,回归田园。他的一些诗有一定的生活内容,风格清新朴素,如《野望》:"东皋薄暮望,徙倚欲何依?树树皆秋色,山山唯落晖。牧人驱犊返,猎马带禽归。相顾无相识,长歌怀采薇。"生动地写出田园景色和自己的闲适生活,是最早摆脱齐梁浮艳气息的近体诗。

王绩的侄孙王勃,字子安,在诗歌创作上反对宫体诗,主张诗歌革新,形成了自己独特的风格。其《送杜少府之任蜀川》最为脍炙人口:"城阙辅三秦,风烟望五津。与君离别意,同是宦游人。海内存知己,天涯若比邻。无为在歧路,儿女共沾巾!"用"海内存知己,天涯若比邻"这样开朗壮阔的诗句,把送别的缠绵之情一笔撇开,变悲凉为豪放,表现了不平凡的胸怀抱负。其《滕王阁诗》、《采莲曲》也很著名。

杨炯,陕西华阴人,曾官盈川令,几首写边塞的五律颇有特色。如《从军行》:"烽火照西京,心中自不平。牙璋辞凤阙,铁骑绕龙城。雪暗凋旗画,风多杂鼓声。宁为百夫长,胜过一书生。"反映了士人向往边塞生活的慷慨志意。

(二)盛唐时的边塞诗

边塞诗派是指多描写边塞地区或征战生活的诗歌流派,代表人物有岑参、李颀、崔颢、高适等人。盛唐诗人所具有的追求理想的不羁精神与豪迈气概所形成的时代精神,在边塞诗中多有流露。

武则天对东都洛阳的经营促进了河洛地区文学的发展,一些才情兼具的诗人脱颖而出,各领风骚。河南洛阳人张说"三秉大政,掌文学之任凡三十年。为文俊丽,用思精密,朝廷大手笔,皆特承中旨撰述,天下词人,咸讽诵之。又长于碑文、墓志,当代无能及者"①。张说是盛唐文风转变的关键人物,其诗歌以军旅

---

① 《旧唐书》卷九十七《张说传》。

诗和山水纪行诗见长,有 360 多首流传至今。其出镇幽州和并州的军旅诗,语言沉稳劲健,意境雄浑豪迈,表现了诗人立功疆场、为国戍边以报明主的壮志豪情。如《巡边在河北作》:"去年六月西河西,今年六月北河北。沙场碛路何为尔,重气轻生知许国。人生在世能几时,壮年征战发如丝。会待安边报明主,作颂封山也未迟。"又如《幽州夜饮》:"凉风夜吹雨,萧瑟动寒林。正有高堂宴,能忘迟暮心。军中宜剑舞,塞上重笳音。不作边城将,谁知恩遇深。"从写凉风寒夜中的宴饮之乐,反映作者对军旅生活的喜悦和对君主的感激之情。其山水纪行诗,如《过蜀道山》《送梁六自洞庭山作》等,能准确把握不同时空的山水景物,善于即景兴咏,营造个性化的意境。

颍阳(今河南登封)人李颀,官新乡县尉久不得调,退而归隐。他存诗 120 余首,以边塞诗、音乐诗和交游赠别之作为人称道。其边塞诗虽数量不多,但浑融完整,气运沉雄,风格苍凉悲壮,以冷峻深刻的思考在边塞诗中独树一帜。如《古从军行》采用以景写情和映衬、对比等手法,淋漓尽致地写出戍边者的艰辛和沉重的心理负担,结句"年年战骨埋荒外,空见蒲桃入汉家",以重笔对比形成反讽,动人心弦。其诗作写出了战争给交战双方带来的痛苦,表达了笼罩在战争阴影之下的人民大众对和平环境的期盼。其音乐诗成就突出,以《听董大弹胡笳声兼寄语弄房给事》最为著名。其赠别诗,如《赠张旭》等,善于刻画人物的外在行为特点,以形传神。其诗作以七言律诗和七言古诗成就最高。

汴州(今河南开封)人崔颢官至司勋员外郎,曾任军职。其诗以边塞诗、妇女诗和纪行写景诗为多。他的七首边塞诗多表现从军出塞、杀敌报国的壮志豪情。《赠王威古》和《古游使呈军中诸将》写将军和游侠,笔力雄健,风骨凛然。其妇女诗多写贵妇闲适娇逸的生活以及宫女孤居的幽怨,以《长干曲四首》最耐人寻味。其纪行写景诗以《黄鹤楼》最为脍炙人口:"昔人已乘黄鹤去,此地空余黄鹤楼。黄鹤一去不复返,白云千载空悠悠。晴川历历汉阳树,芳草萋萋鹦鹉洲。日暮乡关何处是,烟波江上使人愁。"此诗借景抒情,将登临怀古之思和羁旅怀乡之情交织在一起,情以物显,一气贯注,可谓绝妙。

岑参祖籍邓州南阳(今属河南),出生于仙州(今河南叶县),是盛唐边塞诗的代表作家。他以奔腾浪漫的激情将人所罕见、千变万化的边疆景色写入诗中,如《白雪歌送武判官归京》云:"北风卷地百草折,胡天八月即飞雪。忽如一夜春风来,千树万树梨花开。散入珠帘湿罗幕,胡裘不暖锦念薄。将军角弓不得控,都护铁衣冷难着。翰海阑干百丈冰,愁云惨淡万里凝。"又如《走马川行奉送出师西征》云:"君不见走马川行雪海边,平沙莽莽黄入天。轮台九月风怒吼,一川碎石大如斗,随风满地石乱走。""将军金甲夜不脱,半夜军行戈相拨,风头如刀面如割。马毛带雪汗气蒸,五花连钱旋作冰,幕中草檄砚水凝。虏骑闻之应胆慑,料知短兵不敢接,车师西门伫献捷。"他的诗急促高亢,以奇峭而俊丽的风格,描绘边地光怪陆离、变幻莫测、瑰奇壮丽的风光,满怀激情地歌颂将士的英勇战斗的精神。

鲁山人元结,字次山,官至节度判官、刺史。他在天宝后期大力提倡以新乐府诗写民生疾苦,并在自己的创作实践中身体力行。其诗作除少量表现隐逸生活和山水纪行外,大多是揭露黑暗现实、反映民生疾苦之作。其《系乐府十二首》以诗笔为民立言,以不同身份的人物为主人公,从不同角度揭示天宝中期的各种社会矛盾。其《舂陵行》扼要概括安史之乱给下层百姓带来的深重灾难,表达了自己的无奈。元结的诗简古朴拙,其"系乐府"以序、注弥补诗中叙事之不足,以质朴的语言,翔实的叙事,自由的形式,确立了新乐府诗的基本格局,对元稹、白居易的新乐府诗创作有所启迪。

此外,河内(今河南沁阳)人张谓、洛阳人刘方平、王季友、孟云卿的诗作也都值得称道。

(三)诗圣杜甫的诗歌

杜甫字子美,河南巩县(今巩义)人。他用形式多样的诗篇,继承和发扬《诗经》以来现实主义的优秀传统并达到空前的高度,被后人誉为"诗圣"。他的作品有博大浩瀚的思想内容,善于选择具有普遍意义的题材,广泛反映社会现实,深刻揭露社会矛盾,显示出唐代由开元盛世转向分裂衰微的历史过程,因此被称为"史诗"。

杜甫的青年时代正当开元盛世,他先后写出《望岳》《房兵曹胡马》《画鹰》等诗,显示出不凡的材质和雄健的性格。天宝五年(746年),杜甫去到长安,写出了为人民呼喊的杰作《兵车行》,标志着他创作道路上一个新的起点,把笔触从个人的忧愤感伤延伸到广阔的社会,现实主义的创作风格日益鲜明。其《自京赴奉先县咏怀五百句》,具体表现了他自己"入门闻号啕,幼子饥已卒"的亲身体验,是他在长安闲居十年痛苦生活的总结,标志着诗人在思想和艺术上的高度成熟。

安史之乱中杜甫接连写出了一连串不朽的名篇,例如《哀王孙》《悲陈陶》《悲青板》《春望》《喜达行在所三首》《述怀》《羌村》《北征》等,把现实主义的诗歌创作发展到顶点。他的"三吏"、"三别"和《兵车行》等篇,描绘了战争给人民带来的灾难,诗句"朱门酒肉臭,路有冻死骨"、"穷年忧黎元,叹息肠内热",表现了他对统治阶级骄奢淫逸等罪行的不满,对人民痛苦生活的同情。

巩义唐杜甫诞生地

晚年,杜甫流落到剑南,在成都、夔州等地居住,开始了创作上的又一个丰收期,写出了《秋兴八首》等诗篇,现实主义的风格未改,感情却由炽烈趋向萧飒,对律诗用功更深。他善于描写大自然,许多山水诗、田园诗或通过写景来抒情的诗,如《秋兴八首》之一中的"寒衣处处催刀尺,白帝城高急暮砧",《水槛遣心》中的"细雨鱼儿出,微风燕子斜",都很精绝,并自成一家。

杜甫对诗歌创作一丝不苟。他自述:"为人性癖耽佳句,语不惊人死不休","新诗改罢自长吟"。杜甫在艺术上有多方面的才能,无论是五言、七言,古体、近体,无不卓然成章。他在创作风格上深沉凝重,语言精工、稳重、有力而又出人意外,还善于运用民间口头语言和方言。杜甫的诗歌对唐代诗歌的发展有很大的推动作用,对后世也产生了极为深远的影响。人们把他与伟大的浪漫主义诗人李白并列,称为"李杜",历代文人无不把他的诗歌作为学习的最高典范。

(四)批判现实的新乐府诗

安史之乱后,唐代的社会矛盾更加尖锐。诗人们提倡用新乐府诗描写人间疾苦,代表人物为元稹和白居易。

颍川(今河南许昌)人王建是新乐府运动的先驱者。他的乐府诗语气激昂,对社会现实的黑暗敢于揭露。如《羽林行》:"长安恶少出名字,楼下劫商楼上醉","百回杀人身合死,赦书尚有收城功。"其《田家行》《水运行》《水夫谣》《海人谣》等从多方面为人民呼吁。其诗作善于用通俗的语言描写农民的生活,口吻逼真,手法简练,颇见功力。

元稹字微之,河南洛阳人,穆宗时官至宰相。其诗作流传至今的有800余首。他的乐府诗创作受到王建、张籍的影响。元和四年(809年)他读了李绅写的20首"新题乐府"诗后,针对当时的社会现实,写了20首和诗。如《上阳白发人》写宫女的幽禁之苦,《法曲》表达对"安史之乱"后习俗变化的不满。比较而言,他在元和十二年写的19首"古题乐府"更为精彩。这些诗都是"寓意古意,刺美见事"的讽喻诗。其中以《田家词》和《织妇词》较有代表性。前者反映农民的苦难,表现了对朝廷长期对外用兵所带来的灾难的怨恨;后者写劳动妇女因有纺织技术而被官府限制不许嫁人,反映了他们的痛苦和悲哀。《连昌宫词》可谓元稹的代表作。这是一篇长篇叙事诗,采用对话的形式,借宫旁老翁之口,通过连昌宫的兴废变迁的叙述,探究"安史之乱"前后朝政变乱的原因,表达了希望治理朝政以实现国家和平安定的心愿。全诗将史实与传闻相结合,借助想象,进行具体生动的生活场景及人物形象的描绘,深化了主题。著名史学家陈寅恪说它是"合并融化唐代小说之史才、诗笔、议论为一体而成"[①]。元稹还善于写艳体诗和悼亡诗。他富于辞藻,精于描绘,擅长叙写男女之间的爱情。如《春晓》:"半欲天明半未明,醉闻花气睡闻莺。娃儿撼起钟声动,二十年前晓寺情。"感情真挚,言辞隽永。

白居易字乐天,下邽(今陕西渭南)人,出生于河南新郑,曾任翰林学士、左拾遗、江州司马、杭州刺史等职,晚年闲居洛阳香山寺,自号香山居士。白居易提出了现实主义的文学主张。他认为诗歌能"补察时政"和"泄导人情",写诗要于"时"于"事"起讽喻作用。他强调诗歌应该反映人民的痛苦,指摘时政的弊病。他还强调诗的真实性,主张文辞真实。他不仅创立了符合现实主义的诗歌理论,而且在创作实践中形成了平易通俗、周明详直的诗风。白居易的诗作可分为讽

---

① 陈寅恪:《元白诗笺证稿》。

龙门香山唐山白居易墓

喻诗、闲适诗和感伤诗、杂律几类。

　　白居易最重视讽喻诗，认为它能"救济人病，裨补时阙"。他写了170多首讽喻诗。他以深邃的目光洞察社会，"遇事托讽"，以收"美刺比兴"之功。在其50余首《新乐府诗》中，以揭露宫市制度的《卖炭翁》、谴责对南诏的不义战争的《新丰折臂翁》和暴露统治阶级昏暴的《缚戎人》等成就最高。这些诗刻画人物形象鲜明突出，谋篇布局注意故事情节，脉络联系，前后照应，曲折感人。

　　感伤诗主要是写他"随感遇"的咏叹，著名的有《长恨歌》和《琵琶行》。前者取材于唐玄宗和杨贵妃的民间传说，通过丰富的想象加以充实和渲染，成为现实主义和浪漫主义的杰作。故事完整，情节富于变化，描写细致，抒情气氛浓厚，博得人们永久传诵；后者是作者被贬为江州司马时所作。它借沦落天涯的琵琶女一生的遭遇抒发自己被黜的牢骚。"同是天涯沦落人，相逢何必曾相识"，是作者感触的深切表白。这首诗具有很强的艺术感染力。

　　白居易的闲适诗表现出作者对人生的乐观态度，通过平易的风格，给人一种明朗圆熟、自然流丽的美。如著名的《有勿真寺一百三十韵》《归田三首》等。他现存的律诗有1900多首，以《赋得古原草送别》和《暮江吟》等最为脍炙人口。

　　白居易存诗3800多首，在唐代诗人中首屈一指。其诗作以通俗浅白为世所称道。不仅在国内传布很广，而且在他生前，已经传播到日本、高丽等国。

　　（五）唐中叶的其他诗人

　　刘禹锡，河南洛阳人，长期过着逐客生活，写了不少讽刺诗，以他被贬放十年后回京游玄都观时所写的七绝《戏赠看花诸君子》最为著名:"紫陌红尘扑面来,无人不道看花回。玄都观里桃千树,尽是刘郎去后栽。"诗中以桃树影射新得势的权贵而再次被贬出,十四年后他再度回到京师,又写了《再游玄都观》:"半亩庭中半是苔,桃花开尽菜花开。种桃道士归何处?前度刘郎今又来。"讽刺更为辛辣,态度更为倔强。刘禹锡长期在巴山蜀水间生活,学习和改写过当地的民间歌谣,如《竹枝词》:"杨柳青青江水平,闻郎江上踏歌声。东边日出西边雨,道是无情却有情。""山桃红花满上头,蜀江春水拍山流。花红易衰似郎意,水流无限是侬愁。"就是他吸收、融会了民歌而做的新诗。刘禹锡的近体诗韵调优美,佳句颇多,如"沉舟侧畔千帆过,病树前头万木春"等,是诗人对社会生活的深刻观察和高度概括,足以发人深省。他的怀古诗,如《西塞山怀古》《金陵无题》《石头城》等,格调沉郁悲凉,多感伤哀怨,流传很广。刘禹锡的诗歌雄浑爽朗,节奏和谐明亮,在当时就有"诗豪"之称。

　　河内河阳(今河南孟州)人韩愈不仅是一位伟大的散文家,也是一位富有才力和创造性的诗人。韩愈一生特别爱好奇异壮丽的事物,一些写景诗,如《南山》《陆浑火》等,突出表现了他的浪漫气质。他的政治抒情诗,如《归彭城》《促织》等,把国事的忧愤和自己仕途失意的情怀交织在一起,激愤填膺,感慨淋漓。其长篇古风《此日足可惜赠张籍》《县斋有怀》等,通过自身经历的述写,反映中唐时代的重大时事,比杜甫更偏重个人抑郁情绪的倾泻,痛切感人。韩愈的诗作在李、杜之后开辟了一个重要流派,他写出了"既有诗之优美,更具文之流畅,韵散同体,诗文合一"的佳作①,其"以文入诗"、"以论入诗"和"奇险"诗风对当时的诗坛产生了很大影响。

　　李贺字长吉,河南福昌(今河南宜阳西)人。他是一位多才短命、成就突出的诗人,有"诗鬼"之称。他于元和元年(806年)南游长江中下游的名山大川,写出了《湘妃》《讲楼曲》《苏小小墓》《巫山高》《江南弄》等诗歌。后回到洛阳,到京师参加进士考试。因其父名"晋肃"而被剥夺举进士的资格,在朝廷作奉礼郎。在忧伤失意之余,他把精力全部倾注于诗歌创作之中,"长歌破衣襟,短歌断白发"。李贺留存诗四卷。其不少诗歌,如《猛虎行》《荣华乐》《苦昼短》等,

---

①　陈寅恪:《金明馆丛稿初编·论韩愈》。

对帝王贵戚的耽于淫乐,地方官吏的残害人民,进行讥刺和鞭挞;又有些诗作,如《感讽》其一、《黄家洞》等,对人民的痛苦寄予深切的同情。特别是《老夫采玉歌》:"采玉采玉须水碧,琢作步摇徒好色。老夫饥寒龙为愁,蓝溪水气无清白。夜雨冈头食榛子,杜鹃口血老夫泪。蓝溪之水厌生人,身死千年怨溪水……"述写采玉工人的悲惨遭遇,揭露统治阶级的荒淫和残酷。李贺的诗多感慨人生、抒发愤懑,也有些诗情景鲜明,辞意显豁,还有些诗用离奇的想象和浓重的色彩,造成忧冷凄艳、华丽怪诞的境界。

李贺不仅广泛运用古乐府诗写了许多咏古讽今的诗歌,而且突破藩篱,大胆在用语和立意上创造新的格调。他的诗在夸张铺饰、奇诡变幻、愤怨激越方面继承了《楚辞》的精神,如《金铜仙人辞汉歌》:"茂陵刘郎秋风客,夜闻马嘶晓无迹","空将汉月出宫门,忆君清泪如铅水","衰兰送客咸阳道,天若有情天亦老。"又如《雁门太守行》:"黑云压城城欲摧,甲光向日金鳞开","报君黄金台上意,提携玉龙为君死",带有浪漫主义的怪诞离奇色彩。李贺的爱情诗绚烂凄婉,设色绮丽,形成奇峭不羁、瑰丽凄恻的独特风格,开辟了新的艺术境界,对李商隐等人有所影响。

(六)李商隐与晚唐诗人

李商隐字义山,怀州河内(今河南沁阳)人。入仕后在党争夹缝中奔波,一生穷困潦倒。他汲取汉魏古诗和乐府歌词及梁陈宫体诗的精华,融会杜甫、杜牧、李贺等诗人的特点,形成了自己的艺术特色和优美风格。他的一些反映民生疾苦和咏叹历史、爱情的诗最有价值。

《行次西郊一百韵》是李商隐直接反映民生疾苦的代表作。它生动地描绘人民的苦难生活,表达了百姓对社会安定的渴望。这首诗用质朴的语言表现广阔的社会现实,在思想内容和表现手法上都受到杜甫《石壕吏》《北征》等诗的影响。李商隐还写了许多高质量的咏史诗,对历代好神仙和女色的帝王进行不同程度的讽刺。例如《瑶池》:"八骏日行三万里,穆王何事不重来","可怜夜半虚前席,不问苍生问鬼神",广为人们传诵。这些咏史诗用鲜明的形象揭露一些帝王的荒淫无耻,典雅含蓄的语言增强了作品的感染力和韵味。

最能代表李商隐诗歌风格的,是以《无题》或以诗中个别词为题的爱情诗。他的《无题》诗,吸取各家精华,创立了典雅华丽的风格。例如:"昨夜星辰昨夜风,画楼西畔桂堂东。身无彩凤双飞翼,心有灵犀一点通";又如:"相见时难别亦难,东风无力百花残。春蚕到死丝方尽,蜡炬成灰泪始干。"这些诗句表现对爱情的的默契和执著,加上语调和谐婉转,对仗工整,遣词谨严,辞藻华丽,形象优美生动,有很强的艺术感染力,为人们千古传诵。此外,李商隐还创作了一些咏物写景诗,如《登乐游原》:"向晚意不适,驱车登古原。夕阳无限好,只是近黄昏。"格调低沉,但寄情深刻,形象新奇。

李商隐的诗作反映现实生活者少,抒写个人感情者多;思想性较高的少,艺术技巧上可取者多。他开创了新的诗歌风格和流派,人们把他和杜牧合称"小李杜",他是晚唐时代独树一帜的诗人。

在李商隐之外,晚唐河洛地区还有聂夷中、姚合、李涉等几位诗人值得称道。

聂夷中,字坦之,河东(今山西永济)人,曾官华阴县尉。现存诗 37 首。他的诗继承汉魏古体诗和乐府歌词的传统,内容充实,形象丰满,语言朴素生动音调和谐自然。如《伤田家》:"二月卖新丝,五月粜新谷。医得眼前疮,剜却心头肉。我愿君王心,化作光明烛。不照绮罗筵,只照逃亡屋。"用概括的形象深刻反映农民被剥削的惨状。

姚合,陕州(今河南三门峡)人。爱花嗜酒,颓然自放。他著诗 10 卷,诗风平淡、质朴、方拙,与贾岛齐名,人称"姚贾"。洛阳人李涉,自号"清溪子"。其诗作"词意卓荦,不群世俗。长篇叙事,如行云流水,无可牵制,才名一时钦动"①。

二、散文

(一)初唐河洛地区的散文作家与作品

初唐时期河洛地区的散文作家有谢偃和上官仪等人。谢偃,卫州卫县(今河南浚县)人,所著《愚夫哲妇论》可与韩、柳古文相比肩,其赋体文继承汉赋劝讽之主旨,借鉴抒情咏物小赋之手法,语言清新,状物细致工整。上官仪的散文多为实用性文体,且用骈体,典实繁密,对仗工整,辞语华美,其《对用刑宽猛策》即表现了这些特点。此外,南阳棘阳(今河南南阳)人岑文本的《龙门三龛记》以阐释佛理佛法为主体,其中的写景一节形神兼备,清新可读。

---

① 辛文房撰、舒宝璋校注:《唐才子传》第 209 页,中州古籍出版社,1987。

　　盛唐时期河洛地区的散文作家较多,可谓盛唐散文创作队伍中的主力军。前期文坛以张说为代表,姚崇、吴兢、司马承祯等也很著名。他们虽未完全摆脱骈文体式的影响,但已有意借鉴和吸收秦汉散文的语言技巧,开始探索由骈复散。后期文坛的元结、萧颖士、独孤及、梁肃、贾至、张渭等,进一步从理论和创作实践两方面谋求创新,为中唐古文运动的开展奠定了基础。

　　开元名臣、洛阳人张说长期位居台辅,朝廷文翰,多出其手笔。其文章构思精密,典丽宏赡,具有辞雄气逸、堂庑阔大的特色。其碑志之文坚持实录原则,"不敢假称虚善,附丽其迹",从容述事,给人以亲切朴实之感。多数碑志仍为骈体,其间颇多散体句式,显得平易晓畅。

　　陕州硖石(今河南三门峡东)人姚崇曾三居相位,为唐代名相。其文多书、奏、诫。书、奏叙事简洁,诫多借物阐理,如《遗令诫子孙文》言简意赅,全文不足千言,囊括作者一生从政、为人处世和个人生活的经验和体会,告诫子孙处理自己后事要尚俭戒奢,说理透辟,骈散结合,感人至深。《执秤诫》则借秤之衡阐析为政做人要"执衡持平"的道理。

　　汴州浚仪(今河南开封)人吴兢历任朝官、刺史,一生著述颇多。所存散文多为表、疏,因事陈辞。虽也旁征博引,但放言直指,熔事理人情于一炉,有很强的感染力。如《谏畋猎表》从许多方面谏阻皇帝的畋猎活动,言辞恳切质直,平易晓畅。

　　鲁山(今属河南)人元结现存散文作品100余篇,涉及多种文体。他强调散文创作要"救时劝俗",在自己的创作实践中敢于直面动荡的社会现实,抨击统治者勾心斗角、互相残杀的丑剧。他也创作了不少山水散文,《右溪记》可谓其代表。此文以简洁洗练的文字,勾画出一幅清幽奇绝的右溪胜迹图,意蕴深远。元结的散文力避排偶绮靡的积习,多用反语、比喻、夸张,笔力矫健,意气超拔,代表了盛唐后期散文的最高成就。他上接陈子昂,下开韩愈,在唐代散文发展史上处于关榫地位。章学诚曾言:"人谓六朝绮靡,昌黎始回八代之衰,不知五十年前,早有河南元氏,为古学于举世不为之日也。呜呼,元亦豪杰也哉!"①评论可谓中肯。

----

　　① 章学诚:《元次山集书后》。

萧颖士祖籍兰陵(今江苏武进西北),曾客居濮阳,在于汝南。他一生仕途坎坷,却以文名盛称于世。其散文作品内容充实,《伐樱桃树赋》《赠韦司业书》《与崔中书圆书》等,都是其中的名篇。不少文章以散体为主、骈句为辅,不过分追求典藻与声韵。他是文体复古的倡导者之一,为扫荡骈文势力起到了积极作用。

洛阳人独狐及,历官吏部员外郎、州刺史,时人称"词宗"、"文伯",文名极高。《全唐文》存其文10卷。他倡导文体复古,强调"先道德而后文学",重视文采。所著文以议论见长,《吴季子札论》《故御史丞卢奕谥议》为其代表。《古函谷关铭》《仙掌铭》也是他的名作。其60多篇序记类文章,主要写赠别、游宴,一些写景文字清新如画。梁肃称其文:"宽而简,直而婉,辩而不华,博厚而高明,论人无虚美,比事为实录,天下凛然复睹两汉之遗风。"①

梁肃字宽中,新安(今属河南)人,官至右补阙、翰林学士。《全唐文》收其文6卷。他推崇两汉之文,曾论述道、气、辞三者的关系,认为"道"为文章之根本,有道则气全而辞辩。他所谓"道"即儒家仁义之道,"气"是指文章的气势和作者的才气。其文多为散体,文字省净,叙事简约,风格平实博厚,《盐池记》堪为代表。

此外,洛阳人贾至与萧昕、河内(今河南沁阳)人张谓的散文也较为著名。

(二)中唐韩愈、柳宗元的散文与古文运动

中唐时期,河洛地区出现了韩愈和柳宗元两个散文大家,他们都是古文运动的倡导者。

韩愈,字退之,河内河阳(今河南孟州)人。他不仅提出古文运动的理论,还写出不少优秀作品。

韩愈的古文理论包括文学和文体两部分,他对文学的见解通过对文章的看法表现出来。文道合一而以道为主,是韩愈古文理论的基本出发点。他说"愈之志在古道,又甚好其言辞"②,反复强调文、道应该兼备,道是决定性的因素。韩愈的"道",在其理论认识上仍然是传统的儒家之"道"。在实践中,他的"文道

① 梁肃:《常州刺史独狐及集后序》。
② 韩愈:《答陈生书》,《韩昌黎文集校注》卷三,马其昶校注,马茂云整理,上海古籍出版社1986。

合一"还有另一种含义,即指文章要言之有物,并不只是把"文"归结为传道的手段。文体改革论是韩愈古文理论的精华,韩愈从词汇和语法两方面来建立他的新型"古文"标准:一是"惟陈言之务去"①,要求语言的新颖;一是"文从字顺各识职"②;要求文句的妥帖和流畅。他认为两方面应该统一起来:言贵独创,词必己出。古文运动不仅打击了文坛风靡300年的绮丽柔弱的文风,而且直接影响到北宋的文学革新运动,开创了我国文学史上以唐宋八大家为代表的古文传统,对后世的影响极其深远。

孟州唐韩愈墓

韩愈不仅是古文运动的倡导者,也是杰出的古文作家,著有文集40卷。他把新型的"古文"广泛地用于政论、书启、赠序、杂说乃至祭文、墓志铭等各种体裁,推出了不少优秀的散文。韩愈的记叙文,写人、记事、状物都很重视形象的鲜明和完整。他写人物善于选择最典型的事件来突出人物的性格,在客观的叙述中,寄寓强烈的爱憎之情。如《张中丞传后叙》写张巡、许远等英勇守城的事迹,可歌可泣;以《柳子厚墓志铭》为代表的墓志铭文多姿多彩,情文并茂。与叙事紧密结合是韩愈长篇抒情散文的特点,其《祭十二郎文》一反传统祭文的固定格套,用自由的散体抒写悼念亡侄的哀痛。《杂说》是韩愈论说文中具有文学价值的散文,表达了知识分子怀才不遇的感慨。《原道》《原毁》《本政》《守戒》《争臣论》《师说》等都是有名的篇章,汪洋恣肆,气势宏大,笔触犀利,辩才滔滔,最能

---

① 韩愈:《答李翊书》,《韩昌黎文集校注》卷三。
② 韩愈:《南阳樊绍述墓志铭》,《韩昌黎文集校注》卷七。

代表他的文风。他在体裁上也有发展和创造,扩大了同一体裁的表现范围。韩愈的散文语言新颖、简洁、生动,不仅善于吸收古人语言的精粹,还注意从时人的语言中加以选择改造。

柳宗元,字子厚,河东(今山西永济)人,贞元年间参加王叔文集团,被任命为礼部员外郎,积极参与革新。不久革新失败,被贬为永州司马,十年后改柳州刺史,死于任所。柳宗元一生文学作品丰富,重要作品多在被贬放后写成,主要包括语言讽刺小品、传记散文和山水游记。

柳宗元的寓言讽刺小品文章短小,含意深远,语言锋利简洁,风格严峻沉郁。最为著名的《三戒》,深刻有力地讽刺了封建剥削阶级丑恶的人情世态。他的传记散文,以《捕蛇者说》《种树郭橐驼传》和《童区寄传》为代表,往往借题发挥,通过某些下层人物的描写,反映中唐时代人民的悲惨生活,揭露尖锐的阶级矛盾。

柳宗元的散文以山水游记最为著名,文笔清新秀美,富有诗情画意,《永州八记》为其代表作。《钴姆潭记》将写景与抒情融合为一,《钴姆潭西小丘记》将一个普通的小丘描绘得异常生动,而《至小丘西小石潭记》则纯以写景取胜。他写水、树木、岩石、游鱼,无论动态或静态,都生动细致,精美异常,而对潭水和游鱼的描写,尤为精彩:"下见小潭,水尤清冽。全石以为底,近岸,卷石底以出,为坻、为屿、为嵁、为岩。清树翠蔓,蒙络摇缀,参差披拂。潭中鱼可百许头,皆若空游无所依;日光下澈,影布石上,怡然不动;俶而远逝,往来翕忽,似与游者相乐。"他描绘山水,能写出山水的特征,文笔简练而又生动,是中国文学史上杰出的散文家之一。

除韩愈、柳宗元外,刘禹锡、白居易、元稹等也是中唐河洛地区的著名散文作家。

洛阳人刘禹锡是古文运动的积极参与者。他的散文以论说文成就最高,最著名的《天论》,表述他对天的理解,探讨了天命论产生的根源。其他一些论文多有很强的针对性,征引丰富,说理充分,具有严密的逻辑性和强烈的感染力。刘禹锡因事而发的杂文,论叙结合,笔法灵活,或借题发挥,或托古讽今,以针砭时弊。著名的《陋室铭》通过写陋室环境和主人的文化生活,表现了作者对自身道德完善和情调高雅的人生追求,层次井然,结构严谨,多用对偶句,全文押韵,富于节奏感,可谓一首精美的散文诗。他去世前一年写于洛阳的《秋声赋》表现出一种"烈士暮年,壮心不已"的情操和乐观向上的精神,是一篇凄怆感慨而又文采斐然的抒情文。

白居易也是古文运动的积极参加者。他提出的"文章合为时而著,歌诗合为事而作"的主张,与古文运动的理论相通。他的策论和奏疏不少为议论文的杰作,最具代表性的是《与元九书》。这封写给元稹的书信,回顾中国诗歌的发展历史,肯定《诗经》以来的现实主义传统,批评两晋南朝的浮靡诗风,赞扬杜甫等唐代诗人深刻反映社会现实的杰出成就,阐述自己的诗歌主张,是一篇关于诗歌创作的著名文论。元稹以制策见长,《叙诗寄乐天书》、《杜甫墓志铭》影响较大。他的一些游记,如《庐山草堂记》、《冷泉亭记》,一些杂体文,都各有特色。

晚唐时期,李商隐也写了许多散文和骈文。其散文古朴奇崛,类似韩愈。《上崔华州表》表现了蔑视权威、崇尚个性的倾向,《别令狐拾遗书》显示出鞭挞世态、愤世嫉俗的特点,而《李贺小传》则为人们提供了关于李贺的宝贵资料,文末的议论带有强烈的控诉意味。李商隐的骈文典雅温润,情文并茂,成为中国骈文史上的一座高峰,影响久远。

三、传奇

当诗歌在唐代取得辉煌成就时,古典小说也获得长足发展,全面反映社会生活的传奇应运而生。"传奇"意为"做意好奇",梁绍壬认为是取自裴铏的传奇小说《传奇》。唐代的传奇小说,是文人的自觉创作,它既反映一定的社会现实,又寄寓作者的理想。河洛地区的传奇小说作家创作了不少名篇,张说的《梁四公记》已具备传奇的体制。

元稹的《莺莺传》是唐代爱情小说中负有盛名的作品,对后世文学的影响极大。他生动描绘莺莺和张生的爱情故事,热情讴歌这一对恋人对爱情的追求,鞭挞封建伦理道德对青年男女婚恋的束缚。小说中的莺莺是一个成功的艺术形象,她在恋爱的过程中表现得比较隐蔽和曲折,强烈的爱情终于使她冲破内在和外在的樊篱。通过莺莺这一形象的塑造,以生动而真实的艺术力量,体现当时要求爱情自由、妇女解放的呼声,无论在当时还是对后世影响都很大。李绅据此写出诗歌《莺莺歌》,宋代的赵令畤把它谱成鼓子词《商调蝶恋花》,元代的王实朴又改写为散曲《西厢记》。

郑还古,河南荥阳人,家居东都洛阳,少有俊才,元和中举进士,官至国子监博士。他不仅工诗,更善于写传奇小说,著有小说集《博异记》。袁郊,字子乾,蔡州(今河南确山县)人。他曾写有《甘泽谣》《圆规》《嫩残》《红线传》《许云封》等,其中《红线传》成为侠义小说的代表作品。英雄主角红线是个为主报恩的女侠,奴仆出身,这在重男轻女的社会背景下很有意义。

此外,白居易之弟白行简的《李娃传》写荥阳公子郑生入京应试,与妓女李娃相爱的故事,也是唐传奇中的佳作。

四、词

唐代是古典文学普遍发展的时代,不仅诗歌、散文、小说取得辉煌成就,而且还兴起了一种新的诗体——词。词所以兴起于唐代,与当时随着城市经济繁荣而兴起的音乐有关。在唐代,较早汲取民间词的表现形式来从事创作的,是诗人韦应物、王建、刘禹锡、白居易等。他们所写的词,数量较少,形式短小,仅止于小令,反映的生活内容也不宽广。作家开始尝试写词时,还受民间词的影响,因此作品一般都具有清新、明朗、活泼的特色。如颖川(今河南许昌)人王建的《宫中调笑》:"团扇,团扇,美人病来遮面。玉颜憔悴三年,谁复商量管弦?弦管,弦管,春草昭阳路断。"刘禹锡的《忆江南》:"春去也,多谢洛阳人。弱柳从风疑举袂,丛兰凝露似沾巾,独坐亦含颦。"白居易是唐代早期写词较多较好的诗人。他的有些词,如《长相思》:"汴水流,泗水流,流到瓜洲古渡头"等,都是朴实通俗的作品。

南唐后主李煜从降宋到被毒死,在宋都汴梁(今河南开封)居住了两年多。从帝王沦为囚徒,备受艰辛和屈辱。其不少作品写他对往事的追忆和遭际的不幸与痛苦。如《浪淘沙》:"窗外雨潺潺,春意阑珊。罗衾不耐五更寒。梦里不知身是客,一晌贪欢。独自莫凭栏!无限江山,别时容易见时难。流水落花春去也,天上人间!"又如《虞美人》:"春花秋月何时了,往事知多少?小楼昨夜又东风,故国不堪回首月明中。雕栏玉砌应犹在,只是朱颜改。问君能有几多愁,恰似一江春水向东流。"这些词表现亡国之痛,身世之悲,以白描的手法直抒胸臆,具有很强的震撼力。因此,他被后人称为宋词的开山祖师。

许州(今河南许昌)人魏承班,官至前蜀太尉,为花间派词人之一,词风多绮靡。

第五节　宋代文学

宋代河洛文学以词、诗和散文成就突出,大批文人学士云集,东京开封和西京洛阳,创作了大量优秀文学作品。

一、词

词是宋代具有代表性的文学样式。北宋时大批文人墨客游学访友,往来于东京开封,他们的创作在题材和技巧方面推动了宋词的进一步发展。河洛词坛大家不多,但也留下不少脍炙人口的作品。

贺铸,字方回,卫州(今河南卫辉)人,自号庆湖遗老,唐代诗人贺知章后裔。他生性耿直,屡忤权贵,从宦数十年,却仕途蹭蹬,屈沉下僚,致仕前才做到太平州通判。其著作有《庆湖遗老诗集》《东山词》,存词280余首,是继苏轼之后与秦观齐名的著名词人。其词思想内容极其丰富,各体兼备。他的《六州歌头》追忆少年时的豪侠义气,哀叹十余年的南北羁宦,归结到西夏入侵,民族患难,表现了有心报国而无路请缨的不平之气,情调高亢激越,苍凉悲壮,开南宋的爱国主义词作的先河。

贺铸的词也有一些抒写离愁别恨的作品,以《青玉案》颇负盛名:"凌波不过横塘路,但目送、芳尘去。锦瑟年华谁与度?月楼花院,琐窗朱户,只有春知处。碧云冉冉蘅皋暮,彩笔新题断肠句。试问闲愁都几许? 一川烟草,满城风絮,梅子黄时雨。"上片写路遇佳丽,飘然远去,引起无限芳思;谁人天赐艳福,得与其人花前月下,朱户雕窗,共度华年? 下片写作者久伫蘅皋,思绪绵绵,提笔述怀。浓艳的春光和忧郁的心绪在词中巧妙融合,明写美人盛年不遇,实则写自己仕途坎坷、功业未成的痛楚。用"一川烟草,满城风絮,梅子黄时雨"等具体的形象来烘托抽象的闲愁,使无形的东西似乎也触手可及,语意清新,遂成千古绝唱,故当时贺铸即被人冠以"贺梅子"的美称。

　　贺铸的词作受到柳永和苏轼的影响,糅入个性化的情感,具有多种多样的风格。又注重锻炼字句,善于典化前人语句入词。清人陈庭焯评论说:"词至方回,悲壮风流,抑扬顿挫,兼晏、欧、秦、柳之长,备苏、黄、辛、陆之体,一时尽掩古人。两宋词人除清真、白石外莫敢与先生抗行"①,充分肯定了他的成就。

　　原籍安州安陆(今属湖北)后徙雍丘(今河南杞县)的宋祁,生活在承平时期,其词多流连光景之作,不乏佳句。今仅存词六首,以《玉楼春》最有名:"东城渐觉风光好,縠皱波纹迎客棹。绿杨烟外晓寒轻,红杏枝头春意闹。浮生常恨欢娱少,肯爱千金轻一笑。为君持酒劝斜阳,且向花间留晚照。"上片写烂漫春光中荡舟到城东波纹轻细的小河中探春,所见绿杨红杏,春光明丽。"红杏枝头春意闹"是千古传诵的写景名句,王国维《人间词话》谓:"著一'闹'字而境界全出",红杏绽放、蜂飞蝶舞的烂漫春色浮现我们眼前,给人以风景这边独好的感受。下片抒发惜时的感触,人生忧患多,欢娱少,为此宁肯抛弃千金换取一笑。全词洋溢着春的优美和生机,荡漾着爱美惜春的情趣。

　　宋徽宗赵佶的词亦有名,现存词十余首。他荒淫失政,最后沦为囚徒,生活的巨大反差使他百感交集,无限凄楚,如《燕山亭·北行见杏花》:"裁剪冰绡,轻叠数重,淡著胭脂匀注。新样靓妆,艳溢香融,羞杀蕊珠宫女。易得凋零,更多少无情风雨。愁苦。问院落凄凉,几番春暮。凭寄离恨重重,这双燕,何曾会人言语。天遥地远,万水千山,知他故宫何处。怎不思量,除梦里有时曾去。无据。和梦也新来不做。"开头写杏花秀美超凡,花瓣如用白绸折叠,用胭脂淡染。继以天仙衬托,从色、香极写其艳姿绝伦。接着笔锋一转,写暮春杏花凋零,风雨无情,只剩下多少愁苦凄凉。下片转入自己被掳,故宫天遥地远,怀乡思国,只有求助梦寐,而如今连梦也做不成,凄楚绝望之情,溢于言表。

　　此外,北宋时洛阳人刘几、雍丘(今河南杞县)人韩维、颍昌(今河南许昌)人曹组和隐居开封自号"大梁词隐"的万俟咏,都有词作传世。

　　南宋词坛上的河洛籍词人主要有陈与义、朱敦儒、史达祖等。

　　陈与义字去非,洛阳人,曾在东京开封任太学博士等职。金兵进犯时南渡,仕南宋官至参知政事,是江西诗派后期的代表作家。他的词数量不多但质量很

---

　　①　陈庭焯:《云韶集》卷三。

高,现存《无住词》18 首作于晚年,内容主要是感叹一去不返的青春年华,抒发慷慨悲凉的爱国情思。如著名的《临江仙》:"忆昔午桥桥上饮,坐中多是豪英。长沟流月去无声。杏花疏影里,吹笛到天明。二十余年如一梦,此身虽在堪惊。闲登小阁看新晴。古今多少事,渔唱到三更。"追忆十年前的洛中旧游,良辰美景,赏心乐事,宛然重现。后金兵南下,颠沛流离,艰苦备尝。回忆往事,不禁百感交集。抒写世事沧桑、知交零落,用笔极空灵。通篇疏快明亮,自然浑成。

朱敦儒字希真,洛阳人。青年时代在家乡生活,写有《鹧鸪天·西都作》等词作。建炎元年(1127 年)年底,金兵占领洛阳,他辗转至杭州,历兵部郎中、临安府通判、两浙东路提点刑狱等职。他擅词章,格调婉丽清畅,有词集《樵歌》传世。其《水龙吟》即离开故土,乘舟流亡途中所作:"放船千里凌波去,略为吴山留顾。云屯水府,涛随神女,九江东注。北客翩然,壮心偏感,年华将暮。念伊嵩旧隐,巢由故友,南柯梦,遽如许!回首妖氛未扫,问人间英雄何处?奇谋报国,可怜无用,尘昏白羽。铁锁横江,锦帆冲浪,孙郎良苦。但愁敲桂棹,悲吟《梁父》,泪流如雨。"先写船上所见,江面波涛滚滚,天宇云层密集;次写途中所感,随水漂流,岁时迟暮,壮志莫酬,回想伊水嵩山,田园旧友,恍然如梦。回首顾望中原,金寇未扫,英雄何在?借历史隐喻现实,叹救国无人,奇谋难施,最后以忧国伤时、涕泪滂沱结尾。触景生情,由感怀身世扩展到忧念国事,视野开阔,忧愤深广,可谓一首离乱时代的悲歌。他的词作,早年以婉丽明快为主,中年以慷慨悲壮为特色,晚年以清疏晓畅见长,对后来的辛派词人有启迪和影响。

史达祖字邦彦,号梅溪,汴京(今河南开封)人。他是南宋中期的著名词人,以咏物词最为人称道。他的前期作品以清新闲婉见长,晚年风格遒健,充满了失意悲秋之感。他曾奉命出使金国,途中写有一组词,其《满江红·九月二十一日出京怀古》为离开汴京重登归途时所作:"缓辔西风,叹三宿,迟迟行客。桑梓外,锄耰渐入,柳坊花陌。双阙远腾龙凤影,九门口能够锁鸳鸯翼。更无人,恓笛傍宫墙,苔花碧。天相汉,民怀国。天厌虏,臣离德。趁建瓴一举,并收鳌极。老子岂无经世术,诗人不预平戎策。办一襟,风月看升平,吟春色。"词中融入了对故乡家园的深切依恋,格调沉郁悲凉。

岳飞,字鹏举,相州汤阴(今属河南)人,是人们熟知的民族英雄。他出身于农民家庭,从士兵一步步成长为统军将领,屡屡打败金兵。绍兴十一年(1141

年）被害于临安（今浙江杭州）。他一生戎马倥偬，但其作品无论是散文，还是诗歌，均属上乘。大都收录于其孙岳珂所编的《金陀粹编》中。他留下的词只有《满江红》、《小重山》二首。《小重山》一词的思想表现得较含蓄，结句是"欲将心事付瑶琴，知音少，弦断有谁听？"有志难伸，缺乏同调而不被人理解，实在令人无奈。最能代表岳飞思想感情的是《满江红》："怒发冲冠，凭栏处，潇潇雨歇。抬望眼，仰天长啸，壮怀激烈。三十功名尘与土，八千里路云和月，莫等闲，白了少年头，空悲切。靖康耻，犹未雪，臣子恨，何时灭？驾长车踏破贺兰山缺。壮志饥餐胡虏肉，笑谈渴饮匈奴血。待从头，收拾旧山河，朝天阙。"这首传诵千古的名作激昂慷慨，豪放悲壮，对朝廷的忠贞、湔雪耻辱的决心、恢复大好河山的雄心壮志都体现在其中，读之使人生闻鸡起舞之志。

河洛地区南迁的词人还有汴京人（今河南开封）曾觌、张抡，滑州（今河南滑县）人康与之，雍丘（今河南杞县）人韩元吉、韩淲父子等，都有词作传世。

二、诗

苏舜钦字子美，原籍梓州铜山（今四川中江），曾祖时移居汴州（今河南开封）。其诗歌现存 200 余首。他虽有以天下为己任的抱负，却没有施展才华的机会，其诗文真实地抒发了个人的感情和抱负。一些反映政治现实和社会问题的诗，如《庆州败》表现了对丧师辱国之战的极大愤慨，《吴越大旱》描绘了一幅惨不忍睹的情景，具有强烈的政治情感和豪迈明快的语言表达。其写景诗也多带有感情色彩，如"老松偃蹇若傲世，飞泉喷薄若避人"，"风烟远近思高遁，豺虎纵横难息机"，"黄昏雨密东风急，向此飘零欲泥堆？"都在写景状物的同时，表达其卓荦不群的愤世嫉俗之意。他啸傲山水，寻幽探胜，便有真情从笔下泻出，尤其是一些今体律绝，很有意境，如《淮中晚泊犊头》："春阴垂野草青青，时有幽花一树明。晚泊孤舟古祠下，满川风雨看潮生。"春天的阴云笼罩四野，芳草萋萋，落日熔金、暮云四合之际，泊一叶小舟于古祠之下，静看满江风雨，潮水汹涌。写春天傍晚江畔景色，如一幅江上水烟图，其深层结构却是抒情。古祠幽花，风雨看潮，笔调冷峻，内含多少幽寂与不平！联系作者在仕途上的坎坷遭遇和他对庆历新政的态度，似可体察到他对现实的不满与不畏艰险的豪情。苏舜钦是北宋诗文革新运动中的重要作家，与欧阳修、梅尧臣齐名。

宋初太祖、太宗、真宗三朝，诗坛基本上沿袭晚唐诗风，其表现一是多唱和酬答应景之作，二是讲究艺术形式而较少反映现实重大问题。

宋庠、宋祁兄弟原为安州安陆（今属湖北）人，后徙居雍丘（今河南杞县）。他们的诗风受西昆派代表作家杨亿、刘筠的影响。宋庠的大部分诗歌具有清约沉博的气息，如《水月》："湖上纤罗收，天边夕蟾映。皎洁银界宽，虚明佛心定。可爱不可持，乾坤共孤影。"其《展江亭成留题》诗句"凿开鱼鸟忘情地，展尽江湖极目天"也为人称道。宋祁的诗多抒写个人生活情怀与人生感慨，博奥典雅，对仗工整，有些诗多有佳句，构思新颖，语言流丽。

卢多逊，怀州河内（今河南沁阳）人。后周显德年间举进士，博学多才。入宋，知制诰，为翰林学士，中书平章事，后谪戍崖州（今海南三亚）。他的《新月应制诗》清新流丽，意味隽永："太液池边看月时，好风吹动万年枝。谁家玉匣开新镜，露出清光些子儿。"把新月比作打开玉匣的新镜，露出些许清光，比喻形象贴切，尤其用"些了儿"为韵脚，用词浅易，描写恰到好处。

向敏中，字常之，东京开封人，累迁右谏议大夫、同知枢密院事、右仆射兼门下侍郎，又进左仆射，昭文馆大学士，谥"文简"。他留下的诗不多，却别有情致。如《桃花》："千朵秾芳倚树斜，一枝枝缀乱云霞。凭君莫厌临风看，占断春光是此花。"当阳春三月百花盛开时，秾艳芬芳，灿若云霞，占断春光，当属桃花。这首诗用笔轻灵，给人以美的享受。

杨朴，字契元，自称东里遗民，郑州新郑人，受大臣毕士安之荐，太宗以布衣召见，赋《莎衣诗》，辞官而归，著有《东里集》。杨朴性格孤傲，曾入嵩山穷绝处数年，构思诗歌。据《蒙斋笔谈》一书记载，他"每欲作诗，即伏草间冥搜，或得句则跃而出，遇之者无不惊"。伏在草莱间苦思冥想，大有"诗痴"的意味。他的《七夕》一诗："未会牵牛意若何，须邀织女弄金梭。年年乞与人间巧，不道人间巧已多。"此诗立意新颖，反映出他对人生的乐观态度，传诵遐迩。

宋初河洛诗人多隐逸者，其中尤以魏野成就最高。魏野，字仲先，号草堂居士。先世自蜀迁居陕州（今河南三门峡）。真宗闻其名，派人征召，他却逾墙而遁。《宋史·隐逸传》说他"为诗精苦，有唐人风格，多警策句"，是"晚唐诗派"的代表人物，现存《东观集》10卷。魏野诗名远播邦外，大中祥符初年，契丹使者向真宗求取魏野诗集，真宗诏许之。其《清明》诗流传颇广："无花无酒过清明，兴味萧然似野僧。昨日邻翁乞新火,晓窗分与读书灯。"过清明节无花无酒,静坐窗下读书,别有一番平和、赋闲的情趣。其《谢寇莱公见访》是另一种境界:"昼睡方浓向竹斋,柴门日午尚慵开。惊回一觉游仙梦,村巷传呼宰相来。"诗人掩门高卧,正做游仙之梦,忽被一阵喧闹声惊醒,原来是宰相寇準来访。好一副恬静悠闲的田园风情!

韩琦字稚圭,相州安阳(今属河南)人,天圣年间进士,历官同中书门下平章事、集贤殿大学士,累封魏国公,是仁宗后期直至神宗的三朝重臣,有《安阳集》传世。其《九日水阁》一诗中"虽惭老圃秋容淡,且看黄花晚节香"两句,广为民间传诵,意在勉励世人保持晚节。其《早夏》诗写得闲适自然。韩琦有仿李商隐的诗作,但其诗不事雕琢,自然高雅,平易流畅,体现了诗文革新的风格,如古诗《苦热》:"皇祐辛卯夏,六月朔伏暑。始伏之七日,大热极炎苦。赫日烧扶桑,焰焰指亭午。阳乌自焦铄,垂翅不西举。炙翻四海波,天地入烹煮。蛟龙窜潭穴,汗喘不敢雨。雷神抱桴逃,不顾车裂鼓。岂无堂室深,气郁如炊釜。岂无台榭高,风毒如遭蛊。直疑万类繁,尽欲变脩脯。尝闻昆阆间,别有神仙宇。雷散涤烦襟,玉浆清浊腑。吾欲飞而往,于义不独处。安得世上人,同日生毛羽?"此诗先指出苦热发生的时间,然后借助传说、神话描写苦热的状况,最后抒发感情,完全是散文结构。在太阳停留在"亭午"——正南方向的时刻,扶桑(传说中的树,长在太阳升起的地方)被烧,阳乌(传说中住在太阳中的乌鸦)垂翅,海水炙沸,天地被烹,主雨的蛟龙流汗气喘,窜入深潭,雷神驾车飞逃,鼓颠破了都顾不上。屋内热如炊笼,室外风如毒瘴,世间生灵都快变成熏熟的干肉了。在经过层层对热的描述后,诗句描述转入传说中的神仙居住的"昆"、"阆"之地,那里有可以洗荡烦恼的"雷散",有清心凉肺的"玉浆"。诗人最后写想到这个理想的仙境避暑,但自己一人独去则违背道义,怎样才能让所有的人都生出翅膀,一块飞到那里去呢? 结尾与杜甫《茅屋为秋风所破歌》有异曲同工之妙,而韩琦身为当朝重臣写出这样的诗句,更显得难能可贵。

宋徽宗赵佶也有一些好的诗作,如题画诗《题修竹仕女图》:"瑶台无信托青鸾,一寸芳心思万端。莫向东风倚修竹,翠衫经得几多寒。"诗人构思巧妙,意境不俗,写一个痴情女子,春心脉脉,身穿一件薄翠衫,背倚修竹,思念远方的情人,尽管寒风凛冽,也毫不在乎。

陈与义字去非,号简斋,洛阳人,徽宗时任文林郎、太学博士等职。金灭北宋,他历经艰辛到达临安(今浙江杭州)。高宗绍兴年间,历任中书舍人、翰林学士、知制诰、参知政事,著作有《简斋集》。他尊杜甫为师,取得很大成就。《鹤林玉露》称:"自陈(师道)、黄(庭坚)之后,诗人无逾陈简斋。"在两宋之交,他被公认为最堪读的诗人。他的诗简洁明快,如《襄邑道中》:"飞花两岸照船红,百里榆堤半日风。卧看满天云不动,不知云与我俱东。"襄邑即今河南睢县。这是一首写旅途观感的诗。春日乘船而行,两岸野花绽放,堤畔榆枝摇曳,仰观满天白云,似乎凝寂不动,其实云与小船俱已沿河东下了。"飞花"、"半日"写小船之轻快,满目春光的胜境则渲染了诗人轻松愉悦、悠闲恬淡的心境。

宋室南渡后,山河破碎,百姓蒙难,陈与义此时的诗篇感怀时事,苍凉悲壮,对南宋小朝廷退却逃跑的不满情绪逐渐激烈起来。如《伤春》:"庙堂无策可平戎,坐使甘泉照夕烽。初怪上都闻战马,岂知穷海看飞龙。孤臣霜发三千丈,每岁烟花一万重。稍喜长沙向延阁,疲兵敢犯虎狼锋。"此诗用"伤春"旧题抒发对国事多艰、人民遭难的忧愤之情。朝廷无策阻挡金兵进攻,致使金人长驱直入。京城(即诗中的上都)听到了金兵战马嘶鸣之声,高宗失魂落魄,几乎逃到海的尽头。孤臣(陈与义自指)愁得白发陡长,想起汴京春天的烂漫景色而倍增惆怅。可喜的是曾任秘书阁直学士(延阁)、长沙太守的向子諲以疲弱之兵阻击金人虎狼之锋。全诗沉郁而不颓唐,亦忧亦喜,情意深切,有对朝廷无能的谴责,有对抗敌将帅的赞扬,更多的是对恢复大好河山的企盼。此诗用典贴切,文词含蓄,讽喻尖锐,寓意深刻。他晚年在《牡丹》绝句中写道:"一自边尘入汉关,十年伊洛路漫漫。青墩溪畔龙钟客,独立东风看牡丹。"陈与义的家乡就是盛产牡丹的洛阳,但自金兵占领,他已10年未能看到牡丹,如今已到老迈龙钟之年,却在遥远的他乡观看牡丹。由看牡丹而想到何日能返回家乡,此诗抒发了对国破家亡的无限感慨。

抗金名将岳飞戎马一生,文学作品写得不多,却很有分量,多是充满爱国激情的作品。如《池州翠微亭》:"经年尘土满征衣,特特寻芳上翠微。好山好水看不足,马蹄催趁月明归。"军务丛脞,尘土洒满征衣,今日才有暇上翠微亭浏览景色,表达了岳飞热爱祖国大好河山并愿为之奋斗终生的思想感情。又如《题青泥市寺壁》:"雄气堂堂贯斗牛,誓将真节报君雠。斩除顽恶还车驾,不问登坛万户侯。"只要能斩除顽恶,迎回天子圣驾,自己的功名利禄可以置之不顾。诗中虽有愚忠的成分,但更多的是报效祖国的雄心壮志。

三、散文

宋代古文运动可谓殊途同归,第一条是以复兴儒学为己任,反对骈文,笃于古文,重视儒学义理而轻视艺术技巧,柳开、宋初三先生、二程等即属此类;第二条是少时习文,甚至是骈文高手,一旦倒戈而为古文,则艺术性与思想性都取得很高成就,蔚为散文大家,其代表人物即欧阳修与苏轼等。

东京(今河南开封人)苏舜钦主张改革弊政,遭保守派诬陷被免官,卒于苏州。他20余岁就与其兄舜元及穆修等提倡古文,反对以"西昆体"为代表的形式主义文风,是诗文革新运动中的一员闯将,著有《苏学士文集》。他的文章以罢官寓居苏州时写的《沧浪亭记》最为有名,文中形容沧浪亭的环境:"前竹后水,水之阳又竹无穷极。澄川翠干,光影会合于轩户之间,尤与风月为相宜。"清澈的流水、翠绿的小竹与清风明月配合在一起,显得风光旖旎。作者写游沧浪亭,悠然陶然,宠辱皆忘:"予时傍小舟,幅巾以往,至则洒然忘其归,觞而浩歌,踞而仰啸,野老不至,鱼鸟共乐。形骸既适则神不烦,观听无邪则道以明,返思向之汩汩荣辱之场,日与锱铢利害相磨戛,隔此真趣,不亦鄙哉!"作者泛舟登亭,饮酒高歌,与鱼鸟共乐,不禁心旷神怡。想起世俗官场,为锱铢利害互相争斗,自取荣辱,不是显得俗不可耐了吗?

河南洛阳人种放,字明夷,官至工部侍郎。幼时即学章句之学,但终不以时文干进,而从事古文创作。他的散文表现出纤徐婉曲的平淡之美,《答刘格非书》是其代表作:"每春溪雪尽,秋天雪余,则登前岗,倚高木以望。渭山北峰,森然耸列;故都宫阙,荒然丘墟。思汉、唐基业之盛,群臣行事之迹,未尝不感光阴而叹沦废之速也。亦有杜预借梁谷之易变,盖有志之士顾寸阴而思立功效能也。况仆岂无意于行道而致君泽民也哉!"种放在《端居赋》中云:"鲸鹏虽大,无风波而何益? 胡粤万里,舍舟车而奚至?"他虽长期为隐逸之士,却一直关心世事,希望在适当时机有"致君泽民"的机会,此文含有对时光易逝、功业未成的紧迫感。

宋初沿袭唐末五代浮艳文风,为文多用骈体,雕章琢句,喜用典使事。宋庠、宋祁兄弟受此风影响,散文多用骈偶,但他们关注社会,行文流畅清新,为宋初文坛注入一股新鲜气息。宋庠字公序,原籍安州安陆(今属湖北),后徙雍丘(今河南杞县)。他与弟弟宋祁于天圣二年(1024年)同年进士及第,均以文学著名于世,时人称之"大小宋"。宋庠皇祐年间拜兵部侍郎,同中书门下平章事,死后谥"元宪",著有《元宪集》。他的代表作是《蚕说》,此文用寓言的形式,让蚕回答蚕妇提出的为什么终年辛劳而仍没有粗布衣穿的问题。作者借蚕的口吻,先说五帝以后,"女子无贵贱皆尽心于蚕",所以"无游手而有余帛",接着说:"秦汉而下,本摇末荡,树奢靡以广君欲,开利途以穷民力;云锦雾縠之巧岁变,霜纨冰绡之名日出;亲桑之礼颓于上,灾身之服流于下。倡人孽妾被后饰而内闲中者以千计,桀民大贾僭君服以游天下者非百数;一室御绩而千屋垂缯,十人漂絮而万夫挟纩;虽使蚕被于野,茧盈于车,朝收暮成,犹不能及;况役少以奉众,破实而为华哉!"[1]农桑因赋役繁重而根基动摇,工商为追求奇巧而民用凋零,君王奢靡,厚敛于下,使人民力穷财尽。薄如云雾、白如霜雪的各种高档丝织品时隔不久就花样翻新,民间奇装异服非常流行。娼妓和姬妾穿戴着王后服饰,豪民和大贾身被君主服装,这些不务农桑的游手好闲者远远多于蚕桑生产者,衣着还要弃朴实为华丽,即使把养蚕纺织之人累死,也不能满足他们奢靡的需求!文章多用骈偶排比句,词藻美丽,体现了宋初的写作风气。

宋庠之弟宋祁字子京,曾任翰林学士、史馆修撰,卒谥"景文"。他与欧阳修同撰《新唐书》,列传部分就出自他的手笔。撰列传时,宋祁尽去旧书所载骈丽之文,虽有矫枉过正之嫌,却反映出他对古文运动的态度。他在《杜甫传赞》中给予杜甫极高的评价,反映出他对社会时事的关注。在《录田父语》中,通过作者与田父的对话,指出丰收是百姓辛勤耕耘的结果,对封建统治者宣扬的天命论进行了抨击。当"先生"指出丰收是由于"天幸"(上帝的保祐)、"帝力"(天子的恩赐)时,田父大笑说,你的见解很鄙陋,说明你不知农事:"夫春膏之烝,夏阳之暴,我且踦跛竭作,扬芟捽草,以趋天泽;秋气含收,冬物盖藏,我又州处不迁,亟屋除田,以复地力。今日之获,自我得之,胡'幸'而'天'也?且我俯有拾,仰有取,合锄以时,衰征以期,阜乎财求,明乎实利,吏不能夺吾时,官不能暴吾余,今

---

① 《元宪集》卷三十六《蚕说》,"丛书集成初编"本。

日乐之,自我享之,胡"力"而"帝"也?"①丰收离不开自然界的春雨夏阳,更离不开农人的辛勤劳作,怎能说是上帝的保佑呢? 我辛辛苦苦从事农业劳动,按时缴纳国家的赋税,官吏不能夺走我生产和享受剩余产品的权利,今日丰收之乐,是我自己用劳动换来的,怎能说是靠天子的恩赐呢? 这一番话义正辞严,对统治者作了辛辣的讽刺。

尹洙字师鲁,河南府(今河南洛阳)人,景祐三年(1036年)五月同欧阳修一同入京任馆阁校勘,迁太子中允。他师承穆修,文章古朴简洁,脱尽宋初的浮华习气,是诗文革新的重要人物,著有《河南先生文集》。欧阳修对尹洙十分钦佩,认为尹洙为文"简而有法",简即意深言简,有高度的概括力;法指艺术技巧,要写得生动形象,有感染力。《邵氏闻见录》载,钱惟演留守洛阳时,于府中起双桂楼,命欧阳修和尹洙作记,欧阳修文千余言,尹洙只用五百字,欧阳修佩服尹洙文简而古,"自此始为古文"。又尹洙、欧阳修、谢绛(希文)同作《河南驿记》,"希文之文七百字,欧公之文五百余字,独师鲁止用三百八十余字而成,语简事备,复典重有法"。欧阳修在尹洙指出他"格弱字冗"的缺点后,又别用一记,比尹洙文少20字,且文简有法,尹洙夸他进步"一日千里也"。② 范仲淹《尹师鲁〈河南集〉序》中说:"其文谨严,辞约而理精,章奏疏议,大见风采,士林方耸慕焉。"尹洙先于欧阳修倡导古文,在当时文坛有较大影响。

著有《东京梦华录》的孟元老生平无考,他随父母于崇宁二年(1103年)来到东京(今河南开封),居于城西金梁桥西夹道之南,在此居住了20多年。他为《东京梦华录》写的序是一篇令人神往的文字:"……正当辇毂之下,太平日久,人物繁阜,垂髫之童,但习鼓舞,斑白之老,不识干戈。时节相次,各有观赏:灯宵月夕,雪际花时,乞巧登高,教池游苑。举目则青楼画阁,绣户珠帘,雕车竞驻于天街,宝马争驰于御路,金翠耀目,罗绮飘香。新声巧笑于柳陌花衢,按管弦于茶坊酒肆。八荒争凑,万国咸通。集四海之珍奇,皆归市易;会环区之异味,悉在庖厨。花光满路,何限春游;箫鼓喧空,几家夜宴……"作者以细腻的笔触,描绘出了一幅繁华无比、美不胜收的太平盛世画卷!

---

① 《景文集拾遗》卷十五,《四库全书》本。
② 文莹:《湘山野录》卷中,中华书局,1984。(以下省略"中华书局,1984"。)

相州汤阴(今属河南)人岳飞散文中写得最出色的是《良马对》和《五岳祠盟记》。《良马对》中说:"骥不称其力,称其德也。臣有二马,故常奇之。日啖刍豆至数斗,饮泉一斛,然非精洁则宁饥死不受。介胄而驰,其初若不甚疾,比行百余里,始振鬣长鸣,奋迅示骏,自午至酉,犹可二百里,褫鞍甲,而不息不汗,若无事然。此其为马,受大而不苟取,力裕而不求逞,致远之材也。"这段文字表面上是论马,实际是论人。有真才实学而又抱负远大的人,其素质自与常人不同。起初还未表现出特别之处,过一段后才显示出特别优秀的品质。出了大力而不轻易接受利禄,办事干练而又不急躁冒进,因而能任重致远。《五岳祠盟记》是岳飞收复建康(今江苏南京)在五岳祠的誓词(即盟记),文中说:"自中原板荡,夷狄交侵,余发愤河朔,起自相台(按:指相州),总发从军,历二百余战。虽未能远入荒夷,洗荡巢穴,亦且快国仇之万一。今又提一旅孤军,振起宜兴(今属江苏),建康之战,一鼓败虏,恨未能使匹马不回耳!"作者感情激越,慷慨陈词,短短几行文字,表现了高度的爱国主义思想及重整山河的坚强意志,文章简洁明快,铿锵有力,给人以强烈的感染。

第六节　金元文学

金、元两代,河洛文学已呈衰落之势,杂剧在元代兴起,尚值得称述。

一、诗歌

金代河洛诗人中较有名的是辛愿。辛愿字敬之,福昌(今河南宜阳西)人,家住县西南女几山下,自称女几野人,又号溪南诗老。他喜做诗,尤工五言,颇得杜甫句法。有诗数千首,最有名的是描写蒙古兵骚扰金国的《乱后》:"兵去人归日,花开雪霁天。川原荒宿草,墟落动新烟。困鼠鸣虚壁,饥乌啄废田。似闻人语乱,县吏已催钱。"[1]写百姓已穷困到家徒四壁的程度,县吏还在催缴钱粮,这简直是一幅血泪斑斑的图画! 又如"院静宽留月,窗虚细度云",写乡村的宁谧;

---

① 元好问:《中州集》卷八。

"莺衔晚色啼深树,燕掠春阴入短墙",写春天景色的美好;"箕山颖水春风里,唤起巢由共一杯",写隐居生活的恬淡舒适,均是上乘之作。

史学字学优,河南(今洛阳一带)人,50 岁时始中第,任武阳(今河南西平西北)县主簿、卢氏县令,长于史传、地理,工诗,绝句尤妙。有诗数百首,《七夕》云:"箱牛回驭锦机间,天上悲欢亦梦间。月夜凭肩人不见,萧萧风叶满骊山。"

张毂字伯英,许州临颖(今属河南)人,曾任监察御史。奸臣纥石烈执中权倾朝野,张毂上疏抨击其奸,颇受士林嘉许。因母丧归居许州西城园圃,其间行吟坐啸,做诗甚多。不久起复为州刺史、户部郎中等职。其诗学黄庭坚。《归潜志》作者刘祁之父刘从益生日,张毂赠诗云:"丘垤孰与南山尊? 公卿皆出山翁门。遗文人共师夫子,阴德天教有是孙。问礼庭中新有桂,忘忧堂下旧多萱。人间乐事居兼有,歌我新诗侑寿樽。"①

元好问字裕之,太原秀容(今山西忻县)人,自号遗山山人,所著诗文俱收集在《遗山先生集》《中州集》中。贞祐元年(1213 年)蒙军进攻河东,元好问带着老母妻子逃到福昌三乡(今河南宜阳县三乡镇),后来又迁居登封。在登封居住期间,他曾两次登第。正大元年(1224 年)到京城任儒林郎、国史院编修官。从正大三年秋起,历任镇平、内乡、南阳县令。任职期间,关心民瘼,勤于政事。有诗云:"田父立马前,来赴长官期。父老切勿往,问汝我所疑。民事古所难,令才又非宜。到官已三月,惠利无毫厘。汝乡之单贫,宁为豪右欺。聚讼几何人,健斗复是谁。官人一耳目,百里安能知。东州长官清,白直下村稀。我虽禁吏出,将无夜叩扉。教汝子若孙,努力逃寒饥。军租星火急,期会切莫违。期会不可违,鞭扑伤汝肌。伤肌尚云可,夭阏令人悲。"诗人非常关注百姓疾苦。他认为自己到任已经三月,还无惠政及于百姓,甚觉惭愧。他知道内乡的百姓穷苦,豪绅恃势肆虐,想打听清楚,以便有的放矢,对症下药。他知道过去大小官吏敲诈勒索百姓的事时有发生,便保证在他任期内约束官吏,尽量给百姓一个"努力逃寒饥"的环境。又谆谆告诫百姓:国家正和南宋、蒙古人打仗,军情急如星火,切勿延宕军租。此诗语言朴实,明白如话。

天兴初年,元好问奉调入汴京(今河南开封)任尚书省掾,转行尚书省左司

---

① 刘祁:《归潜志》卷四。

员外郎。汴京陷落,他成了蒙古军的阶下囚。在《癸巳五月三日北渡三首》中描绘汴京遭受的浩劫时说:

> 道旁僵卧满累囚,过去毋车似水流。红粉哭随回鹘马,为谁一步一回头!随营木佛贱于柴,大乐编钟满市排。虏掠几何君莫问,大船浑载汴京来!白骨纵横似乱麻,几年桑梓变龙沙。只知河朔生灵尽,破屋疏烟却数家。

一个好端端的城市就这样变成了一片瓦砾。道路两旁躺满囚犯,珍贵的大乐编钟狼藉满街,木制佛像贱于烧柴,白骨纵横、生灵涂炭。诗人用饱蘸泪水写成的诗,控诉蒙古军的残暴,抒发热爱故国的一片深情。

元代河洛地区有一批很有影响的诗文作家,他们是王恽、姚燧、朱德润、许有壬、马祖常、迺贤等人。

王恽字仲谋,号秋涧,卫州汲县(今河南卫辉)人。他生于金末,18岁时受业于北方硕儒王磐门下,并得到过元好问的指教。中统元年(1260年)姚枢任用他为评议官,不久即被召入朝,任翰林修撰、知制诰兼国史院编修官,为元世祖起草诏诰。元朝初年建立御史台后,王恽出任监察御史,后又在平阳、河南、山东、福建等地当过地方官,加通议大夫,知制诰同修国史,有《秋涧先生大全》文集传世。

王恽在写作上受其师王磐的影响很深。王磐主张"文章以自得不蹈袭前人一言为贵",王恽为文也独辟蹊径,不落窠臼。他的嗣子王公儒说他"作为文章不蹈袭前人","以自得不用为主"。王恽崇尚韩愈、欧阳修的文章,他说:"浮艳陈烂是去,方能造乎中和醇正之域。"虽然他的散文成就不大,但他是时刻实践着这一主张的。

王恽主张写诗要"平淡而有涵蓄,雍容而不迫切"。他认为元好问的诗歌之所以有成就,是因为效法唐诗。他对唐诗甚为向往:"唐到开元极盛年,见人说似即欣然。时时梦里长安路,驴背诗成雪满肩。"他的诗清新自然,如《过沙沟店》:"高柳长途送客吟,暗惊时序变鸣禽。清风破暑连三日,好雨依时抵万金。远岭抱村围野色,行云随马弄轻阴。摇鞭喜入肥城界,桑柘荫浓麦浪深。"

王恽的词比诗写得好。如[鹧鸪天]《赠驭说高秀英》:"短短罗衫淡淡妆,拂开红袖便当场。掩翻歌扇珠成串,吹落淡霏玉有香。由汉魏,到隋唐。谁教若辈管兴亡。百年总是逢场戏,拍板门锤未易当。"

姚燧,字端甫,号牧庵,河南洛阳人,祖籍营州柳城(今辽宁朝阳),孩提时丧父,由伯父姚枢抚养成人,受学于著名学者许衡门下。许衡推荐姚燧为秦王(世祖第三子忙哥剌)府文学。在陕西、四川、中兴等路任儒学提举,陕西汉中道提刑按察司副使、翰林学士等职。成宗元贞、大德年间历任江东廉访使、江西行省参知政事。武宗至大年间任太子宾客、翰林学士承旨,卒于仁宗皇庆二年(1313年),著有《牧庵文集》50卷,诗文词赋689篇。元刊本已佚,现存《牧庵集》36卷,系清代四库馆臣辑录。

姚燧以散文知名于世,时人吴澄曾说:"众推能文辞有风致者,曰姚曰卢。"卢指卢挚。清人黄宗羲则说元代散文只有姚燧、虞集两家。姚燧之文既刚健豪放,又婉约有致。现存文章多是诏诰碑铭,即使是传记,行文也简洁生动,跌宕多姿。如《太华真隐褚君传》中记述道士褚志通隐居于华山,华山多美景,姚燧写牛心谷景色:"谷南直,中方入行二里许,深林奇石,泉溅溅鸣。其下垦地盈亩,构室延袤不足寻丈,环莳佳花美箭。人之来者,始则爱其萧爽,不自知置身尘埃之外。居不晟晷,即已欠伸驰然,而思去矣。"写环境之优美,游人的心旷神怡,均可与唐、宋大家散文媲美。除散文外,姚燧也写散曲和诗、词。但诗、词的成就为散文所掩盖,故不为世人所知。现存词40余首,有的豪放,有的的委婉。另有小令29首,散曲一套。流传最广而又脍炙人口的是小令[凭栏人]《寄征夫》:"欲寄君衣君不还,不寄君衣君又寒。寄与不寄间,妾身千万难。"丈夫远在山水迢递的他乡,妻子为他的冷暖而魂萦梦系,到底寄不寄衣服,心情甚为矛盾。短短24字,把一个少妇思夫的感情淋漓尽致地表现出来。

许有壬字可用,彰德汤阴(今属河南)人。延祐年间进士及第,授同知辽州(今山西左权)事,为政清廉,境内大治。先后任吏部主事、监察御史、奎章阁学士院侍书学士、中书参知政事、中书左丞、翰林学士承旨等职。史称:"有壬历事七朝,垂五十年,遇国家大事,无不尽言,皆一根至理,而曲尽人情。当权臣恣睢之时,稍忤意辄诛窜随之,有壬绝不为巧避计,事有不便,明辨力争,不知有死生利害,君子多之"①。其著作有《至正集》《圭塘小稿》传世。

许有壬虽然身居高位,却同情百姓疾苦,其诗歌中有不少哀叹民生多艰的作品。如《书所见》:"田园卖尽及儿孙,少壮流移老病存。一段生平好图画,人间惟欠郑监门。"郑监门是指画过流民图的宋代人郑侠。这是令人心酸流泪的场面:贫穷到极点的农民卖掉田园,仍无法度日,只得又忍痛卖掉儿孙。少壮之人都流浪到外边去了,只有老弱病残留在家里,过着朝不保夕的生活。另一首《哀弃儿》写一双夫妇食不果腹,万般无奈,只得抛弃儿子。儿子不依,号哭着追赶父母。父母狠狠心走了,走很远还依稀听见儿子啼哭之声。他有一首五律《荻渚早行》写景状物比较出色:"水国宜秋晚,羁愁感岁华。清霜醉枫叶,淡月隐芦花。涨落高低路,川平远近沙。炊烟青不断,山崦有人家。"水乡泽国,深秋傍晚,清霜、枫叶、淡月、芦花、平川、炊烟、山崦、人家,构成一幅和谐的画面。

许有壬有词 160 余首,摹仿苏东坡、辛弃疾,但过于直白,缺乏想象,意境欠佳,也有个别篇什写得不错。

迺贤世居金山(今新疆阿尔泰山),先祖随蒙古人入中原,定居南阳。其诗清新俊逸,有不少描述百姓疾苦的凄婉苍凉之作,如《颍州老翁歌》:"河南年来数亢旱,赤地千里黄尘飞。麦禾槁死粟不熟,长镵挂壁犁生衣。黄堂太守足宴寝,鞭扑百姓穷膏脂。聒天丝竹夜酣饮,阳阳不问民啼饥。市中斗粟偿十千,饥人煮蕨供晨炊。木皮剥尽草根死,妻子相对愁双眉。鹄形累累口生焰,竞割饿莩无完肌。"河南大旱,赤地千里,禾稼不收,民有菜色,而太守却不管百姓死活,仍然横征暴敛。百姓不得不剥树皮、挖草根,甚至竞割死人肉为食,景象之惨,使人泪下!迺贤还有描绘蒙金三峰山(今河南禹州境内)之战的《三峰山歌》、《汝水》等,思想性、艺术性都很高。

二、杂剧

元杂剧是中国戏剧史上的一朵奇葩,一批河洛地区的文学批评家、诗人、散文作家及散曲作家,在这一领域取得了辉煌成就。

以写《录鬼簿》著称的钟嗣成,字继先,号丑斋,是著名的文学批评家,汴梁

---

① 《元史》卷一百八十二《许有壬传》。

（今河南开封）人，后徙居杭州。因屡试不第，便绝意仕进，专门从事写作。他自称："今因暇日，缅怀古人，门第卑微，职位不振，高才博艺，俱有可录，岁月麇久，湮没无闻，遂传其本末，吊以乐章，使水寒乎冰，青胜于蓝，则有幸矣。"①这就是他为什么要写《录鬼簿》的原因。书成于至顺元年（1330 年），后来又有增订，共两卷。该书记录元代杂剧、散曲作家生平事迹及其作品目录，计有作家小传 152人，作品 400 余种，是研究中国戏曲史弥足珍贵的资料。他所写散曲套数、小令甚多，现在只有部分作品散见于《朝野新声》《太平乐府》《雍熙乐府》等曲集中，其余的已经亡佚。明朝人无名氏编的《录鬼簿续编》一书将他列为首位，说他著《录鬼簿》一书，是为抒发自己心中愤懑不平之气，称赞他"德业辉光，文行温润，人莫能及。善音律，德隐语。有文集若干卷藏于家。所编小令、套数极多，脍炙人口"②，又著录其剧作 7 种：《寄情韩翊章台柳》《宴瑶池王母蟠桃会》《韩信漤水斩陈余》《冯烧券》《讥货赂鲁褒钱神论》《孝谏郑庄公》《汉高祖诈游云梦》，今均已不传。

元代河洛的杂剧作家有郑廷玉、赵天锡、赵敬夫、陆显之、姚守中及石君宝、郑光祖等。

郑廷玉，彰德（今河南安阳）人。他一生写过 23 个杂剧，现存 6 种，即《看钱奴》《疏者下船》《后庭花》《忍字记》《金凤钗》《冤家债主》。这些作品在不同程度上抨击贫富悬殊的社会现象，对那些为富不仁、巧取豪夺的土豪劣绅作了无情的嘲弄和辛辣的讽刺。如《看钱奴》中"贾仁买子"一折，表现贾仁奸诈、无赖、极尽盘剥搜刮之能事。又如《忍字记》鞭挞"如今人则敬衣衫不敬人，不由我只共钱亲人不亲"的丑恶现实。世风浇漓，人心不古，有些人只认钱，人情薄如纸，他对此忧心忡忡，希望能出现"一家一计，水籍鱼，鱼籍水"的和谐人伦关系。元杂剧中不乏批判悭吝者的篇什，但都不及郑廷玉揭露、鞭笞得深刻。

赵天锡又名赵佑，开封人，曾做过府判之类的低级官职，一生郁郁不得志，著有《东塘集》。其杂剧只有两种：《试汤饼何郎敷粉》和《贾爱卿金钱剪烛》。《太和正音谱》称"赵天锡之词如秋水芙蓉"。《录鬼簿》在其小传后附有明人贾仲明

① 《录鬼簿序》，上海古籍出版社，1978。
② 《录鬼簿续编》，上海古籍出版社，1978。

的挽词云:"曹公汤饼试何郎,天德名公家汴梁,金钗剪烛音清亮。为府判,任镇江;出台阁,官样文章。显新句,贮锦囊,金玉铿锵。"评价是很高的。

陆显之,开封人,曾写有话本《好儿赵正》,古今小说中的《宋四公大闹禁魂张》即取材于这个话本。《录鬼簿》称赞他"滑稽性,敏捷情,再出世的精灵"。他的杂剧《宋上皇醉冬凌》,敷衍铺陈宋太宗赵光义谋杀其兄赵匡胤而夺取帝位的故事。

姚守中,洛阳人,曾任平江(今江苏苏州)路属吏,著有《汉太守郝连留钱》《神武门逢萌挂冠》《褚遂良扯诏立东宫》等杂剧,《录鬼簿》称赞他"扫笔成章姚守中,布关串目高吟咏"但他的成就比不上以上诸人。

石君宝,平阳(今山西临汾)人,有杂剧《秋胡戏妻》《曲江池》和《紫云亭》传世,内容都是描写下层妇女的痛苦遭遇和斗争精神的。平阳襄陵(今山西临汾附近)人郑光祖,字德辉,是后期元杂剧的重要作家。他写过杂剧18种,今存8种,《倩女离魂》是其代表作。剧情大体是:王文举和张倩女原是"指腹为亲"的未婚夫妻。文举上京应试后,倩女相思成疾,致灵魂离开躯体,追赶文举赴京。文举得官后和倩女回到家中,她的灵魂和那卧病在床的躯体又合而为一,遂欢宴成亲。作者以浪漫主义的手法,成功塑造了一个热烈追求自由幸福生活的女性形象,一些曲辞写得柔情婉转,美丽动人。

第七节　明代文学

明代河洛地区有几位享誉文坛的文学艺术家,他们分别是"前七子"中的李梦阳、何景明、王廷相等,他们在诗歌、散文、戏曲等方面都有突出的成就。

一、诗文创作

河南开封人李梦阳和信阳人何景明受中原文化滋养和熏陶,在明代中期为扫荡萎靡纤弱的文风做出了杰出贡献。明朝弘治、正德时期,国家内忧外患严重,权贵专横跋扈,明臣遭斥,百姓流离。作为文人和官员的李、何二人,担负起政治改革和解放思想的重任。他们以铮铮骨气和高尚人格与腐朽势力作不屈不挠的斗争,在中国文化史上写下光彩夺目的篇章。清代史家也给予他们很高的评价:"李梦阳、何景明倡言复古,文自西京,诗自中唐而下,一切吐弃,操觚谈艺之士,翕然宗之。明之诗文,于斯一变";"天下推李、何、王、李为四大家,无不争效其体"①。以李、何二人为代表的"前七子"不仅对"后七子"产生了直接的影响,他们所倡导的古文运动在明代沿续百年,并对清代的古文运动起到了启迪作用。

李梦阳字天赐,又字献吉,号空同子,祖籍甘肃,迁居开封。弘治七年(1494年)举进士,历任户部主事、郎中、提学副使等职。因生性耿直,不与权贵为伍,故仕途并不顺达,但在文学方面却独树一帜,在当时文坛占有重要地位。李梦阳反对明初以来的"台阁体"文风,认为台阁文人整日铺锦列绣,讴歌太平,是脱离现实的表现。他关心时政,数次上书直谏,却屡遭打击,于是借助提倡复古以唤醒民心,寄其救世之志,从而掀起大规模的文学复古运动,推崇文学的真情表现,提倡致用,强调诗歌的"格"与"调",重视"比兴错杂"。

李梦阳"才思雄鸷,卓然以复古自命",倡导"文必秦汉,诗必盛唐"②。他的散文以秦汉古文为范本,在篇章结构、句法、词汇等方面苦心摹拟,甚至借书法来阐明其摹拟理论,故多奇崛博奥之作。他发动古文运动,是为了排除明初"台阁体"给文坛带来的消极影响,并试图刷新政治。他关心民生疾苦,有大量诗作流露出对百姓生活的关注和同情。李梦阳一生留下大量的诗作和散文,另有一些其他体裁的文章,集中在《空同集》和《空同子集》中。其文学成就主要体现在诗歌方面,散文与辞赋为其次。

李梦阳的诗歌作品较为著名的是乐府诗和古诗。他继承《诗经》与汉乐府的传统,并学习诗圣杜甫,勇于直面现实,指摘时弊,较为广泛地反映当时的社会生活,揭示社会上的种种矛盾,具有批判精神。首先是指斥当朝宦官、朝廷重臣和地方贪官污吏。如《君马黄》:"君马黄,臣驷骊,飞轩驶駥交路逵。锦衣有曜都且驰。前径狭以斜,曲巷不容车。攘臂斥前兵,掉头麾后驱:'毁彼之庐行我舆'。大兵拆屋,中兵摇楣枥,小兵无所为,张势骂蛮奴:'尔慎勿言谍者来,幸非

①　《明史》卷二百八十六《文苑二》。
②　《明史》卷二百八十六《文苑二》。

君马汝不夷。'"一群锦衣卫前呼后拥,气焰嚣张,嫌道路狭窄,见屋拆屋,百姓敢怒而不敢言。这首诗对横行不法、扰民生事的宦官、特务进行了讽刺和揭露。其次是反映战争残酷和赋役繁重,如《从军》:"汉虏互胜负,边塞无休兵。壮丁战尽死,次选中男行。白日隐碛戍,胡沙惨不惊。交加白骨堆,年年春草生。月黑夜鬼哭,铁马声铮铮。开疆愁未已,召募何多名。萧萧千里烟,狼虎莽纵横。哀哉良家子,行者常吞声。"这首诗揭露明王朝一味开土拓疆,战争连年,无数良家子弟死在战场,白骨累累、惨不忍睹的情景。此外,他的诗歌还表现对封建统治的失望,抒发对人生的感叹。

王廷相字子衡,号浚川,仪封(今河南兰考)人,一生虽仕途坎坷,仍官至南京兵部尚书、左都御史、太子太保,位居二品。他的文学观点主要反映在《与郭价夫学士论诗书》中。他主张复兴古诗文,推崇诗的意境、意象美,倡导"比兴杂出"、"引喻借论",反对平直呆板的表现手法,并提出诗歌的"四务"与"三会":"四务"即运意、定格、结篇、炼句,"三会"是"博学以养才,广著以养气,经事以养道"。

王廷相的诗歌大多是应酬、颂扬之词,也有些篇章触及时事、抒发感慨,如其乐府诗。其古体、近体诗颇多佳作,如《送卢师邵侍御还京五首》(之三):"徐南烽火杂松州,兵马三川尚未休。君向长安侍金殿,腐儒空抱杜陵愁。"反映当时战事频繁、兵不休息的现实。其诗作多多气势宏大,如长河直泻。如《帝京篇》:"帝京南面俯中原,王气千秋涌蓟门。渤澥东波连肃慎,太行西脊引昆仑。九皇天运坤维奠,万国星罗北极尊。尧舜升平见今日,按图形胜不须论。"此诗虽为一首颂歌,但气度宏大。他的一些写景抒情小诗也多见功力。

祥符(今河南开封)人高叔嗣,字子业,号苏门山人,累官湖广按察使。他工诗文,自订诗文集八卷,名《苏门集》,而以诗成就较高。其《应仆》形象地反映当时官场中攀龙附凤、拍马逢迎的现象,自己不愿随波逐流,因而有生不逢时之感。其《古歌》:"荆和当路泣,良璞为难明。茫然大楚国,白日失兼城。燕石十袭重,鱼目一笑轻。古来共感叹,今予益吞声。"诗中以和氏璧自喻,讥讽当政不识贤才,抒发不能施展报复的悲哀。其《灵石县作》以自己所见所闻描绘出一幅"闾里何萧条,荆榛正纵横。道闻流亡卒,但闻悲泣声"的悲惨画面,批判沉重的徭役赋税导致人民流离失所、田地荒芜的残酷现实。他的诗往往以清丽之语描摹物象,充分体现出清和婉约的特色,又善于借景抒情,情景交融。

卢柟,字少楩,河南浚县人,家资富裕,以资为国学生。他少时即博闻强记,8岁属文,10岁便娴诗律,下笔数千言立就。但因恃才傲物,得罪本县县令,被诬陷入狱十数年。在狱中发愤读书,作《出鞫》和《放诏》二赋,"词旨沉郁"。山东临清诗人谢榛素知其才,入京师,利用关系竭力营救。后浚县知县、浙江平湖人陆光祖将卢柟无罪释放。由于家道中落,无意仕途,遂游走江南,倾心于诗文创作,有《蠛蠓集》和《卢柟琐语》等。

此外,怀庆(今河南沁阳)人何瑭,字粹夫,是一位理学家,也是一位文学家。其诗多题赠应酬之作,有些诗写得温纯典则,句稳意新。他的散曲语言雅俗并用,浑然一体,又善于运用对仗和典故。开封人李濂,字川父,累官至山西按察司佥事。他在年轻时,诗文即深得当时文坛领袖李梦阳的赞许,在河洛一带颇具盛名。罢官后,致力于著述,归田40余年,著作甚丰,有《嵩渚文集》《观政集》等。安阳人崔铣字仲凫,著名思想家、文学家,其散文也很有特点。

二、戏曲与曲词

身居开封的周藩王朱有燉创作杂剧30余种,人称诚斋杂剧。其内容可分为神仙道化、孝义廉节、烟花粉黛以及忠臣烈士、神头鬼面等。其"神仙道化"剧又可分为祝颂剧和度脱剧两类。前者如《牡丹仙》《牡丹园》《福禄寿》《灵芝庆寿》等,主要是以戏曲的形式贺喜庆寿,剧中让神仙出场铺陈吉祥欢乐场面,渲染喜庆热闹气氛,颂扬太平盛世,表达对国泰民安风调雨顺的期盼;后者如《紫阳仙三度长椿寺》《南极星度脱海棠仙》等,写的是神仙度人的故事,剧中流露出淡泊和超脱,也是作者处世态度的表白。"孝义廉节"剧如《继母大贤》《义勇献金》等,取材于历史故事或现实中的传说,着意宣扬封建道德观念,表彰那些符合封建统治者价值观的理想人物。而其"烟花粉黛"剧则更多一些生活气息和现实精神。如《香囊怨》的题材就是发生在河南的一件实事:乐户刘鸣高之女盼春擅长表演杂剧,才艺不凡,在陪客唱曲时结识良家子弟周恭,愿托终身,其父却极力反对,盼春终于绝望,含恨自缢。盼春的悲剧闪耀出反抗黑暗与习惯势力、追求自主和人权的精神。诚斋杂剧在体制上也有所创新,在常见的一剧四折之外增加"开场"或"铙戏",一折当中常见对唱或合唱。

河南府(今河南洛阳)人李雨商也是一位戏剧作家,写有传奇《镜中花》等。

朱载堉字伯勤,明郑王世子,一生基本在封地怀庆(今河南沁阳)度过,死谥端清,后人称端清世子。他不仅在音乐和数学研究方面取得举世瞩目的成果,而且在文学方面也成就显著,代表作品即脍炙人口的《醒世词》。这是一部用俚俗的韵语写作的歌谣作品集,其中的多数作品是感世、嘲世和讽世。人生的坎坷使他认识到社会的黑暗面和人间的势利相,例如《高人叹世》小曲:"二更里,月儿圆,论交情,心胆寒。寻常笑里藏刀剑。人心曲曲弯弯水,世事重重叠叠山。眼前都是坑和堑。总不如高行阔步,何苦在薄冰深渊?"曲词中也有教人积德、行善、尽孝的内容。有些曲词使用格律诗的形式,也写得琅琅上口,易懂易诵。如《七言律诗八首》之一云:"万事由天难强求,何须苦苦用机谋?有三餐饭常知足,得一帆风便可收。生事事生何日了?害人人害几时休?冤家宜解不宜结,各自回头看后头。"他所作曲词在内容上表现出民众的思想意识和价值观念,形式上表现出民众的欣赏习惯与审美情趣,醒世主题和形式上的雅俗共赏的风格达到了和谐和统一。

三、小说与杂记

明代河洛地区的小说家不多,较为知名的是方汝浩,洛阳(一说郑州)人,著有《禅真逸史》、《禅真后史》和《东度记》三部章回小说。《禅真逸史》凡 8 卷 40 回,叙写南北朝时东魏高僧林时茂及其高徒杜伏威、薛举、张善相仗义除恶,济世利民,修成正果的故事。《禅真后史》是《禅真逸史》的续篇,共 60 回,以唐太宗贞观年间为背景,写薛举登仙位后,又被贬谪至人间经受劫难,因屡建奇功升任高官,后经点化,退隐修炼,终成正果,复升仙秩。小说通过人物描写,揭示社会政治的腐败,官吏的贪婪,官逼民反的现实。方汝浩善于通过心理描写和描摹当事人的口吻来刻画人物,将他们的心理活动描写得细腻入微。《东度记》凡 20 卷 100 回,叙写印度高僧达摩发愿普度众生,阐扬佛教,不远万里来中国传法布道、扫魔敦伦的故事。书中宣传三教合一的思想,认为全真教的正乙法、佛教的演化劝善,儒家的纲常伦理,本质一致,都是教人向善。全书想象奇特,构思新颖。

马文升字负图,号三峰居士,钧州(今河南禹州)人。他曾施展军事和外交手段,为安定明朝东北与西北边疆做出了重大贡献。他又是一位明代中期在河洛文坛上有影响的杂记作家,《抚安东夷记》《哈密国王记》和《西征石城记》是其代表作。《抚安东夷记》主要记述成化年间马文升以兵部右侍郎身份整饬辽东边备、平定辽东一事,《哈密国王记》记述弘治年间马文升计定西北哈密国的经过,《西征石城记》写他随军远征石城,历尽艰险,终于使之重新归附朝廷的情况。这三篇杂记记述详切,语言平实而富于变化,读之令人感慨。

祥符(今河南开封)人李濂,字川甫,官至山西佥事,少时以作《理情赋》驰名河洛。《汴京九异记》是其重要的杂记文章,内容包括记述虚幻的幽冥世界,神仙道术和方士超人的技艺和异物异事等,宣扬祸福前定、善恶报应和道空思想,也记了一些不怕鬼、治鬼的故事。文章记述较完整,语言朴实自然,人物形象鲜明。

祥符人李光壂写的《守汴日志》是其杂记类文章的代表作。作者以日记的形式,完整而详细地记述明末崇祯年间李自成起义军与明军"汴梁战役"的前后经过,反映了战争给下层人民带来的灾难。作者用全景式的记述手法,展示一幅真实的战争画卷,语言洗练流畅,形象贴切,给人如临其境之感。

第八节　清代文学

清代河洛文学虽小有成就,但在总体上处于沉寂之中。

一、诗文

周亮工字元亮,号栎园,祥符(今河南开封)人。仕明、清两朝,累官至户部右侍郎、吏部左侍郎。他多才多艺,一生著述甚丰,现存有《赖古堂集》,包括诗集、文集各12卷,还有《书影》《字触》《印人传》和《读画录》等著作传世。

周亮工在文学理论方面较为突出。他在文学风格上既主张"分",又主张"合",反对拘泥于"一帜一色",倡导"树千万五色帜"。他倡导融会贯通、兼收并蓄的风格,反对囿于门户之见。他强调文学作品的独创性,反对"徒事雕缋,以剽窃为工",主张在学习前人的基础上要有所创新。在诗歌创作上他倡导"性情"而反对气色、格调。他还提出静密说与退密说,前者要求作者要有丰富的社会生活积累,后者是说文学作品要经历时间的考验,反对文学创作中的急躁症。

周亮工的诗作较多反映明清鼎革之际的重大事件,例如明末农民起义,郑成功等人的反清复明斗争等。他虽然愿意为清统治者效命,却两次被诬下狱,因此他晚年的诗歌中流露出一种无奈的悲凉和悔恨。例如他在《庚子重九杂感用古诗十九韵呈今醉先生并诸同人》中写道:"匹马临深池,自嘶前路促。无复高处登,篷前聊踟蹰。""老铁铸错成,大悔亦已晚。""掩涕拥敝衾,细数平生误。"他的诗歌力矫晚明浮靡轻佻之风,以歌咏性情为主,诗风效法唐人,重视格律,沉稳工整,苍凉感慨,沉郁顿挫。其《寒食诗话楼感怀四首》中的句子:"天涯作客逢寒食,马上开花见杜鹃","羽书夜报溪云黑,铁骑朝驰碛草清",多为人们称道。其诗句有的很有气势,情感豪放;有的颇具诗情画意,有的风光旖旎,表现了他对多种艺术风格的追求。

周亮工现存的散文多为序跋、寿文、题记。其议论文议论中肯,一气贯注,具有理论深度;记叙文具体形象,颇能感人。魏禧称他"每命一文,必深思力索,嘎嘎乎务去其陈言习见,而皆衷于义理,无诡僻矫激之辞以惊世骇俗","笔之所至,浩浩瀚瀚,若江河之放,一曲千里而不可止"①。总之,其散文既有奔放的气势,又雅正浑厚,气韵贯注。

晚年移居河南辉县夏峰村的孙奇峰,字启泰,号钟元,人称夏峰先生。他是著名理学家,诗文创作也取得一定成就。其议论文,如《大难录序》《免赴部呈》等,说理透彻,见识卓绝,条理清晰,说服力强,又气势充沛,文采焕然,文从字顺,不晦涩难懂。其诗歌多为明志抒情之作,有些诗写得很有气魄。如《挽茅止生》:"江南钟异彩,河北历风霜。猛力窥天小,雄心拓地长。魂随关月照,气共塞云翔。酹酒古亭上,洋洋在我旁。"气势宏大,人物精神光彩照人。有些诗既有慷慨的胸怀,又有超然物外的洒脱。其写景诗都富有意境。

师从孙奇峰的刘体仁,颍川卫(今河南许昌一带)人,工诗文,多才艺,著有《七颂堂集》。其诗歌多山水游记和酬答友人之作,诗风追求生新瘦硬,力避平庸浅易。此外,偃师人武亿是位著名学者,其诗歌能抒发自己的真情实感,写得

---

① 魏禧:《赖古堂集序》。

清新洒脱。

二、小说

清代小说以李海观的《歧路灯》较为有名。李海观,字孔堂,号绿原,原籍河南新安县,父辈因豫西饥荒,举家出逃宝丰县宋家寨。他出生于书香门第,中举后屡试不第,过着颠沛流离、艰难困苦的生活,对当时的社会有深刻的感受。《歧路灯》以写实的手法,描写明嘉靖年间祥符少年谭绍闻的故事。富家子弟谭绍闻由于母亲的溺爱,庸师的引导,终荒废学业,奸淫母婢,吃喝嫖赌;后又受浪子的引导,玩蟋蟀,斗鹌鹑,炼黄白,铸私钱,终倾家荡产。最后在父亲挚友的劝告、仆人的帮助和亲戚的资助下,终于改邪归正,重振家业。这篇小说真实地反映当时社会中下层人民的生活状况,描写官场的腐败、学风的颓废和民风的浇薄。小说用通俗的河洛方言,记述当时河洛地区的名胜古迹、风土人情、衣食住行,具有浓郁的地方特色。它既是一部文学作品,也是一部活生生的形象的社会风俗历史。朱自清先生指出:"单论结构,不独《儒林外史》不能和本书相比,就是《红楼梦》也还较逊一筹。我们可以说,在结构上它是中国旧来惟一的长篇小说。""本书的总价值,我以为只逊于《红楼梦》,与《儒林外史》是可以并驾齐驱的。"①

马时芳字诚之,号平泉,河南禹州人,出身于世代书香的官宦家庭。因科举不第,闭户读书,潜心著述,曾任封丘、巩县教谕。他学问根基深厚,多才多艺,著述丰富,以《朴丽子》影响最大。

《朴丽子》是马时芳倾毕生精力所著,有正集9卷,续集10卷。此书是作者所见所闻有感而作,既是一部阐述哲理的杂著,也可以说是一部哲学寓言小说。清末著名文人李堂阶为之作序称:"今读其书,或寓言,或正言,或诙谐,或庄论,或谈笑,或涕泣,上下古今,洞悉治乱兴衰成败之故,而赅贯乎人情物理之微。经纬条理,灿若列眉,皆自道其心得。"此书取材广泛,构思新颖,惯于用深入浅出的手法,以生动幽默的故事来阐明哲学道理或针砭时弊。如其寓言小说:"鹿与虎相遇,即狂奔。虎见其去,蹲而待。久之,必还视虎。虎在,复奔去。如是者至

---

① 朱自清:《古典文学论文集·〈歧路灯〉》。

于三四,缘岭渡崖,往复不已。虎度其力已疲,徐起攫而食之。"鹿比虎跑得快,但挟技自恃,终究被强敌伺机吞噬。文笔生动,描写细致。

三、词与戏剧

(一)词

河南新安人吕履恒传世的词作有 20 多首,其《念奴娇·对雪和云旷》描写冬日雪景,场面宏阔,表达赏雪的心境,情意畅达,很有气势。其中"极目江东烟水际,万里同云一色",可称佳句。其《鹧鸪天·青要山堂自述四首》自述乡居生活,并表明闲适旷达的心态,《念奴娇·题〈秣陵春〉传奇》也较著名。

在清代中后期河洛词作家中周之琦成就较为突出。周之琦字稚圭,号耕樵,祥符(今河南开封)人,官至广西巡抚。其词作有《金梁梦月词》《怀梦词》和《鸿雪词》,总称《心日斋词集》,又辑有《十六家词选》16 卷,《晚香室词录》8 卷。其词作不仅数量可观,词的内容和表现形式也值得称道。其《高阳台·叹茂陵》写得深沉豪壮:"宛马吟愁,粤鸡啼恨,流红休问猗兰。丹鼎龙归,一丘空指苍烟。蒲轮正好贤良聚,奈褰裳,海上仙山。甚蓬莱,误了阿房,重误甘泉。神君帐里知何语,但返魂香烬,枉赋哀蝉。五柞鹊声,负他桃熟千年。谁论朱鸟窗中事,剩初明,泪洒通天。最难尽,玉碗凄凉,宛在人间。"凭吊汉武帝茂陵,自然会对这位雄主发表评论。作者肯定汉武帝时国力强盛、开疆拓土的光辉业绩,而对汉武帝的求仙慕道提出批评。指出这种求仙之举,使秦始皇走入歧途,导致阿房宫被烧成一片焦土,汉武帝重蹈覆辙,使甘泉宫再演悲剧。词的下半阕多用典故,重提茂陵随葬玉碗在人间出现一事,将历史沧桑和人生幻灭之感推向极致,发人深思。

(二)戏剧

王鑨字子陶,号大愚,河南孟津人,官至刑部河南司员外郎、山东学政使,博学多才,著述丰富。他工于诗文,爱好戏剧,撰有戏剧作品 6 种,现存《双蝶梦》《秋虎丘》《拟牡丹亭寻梦》3 种。《秋虎丘》是王鑨晚年的作品,在艺术性方面更加成熟。其故事背景是明嘉靖年间,士人汪璞秋日到苏州虎丘游玩,遇到登楼观景的于桂娘,遂一见钟情。桂娘于生日随母亲到庙里拈香,再次相见。汪璞托媒说合,定下婚约。后徐海勾结倭寇作乱,桂娘在逃难中与母亲相失,落入徐海手中,后被王翠翘救出。总兵齐世昌率官兵剿倭,王璞参与谋划。桂娘从倭巢逃出,被误认为奸细擒给总兵齐世昌。齐夫人担心丈夫收他为妾,逼令自尽,得观世音解救,被媒婆刘妈收留。王璞与桂娘重逢,喜成眷属。剧中对嘉靖年间的朝政腐败有所揭露,写爱情故事同历史事实真幻掺杂,表现了既重情又重义的主题思想。

吕履恒字元素,号坦庵,河南新安人,明末南京兵部尚书吕维祺之孙,官至户部右侍郎,著作有《梦月岩诗集》《冶古堂文集》。戏剧作品有传奇 4 种,今仅知《洛神庙》1 种。剧情以明末为背景虚构,写姑苏女子贾绿华母亲早逝,因父亲在中州做官而随父在洛阳居住,后父死成为孤女。一日由乳母陪同前往洛神庙进香,不慎将家传宝物雌、雄香扇坠丢失其一。洛阳书生何寅检得扇坠,交妻子巫友娘收存。当时李自成起义,巫友娘在逃难中与侍女失散,跳崖自尽,被贾绿华解救,结为姐妹。后来何寅到南都金殿对策,被钦赐榜眼,授予安抚使之职。他招降李际遇,讨伐李自成,获胜立功,与巫友娘夫妻重逢,并娶贾绿华。此剧情节曲折,但层次分明,杂而不乱,曲词抒情性强,富有诗意。

吕履恒的孙子吕公溥,字仁原,号寸田,终生读书著述,有《寸田诗草》传世。其戏剧作品仅知《弥勒笑》传奇 1 种。此剧的突出特点,是按梆子腔的曲调撰写唱词,除少数曲词用了旧曲牌如《满庭芳》、《小蓬莱》以外,全是十字调句式。它是如今见到的最早且完整的十字调梆子腔剧本,对于研究花部的产生和戏剧文学的发展有重要价值。

第九章　河洛地区的艺术

河洛地区的古代艺术绚丽多彩,在书法、绘画、雕塑、音乐、舞蹈、戏曲等方面都取得了辉煌的成就。

第一节　先秦艺术

河洛地区是中国古代艺术起源的地区。早在距今八九千年的裴李岗文化时期,已经出现了原始音乐和原始美术。在舞阳贾湖遗址出土有用鹤类肢管钻孔制成的骨笛,这些骨笛制作精致,能发出6声或7声阶音。在山西襄汾县陶寺遗址出土有铜铃、鼍鼓和特磬等乐器,说明人们已开始奏乐。在裴李岗遗址出土的少数陶器表面有各种纹饰,还出土有雕塑的猪头和羊头,说明人们已有审美观念,开始对器物进行装饰,并开始进行雕塑创作。仰韶文化时期的陶器多进行彩绘,汝州阎村仰韶文化遗址出土的一件陶缸,绘有《鹳鱼石斧图》,被人们称为史前艺术的杰作。

到了夏、商、周三代,河洛地区的艺术有了长足的进步,在音乐和舞蹈方面取得的成就更为辉煌。

一、音乐和舞蹈

在偃师二里头夏代都城遗址出土有石磬、铜铃、陶埙和陶鼓模型,这些就是夏代的乐器。文献记载夏王启作"九辩九歌",孔甲畋于东阳萯山(今河南偃师首阳山),作《破釜之歌》,为东音之始。

据说商代巫咸发明了鼓。在商代后期的都城安阳殷墟等遗址中发现了磬、埙、鼓、铜铙等乐器,反映了当时的音乐状况。

夏、商、周三代河洛地区有优美的宫廷乐舞。夏代有"九歌"、"九韶",商代有"桑林"、"羽"舞、九律舞和"北里"舞等。周代已经设置专门管理音乐和舞蹈的官职,见于《周礼·春官》的有乐师、大师、小师、瞽矇、眡瞭、典同、磬师、钟师、旄人、笙师等,分别掌管与乐政有关的事宜和各种器乐。乐要相应配之以舞,见于《周礼·地官》的有舞师,掌教各种舞蹈。又设鼓人掌教六鼓、四金之声音等。由职管人员之多,分工之细,可见当时音乐和舞蹈的发达。

从考古工作者在河洛地区所发现的乐器来看,周代的乐器比夏、商两代要丰富得多,特别是铜铸乐器,夏代只有铜铃,商代有铜钟、铜铙、铜铃三种,而每种铜乐器多是独奏,1种仅见1件,只有铜铙大小成套3件。而到了周代,铜铸乐器大大增多,尤其到了战国时期,不少大墓都有成套铜铸乐器出土。如河南三门峡上村岭1052号虢国大墓中出土一套9口编钟;洛阳西工八一路东侧一座战国初期墓出土铜甬钟一套16口,石磬一套6件。

从河洛地区所发现的各种乐器看,《周礼》中关于周代音乐的"五声""八音"之说和已创制的众多乐器是可信的。所谓五声即宫、商、角、徵、羽等五个音阶。《周礼·春官》云:"凡乐,黄钟为宫,大吕为角,大蔟为徵,应钟为羽,路鼓、路鼗,阴竹之管,龙门之琴瑟,《九德》之歌,《九韶》之舞,于宗庙之中奏之,若乐九变,则人鬼可得而礼矣。"周代已有用金(即铜)、石、土、革、丝、木、匏、竹等八种质料制成的各种乐器。金(属)制器如铜钟、铜铙;石制乐器如石磬;土制乐器如埙;革制乐器如鼓、鼗;木制乐器如祝(箎)、敔(木虎);丝制弦乐器,如琴、瑟;匏制乐器如笙;竹制乐器如管、箫等。八种乐器可奏出不同音质的乐曲,称为"八音"。众多乐器合奏,可构成美妙的乐曲。然而,这些音乐不是为民众娱乐,主要是为王公贵族服务。当时的乐舞,主要用于祭祀和王事礼仪。祭祀天地、山川、祖先分别用不同乐器配置和舞蹈,如祭祀天神"乃奏黄钟,歌大吕,舞《云门》",祭礼先祖"乃奏无射,歌夹钟,舞《大武》"。当时用所谓《云门》《大卷》(黄帝舞曲)《大咸》(尧舞曲)《大韶》(舜舞曲)《大夏》(禹舞曲)《大濩》(汤舞曲)《大武》(武王舞曲)来分别祭礼天神、地神、四望、山川、先妣、先祖。这种祭礼乐舞,当时被看做崇高的礼仪,由专职的大司乐向公卿大夫的子弟教习,方能履行祭祀礼仪。

　　周代的舞蹈同音乐一样发达。由上述祭祀礼仪看,乐曲和舞蹈是同名的,而且在这种场合舞蹈则从属于音乐。周朝廷设有众多司乐的职官,却少有司舞职官之设。当然,乐曲、歌、舞虽可浑然一体,密不可分,但它们各有特点,是不同的艺术形式,舞蹈同乐曲一样也可独立存在,二者相辅相成。《周礼》云:"乐师掌国学之政,以教国子小舞。凡舞,有帗舞,有羽舞,有皇舞,有旄舞,有干舞,有人舞。"此六种舞蹈称为"六舞",与周乐"六乐"相对应。所谓"六乐",不过是五声八音在祭祀进行中的六种变奏而已。而所谓帗、羽、皇、旄、干、人"六舞",则有不同的礼仪场合和舞者有不同装饰和手持不同舞具之别[①]。可见,这是当时专用的礼仪性舞蹈,与上述《云门》《大卷》《大咸》《大韶》《大夏》《大濩》《大武》七种用于不同祭祀场合的乐舞具有同样功能,并且也是教国子(公卿大夫子弟)自幼学习之舞。除了朝廷专用的祭祀和王事礼仪各种舞蹈外,还应当有各种民间娱乐性舞蹈,因其即兴而发,并无规范,难登简策而不详。

　　春秋时期,礼崩乐坏,诸侯国除在特定场合演奏朝廷雅乐外,还出现了一些新的音乐,河洛地区的郑国和卫国音乐发达,且独具特色,当时人称作"郑声"或"郑卫之音"。

二、绘画与雕塑

　　周代的绘画,在商代的基础上有长足的进步,主要反映在三个方面:一是绘画的内容由单调到丰富,即由绘画动物和人的个体,到绘画人们现实生活的某一宏大场面,使绘画进入真正反映人们社会生活、思想感情和憧憬未来的现实主义阶段;二是已开始把握人与物的真正关系,人为万物之主,其他事物均为人之附属陪衬,在构图时已能把人置于主位并用周围景物衬托人的活动气氛;三是对人、动物、建筑、器物等对象的写实或写意技巧都比商代有较大的进步。

　　周代遗存的绘画,在河洛地区发现罕少。彩墨画和漆画,由于作画布帛和木板等易腐易损,很难保存,所能见到的极少。河洛地区所出土的铜器上所刻画的

————————

　　[①]　《周礼》第三《春官·乐师》注疏。

一些图像表明,若没有绘画的基础,是难以刻画出复杂的图像的。1935 年在河南辉县赵固一座战国墓中出土的一件铜鉴上,刻画有一幅燕乐歌舞图像。在这幅图像中,既有二人执槌击编钟,又有二人执槐击编磬,其背景是一座高大的两层殿宇,其中陈设着鼎、豆、壶之类的礼器,由此可知这是反映贵族宴饮的乐舞情景,这是中原的一种礼仪——燕礼图。它构图严谨,人、景、物处置恰当,以线刻技法表现,线条简明流畅。

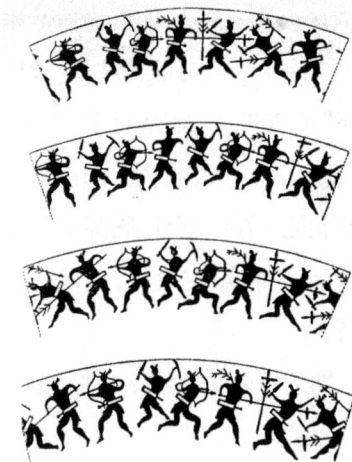

卫辉出土铜鉴《陆战纹摩图》

与此刻画图像技法相近而内容绝然不同的器皿装饰图像,是汲县(今河南卫辉)山彪镇出土的一个铜鉴上刻画的"水陆攻战图"。由于铜鉴表面是一个球面,不可能在一个平面上反映战争宏大的场面,于是作者便将292个人物巧妙地分画在 40 组不同内容的画面中去,分别表现出陆地上的攻防、格斗、远射,水中划船、搏斗,战斗中击鼓助威,战后犒赏、歌舞等激动人心的场面,活生生地表现出战争的残酷以及战后的欢乐情景。此图以阴刻线条为主,技法粗放,但人物生动多姿,格斗场面紧张激烈,犒赏场面欢乐感人,无不具有艺术感染力,是一幅不可多得的古代战争图。

在雕塑方面,周代继承商代的传统技法,但有明显的进步。河洛地区出土的周代雕塑器,主要有陶塑、木雕、玉雕等三类。陶塑历史悠久,技术水平也较高。陶塑产品一如继往,以捏塑实用装饰艺术品为主。郑州二里岗战国墓出土的一件陶鸭,仰首引颈欢鸣,张开双翅欲下水畅游,栩栩如生,在技法上写实与写意相结合,写实与夸张相结合。鸭体是写实的,而双翅则是写意性捏附于鸭身两侧,鸭两足粗大,脚掌厚重似马蹄,过于夸张。此外,鸭体羽毛是用褐、白两色相间的彩绘,这种手法始见于原始社会,周代运用得更加巧妙和合理。此件陶鸭汇集当时的几种陶塑技法,可以说是周代河洛地区陶塑的代表作。

与陶塑不同,周代出现一种"木雕"艺术形式。木雕的出现,除一般的雕塑技术知识外,还必须有坚韧、锐利的金属工具,如铜刀、铜凿和铜斧(或铜锛)等工具。周代已拥有这类工具,"木雕"艺术的出现已是瓜熟蒂落。木雕作品的主要对象是人和动物。由于河洛大部分地区干旱,木雕作品易朽,发现极少,只有在多雨潮湿的东南部,竹木器保存良好的环境中才有一些发现。

与木雕人物同时并存且更加精美的是金属铸人物。这些金属制品,虽不是直接的雕塑品,却与雕塑艺术有直接关系。这是因为在浇铸之前需要刻好模子,没有较高的雕塑艺术水平是办不到的。这种金属浇铸的人物直接反映出当时的雕塑艺术的水平。在这类作品中,河南洛阳金村战国墓出土的两件人物铸品很有代表性。其中一件是银人,高8.6厘米,衣冠整齐,神情自若,惟其肢体粗壮,大手赤足,应是个劳动者形象。另一件号称"鹰师"的青铜人,则是一个巫师形象,高约28.2厘米,大头胖脸,细眉凤眼,脑后双辫垂肩,是个女巫,硕大的身体上披竖纹长袍,双足登长筒鞋,两手竖握的驯鹰杖上分别站着一个鹰,鹰师双目注视着左边鹰,形态栩栩如生。[①] 这两件都是写实作品,刀法细腻灵巧,毛发衣纹纤纤可见,形态生动。由此可见周代雕塑水平之高。

此外,河洛地区的书法艺术源远流长。商代后期的甲骨文字娟细瘦挺,秦李斯的篆书则"画如铁石,字若飞动",开书法艺术之先河。

第二节　秦汉艺术

秦汉时期河洛地区的各种艺术,包括书法、绘画、雕塑、音乐和舞蹈,都比先秦有长足进步。

一、书法

在汉代,汉字的书写艺术颇有成就。河洛地区的书法家,首推大名鼎鼎的蔡邕,还有师宜官、刘德升、史晨等人。

蔡邕,字伯喈,东汉陈留圉(今河南杞县南)人。他不仅是一位著名的文学家,也是一位伟大的书法家。汉代流行的书体有小篆、隶、草、行等,蔡邕工于篆、

---

①　两件人物像均见于《中国雕塑史图录》第一卷,上海美术出版社,1983。

隶,尤善汉隶,著名的洛阳太学隶体石经即为他所
书。熹平四年(175 年)他奉诏写定六经文字,刻
石立于洛阳太学门外,世称为《熹平石经》。他不
仅擅长隶书,还独创了"飞白体"书法。这种"飞
白体"的特点,一是笔画中多有虚笔露白之处,二
是笔调轻飘跳跃似有飞舞之动感。此体深为时人
所喜爱,汉、魏宫阙的匾额及楹联,多用"飞白
体",蔡邕因而名噪一时。他还写有《笔赋》《篆
势》《笔论》《九势》等著作,对书法艺术作了集中
的论述,探讨了中国古代书法艺术表现的力量与
气势之美、和谐之美,在书法理论方面做出了杰出
贡献。

东汉袁安碑

　　刘德升、史晨等书法亦各有所长。刘德升,颍
川(治今河南禹州)人,是行草的创造者。史晨,字伯时,河南(治今河南洛阳)
人,善于多种书体。他书写的《孔子庙碑》,流传于世。

　　东汉时期是汉隶的成熟期。河洛地区东汉隶书刻石极为丰富,包括碑碣、摩
崖、墓志、题记等。除洛阳太学《熹平石经》外,还有《张景残碑》《尹宙碑》《太室
阙铭》《袁安碑》等,代表着汉代隶书石刻艺术的辉煌成就。

二、绘画

　　汉代河洛地区的绘画艺术,主要表现在宫廷绘画、墓葬壁画以及彩陶装饰画
等方面。洛阳、密县(今河南新密)等地的画像石,风格深沉雄大,有不少是不可
多得的珍品。

　　西汉绘画,在河洛地区已有所发现。洛阳老城西北一座西汉墓有四幅很有
价值的壁画。[①] 第一幅已模糊不清,可能是《除魃消旱图》。郭沫若曾释为"苛政
猛于虎",但画中并无"苛政"的内容,令人难以苟同。第二幅在墓主室西墙额
上,画的是"二桃杀三士",描述晏子献计齐景公以二桃除去三位勇士的故事。

---

　　① 河南省文化局文物工作队:《洛阳西汉壁画墓发掘报告》,载《考古学报》1964 年第 2 期。

此画笔法简练而豪放,线条流畅,人物形象刻画细致,栩栩如生。第三幅在墓主室后上方,为"鸿门宴"故事画,表现项庄准备乘席前舞剑之机刺杀刘邦的故事。整个画面布局紧凑,笔法简练而豪放,气韵生动,把每个人物的心态都活灵活现地表现出来。第四幅,在墓室顶脊上,是由12幅相连而成的天象图,象征12时辰。

在洛阳还发现了一些壁画墓。西汉卜千秋墓壁画规模较小,题材也与前者不同。其墓门内额上的一幅为羽化仙人王子乔,人首鸟身立于山顶之上,振翅欲飞。另一幅在墓室后壁,似为定方位镇墓之用。墓室顶脊的第三幅画是主题画,即墓主人升仙图。其中精彩部分是:头盘双髻的仙女,拱手跪迎主人,女主人手捧三足金乌,乘三头凤鸟;男主人手持弓,乘着龙蛇前奔。其前方有口含瑞草的玉兔,旁有蟾蜍和奔犬,象征主人已腾空升仙。笔法简练,人物生动,寓意深刻。此画反映了当时人们幻想得道成仙,以摆脱人间的种种烦恼与灾难,使用了写实与夸张相结合的手法。

洛阳西汉墓壁画

画像砖与画像石是一种特殊的艺术形式,多用刻刀将所要绘的画采用刻阴线或剔地雕成浅浮雕,表现在空心砖或石块平面上,也有用先刻好的小方块画模打印在未干的空心砖坯上然后烧制。画像砖、石主要用于垒砌阴宅——墓室。画像砖始于战国时期,到西汉初仍呈兴盛态势。画像石则始于西汉中晚期,至东汉方盛。

在西汉,画像砖艺术要比画像石艺术兴盛,且已达到顶峰。河洛地区的画像砖多见于洛阳和郑州两地。洛阳的画像砖,多系用阳模印制的阴线画像。其画像不是在画面周边,而是在中间。画像占地较大,内容丰富,如门砖上既印有铺首、守门武士和青龙、白虎等驱邪镇墓的画像;又有在墓室内侧墙砖上表现主人生前生活的种种画面,如迎拜贵客、狩猎、骑奔等;更有主人希冀的社会安定、物产殷富、牛马成群、六畜兴旺的景象;还有神话传说和五行谶纬。这些基本上都与当时人们的社会生活和思想意识有关。画中的种种人物,身首四肢比例适当,神形兼备,生动逼真。一些守门武士,手执巨斧,须眉倒竖,双目怒睁,令人望而生畏。

郑州地区的画像砖却是另外一种风格。它以几何图案装饰为主,居于砖面中央地位,而人与各种对象的画面则退居画像砖的边缘,居于次要的地位。而且这种画面多用阴纹模印的阳纹画。郑州南关画像砖墓是西汉空心砖画像砖代表作之一。① 这座墓的72块空心砖中,不少仅一面或两面有装饰图案,如方形、菱形、蕉叶形、涡纹、锯齿纹等,只有少量空心砖还在边缘印有各种画像,如植物、动物、凤鸟、人物、骑射,还有当时较少见的门阙、楼阁、围墙等建筑画像,画面的内容更贴近生活。

东汉朝廷在"少府"下设有黄门署长、画室署长、玉堂署长各一人。汉灵帝"雅好丹青,别开画室。又创立鸿都学以集奇艺,天下之艺云集"。② 宫廷画工有"黄门画工"和"尚方画工"等。宫廷画的内容主要有两种:一是"取诸经史事",二是表功颂德,后者更为盛行。如永平年间,"显宗追感前世功臣,乃图画二十八将于南宫云台,其外又有王常、李通、窦融、卓茂,合三十二人"③。当时各州郡纷纷仿效,以画像表行者越来越多。当时绘画风气很盛,善画者众多。著名的科学家、文学家张衡和文学家、书法家蔡邕都是有名的画家。

壁画,在汉代是被广泛应用的画种。特别是东汉,不仅殿堂、衙署、驿站等官方建筑墙壁上往往绘有壁画,就是民宅、墓室墙壁上也不罕见。但土木建筑年久毁坏,上面的壁画也不复存在,而民宅模型上的壁画和墓室壁画,今人犹可观赏。

在出土的东汉民宅和仓楼模型墙壁上绘有不少彩画。这类绘画的题材都与日常生活和社交活动有关,真实而感人。新密后士郭一座东汉墓出土一座二层仓楼,仓楼盛满粟子,四壁均绘有壁画。④ 仓楼正面下层绘有一幅"收租图",将

① 河南省文化局文物工作队:《郑州南关159号汉墓的发掘》,载《文物》1960年第8、9期。

② 张彦远:《历代名画记》中《叙画之兴废》,第6页,上海人民美术出版社,1964。

③ 《后汉书》卷二十二《传论》。

④ 河南省文物工作队:《密县汉墓陶仓楼上所绘的地主收租图》,载《文物》1966年第3期。

地主通过收租的方式剥削农民这一普遍的社会现象以典型的艺术形象再现出来,有深刻的社会意义。这幅画采用先在壁上涂白粉为底,然后以黑、红、赭、黄诸色作画,画面鲜艳醒目,艺术效果颇佳。这种方法,在当时被广泛使用于壁画。

　　墓室的壁画,内容更丰富。新密打虎亭和后士郭两地的东汉壁画墓具有典型性。打虎亭2号墓的壁画绘在主室和耳室壁上,其中有车骑出行图、宴饮图等。① 这些图都是在白灰壁面上,采用朱砂、朱膘、石黄、石绿、赭石、黑墨、白粉等颜色绘成的彩色画。后士郭3号墓壁画场面小,人物少,但也描绘了墓主人生前的生活片断。在中室北壁各绘有一幅斗鸡图,南壁所绘的人物群像图,有的头戴高冠,有的头戴巾帻,神态各不相同,但个个眉目清秀,服饰鲜艳,可谓汉代壁画中人物画像之佳作。荥阳出土的东汉壁画墓内容丰富,有楼阁庭院、车马出行、人物故事、珍禽异兽、乐舞百戏等。

新密打虎亭汉墓壁画

　　东汉画像石和画像砖是享誉中外的瑰宝。在河南南阳、商丘、郑州、洛阳等地区都有汉画像石和画像砖墓,其画像各有特色,但以南阳画像最著名。南阳是帝乡,多皇亲国戚、商贸富户。在谶纬迷信的影响下,他们生前穷奢极欲,想死后仍享受富贵,便不惜耗费巨资营造阴宅——墓室,金银珠宝不足以表达他们的奢望,又借助画像的手段,于是大量制作画像石,用来建造墓室。以南阳为中心,在唐河、桐柏、邓州、方城、叶县、襄城等地,都发现有画像石或画像砖墓,这些在石或砖上刻画的画像成为一笔丰厚的文化遗产。

---

① 安金槐、王与刚:《密县打虎亭汉代画像石墓和壁画墓》,载《文物》1972年第10期。

其他地区也有一些汉画像石发现。新密打虎亭 1 号墓是一座大型汉画像石墓。① 此墓雕刻着各种瑞禽神兽、仙人和方相氏等多种画像,其中有两幅大型画像:"收租图"和"庖厨图"。后者着重描绘 10 个家人奴婢为烹饪而忙碌的情景:有人从井中汲水、淘米,有人烧火蒸饭,有人在巨鼎大釜中煮肉,还有人往外端菜、送汤……这是汉画中一幅较完整的大型庖厨图,是不可多得的珍品。

三、雕塑

西汉河洛地区的陶塑也很发达。墓葬随葬品中,多数明器是陶塑。在西汉中晚期,陶塑更多地表现农村庄园的现实生活,如粮仓、灶台、水井的模型和劳作陶俑。在一些西汉墓中出土有整座农家庭院的建筑模型。郑州南关 159 号汉墓出土的一套庭院建筑模型,前有大门和阙,院右侧有仓房,左侧有厨房、厕所和猪圈,院后是正房。所有建筑陶塑都采用写实手法,细腻而逼真,真实地反映出一座地主庭院的状况。

济源城南泗涧沟两座西汉墓均出土陶塑碓和风车及操作俑,造型逼真,生动地表现了春米的图景。此外,还有一些实用器皿,如陶灯和博山炉,其上附加装饰物,也属于艺术品。

寓意很深的艺术品已崭露头角,济源泗涧沟汉墓所出的一件"陶都树"便是实例。② 此陶都树的塑造,寓意"日初出,天鸡鸣",象征未来的光明前程,为人们所向往。

东汉的雕塑比西汉又高了一个层次。当时的石雕作品,大多被当做宫室、苑囿和陵墓的附属装饰品,只有一些档次较低的木雕、泥(陶)塑之类作为明器,见于百姓的墓葬之中。东汉存留下来的大型石雕作品,有石阙、翁仲、兽类等。

河洛地区的石雕首推嵩山的太室阙、少室阙和启母阙。太室阙位于嵩山南麓,为太室山庙的神道门阙。此阙又分东、西两阙,东阙高 3.92 米,西阙高 3.96 米,两阙均由阙基、阙身、阙顶三部分组成。两阙顶部均用三块巨石雕成四阿顶,顶上雕出重脊、瓦垄,檐下雕椽,四边雕瓦当和板瓦唇,瓦当面还浅雕柿蒂纹图

---

① 安金槐、王与刚:《密县打虎亭汉代画像石和壁画墓》,载《文物》1972 年第 10 期。

② 河南省博物馆:《济源泗涧沟三座汉墓的发掘》,载《文物》1973 年第 2 期。

案。阙身均用八层石块叠砌于阙基上。在阙身的南、北两面,用减地平雕的手法刻出数十幅画面,有百戏、狩猎、奇禽、怪兽以及神话故事、贵族生活等内容。其中,西阙南面的"车骑出行图"、"马戏图"和东阙北面的"斗鸡图"更是趣味横生。

少室阙,位于登封城西少室山北,是少室山庙的神道阙。此阙亦有东、西两阙,东阙通高3.37米,西阙通高3.75米。两阙结构形态基本相同,顶部同太室阙一样,阙身前后两面遍布浮雕图案,主要有车马出行、双龙穿壁、双兽争食、四灵、羽人、蹴鞠、赛马、斗鸡、斗兽、马戏和山水等图案70余幅。

启母阙,位于登封太室山南麓,为启母庙前的神道阙。东阙高3.17米,西阙高3.18米。基本结构同太室、少室两石阙一样,只是阙身浮雕画面内容有所不同,主要有启母石、夏禹化熊、郭巨埋儿、骑马出行、交龙穿杯、孔甲畜龙、斗鸡、驯象、饮宴、幻术、蹴鞠、虎扑鹿和人物画像等70余幅。其中,西阙的月宫图,雕有蟾蜍和玉兔捣药,反映民间的神话故事,而郭巨埋儿的画面则活生生地反映了封建社会的道德观念。

从现存三阙浮雕画面来看,既有飞禽走兽,又有木石怪异;既有神话传说,又有现实生活,题材广泛,想像力丰富。尽管东汉社会谶纬迷信泛滥,画面中也有幻想羽人升仙之类的内容,但现实主义仍是主流。三阙的雕刻采用减地平雕手法,刀法简练,线条流畅,人物形象生动,禽兽姿态逼真,反映出较高的技艺。

东汉的大型石雕,主要是立于宫殿、苑囿、神庙和陵墓前面作为建筑的附属装饰或仪仗。石雕的对象是人、马、象、虎和神兽等。河洛地区迄今仍存有不少汉代大型石雕。在登封嵩山中岳庙前有数尊小型翁仲,高1米余,肃立而神态谦恭。翁仲系用石灰岩雕成,风化严重,但人物的眉目、衣冠仍可见。刀法粗犷的写实圆雕是汉代大型石雕的主要特点。

陶塑在汉代比石雕更普及。尤其在东汉,陶塑品几乎涉及人们生活的各个方面,有人物陶俑,有房屋建筑模型、日用器具、家畜家禽和兽类。由于谶纬迷信的泛滥,人们相信人死灵魂不灭,到阴间照样享用生前所拥有的一切,于是便把生活所需要的物品,包括房屋、用具、粮仓、家畜家禽等,以陶塑明器的形式随葬于墓中。

与西汉相比,东汉陶塑的种类和数量都大幅度增加。建筑模型,除了庄园民宅外,还有楼房、仓房、粮屯、亭、阁、水榭等。家庭生活用品,有火灶、水井、水桶、几、案、盘、鼎、釜、碗、壶、罐、瓮、杯等。家畜家禽有狗、猪、牛、羊、鸡、鸭等。这类陶塑大多是素烧作品,有少部分上绿釉或褐釉。由于作为明器随葬,大多只要求"形似",手法粗放,少有细腻的刻描,但也有一部分陶塑既"形似"又"神似",具有较高的艺术水准。

在河洛地区的东汉陶塑中,洛阳一带的陶俑属于佳作。洛阳出土的陶俑,有文吏、仕女、劳作、伎乐、百戏等。其中,除了文吏俑和仕女俑一律穿宽袖长袍,拱手直立,姿态比较单调外,其余三类陶俑则千姿百态,形象生动。如伎乐俑,有的吹排箫,有的击鼓,有的弹琴拨瑟,甚至有舞动双手指挥者。此种陶塑,技法精巧,自然纯真,形神兼备,乃上乘之作。[1]

除了大量的单独陶塑作品外,还有一种组合式的群体陶塑。陕县(今河南三门峡)刘家渠东汉墓出土有陶仓房、碓房、猪圈、厕所和水上阁楼等陶塑模型。[2] 灵宝张湾汉墓出土的两座陶楼很有特色:一座为重檐庑殿顶三层陶楼;另一座除楼前有墙围庭院外,主体三层楼中,二层、三层的窗户下和四壁角有踞坐人形柱承托,楼顶为四阿式,正脊中央立一昂首展翅的朱雀。[3] 这些陶塑以艺术形象反映了东汉豪强地主的奢侈腐化的生活。

四、音乐舞蹈

乐舞在西汉已经流行,到东汉时期更加普遍,而且各地的歌舞各有特色,所谓"齐童唱兮列赵女,坐南欧兮起郑舞"便是其写照。张衡的《二京赋》中描述了一些歌舞、百戏演出的情景。而音乐和舞蹈场景在河洛地区屡见于壁画和画像石中,可见当时歌舞之风很盛。东汉洛阳宫廷庙堂,时常有音乐演奏。音乐分为四品:一是太平乐,二是周代雅乐,三是黄门鼓吹,四是皇帝在后宫宴乐时所奏之乐。达官显贵家中亦常演奏音乐。

在南阳等地的汉画中,可见到的音乐图像很多,所用的乐器有三类,即打击乐器、弦乐乐器、吹奏乐器。每一类乐器又有多种,基本上包罗了土、匏、革、丝、

① 中国科学院考古研究所:《洛阳烧沟汉墓》第142页,科学出版社,1959。
② 黄河水库考古工作队:《河南陕县刘家渠汉墓》,载《考古学报》1965年第1期。
③ 河南省博物馆:《灵宝张湾汉墓》,载《文物》1975年第11期。

竹、石、金、木八种乐器。在汉画像中的打击乐器有鼓、铙、磬,常见的弦乐乐器主要有瑟、琴。其音悠扬文雅,适于宫廷却少见于民间,所以此类乐器罕见于画像的乐舞和百戏场面。吹奏乐与鼓一样颇受百姓的喜爱,所见到的此类乐器较多。其中有古老乐器陶埙,可与其他吹奏乐器合奏,还有排箫、竽、篪(chí)等。竽、笙类乐器,同瑟协奏。篪(chí)为竹制,属笛类。这三类乐器,皆可独奏,而在画中所见,它们往往是合奏交响,组合成美妙的旋律。

　　汉代的舞蹈已很普及,伎人的舞蹈艺术达到了很高的水平,被誉为"我国古代舞蹈艺术发展的第一个高峰时期,在舞蹈史上有着重要地位"。[①] 在河洛地区发现的画像石中有关于乐舞的画像百余幅,画像中的舞蹈形式主要是单人独舞和双人对舞。其中单人舞又可分为"长袖舞"、"巾舞"、"踢鼓舞"和"盘舞"等数种。"长袖舞"是细腰女伎挥动长袖而舞,婀娜多姿,十分优美。"巾舞"主要以手执长丝巾代替长袖,可用单巾,亦可用双巾,男女伎人皆可舞之。"踢鼓舞"常见的是女伎踏枹而舞。枹是皮壳内充苇糠的鼓形道具。与踢鼓舞相近的"盘舞"由男伎或女伎分别踏盘而舞。盘与鼓在这种舞中为道具,盘有四盘、五盘、七盘之分,以七盘舞较著名。双人舞往往只限于建鼓舞和长袖舞。建鼓舞,由于建鼓为侧立双面,需二伎人边击鼓边舞。

　　在河洛地区的汉画像石中有面具舞、拟兽舞等,是使用道具的传统性舞蹈。这些舞蹈多姿多彩,更令人赞赏。

　　百戏是杂技、角抵、游戏等各种表演艺术的统称。汉时,杂技称为"曼延"、"奇伟"或"奇戏",后又称"杂戏","有鱼龙曼延、高凤皇、安息五桉、都卢寻橦、丸剑戏车、山车兴动雷、跟挂腹旋、吞刀履索、吐火激水、转石嗽雾、扛鼎象人、怪兽舍利之戏"。[②] 杂戏内容丰富多彩,包括杂技、幻术、驯兽等。而在河洛地区流行的杂技节目,在汉画像中可见到的有造型倒立、扛鼎、冲狭、飞剑跳丸、弄壶、马戏、戏车等多种。洛阳烧沟汉墓出土彩绘百戏陶俑群横木上,平伸的两手掌上有两圆球,一伎人单腿立于球上做金鸡独立和跳丸表演,另一伎人在另一球上做半蹲式造型;后戏车橦杆上蹲一伎人,左手与前车舆内一伎人右手拉一条倾斜绳

　　① 孙景琛、刘伯恩:《谈汉代乐舞画像石与画像砖》,《汉代画像石研究》第 124 页,文物出版社,1987。
　　② 《文献通考》卷一百四十七《散乐百戏》。

索,又一伎人袒上身、着宽腿裤,在作往上履索表演。这样的表演难度很大,足见当时演技之高超。

角抵戏是汉代百戏中的一枝奇葩,东汉更加兴盛。在河洛地区流行的角抵戏,主要有二人手搏、二人械斗、象人斗虎、象人斗牛、象人斗熊、象人斗猿等。所谓"象人"即是头戴有牛角假面具的人,戴假面具以角相抵,衍生"角抵戏"之名。人戴上假面具以后形象狰狞可怖,可增加几分威慑力,又使人陡增观赏情趣。

还有在民间比较普及的游戏,如蹴鞠、投壶、六博等。蹴鞠,即是踢球,鞠是一种皮革缝制的小圆球。投壶,即以竹为矢,人执矢而投入壶内,因矢能入而跃出,难以投中。六博为二人对坐而弈的一种棋局;因中设博局,手执箸引棋,"投六箸,引六棋,故称六博"。

第三节　魏晋南北朝艺术

魏晋南北朝时期,旷日持久的战乱与分裂割据本不利于艺术的发展,但少数民族乃至外国艺术的传入又有利于艺术的进步。因此,河洛地区的书法、绘画、雕塑、音乐、舞蹈和建筑艺术都取得了显著成就。

一、书法

魏晋南北朝时期河洛地区的书法艺术成就辉煌。三国时颍川长社(今河南长葛)人钟繇精于隶书和楷书,和书圣王羲之齐名。北朝以洛阳龙门造像题记为代表的魏碑体魄力雄强,骨势峻迈。

魏晋时期,河洛地区的书法技艺在东汉的基础上有了新的进展。曹魏时期的书法家,有钟繇、胡昭、邯郸淳以及卫凯、韦诞等。史称,"(胡)昭善史书,与钟繇、邯郸淳、卫凯、韦诞并有名,尺牍之迹,动见模楷焉"。[1]

胡昭,字孔明,颍川郡(治今河南许昌市东)人,避难居陆浑山(今河南嵩县),后徙宜阳。他以经籍自娱,尤善史籍大篆,书迹为世人楷模。邯郸淳,字子

---

① 《三国志》卷十一《管宁传》附传。

叔,也是颍川郡人。他"博学有才章,又善《仓》、《雅》、虫、篆、许氏字指"①。既通文字学,又精书法。

曹魏书法家中最负盛名的是钟繇。钟繇,字元常,仕魏官至相国、廷尉、太傅。他兼善各种书体,尤精于隶书和真书。他吸取东汉曹喜、刘德升、蔡邕诸家之长,形成了独特的风格。其传世佳品,现仅存隶书《上尊号碑》。唐朝人张怀瓘所撰《书断》称他:"虽习曹、蔡隶法,艺过于师,青出于蓝,独探神妙。""真书绝妙,乃过于师,刚柔备焉。点画之间,多有异趣,可谓幽深无际,古雅有余。秦汉以来,一人而已。"《宣和书赞》又称其《贺捷表》:"备尽法度,为正书之祖。"在书法史上,他和汉代草圣张芝并称"钟张",与时人胡昭并称"钟胡",与东晋书圣王羲之并称"钟王",具有很高的地位。其少子钟会亦善书,行草兼美,尤工于隶书。

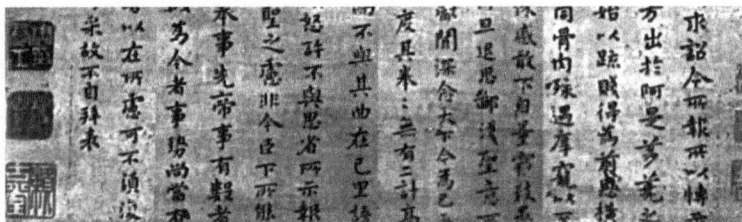

魏钟繇书《宣示表》

在钟繇、胡昭、邯郸淳之外,又有韦诞,字仲将,曹魏时在洛阳任职,官至侍中、中书监。他诸书并善,尤精题署。当时洛阳、许昌、邺城三都宫殿台观多其题字。南朝梁书画家袁昂称其书如龙威虎振,剑拔弩张。河东安邑(今山西夏县)人卫觊,字伯儒,仕魏为尚书。他"好古文,鸟篆、隶、草,无所不善"。② 其子卫瓘、孙卫恒均在朝廷任职。丑瓘善草书,恒善隶书,又撰有《四体书势》,是书法史上的珍贵文献。又有梁鹄,仔细揣摩师宜官的书法,善写大字,在曹操府中以写书自效。自魏至晋,洛阳宫殿题署多出其手。《四体书势》称梁"鹄之用笔,尽其势矣"。

十六国时期,中原战乱频仍,书法家寡闻。北朝后期有江式,字法安,陈留济阳(今河南兰考东北)人,为书法世家。其六世祖江琼西晋末迁居凉州(治今甘

---

① 《三国志》卷二十一注引《魏略》。

② 《三国志》卷二十一《卫觊传》。

肃武威),善虫篆、训诂。祖父江强徙代京(今山西大同),亦传书业。江式少习家学,孝文帝时以书写谥册之功,除奉朝请。他"篆体尤工,洛京宫殿诸门板题,皆式书也"。[①] 曾撰《古今文字》40卷,惜未完成。北朝大族,如崔、卢、李、郑,多有善书者,崔浩书有《吊比于文》,郑道昭、庾导等人亦堪称当时的著名书法家。

　　十六国北朝时期的河洛地区书法,沿续钟繇、卫瓘等人的旧书体,与东晋南朝宗王的真书相比,具有古雅端庄的独特风格。康有为以为北朝书法有"十美",就是:魄力雄强,气象浑穆,笔法跳越,点画峻厚,意态奇远,精神飞动,兴趣酣足,骨法润达,结构天成,血肉丰美。

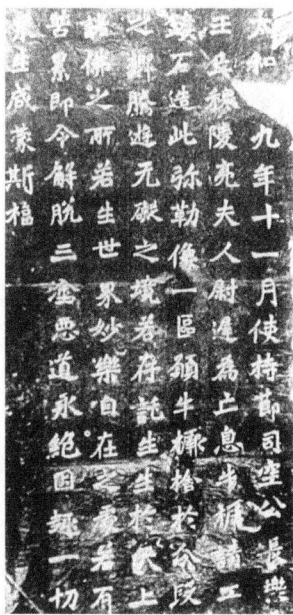

龙门石窟造像题记

　　北朝河洛地区书法艺术,多见于写经真迹与墓志、碑刻、塔铭、造像题记。这种书体结构扁方,构架紧密,方笔折角,骨力雄劲,人称"魏碑体"。被书法家称为"龙门二十品"的洛阳龙门石窟的20则北魏时期的造像题记,在近千品魏刻中最负盛名。它为书家刻工所共同创造,被尊为魏碑体的法帖范本。此外,洛阳及其附近地区出土数量众多的北朝墓志,其中不乏书法精品。洛阳邙山出土的元义、元祀墓志,孟州出土的司马悦墓志,登封的《中岳嵩高灵庙碑》,均为魏碑书体的代表。魏碑为历代书法家所重视,清初著名书法家包世臣等人提倡,学习书法应以"北碑"(即魏碑)为楷模。

二、绘画

　　魏晋南北朝时期是我国绘画艺术史上一个辉煌的时代,人物、山水画都有长足的进步。

　　魏晋时期山水画已成为一个独立的画科。在都城洛阳聚集了不少著名画家。三国时期魏国皇帝曹髦就以善画著称。他擅长人物故事,画技独高魏代。

---

① 《魏书》卷九十一《术艺》。

他画的山水画《黄河流势图》,惜已散佚不存。由洛阳南迁的西晋宗室司马绍也善画山水,最著名的有《轻舟迅迈图》。东晋画圣顾恺之,依据三国魏陈思王曹植创作的《洛神赋》,绘成一幅四段的横卷《洛神赋图》,画中洛神衣带飘逸,委婉动人,或凌波四顾,或云间遨游,或独自凝望。高飞的鸿雁,腾空的游龙,云中的明月,初升的朝霞,盛开的荷花,把洛神烘托得更为艳丽多姿。

东魏北齐时,杨子华、刘杀鬼、曹仲达,都是邺都(今河北临漳西南)著名的画家。

由于十六国、北朝兵燹连年,社会不如东晋南朝安定,河洛地区的绘画艺术也受到影响,从总体上不如南方。

三、壁画石刻

魏晋南北朝时期,官僚士族营造墓室作为"阴宅",多有彩绘壁画,其石棺也多有石刻线画作为装饰,现已发现的尤以北魏时期为多。

1989 年在孟津北陈村发现的北魏墓,东壁保存有一组壁画。其中部绘一四坡顶轿形帷屋,屋内有弯曲的屏风,端坐男、女各一人,左侧有三女作舞蹈状,右侧三女作侍立状,前有一童子恭敬站立。画面两侧用朱墨色绘成太湖石等园林景致,画面动静交糅,景情融会,是一幅不可多得的世俗画卷。洛阳发现的北魏江阳王元叉墓,上部和顶部全用白灰涂地,施以彩绘,惜四壁壁画已被破坏。

近百年来,在洛阳的北魏皇陵区出土有上十具石棺。这些石棺,"多数周身雕刻有精美的花纹,其中以孝子烈女故事、乘龙升仙、龙虎神兽为内容者较多"。也出土了一些石棺床。"棺床花纹多为各种神奇的异兽灵禽和不同样式的图案花草,带项光的伎乐天人、化生和护法力士,面目狰狞的铺首等。"[1]1977 年在洛阳市郊发现的石棺,"棺盖内绘太阳和月亮,棺周身雕人物、神兽、花鸟等花饰。采用阳刻减地或阳刻加阴线"。[2] 选用减地形外廓,使画面浮出,再在其上构成人物或景物的细部。

洛阳邙山和瀍河两岸的皇室勋贵墓葬多被盗掘,不少艺术珍品流失国外。

---

[1]　《洛阳市志》卷十四《文物志》第七章第三节《石刻》,第 300 页。
[2]　杨育彬、袁广阔主编:《20 世纪河南考古发现与研究》第 613 页,中州古籍出版社,1997。

1931 年在孟津翟泉村邙山半坡出土的宁懋石室,现存于美国波士顿艺术博物馆。石室为长方形悬山式建筑,有 9 幅石刻画像,包括武士、故事、庖厨图、牛车出行图、铠马图和宁懋夫妇画像图等,采用阴线勾勒和浅减地线刻技法,有很高的艺术成就,实为不可多得的艺术瑰宝。

这些石室、石棺的雕刻技法继承汉画像石传统,又吸收北方少数民族艺术和佛教艺术的风格,具有融少数民族、外来佛教艺术和汉族文化为一体的特点。

四、石窟造像

北魏孝文帝迁都以后,洛阳周围及中岳嵩山成为中国北方的佛教圣地。及北魏分裂,东魏、北齐定都于邺城(今河北临漳西南),邺都周围地区佛教亦兴盛一时。于是在这些地区形成凿窟造像的风气,创造了高超的造像艺术。这些石窟造像大多保留下来,成为珍贵的艺术遗产。

洛阳及其周围地区的北朝石窟,除举世闻名的龙门石窟外,还有巩义、水泉、鸿庆寺、西沃等石窟。邺都附近的石窟,在河南省境内有安阳云门寺石窟、灵泉寺石窟,在河北省境内的有邯郸响堂山石窟。

龙门石窟位于洛阳市南 12.5 千米处的伊阙,西边为龙门山,东边为香山,伊水由南向北从中流过。石窟始开凿于太和十七年(493 年),从北朝一直沿续到隋、唐诸代。北朝时期开凿的石窟主要有古阳洞、宾阳洞、火烧洞以及老龙洞、莲花洞、魏字洞、药方洞、皇甫公窟、普泰洞、慈香窑、地花洞、路洞等 23 个洞窟。

古阳洞是龙门石窟中开凿最早的一个洞窟,也是内容最丰富、造像题记最多的一个洞窟。西壁中央雕凿一佛二菩萨,主尊释迦牟尼结跏趺坐于方形台座上。"佛像有磨光的高肉髻,面相长圆。虽较清秀,但不瘦削,着褒衣博带式袈裟,领下垂。手作禅定印,袈裟之下裙纹样层叠。有圆形头光和舟形身光"。[①] 头光三圈,内有莲瓣,身光施红色火焰纹。两侧菩萨头戴莲花宝冠,面相清秀。南北壁对应雕出三列大龛,又有许多浮雕和小龛,造像题记 800 多个。古阳洞中的偏袒右肩袈裟直接继承云冈石窟的遗风,尚带有外来造像的色彩。洞内有等级森严的礼佛图浮雕,完整的北魏建筑样式,变化多样的龛楣装饰,具有很高的艺术价

---

①　温玉成:《中国石窟与文化艺术》第 279 页,上海人民美术出版社,1993。

值。

史载:"景明初,世宗诏大长秋卿白整准代京灵严寺石窟,于洛南伊阙山为高祖、文昭皇太后营石窟二所。"永平年间,"中尹刘腾奏为世宗复造石窟一,凡为三所。"这就是宾阳三洞。从景明元年至正光四年的 25 年中,"用功八十万二千三百六十六"。① 北魏时仅完成中洞,南北二洞完成于唐初。宾阳中洞系宣武帝元恪为其父孝文帝和母高太后凿造,前后历时 20 多年。洞内造像为"三世佛",本尊释迦牟尼,结跏趺坐于方形台座上,"头顶饰阴刻旋涡高肉髻,面相椭圆,眉呈弧形,中间饰白毫相,眼大而长,鼻梁高而直,唇薄,嘴角微翘,脖颈直,胸平。外披褒衣博带式袈裟,内着僧祇支。""佛衣裙宽畅曲回,垂于座前,呈羊肠纹状。本尊头光三重。""外部为极富丽的火焰纹身光。"②本尊两侧为二弟子、二菩萨像。台座两侧各雕一曲腰疾走的狮子。

南北两壁各雕一立佛、二菩萨。前壁南北两侧自上而下有四层浮雕。第三层为著名的皇帝、皇后礼佛图。浮雕人物形象逼真,衣帽各异。惜被盗凿,现存美国,此处仅存残迹。该窟藻井中心为一重瓣莲花,外围绕八身伎乐天。

北魏迁都洛阳以后的龙门造像,带有面相清癯,项颈修长,体态瘦削,风姿清羸的造型特征。人物造型以秀骨清相为上,衣饰又以褒衣博带为美。这种风格与云冈石窟相比有很大改变,被称做"中原风格",它体现了当时统治阶级审美思想中一种占支配地位的时尚。③ 龙门石窟是中国三大石刻艺术宝库之一,2000 年被列入世界文化遗产名录。

巩义石窟位于南河渡镇寺塔村,北魏时为希玄寺,由 5 个石窟和数百个小龛构成。洞窟多为方形、平顶,中央设中心石柱,迎门的中心柱正面佛龛,为全窟的重心。造像多为一坐佛并二弟子、二菩萨,面貌上方下圆,有沉静之感。该窟保存完好的礼佛图,是北魏后期难得的艺术佳品,以 1 号窟 6 幅最为完美。此图东侧为男供养人主像,分为上、中、下三列。上列以比丘为前导,身后各像分为三组。最高大者为皇帝或王者像,头戴通天冠,加有冕旒,右手持莲花扛于肩上,左手撒香末于长柄香炉中,侍从环护左右,缓缓行进。西侧为女供养人主像,亦有

① 《魏书》卷一百一十四《释老志》。
② 《洛阳市志》第十五卷《龙门石窟志》第二章《洞窟造像》,第 164—165 页。
③ 张乃翥:《略论龙门北魏石窟的特点》,见《晋、秦、豫访古》,山西人民出版社,1986。

上、中、下三列。上列有比丘引导,后为皇后(或王妃),头戴莲花宝冠,左手捏小包,侍从随从左右,低首缓行。全图表现出一种庄重、肃穆的气氛。

巩义石窟帝后礼佛图

水泉石窟位于偃师市寇店乡水泉村,存洞窟一座,门外北壁有摩崖小龛5个。窟后壁凿有并列的立佛二尊,没有弟子和胁侍菩萨。小龛出现了以两只鸟构成尖拱的形制,较为别致,独具匠心。

西沃石窟原位于新安县西沃乡黄河南岸的峭壁上,因修建黄河小浪底水利枢纽工程,整体搬迁至铁门千唐志斋博物馆中。该石窟包括浮雕石塔4座,石窟2座。石塔为方形楼阁式,有三级、五级、七级三种,级间有大房檐,最上有相轮、宝瓶,每层刻佛、菩萨像。窟内正壁为一坐佛、二弟子、二菩萨,窟顶作穹窿状,雕一宝盖,制作精美。宝盖中心为莲花,外绕四身飞天,又有彩云、鲜花、莲瓣、流苏。

鸿庆寺石窟位于义马,现存中小型石窟6个。1号窟最大,方形平顶,内有中心柱。中心柱四面各刻一龛,北面龛一坐佛、二弟子、二菩萨侍立。内壁及左右侧壁下各刻四大龛,龛内有一佛、二菩萨。三大龛的上方壁面,为佛本行故事浮雕,"高大的城楼,茂密的菩提树,太子沉思的姿态等,都刻画入微,耐人寻味,是难得的浮雕精品"。[1] 雕刻技法与龙门石窟一脉相承,手法细腻。

东魏、北齐时期邺都佛教兴盛,周围多寺院石窟。邺都西南今河南安阳市境内有云门寺石窟和灵泉寺石窟。

云门寺石窟位于安阳市西南装货口村东,又称小南海石窟。现存3个中型

---

① 温玉成:《中国石窟与文化艺术》第206页,上海人民美术出版社,1993。

洞窟,立面形制为二凤尖拱门侧刻二立柱式,布局谨严。窟内三壁造像九身,正壁为卢舍那佛,西壁为阿弥陀佛,东壁为弥勒佛。

灵泉寺石窟又名宝山石窟,共有窟龛 200 多个。较大者为大住圣窟和大留圣窟。大留圣窟三壁雕刻卢舍那、弥勒和阿弥陀三佛,皆结跏趺坐。大住圣窟的传法世系图是我国最早的罗汉群像。

在浚县大伾山东坡,依山雕造出一尊高 27 米的善跏趺坐的大弥勒佛像,背靠青山,面对黄河故道,雄伟肃穆。可能始雕造于后赵,完成于北齐。

始雕凿于北朝的以龙门石窟为代表的大大小小的石窟,是融会建筑、雕塑和壁画在内的艺术综合体,对于研究古代历史、宗教、艺术有着重要的价值。

五、建筑艺术

魏晋南北朝时期河洛地区的建筑,在继承秦汉时期建筑样式的基础上,吸收中国北部、西部少数民族及中亚、南亚一些国家的建筑形式,形成了新的建筑艺术风格。

魏晋南北朝时期的建筑,包括宫殿建筑、佛教建筑和园林建筑等。

曹魏西晋时期洛阳的宫殿门阙建筑多为砖石和木结构,飞檐脊兽,雕梁画栋,巍峨雄伟,可谓美轮美奂。它布局对称,错落有致,构成巨大的建筑群。魏明帝时修筑的昭阳殿、太极殿和总章观可为其代表。北魏时洛阳宫殿有太极殿、太武殿等,宫观台馆交错相间,配以山、谷、池、湖,柳暗花明,成为一幅壮丽的画卷。北齐时文宣帝高洋重修洛阳太极殿,周回有柱 120 根,门窗饰以金银,台阶砌以纹石,椽栿木斗拱皆用沉香木,瓦涂以胡桃油,金碧辉煌,穷极妙丽。

南北朝时期中原地区的佛教建筑主要是佛殿和佛塔。佛殿建筑与世俗的宫殿在风格上基本相同,佛塔则反映了河洛建筑和西域建筑风格的融合。洛阳龙门石窟、巩义石窟寺、义马鸿庆寺石窟等洞窟内所刻的砖石、木构建筑图像,再现了当时佛塔、厅堂、楼阁等不同类型的建筑样式。

印度的佛塔形制是由台座、覆钵、宝匣和相轮四部分构成的实心建筑物。河洛地区的佛塔虽然仍藏舍利等物,但其功能、结构和形式已有改变,结合中国建筑传统,创造出楼阁式木塔。在北魏的都城洛阳等地,佛寺和宝塔已成为在楼台宫室艺术影响下的建筑艺术。佛寺有大殿、侧殿、厢殿、正堂、东堂、西堂之分,宝塔也有层数多少的区别,形制有实心塔、楼阁式塔,有六角、八角、十二角等不同类型。

洛阳永宁寺是北魏后期规模最为宏大、建筑极其豪华的皇家寺院。院墙模仿宫墙形制,上施短椽,并覆以瓦。围墙四面各开启一门,门楼款式各异。南门楼高约 68 米,分三层,通三道。"拱门有四力士、四狮子,饰以金银,加之珠玉,庄严焕炳,世所未闻。"寺内僧房楼观 1000 余间,雕梁粉壁,青琐绮疏,可谓"殚土木之工,穷造形之巧"①。

永宁寺塔为楼阁式木塔。塔基为方形,有 9 层,高约 145 米。每面 9 间,皆设 3 门大窗,门施朱漆,扉上有鎏金御环铺首及鎏金铜钉。塔顶相轮之上装有能容 25 斛的鎏金铜质宝瓶,其下置承露金盘 11 重,四周悬挂金铎。

景明寺有殿堂台观 1000 余间,"复殿重房,交疏对霤,青台紫阁,浮道相通。"又有七层宝塔 1 座,"装饰华丽,侔于永宁。金盘宝铎,焕烂霞表"②。

建于北魏正光年间(520～525 年)的登封嵩岳寺塔,通高约 40 米,用青灰条砖加黄泥浆垒砌而成。平面呈十二角形,塔身中空,呈筒状,形制独特,为十五层叠涩密檐式砖塔,也是我国现存最早的砖塔。安阳县灵泉寺北齐时建造的道凭法师烧身双塔,为单层方形,造型秀丽,雕镂精致,为我国现存最早的石塔。

魏晋时期河洛地区的园林建筑艺术也发展到较高水平。作为曹魏皇家园林的洛阳芳林园后来为避齐王曹芳名讳改称华林园,内有人工挖掘的湖泊和人工堆砌的景阳山,"树松竹杂木善草于其上,捕山禽杂兽于其中"。洛阳达官显贵修造的私家园林,以西晋石崇的金谷园最为著名。它地势"或高或下,有清泉茂林,众果、竹柏、药草之属,莫不皆备"③。文人墨客在此留下了不少诗篇,对它多有称美。北魏洛阳许多佛寺也有华美的园林。

六、音乐、舞蹈

魏晋时期,河洛地区的音乐、舞蹈在汉代的基础上又有新发展。东汉以后,洛阳朝廷中设有"太乐署"等音乐管理机构,宫廷雅乐不断更新。十六国北朝时

---

① 范祥雍:《洛阳伽蓝记校注》第 2、3 页,上海古籍出版社,1978。
② 范祥雍:《洛阳伽蓝记校注》第 132 页,上海古籍出版社,1978。
③ 石崇:《金谷诗序》,《全晋文》卷三十三,《全上古三代秦汉三国六朝文》第二册。

期,由于边疆各族的内徙,印度佛教文化的东渐,胡乐、龟兹乐、天竺乐纷纷传入,使河洛地区的音乐、舞蹈增添不少新鲜血液,取得前所未有的成就。

魏晋时期洛阳的宫廷郊庙之乐仍为雅乐。曹魏时期朝廷设立有专门管理音乐的机构,其首领为太乐令。魏文帝时担任太乐令的杜夔,字公良,河南(今洛阳)人。他"善钟律,聪思过人,丝竹八音,靡所不能",曾在东汉灵帝时任雅乐郎,在汉末的战乱中流落荆州,为刘表制乐。及曹操平荆州,获杜夔,以为军谋祭酒,使创雅乐。当时散骑常侍邓静、尹齐善咏雅,歌乐师尹胡能习宗祀之曲,舞师冯肃、服养晓知先代诸舞。杜夔组织这些著名的乐舞人才,致力于音乐的整理工作,使先代"古乐"得以恢复。① 他们更铸铜钟,考会古乐,始设轩悬钟磬。魏黄初年间,"柴玉、左延年之徒,复以新声被宠,改其声韵"②。杜夔的弟子河南人邵登、张泰、桑馥,均任太乐丞。

西晋时期,晋武帝为了搜集整理古代乐曲,还特意设立"清商署"这一音乐机构,由精通音乐的颍川(今河南许昌东)人荀勖负责。荀勖作新律笛12枚。"魏、晋之世,有孙氏善弘旧曲,宋识善击节唱和,陈左善清歌,列和善吹笛,郝索善弹筝,朱生善琵琶,尤发新声。"③这些歌手和乐师把流行于当时的《相和》十七曲合并为十三曲。汉代的"但歌",有四曲,无弦节,一人唱,三人和,曹操十分爱好。当时有宋容华,清彻好声,善唱此曲,为当时之特妙。后来这种没有配合音乐的"但歌"也发展为"被之弦管"的"相和歌"。西晋时郊祀明堂礼乐沿用魏仪,只改乐章,使傅玄写词。成公绥、张华又根据《相和歌》的乐谱配合弦管金石,制作新的歌辞,称作"清商三调歌辞"。西晋末年,洛阳沦覆,汉魏旧音乐流传到江南地区。

魏晋时期河洛地区还有些擅长音乐的人物。陈留尉氏(今属河南)人阮籍和他的父亲阮瑀,侄阮咸、阮瞻等,都以善弹琴著名。阮籍著有《乐论》和琴曲《酒狂》。阮咸妙解音律,善弹琵琶,还善于作曲,唐代流行的"三峡流水",据说就是他的作品。嵇康也是著名的音乐家,他著有《声无哀乐论》,又喜欢弹奏《广陵散》。

---

① 《三国志》卷二十九《方技传》。
② 《晋书》卷二十二《乐志上》。
③ 《宋书》卷十九《乐志一》。

汉代的《短箫铙歌》，有《朱鹭》《思悲翁》《战城南》《将进酒》等20多道乐曲，列于鼓吹，多序阵战之事。曹魏时更改其中的12曲，使缪袭填写歌词，述魏以功德代汉，有《楚之平》《战荥阳》《获吕布》《克官渡》等。及西晋武帝受禅，又令傅玄作歌词22篇，述晋以功能代魏，有《灵之祥》《宣受命》《征辽东》《宣辅政》等。

北朝时期，中原汉族的"华夏正声"逐渐融合"胡声"和印度等外国声乐，形成更加丰富多彩的音乐艺术。

十六国时期魏太武帝平定河西地区，得《西凉乐》《龟兹乐》。北魏灭北燕后，又得《高丽乐》《百济乐》，后来《疏勒乐》也传入内地。孝文帝迁都洛阳后，这些音乐在河洛地区传习甚盛。史称"自宣武以后，始爱胡声，泊于迁都。屈茨、琵琶、五弦、箜篌、胡、胡鼓、铜钹、打沙罗，胡舞铿锵镗，洪心骇耳，抚筝新靡绝丽，歌响全似吟哭，听之者无不凄怆"①。

魏孝文帝迁都洛阳以前，因中书监高闾"每间陈奏乐典，颇体音律"，诏令他"与太乐详采古今，以备兹典"。高"闾历年考度，粗以成立，遇迁洛不及精尽，未得施行"。后来由刘芳主持其事。当时扬州人张阳子，义阳（今河南信阳）人兒凤鸣、陈孝孙等7人颇解雅乐正声，《八佾》《文武》二舞，钟磬、管弦、登歌声调。刘芳请为教习，参取是非，永平三年（510年）完成北魏乐典。鼓吹杂曲被弃置不用。当时的太乐令崔九龙言："今古杂曲，随调举之，将五百曲。恐诸曲名，后致亡失，今辄条记，存之于乐府。"九龙所录"或雅或郑，至于谣俗、四夷杂歌，但记其声折而已。"②这些杂曲为乐署所传习，得以保存。

北魏在与南朝的战争中，也注意"收其声伎"。江南流传的中原旧曲，江南的吴歌，荆楚四声等，统称之为《清商》，在洛阳的殿庭享宴时演奏。洛阳大市南有"调音、乐律二里，里内之人，丝竹讴歌，天下妙伎出焉"，其中有田僧超，善于吹笛，会奏《壮士歌》、《项羽吟》。③

北魏分裂后，东魏北齐继续演奏"洛阳旧乐"。史称北齐尚乐典御祖珽"因采魏安丰王延明及信都（刘）芳等所著《乐说》，而定正声。始具宫悬之器，仍杂

---

①　《通典》卷第一百四十二《乐二》。

②　《魏书》卷一百九《乐志》。

③　范祥雍：《洛阳伽蓝记校注》第203页，上海古籍出版社，1978。

西凉之曲,乐名《广成》,而舞不立号,所谓'洛阳旧乐'者也"。①　武成之时,始定四郊、宗庙、三朝之乐。

北齐有鼓吹曲20首,如《水德谢》《出山东》《战韩陵》等,皆改古曲名,以叙功德。还有清乐、龟兹等杂乐。吹笛与弹琵琶、五弦等,皆为统治者所爱好,传习日盛。北齐后主另采新声,谱成《无愁曲》,音韵窈窕,极于哀思。

魏晋南北朝的舞蹈常和诸乐同时表演。建安年间有舞师冯肃知晓先代诸舞,指导舞人练习。魏文帝黄初年间,改《武德》之舞为《武颂》,《文始》之舞为《太韶》,《五行》之舞为《大武》。明帝即位后,以歌颂太祖武皇帝的乐舞为《武始》舞,歌颂高祖文皇帝的乐舞为《咸熙》舞,又新制乐舞,名曰《章斌》之舞,在祭祀天地宗庙及临朝大飨时表演。

西晋武帝泰始九年(273年),荀勖典乐,使郭夏、宋识造《正德》、《大豫》之舞,改魏《昭武》舞为《宣武》舞,《羽龠》舞为《宣文》舞。

东汉后期鞞舞已施于宴享。旧典有《关东有贤女》《章和二年中》《乐久长》《四方皇》《殿前生佳树》等五章。汉灵帝西园鼓吹乐队中有李坚,精通鞞舞。避汉末战乱,播越关西地区,依将军段煨。曹操下书将他召回,教习鞞舞。由于李坚年逾古稀,技艺荒废,古曲多谬误,文辞不袭。曹植依原曲作新歌5篇,在洛阳宫廷表演。西晋泰始年间,又改其文辞。②　出自江左的"拂舞",西晋时亦陈于殿廷,有歌词5篇。魏晋时的舞蹈,还有杯柈舞、公莫舞、白舞、鼓舞等。

北齐时的乐舞有《兰陵王入阵曲》,又名《大面》或《代面》。"北齐兰陵王(高)长恭,才武而面美,常著假面以对敌。尝击周师金墉城下,勇冠三军,齐人壮之,为此舞以效其指麾击刺之容,谓之《兰陵王入阵曲》"③,它实际上是一种描绘战争场面的舞蹈。

除了乐舞之外,北朝时还有百戏杂伎。如《鱼龙烂熳》《山东》《白虎》《绳伎》《缘橦》《五兵》《角觚》《夏育扛鼎》《画地成川》以及吞刀、吐火、拔井、种瓜、杀马、剥驴等,奇术异端,共百有余种,称作百戏。

---

① 《隋书》卷十四《音乐志中》。
② 《晋书》卷二十三《乐志下》。
③ 《旧唐书》卷二十九《音乐志二》。

第四节　隋唐艺术

隋唐五代时期,河洛地区的艺术粲然生辉,驰誉千秋。当时绘画仍以道释人物画为主题,但山水画已兴起,绘画理论有所发展:名画的评赏、鉴藏,绘画学理的探讨,绘画方法的阐明,呈齐驱之状。书法艺术更是精品尽展,大师迭出,创下里程碑式的成就。音乐和舞蹈也在前代的基础上推陈出新、融会中西。雕塑以其独具的魅力展示了那个气度非凡的时代。

一、绘画

隋唐五代时期,有些统治者关注绘画艺术,重视珍品的收藏,掀起绘画的热潮。隋炀帝即位后命人撰写《古今艺术图》50 卷,既画其行,又说其文。在东都洛阳营建观文殿以贮书,聚集魏晋以来的墨宝名画。在殿后筑二台,东为妙楷,收藏书法古迹;西为宝台,鉴藏古画。新建的显仁宫以及寺观邸宅所需的装饰绘画促成壁画的兴盛。唐高祖和太宗均擅绘画,统治者以绘画点饰治世,每当战胜凯旋、蛮夷职贡之时,辄命画工描图。五代时期诸贵族中颇有爱好绘画者,如梁相于兢、千牛卫将军刘彦齐等,均极著名。于兢善画牡丹,有写生《全本折节》传世。刘彦齐善画竹,且秘藏书画,重爱鉴赏,罗致名迹,不下千卷。当时有"唐朝吴道子手,梁朝刘彦齐眼"之称。官方的组织倡导和参与,对当时绘画的发展起了推波助澜、催育扶植的作用,致使名家荟萃,流派纷呈。

隋唐五代时期绘画界以道释人物为主流,山水花鸟画时有起落。唐代阳翟(今河南禹州)人吴道子所绘佛道人物端庄秀丽,衣褶飘逸,富有立体动态感,有"画圣"之名。荥阳人郑虔、济源人荆浩均善绘山水。

(一)道释派画家

董伯仁,汝南人,多才多艺,乡里号为"智海",官至光禄大夫、殿中将军。他善画,与隋代另一绘画大师展子虔同召入籍。二人始则相轻,继而相资,融合南北风尚。董伯仁笔下的楼台人物,旷绝古今,杂画巧瞻,高视一代。动笔形似,画外有情,足使名家先辈动容失色。隋炀帝兴建洛阳显仁宫、汾阳宫及长安至扬州

40余处离宫时,招董伯仁参与土木装饰工程,尽显才华。董伯仁的画多为其绝思妙想,有《周明帝畋游图》《杂画台阁样》《弥勒变》《弘农田家图》《隋文帝上厩名马图》等作品传于世。

释迦佛陀,天竺(今印度)人。隋朝于嵩山重建少林寺殿宇,他曾雕琢绘画,画有佛国人物图像、器物、外国兽图、鬼神画。

吴道子,阳翟(今河南禹州)人。大约生活在睿宗、玄宗时期,是盛唐画家中最负盛名的一位。玄宗为之更名道玄,时人尊称其为吴生。他少时孤贫,绘画有天赋之才,曾师于张旭、贺知章学书,后改学绘画。客居于蜀,摹写蜀道山水,始创山水之体,自成一家。年未二十,已穷丹青之妙。他笔下的人物、鸟兽、草木、台阁,冠绝于世。开元年间,吴道子和杨惠之共同师法南朝梁名画家张僧繇的笔迹,二人"号为画友,巧艺并著"。后吴道子声名日隆,杨惠之一气之下,焚笔毁砚,毅然弃画,改攻雕塑,终以塑像与吴道子相抗衡,时人赞道:"道子画,惠之塑,夺得僧繇神笔路。"

吴道子之画与将军裴旻的剑舞、张旭的草书并称为"三绝"。他作画先酝酿腹稿而后动笔。他奉命前往四川实地写生,返回京都后,回报作画情况:"臣无粉本(草稿),并记在心。"遂应命在大同殿作画,嘉陵江300里山水,一日画毕。

吴道子的宗教画最为著名。他曾在长安和洛阳的寺观中画壁300余间。其中,"佛像人物、奇踪异状,无有同者"。据《两京耆旧传》记载:吴道子在长安兴善寺作画时,"观者如堵。其圆光立笔横扫,势若飞旋,人皆谓之神助"。他曾在菩萨寺画《礼骨仙人》一幅,但见仙人"天衣飞扬,满壁风动",即有"吴带当风"的美称。他早年笔法较细,风格稠密;中年变为遒劲,圆润似"蔬菜条",点画之间,时见缺落,有笔不周而意周之妙。后人把他和张僧繇的"宽松劲爽"的笔法并称"疏体",以别于东晋顾恺之、南朝陆探微"劲紧联绵"的"密体"。

吴道子曾在洛阳玄元皇帝庙中作《五圣图》,杜甫观后称赞道:"画手看前辈,吴生远擅扬。森罗移地轴,妙绝动宫墙。五圣联龙衮,千官列雁行。冕旒俱秀发,旌旗尽飞扬。"[①]吴道子还曾在汴州(今河南开封)大相国寺佛殿内作文殊维摩像一幅,为唐代相国寺十绝之一。北宋文学家苏东坡称赞吴道子:"诗至于

---

① 杜甫著,仇光鳌注:《冬日洛城北谒玄元皇帝庙》,见《杜诗详注》第一册第89页,中华书局,1979。

杜子美,文至于韩退之,书至于颜鲁公,画至于吴道子,而古今之变,天下之能事毕矣。"他还说:"出新意于法度之中,寄妙理于豪放之外,所谓游刃余地,运斤成风,盖古今一人而已。"

不仅如此,吴道子对绘画理论也有贡献。他很重视画家的主观情思对艺术对象的熔铸作用,强调画家的观察力和表现技巧。他在《赵氏家法笔记传神心法》中说:"传神者写人之精神,清奇古怪,英雄相貌,移于片幅之间,非得之于心,应之于目,露之于手者,其能然乎?"一语道出绘画传神的真谛。

吴道子一生所作,多为宫廷寺观壁画。其《维摩诘图》,极为形象逼真。由于年代久远,世道沧桑,其真迹已荡然无存,只能从《送子天王图》之类的传世摹本中欣赏当年的名画风采。但他以卓绝的艺术成就创一代画风,成为当时画坛的领袖人物,被奉为"百代画圣"。他弟子甚多,名家有李生、张藏、王耐儿等。

韩幹,祖籍大梁(今河南开封),年少时常为卖酒家送酒,曾征债于王右丞,戏言画地为人马,王右丞奇其意趣,每年给他2万钱作画,韩幹遂得以扬名。天宝年间入京为供奉,善写貌人物,尤工鞍马。玄宗时西域大宛献胡马于北地牧养,诏令描摹骏马,遂作《玉花照夜白》等。申王薛宁厩中有善马,韩幹并图之,骨力追风,毛彩照地,画马遂成为唐代独步。他的画作有《龙朔功臣图》《明妃上马图》《五陵游侠图》《贵戚阅马图》《于阗黄马图》等。

朱瑶,为五代名画家,本是长安(今陕西西安)人,工画佛道,酷似吴道子,尝客游雍、洛间。河南府(今洛阳)金真观,有朱瑶的画作,世称神笔。

张图,字仲谋,洛阳人,后梁时掌行军资粮簿籍,人呼张将军。他好丹青,善泼墨,作《释迦像》,锋芒豪纵,势类草书。他尤擅长大像。梁龙德年间,洛阳广爱寺沙门义喧置金币,邀请四方奇笔,作画三门两壁。当时的绝笔跋异来应募,画定草样后,张图挥笔绘画右壁,倏忽而成《折腰报事师》,从以三贵,跋异惊异。张图于东壁画《水神》一幅,与西壁《报师者》相视,意境高远。跋异在福先寺大殿下画《护法善神》,有滑台(今河南滑县东)人李罗汉与其对画。跋异竭精仁思,屹成一神,设色艳丽,精妙入神。

王殷、胡翼二人皆为后梁驸马赵嵒的食客,均工道释人物。王殷尤精于外国人物,胡翼善临摹古今名笔。王仁寿,汝南人,后晋绘画名家,工画佛道鬼神,兼长鞍马。释智蕴,后周名画家,河南(今洛阳)人,工画佛像人物,师法曹体。周太祖时曾进献舞钟馗的图像。

(二)山水画派

隋唐五代时期的山水画家有郑虔、荆浩等人。

郑虔,河南荥阳人,玄宗时为著作郎,坐以私撰国史之罪谪居 10 年。玄宗爱其才,授职广文馆博士。他好琴酒篇咏,善图山水,能书,苦于无纸,在慈恩寺贮柿叶数屋,逐日书写殆遍。他曾自写其诗并画表进献,玄宗署其尾曰:"郑虔三绝。"安史之乱中他与张通、王维并被囚系,三人皆善画,后崔圆使之绘斋壁而得以释放。

卢鸿,字浩然,祖籍河北,后徙家洛阳,隐居嵩山。他善八分书,善画山水树石,作《草堂十志图》,描摹隐居之处的景物,有摹本流传。

刘方平,河南(今洛阳)人,工诗赋,隐居颍阳大谷(今河南登封北)。他神意淡泊,善画山水,墨妙无前。

荆浩,字浩然,沁水(今属山西)人,曾隐居于太行山洪谷(今河南济源境内),自号洪谷子。他工画佛像,尤妙山水,有独特的山水画理论,自撰《山水诀》1 卷,通俗讲解山水画的技法;《笔记法》1 卷,论述绘画"六要":气、韵、思、景、笔、墨;下笔"四势":筋、肉、骨、气;"二病":有形、无形。他精辟阐释"六要":"气者,心随笔运,取象不惑;韵者,隐迹立形,备仪不俗;思者,删拨大要,凝想形物;景者,判度时因,搜妙创真;笔者,虽依法则,运转变通,不质不形,如飞如动;墨者,高低晕淡,品物浅深,文彩自然,似非因笔。"他善画云中山顶,笔墨横溢,四面浚厚。曾对人说:"吴道子画山水,有笔而无墨;项容,有墨而无笔;吾当采二子之所长,成一家之体。"可见其苦意陶熔,能成前人所未成。他曾作《宣和画谱》述论唐人画艺。汤垕《画鉴》亦云:"荆浩山水,为唐末之冠。"荆浩蜚声艺苑,则在五代。师法者甚多,有关仝、范宽为最著名。他与关仝并称为"荆关"。

后梁时除相国于兢、牛千卫将军刘彦齐等山水画家外,还有驸马赵嵒,善画人马,挺然高格,非众人所及,且精于鉴赏,收藏尤富,罗致秘藏图轴,不下 5000 卷。他又招致画士胡翼、王殷等为食客,品第画迹,劣者"辄令医去其病,或用水刷,或用粉扑,经数次方合其意",当时称为赵家选画场。

袁义,河南登封人,后唐画家,善画鱼,能穷其变态。释德符,善画松柏,气韵潇洒,曾于相国寺厅壁画一松一柏,观者如市,文人骚客题诗百余篇。智晖,后唐时画家,颇精吟咏,得骚雅之体,工山水,尤喜粉壁,兴趣酣浓,云山在掌。

此时名画的品评鉴赏也蔚然成风,诗文家多以绘画为题,欣赏赞美。如韩愈的《画记》,白居易的《题八骏图》《画竹歌》,杜甫的《丹青引赠曹将军霸》《戏题王宰画山水图歌》《题韦偃双松图歌》等,虽非绘画专家的评论,但能阐奇发幽,一唱三叹,有助于绘画的传扬。

二、书法

隋唐五代时期河洛地区的书法名家较多,褚遂良的楷书气势恢弘,为唐代书法四大家之一,孙过庭也以草书擅名。

褚遂良字登善,祖籍杭州钱塘(今浙江杭州),后迁居许州阳翟(今河南禹州),太宗、高宗时任官朝廷,封河南郡公,故称"褚河南"。他博涉文史,尤工书法。其书法继"二王"(王羲之、王献之)、欧阳询、虞世南之后,别开生面。晚年的正书,丰艳流畅,变化多姿。在当时就备受推崇,太宗咏叹:"虞世南死,无与论书者。"张怀瓘《书断》说:褚遂良"少则服膺虞监,长则祖述右军。真书甚得其媚趣,若瑶台青琐,穷映春林,美人婵娟,似不胜于罗绮,铅华绰约,甚有余志"。后人称褚遂良、虞世南、欧阳询、薛稷为初唐四大书法家。褚遂良存世的作品有:正书碑刻《京师至德观主孟法师碑》《伊阙佛龛记》《雁塔圣教序》《房玄龄碑》《同州圣教序》,及传本墨迹、正书法帖《倪宽传》《模兰亭序》和行书法帖《枯树赋》《太宗哀册文》等。

孙过庭,字虔礼,汴州(今河南开封)人。他工于正、行、草各体书法,尤以草书擅名。其草书遵法"二王",工于用笔,俊拔刚健,尚异好奇。宋代米芾以为"凡唐草的二王法,无出其右"。孙过庭自撰自书《书谱》,这是一部书法理论著作和书法作品,原书共2卷6篇,现仅存其手迹1卷,题作《书谱卷上》。书中深入探讨前代书法名家的传承关系和风格,精辟阐述不同书体的特点,认为"篆尚婉而通,隶欲精而密,草贵流而畅,章务检而便"。《书谱》还论证真、草二体的相互联系,并对书法的基本技法作了研究,提出"执、使、转、用"四法,"举贤所未及,启后学于成规"。《书谱》的书法精美,独具特色,历来备受称赞。它用笔神采矫健,结构规律性强,各部分配合适度,学书者皆奉为楷模。南宋高宗曾谓《书谱》妙备草法,手不少置。

洛阳龙门造像题记和碑刻,多书法精品。唐代碑刻中有一件出类拔萃的千古史碑——伊阙佛龛碑,刻在宾阳中洞和南洞之间的摩崖巨石上,通高 5 米,系岑文本撰,褚遂良书。碑文共 1600 余字,初唐楷体,字迹端庄工整,古拙清新,奇伟遒丽,点如垂金,是杜甫称道的“书贵瘦硬方通神”的范本。河南鲁山有颜真卿书的《元次山墓碑》,亦为书法精品。

三、雕塑

龙门石窟,位于洛阳南郊的伊阙。从北魏孝文帝太和十八年(494 年)开始营建,中经东魏、北齐、北周至隋唐连续大规模营建达 400 年之久。唐代对龙门石窟的开凿,是龙门石窟开凿史上继北魏之后的又一个高潮。此时开凿的佛龛最多,约占总数的 2/3。除魏窟宾阳洞南、北二洞是唐太宗四子李泰承继前朝完成的工程之外,龙门西山的潜溪寺、奉先寺、万佛洞、极南洞、摩崖三佛龛及东山诸窟都是唐代新开凿出来的。其中,奉先寺位于龙门西山南部,高宗永徽年间至武则天时开凿而成,是龙门石窟中最大的洞窟,南北宽 33.50 米,造像布局为一佛、二弟子、二菩萨、二天王、二力士、二供养人。主尊卢舍那佛像,“雕饰奇伟,冠于当世”,是我国美术史上的奇观。它通高 17.14 米,头高 4 米,耳长 1.9 米,丰颐秀目,目光朗朗。那含蓄而神秘的微笑流露出对人世间的关注和智慧的光芒。在卢舍那的旁边,有二弟子、二菩萨、二天王、二力士的雕像,高度多在 10 米以上,有群星托月的艺术效果。卢舍那佛像北侧的须弥座下,刻有《大卢舍那佛龛记》,记载奉先寺的开凿历史。在龙门石窟中,有少数龛窟是外国人凿

洛阳龙门石窟唐卢舍那大佛

造的,如龙门西山北部的“新罗佛龛”,为高宗、武则天时新罗僧徒开凿的;龙门东山北侧的吐火罗僧宝窿造佛龛,为睿宗时北“天竺三藏弟子吐火罗”僧宝窿开凿的。

巩县石窟位于今河南巩义市南河渡镇寺湾村,始造于北魏熙平二年(517

年），西魏、北齐、唐、宋各代相继开凿。千佛龛位于石窟最东边，唐代乾封年间（666～668 年）开凿，内有排列整齐的小佛龛 999 个，加上中间坐佛，恰满千数。此外，河南浚县千佛寺石窟、陕县温塘摩崖造像，均为唐代开凿。

四、乐舞百戏

隋唐时期歌舞百戏艺术在继承传统与吸收外来技艺基础上，取得引人瞩目的成就。河洛地区荟萃四方精品，云集各地大家，以繁盛精湛的艺术创造走在国内诸地区的前列。

隋唐时期，东都洛阳设有太乐署，禁中置内教坊，负责乐舞的教习，在洛阳汇聚了许多音乐、舞蹈人才。

郑译，字正义，荥阳开封（今属河南）人。他"颇有学识，兼知钟律，善骑射"。隋文帝令他参议音乐，他认为北周七声废缺，应该更新礼乐，重新阐述"七始"的意义，写成《乐府声调》凡 8 篇。文帝称赞："律令则公定之，音乐则公正之。礼乐律令，公居其三，良足美也。"[①]

元德秀，字紫芝，河南（今洛阳）人，弹琴读书之余，写文章吟诗，所著《季子听乐论》，为行家称颂。他认为"王者作乐崇德，天人之极致，而辞章不称，是无乐也"，遂作《破阵乐辞》，以订商、周辞章。

洛阳人张说，唐代著名的文学家、政治家，通晓音乐，于玄宗开元初年奉旨作雅乐乐章。李嗣真，滑州匡城（今河南长垣西南）人，博学，晓音律。敬新磨，五代时期后唐的宫廷艺人，擅长诙谐的表演艺术。

（一）乐舞

隋唐时代舞蹈已发展为一种完整、独立的艺术表演形式，并具有相当高的艺术水平。唐代舞蹈分为"健舞"、"软舞"两大类：前者矫健雄捷，节奏明快；后者优美柔婉，抒情性强。"健舞"类有胡玄舞、胡腾舞等。隋唐时期，西域乐舞在中原经久不衰，人们对它的艺术特征有了进一步的认识，从而创造了具有时代特色的舞蹈风貌。

胡旋舞从中亚传来。早在南北朝时康国乐舞已传入中原，而胡旋舞的盛行

---

① 《隋书》卷三十八《郑译传》。

却是在唐代天宝年间,白居易感叹:"天宝季年时欲变,臣妾人人学圜转……从兹地轴天维转,五十年来制不禁。"①可见当时流行的盛况。康国俱密于开元十五年(公元719年)向唐献胡旋女。而白居易诗:"胡旋女,出康居,徒劳东来万里余。中原自有胡旋者,斗妙争能尔不如。"在开元年间西域献《胡旋女》之前,已有中原人表演胡旋舞,其技艺之高,不亚于西域的胡旋女。

柘枝舞原是中亚一带的民间舞,也是唐代名舞。柘枝舞属"健舞"类,屈柘枝属"软舞"类。唐代诗篇中有不少描写柘枝舞的佳句,真切地勾画出歌舞伎人的美妙舞姿、生动表情、动人的鼓乐声和艳丽的服饰。如"红铅拂脸细腰人,金绣罗衫软著身"(张祜《李家柘枝》),"红蜡烛移桃叶起,紫罗衫动柘枝来。带垂钿胯花腰重,帽转金铃雪面回"(白居易《柘枝妓》)。

"健舞"与"武舞"或与武术有关。为人们喜闻乐见的剑器舞,直接由民间武术发展而来,经过唐代著名舞伎公孙大娘的艺术加工和创造,更加完美动人。杜甫回忆他在郾城(今河南漯河郾城区)观看公孙大娘表演《剑器舞》的情景,并作诗《观公孙大娘弟子舞剑器行》:"昔有佳人公孙氏,一舞剑器动四方。观者如山色沮丧,土地为之久低昂。耀如羿射九日落,矫如群帝骖龙翔。来如雷霆收震怒,罢如江海凝清光。"描写出动人心魄的健舞风采。史载公孙大娘善舞多套《剑器舞》。最引人注目的是《裴将军满堂势》,当为舞剑能手裴旻独创的一套剑舞,裴旻舞剑被誉为唐代"三绝"之一。

东都洛阳吸引了不少名家艺伎来此表演切磋,发展和创造了许多舞蹈表演形式。古代有折柳送别的风俗,北方民歌《折杨柳》改编创新后,流行于洛阳等地。刘禹锡《杨柳枝》词有"请君莫奏前朝曲,听唱新翻杨柳枝"句。白居易《杨柳枝二十韵》是观赏洛阳年轻歌舞伎人的表演后写下的诗篇。这个用民歌编创的舞蹈,优美矫捷,风靡一时。

（二）百戏

百戏,是中国古代乐舞杂技表演的总称。隋唐五代时期,由于统治者的提倡,乐舞百戏甚为流行。隋炀帝杨广精通音乐、舞蹈,大业年间宫廷乐舞发达。隋炀帝大集百戏于洛阳,荟萃丰富多彩的优秀节目,推选出名闻遐迩的歌舞艺

---

① 白居易:《胡旋女》,见《全唐诗》第十三册第4692页。

安阳隋墓出土的伎乐陶俑

人。大业二年（606年），"突厥染干来朝，炀帝欲夸之，总追四方散乐，大集东都"①。"大业二年，突厥单于来朝洛阳宫，炀帝为之大合乐，尽通汉、晋、周、齐之术，胡人大骇。帝命乐署肄习，常以岁首纵观端门内。"②当时款待突厥单于的表演节目："有舍利先来，戏于场内，须臾跳跃。……水人虫鱼，偏覆于地。又有大鲸鱼，喷雾翳日，倏忽化成黄龙，长七八丈，耸踊而出，名曰《黄龙变》。又以绳系两柱，相去十丈，遣二倡女，对舞绳上，相逢切肩而过，歌舞不辍。又为夏育扛鼎，取车轮石臼大瓮器等，各于掌上而跳弄之。并二人戴竿，其上有舞，忽然腾透而换易之。又有神鳌负山，幻人吐火，千变万化，旷古莫俦。"③此后，令乐舞百戏的班子，"皆于太常教习"，成为隋朝不可缺少的节庆节目。

唐玄宗于东都洛阳五凤楼设宴，令300里内的县令、刺史带音乐班子来集。河内（治今河南沁阳）太守带百人乐队，身披锦绣，扮作犀牛大象，前来应命。鲁山县令元德秀则自谱歌曲《于于歌》，带领乐工联手演唱。

唐代，西南少数民族菩萨蛮队舞蹈传入中原，经过著名艺人李可及加工整理，定名为《菩萨蛮队舞》。这种舞蹈，舞者高发金冠，身披缨络，伴随舞曲《菩萨蛮》而行进。另外，唐代河洛民间流行狮子舞、龙舞、高跷、旱船，并出现了杂技新节目爬竿，以及改造后的《踏摇娘》。隋末，河内有人貌恶而嗜酒，常自号郎中，醉归必殴其妻。其妻美色善歌，为怨苦之词。河朔演其曲而被之弦管，因写

---

① 《隋书》卷十五《音乐志下》。
② 《旧唐书》卷二十九《音乐志二》。
③ 《隋书》卷十五《音乐志下》。

其妻之容。因妻悲诉,每摇顿其身,故号《踏摇娘》。①

第五节　宋金元艺术

北宋长期和平安定的环境与商品经济的发展,给河洛地区艺术的繁荣带来了契机,无论是绘画、书法、音乐、舞蹈都取得很大成就,金元时期则有所衰落。

一、绘画、书法与雕塑

1. 绘画

宋太宗雍熙元年(984年)正式在东京开封设立翰林图画院,简称画院,依据画师技艺高低授予待诏、祗侯、艺学、画学正、画学生、供奉等职。画院录用画家均经过严格的考试。将绘画列入科举与学校制度之内,是宋徽宗的创举。试题多采自古人诗句,如"野水无人渡,孤舟尽日横"、"乱山藏古寺"、"嫩绿枝头一点红,动人春色不须多"、"踏花归来马蹄香"等。谁能准确地画出诗句的意境,便可入选。被录取的学生要受严格的教育,除学习绘画,兼习《说文》《尔雅》《方言》等课程。徽宗时绘画艺术达到鼎盛,高手如云,名家辈出。

北宋河洛地区最早的画家是洛阳人郭忠恕。他在弱冠之年,应后汉高祖刘知远之侄刘斌之召,充当其幕僚。郭威称帝后,郭忠恕因当过刘斌幕僚而不被重用,便潜心钻研绘画书法。宋朝建立后,他因酒后出言无状,由国子博士贬为司户参军,后又被免职,只得以画艺乞食于王侯公卿之家。宋太宗继位后,任国子监主簿。他性情直率,放肆评论时政得失,"上恶之,配流登州(今山东蓬莱),死于齐之临邑道中"②。

郭忠恕善画房屋,"所图屋室重复之状,颇极精妙。多游王侯公卿家,或待以美酿,豫张纨素倚于壁,乘兴即画之。苟意不欲而固请之,必怒而去,得者藏以为宝"③。宋代绘画中有一流派,以描绘宫室楼台为主要题材,因作画时离不开

①　《旧唐书》卷二十九《音乐志二》。
②　郭若虚:《图画见闻志》卷三《纪艺中》,"丛书集成初编"本。
③　《宋史》卷四百四十二《郭忠恕传》。

界尺作线,故称界画。郭忠恕即为善绘界画之翘楚,他画的"殿阁重复之状,梓人校之,毫厘无差"①,其精确度符合建筑营造规范,能用来作建筑施工用图。据传宋太宗时著名建筑师喻浩奉命建东京开宝寺塔,为慎重起见,先制作了一个模型。郭忠恕仔细审视后说,若按此设计建塔,自底至顶,将有1.5尺误差。喻浩反复测算,果如其言。郭忠恕的山水画也很出色,他的《雪霁江行图》画大雪初停,天空放晴,江面上两艘船只正在行驶,意境颇佳。

武宗元,字总之,河南白波(今河南孟津)人。其父武道与宰相王随是布衣之交,王随将外孙女许配武宗元为妻。武宗元17岁时,王随请他画北邙山老子庙壁,颇为精绝。景德末年,"章圣(真宗)营玉清昭应宫,募天下画流逾三千数,中其选者才百人,分为二部,宗元为左部之长。"②武宗元尤长于画释道人物,曾在洛阳、开封等地的寺观中绘过大量壁画。现存《朝元仙仗图》一轴,藏于美国私人之手。绘画大师徐悲鸿先生藏有一卷《八十七神仙图》,是在前者基础上加工而成的卷轴正本。

屈鼎,东京开封人,善画山水,仁宗朝为图画院祗侯,与画家范宽齐名。后来范宽名声日显,而屈鼎几乎为人所遗忘,这是因为"范之笔突兀而易识,学者自谓易为范也,屈则沈毅横恣,几绝来学之路,非笃志老于是者,鲜不忽诸"③。就是说,范宽的画好学,屈鼎的画则不易掌握,连他的子孙也只能学别人的画来维持生活。他的画流传甚少,据研究,现存美国纽约大都会博物馆的《夏山图卷》为屈鼎所作。

燕肃,字穆之,祖籍益都(今属山东),后徙阳翟(今河南禹州)。他进士及第,官至礼部侍郎。他曾师法李成,其画自成一格,尤善画山水、寒林,平常所画皆目所见者,绝不凿空虚构。苏东坡为他的画题跋时说:"燕公之笔,浑然天成,粲然日新,已离画工之度数而得诗人之清丽也。"④称赞他的画有诗的韵味。其作品传世的只有《寒岩积雪图》。燕肃为官署、寺庙作过以山水为题材的壁画,今已不传。

① 文莹:《玉壶野史》卷二,《四库全书》本。
② 刘道醇:《圣朝名画评》卷一《人物门·神品》。
③ 晁说之:《景迂生集》卷十七《送屈用诚序》,《四库全书》本。
④ 张丑:《清河书画舫》卷七十《燕肃》,《四库全书》本。

宋道字公达,宋迪字复古,两人为兄弟,西京洛阳人。两人皆进士及第,宋道不知任过何种官职,宋迪仅是七品的司封员外郎,官卑位微。两人擅长画山水寒林,宋道之画当时已很少见。宋迪师从李成,嗜画山水,运思高妙,笔墨清润,"又多喜画松,而枯槎老枿,或高或偃,或孤或双,以至于千株万株,森森然殊可骇也"①。他画的潇湘八景,后来成为画家仿效的模式,苏东坡称赞他的画"妙绝一时"。

吴元瑜,字公器,东京开封人。他多才多艺,亦工院体,但对当时表现富贵气象的流行院体绘画程式颇为不满,提倡写生。他的画线条纤细,色彩鲜明,栩栩如生,"大变唐五代宋国初之法,自成一家"②。他在画风改革上起了很大作用。后名气大增,"求画者愈不已。元瑜渐老不事事,亦自重其能,因取他画或弟子所模写冒以印章,缪为己笔,以塞其责"③。其作品甚多,传世的只有《荔枝图》。

郭熙,字淳夫,河阳温县(今河南温县)人。在神宗时入画院,先为艺学,后为待诏,擅长画山水寒林,师承李成而又有所发展,吸取南方山水画派的某些特点,既注重取法自然的写真意义,认真临摹真山真水,又自抒胸臆,强调写意的重要性,表现大自然的内在美。他的画"得云烟出没、峰峦隐显之态,布置笔法,独步一时"④。传世作品有《早春图》《窠石平远图》《山庄高逸图》等。《早春图》描绘春回大地、万物复苏的山川景色,富有诗意,是他的代表作。

赵令穰,字大年,宋太祖赵匡胤五世孙,活动于神宗、哲宗、徽宗时期。他"游心经史,戏弄翰墨,尤得意于丹青之妙。"⑤所作画清新流丽,雪景似王维风格,汀渚水凫似在广阔的湖面上翱翔,又学苏东坡作小山丛竹,殊有新意。传世作品有《湖庄清夏图》《秋塘图》等。其弟令松,字永年,善画花竹,《宣和画谱》说他"画犬尤得名于时",可惜他的作品没有流传下来。

王诜,字晋卿,京兆(今陕西西安)人,尚蜀国长公主,能诗善画,是北宋有名的人物画家,收藏书画甚富,家有"宝绘堂"。他绘画时既工于设色,又擅长水墨,学习各家画法而自成一家。苏东坡称赞他的画"风流文采磨不尽,水墨自与

---

① 《宣和画谱》卷十二《山水三》,《四库全书》本。
② 夏文彦:《图绘宝鉴》卷三《宋》。
③ 《宣和画谱》卷十九《花鸟五》。
④ 《图绘宝鉴》卷三《宋》。
⑤ 《宣和画谱》卷二十《墨竹》。

诗争妍"①。传世作品有《渔村小雪图》等。

东京开封画家朱渐,画人物达到传神的地步,徽宗时曾画六帝御容。当时开封有谚曰:"未满三十岁,不可令朱待诏写真,恐其夺尽精神也。"②

宋徽宗赵佶也是造诣精深的画家。他画路宽广,画技精妙,花鸟画最受后世称道。《画继》说他"独于翎毛,尤为注意,多以生漆点睛,隐然豆许,高出纸素,几欲活动,众史莫能也"。其传世作品也以花鸟画居多,如《芙蓉锦鸡图》《枇杷山鸟图》《梅花绣眼图》《水仙鹌鹑图》等。这些画用笔细腻,传神逼真,融合黄筌父子的长处,形成了自己独特的风格。其山水画也气势不凡,《画继》说他画的《奇峰散绮图》"意匠天成,工夺造化,妙外之趣,咫尺千里",画面上出现的秀丽山水、迢迢银河、琼楼玉宇,使人有身临其境、飘飘欲仙之感。其人物画也有很高水平,元人汤垕的《画鉴》说:"徽宗自

宋徽宗《芙蓉锦鸡图》

画《梦游化城图》,人物如半小指,累数千人,城郭、宫室、麾幢、鼓乐、仙嫔、真宰、云霞、霄汉、禽畜、龙马,凡天地间所有之物,色色具备,为工甚至。观之令人起神游八极之想,不复知有人间世。"他临摹的现故宫博物院庋藏《摹张萱虢国夫人游春图》及藏于美国波士顿美术馆的《摹张萱捣拣图》,笔墨生动,几可乱真。

北宋末年孟县(今河南孟州)人李唐,自幼酷爱绘画,潜心钻研,师承前代各种山水画派的特点,在融会贯通的基础上独辟蹊径,创造"大斧劈皴"画法,善于用劲峭笔墨描绘山川雄峻气势,成为南宋初独步一时的画家。徽宗时李唐参加画院考试,题目是"竹锁桥边卖酒家",他设想独特,以第一名的成绩被录取。宋

---

① 《苏轼全集》卷十七《和王晋卿作烟江叠嶂图诗》。
② 邓椿:《画继》卷六《仙佛鬼神》。

高宗说"李唐可比李思训",李思训是唐代著名的山水画家,两人的风格确有近似之处。

　　李唐是一位有气节的爱国画家。北宋灭亡、南宋建立时,李唐迁至杭州,任画院待诏,那时他已80岁。山河破碎,使他忧心如焚,热切盼望在他有生之年山河重归一统,并把这炽热的感情倾注在画卷之中。他的《晋文公复国图》《采薇图》寓意深刻,寄托他发愤图强、抗敌复国的愿望。今《采薇图》尚存。《雪江运粮图》表现的是江南人民群众在风雪弥漫之中为前线士兵运粮的情景;《村医图》则描绘江南乡村医生为患者敷药的场面。除了人物画外,李唐的山水画更是无价之宝,传世的有《万壑松风图》《清溪渔隐图》等。作者以雄伟的气势、奔放的笔墨,对祖国山河的一木一石、一丘一壑深入刻画,水墨淋漓,表现了娴熟的技巧。

宋李唐《采薇图》

　　此外,河洛出现了不少表现市俗风情的现实主义画家和作品,如东京开封人高元亨"工画佛道人物,兼长屋木,多状京城市肆车马,有游琼林园、角抵、夜市等图传于世"①。琼林园是东京皇家园苑之一,宋廷在这里举行龙舟夺标、水戏表演及其他娱乐活动,届时这里成为东京最热闹的场所,高元亨以此为题材,其场面之宏大可想而知。他的《角抵戏场图》"写其观者,四合如堵",其中富贵贫贱、老幼长少、市民村夫、外夷之人,莫不具备,动作攀扶仰俯、坐立翘企,变化万千,是东京文化生活的一个缩影。

　　在表现市俗风情画的作品中,张择端的《清明上河图》特别值得一书。张择端是山东诸城人,《石渠宝笈三编》本注录《清明上河图》有金人张著的跋文,说张择端"幼读书,游学于京师,后习绘事",开始"本工其界画",嗜画"舟车市桥郭

_____

　　①　郭若虚:《图画见闻志》卷三《纪艺·高元亨》。

径",后跳出界画樊篱,"别成家数",另树一帜。他在民间卖过画,也当过宫廷画家,丰富的生活阅历,是他能创作出《清明上河图》长卷的重要原因。该画长528.7厘米,宽24.8厘米,有蜿蜒的河流、豪华的龙舟、精致的楼台、优美的桥梁;店铺作坊、车船牛马、寺观廨宇、城门庭院,应有尽有,仅树木就有170棵。画面人物众多,士农工商、医卜僧道,形形色色,共有人物700余人。该画繁而不乱,长而不冗,采取"散点透视"的传统画法,让观者领略到东京汴河两岸的风土人情。

宋代河洛人的绘画论著主要有:郭熙的《林泉高致》、刘道醇的《圣朝名画评》及徽宗敕令编纂的《宣和画谱》。《林泉高致》在中国绘画美学史上有重要地位,作者主张画家观察、描绘山水要有"林泉之心",即摆脱"尘嚣缰索",做到"万虑消沉",并且做到精神专一。他认为山水是千变万化的,关键是如何观察。山,近看如此,远看又如此,远数里如此,远十数里又如此,每远每异,所谓山形步步移也。正因为自然山水如此丰富多变,必须多多观察,才能对山水有深入全面的把握。《圣朝名画评》的作者刘道醇是大梁(今河南开封)人。该书共3卷,分人物、山水林木、畜兽、花草翎毛、鬼神、屋木6门。每门再按画艺高低分神、妙、能三品,每品又分上、中、下三等。书中列北宋画家90余人,各有传并加评语。作者另有《五代名画补遗》一书。《宣和画谱》20卷,内府所藏魏晋以来名画尽收其中,计231家,作品达6369件,详分为道释、人物、宫室、番族、鱼龙、山水、鸟兽、花木、墨竹、果蔬10门,并分别加以品评。这本书为后世研究中国古代绘画提供了不可多得的资料。

2. 书法

宋代河洛地区的书法艺术有新的进展。宋徽宗赵佶的瘦金体俊逸绝伦,相州汤阴(今属河南)人岳飞的行草、小楷皆嘉。

经唐末五代战乱之后,宋初书法人才缺乏,笔体无法,连"诏令刻碑"也"皆不足观"[①]。太宗即位后,置御书院,募求善书者,允许自荐,入选后充翰林,于是书法之风逐渐兴盛。太宗本人颇留意翰墨,小草特工。宋代在国子监设有书学生,以篆、隶、草三体为主要课目,把《说文》、《尔雅》、《博雅》、《方言》等列为必

———————————

① 江少虞:《宋朝事实类苑》卷五十《御书院》。

读书,并兼习孔、孟等儒家典籍,以提高习书者的文化素养。

宋初书坛名家李建中,字得中,号岩夫民伯,祖籍京兆(今陕西西安),后迁居洛阳,累官至工部郎中,曾掌西京留守司御史台。他在洛阳筑"静居"园,吟咏其中,人称"李西台"。《宋史》本传说他"善书札,行笔尤工,多构新体,草、隶、篆、籀,八分亦妙,人多摹习,争取以为楷法"。他的书法线条较少提按,中锋用笔带有浑朴的意味,宋人评论他的字淳厚、平淡,缺少"秀异"和"飘逸",这与他淡于荣利的人格相符合。他的书法有唐书遗韵,在从五代到北宋书法发展中起着嬗递作用。

北宋前期书法基本上是模仿前代,因名利之心而"趣时贵书"。这种逐时模仿之风不能认真继承书法艺术的优秀传统,更难有所突破和创新,所以欧阳修批评说:"学书当自成一家之体,其模仿他人谓之奴书。"①经北宋中期的变革之风后,苏(轼)、黄(庭坚)、米(芾)、蔡(京,一说蔡襄)形成各自的风格,号称"宋四家",完成了从"唐人重法"到"宋人尚意"的转变。河洛的书法家不能与以上四人比肩,唯徽宗的书法能与苏、黄等相颉颃。

客居宋城(今河南商丘)的石延年,字曼卿,除诗写得好外,"又工于书,笔画遒劲,体兼颜、柳,为世所珍"②。他爱在墙壁和匾额上题字,常常在工具上超出常规,效果奇特。朱长文《墨池编·续书断》云:"曼卿正书入妙品,尤喜题壁,不择纸笔,自然雄逸。尝舣舟于泗州之龟山,寺僧请题壁旁殿榜,乃剧醉卷毡而书,一挥而三榜成,使善书者虽累旬月构思以为之,亦不能及也。"古代题榜是直接写上去的,不能保存长久,这是石延年书法至今不存的重要原因。

长期在东京开封任职的苏舜元、苏舜钦兄弟,出身官宦世家,好收藏历代书法真迹。朱长文《墨池编·续书断》说苏舜钦"尤工行楷、草书,皆入妙品,残章片简,传宝天下";苏舜元"草隶卓而不群,但恨遗迹之少"。苏氏兄弟各有特点,难分伯仲,他们曾影响过北宋的书风,蔡襄、米芾早年的草书中皆有二苏的成分。他们在书法界是蔡襄之前独步一时的人物。

相州安阳(今属河南)人韩琦书法学颜真卿,淳谨厚重。朱熹《晦庵题跋》评

---

① 《欧阳修全集》卷一百二十九《笔说》。
② 《欧阳修全集》卷一百二十八《诗话》。

论韩琦的字一丝不苟,"未尝一笔作行草势",这与韩琦作为三朝重臣养成的处世稳重态度有关。

翰林学士承旨王兢,字无兢,彰德(今河南安阳)人,北宋宣和年间登进士第,入金由主簿、县令升至礼部尚书,卒于世宗大定年间。他"善作大字,字或广长丈余而结密如小楷,京都宫殿题榜皆其笔"①。

宋代书法理论主张"书画同源",前述河洛地区画家如郭熙、吴元瑜、王诜等,也是较为著名的书法家。

真正称得上书法巨匠的是宋徽宗。他在政治上了无建树,但书法艺术可谓独步一时。他在十六七岁时与驸马都尉王诜、宗室赵令穰过从甚密,"二人者,皆喜作文词,妙图画,而大年又善黄庭坚,故祐陵作庭坚书体,后自成一法也"②。《书史会要》说,徽宗于"万机之余,翰墨不倦,行、草、正书,笔势劲逸。初学薛稷,变其法度,自号瘦金书。要是意度天成,非可以陈迹求也"。他虽曾师法薛、黄,但不落窠臼,能自辟蹊径,独树一帜。南宋人楼钥曾目睹徽宗真迹,称他"笔力超迈,高掩前古,自出机杼,真书禊序(按:即《兰亭修禊序》)于青缯中,虽曰出于薛稷,而楷法精妙,何止青出于蓝而已"。还说他的字"至今如新,势欲飞动"③。

徽宗的书法作品传世者不多,但从他的御笔跋中,仍可窥见其瘦金体的风采。稀世珍品《牡丹帖》是瘦金书的代表作,全帖共 110 字,潇洒飘逸,刚柔相济,结构、行笔都恰到好处,给人以美的享受。现珍藏于辽宁省博物馆的《草书千字文》,卷长 3 尺有余,笔走龙蛇,气势磅礴,是一份珍贵的历史文物,其精致美妙可与隋代智永,唐代孙过庭、怀素的《草书千字文》相颉颃。

书画的发展同书画作品的商品化不无关系。皇室是书画市场最大的买主,从宋太宗到徽宗,各朝皇帝都曾派使臣到全国访求和购买名人书画赏玩,甚至出现"求购者如市"的情况。文人士大夫蓄藏书画之风也很盛行。东京官宦之家的屏风用绘画装饰,已成时尚。工商业者是书画的重要买主,茶坊酒肆乃至食

---

① 元好问:《中州集》卷八。
② 蔡絛:《铁围山丛谈》卷一。
③ 楼钥:《攻媿集》卷六十九《恭题宇文绍节所藏徽宗御书修禊序》、《恭题徽宗赐沈晦御诗》,《四库全书》本。

店,多挂名人字画,以吸引观者,留连食客。画家刘宗道"每作一扇,必画数百本,然后出货,即日流布"①,说明一般市民也成为书画求购者。为满足市场需求,雕版印刷在东京的书画行业中开始应用。《云谷杂记·温公身后得人心》载:"司马公薨……京师民画其像,刻印鬻之,四方皆遣购,画工有致富者。"其他如门神、财神、佛像等,雕版印刷后鬻买者不在少数。印版画的兴起为绘画史开辟了一个新领域。

3. 雕塑

雕塑随着宫观寺院的兴建而发展,但宋代的宫观寺院如今多数已颓圮不存,因而雕塑保存下来的不多。开封铁塔壁面嵌砌有雕刻精美、艺术价值颇高的佛像、伎乐、动植物花纹等砖雕,线条简练优美。开封繁塔内有大量模印佛像砖,一砖一像,有60余种。这些佛像铸造精美,线条流畅,栩栩如生,是不可多得的艺术珍品。最令人称道的是菩萨高冠上生动的人物造型,有的小如瓜子,却眉目清楚,生动传神。鹤壁市大简乡张公堰村以西10里许的半山崖壁上有6个宋代窟龛,其中主龛造像组合为一佛、二弟子、二菩萨、二力士,造于淳化元年(990年)。雕造手法倾向于写实,造像身躯匀称,衣纹流畅,线条突出,造型生动,刀法洗练,体现了典型的宋代石窟艺术特征。

最能体现北宋雕塑风格的是北宋皇陵的石像雕刻艺术。陵园位于河南巩义市西南,面对嵩山,北靠洛水,埋葬着从宋太祖赵匡胤至哲宗赵煦等7位皇帝及被尊为宣祖的赵匡胤之父永安陵墓,合称"七帝八陵"。帝陵墓道两侧各有60件石雕像,多数保存至今。陵墓前的石狮分蹲、走两种,与唐代那种昂首挺胸、威武雄壮,似要和敌人厮杀状的石狮相比,重心后移,头部不再前倾,全无出击搏斗之意。石象个头很大,但性格温驯。石羊更多,形象多是双膝前倾,头颅后扬,显得神态安详。人物雕像风格分前、后两期,前期线条粗犷,后期逐渐修长。文臣与武将虽然衣冠不同,但神态无大差别,均显得儒雅可亲。各陵前有6座客使石雕,从衣饰相貌来看,颇似东南亚、西亚及周边的少数民族,神态虔诚,毕恭毕敬,宋代精湛的雕刻艺术在这里有完美的体现。宋代重文轻武,在宋陵的石雕中也贯彻这一原则,不渲染武力,而是体现浓重的文治特色。

---

① 邓椿:《画继》卷六《刘宗道》。

元代的墓葬也有很高的艺术水平。河南焦作市老万庄发现的冯三翁家族墓,时间大约在元宪宗八年(1258 年)。① 墓中壁画保存较为完整,北壁上画有墓主像,其他壁上绘有掌扇或捧印的男侍与抚琴或托巾的女侍,形象逼真,线条细腻流畅。其中一墓中的彩绘木棺,棺床通体饰木雕和彩绘花纹,正面画一横幅"狮子滚绣球,牙板上绘大幅缠枝牡丹花卉。棺盖中部绘'双凤戏牡丹',正面顶部装一弧形透雕彩绘棺额;棺身两侧彩绘人物故事画 4 幅:左侧绘'刺马盗血图'和'鱼精闹书馆',右侧绘'狩猎图'和'降妖图'"②。从画面上看,这些绘画技巧纯熟。洛阳北邙山下的元将察罕帖木儿墓,曾发现一石翁仲,"头戴莲花文吏冠,身着圆领袍服,足踏云头履,造型古朴自然,是元代陵墓石刻中很少见的"③。

芮城永乐宫原名"大纯阳万寿宫",位于山西芮城永乐镇,因上世纪 50 年代修建三门峡水库,迁至县北高地。此道观建于元代,祀奉吕洞宾。其三清殿内有壁画《朝元图》,总面积 960 平方米,题材丰富,画技高超,可与敦煌媲美。

二、音乐、舞蹈与戏剧

北宋音乐、舞蹈、戏剧有长足的发展。教坊是最重要的音乐机构,教坊乐工除五代留下的少许外,又从荆南、后蜀、南唐、北汉陆续获得乐工 217 人,全国乐工高手都集中到东京开封。教坊按乐器及演出专业之不同分为 13 部,有笙箫部、大鼓部、杖鼓部、拍板部、笛色、琵琶色、筝色、方响色、笙色、舞旋色、歌板色、杂剧色、参军色等,除旋舞、杂剧、参军三部外,其余为乐器演奏队,人数最多时有 400 人以上。还有以演奏南方乐曲为主的云韶部,是平定南汉后得其乐工 80 人组成的。军队中的音乐机构叫钧容直,人员从诸军中抽调出,也称军乐,最多时达 434 人。仁宗嘉祐二年(1057 年)罢均容直旧习十六调,改习教坊十七调,演奏乐曲与教坊基本相同。其他为宫廷服务而规模不大的艺人机构有东西班乐、四夷乐等。各地驻军又都有军乐,北宋晚期人陈旸说,"诸营军皆有乐工,率五

---

① 中国社会科学院考古所:《新中国的考古发现和研究》第 607 页,文物出版社,1984。
② 河南省文物研究所编:《河南考古四十年》第 403 页,河南人民出版社,1994。
③ 河南省文物研究所编:《河南考古四十年》第 403 页。

百人得乐工五十员"①,人数很多。河洛驻军最集中,诸军乐也最盛。每年皇帝南郊祭祀,由京城附近驻军善乐者组成的诸军乐就自青城至朱雀门,"列于御道之左右,奏乐迎奉,其声相属,闻十数里。或军宴设亦奏之"②。开封府、开封县、祥符县还有从民间乐工中征集组成的衙前乐。每逢民间节庆,教坊、钧容直、诸军乐、衙前乐等均入市廛演出,场面十分热闹。

　　民间音乐、说唱艺术十分兴盛,各种文艺表演如小唱、嘌唱、鼓子词、诸宫调、散乐、百戏等,应有尽有。官僚及富人的私人宴会是民间艺人演出的重要场所。权贵及豪绅置歌儿舞女者甚多,如叶梦得《石林燕语》载,寇準喜爱"柘枝"曲,举行家宴时常以24人组成的柘枝舞蹈队款待宾客。沈括《梦溪笔谈》载,石曼卿居蔡河下曲时,每天都听到邻近的富豪家传出钟歌之声。一日,富豪请石曼卿至其家做客,果见歌伎十数人盛装艳服,且歌且舞。这种"厅前歌舞,厅上会宴"是常见的现象。第二种场所是有固定演出地点的瓦舍勾栏艺人。所谓瓦舍,《梦粱录》一书解释:"瓦舍者,谓其来时瓦合,去时瓦解之义,易聚易散也。"勾栏则是指古代大车箱上的勾栏装置,即一个大瓦子中用栏杆隔成一个个小的演出场所,供不同专业的艺人使用。东京开封的勾栏瓦舍非常热闹,《东京梦华录》载,开封的瓦子有7处,其中桑家的中瓦与内瓦,就有勾栏50余所。大内东角楼街巷瓦子最多,"街南桑家瓦子,近北则中瓦,次里瓦。其中大小勾栏五十余座。内中瓦子莲花棚、牡丹棚、里瓦子夜叉棚、象棚最大,可容数千人"。不仅演出场所规模大,而且演出场次多,"不以风雨寒暑","诸棚看人,日日如是"。其他地方也有类似的大型瓦子。第三种是没有固定演出地点的流浪艺人,也称"路歧人"。他们走街串巷,不入勾栏,只寻觅稍为宽阔、人群聚集之处做场。

　　乐舞伎艺有大曲、法曲、队舞、转踏等不同的形式,几种形式各有一定的规则,兼有说唱,如大曲根据音乐节奏可分三个层次:第一个层次只奏乐器,有声无辞;第二个层次有声有辞,以歌为主;第三个层次有声有辞,以舞为主。歌辞可抒情可叙事,以歌舞敷衍故事,是宋大曲较唐大曲的一大进步。徽宗时,"容艳过人"的女弟子队表演采莲队舞,她们身着彩色新装,伴随舞曲,在殿前陈列的莲

---

①　陈旸:《乐书》卷一百八十八《乐图论·杂乐》,清光绪二年方浚刻本。
②　徐松辑:《宋会要辑稿》乐五之三九。

花中且舞且歌,婀娜多姿。宋人史浩在《峰真隐漫录》中记载有采莲舞的内容,
是表现仙女们乘彩船、执棹桨漫游水上,一边采摘莲花,一边欣赏人间美景的情
景。舞中所用乐曲有《双头采莲令》《采莲令》《采莲破曲》《渔家傲》《画堂春》
《河传》等。演出过程中有致语口号,有问有答,有群舞,有称为花心的独舞,乐
舞结合,丰富多彩。

东京除勾栏瓦舍外,"燕馆歌楼,举之万数",歌妓人数众多,其中不乏佼佼
者,李师师即是其中之一。她不仅风流玉立,而且曼咏低吟,歌喉宛转,在诸教坊
中独领风骚,驰誉京师。

禹州白沙宋赵大翁墓壁画

杂剧是由唐代的参军戏演变而来,北宋后期,杂剧成为熔音乐、歌舞、说唱和
扮演技艺于一炉的综合性艺术。教坊13部中,只有杂剧是正色,其他12部有关
音乐、舞蹈的表演艺术均可为杂剧服务,其融合众长的地位得到公认。大约在宋
仁宗以后,教坊大使孟角球曾撰杂剧本子,葛守诚善写大曲谱,而丁仙现是著名
的杂剧表演艺术家,杂剧自此成为独立的艺术。《东京梦华录》载,每逢夏历七
月十五日中元节前,杂剧便开始筹备演出,"勾肆乐人自过七夕,便搬《目连救
母》杂剧,至十五日止,观者倍增"。"目连救母"是佛教故事,在唐代就以说唱形
式成为民间喜闻乐见的节目,北宋该剧要连演8天,其中包含歌唱、舞蹈、音乐、
说唱、魔术等技艺。《目连救母》杂剧的出现,说明"这一时期东京民间勾栏所演

杂剧,不仅是中国戏剧发展的主流,同时也是今天中国戏剧表演形式的嚆矢"①。在这个意义上,可以说东京开封是杂剧的发祥地。

《宋史·乐志》记载,太平兴国年间,民间作散乐者甚多,教坊均不采用,却受到士大夫的喜爱。王曾《王文正笔录》载,驸马都尉高怀德驻节睢阳(今河南商丘),颇好奢靡,通晓音律。他所住的城南"抵汴渠五里,有东西二桥,舟车交会,民居繁伙,倡优杂户,厥类亦众。然率多鄙俚,为高之伶人所轻诮。每宴饮乐作,必效其朴野之态,以为戏玩,谓之'河市乐'。迄今俳优常有此戏"。不为朝廷重视的民间"河市乐"受到达官显贵的青睐,凡郡有宴会,必召河市乐人。到宋神宗时,民间散乐经民间艺人孔三传将传奇、灵怪敷衍铺陈,入曲说唱,成为当时盛行的讲唱戏诸宫调,孔三传在东京名噪一时。诸宫调是戏剧的重要组成部分,与大曲等结合,成为戏剧唱腔的基础。傀儡戏和影戏也演灵怪、公案之类的内容,这些戏的演出有一定程式,和说话人一样,都有话本。东京开封当时有不少"说话人"(即说书艺人),他们演说传奇、公案及历史故事时,使用的稿本称为"话本"。说话内容可分小说、讲史、说经、说诨话(如今日的相声)等几方面。话本反映社会生活特别是市井细民如中小商人、下层妇女的生活便捷快当,为明清时期白话小说的发展奠定了基础。

民间乐舞百戏诸色艺人,名籍都在官府备案,遇有宫廷府衙宴会,随召随到,如开封府艺人"皆隶左右军而散居,每大飨燕,宣徽院按籍召之"②。宋初官府乐工人员短缺,乾德元年(963年)举行南郊大礼时,召开封府乐工830人"权隶太常寺习鼓吹"③,这种召民间"坊市细民"为宫廷乐工的现象至北宋中期仍"因循未能厘正"④。宋徽宗生日天宁节,曾召开封府乐工到宫廷表演。因此,宫廷音乐受民间音乐的重大影响,是毋庸置疑的。其他艺术也是如此,杂剧专业演员属教坊、均容直的,称为杂剧色,来自民间勾栏的,称为露台弟子(女伶)。官方演员与民间演员常常同台演出,交流节目,《东京梦华录》卷六"元宵节"条有"教坊、均容直、露台弟子更互杂剧"的记载;卷七"诸军逞百戏"条又说:"诸军缴队

---

①　周贻白:《中国戏剧发展史纲要》第六章,上海古籍出版社,1979。

②　马端临:《文献通考》卷一百四十七《乐考》。

③　《宋史》卷一百二十六《乐志》。

④　徐松辑:《宋会要辑稿》乐三之一六,嘉祐六年。

杂剧一段,继而露台弟子杂剧一段。"宫廷杂剧所演节目多为滑稽和讽刺,有的与民间生活相当贴近。

北宋墓葬出土有关乐舞杂剧的雕砖和壁画多集中在河洛地区,上刻表演人数少则一人,多则十余人,说明乐舞杂剧艺术形式自由多样,在各地大小城镇甚至乡村十分流行。新中国成立前,河南偃师出土一块雕刻着北宋宣和年间著名杂剧女伶丁都赛形象的雕砖,表现出当时人们对名角的崇拜。新中国成立后,在偃师酒流沟水库出土一组五人杂剧雕砖,安阳天禧镇宋墓壁画散乐图有四人,温县前东南王村宋墓雕砖散乐图有六人,宜阳县韩城乡冯庄宋墓中出土一块宋代散乐雕砖有八人,上刻有"八仁女奏乐"。禹州白沙宋墓壁画散乐图有十人。众多散乐杂剧雕砖在河洛地区出土,说明北宋时期河洛地区已是乐舞杂剧艺术的中心。

金承安四年(1199 年)邹瑑墓是一座画像石墓,墓室西壁上镌刻有戏剧演出场面,对于了解金代戏剧的演出形式颇具参考价值。画面高 56 厘米,宽 111 厘米,刻有 11 人,中间作场的两个演员头戴假面具,伴奏的 9 人则分立两侧,左边5 人,右边 4 人。左边 5 人中持大鼓一、手鼓二、拍板一、筚篥一;右边 4 人中持答鼓二、筚篥二。这是一幅戏剧图,宋代杂剧,金时称作院本,这种双人表演戏剧,两边有乐队伴奏的场面,在河洛地区还不多见。[①]

邹瑑墓的画像石上还有两幅典型的金代杂剧演出场面。图中有两人正在作场,左边一人头裹软巾,插花,长衫束带,两臂在背后交叉,左脚抬起作舞步动作,面向右一人,舞姿优美。右边一人则头戴花脚幞头,长袍博带,脸上戴有面具,长袖交缠前伸,与左边之人合拍起舞。由 9 人组成的乐队分立两侧,左侧 5 人分作两排,前排 4 人有拍板者、击鼓者、吹筚篥者,后边置一面大鼓,一人双手执鼓桴用力敲击。右边 4 人也分作两行,吹筚篥、击腰鼓者各两人。这些画像与河南修武金代"嘉庆乐"石棺有异曲同工之妙,有人认为出于同一工匠之手,有人认为这两幅画是"散乐",有人认为是表演唐代以来的歌舞戏《兰陵王》,还有人认为是一幅歌舞图,实际上是表演杂剧。[②]

---

① 河南省文物研究所编:《河南考古四十年》第 402 页,河南人民出版社,1994。
② 河南省文物研究所编:《河南考古四十年》第 506 页,河南人民出版社,1994。

第六节　明清艺术

一、书法绘画

明清两代,也有一些河洛人士在书法与绘画方面取得了较为突出的成绩,王铎与周亮工两人就是其中的佼佼者。

王铎字觉斯,明清之际河南孟津人。明熹宗天启二年(1622年)进士,累官至礼部尚书,也曾出任南明弘光政权东阁大学士,后入清,官至礼部尚书。他对书法情有独钟,四十岁以前主要临摹诸家作品,后来以王羲之、王献之之法为主,兼采颜、柳诸家之长,最终形成自己独特的风格。他诸体皆备,尤擅长行书、草书。现存墨迹有《手启》《五律条幅》《郑谷华意三首》等,又有《三建城碑铭》《吴养充墓表》等碑铭。其《拟山园帖》和《琅华馆帖》最为著名。前者有79帖,存于孟津老城王氏祠堂北屋墙上,内容为王铎临摹历代书法名家如卫夫人、王羲之、王献之、欧阳询、虞世南、米芾的碑帖跋铭,有少量自撰诗文;后者出土于洛宁县新寨村,刻石12方,是王铎与其亲家翁张鼎延、婿张璇书信往来和诗文酬唱之作。他的书法作品飞动变化,沉雄顿挫,已经达到寓变于毫端、寄情于纸上的超然的艺术境界。

清王铎书法

王铎是当时的著名书法家,有"神笔"之称,其书法作品与风格对清初整个书法界都产生了较大的影响。清代北方诸省人士学习书法,多以他为楷模。他不仅在中国书法史上写下光辉的一页,而且对日本书法也有影响。

王铎也是一位画家,其山水花卉,有不少上乘之作。他的山水画效法荆浩、关仝,具有苍秀清新之风,《山水轴》可谓其代表;其花卉着意神采,不求形似,在全国有一定影响。

周亮工字元亮,又一字缄斋,号栎园,祥符县(今河南开封)人。明崇祯年间进士,官至御史。清军入关后,降于多铎,累官至福建布政使和户部左侍郎。他多才多艺,在文学创作中颇有成就,著有《闽小纪》和《中山蚕说》,在书法与绘画方面的成绩尤为卓著。他的书法有秦汉遗风,绘画方面也有传世佳作。他的著作《画人传》和《印人传》,为篆刻、绘画、艺术史的研究提供了重要的资料。

此外,康熙年间,河南禹州人贡生董祚昌,善于书画,辞文工整,"爱州北崆峒名胜,时策蹇驴登临其上",数月忘返,故号"崆峒道人"。他给后人留下《狂山放言》《丹青吟》等多部优秀作品。

河南登封少林寺明代的五百罗汉巨幅彩色壁画,清代的十三棍僧救唐王和少林拳谱等壁画,具有较高的艺术价值。

河南开封朱仙镇的年画,历史悠久,技艺精湛,深受百姓喜爱,与天津杨柳青年画齐名。

二、戏曲艺术

明代河洛平民艺术有新的发展。明代中后期,随着王阳明等对理学思想的批评,人们越来越注重对人性的思考,并发生对传统的叛逆,这一特征在文学和艺术领域中表现明显。同时,经济的恢复与商业的发展在一定程度上推动了艺术的进步,繁荣了民间文化。清代全国地方剧种的创作相当活跃,河洛有着丰富的文化底蕴,不仅涌现出一批有成就的剧作家,民间戏曲和曲艺形式也光彩夺目,百姓的娱乐文化更是多姿多彩。

河洛地方戏曲品种繁多,特点鲜明。其中流传最广的要数豫剧、曲剧、越调,其他剧种还有二夹弦、道情、大平调、四平调、怀梆、宛梆和汉二簧。河洛曲艺的其他形式还有坠子、河洛大鼓、三弦书、鼓词儿和大调曲等。至清末,在河南省出现或存在的戏曲形式约有 77 个,其中戏曲剧种 63 个。[①]

（一）戏剧

豫剧是河洛地区民间文化发展到一定阶段的产物,其产生大致经过了北曲—弦索—河南调—土梆子—豫剧几个阶段。它历经宋、元、明三朝对本地和周围地区戏曲文化的积累与融合,到清初开始形成。关于豫剧的源流,学术界目前仍有较明显的分歧,通常有三种观点,一是认为来自于秦腔[②];二是认为豫梆源于蒲州梆子,明洪武年间,山西大量迁民,迁往河南的移民将本地戏剧带到中原,演化而成豫剧;三是认为豫梆是河南土生土长的"河南讴"或"河南调",只是后来接受了秦腔等北方戏曲的影响。比较而言,第三种说法似更允当。豫剧原名河南梆子或河南讴、高调等,直至 20 世纪 30 年代始得今名。

通常认为,豫剧产生的时间大致在乾隆年间。乾隆十年(1754 年)重修的《杞县志》记载,"愚夫愚妇,多好鬼尚巫,烧香佞佛,又好约会演戏,如逻逻、梆、弦等类,尤鄙恶败俗,近奉宪禁,风稍衰止,然其余俗,犹未尽革"[③]。此时的河南梆子已经稍有名气,成书于这一时期的《歧路灯》多次提及。在豫剧形成的过程中,由于各地的口音不同,又形成若干各具地方特色的流派,最早的是祥符调(以开封为中心),稍后有豫东调(以商丘为中心)、沙河调(以漯河、周口为中心)、豫西调(以洛阳为中心),后来传到山东、安徽等地。祥符调唱念用汴梁语音,男腔高亢激越,古朴淳厚,女腔庄重大方,委婉明丽;豫西调唱腔多用下五音,吐字清晰,行腔圆润自然,优美动听。最先组织豫剧演出的是开封的蒋、徐二门,他们分别在清河集和朱仙镇演出,不仅到开封城内演出,还招收学生,排练节目。直到道光二十一年(1841 年)黄河决口,两大戏班无以为生,才向各地分流。同治、光绪年间,豫剧流派有内十处和外十处之分。到近代,豫剧已成为我国四大剧种之一。

曲剧是河洛的第二大剧种,它是由明代洛阳一带广为流传的曲子或称鼓子曲、大鼓腔的一种曲艺形式发展而来。它的内容主要反映城市街巷或乡村野里民间故事,采取里巷歌谣、乡曲土调或散失在民间的北曲曲牌。由于它要求场地

---

① 马紫晨:《河南剧种古来多》,载《中州今古》,1987 年第 3 期。
② 冯纪汉:《豫剧源流初探》,《奔流》杂志 1963 年第 5、6 期。
③ 《杞县志》卷七《风土风俗》,乾隆十年刊本。

简单,演奏形式多样,又接近百姓生活,是河洛各地一种喜闻乐见的娱乐形式。在城市及乡村的茶馆酒肆或田间地头,都有曲子班在演出或民间艺人在吟唱。

（二）曲艺

民间娱乐文艺绚丽多姿,是清代河洛地区戏曲文化发展的一大显著特点。

三弦书和坠子都在河洛城乡的文化娱乐中占有重要地位。三弦书首先出现在河南南阳一带,它以特有的民间方言演唱,朴实清新,格律灵活,通俗易懂,因此流传很快。各地的土腔等曲艺形式更是名目繁多,什么大笛嗡、小唢呐、朗头腔和梆锣卷等,在民间广为传唱,丰富了城乡各阶层人们的文化娱乐生活。

坠子也称小铙子、简板书或响板书。清嘉庆年间,民间艺人乔治山在开封表演三弦书,他将三弦改为二弦,弹拨改为拉奏,取名"坠胡",他又经常演唱剧目《玉虎坠》,群众称他是"唱坠书的"。后来这种曲艺形式称作"坠子书"或者"河南坠子",开始是独角自拉自唱,用一脚击节,同治年间与道情结合,变成一人持简板击节演唱,一人拉坠胡伴奏。

洛阳的曲艺由来已久,经过元、明、清三代的发展,到民国初年形成了独具地方特色的河洛大鼓。

清初,在河南各地活跃的戏曲和曲艺形式,不仅有源于本省的戏曲,还有大量全国各地的剧种,如山西泽州锣戏、陕西梆子腔、山东弦子戏及昆腔、河北卷戏等全国各地方剧种,如罗戏、汉剧、郿戏和京剧等。当时开封城比较著名的戏剧班子是苏昆班,如福庆班、玉绣班、庆和班、萃锦班等。罗戏在雍正及乾隆年间最为红火,田文镜抚豫期间曾三令五申禁演罗戏。到康熙末年,人们的经济状况稍有好转,对文化的消费需求增加,一般家庭,每遇到婚嫁、节日、祭祀、生子、收获、迎贵客、科举中式等喜庆节日(事情),都要请来一两个戏班助兴。在城市或乡村的一些官宦和地主之家,也都养有戏班子,以供招待、节庆,甚至在一般宴请时享用娱乐。

生活是艺术的源泉,生活也需要艺术。宋元明时期的河洛地区也是我国北曲创作的最集中地区之一,而戏曲的流行是导致中华传统文化普及与深入的一个极其重要的因素,"直到近代,南北曲的遗风余韵,依然普遍全国各都市农村,为平民社会文艺欣赏之又一宗"①。

在河洛地区的城乡街里,一些有技能专长的人,利用闲余时间,在田间地头,在市井街头,表演杂耍歌舞,也有一些人成为专业表演者,他们都丰富了人们的娱乐生活。这些曲艺歌舞形式主要有小杂剧、小儿相扑、皮影戏、杂扮故事、傀儡戏、说评书、小唱、嘌唱、诸宫调、叫果子、合生、说书等;杂耍主要有马戏(卖马解)、杂技、魔术、走软丝、竹马、旱船、扎高抬等。

各地的集市和庙会是百姓娱乐活动展示的大舞台,在一些重要的集镇都相继出现文化设施,举办文艺表演。位于沙河之南的河南商水县邓城镇,"楼阁参差,街衢修整。旧有木城,今虽废圮,遗址尚存。土沃民丰,家诵户弦,亦邑之胜地"②。伴随着各地经济的恢复与发展,各府州县都有大批的寺庙、会馆建立,甚至每乡都有寺观庙院,它们都成了重要的娱乐场所,庙会成为重要的文化娱乐展示的舞台。在各地庙会上,当地或河南全省各地以及外省的艺人汇集,竞相献艺,而附近的百姓也成群结队去观赏。"有会必有戏,非戏则会不闹"③。在庙会上,各种戏曲、曲艺、杂耍、赛神、社火表演、风筝等娱乐项目丰富多彩,异彩纷呈,为广大民众喜闻乐见。

---

① 钱穆:《中国文化史导论》第 197 页,商务印书馆,1996。
② 《商水县志》卷一《舆地志》,乾隆四十八年增补本。
③ 《汤阴县志》卷九《艺文》,乾隆三年刊本。

第十章　河洛地区的科学技术

第一节　先秦科学技术

关于史前及夏商时期河洛地区的科学技术,在本书第二章已经述及,此处主要阐述周代的科学技术概况。

一、天文

天文观测,是周代科学活动的重要领域。今河南登封告成,有"周公测影台"遗址。早在西周初年,周公就在此进行天文观测。及至春秋战国,人们继续观察各种天象,特别关注日蚀、月蚀,研究可能发生的时间和位置,并将有关观测情况记录于书中。《天文星占》和《天文》等,是早期专门的天文研究著作。而《春秋》中所记录的 37 次日蚀,其中 30 次被证明是可信的,可见当时的观测已有一定的水平。

人们观察天象,探究日月星辰的运行规律,这是制定历法的知识基础。春秋战国时期在夏、商两代的基础上,有了较为进步的历法。战国时期的历法,一年为三百六十五又四分之一日,为调整年与月日的差距,已采用十九年有七个闰月的置闰补差法。这种方法比商代历法精确得多。而且此时已出现"月令",可知人们已测知一年的节气,在一年四季中设定立春、春分、立夏、夏至、立秋、秋分、立冬、冬至等,以"授时于民",指导农业生产。历法的进步,对农业生产的发展和社会生活有重要影响。

除天文学之外,数学、医学也有所发展。在数学方面,出现了算算和十进位制;在医学方面,出现了专职医生和综合论述中医理论的《黄帝内经》。

二、冶铁技术

商代青铜铸造业十分发达,郑州商城、安阳殷墟出土的以司母戊方鼎为代表的精美铜器,反映了当时青铜铸造技术的高超。

周代在河洛地区的冶铁铸造取得突出成就。在周初,人们在冶铜技术的基础上发明了冶铁术,到战国时期已达到了很高的水平。尤其是河洛地区用铁铸造的兵器,如剑、戟和矛等锋利无比,居全国之冠。《太康地理记》记载:"天下之剑戟以韩国为众:一曰棠溪,二曰墨阳,三曰合伯,四曰邓师,五曰宛冯,六曰龙泉,七曰太阿,八曰莫邪,九曰干将。"经考证,除四、五、七三种剑外,其余均在古西平,即今河南西平县至舞阳一带。考古工作者在西平、新郑和登封等地发现战国时期的冶铁遗址,足证此记载不谬。

周代河洛地区的冶铁技术,从考古发掘资料看,可概括为下列几项:(1)此时的熔铁炉就结构而言是由熔铜炉改进发展而来,但已有专门的熔铁炉和圆形脱炭炉。从西平越庄的炼炉炉壁内腔看,当时已懂得用羼炭粉的墨色耐火材料。(2)已发现鼓风管和鼓风管支柱,说明鼓风机械的进步。(3)铁器铸造虽仍然采用泥模范,但创造了一种高效率的翻范技术,并且使铸范互制的技术进一步发展,可提高铸造工效。(4)不仅铸造农具、兵器、工具等铁器,还铸造了可锻造的条材、板材等铁材料,证明锻造技术已有一定水平。(5)熔炼出我国乃至世界最早的球墨可锻铸铁。[①] 以上各项冶铁铸铁技术,是中国早期的冶铁技术,与其他地区的冶铁技术相比,有过之而无不及。正是有了这些较先进的技术基础,为河洛地区汉代冶铁业的巨大发展奠定了基础。

---

① 李京华:《中原古代冶金技术研究》第6页,中州古籍出版社,1994。

第二节　秦汉科学技术

秦汉时期,河洛地区社会安定,经济迅速发展,科学技术亦取得突出成就。

一、天文学

秦汉天文学在先秦的基础上又有新的成就。在史籍中留下了丰富的天象记录,出现了浑天仪和日晷仪等天文观测仪器。天文观测的进步,为创立较科学的历法奠定了基础。著名历算学家阳武(今河南原阳)人张苍,在西汉初曾提倡采用"颛顼历","著书十八篇,言阴阳律历事"。汉武帝以后又改为以正月为岁首的"太初历",并且按气候冷暖插置闰月,有利于确定二十四节气和指导农业生产。"太初历"比"颛顼历"科学,并成为后世历法的基础。

天文学的进步在洛阳一座西汉墓的壁画中得到反映。在此墓的主室顶脊绘有 12 幅天象图,从第 1 至 12 幅依次为太阳、小熊星座、御夫星座、猎户星座、小马星座、三角星座、天兔星座、月亮和宝瓶星座、河鼓星座(牵牛)、天鹅星座、天秤星座、大熊星座(大北斗)、白羊星座。它"可说是现下发现的我国最早的一幅星象图,提供了我国天文史上的重要资料"。[①] 这些星座的分布与位置除了反映作者的天文知识外,整个天象图又可能象征一天的 12 个时辰,以太阳为首的六幅为白昼 6 个时辰,以月亮为首的六幅为黑夜 6 个时辰。到西汉时十二时辰已为庶民百姓所习用。

东汉都城洛阳城南,有一座灵台,是当时的国家天文台,专为观察天文现象而建。

张衡,字平子,东汉南阳西鄂(今河南南阳市北)人。他在少年时便"通五经,贯六艺"。"衡善机巧,尤致思于天文、阴阳、历算。"[②]他精通天文学,著有研究天体的书,名曰《灵宪》。该书解释天地起源与天体演化的一些问题,记载了

---

① 夏鼐:《洛阳西汉壁画墓中的星象图》,载《考古》1962 年第 2 期。
② 《后汉书》卷五十九《张衡传》。

洛阳东汉灵台遗址

众多星座和彗星的数量,讲述种种天体现象,正确说明日食、月食的成因。他主张浑天说,断言天与地都是圆的,天在外,地在内,犹如蛋壳包裹蛋黄一样。天地都乘气而立,载水而浮。在当时普遍流行所谓天圆地方的"盖天说"的情况下,他通过天体观测和研究,提出浑天说,无疑具有重大的理论意义。他还发明了浑天仪、候风仪、地动仪三种著名的仪器。

浑天仪实际上是用铜铸成的天体仪,在球面上刻有黄道、赤道、南极、北极和二十八宿等诸多星座。它的奇妙之处,在于可借助漏壶滴水的水力作用使之缓慢且有规律地转动,每天回转一周,与地球自转一样。人们在室内观察浑天仪的浑象(球面所刻的星宿运行景象),同人们在野外观察星空的景象相吻合,证明浑天仪是很准确的。张衡又著《浑天仪图注》,说明浑天仪的制造机理和使用方法,使这种仪器得以传世和运用。故蔡邕说:"言天体者有三家:一曰周髀,二曰宣夜,三曰浑天。……唯浑天者近得其情,今史官所用候台铜仪,则其法也。"①

张衡制造的地动仪,是我国最早的地震测定仪,也是世界上第一台测量地震的仪器。它以精铜制成,圆径约八尺(2.65米),合盖隆起,形似酒樽。器中有柱,连动八方机关。器外有八龙表示八方,龙首朝下,口含铜丸,下面与龙首对应铸有八蟾蜍,张口待接龙口铜丸。遇有地震,器中柱一方机关振动,龙口吐出铜丸,而对应蟾蜍口衔之,其时金声激扬,监守仪器者闻声前往观看。由于只有地震震源方向金龙吐

张衡地动仪模型

丸,其余七龙口不动,一望便知何方地震。这种地动仪,测定地震很准确,"验之

_____

① 《后汉书》志第十《天文上》注引蔡邕《表志》。

以事,合契若神"。如有一次地动仪一龙吐铜丸,但当时的人们没有地震感觉。数日后陇西的驿使来报当地发生地震。从洛阳到陇西有千里之遥,地动仪能测得如此准确,证明它是古代先进的地震探测仪。

除张衡外,还有一位较为有名的天文学家宗绀,梁国蒙县(今河南商丘东北)人,善星历。他在汉和帝永元十二年(100 年)正月十二日上书,言本月十六日当有月食。当时朝廷并未重视,但至期果如所言,人们不得不叹服其高明。到东汉末年,刘洪总结当时天文观测成果,发现月球每天运行的速度不尽相同,这个因素直接影响日食、月食推算的准确性,因而他在编造《乾象历》之后,又编了一张月亮运行速度表,后世的历法在其基础上得以不断改进和提高。

二、医学

中国用草药治病,始于距今约 8000 年前的炎帝神农氏时代先秦时期有所,到了东汉时期方建立起一套疾病诊断和治疗的中医医学体系。在这方面,张仲景做出了重大贡献。

张仲景,名机,南阳郡涅阳(今河南邓州市东)人,曾任长沙太守。他早年喜医,学医于张伯祖。入仕后,为官又行医,对医道有精深的研究。他在总结前人的经验和广泛收集验方的基础上,融入自己的行医经验,写成中医名著《伤寒杂病论》16 卷。西晋时王叔和将它改编为《伤寒论》和《金匮玉函要略方》。张仲景的卓越贡献,主要在对伤寒和杂证的诊断和治疗两个方面。在疾病医治中,讲究对症下药,正确诊断病症。他首创辨证诊断法,即把病患先分为阴症或阳症,然后再一一辨明病症的表里、虚实、寒热。后世中医学的"八纲",由张仲景奠定了基础。在治疗方面,他概括前人的各种治疗方法,根据所辨明的病症性质,分别采用发汗、吐排、泻下和中药疗法进行治疗。他治伤寒病的麻黄汤和桂圆汤等汤药,举世闻名。由于他辨症施治,对症下药,大多能药到病除,遂被称为"神医",而中医界将其尊为"医圣"。后世有评论说:"仲景药为万世法,号群方之祖,治杂病若神。后为医者,宗内经法,学仲景心,可以为师矣。……仲景诸方,万世医门之规矩准绳也。"①如此而论,张仲景不愧为"医圣"。

三、冶金技术

冶铁炼钢,铸造农具和手工业工具,对于社会生产力的发展有着极其重要的作用。汉代的冶金术已有长足的进步,可以说是古代世界科技的一座高峰。

河洛地区至今发现有18处官营冶铁作坊,而且规模较大,在全国占有举足轻重的地位。冶金术主要表现在下列几方面:(1)从郑州古荥镇冶铁遗址的1号高炉残炉复原推算,其有效容积达50立方米左右,一炉日产量可达0.5吨~1吨,是当时世界上最大的高炉。为增加铁的产量,不仅增加炉的容积,而且增大鼓风量、掌握铁矿石粉碎的均匀粒度、较早使用石灰石作熔剂等多项技术综合使用。(2)冶铁的鼓风机械,除了以人力为动力的"人排"和使用畜力的"马排"外②,又发明了以水为动力的"水排"。因此,能给冶铁炉长时间提供较大的助燃风力,加快冶炼速度并提高产量。(3)已能把生铁柔化处理成制性铸铁,亦称可锻铸铁或展性铸铁,此项技术关键是对铸铁进行柔化处理。柔化处理时有石墨析出的成为韧性铸铁;以碳气化为主,基本不出石墨的就成为表层具有钢的金属组织,而内部仍为生铁的不彻底的铸铁脱碳钢。这两种工艺在汉代已经成熟。③这些工艺的掌握,使汉代工匠还能够将铸铁脱碳成钢和将生铁炒炼成钢。其技术是:因为没有温度高达1500℃的熔炉,只能采用将白口铁在氧化条件下退火使外层脱碳,如此反复多次,由表及里即得不完全的铸铁脱碳钢。至于把生铁炒炼成钢,其技术特点是:将生铁在空气中加热,升温至半熔融状态,使碳含量降低,再出炉锻打,使组织致密即成为钢材。(4)汉代铁器,已经普遍使用"叠铸"的先进工艺。叠铸技术始于战国,到了东汉已经成熟。所谓叠铸,就是把许多范片或范块层层叠合,用统一的直浇口,一次浇出多个铸件。东汉时,所使用的范有泥范和金属范两种,而以前者为多。在河南温县烘范窑便出土以车马器为主的各种叠铸范500多套,计有16类36种规格,其中有轴承、方承、六角承、车銷、

---

①　《新编金匮要略方论》序,王云五主编:《丛书集成初编》第1377册,上海商务印书馆,1935~1937。

②　《三国志》卷二四《韩暨传》。

③　李京华:《中原古代冶金技术研究》第69页,中州古籍出版社,1994。

圆环、带扣、衔、钩等多种。使用叠铸,可使产量提高。为了使铁液浇注时均匀和流畅,使用泥范已懂得预热。范的设计与制作也较为科学,如泥范的范腔隔层很薄,金属范均以斗合线为基准,扣合严密,铸件精度高。

河洛地区的这些冶金工艺技术,代表着汉代全国最高的冶金工艺水平,在当时的世界上也处于遥遥领先的地位。

第三节　魏晋南北朝科学技术

魏晋南北朝时期,在曹魏、西晋和北魏的都城洛阳,聚集了一批优秀科技人才,京畿及其附近地区的科学技术在全国最为发达,在天文历法、医学、农业技术、冶铸与机械制造方面成就尤为显著。

一、天文历法

魏晋时期,在洛阳的朝官中,设有太史令,负责观测天象,制定历法。

曹魏初期,首先采用太史令高堂隆和太史承韩翊编定的《黄初历》。魏明帝太和年间(227—232年),又将杨伟制作的《景初历》颁行于世。杨伟自称其历"法数则约要,施用则近密,治之则省功,学之则易知。……究极精微,尽术数之极者,皆未如臣如此之妙也。"[①]他已知黄道的交点每年有变动,交食的发生不一定非在交点不可,月朔在交点附近,也可以发生日食;月望在交点附近,也可以发生月食。于是定出交会迟速的差,如同现在所说的"食限"。他又提出推算交食亏始方位角和食分多少的方法,都是以前的历法所没有的。这一历法使用了250年之久。

西晋初年,将《景初历》改名为《泰始历》。不久杜预先后编订《二元乾度历》和《春秋长历》,刘子骏和李修等人又相继编订《三正历》和《乾度历》,历法的研究使历书的准确性更高。

北魏宣武帝时,颁行《景明历》。当时还有张洪、龙祥、李业兴等三家历。其

---

① 《宋书》卷十二《律历志中》。

后祖莹等人又对历法进行研究,参合卢道虔、卫洪显、胡荣、道融、樊仲尊、张僧豫六家新历共成一历,名叫《神龟壬子元历》,简称《神龟历》,不久又更名为《正光历》,均颁行于孝明帝时。

西晋太史令陈卓在"总甘、石、巫咸三家所著星图"的基础上重新考订,制成当时最为精密的星图。这是一幅圆形盖天式星图,共收有 1464 颗星,长期为后人所沿用。

在洛阳市孟津县前海资村西南的北魏江阳王元叉墓室顶部,有一幅保存完好的天象图。图中银河横贯南北,波纹呈现淡蓝色,清晰细致,绘有星辰 300 余颗,星点大小相差不多,亮相之间有边线。这是新中国成立后考古发现中时代较早、幅度较大、星数较多的一幅"天象图"①,它反映了北魏天象观测的成果,是研究古代天文学的珍贵资料。

西晋时颍川(今河南许昌东)人荀勖在律学方面富有成就。他制成发音准确的"新律笛"12 枚,以调律吕,正雅乐。又用田野出土的周代玉尺"校正所治钟鼓金石丝竹",使之更为精确。他计算出相当准确的管口校正数,并发现确定各笛长度和笛上各个按孔的距离的规律,明确指出管口校正数,相当于笛管上一个音律的长度与另一个较高四律的音律长度的差数,亦即是律管上某一律孔的长度与其气柱长度的差数。这反映了中国古代音律的成就,也是对世界音乐声学的重大贡献。

西晋人张华所著《博物志》记载了静电现象,说:"今人梳头、脱着衣时,有随梳解结有光者,也有咤声。"

二、医学

西晋时在洛阳担任太医的王熙,字叔和,将东汉末南阳人张仲景的《伤寒杂病论》加以整理,分为《伤寒论》10 卷 22 篇,《金匮要略》6 卷 25 篇。前者主要讲急性传染病,后者述内、外及妇科杂病的诊治和方药,使之得以流传于世。此外,他还编撰出中国第一部系统全面的脉学专著——《脉经》,共 10 卷 98 篇。脉诊包括切脉、把脉和候脉,是中医诊断学的重要组成部分。他改进了切脉方法,总

---

① 《洛阳市志》第十四卷《文物志》第四章,第 128 页。

结出 24 种脉象,并注意到脉象、症候和治疗的结合,对于临床实践很适用。这部书后来陆续传到朝鲜、日本和中亚乃至欧洲,为世界医学做出了贡献。

安定朝那(今甘肃平凉)人皇甫谧,隐居于新安(今河南渑池),"躬自稼穑,带经而农",在药学方面积累了不少经验。^① 在他以前,中国的针灸学尚停留在"各承家技"的阶段,对于针灸的部位、配方和疗效的认识互有异同。皇甫谧根据自己犯风痹症的状况和治疗的经验,对前人的研究成果反复论证,撰写《针灸甲乙经》12 卷 128 篇。这部书从医学的整体观念出发,在"辨证论治"的思想指导下,叙述针灸的部位和疗效,把生理解剖、脏腑、经络、腧穴、病机、诊断、治疗等相关内容系统化和规范化,创造性地总结出一套针灸操作手法和各种注意事项,是中国古代针灸的集成和总结,具有很高的实用价值。

北魏迁都洛阳后,阳平(今河北大名)人李修领太医令,他医术高明,擅长针灸,其子李天授亦承父业。徐塞及其兄徐文伯亦善医药,开具药方,多有效验,常为孝文帝及冯昭仪看病。阳平人王显奉宣武帝诏令撰药方 35 卷,颁布天下。河南(今洛阳)人阴贞,亦以医术扬名。东魏北齐时河内(今河南沁阳)人张子信、马嗣明也以医术知名。

洛阳龙门石窟中有北齐武平六年(575 年)六月刻凿的"药方洞",洞壁刻着 140 个验之有效的药方,其中药物治疗 117 方,针灸法 23 方,涉及内、外、妇、小儿、五官、针灸等科,所用药物 120 种,制剂方法有丸、散、膏、汤,用法有内服、外洗、熏、敷等,反映了北朝医学所达到的较高水平。

三、农业技术

魏晋南北朝时期中原地区的农业生产技术比汉代有新的提高。北朝时益都(今山东青州)人贾思勰利用游宦的条件,考察黄河中下游地区的许多地方。他撰写的《齐民要术》一书,总结了 6 世纪以前黄河中下游地区农业和畜牧业的生产经验,反映了司、豫、兖、冀地区农业生产技术所达到的实际水平,是一部比较完整的农业科技著作。

从这本书可以看出,当时黄河中下游地区的农民在生产实践中,已经注意到

---

① 《晋书》卷五十一《皇甫谧传》。

天时、地利和人力的统一,认识到春、夏、秋、冬四时的天气变化,土壤有肥、瘠、寒、温的区别,只有顺天时,量地利,尽人力,方能有好的收成。在农作物种植方面,当时的农民已经懂得选种、播种、耕耘、除草、轮种、套种、保墒、施肥、曝根、防冻及栽植、嫁接等技术,注意耕作时土壤燥湿和耙耢的保墒作用,作物的轮栽和休耕,施肥要用熟粪及绿肥,种子要纯净,播种看雨墒,疏密得宜等;在家禽饲养方面,也懂得选种、阉割、杂交等项技术。

四、冶铸与机械制造技术

魏晋南北朝时期,河洛地区的金属冶铸技术又有新的突破。汉魏之际,曹操曾令有司制造"百辟刀",魏文帝曹丕也曾造"百辟宝剑长四尺二寸……名曰飞景",又造百辟宝刀名灵宝、含章、素质,百辟匕首名清刚、扬文。这些刀、剑、匕首均以钢制成,极其坚硬、锋利。魏晋之际,锻制铁器技术已经普及。"竹林七贤"中的嵇康,曾在家中槐树下锻铁,向秀为之执排鼓风。

西晋十六国时期,出现了一种"百炼钢"。这种钢经过高温处理,使碳渗入铁的表面,增加熟铁的含炭成分,烧至一定火候,再拿出锤打。这样烧了打、打了烧,反复多次,就成了"百炼钢"。西晋后期,刘缅是一位制刀能手。他造的百炼钢刀,能将捆成一束的13根稻芒一挥而两断。北齐相州牟口(今属河南浚县)制造的钢刀锋利无比。

东魏北齐时人綦母怀文能"造宿铁刀,其法,烧生铁精以重柔铤,数宿则成钢。以柔铁为刀脊,浴以五牲之溺,淬以五牲之脂,斩甲过三十札"①。就是以熟铁作刀背,用钢作刀刃。这种刀不易折断,切割时又锋利。用牲口的尿液和油脂作淬火剂,冷却速度不同,可以得到用途不同的好钢。这是一种新的炼钢方法,它把生铁作为渗碳剂,由于生铁熔化后温度很高,可以加快向熟铁中渗碳的速度,缩短冶炼时间。熟铁由于碳的渗入而成为钢,生铁也因脱碳而成为钢,从而增加了钢产量。这种炼钢方法称做"灌钢"或"团钢",一直沿用至今。

曹魏时扶风(今陕西兴平东南)人马钧在洛阳的朝廷中任给事中。他"巧思绝世",创造发明颇多。当时有人向魏明帝进献一组制作佳美的木偶,但不能做

---

① 《三国志》卷三十八《许靖传》。

动作。马钧奉命进行改造。他"以大木雕构,使其形若轮,平地施之,潜以水发焉"①。就是以水力冲击木轮为动力,上装一小戏台,台上的木偶与水轮相连接。水轮受水力而旋转,木偶由机关的带动而表演各种动作,这就是"水傀儡"或"水转百戏"。

马钧在洛阳的住宅附近有一块高坡地,可以作园圃,但缺水灌溉。他制造了一架用于灌溉的水车,它像一串带链的唧筒,"灌水自覆,更入更出",能连续不断地将河水提上来,这种水车被称为"龙骨水车"或"翻车",迅速在农村推广开来。汉代已经有50综50蹑或60综60蹑的织绫机,马钧认为这种旧织机"丧功费日,乃皆易以十二蹑",结果操作更为简便,功效明显提高。

马钧还研制出一架转轮式连续抛石机。它有一个能够绕轴转动的大木轮,轮缘周围依次挂着几十个石块,木轮旋转速度逐渐加大,使石块连续飞抛出去,以攻击敌军营垒。他还奉命制成"指南车",于是"天下服其巧"。

汉代的粮食加工,已使用畜力。到了魏晋之际,刘景宣发明"连转磨",它"奇巧特异,策一牛之任,转八磨之重"②。西晋时杜预发明"连机水碓",利用水力带动许多个石碓同时舂米,其动力是一个大的立式水轮,安装在溪流、江河边。北魏时崔亮以为水碾水磨"有济时用,遂教民为碾",他奏请在洛阳张方桥东堰谷水,"造水碾磨数十区,其利十倍,国用便之"③。

第四节　隋唐科学技术

隋唐时期,河洛地区的天文学、历算学、医学都有新的发展,冶金、制陶、建筑、印刷技术也有长足进步。

一、天文历算

隋唐时期河洛地区的天文、历法和算学都有很大的进步。南阳郡新野(今

① 《三国志》卷二十九《方技传·杜夔》注引傅玄序。
② 《太平御览》卷七百六十二引嵇含《八磨赋》。
③ 《魏书》卷六十六《崔亮传》。

属河南）人庾季才及其子庾质是隋代有名的星历学家，唐代僧一行在天文学方面成就卓著。

僧一行，俗姓张名遂，魏州昌乐（今河南南乐）人，著名的天文学家、历法学家和高僧。他是开国名臣张公瑾的重孙，自幼聪敏好学，博览经史，精通天文、数学、历象、阴阳五行之术。20 岁时入嵩山少林寺为僧。开元年间，应征入京，主持天文学方面的事务和修订新历法。

僧一行与梁令瓒合作，制造了测量天球黄道坐标的黄道游仪，并以此测出二十八宿距天球北极的度数，在世界上率先发现恒星位置变化的现象，比英国人哈雷发现恒星移动几乎早一千年。开元十三年（725 年），他再度与梁令瓒携手制成以漏水转动的浑天铜仪，仪器外的两轮上缀有日月，转动周期同日月转动和会合的实际日期基本相同。铜仪上的两个木人，一个每刻一击鼓，一个每时辰一撞钟，这是世界上较为完善的最早的机械自动计时器，也称机械天文钟。他还组织了一次大规模的天文测量。开元十二年至十三年，他从中亚的铁勒到中国南端的交州，测量北极高度及冬至、夏至、春分、秋分时太阳在南方的日影高度，纠正了前人"南北地隔千里，影长差一寸"的臆断之词，率先测出地球子午线的长度。

他在历法方面的成就是花费六七年时间修订《大衍历》。开元十七年《大衍历》颁行天下，这是当时世界上最先进的历法。唐代大臣张说与陈玄景撰写《大衍历议》凡 13 条，从理论上阐明《大衍历》。其中第二条"中气议"，对以往历法岁时的变化过程及原因作了详细说明，指出自春秋时代到开元十二年以来，史籍载冬至、夏至 31 事，傅仁的《戊寅元历》得 16，《麟德历》为 23，《大衍历》为 24。从岁时、朔策、润余诸参数的精确度看，《大衍历》略高一等，又指出《大衍历》测定朔的方法，比其他历法准确。《大衍历》总结了以往对岁差与日行迟疾认识的发展过程，有较高的资料价值。

二、医学

隋唐时期，河洛地区出现了三位医学家，即甄权、甄立言、孟诜。

甄权，颍川扶沟（今属河南）人。他称疾辞官，专门从医，在针灸上术道颇深。隋鲁州刺史库狄钦"苦风患，手不得引弓，诸医莫能疗。权谓曰：'但将弓箭向垛,一针可以射矣。'针其肩隅一穴"①,库刺史"应时即射"。他总结医术,著有《脉经》《针方》《明堂人行图》各 1 卷及《针经钞》3 卷,《古今录验方》50 卷。

甄立言,与甄权是亲兄弟,医术高超,曾治愈不少疑难病。御史大夫杜淹患风毒发肿,"立言视之。奏曰:'从今更十一日午时,必死。'果如其言"。② 尼明律,年 60 余,患心腹"鼓胀"20 年,甄立言为之诊脉,指出其腹内有虫,令服雄黄驱毒,其病立愈。除治病外,他还总结临床经验,撰写医学著作《本草音义》7 卷,《古今录验方》50 卷及《本草要术》、《本草药性》等。

孟诜,汝州梁(今河南汝州)人,唐中宗时弃官归隐,致力于医药研究,曾师事医学家孙思邈,撰有《食疗本草》3 卷。原书卷由英国人从敦煌千佛洞带往英国,收藏于英国博物馆。我国国内现存有敦煌莫高窟所发现的古抄本残卷。《食疗本草》一书是我国现存最早的饮食疗法专著,收集可食植物 200 种,并分析食性,论述功用,阐释禁忌,鉴别异同,具有较高的医学价值。孟诜还撰有《必效方》3 卷、《补养方》3 卷及《外台秘要》、《医心方》、《证类本草》等书。

三、金属冶铸与陶瓷烧造技术

唐代,冶金技术较前代大幅度提高,钢铁和有色金属的冶铸都很发达。武则天时在洛阳铸造"天枢"及九鼎。延载元年(694 年)八月,武则天应四夷酋长的请求,用铜、铁铸造天枢,立于端门之外。高 35 米,径 4 米。它有八面,径各约1.7 米,下为周长约 57 米、高 7 米的"冶铁象山为趾"的趾山,下有铁制蟠龙、麒麟萦绕,上为承露云盘,径 10 米,四龙直立捧火珠,高约 3.3 米。九鼎是神功元年(697 年)武则天命人用铜、铁铸成。神都(豫州)鼎,高 6 米,可容 1800 石;其他八州鼎,各高约 4.7 米,可容 1200 石。九鼎共用铜 280356 公斤。铸造如此高大的器物,显示了当时的冶铸技术之高超。洛阳出土唐代铜镜数量众多,反映了铸造工艺的进步。

隋唐五代时期是中国陶瓷生产的一个重要转折时期,不仅生产规模大,且技术上不断推陈出新,风格也迥异于以往,为宋元二代陶瓷业的鼎盛奠定了基础。

---

① 《旧唐书》卷一百九十一《方伎传》。
② 《旧唐书》卷一百九十一《方伎传》。

河洛地区陶瓷生产技术也获得了长足进步,隋代安阳的青瓷、唐代洛阳的唐三彩、五代的柴窑瓷器都极具有代表性。

洛阳唐三彩,是唐代独创的低温釉陶,具有很高的科学技术价值和艺术价值。其制法是以白黏土作胎,外施低温釉,釉中以铜、铁、钴、锰等金属作着色剂,用铅作助熔剂,平涂或点垛组合使用,在大约 800 摄氏度下煅烧而成。铅由于熔点低首先熔化,其他不同颜色的金属氧化物颗粒在熔化的铅中浸润、扩散,呈现出绿、蓝、黄、白、褐等多种色彩交会而成的缕缕丝丝、飘忽不定的图案。洛阳唐三彩颜色的种类,以釉中着色金属的多少、烧制时氧化及还原的不同而定。它的突出特点是胎质坚实洁白,釉色艳丽,装饰繁缛,光彩夺目。

五代宫廷加强了对瓷器生产的管理,出现了秘色窑瓷和柴窑瓷。秘色窑瓷器是青瓷,柴窑是后周显德初年建立的瓷窑,窑址在郑州。明末谷应泰《博物要览》说:"昔人论柴窑曰:'青如天,明如镜,薄如纸,声如磬。'"柴窑瓷器以青色为主,还有虾青、豆青等色。釉极薄,有"薄如纸"赞语,光润明洁。瓷胎致密,扣之作金石声。宫廷的需要对瓷器的质量提出了更高的要求,对瓷器制造技术的进步起了推动作用。宋瓷的繁荣,柴、秘二窑实开其端。

四、园林与建筑技术

(一)洛阳的西苑

隋炀帝大业元年(605 年)于东都洛阳宫城之西建西苑(通称会通苑),依伊、洛、瀍、涧四水之利,傍邙山之势,周围 200 公里,是美丽的皇家园林。苑内沿龙麟渠建 16 所宫院,征集各地的奇花异草,珍禽异兽。洛阳宫苑和花圃中的大红袍、关公面、紫尖容等一类红牡丹,株壮、叶旺、花大、味清香,成为"洛阳牡丹之鼻祖",通称"洛阳红"。苑中有海,方圆 10 余里。海内有蓬莱、方丈、瀛洲诸山,高出水面百余尺。山上有台观殿阁,穷极华丽。西苑的建筑极具科学性、艺术性。

唐代在隋西苑基础上兴建禁苑,又称东都苑或神都苑,规模虽有所缩小,但仍然危楼跨水,高阁依云,艺术性堪与隋西苑媲美。王维游洛阳皇家园林时,曾感慨"上阳华木不曾秋,洛水穿宫处处流","曾读列王仙母传,九天未胜此中游"。

（二）佛塔建筑

隋唐五代时期，河洛各地的佛塔建筑很多，其中以河南登封的净藏寺塔、法王寺塔、永泰寺塔及汝州风穴寺七祖塔最为出名，最具代表性。净藏寺塔、法王寺塔、永泰寺塔都是登封现存的唐代砖塔。净藏禅师塔是唐代高僧净藏禅师的墓塔，单层重檐，塔身建在须弥座高台基上，通高9米多，平面为八角形，正南壁面有半圆形拱券门，正北壁面嵌有塔铭，塔身八个棱角均有倚柱和斗拱装饰，塔身上部为迭涩檐，其上置平面圆形的须弥座和仰莲，最上为火焰宝珠状塔刹，这是我国现存最早的八角形砖塔，在建筑史上地位非凡，影响深远。

五、雕版印刷技术

隋唐五代时期在洛阳设置机构、配备官员，编著和印制了很多图书。隋代的观文殿，唐代的乾元殿，都是为朝廷服务的图书机构，既像图书馆一样收藏图书，又修撰、印刷、出版图书。唐代的乾元殿，配备有殿直大学士、学士、修撰、校理、判正、校勘诸官及直写御书、招工书写、画直、装书直等各类技术工匠，负责大量的手抄图书或少量的雕版印刷图书。唐代洛阳图籍采用雕版印刷者间或有之，大多为皇室的一些重要经籍和佛教典籍。据明代史家邵经拜《弘简录》记载，太宗贞观十年（636年）采用雕版之法印制皇后长孙氏撰写的《女则》10篇。唐代文学家司空图在《为东都敬爱寺将律僧惠确化募雕刻律疏》一文中称，重新印刷的武宗会昌五年（845年）毁佛事件中洛城所焚佛经印本的佛家经典，"印本共八百纸"。

五代后唐明宗长兴三年（932年），宰相冯道、李愚奏请皇帝批准，组织马缟、陈欢、田敏等在洛阳国子监顾召雕字匠人采用雕版印刷的新技术，根据运至洛阳的郑覃所刊《开成石经》校刊印制儒家的《九经》，这是我国历史上第一次由政府组织刻印书籍的壮举。后汉时又将《周礼》、《仪礼》、《公羊》、《谷梁》"四经文字镂板"，后周时"校勘《经典释文》三十卷，雕造印板"①。

抄书风气的盛行和雕印本的出现，促进了隋唐五代时期洛阳书肆的繁荣。五代时期，儒家经典《九经》于洛阳刻成后，即在全国"雕印卖之"。官方负责图

---

① 《五代会要》卷八《经籍》。

书的印制和发行,成为图书生产、流通的一个重要方式,有力地推动了雕版印刷业的发展。宋代的活字印刷,是在唐代雕版印刷的基础上改进而成的。

第五节　宋代科学技术

经济的繁荣为河洛地区科学技术的发展奠定了基础。北宋朝廷对技术的发明较为重视,常予奖励,如冯继升进火药法,赐衣物束帛作为褒奖。一些总结或记载手工业技术的专著,如《营造法式》和《武经总要》,均是在朝廷的参与下完成。科学技术的成就引人注目,医学有明显进步,特别是火药及印刷术,对人类社会进步产生了巨大影响。

一、医学

宋代医学有了长足的进步,北宋统治者对医学十分重视,设立"太医院"和"药局"。东京开封集中了全国的杏林高手,成为当时的医学中心。

五代后晋时开封的医术就享誉全国。割据浙江一带的吴越王钱镠患眼疾,急忙寻医诊治,但那里的医生虽经努力,仍是医治无效,一目失明。倘不抓紧治疗,另一只眼睛也有失明的危险。钱镠在无奈中向后晋统治者求救,并点名让开封的名医胡某诊治。后晋允如所请,遣名医千里迢迢,泛海至杭州,钱镠的另一只眼睛终获保全。一些悬壶济世的杏林翘楚,也愿到开封一展身手。后周世宗显德年间,赵自化、赵自正等名医先后来到开封,以医术高明为人所称道。有一个叫刘翰的医生,不但医术高明,且撰写有医学著作,显德年间诣阙献上,获准在开封行医济世。乾德初年,宋太祖令太常寺考核医生技术,合格者留,滥竽充数者淘汰,刘翰以其精湛的技艺夺魁,26名庸医失去行医资格,同时下诏访求各地名医到开封任职。随刘翰进入京师的还有岭南人陈昭遇,他专为京城驻军治病,数百名士兵经他诊治,无不妙手回春,药到病除,军中称他为"神医"。

北宋官府还设有培养医生的学校。开封医学有学生300人,分为方脉、针、疡三科。由于医学发展,学科便愈分愈细,神宗时太医局按类别分为大方脉科、小方脉科、风科、眼科、疮肿兼折疡科、口齿兼咽疾科等科。每逢朝中大臣有疾,必遣太医院有关医生前往诊治,甚至贡院考试也都配备有医务人员。每年溽暑时期,官府还派医官到各城门、寺院分发药品,以防疾疫流行。

为总结医疗经验,又组织高明医生整理、编纂有关典籍。如开宝年间太祖令刘翰、陈昭遇等人共同详定《唐本草》,他们考镜源流,辨别是非,厘正谬误,然后刊印流布。宋州睢阳(今河南商丘)人王怀隐,是道士,也是医学家。初当道士时住在京城建隆观,曾为太宗疗疾。太平兴国初年奉诏还俗,被任命为尚药奉御,累迁至翰林医官使。太宗在藩邸时就留心医术,收集名方千余种,即位后又命翰林官院医生各献祖传秘方,又得万余种,遂命王怀隐与副使王祐、郑奇,医官陈昭遇等分门别类编纂。淳化三年(992年)书成,共100卷,太宗赐名为《太平圣惠方》,又亲自写序,镂板颁行各地,作为诸州医学博士的参考文献。

洛阳人王惟一(又名惟德),仁宗时在太医局任医官,擅长针灸。天圣四年(1026年)主持编成《铜人腧穴针灸图经》,对经络、穴位做了详细考述,同时又发现一些新穴位,极便初学者学习。

陕州(今河南三门峡)人孙兆,自称为孙思邈之后,以医术闻名于仁宗、英宗、神宗三朝,官至殿中丞。仁宗嘉祐二年(1057年)奉诏与孙奇、高保衡等人同校医书,又多方搜集佚书,细加稽考。英宗治平年间,校就进呈,取名《外台秘要》。孙兆又与林亿等校刊《黄帝内经素问》,纠正其讹误数千条。

开封还有一位擅长针灸的杏林高手许希,天圣年间仁宗患病,群医束手,许希应召前往,三针而愈。许希请以所得赏赐于城西北隅建扁鹊庙,供习医者来此瞻仰膜拜,又将自己针灸经验与心得撰写成《神应针经要诀》,供人研究学习。

北宋末年郑州出了一位名叫张锐的医学家,官至成州团练使。徽宗政和年间,一个叫慕容彦逢的人,其母患病被诊断已死,正准备入棺时,恰被张锐遇见,他仔细察看后说未死,遂取药医之,果然痊愈,一时间张锐闻名远近。南宋高宗绍兴年间流落巴蜀,著有《难峰方》。

二、火药制造与应用

火药是中国古代四大发明之一,至宋代已逐渐运用到军事方面。开宝三年(970年)兵部令史冯继升向宋太祖赵匡胤献火箭法,并在开封试制。开宝八年(975)宋朝进攻南唐时,已拥有火箭2万多支,还有火炮等抛射武器。咸平三年

(1000年)神卫水军唐福献火箭、火球、火蒺藜等,冀州团练使石普也把自己制造的火箭、火球等火器作了表演。

　　鉴于火药在军事上的广泛应用,仁宗命曾公亮、丁度等编撰《武经总要》一书,对当时的火药、火器的制造作规范性说明,记载在东京制造的火箭、火枪、火药鞭箭、火鸡、竹火鹞、铁嘴火鹞、烟球、毒药烟球、霹雳火球、火炮等火器。该书对三种火器的配方作了说明,如毒药烟球:球重5斤,用硫磺15两,焰硝1斤14两,草乌头5两,狼毒5两,桐油2两半,小油2两半,木炭末5两,沥青2两半,砒霜2两,黄蜡1两,竹茹1两1分,麻茹1两2分。将上述原料捣合为球,贯以一条长1丈2尺、重半斤的麻绳为弦子,再以故纸12两半,麻皮10两半,沥青2两半,黄丹1两1分,炭末半斤,捣合涂敷于外。其气味熏人,会引起口鼻出血。毒药烟球和一般烟球,都是用放炮的方法,投掷出去,作为攻守城的武器。[①] 蒺藜火球有10种成分,炮用火药有14种成分,基本原料是硫磺、木炭、硝三种,再加入其他易燃的油类等物,以增强其燃烧和爆炸力,其制造方式与毒烟火球基本相同。从上述记载可知,宋代火药配方中硝的含量较唐代增加。唐代火药硫、硝的比例是1:1,北宋则达1:2以上,接近1:3,与近代黑火药硝占3/4的配方相接近。

　　北宋中期的火药武器一般重3~5斤,最重也不过12斤,外壳多用纸做成,涂上漆,可以增加硬度和防潮,使用时先点燃,再用弓弩或抛石机放出,使用的是人力机械,而不是用火药发射,其火药杀伤力主要是燃烧,而不是爆炸。北宋末年,在抗金战争中发明了"霹雳炮"和"震天雷",其外壳已用铁制作,火药发作时,声如雷霆,已是主要依靠爆炸力杀伤敌人的火药武器。神宗元丰六年(1083年),宋与西夏作战时,一次就从东京向陕西运去25万支火箭。靖康元年(1126年)金兵攻开封,宋军使用火箭、火炮、蒺藜炮、霹雳炮等武器还击,金军伤亡很大,只得仓猝撤退。后来金军占领开封,俘获宋朝技术工人,又缴获火药武器,据此制出名为震天炮的铁火炮,用于对南宋作战。12世纪时,火药、火炮的制作方法由中亚传至欧洲。恩格斯在《德国农民战争》一书1875年的自注中说:"现在已经毫无疑问地证实了,火药是从中国经过印度传给阿拉伯人,又由阿拉伯人和

---

① 曾公亮等:《武经总要》前集卷十一《毒药火球》,《四库全书》本。

火药武器一道经过西班牙传入欧洲。"

三、印刷技术的进步

北宋刻书业非常发达,官府刻书,私家也刻书,市廛上出现不少以盈利为目的的书坊。为了提高竞争力,他们都在提高刻印质量上下工夫,印刷业日臻繁荣。

北宋泥活字版宋代有四大印刷中心:四川成都、浙江杭州、福建建安、河南开封。叶梦得在《石林燕语》中说:"今天下印书,以杭州为上,蜀本次之,福建最下。京师比年印刷殆不减杭州,但纸不佳。"东京开封的雕版印刷技术质量上乘,超过了蜀本和福建,可与杭州媲美,只不过纸张稍逊一筹而已。

北宋开封的国子监、崇文院、秘书省、司天监等机构都刻印书籍,但最大的刻印机构是国子监。它刻印的书称监本,也最有名,刻印的既有儒家经典,也有史籍乃至子部、集部之书。真宗之前刻印过《九经》《经典释文》《史记》《汉书》《后汉书》,真宗以后又刊印过《三国志》及南北朝至隋唐诸史。仁宗时还命人校定一批史书,刻印后颁行学宫。司马光的《资治通鉴》、太宗时编修的《太平御览》,均是卷帙浩繁的巨著,官书局刻印得非常精美,印刷技术已日趋成熟。后人评论说:"镂版书籍……而刊行大备,要自宋始,其时监中官刻与士大夫家塾付梓者,校雠镌镂,讲究日精。"①当是实际情况。

北宋颁布的法律条文,包括解释法律的敕、令、格、式,多由刑部印刷。乾德元年(963 年),将经过修定的《周刑统》30 卷及《编敕》4 卷"诏刊版模印颁天下"②,这是我国第一次刻印刑事法典。仁宗天圣二年(1024 年),判刑部燕肃建议将敕书由书吏抄写改为"镂板",获得批准。从此以后,敕书等律令文字由刑部"摹印颁行"。司天监也照此法办理自行"模印历日"③,这要比人工书写省费90%。

开封城内有许多私家印书作坊,也称书铺。他们雇有写工、刻工、印工及作校雠的文人,还有出售书籍的店铺,形成产销一条龙。如相国寺东南的荣六郎经

---

① 纪昀等:《钦定天禄琳琅书目》卷四《影宋钞经部》。
② 李焘:《续资治通鉴长编》卷四,乾德元年。
③ 李焘:《续资治通鉴长编》卷一百零二,天圣二年。

史书籍铺,即以刻印和出卖经史而闻名。私人书肆经营灵活,根据市场需要刻印书籍,朝廷大臣的奏议、时政文章、科举考试范文等,都在搜求刻印之列。至和年间翰林学士欧阳修上奏朝廷说:近来京师有雕印《宋景文集》者,书中有不少议论朝政利弊的文章,倘传入四夷,定会引起不满,请求将雕版焚毁,仁宗准奏,下令各书肆不得再私自雕印宋景文集。徽宗时将反对王安石变法的大臣列为"元祐党人",下令将苏洵、苏轼、苏辙父子,苏门四学士黄庭坚、张耒、晁补之、秦观以及马涓等人的文集,范祖禹的《唐鉴》,范镇的《东斋纪事》,刘攽的《诗话》,僧文莹的《湘山野录》等书印版悉数焚毁。这些书大多数都是坊间刻本,说明当时东京私家刻书的风气很盛。

开封的私人书坊之所以能刊印那么多书籍,并为人们所接受,当然也和刻印质量高有关。南宋本《抱朴子》一书卷末题记中说:"旧日东京大相国寺东荣六郎家……开印经史书籍铺。今将京师旧本《抱朴子》校正刊行的无一字差讹……"这所印刷精美、质量上乘的荣六郎书店就在开封相国寺东街,靖康之乱后迁往杭州。

宋仁宗庆历年间,布衣毕昇发明活字印刷术,对后世的雕刻印刷技术产生了深刻影响。

四、建筑技术

北宋时城市坊市制度的瓦解和近代城市布局模式的建立,促进了建筑业的发展,并在建筑实践的基础上对建筑技术作了全面的总结。

五代时期东京开封周围只有20里,宋初扩建为48里,后又加外厢16厢,宫城周围5里,其规模非其他城市所能比拟。东京城宫城布局,正殿为万岁殿,天子端坐殿上,透过重重宫门,能一直望到外边。此外还有垂拱、福宁、柔仪、清居四殿及银台、升龙二门,四殿之后又有大庆殿、大庆门,还有崇政殿,都建筑得富丽堂皇。徽宗即位后,修葺大内,新建景灵宫、元符殿,后来受蔡京、王黼等人"丰亨豫大"之说的蛊惑,又修建了更为华丽的延福宫和艮岳。

延福宫旧已有之,地点在大内北拱辰门外,乃宴会之所,规模不大。政和四年(1114年)由童贯、杨戬等5人用延福宫之名另建新宫,争以侈丽高广相夸尚。新宫规模宏大,东西长短与大内相埒,南北稍短,其间殿阁亭台相望。延福宫内殿阁甚多,计有穆清、成平、会宁、睿谟、凝和、昆玉、群玉 7 殿;东边有蕙馥、报琼、蟠桃等 15 阁;西边有繁英、雪香等 15 阁。又叠石为山,建春明阁,高 11 丈;宴春阁,广 12 丈,显得巍峨壮丽。艮岳位于京城东北隅景龙门内,又称寿岳、万岁山、华阳宫。这座人工堆砌的假山林泉幽美,气象万千,"山林岩壑,日益高深,亭台楼观,不可胜纪。四方花竹奇石,悉萃于斯,珍禽奇兽,无不毕有。"① 由此可以看出以宫城为中心,建筑向四外延伸的情况。

驰誉遐迩的开封祐国寺塔,因通体用琉璃砖垒成,如同铁色,故称铁塔。铁塔的前身是太宗时喻浩所造的木塔。太平兴国七年(982 年),宋廷为供奉佛舍利,在开封城内东北隅开宝寺西侧的福胜禅院内,建造了一座 13 层的木塔,端拱二年(989 年)完工,历时 8 年,所费亿万计。塔高 120 米,名福胜塔,又称开宝寺塔。欧阳修在其所著《归田录》卷一说:"开宝寺塔,在东京诸塔中最高,而制度甚精,都料匠喻浩所造也。塔初成,望之不正,而势倾西北。人怪而问之,浩曰:'京师地平无山,而多西北风,吹之不百年,当正也。'其用心之精盖如此。国朝以来木工,一人而已。"

喻浩又名预浩,其所著《木经》已佚。书出,人皆以为法,可见其影响之大。《汴京遗迹志》一书称赞铁塔:"土木之宏壮,金碧之炳耀,自佛法入中国来未之有也。"喻浩预计开宝寺木塔可保存 700 年之久,不料庆历四年(1044 年)遭雷击起火焚毁。皇祐元年(1049 年)该塔重建,历时 30 年竣工,即如今的铁塔。共 13 层,高 54.66 米,呈八角形,塔身用琉璃砖建成,仿木结构,浑然一体,非常坚固。外壁镶嵌浮雕花纹砖,有 50 余种花卉图案,造型生动,形象逼真。900 余年来,屡遭地震、暴风、水患、冰雹袭击,特别是日寇曾向铁塔发射炮弹,铁塔仍安然无恙,巍然屹立,充分显示出高超的建筑技术。开封还有建于开宝年间的繁塔,因建于繁台上,故名。原有 9 层,高 80 米,元明二代毁坏后剩 3 层,后在第三层上又建一七级小塔,这在建筑史上尚不多见。

河南省现有北宋砖石塔近 40 座。唐代砖塔多为空筒式结构,北宋将砖塔结构改变为外壁、楼层、塔梯三项连为一体的形式,使每层都有固定的楼层,从而增加了横向拉力,使砖塔坚固稳定。众多北宋砖塔保存下来,就是这种建筑结构优

① 周城:《宋东京考》卷十七《山岳》。

越性的明证。开封铁塔采用旋梯式结构,是砖塔的典型建筑之一。

东京虹桥是北宋木拱桥的代表作,它用木梁相接而成,不用支柱,构件可以按尺寸预制,装拆便捷,桥孔高阔,有利通航。在张择端《清明上河图》中,有一座这类桥的逼真画图。这一单跨木构拱桥跨径约 25 米,净跨 20 米左右,拱矢约5 米,水面净高近 6 米,桥宽约 8 米,矢跨比约 1∶5。桥体用 6 根拱骨相连(其中一根埋入拱趾,为培土所掩),虹桥组合以木梁交叠而成,是一种"叠梁拱"。桥面密铺板枋,两侧装设栏杆,桥两端竖立华表,河边桥下石砌桥台,桥台两侧砌石护岸。这种长跨径木桥建筑是桥梁建筑中的杰作,在世界建桥史上十分罕见。[①]

彪炳于建筑史册的《营造法式》一书,是郑州管城(今河南郑州)人李诫所著,该书为世界上最早的建筑学专著。李诫擅长于建筑设计,元祐年间任将作监主簿,因业绩突出被提升为将作监(长官),京城的朱雀门、景龙门及太庙、辟雍、尚书省等城楼官廨,都由李诫负责设计。《营造法式》原为北宋为总结建筑经验而修的官书,始编纂于神宗熙宁年间,哲宗元祐六年(1091 年)成书,称《元祐法式》,但该书有许多疏漏,只规划建筑设计各类构件的图状,而构件的用料比例却无说明,操作者无法核算用料多少及成本,于是令李诫重新编修。哲宗绍圣四年(1097 年)着手编纂,元符三年(1100 年)成书,徽宗崇宁二年(1103 年)刊印,历时 35 年。全书共 36 卷,357 篇,3555 条,分为"释名"、"各作制度"、"功限"、"料例"、"图样"五个部分。书中反映了京城熟练工匠的经验,被当时的建筑行业奉为圭臬,是我国古代建筑史上的一部名著。

关于建筑工程作法、定额等,《营造法式》虽然是带有法规性质,属工程条例、规范之类,但它根据建筑设计和材料灵活多样的特点,将"有定式而无定法"作为编书的基本方针,书中既依据一般建筑工程作出设计和构件规范,又依据特殊情况留有机动余地。中国古代建筑中的开阔、橡架进深、柱高、柱侧脚、屋顶举高及出檐等,属建筑设计,重点解决建筑的空间功能、形象、尺度比例等;而建筑各构件的断面及节点构造设计,属结构设计,重点解决建筑构件的强度问题。对建筑设计的开间、柱高、进深等,只规定"柱高不越间广"等原则,而不作具体规定;柱础规定"方倍柱之径",而厚度分三种范围分别规定,使柱础具有合理的强

---

① 摘引自杜石然等编著:《中国科学技术史》,科学出版社,1982。

度。对结构设计的门窗只规定总尺寸的范围,细部尺寸"以门每尺之高积而为法",求出每个构件的大小。这样,给建筑设计和构件施工都留有广阔而科学的空间,既保证建筑的整体稳定性,又使建筑的设计施工具有多样性。同时,《营造法式》对承重构件根据殿堂、厅堂、余屋三大建筑类型分为三种断面规格,殿堂较之厅堂,增加了内槽斗拱、天花等构件,且屋面材料最为厚重,而余屋构件最为轻便、简单。而对非承重构件只有一种断面规格。这些规定反映人们对建筑力学的认识达到前所未有的科学水平。《营造法式》创立了营造尺模数制系列,并从中细化出一套完备、科学的材份模数制用于结构设计,如以横架跨度大小决定结构模数大小的设计理论早于西方同类理论数百年之久,为中国建筑力学理论上的一项重大理论突破和一次质的飞跃,是中国建筑发展史上一座极其重要的科学里程碑。①

河洛地区现存北宋木建筑有两座,一座是建于宋开宝年间的济源市济渎庙寝宫,单檐歇山,面阔五间,进深三间,是河洛地区现存最早的木构建筑。另一座为登封少林寺初祖庵大殿和达摩面壁亭,它建于北宋宣和七年(1125 年),距《营造法式》成书(1100 年)仅相差 25 年,从庵内现存蔡京及其弟蔡卞亲题"达摩面壁之庵"的碑刻看,此建筑带有浓重的皇家色彩,其建筑规范得到严格的遵守,所以建筑史学界把初祖庵作为研究《营造法式》的实物例证。这座距今八百多年的木构建筑,虽经元、明、清时期重修,但大木构架改动不大,斗拱等多为宋代原件。

第六节　金元科学技术

金元时期,河洛地区科技已呈衰落之势,唯天文历法,医学尚值得称述。

一、天文历法

坐落于河南登封市告成镇的观星台是我国现存最早的天文台建筑,也是世

---

① 杜启明:《宋〈营造法式〉设计模数与规程论》,载《中原文物》1999 年第 3 期。

界上重要的天文遗迹之一,1961 年被国务院定为全国重点文物保护单位。告成镇古称阳城,相传这里早在周代就是测影场所之一。

据文献记载,明清以来称告成这座观测建筑物为观星台。"观星台的基本结构,一是由回旋踏道簇拥着的巍峨台身,一是由台身北壁凹槽内向北平铺的石圭……石圭与直壁、横梁是一组观测日影的仪器。"①这种观测日影的设备,是元代著名天文学家郭守敬设计的,当时全国共有 6 处,而今保存下来的就只剩阳城一处。它建筑完整,石圭基本完好,成为我国天文学史上的重要实物资料。

元朝统一全国后,经济、文化都有长足发展,这就为天文学的发展提供了便利,特别是农牧业的发展迫切需要天文历法的配合,于是历法的改革便提到了日程上来。元朝初年使用的是辽、金的《大明历》,该历是金朝在宋《纪元历》的基础上稍加订正而成,后虽重修,但因使用时间过长,已出现历法与天象不符的弊端,无法指导当时的农业生产。至元十三年(1276 年)六月,世祖忽必烈下诏设太史局,决定编制新历,命郭守敬、王恂率南北日官,分掌测验推步,命张文谦、张易为之主领裁奏于上,左丞、怀孟河内(今河南沁阳)人许衡参与其事。郭守敬上奏说:"历之本在于测验,而测验之器莫先仪表。今司天浑仪,宋皇祐中汴京所造,不与此处天度相符,比量南北二极,约差四度,表石年深,亦复欹侧。"②郭守敬于是动手改进并创修天文观测仪器,先后制成候极仪、浑天象、玲珑仪、仰仪、立运仪、证理仪、景符、几、日月食仪、星晷定时仪等。"又作正方案、丸表、悬正仪、座正仪,为四方行测者所用。"③为了与以上几种仪器互相参考,又绘出《仰规覆矩图》《异方浑盖图》《日出入永短图》等。简仪是模拟天球、测量日月星辰的仪器,实际上就是前人的浑天仪。但前人的浑天仪上有许多套着的环,观测天文时往往挡住视线,极不方便,郭守敬加以改进,只留下两个套环,一个用来测赤道坐标,一个用来测地平坐标。用以测量正午时太阳影子长度的圭表,在元代之前高 8 尺,郭守敬设计的铜表则高达 40 尺,圭上端设有影符,使测量影长的精确率大为提高。

观星台的建立是为了改进历法,因此授时历的颁行与观星台密不可分。至

---

①   张家泰:《登封观星台和元初天文观测的成就》,载《考古》1976 年第 2 期。

②   《元史》卷一百六十四《郭守敬传》。

③   《元史》卷一百六十四《郭守敬传》。

元十六年(1279 年),元朝在全国设置天文观测所 27 个,阳城就是其中的一个。在取得大量准确数据的基础上,元朝政府在至元十七年(1280 年)颁布了新历——授时历。郭守敬又进一步修订整理,到至元二十三年(1286 年),"太史院上授时历经、历议,敕藏于翰林国史院"①。

登封元代观星台

《授时历》记载了元朝的天文成就,同时列举大量古代的天文资料加以对照、推算,说明《授时历》远远优越于其他历,正如《元史》所说:"昼夜测验,创立新法,参以古制,推算极为精密。"②元代精密天文仪器的创制与历法的改进,是我国天文史上的一个重大成就。

二、医学

金元时期医学家最负盛名的是被誉为四大名医之一的张从正。张从正,字子和,睢州考城(今河南兰考县张医王村)人。他精于医术,行医于民间,后应召入皇宫为太医,不久即挂冠归隐。当时医界盛行滋补之风,凡人有疾病,医生不问虚实,滥投补剂,使病人蒙受不少痛苦。张从正目睹此弊,提出了正确的医疗方法,主张除病必祛邪,祛邪可用汗、吐、下之法,从而创立了祖国医学的攻邪派理论,为我国医学发展作出了巨大贡献。张从正"法宗刘守真,用药多寒凉,然起疾救死多取效"③。他著有《儒门事亲》15 卷,在海内外颇具影响。

稍晚于张从正的另一医生是任履真。任履真字子山,许州长葛(今属河南)人。他喜欢读书,德行又高,邑人皆信服之。宣宗贞祐初年召入太医院,不久即辞职而去。他"为医,起人疾甚众"④。

---

① 《元史》卷十四《世祖本纪十一》。

② 《元史》卷一百六十四《王恂传》。

③ 《金史》卷一百三十一《方伎传》。

④ 刘祁:《归潜志》卷六。

三、瓷器烧造

元代的瓷器多依照宋代的钧瓷,在河洛地区形成了一个重要的窑系,安阳、鹤壁、浚县、淇县、新安、临汝(今汝州)、禹县(今禹州)、郏县、宝丰、鲁山、内乡、邓州等地有窑近百处,这些窑场大多建在唐、宋窑的旧址上,很好地继承了前代的传统工艺,并在此基础上有所创新,烧制出有自己风格的瓷器。但从整体上看,元代仿制宋代的钧瓷似乎已经逊色,"其主要特征是胎质粗松,釉面多棕眼,全施半截釉,底足露胎,器表光泽度较差,釉色为天蓝月白交融,以月白色为主,也有蓝釉红斑器,这种窑变斑已显得混浊似阴云密布,不像宋钧之'夕阳紫翠忽成岚'、'霞光万变'、'金光四射'之景色"①。元代仿钧瓷制品多是碗、盘、瓶、罐之类的日常生活用品。在装饰手法上,多数是在烧制前涂上含铜釉药,经高温后显出红色彩斑,与蓝底互相衬托,有些瓷器则采用堆贴手法或用刻、画、印的传统技艺,这种手法是元代仿钧瓷器所独有的特色。

第七节　明代科学技术

元代以降,河洛地区乃至中国的自然科学技术已经落后于欧洲许多国家。这主要表现在近代科学技术在中国没有萌生的迹象,如天文学、地理学、机械制造、生物学、物理学、化学等。但一些传统的自然科学在中国继续得到缓慢地发展,其中明代河洛一些科技仍然走在全国乃至世界的前列。

一、医学

朱橚是明太祖朱元璋的第五子,洪武十一年(1378年)被封为周王,藩府位于河南开封。三年以后,他就藩开封府,在其后的近半个世纪里,他基本上就生活在这里,并在科技上有所作为。

在中国古代历史中,集皇子和科学家于一身者,可谓凤毛麟角,朱橚即为其

---

① 河南省文物研究所编:《河南考古四十年》第484页,河南人民出版社,1994。

一。他在政治上并没有多大的政绩,之所以能够名垂青史,主要是因为在医学、植物学和文学方面的成就。他著有流传后世的《普济方》《救荒本草》和《元宫词》等。元末明初的开封府自然灾害严重,各种灾害频繁出现,特别是黄河水患使人民生活艰难困苦,朱橚本人深有体会。他出于"林林总总之民,不幸罹于旱涝,五谷不熟,则可以疗饥,恐不得已而求食者,不惑甘苦于荼荠,取昌阳弃鸣啄,因得以裨五谷之缺,则岂不为救荒之一"之目的,编写了著名的《救荒本草》。①他结合流放云南的感受,认为"垂悯边鄙之民,地物俗异,编择古今群方之经验者萃成一书",这就是后来留传于世的《普济方》。

《救荒本草》共列救荒植物414种,"见旧本草者一百三十八种,新增者二百七十六种"。由于该书是以救荒为目的,所以它的实用性很强。朱橚重视实践和实地调查,他"购田野甲坼勾萌者四百余种,植于一圃,躬自阅视,乃画工绘之为画,仍迹其实根干皮叶可食者"。朱橚建立自己的植物园引种各种野生植物,观察其生长、发育、繁殖、成熟,对植物的加工和制作,取得第一手资料。他除了直接观察之外,还派出一些人员到全省有代表性的地区进行考察,据学者对《救荒本草》中的野生植物粗略统计,密县(今河南新密)韶华山、梁家卫山,辉县鸦子口山、太行山,郑州贾裕山、荥阳塔儿山,南阳马鞍山,以及开封附近的中牟和祥符(今河南开封)两县出现的例举次数最多。书中所列的植物产地以开封为轴,北至太行山东麓辉县以及嵩山东麓密县,南至桐柏山,西达伊洛二水以及伏牛山、崤山等,并远及陕西的华山和太白山。②《救荒本草》是我国最早以植物群为基础的河洛植物志,其中不乏科学的思想和方法,书中新增加的376种植物,突破了前人对植物的描述、分类、加工和生态环境方面的研究。他对剧毒植物采取的吸附分离技术具有极高的科学价值,美国著名的科技史专家萨顿称《救荒本草》是"中世纪最卓越的本草书"③。

《普济方》汇集古今方剂而成,全书共168卷,《四库全书》将它改编成426卷。该书共1960论,275类,778法,61739方,并附图239幅。其总论、门类、方则等运用中国传统的中医理论,以五运六气解释病理,集中华医药方济之大成。

---

①　朱橚:《救荒本草·卞同序》,中华书局,1959。
②　王星光、彭勇:《朱橚生平及其科学道路》,载《郑州大学学报》1996年第2期。
③　(英)李约瑟:《李约瑟文集》第781页,辽宁科技出版社,1986。

该书最大的特点是广泛搜集前人的各类药方,均注明其来源。其最大价值在于分类整理和保存了许多业已失传的珍贵药方,此乃中华医学的一大幸事。

朱棣务实求真的治学作风,也给后来的学者带来很大的影响。清朝河南固始人吴其濬就受其影响,写出著名的《植物名实图考》。

中华传统医学发展到明代也产生了一些全国知名的医药学家。如元末明初的滑寿,祖籍许州襄城(今属河南),后迁居浙江。滑寿学识渊博,治学严谨,著有《读素问钞》《难经本义》《诊家枢要》和《十四经发挥》等,涉及诊断学、临床学和针灸学等诸多方面,对整理和发挥祖国传统医学做出了杰出贡献,他的著作如《十四经发挥》是针灸治疗循经取穴的重要依据。滑寿还关心百姓疾苦,为江南穷苦百姓治病,解除人们的疾苦。洛阳人冯国镇是儿科方面的专家,他著有《痘疹规要》,为我国儿科中医学的发展起到积极作用。

二、乐律学

朱载堉,字伯勤,号句曲山人,隐居称九峰道人,明太祖朱元璋九世孙,明仁宗六代孙,郑恭王世子,生活怀庆府河内(今河南沁阳)。朱载堉自幼酷爱学习,史载他"笃学至性,痛父非罪见系,筑土室于宫外,席蒿独处十九年"。其父亲郑王因事被诬害时,他潜心致学。其父平反昭雪后,照例他应当接替郑王世子,但他本人却淡泊名利,不愿做王,他上书7次辞去王位继承权,却在王室外以布衣之身,终生从事科学研究。

朱载堉一生主要的科学研究领域是乐律学、天文学、数学、计量学、历学和舞蹈学等方面。他是世界上第一个运用数学的等比级数来划分音律方法的人。他创造的"十二平均律"("新法密率"),成为世界乐律史上的杰出成就。古代音律有五声八音之说,由于音乐的不断发展,提高音乐的准确率就成为音乐发展的迫切需要。朱载堉找到一个计算律管长度的公式,求出完整的八音度,然后将八度分为十二个相等的半音,制成一个表,标明标准律管的长度,半长律管的长度及双长律管的长度,由于各相邻的两律之间的振动比完全相等,所以称为"十二平均律",这种音乐律制解决了前人从未攻克的旋宫转调的问题。此法被广泛运用于控键盘乐器和竖琴等乐器,在欧洲直到公元1636年才由法国科学家提出相同的理论。

朱载堉将毕生精力用在科学研究事业上,他注重数学和自然科学,反对空泛无味的理学。除十二平均律以外,他还首创珠算开方,发明用不再进位的小数换算方法;他创造了求解等比数列的中项和其他各项方法,并成功地把音律学运用于数学。朱载堉在历算方面的主要成就是,把明初以来通行的《大统历》与《授时历》加以比较,发现其误差甚大:"考古则气差三日,推今则时差九刻",于是他考其异同,吸取前人许衡、郭守敬等人成果,结合万历前后百年天象实践,以万历九年(1581年)为元,制定新历,编定《圣寿万年历》。他的许多成果和研究方法都已经接近近代自然科学的边缘。可惜的是,这些成就没有能够在中华大地产生巨大的反响,倒引起西方科技界的一场深刻的革命。朱载堉的主要著作有:《乐律全书》《律吕正论》《律吕质疑辩惑》《嘉量算经》《律历融通》《切韵指南》《圣寿万年历》和《万年历备考》等。

第八节　清代科学技术

伴随着中西文化交流的增多和农业、手工业生产和商品经济的发展,河洛地区一些知识分子在部分科技领域也取得一定的成绩,产生了几位知名的科学家。在数学方面,有河南柘城人杜知耕和李子金、睢州(今河南睢县)人孔兴泰三人;在植物学研究方面,河南固始人吴其濬的著作《植物名实图考》具有里程碑式意义。此外,河洛地区的部分学者在医药学、建筑学等方面也有较为出色的成就。

一、数学

河洛地区部分学者非常开明地接受西方学者先进的科学技术,这在数学方面表现得较为突出。杜知耕,字端甫,号伯瞿,归德府柘城县人,康熙二十六年(1687年)举人,他在整理明末徐光启的数学译著《几何原本》的基础上,对这部举世闻名的数学论著"复加删削",提出了一些自己独到的见解和论题新法,并新增十题数学新论,著成《几何论约》7卷。他的另外一篇数学专著《数学钥》在中国封建社会末年的科技史上也占有一席之地。该书共分六卷,在中国古代数学论著的基础上,运用西方学者数学研究的方法,而"以古九章为目"。他认为数学的研究离不开图形,而图形又离不开手指,发明了用甲、乙两字代替手指作图解。清代著名数学家梅文鼎称赞他的书为"图注九章"①。杜知耕的两部数学专著在《四库全书》中均有收载。同为河南柘城人的李子金,号隐山,酷爱数学,注重实践,著有《隐山鄙事》四卷,创造性地发展了某些几何原理。

稍后的睢州人孔兴泰对数学理论也有较为深入的研究。在《大测精义》一书中,他提出了求半弧正弦法,其步骤和方法与清代杰出数学家梅文鼎的正弦简法有异曲同工之妙。

二、植物学

在植物学方面,河南固始人吴其濬取得了举世瞩目的成就,他所编著的《植物名实图考》和《植物名实图考长编》对植物分类学、药材形态学、药物治疗学等都有创造性贡献。此外,他所编写的《滇南矿厂图略》在我国矿业工具和矿业开采等方面的研究中也占有重要的地位。

吴其濬,字瀹斋,一字季深,号吉兰,别号雩娄农,出身于当地望族,其祖父与父亲均为进士出身。他自幼受到良好的家庭教育,嘉庆十五年(1810年)中举,二十二年中进士,在殿试时录取为状元,时年仅29岁。他一生历任湖南、浙江、福建、山西等省巡抚,以及湖广、云贵总督。吴其濬任职期间能以民生为念,务实为民。在云贵做官二年,调查研究矿物,发展矿业,为采矿、冶炼、贸易、税收和争讼制订章程;在山西任职期间,裁革盐规,奏裁公费一万两,洁己奉公,上谕"褒嘉清洁"。从政之余,非常喜欢科学研究。吴其濬在植物学、矿物学、水利学、农学等方面均有所作为,其中以植物学为最。

吴其濬自幼即对千姿百态的世界产生了浓厚的兴趣,认为"天不虚生一物"、"天之生物皆以为人",任何事物都有自己的功效。他以为民造福的高度责任感,对植物进行全方位的研究。他先后参考包括《神农本草经》、《南方草木状》、《梦溪笔谈》、《天工开物》、《本草纲目》和《救荒本草》在内的植物学、本草学和地方志等各种典籍数百种,首先编写了二十二卷长达近90万字的资料性书稿——《植物名实图考长编》,在此基础上撰写出旷世巨著——《植物名实图

---

① 《畴人传》卷三十六、卷四十。

固始清吴其濬墓

考》。该书在他去世的第二年,由他的继任者、山西巡抚陆应谷校刊印行。

《植物名实图考》全书共分 38 卷,记载植物 12 大类,分谷、蔬、山草、隰草、石草、水草、蔓草、芳草、毒草、群芳、果、木,共 1714 种,涉及 19 个省,比明代李时珍《本草纲目》所录植物多 519 种。全书侧重于植物的药用价值,每种植物大都详尽记述其形色、性味、用途与产地,并附图 1865 幅,共计七万余字。该书是我国第一部以植物命名的植物学专著,是收载植物最多的区域性地方植物志,将我国传统的植物学研究发展到新的高峰,并开近代植物学之先河。他的研究方法和务实的科研态度也给后人带来有益的启迪。他尊重前人研究成果,博采众长,并对前人研究中出现的问题,决疑纠误,务求翔实。他以自然科学求实为本,注重观察,广泛搜集资料,虚心向农民学习。他在家乡创办植物园——东墅,"植桃八百、种柳三千"、"编槿为篱,种菜数亩","东墅"植物园是他研究植物学的重要场所。他还溯流而上,考查淮河,写出对治淮颇有参考价值的《治淮上游论》。他科学地接受国外引进的良种,并着力加以推广,如南瓜、玉米等。他认为自然科学研究应当服务于百姓生活,这也反映了他的开明、务实和远见卓识。

《植物名实图考》于道光二十八年(1848 年)刻本问世,在较短时间内传到国外,在国际上产生深远的影响。德国学者瑞得内斯在 1870 年出版的《中国植物学文献评论》一书中认为,《植物名实图考》中的"刻绘尤极精审","其精确程度往往可资以鉴定科或目甚至物种","欧美学者研究中国植物必须一读《植物名实图考》"。1880 年该书传到日本,东京大学第一位讲植物学的教授伊滕圭介不仅翻印了此书,还对它作了深入的研究。他认为《植物名实图考》,"辩论博深,综合众说,析异同,纠纰缪,皆凿凿有据,图写亦甚备,至其疑似难辨者,尤极详细精密"。美国的一些学者对本书也有高度评价。

吴其濬在云贵做总督期间,对当地的矿产资源作过较为深入的调查研究。他关心国计民生,注重经世致用,重视采矿冶炼事业。他深入矿区进行考察,参阅《云南通志》和《铜政全书》,编写出《云南矿厂工器图略》和《云南矿厂舆程图略》两部著作,合称为《滇南矿厂图略》。这是我国第一部关于矿业工具和矿厂经营管理方面的专著,在中国古代采矿技术与管理的研究中具有重要的学术价值。

吴其濬的其他作品还有《念余阁诗钞》《滇行经程集》《军政辑要录》《奏议存汇》《弹谱》等。

此外,在医学方面,影响较大的有河南夏邑人杨璿,字玉衡,晚年号"栗山老人"。他结合一生医疗实践,著有《伤寒瘟疫条辨》一书。他推崇吴有性戾气病因说,认为瘟病得自天地间"杂气",有别于伤寒。他擅长于辛凉宣泄、升清降浊、清热解毒、攻下逐秽疗法,在当地颇有名气,也对后来医家的理论与实践产生较大影响。河南商水人王广运,诸生出身,为人治病,不辞辛劳,不受酬谢,尤乐于救治穷人。他精通医理,著有《张仲景伤寒注解》《十三经络针灸秘法》等书。官至广东肇罗道的河南固始人王云锦,著有《伤寒论》。博学多才的河南汝阳人张全仁不仅诗文工整,而且医术精道。他有两篇作品传世:一是《经验良方》,二是《痘疹备览》。河南鲁山人宁蕤宾,研习医学,治病诊脉,专心思虑,故所开药方,十分效验。他曾收集了数万条验方流传于世,著有《医方摘要》。

第十一章　河洛地区的教育

第一节　先秦教育

一、教育的起源

据文献记载,在传说中的尧舜时代河洛地区已经出现了学校和教育。尧舜时代已出现早期国家,其中心区在今山西省南部。舜曾命夔"典乐,教胄子"[1]。史称:"有虞氏养国老于上庠,养庶老于下庠"[2]。庠兼有养尧老和施教的功能,可以说是萌芽阶段的学校。这一时期出现了最早的学校和教育。

史称:"昔唐人都河东,殷人都河内,周人都河南。""昔三代之居皆在河洛之间"。[3] 河洛地区是夏、商、周三代都城所在,中国最早的学校教育就在这里产生。三代河洛地区的官学教育逐渐完备。夏代的学校称庠、序和校。庠仍具养老功能,序是习射的学府,校则是乡里的学校。商代的都城有"右学""左学"和"瞽宗",瞽宗是进行乐教的场所。西周初期,在成周建有"国学"和"乡学",国学中又有大学和小学之分,人们称之为"成周学制",它是中国古代学制的雏形。"天子曰辟雍,诸侯曰泮宫","小学在公宫之左,大学在郊"[4]。天子之学与诸

---

① 《尚书》第二《舜典》。
② 《礼记》第五《王制》。
③ 《史记》卷一百二十九《货殖列传》,卷二十八《封禅书》。
④ 《礼记》第五《王制》。

侯之学名称不同,大学与小学分设。"成周学制,中为王宫之学","次为大学"①。成周学制有四学、五学之说,东有东序,南有成均,西有瞽宗,北有上庠,这就是四学,再加上中央的辟雍,即五学。

三代的学校教育具有学术官守、学在官府、官师合一的特点,总体上是政教合一。教学内容逐渐完备,到西周已发展到礼、乐、射、御、书、数"六艺"。

二、春秋战国私学的兴起

春秋战国时期,伴随着王权的衰微和礼崩乐坏,士阶层的形成和崛起,官学衰落,学术下移,走出官府,私学在河洛地区逐渐兴起。

春秋时期的郑国,不仅存在着官学性质的乡校,而且出现了私人学校。例如法家人物邓析就办有私学。邓析为郑国大夫,后弃官从教,在郑国的东里讲学。史称:"子产治郑,邓析务难之。与民之有狱者约:大狱一衣,小狱襦袴。民之献衣襦袴而学讼者,不可胜数。"②邓析曾作"竹刑",开办法律学校。此外,郑国还有壶丘子林,也曾授徒讲学。"子产相郑,往见壶丘子林,与其弟子坐,必以年"③。

春秋末期,著名的私学教育家孔子在 54 岁那年,率弟子周游列国,来到中原卫、宋、陈、蔡等国,长达十四年之久。其间他一直授徒讲学。鲁人(今河南鲁山,一说山东滕州,一说宋国人)墨子也广收学徒讲授墨学。孔子逝世后,其弟子到各地传授儒学,其中最著名的是卜商。卜商字子夏,卫国温县(今属河南)人,孔门高足弟子,长于文学(儒学)。他在魏国的西河教授,"如田子方、段干木、吴起、禽滑厘之属,皆受业于子夏之伦,为王者师"④。据说"子夏居西河,教弟子三百人,为魏文侯师"⑤。西河地望,一说在河东(今山西南部),一说在河内(今河南安阳一带),都属于河洛地区。

---

① 段玉裁:《与顾千里论学制备忘之记》,《经韵楼集》卷十二。
② 《吕氏春秋》卷十八《离谓》。
③ 《吕氏春秋》卷十五《下贤》。
④ 《史记》卷六十一《儒林列传》。
⑤ 《后汉书》卷四十四《徐防传》

第二节　秦汉教育

西汉统治者比较重视地方的学校教育。汉武帝曾下诏,令"郡国皆立学校官"。[①]元帝时规定:"郡国置五经百石卒史。"[②]。平帝时地方官学已经系统化:"郡国曰学,县、道、邑、侯国曰校。校、学置经师一人。乡曰庠,聚曰序。序庠置《孝经》师一人。"[③]河洛地区地处西汉王朝腹地,文化先进,学校教育比较发达。除上述官学系统外,还有不少私学,其中"精庐"或"精舍",以讲经为主;"书馆"则教识字习字。

东汉王朝的都城设在洛阳,河洛地区遂成为全国政治、经济和文化教育的中心。东汉时期河洛地区的学校教育最为发达,洛阳设有全国的最高学府——太学,各郡国的官学、私学也极其兴盛,学校考试更加系统化。

东汉时期河洛地区已形成比较完备的学校教育系统。官办学校系统,从洛阳宫廷的幼儿班、乡聚的庠序、郡县的学校,到洛阳的太学,大体上相当于现代的幼儿园、小学、中学和大学几个阶段。私学系统,有初级的"书室"(或"书馆"),也有中高级的"精庐"(或"精舍")。

一、地方官学

东汉时期,河洛地区的县、道、邑、侯国一般都办有官学,称为"校",乡、里的学校则称为"庠"或"序"。此外,还有以教授本家族子弟的家塾和私人开办的以教育邻近人家子弟为目的的书馆。这一类学校是对儿童进行启蒙教育的学校,要教学生识字、写字,简单的数字计算,初读经书章句等。塾师教学生识字习字,用的教材称"篇章",主要是西汉时期已流行的《仓颉》《凡将》《急就》《元尚》诸篇以及东汉时新出的《埤仓》《广仓》,崔瑗的《飞龙》,灵帝的《皇羲》,蔡邕的《劝学》《圣皇》《女史幼学》等,都以韵语编成,便于儿童记诵。校内也举行考试,通

---

① 《汉书》卷八十九《循吏传》
② 《汉书》卷八十八《儒林传》。
③ 《汉书》卷十二《平帝纪》。

过背诵和书写,考查学生识记和书写能力,对学习进行督促。

学童学习识字和书法,完成小学的学业后,可以继续深造,学习《尔雅》《孝经》《论语》,也可通过学童考试,以担任小吏。学童 17 岁以后,可以参加郡国举行的学童考试。考试内容有两项:一是背诵课文 9000 字以上,二是用多种字体(包括大篆、小篆、刻符、虫书、摹印、署书、殳书、隶书和草书)书写。郡国学童初试合格,送至京城洛阳,参加由太常的属官——太师主持的学童复试,能背诵 9000 字就有了为吏的资格,诸种字体书写优秀者则可以担任较高级的文吏。

东汉时期河洛地区各郡国都设有官学。如"左原者,陈留人也。为郡学生,犯法见斥"①。可见陈留郡(治今河南开封东南)有郡学。郡国学校由相当于校长的"祭酒"主持,由博士和文学史任教,学生称郡学生或诸生。

郡国官学或私家"精舍"中的学生,入学后往往先学习《尔雅》《孝经》和《论语》,然后再进行专经研习,从《诗》《书》《礼》《易》《春秋》等"五经"中选一经,专心攻读。学习用的教材主要是章句,学习的内容主要是某一经的"一家之言",即教师本人或教材对经文的注解。学习方式以自学为主,注重"质疑问难"。

二、中央官学

建武五年(29 年),东汉王朝建立伊始,光武帝刘秀就诏令兴建太学,于是在洛阳"起太学博士舍、内外讲堂,诸生横巷"②。顺帝永建元年(126 年)重修太学,扩建 240 房,1850 室。令"试明经下第者补弟子","使公卿子弟为诸生"③,太学生人数大增。到质帝时,太学生已有 30000 多人。东汉时期的洛阳太学可以说是中国和世界上较为古老、规模最大的一所大学。

洛阳太学的招生,一是由太常直接选送,二是由郡国及县道邑选送。选送太学生的条件是:年龄 18 岁以上,仪态端正,"好文(儒)学,敬长上,肃政教,顺乡里,出入不悖"④。除讲究年龄和相貌仪表外,主要要求爱好儒学,德行善美。此

---

① 《后汉书》卷六十八《郭太传》。
② 《后汉书》卷四十八《翟酺传》。
③ 《文献通考》卷四十《学校一》。
④ 《汉书》卷八十八《儒林传》。

外,诸生还可以通过保任或参加考试而进入太学学习。

太学开设的科目,就是五种儒家经典,即《诗经》《尚书》《礼记》《周易》和《春秋》。由于汉代儒生对每一经解说并不相同,因而每一经都形成了几家之说,总共 14 家,当时都立于学官,即在太学设博士讲授,因而称为"十四博士"之学。东汉前期一般要求太学生精通一经,深究一师法乃至一家法,以知识专一为贵,不提倡兼通几家之学,也不提倡一人兼通几经。东汉后期这种状况有所改变,鼓励学生一人兼通几经。教学采取经师讲授为主、学生互教为辅的方式。所谓学生互教,即经师的高足传授一般弟子。学生以自学为主,除诵读经书外,必须深入钻研经说,即对经义的阐发。学习提倡质疑辩难,以真正弄懂经书的义理。

东汉时期的洛阳太学注重对学生的考试。太学考试的内容是学习各自研习的经学章句。考试的方式有二:一是诵读经书;二是射策。所谓射策,就是一种抽签考试。博士先将经书中的疑难问题写在简策上,然后将简策排列整齐,放在案上。考试时不让学生看见题目,而让他们随意抽取简策,然后解答上面的问题。射策考试,侧重考查学生对经义的理解和阐发。

东汉时期的皇帝与太子都要攻读经书,选名儒入宫侍讲,史称帝学。此外,还有两类宫邸学,一是为贵族子弟开设,一是为宫人开设。这些宫邸学也要举行经学考试。

明帝永平九年(66 年),在洛阳开办了"四姓小侯学"。所谓四姓小侯,即樊、郭、阴、马四家外戚子弟。这是朝廷开办的贵胄学校,延聘名师执教,设施自然属上乘。学生以学习《孝经》为主,兼及《论语》《尚书》诸经。

邓太后临朝听政时,曾诏"中官近臣于东观受读经传,以教授宫人,左右习诵,朝夕济济"①。这是专为宫女开办的学校。宫禁中的官员先在东观向诸儒学习经书,然后再教授宫人。宫邸学的开办,目的在于使贵族子弟和宫人学会识字写字,粗读经书,知晓封建伦理道德。

东汉后期洛阳的鸿都门学,是中国乃至世界上第一所文学艺术专科学校。它创立于灵帝光和元年(178 年)二月,因校址在鸿都门内而得名,学生曾达千

---

① 《后汉书》卷十《皇后纪》。

人。鸿都门学以尺牍、小说、辞赋、字画为主要学习内容。尺牍,就是古代的书信,是一种应用文体,包括章、奏、表、书等。小说指方俗与闾里小事。招收的学生由州郡和三公荐举,条件是"能为尺牍辞赋及工书鸟篆"①,经过考试合格,方可入学。鸿都门学当时为士大夫所不齿,认为其教学内容是雕虫小技,无益于国家。但它的开办是宦官集团与士大夫斗争的产物,汉代文学艺术的发展为其开办创造了条件。

　　当时河洛地区的私学教育比较发达,专经教学之风相当兴盛。许多名儒大师,设立精庐或精舍,教授学生成百上千,著录的门徒甚至上万。如牟长,少学欧阳《尚书》,后在河内郡(治今河南武陟西南)传授,"诸生讲学者常有千余人,著录前后万人"②。由于私学的学生人数较多,往往采取学生互教的方式,由高年级学生教低年级学生,或者由程度好的教程度差的。

第三节　魏晋南北朝教育

　　曹魏西晋时期,河洛地区学校教育尚能维持,十六国时期战乱频仍,教育荒废,北魏有所恢复。

一、洛阳的中央官学

　　东汉末年董卓之乱以后,洛阳太学的教学中断近30年。曹魏黄初年间(220~226年)始重新开办,有博士10余人,弟子数百人,以后学生人数不断增加,到曹魏末年达7000人。西晋初对太学进行整顿,保留学生3000多人,多为六品官以下的贵族子弟。晋武帝和太子多次到辟雍、太学行礼视察。

　　为了体现士族子弟与庶族子弟的等级差别,咸宁四年(278年),西晋王朝又在洛阳创办国子学,设国子祭酒、博士、助教等,以教授生徒。五品官以上的贵族子弟方可进入国子学。

---

① 《后汉书》卷八《灵帝纪》。
② 《后汉书》卷七十九《儒林传》。

曹魏初年重建太学,设《诗》《书》《礼》《易》《春秋》"五经"博士 10 余人。后来《谷梁春秋》和王朗的《易传》也立于学官,供学生研习。正始年间(240—248 年)又重刻"五经"文字以及曹丕的《典论》于石,由颍川(治今河南禹州)人邯郸淳书丹,每一字均用古文、篆、隶三种字体书写,立于太学讲堂前。这一批石经,史称"正始石经"或"三体石经",是曹魏朝廷颁布的经书标准教材,也是当时考试的依据。

西晋初,太学有博士 19 人,先儒典训,贾、马、郑、服、孔、王、何、颜、伊之徒章句传注众家之学,都立于学官,供学生研习。后来汉儒郑玄所注群经多不被采用,王肃注的《尚书》《诗》《论语》《三礼》《左传》及其父王朗的《易传》,皆立于学官。除经学外,又立书学博士,置弟子教习,以钟繇、胡毋敬为法,这是当时的书法专科。

魏初曾规定洛阳的太学考试"依汉甲、乙以考课",而在黄初五年(224 年)重建太学时,又制定"五经课试法"。这一项太学考试制度将招生考试、校内考试与毕业考试、入仕考试全包括在内。学生进入太学的前两年相当于预科生或试读生,经首次考试能诵一经,

偃师西晋临辟雍碑

方取得正式的学生资格,考试不合格,则要被革除学籍。以后每两年考试一次,直至能通"五经"为止,不能通者可随下一批学生再考试。经过考试能通"五经",表明已完成太学的学业,可以授予一定的官职。

经学考试的内容仍然是经文及其字旨、墨法、点注与经义。考试方式仍然是背诵和射策。但是,当时考试对经书大义的理解已不重视,而多注意经文的细微之处。

北魏在迁都洛阳以前,在平城(今山西大同)设有太学、国子学(又称中书学)和皇宗学,置博士和助教,学生已达 3000 人。迁都洛阳后,孝文帝、宣武帝屡次下诏营建太学、国子学和四门小学。延昌二年(513 年)诸学校建成,开始招收

学生,进行讲授。正光三年(522年),国子学招生,置36人,由三品以上及五品清官之子充选。太学和国子学的学生主要学习儒家经典,教材主要是郑玄等人所注的《诗》《书》《礼》《易》《春秋》及《论语》《孝经》等。此外,早在天兴四年(401年),北魏朝廷召集博士儒生"比众经文字,以义类相从",编纂成4万多字的《众文经》,也作为学生学习的教材和考试的依据。四门小学和其他学校,还开设书学课,讲授《仓颉》《尔雅》《字林》等,练习书写各种字体。河内温县(今属河南)人常景,孝文帝时曾任律博士,说明洛阳太学除经学外,还设有律学科。

洛阳的四门小学仍以讽诵字书和书写各种字体为考试内容。太学和国子学以考试经学章句为主,律学则以记诵律令和析断案例为考试内容。考试由博士主持,采取讽诵和射策的方式进行,根据题目的难易,分为甲、乙两个等次,成绩优秀者,可以授予官职。

二、地方官学

早在兵荒马乱的建安八年(203年),曹操就下令:"郡国各修文学,县满五百户置校官,选其乡之俊造而教学之。"①魏文帝曹丕时,"天下之士,复闻庠序之教,亲俎豆之礼焉"②。河洛地区位于曹魏政权腹地,教育自然比边远地区发达。诸州与郡国,都设有官学。如获嘉人杨俊任南阳太守时,曾"置办学校";又如令狐邵为弘农(治今河南灵宝东北)太守,设文学,由是弘农郡学业转盛。西晋前期,社会相对安定,国家逐渐统一,河洛地区的地方官学,又得到较快发展。

北魏时除了洛阳的中央官学外,河洛地区诸州郡乃至县乡,都设有地方官学。早在北魏献文帝时,就发布了兴办郡学的诏令。天安初年(466年),"诏立乡学,郡置博士二人,助教二人,学生六十人"。后又规定:"大郡立博士二人,助教四人,学生一百人;次郡立博士二人,助教二人,学生八十人;中郡立博士一人,助教二人,学生六十人;下郡立博士一人,助教一人,学生四十人。"③当时的河洛地区,逐渐形成州、郡、县、乡的各级地方官学体系,如郦道元试守鲁阳郡(治今

---

① 《三国志》卷一《武帝纪》。
② 《三国志》卷二十四《高柔传》。
③ 《北史》卷八十一《儒林传》。

河南鲁山），"表立黉序，崇劝学教"①；高祐镇滑台（今河南滑县东南），"以郡国虽有太学，县党宜有黉序，乃县立讲学，党立小学"②。州郡官学学生的考试，一般由州刺史与郡太守亲临学校，策试诸生，以分别优劣。

三、私学

魏晋时期，河洛地区的私学教育也较发达。如陈留外黄（今河南民权西北）人范粲，博涉强记，学皆可师，远近请益者甚众，就是一例。私学中还包括专门教授本家族子弟的家塾。如颍川长社（今河南长葛东北）人钟会，"年四岁授《孝经》，七岁诵《论语》，八岁诵《诗》，十岁诵《尚书》，十一诵《易》，十二诵《春秋左氏传》、《国语》，十三诵《周礼》、《礼记》，十四诵《成侯易记》，十五使入太学问四方奇文异训"③。钟会为名臣之子，自幼受良好的教育，非他人所能比。但当时河洛地区家学教育情况，由此可略见一斑。

魏晋时期河洛地区的儿童启蒙教育，是首先让儿童学习识字、书写、记诵六十花甲子的顺序及进行简单的计算。汉代的《急就篇》和三国时著名书法家钟繇编写的《千字文》等就是当时较为流行的蒙童识字和习字的教材。识字写字有一定基础后，就读《孝经》《论语》等较浅显易懂的经书。初等学校的考试也根据学什么考什么的原则，让学生背诵所学过的篇章，如《急就篇》《千字文》等，并书写各种字体。对已粗读经书者，则考试经书的句读、字指、墨法、注释等。

郡国和州的官学及一些私家精舍的学生以"五经"为主要课程，主要教授古文经。史称魏文帝时令"兴复辟雍，州立课试"④，晋夏侯湛也说："乡曲之徒，一介之士，曾讽《急就》、习甲子者，皆奋笔扬文，议制论道。"⑤所谓奋笔扬文、议制论道，就是指考试。

---

① 《北史》卷二十七《郦道元传》。
② 《魏书》卷五十七《高祐传》。
③ 《三国志》卷二十八《钟会传》注。
④ 《三国志》卷二十四《高柔传》。
⑤ 《晋书》卷五十五《夏侯湛传》。

第四节　隋唐教育

隋唐时期,政治、经济和文化空前繁荣和昌盛,教育事业也蓬勃发展。这一时期河洛地区的教育仍走在全国的前列。

一、官学

隋唐时期是我国古代教育发展的鼎盛时期。隋文帝、炀帝都很重视学校教育,曾颁布诏书,令各地建学兴教,东都洛阳和河洛地区其他州县恢复和建立了各级学校。大业三年(607 年)国子寺脱离太常,设祭酒 1 人,专门掌管教育,属下有主簿、录事各 1 人,统领各官学。这是中国历史上设立专门教育行政部门和设置专门教育长官的开始,是古代教育发展史上的一个进步。隋朝在东都洛阳除设立国子学、太学、四门学外,又设有书学、算学和律学。这是继汉代鸿都门学之后,专科学校教育的一个新发展。国子、太学、四门、书、算五学归国子寺管辖,律学由大理寺管辖。此外,在太医署中,也招生纳徒,传授医术,培养医学人才。在地方亦设有州郡学校。由于隋文帝初年积极振兴教育,一度出现文化教育的昌盛景象:"于是超擢奇隽,厚赏诸儒,京邑达乎四方,皆启黉学。……中州儒雅之盛,自汉、魏以来,一时而已。"[1]

隋朝河洛地区官学的兴办,在官学发展史上,起到了承前启后的作用。隋代的学校设置和教育制度都为唐代所继承和发展,并为后世所效法。尽管教育制度尚不完备,但它的影响是巨大的。

唐代社会经济发展,国力强盛,科学文化繁荣,为教育的进步创造了条件。为适应中央集权制的需要,封建官吏队伍不断扩大,一些有作为的皇帝,都把兴学视为经邦治国之本。武德七年(624 年)高祖李渊在《兴学敕》中说:"自古为政,莫不以学为先。学则仁、义、礼、智、信五者具备,故能为利深博。"[2]唐玄宗李

---

①　《隋书》卷七十五《儒林传序》。

②　《唐大诏令集》卷一〇五。

隆基在《命张说等两省侍臣讲读敕》中也说:"先王务本,君子知教,化人成俗,理国齐家,必由于学矣。"①唐代初期至中叶近百年间,官学教育的发展,实为魏晋以来 400 年间所未有。

官学教育制度到了唐代日臻完备。唐代河洛地区的官学分为中央官学和地方官学两级。高宗龙朔二年(662 年)在长安、洛阳置国子监,"增加生员,分于两都教授"。玄宗天宝十五年(756 年),长安、洛阳国子监有学生 2000 余人,设祭酒司业。在东都洛阳设的中央官学有:国子学、太学、四门学、弘文馆、崇文馆、崇玄馆、广文馆、律学、书学、算学、医学、卜筮、兽医学。在地方设有:州学、县学、医学、玄学等等。在河南(今洛阳)有京都学,置经学博士 1 人,助教 2 人,学生 80 人;医学博士 1 人,助教 1 人,学生 20 人。在诸州有州学,亦分经学、医学二科,置博士、助教,多为 1 人,经学学生 40 ~ 60 人,医学 10 ~ 15 人。在河南、洛阳二京县,置经学博士、助教各 1 人,学生 50 人,河南府所辖县为畿县,亦置经学博士、助教 1 人,学生 40 人,其他上、中、中下、下县学,经学学生 20 至 40 人不等。从中央到地方设立了各级各类的官学,形成了一个比较完整的教育体系。

二、经学教育

经学教育到了唐代,在官学教育体系中占据主导地位,属于经学学校的有洛阳的几所全国最高学府和地方官学。

国子学为最高学府,设博士 5 人,掌教三品以上及国公子孙、从二品以上曾孙为生者。《周易》《尚书》《毛诗》《左氏春秋》《礼记》等五经,为国子学必修课程。《论语》《孝经》《尔雅》,不立学官,附中经而已。学生以长幼为序,习正业之外,教吉、凶二礼。公私有事则相仪②。助教 5 人,掌佐博士分经教授。直讲 4 人,掌佐博士、助教以经术讲授。国子学学生皆为贵族子弟。学生能通二经以上,才有资格参加科举考试。高宗龙朔二年(662 年)东都国子学学生 15 人,宪宗元和二年(807 年)为 10 人。

太学亦属于最高学府,设博士 6 人,助教 6 人,掌教五品以上及郡县公子孙,

---

① 《唐大诏令集》卷一〇五。
② 《新唐书》卷四十八《百官志三》。

从三品曾孙为生者。五分其经以为业,每经百人。太学规模大于国子学,但太学生入学资格和教师的官职低于国子学。史载东都太学学生有15人。

四门学为高等学校,设博士6人,助教6人,直讲4人,掌教七品以上、侯伯子男之子为生及庶人子为俊士生者。由于四门学入学资格要求较宽,所以学生名额多于国子学和太学。但四门学的实际人数随着政治形势的变化不断减少,龙朔二年(662年)、元和二年(807年)东都四门学学生各为50人,学通一经方有资格参加考试。

弘文馆名称几经变化,它一直是专门收藏、校雠和研习儒家经典的场所,学生30人。武则天时以宰相兼领馆务,号馆主,给事中1人判馆事。

广文馆天宝九年(750年)始于国子监下设置,有博士4人,助教2人,掌领国子生业进士者,即专门培养投考进士科的学生。东都广文馆有学生10人。弘文、崇文二馆是"五经"的学术研究基地,学士教授由宗室、宰相及散官一品、功臣身食封者为之。

崇玄学是传授老庄道家学术的机构。开元二十五年(737年),置崇玄学于玄元皇帝庙,天宝元年(742年)两京置博士、助教各1员,学生百人。次年改崇玄学为崇玄馆。唐代皇帝特崇道教,诏两京置玄元皇帝庙和崇玄学,诏诸州亦各置玄元皇帝庙和崇玄学各一所,设玄学博士1人,学习《道德经》及《庄子》《列子》《文子》等,学生毕业准许按明经举送。

唐代河洛地区还设有地方经科学校,史载:武德元年(618年)初令郡县学亦各置生员。① 州县分为三等,上郡学置生60员,中、下以10员为差;上县置生40员,中、下亦以10员为差。② 这些州县学生是一般庶民子弟,教师的地位和待遇较低,学生的学习要求也较低,学生毕业后一是升入中央四门学,再就是等待科举考试。地方经科学校的学生,除学习正业以外,还要兼习吉凶礼。

乡里之间还设有乡学。《朝野佥载》云:"唐国子监助教张简,河南缑氏人。曾为乡学讲《文选》。"③唐缑氏县在今河南偃师南。

---

① 《资治通鉴》卷一百八十五,武德元年。
② 《新唐书》卷一百九十八《儒学传》。
③ 尹德新主编:《历代教育笔记资料》第60页,中国劳动出版社,1990。

三、专科学校

隋唐时期,在东都洛阳,设立的专科性学校包括法律、书法、算术、医学、天文等。

律学设博士3人,助教1人。掌教八品以下及庶人子为生者,以律令为专业,兼习格式法例。龙朔二年(662年)和元和二年(807年)东都律学生各有3人。

书学设博士2人,助教1人。掌教八品以下及庶人子为生者。以《石经》《说文》《字林》为业,兼习余书。东都书学生有3人。

算学,隋代洛阳国子监设有算学博士2人、助教2人、学生80人,学习内容有《九章算术》《周髀算经》等,要求学生既要有运算能力,又必须通晓数学的基本原理。唐代沿袭并有所发展。

隋朝在东都洛阳的太常寺下设太医署,除一般医官外,还有从事医学教育的学官,即太医博士2人,助教2人,按摩博士2人,咒禁博士2人。太医署一般采用博士带徒的办法传道授业,生徒一边学习,一边进行职业性的训练。在太医署中的生徒既要接受基础课的教育,又要进行各个专业课的学习。"贞观三年(629年),置医学,有医药博士及学生。开元元年(713年),改医药博士为医学博士,诸州置助教,写《本草》《百一集验方》藏之。"①可知河洛地区自贞观三年创立了地方医学。

司天台还设有天文学、历数学、漏刻学等。

四、私学

唐代河洛地区官学教育虽然兴盛,但私学依然存在,有些名流学者,涉猎经史,创立儒馆,从事著述和讲学活动。《河洛记》载:隋李密"诣睢阳(今河南商丘南),舍于村中,变名姓称刘知远,聚徒教授"。再如李德裕"以器业自负,特达不群。好著书为文,奖善疾恶……东都于伊阙南置平泉别墅,清流翠筱,树石幽奇。

---

① 《新唐书》卷四十九下《百官志四下》。

初未仕时,讲学其中"①。私学对当时的官学教育是一个重要的补充。好学之士"相与择胜地立精舍,为群居讲学之所"。这种"精舍"实为后世书院的前身。嵩山的嵩阳观即为一例。《原化记》载:"元和初,嵩山有五六客,皆寄山习业者也。"后"唐长兴三年(932年),进士庞式,肄业于嵩阳观之侧,临水结庵以居。一日晨往前村未返。庵内唯薛生,东郡人也,少年纯笃,师事于式。"②

除了传授经学外,隋唐时期还有私学家传,培养科技人才。唐代名医孙思邈曾收徒传医术,汝州梁县(今河南汝州东)人孟诜等人曾"师事之"③。家传,是私学的特殊形式,科技人才获益于世传家学的实例很多。

第五节　宋代教育

学校是陶铸人才之地,北宋统治者对此甚为重视。学校分官学、私学两类,官学又有中央学校与地方学校之别。书院初办时是私学,后来多数转为官办,具有双重性质。

一、官学教育

建隆三年(962年)六月,左谏议大夫、河南偃师人崔颂判国子监,"始聚生徒讲学",为宋代国学教育之开端。国子监主要招收七品以上官僚子弟入学,其中包括"远乡久寓京师,其文艺可称"④的七品以上官僚子弟。宋初学生很少,开宝八年(975年)才70人,宋真宗景德年间定额200人。远乡久住京师的一般举人,只要有才学,有本乡命官担保,经国子监长官验实无误,也可入校学习。宋代的国子监与唐代只收贵族子弟的国子学不同,已不再是单纯的贵族子弟学校。

北宋教育与政治改革联系紧密,仁宗庆历、神宗熙宁、徽宗崇宁年间是学校教育快速发展的时期,太学也是如此。国子学下辖广文、太学、律学三馆。三馆

---

① 《旧唐书》卷一百七十四《李德裕传》。
② 尹德新主编:《历代教育笔记资料》第60页,中国劳动出版社,1990。
③ 《新唐书》卷一百九十六《隐逸传》。
④ 《宋史》卷一百七十五《选举志》。

的专业分工不同，广文馆教进士，太学馆教九经、五经、三礼、三传等，律学馆教法律。三馆中以太学发展最快。庆历四年(1044年)，判国子监王拱辰等人上言，认为发展教育"首善当自京师"始，建议扩大太学规模。此后太学单独建校，不久任用著名学者胡瑗为国子监直讲，专管太学。胡瑗制定校规，聘用名师，太学的声誉越来越大，至嘉祐元年(1056年)，学生已有三四百人之多。据说胡瑗讲《易》时，常有外来请听者，多时至千人；孙复讲《春秋》，"来者莫知其数"，房舍无法容纳，"立听房外者甚众"①。太学教育呈现出一派兴盛局面。经过不断扩建，至神宗元丰年间，太学有学生2400人，徽宗崇宁年间又增至3800人，成为宋代太学的鼎盛时期。

仁宗庆历三年(1043年)还曾设立四门学，招生对象是八品官员以下及庶民子弟，因与太学生源类似，不久便停办。

除太学外，东京开封还设立了一些专科学校，主要有：

武学，初创于仁宗庆历三年(1043年)，但不久即废，将习学兵书的学生隶属国子监。神宗熙宁五年(1072年)重建，生员以百人为额，并校定《六韬》《孙子》《吴子》《司马法》《三略》《尉缭子》《李卫公问对》等七部兵书作为武学教材，后世称之为"武经七书"，招生对象是下级武官、门荫子弟和庶民百姓。武学的设置在教育史、军事史上有重要意义。

律学。宋初置律学博士，掌授法律，但无专门的法律学校。庆历时期，律学是国子监三馆之一，带有临时补习以应付科场考试的性质，未从国子监独立出来。神宗熙宁六年，正式设立律学，"置教授四员，凡命官、举人皆得入学"。命官入学显然是"在职培训"，举人是尚未授官的知识分子，他们学习合格后即可进入仕宦之门。同时，宋廷鼓励太学生"兼习律学"②，致使律学规模不断扩大。

医学原隶于太常寺，宋神宗熙宁九年后置提举判局专管，徽宗崇宁、大观年间改隶国子监，学生以300人为额。

算学始建于宋徽宗崇宁三年(1104年)，生员以200人为额，培养数学及天文历法人才，大观四年(1110年)并入太史局。

---

① 《二程集》第二册第460页，中华书局，1981。
② 《宋史》卷一百五十七《选举志·律学》。

画学。宋太宗雍熙三年(986 年)设立翰林书画院,允许少数有一定绘画基础的"画学生"供职。崇宁三年正式成立画学和书学,其招生与考试办法类同太学。画学和书学的设立与宋徽宗的个人爱好不无关系,是中国乃至世界最早的国立绘画、书法专科学校。

道学宋徽宗政和二年(1112 年)置,宣和二年(1120 年)罢。学生除学习《黄帝内经》《道德经》《庄子》等道家经典外,还要学习部分儒家经典。

此外还有宫学和宗学。宫学是太祖、太宗及其弟秦悼王廷美后代学习之所,宗学是皇族远亲学习之所,初创于元丰六年(1083 年),但废置无常。宫学和宗学有大学和小学两个层次。王室子孙不断增多,仁宗时有数百人,神宗时达千人以上,所以负责授课的教授、讲书也相应增加,对不入学的皇族子孙制定有处罚措施。徽宗大观年间以后,宫学、宗学比照太学进行考试和升级,不过要求很松,"文理稍通者为合格"①。

宋初地方官学甚少。太宗至道二年(996 年)七月,赐"嵩山书院额及印本九经书疏",此时对州县学校的扶持仅是偶然为之。宋真宗咸平四年(1001 年)六月,"诏诸路郡县有学校聚徒讲诵之所,赐九经书一部",对所有州县学赐书扶持,但此时兴学州县寥寥无几。宋仁宗明道、景祐间(1032～1037 年),"累诏州郡立学,赐田给书,学校相继而兴"。赐田一般是 5 顷,使州郡立学有经济保障,促使各地学校蓬勃发展起来。河南应天府,许、郑、孟、蔡、陈诸州均在此一时期兴办官学,而西京洛阳的官学在此以前已经设置。庆历三年(1043 年)范仲淹推行"新政",大兴州县之学,庆历四年"诏诸路州、府、军、监除旧有学外,余并各令立学。如学者二百人以上,许更置县(学)"。并令诸路转运使、知州从幕职州县官和有德行文才的举人中荐选教授。教授纳入官僚体制之内,不再发愁衣食无着,大大稳定了教师队伍。此后,全国"州郡不置学者鲜矣"②。

神宗熙宁四年至元丰八年(1071—1085 年)、徽宗崇宁元年至宣和三年(1102—1121 年)又曾两度大兴州县学,扩大学校规模并普及县学。神宗推行王安石"教之、养之、取之、任之"的教育政策,大兴州县之学,形成自京师至郡县皆

① 徐松辑:《宋会要辑稿》帝系五之一六,崇宁元年。
② 徐松辑:《宋会要辑稿》崇儒二之二至二之四。

有学的局面。又规定"每州置学官",至此,州一级政府有专管教育的官员。徽宗时期取消仁宗时 200 人以上方能设县学的限制,规定大县 50 人,中县 40 人,小县 30 人均可设学,县学得以普遍发展。路一级专门设置管理学校的官员是在哲宗元符二年(1099 年),每路设 1 人,至徽宗崇宁元年(1102 年)增为 2 人,并由朝廷直接选派。

神宗时学田法定 10 顷,徽宗时又将折纳、抵挡、户绝等官田租课"充助学费"①。除了增赐学田以外,还利用常平钱、房廊钱等收入补充办学经费。同时,私人捐赠钱财建学的现象也很普遍。

二、私学与书院

私学是对官学的补充,因为能在太学及州县学就读的毕竟是少数,大多数只能进入私学就读。启蒙学校多是私办,如私塾、义塾、家塾、小学及季节性的冬学等。启蒙教育的主要方法是诵经、习字,即背诵经书和临帖练字。稍通文义之后,再学习属对,即学生通过对仗掌握字句声律和作文知识,如《邵氏闻见录》记载王陶贫贱时"教小学京师,居京西"。进入启蒙学校的儿童大多在家门口入学,如东京开封人娄涛,11 岁时不想在家门口读书,就到远处一老先生那里求学,先生要他做诗一首,视其才学如何再定夺,他写得果然不错,老师就收纳了他。

教私塾者不乏饱读诗书的耆宿名儒,他们有的想通过执教而增进自己的学业,从而走入仕途;有的则只是借此为谋生手段。东京开封人姜愚曾举办"讲会",讲解《论语》,"士人乐听之……得钱数百千"②。滑州胙城县(今河南延津县胙城镇)处士王大中满腹经纶,学问渊博,在家乡设"讲堂","推其所学以教导于间里,如古之所谓庠序者"③。因他教学有方,不少士子负笈前来求学。宋初酸枣县(今河南延津)知名学者、处士王昭素"博通九经","常聚徒讲学以自给"。理学奠基人程颢、程颐兄弟在洛阳办学,"讲孔、孟绝学于熙(熙宁)、丰(元

---

① 徐松辑:《宋会要辑稿》食货七〇之二一,大观四年。
② 邵伯温:《邵氏闻见录》卷十八。
③ 《范忠宣集》卷十《王遵道先生讲学记》。

丰)之际,河洛之士翕然师之"①,四方士子负笈求学者络绎不绝。

五代时期官学凋敝,书院便在各地兴起。宋代应天府、嵩阳、岳麓、白鹿洞四大著名书院,河洛地区便占两个。应天府书院和嵩阳书院后来都成了官办书院,河洛地区其他书院多是私办性质。

登封宋嵩阳书院

嵩阳书院的前身是嵩阳寺,它始建于北魏时期,位于今河南登封市嵩山南麓。唐高宗时改寺名为太乙观,后周世宗柴荣正式在这里设太乙书院。宋太宗至道二年(996 年)赐"太室书院"匾额及《九经》(《易经》《诗经》《尚书》《孝经》《周礼》《礼记》《仪礼》《春秋》《论语》),书院将《九经》刻版印售,当作殊荣。仁宗景祐二年(1035 年)重修,赐名"嵩阳书院",赐学田 100 亩充当经费,设置院长掌管校务。司马光曾在此讲学并撰写《资治通鉴》,程颢、程颐、范仲淹等知名学者也在这里讲过学。宋人谈及四大书院时,将嵩阳书院名列第一是有道理的。

应天府书院最早创办于后晋,时人杨悫热心教育,在此聚徒讲学。后由他的学生戚同文接管,称睢阳学舍。戚同文学识渊博,教育方法得当,由此登第者有五六十人之多,其中不少人成为朝廷大臣,著名政治家、文学家范仲淹也是戚同文的及门弟子。戚同文去世后,该校一度停办。大中祥符年间,百姓曹诚捐赠巨资,在原址建学舍 150 间,捐书数千卷,招生讲学,真宗赐额为"应天府书院",命戚同文之孙戚舜宾主持书院事务,曹诚为助教,从此具有官学性质。著名学者、诗人晏殊及文学家曾巩之弟曾肇都曾任过应天府知府,给予书院大力支持,大文

① 《宋史》卷四百二十八《杨时传》。

学家范仲淹也在这里讲过学。庆历三年(1043 年)将应天府学升为南京国子监,其政治地位远比一般地方学校为高,与东京开封、西京洛阳的国子监同是著名的学校。

此外,还有颍谷书院(在今河南登封颍谷镇)、鸣皋书院(在今河南伊川鸣皋镇)、和乐书院(在今河南嵩县东)、龙门书院(在今河南洛阳龙门香山),许州(今河南许昌)的西湖书院,汝州的明道书院(在今河南宝丰商酒务),卫州(今河南辉县)的百泉书院等。这些书院为河洛的教育发展作出了贡献。

第六节　金元教育

一、金代教育

金代的教育行政制度比较完备,中央有国子学、太学,还有为女真人设的女真国子学,诸路还有女真府学。京师还设有汉人国子学、女真国子学,另有司天台五科、医学十科,这六种均是官学,称为中央六学。金宣宗迁都南京(今河南开封)后,河洛地区才有中央学校。

地方学校分府学、州学、县学、乡学四级。府学始设于金世宗大定十六年(1176 年),河洛地区有开封府学、河南(今河南洛阳)府学、卫州(今河南卫辉)节镇学、怀州(今河南沁阳)节镇学等。河南有女真府学,章宗时停办。诸府、诸市镇、诸防御州学校设教授 1 人,刺史州以下的学校不设教授。

各级学校教材,由国子监统一印制,分发至各类学校,课程有《六经》《论语》《孟子》《老子》《荀子》以及从《史记》至新旧《五代史》等。各类教材的注疏也规定得很详尽,如《易经》用王弼、韩康伯注;《书经》用孔安国注;《诗经》用毛苌注、郑玄笺;《论语》用何晏集注、邢昺疏;《老子》用唐玄宗注疏等。考试也有规定:"凡学生会课,三日作策论一道,又三日作赋及诗各一篇。三月一私试,以季月初先试赋,间一日试策论,中选者以上五名申部。"①违犯学规者罚,严重者黜退。

---

① 《金史》卷五十一《选举志一》。

除了官学外,还有私学。私学以对儿童进行启蒙教育者居多,也有专门学问的较高层次的知识传授。私学主要是通过家庭和私塾来传授知识。家庭教育有家庭传授、亲戚传授和延师执教等几种。

二、元代教育

元代首都不在河洛地区,因而这里没有中央一级的学府,只有路、府、州、县四级地方官学,但并不普及。路学有教授、教谕、学正、学录各1人;在散府学、上州与中州学设教授1人,下州学设学正1人;县学设教谕1人。

除以上学校外,地方上还设有蒙古字学、医学、阴阳学。蒙古字学招生对象是路、府、州官员子弟及平民子弟,教材是蒙古文《通鉴节要》。各级政府拨地充作学田,为教师提供薪俸和学生廪给。学生通过翰林考试后,可充当“学官译史”。诸路医学学生主要学习《素问》《难经》及张仲景的医学著作,诸路阴阳学学生学习天文、术数、阴阳、漏刻、测验等。

元代还有私学作为官学的补充。私学继承宋、金的私学传统,连形式与内容均如出一辙。有些学生家长满腹经纶,便自己担当起教授子弟的任务,当然更多的是延请宿儒讲授。由于他们严格要求,讲授得法,教育出来的学生也有不少成名者。

元政权非常重视书院,规定凡“先儒过化之地,名贤经行之所,与好事之家出钱粟赡学者,并立为书院”①。这就是说,凡名儒耆宿讲学之地以及对教育热心,出钱粟办学之地,均可设立书院。书院设山长1人,河洛地区各州县的学正、山长、学录、教谕均由礼部任命,这意味着书院享受同州县学一样的待遇。旧有的书院在元代继续兴办,如辉州(今河南辉县)百泉书院、河南登封嵩阳书院、嵩州(今河南嵩县)伊川书院等,此外,还陆续新建登封颍谷书院、永宁(今河南洛宁)洛西书院、陈留(今河南开封东南)志伊书院、钧州(今河南禹州)儒林书院等。这些书院对促进元代教育起了积极作用。“自京学及州县学以及书院,凡生徒之肄业于是者,守令举荐之,台宪考核之,或用为教官,或取为吏属,往往人

_____

① 《元史》卷八十一《选举志一》。

才辈出矣。"①

第七节　明代教育

明代河洛地区的学校有府、州、县学等地方官学,也有社学和书院。

一、府、州、县学

明太祖朱元璋认为:"治国以教化为先,教化以学校为本。"明代统治者尤重各级学校教育。中央设国子学,地方设府、州、县学。洪武年间,建立了稳定的输送制度,每省"府、州、县学岁贡生员各一人,翰林考试经、书义各一道,判语一条,中式者一等入国子监,二等送中都,不中者遣还,提调教官罚廪禄。于是直省诸生士子云集辇下"。② 但在洪武及其后的时期里,各府州县贡监的学生也有一定的变化。

北方因元末的长年战乱,学校尽已废弃,朱元璋以"北方丧乱之余,人鲜知学,遣国子生林伯云等三百六十六人分教诸郡……择其壮岁能文者为教谕等官",河南省也是这次教育援助对象之一。洪武二年(1369 年),朱元璋即下令在全国各地广泛地建立府州县学。府设教授,州设学正,县设教谕,俱各 1 名,并佐以训导。训导每府设 4 人,州设 3 人,县设 2 人。学校人数由国家统一规定,府学 40 人,州学 30 人,县学 20 人。学生中除有廪生以外,还有增广生、附学生等,附学生没有定额。三类学生在学校期间的级别和晋升方法是:"凡初入学者,止谓之附学,而廪膳、增广,以岁科两试等第高者补充之。非廪生久次者,不得充岁贡也。"③

明代地方学校的学习内容是所谓"四书"、"五经"、"六义"。生员专修一经,又以礼、乐、射、御、书、数设科分教。此为科考之科目。学生学习与作文的格式俱为八股文。明代规定参加科考乡试的人员,是每年府、州、县学在岁考中获

① 《元史》卷八十一《选举志一》。
② 《明史》卷六十九《选举志一》。
③ 《明史》卷六十九《选举志一》。

前一、二等的生员。生员试之直省为乡试,中式者曰举人;次年以举人试之京师,曰会试;中式者,天子试之于殿中,谓之廷试。然后由礼部拟定,由皇帝批准定官。

二、社学

明朝河洛地区的学校教育,除了府、州、县学外,还有遍布广大城乡的社学。洪武八年(1375 年),倡立社学,由政府统一延师以教民间子弟。

社学由于是半官方的性质,其存在和发展就受到政局和官员自身因素的影响。因此,社学在河洛各地的分布有很大的差别。据不完全统计,有明一代,河南省各府、州、县均立有社学,共有 300 多所,其中办学最多的是禹州,共有 50 多所。另外,全省设立社学 10 所以上的有偃师、获嘉、裕州(今方城)、尉氏、伊阳(今汝阳)、新乡、鲁山、许州(今许昌)、临颍、原武(今原阳)、阳武(今原阳东南)、邓州等。许州的社学较多,"州前一所,城内四坊各一所,十三镇计十三所"①;有的县仅部分乡保有社学,襄城县社学县前后各一所;其他部分 7 镇各一所,长葛、临颍、郾城三县除县城有社学外,仅在部分乡保设有少数的社学。有的县也仅有一所,有些县一所也没有。实际上,许多县的社学兴废无常,一些县到嘉靖时尚没有社学。

社学以学习《百家姓》《千字文》为主,兼及《御制大诰》等典章制度和古礼制,如冠、婚、丧、祭等,同时也会学习一些经史、历算之类的学问。为了达到教学目的,督促学生学习,各级地方官员制定有相应的管理制度。如奖惩制度,"童生文理通、说书明、写字佳、歌诗善者,为一等,除童生量给笔墨外,其师赏大纸一百叶;中等者,平常相待,仍行帖以示鼓励;下等,社师怠惰废业、文理不通、管教不严者,革去馆谷,将童生并于一等"②。社学又是封建统治阶级宣讲统治思想的场所,所以还要进行品德操行的考核。社学童生成绩优异而品行端正者可以递补县级儒学,成为生员,进行正规的科举考试辅导。一些县的社学也颇有成

---

① 嘉靖《许州志》卷四《学校志》,天一阁藏本,上海古籍书店,1964。(以下省略"天一阁藏本,上海古籍书店,1964"）。
② 吕坤:《实政录》民务卷三《兴复社学》。

效,如新乡知县储珊"每月朔望无不考核,生徒乐业,多成就者"①。

社学的数量虽然比儒学和书院的数量都要大得多,分布和参加学习的人员也较广泛,承载着基层教育的重任,但在社会教育的时间和内容方面都有很大的局限性,连续性也不强,但它却在普及识字教育、启迪童心和安定社会等方面起到一定作用。

三、书院

书院教育在明代河洛地区教育和文化繁荣中发挥了积极的作用。书院作为一种教育形式,在元代取得官学的地位,成为国家传播统治思想和文化的一种重要场所。明朝建立后肯定了书院这种教育形式。洪武元年(1368 年),朱元璋即立洙泗、尼山书院。后来由于科举考试日趋腐败,府、州、县官学日见衰落,各地原有书院陆续恢复与重建,并新建了一批书院。明代书院的发展可谓一波三折,共有三次毁禁书院的事,禁毁的理由大多是"聚生徒"、"倡邪学"、"广收无赖"②,河洛地区的书院亦难幸免。

明代河洛地区较著名的书院主要有嵩阳书院、大梁书院、洛中书院等。河南省会开封城内有大梁书院和二程书院。大梁书院是一所闻名于世的大书院,原名丽泽书院,坐落在南薰门内蔡河北岸。天顺五年(1460 年)重创大梁书院,成化十五年(1479 年)迁往丽景门外二里许,在繁台东侧。明末黄河水淹开封时,书院也被冲毁。二程书院曾建在旧大梁书院旧址上,亦毁于明末战火。

嵩阳书院北宋时已名扬天下。明代嘉靖七年(1528 年),侯泰立志复兴教育,"访民占嵩阳观址,造房十六间,复书院额",并捐助学田数百亩,聘师聚徒,建立二程子祠,书院重新振兴。到了明末,嵩阳书院遭到毁坏,房舍无"半椽片壁之存"。明代嵩阳书院吸引当时无数的文人墨客访古寻遗,留下了许多千古绝句。

河洛地区在明中期以后陆续重修和新建了一批书院。在洛阳,从正德到嘉靖年间,邑儒温格孟、薛友谅等共同创建同文书院、伊川书院、洛西书院和洛中书

---

① 正德《新乡县志》卷二《社学》。
② 王圻:《续文献通考》卷五十《学校四》。

院等,其中以洛中书院名声最著。宪宗成化年间,提学吴伯通檄修伊川书院和洛西书院,并新建伊洛书院。许州襄城县(今属河南)有一所学术风气极浓的书院即紫云书院。它建于成化四年(1468年),襄城人户部尚书李敏因"丁忧"回乡,见紫云山山清水秀,风景宜人,便在山中建屋二楹,读书讲学。由于他学识渊博,官职显赫,故学者慕名而来者络绎不绝。李敏立条规,重修身,传授程朱理学,一时为天下学者仰慕。其他各地书院或由知县或由知州、知府等出面组织设立,但也会随着官员的离去而终结,留下的建筑房室改做他用。如登封县峨岭口有少室书院,正德年间郡守沈文华改寺院为书院;另有存古书院在城西南街,万历年间知县余梅创建。这两个书院存在的时间不长即废除,遗物改为他用。① 明代书院仍带有明显的私学性质,但越来越多地受到政府的控制与影响。书院倡建仍以个人的名义,将学术研究与教学应试结合起来,对学生不做过多的限制,允许不同学派、不同地域的人听讲、学习。书院的倡建者也多从宋、元时平民身份转向职官,书院官办化趋势较为明显。

第八节　清代教育

清代河洛地区,从官员到百姓,都很重视文化教育。这一时期河洛地方教育既是全国教育体系的一个缩影,又有自己的特点,从某种程度上反映出民俗民风的流变以及经济日趋落后的原因。

一、各类官学

清代学校俱由专门学务机构负责管理。省级由提督学政一人掌管,以进士出身的侍郎、京堂、翰林官、詹事、科、道及部署等官充任。学政除掌管全省的学校教学外,还管理全省士风与文风,以及全省的岁、科二试。

各府设府学教授一人,秩七品,教授通常是由各州县的教谕和训导升任。州(直隶州与散州)设学正,县级设教谕和训导,以佐学政、州正、教授、教谕,职掌

---

① 登封革委会:《登封县志简编》(内部资料)第4章,1959。

所辖地区的生徒训迪之事。知县有时也到县学去授课,如内黄县令张仲诚笃信儒学,"朔望,集诸生会讲明伦堂,俾自奋于学"①。一些乡镇亦设有专职教官,如兰仪县仪封乡(今河南兰考东)、荥泽县河阴乡(今河南荥阳广武)等地,均设有教授。② 由于教授与训导均为专职人员,他们均住在学校内,授课的地点一般在署内的明伦堂。

学校乃明伦育才之所。"朝廷建立学校,选取生员,免其丁粮,厚以廪膳,设学院、学道、学官以教之,各衙门官以礼相待,全要养成贤才,以供朝廷之用"③。为了达到这一目的,各府、州、县在学校教育的内容和各种制度礼仪上进行周密的安排,在学习内容上,仍是传统的"四书""五经",通常各学校均有自己的图书馆——尊经阁,收藏儒学典籍和国家颁行的各种律则。州、县学均要定期举行各种礼仪,且均备有礼祭器。学校还专门设有乐舞生、歌生等,在国家规定的日期举行有关活动,其间的仪式、内容和器具均有统一规定。

二、社学与义学

为了弥补官学教育的不足,清政府广泛推行民间基层教育,如社学、义学等。这两种教学形式城镇和乡村均有。顺治九年(1652 年)礼部议准,"社学:乡置社学一区,择文行优者充社师,免其差徭,量给廪饩"④,"凡近乡子弟十二岁以上令入学……各省、府、州、县多设立,教孤寒生童……秀异者。"⑤府、州、县教谕代表知府、知州、知县对所辖社学进行定期督导。雍正元年(1723 年),世宗再次强调各州、县大乡巨堡设社学一区,发展村镇教育。河洛地区各城乡区都有义学或社学等教育形式,但以城镇更为普遍。社学的官办成分稍大,而义学主要是以民间的捐建为主,属政府倡导下私学性质,又称义塾。它往往由知府或知县率先捐助,尔后号召当地士绅商贾捐助而设立。因此有一些县有专门的义学田来保证其经费支出。康熙年间巩县(今河南巩义)有义学田三处,第一处 42 亩,坐落在罂子峪沟口;第二处 40 亩,坐落在县西南七里堡;第三处 32 亩,土地在康熙四十

① 李元度:《国朝先正事略》卷二十九《名儒·耿逸庵先生事略》。
② 刘子扬:《清代地方官制考》,第 429 页,紫禁城出版社,1986。
③ 《钦定大清会典》卷三十一《学校》。
④ (嘉庆朝)《钦定大清会典事例》卷三百九十六《各省义学》。
⑤ 《清史稿》卷一百六《选举·学校》。

三年(1704 年)时塌入黄河。① 但学田不仅数量极少,而且根本无法保证学校的基本开支。在承平的年代里,各县的知县或教授或训导,都有可能出面组织一个义学。

各府、州、县设置社学和义学的数量与教学效果上有很大差异,这与地方官重视程度有很大的关系。有学者曾作过粗略的统计,清代河南全省的社学共有700 所,确山县全县共有 120 余所,办学 20 所以上的县有郾城(今河南漯河郾城区)、许州(今河南许昌)、嵩县、辉县、睢州(今河南睢县)、宁陵、祥符(今河南开封祥符区)等县。宜阳县的义学共有 42 所,另外,舞阳县、禹州、灵宝、西华、信阳、太康等县的义学也都在 20 所。② 如道光初年的禹州全境共设义学 36 所,每里均有一至三所义学。有些穷僻州县,由于地方官重视,设学也较多,如嵩县义学的数量在省内名列前茅。从乾隆四年(1739 年)到道光二十一年(1841 年),该县根据村落的疏密和人口的多寡,在城乡各地共设义学 35 所。

三、书院与私塾

(一)书院

书院作为一种地方教育形式在清代继续保留。书院的设立是补充官学教育之不足,其主要教育对象是成年人。"各省书院之设,辅学校所不及,初于省会设之,世祖颁给帑金,风励天下。厥后府、州、县次第建立,延聘经明行修之士为之长,秀异多出其中……儒学寖衰,教官不举其职,所赖以造士者独在书院,其裨益育才,非浅鲜也。"③田文镜抚豫期间,曾高度评价书院教育说:"教化行而后士习始端,士习始端而后民风始厚。以士为四民之首,举凡一言一行皆为民所效法也。然兴行教化不可无其人,尤不可无其地,其人为谁? 郡守、牧守、牧令、教职、师儒是也;其地何也? 前人书院是也。"④

清王朝对待书院的态度前后有很大的变化。顺治元年(1644 年)至雍正十年(1732 年),清王朝因担心各地汉族人借组建书院之名散布不利于统治的言

---

① 《巩县志》卷一,乾隆五十四年刊本;《巩县志》卷九《建置》,民国二十六年刊本。

② 张文彬主编:《简明河南史》第 321 页,中州古籍出版社,1996。

③ 《清史稿》卷一百六《选举·学校》。

④ 《抚豫宣化录》卷三上《饬查书院以崇义学以广风教事》。

论,"不许别创书院,群聚结党"。① 所以这一时期河洛地区没有新建书院,但政府的限制不可能真正禁止旧有书院的活动。雍正十一年,朝廷命"建立书院,择一省文行兼优之士,读书其中,使其朝夕讲诵"②,允许各省、府、州、县创办书院,并规定统一的书院学规,将书院教育纳入全国教育体系之中。书院虽带有私人性质,但实际上已经彻底沦为政府科举考试和政治统治的工具。

大多数书院是由知府、知州或知县,抑或由当地著名学者,或当地在外任职的官员告老还乡后,凭借自己的声望倡导捐资或拨款所建。其中最有名气的是百泉书院、嵩阳书院、大梁书院、二程书院、紫云书院等。

百泉书院是清初河洛地区影响最大的书院,得益于理学大师孙奇逢主讲其中。虽然当时书院条件简陋,却吸引了河南乃至外省一大批学者在此就学,汤斌、宋荦、吕履恒、张沐、耿介、冉觐祖、李灼然、窦克勤,数学家杜知耕和李之铉都曾学习于此,后来他们在河洛地区甚至于全国各地的书院建设和教学中发挥了重要的作用。

登封县的嵩阳书院,至清初已经破落不堪。康熙初年,知县叶封筑堂围墙,重建书院。学者耿介曾在此,"日孜孜以讲学为事","士习蒸蒸丕变",故学风大盛。③ 耿介曾在北京任少詹事,入直上书房,辅导皇太子。因无心于官场,遂告老还乡。他为了扩建嵩阳书院,把自己的 200 亩田产全部捐出,又垦荒 130 亩,收入全部捐给书院。在他的影响之下,省学政吴子云、林尧英,巡抚鹿祐,知府王楫,知县张壎、王又旦等,附生王鹤等共捐田 1570 亩。耿介前后主持书院教育30 年。书院办学经费充足,学术活动也日益增多。他聘请不少名家大儒来此讲学,如睢州儒学大师汤斌、上蔡学者张仲诚,以及窦克勤、李来章、张度正等都曾来此讲学论道。书院一时名声大振,在省内外都有较高的声誉,人称耿介为"嵩阳先生"。乾隆年间以后,登封多任知县都对书院极为重视,乾隆四年(1739年),知县施奕簪入地 123 亩以为岁修之费,许多房舍得以重修。乾隆皇帝还颁赐给书院"五经"、《康熙字典》《朱子全书》和《性理精义》等典籍。嵩阳书院培养了一大批学者文人。

① 《古今图书集成》经济汇编之选举典,卷十七《学校部》。
② 《清朝文献通考》卷七十。
③ 李元度:《国朝先正事略》卷二十九《名儒·耿逸庵先生事略》。

开封的大梁书院作为省城书院,在清代颇具盛名。康熙十二年(1673年)巡抚佟凤彩在城内重建,沿用旧名。其规模宏大,一时称为盛举。在其兴盛时期,许多著名学者至此讲学,如张沐主讲时,"两河之士,翕然宗之"。乾隆年间,著名的学者余集任山长,李海观、周之琦和常茂徕曾学习于此。道光十六年(1836年)钱仪吉受巡抚桂良的诚请主讲于大梁书院,他是经学大师阮元的弟子。他讲学期间,主讲经史、小学、天文、地理等,开创一代新的学风,培养了宋继郊、蒋湘南等知名学者。书院在道光二十一年(1841年)时因黄河决口而毁于水。开封另有二程书院,亦在康熙年间重建。二程书院作为传授程朱理学思想和封建伦理的场所,备受统治者关注。康熙二十八年(1689年)重修的游梁书院得到省巡抚顾汧的特别重视,康熙三十三年,他邀请知名学者张沐主讲书院,开展学术活动。

河南府(今河南洛阳)文化积淀深厚,也曾创建或重修了许多的书院。历史上有名的伊川二程书院在清康熙年间得到翻修,嵩县知县徐士纳修建二间大殿,祀奉二程,他亲自授课,并邀请一些知名学者前来讲学,影响了当时的学风。此后,河南府官员也重视对二程书院的修整。乾隆年间,府官在书院内设立官学,增建校舍,划拨土地,设立义学,书院学术一时大兴。乾隆二十二年(1757年),因伊川书院较为偏远,府官决定将二程伊川书院并入县城的乐道书院。总计清前期四朝,河南府共兴修或复建书院20余所。

康熙和乾隆两朝是建设书院较集中的时段。以后各朝由于吏治渐趋腐败,州县官吏也都不大热心于此,所以新设不多。书院教育的存在和发展受地方官员的影响很大,这一点与作为官学的府、州、县学有很大的不同。这是因为:第一,书院的建设者基本上都是当地的最高行政长官,许多书院甚至是以官员的姓氏命名,这类书院中有一些随着官员的离职而停办。第二,缺乏稳定的资金来源,影响其存在和发展。书院学田的来源较为复杂,一是来自于当地各级官员拨给的学田;二是当地富商或地主购买捐给学校的义田,由学校出租给农民耕种,收取地租,资补书院的经费支出;三是由政府倡导商人捐资助学。这些形式来源都具有不确定因素,书院的兴废也因此受到影响。第三,书院大部分由官员兴建,他们所聘山长的优劣,对书院影响很大。不少书院的教学效果欠佳,但也有一些书院很有成绩,如南阳书院建成后,一时学者百余人,延聘理学大师李灼然和李来章来此授课,书院兴盛一时。鲁山县的琴台书院也为繁荣当地文化做出了巨大的贡献,当时一些文人学士,如昌士龙、王雍、吴居澳等出入其间①,对地方教育产生了积极影响。

(二)私塾

由于社学和义学主要设立在城镇和大的乡村,教学内容也较为浅陋。所以广大城乡少年儿童的教育主要依赖于私塾。各类私塾星罗棋布,一县多至数百、上千所,构成当时基础教育的主体。

私塾教育就教学程度而言,可分蒙馆和经馆两种。前者主要诵习《百家姓》《千字文》等,为初级的识字教育;后者在识字教育之外,重在诵习"四书""五经",进而按照科举要求,研习八股文和做诗作对,个别官僚家庭的教学,还教授各种古代典籍和史书,甚至琴棋书画。就办学形式而言,可分为专馆和散馆。前者在殷富家庭开设,或由多家联办,礼聘塾师来家,教授子弟,亦有于祠堂庙宇等公共场所设学者;后者为塾师自办,招收附近生徒来其家中就读。比较而言,蒙馆和专馆最多。学馆的塾师,多为科举考试不得志的童生或落魄秀才,他们生活大多贫困,且"馆谷甚微";学生人数自数人至数十人不等,多为本村或本族子弟。② 学习年限不固定,有的学生一直学到考中秀才为止。

这些民间自办的私塾无论城镇、乡村都很普遍,蒙学占其中的绝大部分。特别是经济条件较好的地区,乡村私塾林立,在普及识字教育上确实起过积极作用。

总的来说,清代河洛地区的学校教学内容贫乏老旧,主要研习八股文的撰写技巧,为学生应试以致入仕准备"敲门砖"。这样就严重地阻碍了学术文化的发展,使许多青年才俊都成为只懂八股而无实学的"禄蠹"。另一方面,通过这些学校达到灌输封建思想与伦理道德、维护封建秩序的目的。直到 19 世纪末 20 世纪初,少数书院才有兼修"时务"和近代科学知识者。到了清末,清廷谕令兴办各类各级新式学堂,这些书院也都遵令改为中等学堂、师范学堂或小学堂。少部分私塾添加一点"维新"内容,包括挂块黑板,搞点体育、唱歌等,但绝大多数均一仍旧贯,从教学内容到方法都少有改变。

---

① 《鲁山县志》卷八《地理三·建置》,乾隆八年刊本。
② 《密县志》卷十一《风俗》,嘉庆二十二年刊本。

第十二章　河洛地区的民风民俗

什么是风俗？先秦文献《周礼》说："上所化曰风,下所习曰俗。"就是说,由上层统治者倡导,民众仿效而形成的社会风尚叫做"风";而在民众中长期沿袭、共同遵守的习惯,叫做"俗"。风俗是在一定社会共同体中普遍公认、积久成习的各种行为方式的总和。简言之,风俗是一定族群中人们日常生活的行为方式。它大体可以分为生产风俗、生活风俗、礼仪风俗、岁时风俗和信仰风俗几类。①

关于各个地域不同民风的形成,汉人班固说："凡民含五常之性,而其刚柔缓急,音声不同,系水土之风气故谓之风;好恶取舍,动静之常,随君上之情欲,故谓之俗。"②将人的行为和观念归因于两个因素,即水土的构成和王侯的引导。这是一个很有价值的观点。不同地域民众的不同风俗的形成,其主要因素有二:一是自然环境,一是社会结构。

河洛地区是华夏部族和汉民族的中心区,其风俗基本代表着华夏族和汉族风俗,同时又有一些少数民族入主中原,带来了一些少数民族风俗,出现了华夏部族、汉民族与周边民族风俗的碰撞、交流和融合。

①　徐杰舜主编:《汉族风俗史》第一卷第 5～15 页,学林出版社,2004。
②　《汉书》卷二十八下《地理志下》。

第一节　原始社会的风俗

一、家庭、家族与婚姻

到了距今 1 万年前后的新石器时代,即裴李岗文化早期,河洛地区的先民开始种植粮食和蔬菜,驯养温驯动物如猪、羊、狗、鸡等家畜家禽,学会用木和泥土在平地建筑住房,由一个老祖母带领一大帮有近亲血统的男女老少住在一个聚落里,形成母系氏族。一个氏族是当时社会一个独立的生产和生活单元,是新石器早期社会的细胞。考古工作者在各地发现大批新石器时代早中期遗址,都是以氏族为单位的聚落遗址,其所发现墓葬排列基本有序的墓地,是整个氏族的墓地,在墓地中尚未发现一例夫妻的合葬墓。

若干个同姓同祖的近亲血缘家庭,构成一个家族。简言之,家族就是同姓近亲家庭的集合体。家族内因为都是近亲骨肉,血缘把人们捆绑在一起,在社会上形成一定的力量。有权有势的大家族,则在社会上有举足轻重的力量。

家族与母系氏族大家庭有本质不同。虽然它们在形式上具有同姓和近亲血缘的关系,但是母系氏族大家庭,因为当时婚姻尚处在群婚和对偶婚阶段,父亲不能确认自己的子女,血缘关系不清晰,所以血统亲疏难以确定;而且外族男姓也嫁入母系大家庭,亦随女人姓,几十个男女老少共同生产和生活,子女不可能有家庭财产的继承权。它与父系确立后的家族,在存在形式和内容上完全不同,因此两者不可相提并论。进入三代社会以后,家庭及其家族在社会上发挥着显著的作用。

家庭与家族同社会婚姻制度有密切关系。无论哪个时代,所谓婚姻,必须是社会认可的男女匹配关系。人类曾经历过一段漫长无婚姻制度即男女杂乱的性关系时代。在距今 1 万多年前的旧石器时代晚期,早期氏族内部禁止杂乱的无限制的性关系,实行年龄相近的行辈匹配,或可称为行辈婚。民间传说的伏羲与女娲兄妹结为夫妇,则发生在这个时期。这是人们最早对男女性关系所实行的限制,亦为当时社会人们所认可和实行。所以我们姑且视为婚姻制度之源,或这个制度的初始形态。当然还有另一种传说,"女娲祷神祠,祈而为女媒,因置昏姻"①。人们把女娲视为神媒。或者认为女娲之兄伏羲(太昊)"制嫁娶之礼"②。实际上,当时既无媒人也无嫁娶之礼,只有氏族的习惯法。

到了新石器时代初期,由于人们认识到近亲血缘的男女匹配关系生出的子女,无论是体能和智能上都有缺陷,而异族无亲缘关系的男女匹配所生出的子女则健康强壮。这种优胜劣汰的自然法则,以及不断增加的文明意识所导致的性妒忌,导致人类婚姻制度的变化和进步。于是由新石器时代前期的族外群婚改变为族外对偶婚,再到新石器时代后期的一夫一妻制的个体婚。实行同姓不婚和一夫一妻制,是婚姻制度保证人类生育健康强壮的后代,使人类不自我毁灭的重要保证,所以这是一种合乎人类生育科学的文明的婚姻制度。自仰韶文化后期到河南龙山文化时期,一夫一妻制婚姻制度因其成为建立个体小家庭的基础而得到巩固和流传。

二、饮食与服饰

人们的饮食方式与其日常使用的器皿,也因时因地而异。

距今一万年前后,河洛地区进入新石器时代,人们的生活方式改变为:"日出而作,日入而息,凿井而饮,耕田而食。"尤其是创制了陶器,便以罐、鼎、釜为器,将粟、稻、黍、高粱等粮食放在炊器里,加入水煮粥或是蒸饭,作为人们的日常主食。用陶碗、陶钵、陶盆、陶豆、陶盘盛食物;用陶壶、陶盉盛水;用陶杯饮水或酒;用小口类底瓶或小口罐和瓮到河边汲水来做饭或饮用。由于没发现筷子,所以推测在新石器时代人们吃(干)饭时是手抓进食。当时人们没有桌凳,席地而坐,一家人围坐在火灶旁进食。平日人们收获的粮食盛入大陶瓮和陶缸之中放置屋内,当粮食过多,陶器容纳不了时,人们也懂得贮藏在屋外的防潮窖穴里,上面搭盖茅草或兽皮防雨。所获得的猎物,一时吃不了,可能采用风干或窖藏的办法贮存。

河洛先民同居住在其他地方的人类一样,曾经历了一个百万年以上的不知

---

① 罗泌:《路史·后纪二》引《风俗通》。
② 《太平御览》卷七八引《皇王世纪》。

衣服为何物的时代。这在古籍中有所追忆:"古者民不知衣服,夏多积薪,冬则
炀之。"①"古者丈夫不耕,草木之实足食也;妇人不织,禽兽之皮足衣也。"②这里
所说的是生活在旧石器时代的初民,靠渔猎和采集为生,根本不知丝麻可以纺织
制作衣服,所以在温暖的时候赤身裸体,到寒冬时只能躲在山洞里积薪烤火取
暖,或者身披兽皮、苇草、羽毛以抵御寒风的侵袭。只有在距今一万年前后开始
的新石器时代,人们才懂得纺织和缝制衣服。在裴李岗文化和仰韶文化的遗址
或墓葬中,常发现陶纺轮、骨锥、骨针或骨梭等纺织和缝纫工具,以及陶器底部的
布纹,证明当时人们已有衣服穿着。因为无金属剪刀之类的利器,不能量体裁
衣,只能用骨针引线做简单的缝合,所以衣服不分上衣下裳,服装亦不会有固定
的式样。这也是衣服初创之必然。但是,衣服不仅是为人体保暖遮羞之用,而且
是人们追求外表之美和炫耀自身财富和地位的一种心理体现,尤其是随着社会
的物质生活的日渐丰富、人们文明程度的提高,衣服和装饰品的质料和款式则要
求不断变化。

　　爱美之心,人皆有之。处于食不果腹、衣不蔽体状态的初民,却特别喜欢用
各种装饰品装饰自己,男女老少皆然。人们不仅用红、黑、白、蓝、黄等颜色涂抹
自己的脸面和身体,还用鲜花和羽毛插头发上装饰自己的头部。人们还用石、
玉、骨、蚌等质料,分别用手工制作发笄、耳坠、项链、项饰,甚至还有陶环、石环的
腕饰。这些装饰品的制作,大多数是精巧的,在没有金属工具的情况下,该花费
多大的心思和血汗。初民的这些装饰品,在新石器时代的遗址和墓葬中常有发
现。

三、房屋建筑与居住

　　在长达100万年以上的旧石器时代,猿人只会栖息在树上,被称为"有巢
氏"。在有山洞的地方,如安阳小南海的新人,则住在山洞里。距今1万年前后
的新石器时代早期的裴李岗文化时代,人们才走出山区,到丘陵地和平原定居。
由于这些地方没有大片山林和山洞,同时人口日益增多,迫使人们学会建筑住

---

① 郭庆藩:《庄子集释》卷九下《盗跖》,中华书局,1961。
② 陈奇猷:《韩非子集释》卷一九《五蠹》,上海人民出版社,1964。

房,聚族而居。

在河南新密莪沟北岗遗址和舞阳贾湖遗址,都发现裴李岗文化时期的半地穴房屋基址。房基的平面有圆形和方形两种,圆者直径 2.2~3.7 米,方者边长约 2 米,面积均在 10 平方米以下。房基周边有柱洞,房门前有坡形或阶梯状门道,房内地面平整,有的铺垫一层褐色砂土。房内中间与门相对的后墙附近有草拌泥垒筑的灶。① 人们以灶煮食,冬天生火取暖,并睡在火灶旁边的地铺上。

仰韶文化和河南龙山文化时代的住房建筑,仍有半地穴圆形建筑,只是绝大多数已是地面长方形建筑。郑州大河村遗址所发现的仰韶文化时期房子,其墙体和地面都很坚硬和平整,似在建筑时曾堆放柴草放火烧烤所致。在河洛地区新石器时代的房屋中,其建筑质量是最好的。不过从建筑技术而言,河南龙山文化时期,已发明了用土坯垒砌代替木骨泥墙,应该是原始建筑技术上的一个革新。在安阳后岗等遗址的龙山文化中发现用土坯垒砌的土墙,垒砌的方法是错缝重叠,间隙填以黄泥,为了加固在墙内外还加抹一层 3—4 厘米的草拌泥。在后岗和汤阴白营的龙山文化房子的地面采用夯实和铺垫白灰面的技术。白灰(类似石灰)地面平整、坚实而美观,成为河南龙山文化房子的一种特色。值得注意的是,建房子之前,曾以小孩作牺牲,举行隆重的奠基仪式。②

四、丧葬

在漫长的旧石器时代,因氏族尚未形成,缺乏亲情,同时也无挖坑的利器,所以存在长期对死者不埋葬的现象。自新石器时代开始,埋葬亲人已成为氏族社会的习俗。在裴李岗文化、仰韶文化和河南龙山文化的遗址中,大多发现有氏族公共墓地或零散墓葬。综观这一时代的墓葬,主要有下列几种埋葬方式:即仰身直肢葬,屈肢葬和俯身葬,二次葬,一次合葬,瓮棺葬。

所谓二次葬,是相对一次葬而言。人死后将其尸体掩埋,这是第一次葬。若将第一次埋葬后的人骨骼挖出来,择地再葬,就是二次葬。这种葬俗,源于裴李岗文化早期。

---

① 河南文物研究所:《河南贾湖新石器时代遗址第二至六次发掘简报》,载《文物》1989 年第 1 期。
② 河南省文物研究所:《河南考古四十年》第 127 页,河南人民出版社,1994。

瓮棺葬,基本上是对夭折的婴儿。瓮棺葬始见于裴李岗文化早期。当时用作陶棺的陶器都不是专门烧造的,而是利用各种日用陶器,如罐、鼎、瓿、盆、缸等,上面以一般敞口钵、三足钵或较大的陶片作盖。到仰韶文化时期,葬具以大口陶罐为多,其次为陶鼎。只有到仰韶文化晚期,才出现专门制造的陶棺。其主体是一个大口缸,深腹平底,口沿外侧和专用的上盖都塑有凸起的圆锥状系绳陶钉,便于以绳索将上盖系紧。临汝(今河南汝州)阎村出土的那件绘有鹳鱼石斧图的陶缸,实际上就是瓮棺的一部分,即缸体。在新石器时代,所有成年人死后埋葬都没有棺、椁之类的葬具,而对婴幼儿则均用瓮棺,

五、神鬼信仰与图腾崇拜

(一)神鬼信仰

人们生活在社会上,由于自然力和错综复杂的人际关系,造成人间种种祸福。而个人或个体家庭的力量,无法抗拒天灾人祸给人带来的苦难。于是产生了人群之外有天神、地神、山神、河神,甚至各种自然物都有神灵的思想意识。由于人们对人的生老病死的生理现象缺乏科学知识,先民们都认为人的命运由神鬼所左右,甚至人死灵魂不灭。在此类意识的支配下,为避祸害,便祈求神灵的保佑,同时不敢得罪鬼魂,以免遭难。巫术、宗教与一些禁忌习俗,在人们对神鬼敬畏的心理中得以萌生和发展。巫术、宗教与习俗,其性质各不相同,但都是在历史长河中形成的。

河洛先民同所有的人类一样,自古就有神与鬼的信仰。神的信仰,源于"万物有灵"的意识,而鬼的信仰,则源于"人死灵魂不死"的意识。"到目前为止,一切已被发现过的民族中没有任何一个民族不具备有灵魂的观念。""灵魂与魔鬼……只是人类自身情感冲动的一种投射而已。"[1]

初民把天地万物都看做神灵的栖身之处,为不得罪神灵并博得神灵庇佑,便以各种方式祭祀神灵。由于太阳、山、川、大树、巨石等都是自然物,所以这些神灵又统称"自然神"。在整个原始社会,初民都信仰和祭祀自然神。直到殷商时期,仍信仰和祭祀自然神。不过随着文明社会帝王统治的启示,把人间对帝王的

---

[1] 弗洛伊德:《图腾与禁忌》第 118 页,杨庸一译,中国民间文艺出版社,1986。

敬畏逐渐影响到神界,人们塑造一个管辖众神的至上神,即"帝"或"上帝"。周人改朝换代之后,又塑造了一个"天神"取代殷人的"上帝",于是对自然神的信仰变成了一种宗教信仰。对"天神"的信仰,一直影响到后世。

在裴李岗文化、仰韶文化的聚落遗址中,往往在当时人们的居住区附近,发现氏族或部落的公共墓地。当时人认为"人死灵魂不灭",所以埋在氏族住宅旁,便于死者灵魂回归而不离散。埋葬时,将死者生前所使用过的生产工具、日用器皿和个人的装饰品等随葬,也是相信死者可在"阴间"继续使用。在仰韶文化中期以后,墓葬中出现一些陶冥器,即专门烧制一种仿日常生活陶器,用于死者随葬,并且往往将陶冥器的底部凿穿一孔,以示与生前实用品的区别。同时,在这两个文化的墓葬中,有时发现人骨架上下有赤色矿粉末或朱砂的痕迹。朱砂是红色的,而人血也是红色,红色表示生命,在死尸上撒朱砂,目的是表示死者仍有生命,以驱散厉鬼对死者灵魂的侵害。

(二)图腾信仰

"图腾"一词,源于印第安人鄂吉布瓦部落的方言"toten"的音译,其意为"亲属"、"标记",即是他自己亲族的化身或象征。每个氏族部落的图腾各有不同,可以是动物、植物或其他无生命物。作为氏族部落的图腾,不管它是什么,都被该氏族部落视为同它有特殊血缘关系的神物,故往往都把图腾当做祖先或氏族保护神来供奉和祭祀。图腾,是原始社会人类一种普遍的信仰。

在传说时代,河洛地区也存在着图腾的信仰和崇拜。"昔者,黄帝氏以云纪,故为云师而云名。炎帝氏以火纪,故为火师而火名。共工氏以水纪,故为水师而名。大皞氏以龙纪,故为龙师而龙名。"①文中的某纪、某名即为该族的图腾,即炎帝以火为图腾,黄帝以云为图腾,共工以水为图腾,大皞以龙为图腾。当然,古籍中所提及的炎帝、黄帝等原始部族图腾,有着不同的记载,似乎有若干个图腾。一个氏族一般都只有一个图腾,而一个部落也有一个总图腾,至于一个部落联盟或部族,都有其总图腾,而同时允许各氏族部落保留其原有图腾。因此,作为炎帝、黄帝、共工、大皞等部族,出现不同的图腾也可以理解。

除以云为图腾外,黄帝族内还出现多个图腾。黄帝欲与炎帝争天下时,曾

---

① 《左传》昭公十七年。

"教熊、罴、貔、貅、虎,以与炎帝战于阪泉之野"①。黄帝不是驱使熊和虎等猛兽与炎帝打仗,而是调集以这些猛兽为图腾的部落。黄帝族内有许多不同图腾的部落。黄帝号称有熊氏,有熊氏当以熊为图腾,是黄帝原氏族图腾。上面提及的云图腾,则是黄帝部落的总图腾。至于一些古籍提及的黄帝为"龙颜",后又乘龙升天,又似乎表明黄帝以"龙"为图腾。

同一种动物或植物,可在不同地方存在,因此不同地方的氏族部落的图腾徽记中的动物或植物的形象相似或相同也不足为奇。而从古籍中有大禹化熊以及河南登封嵩山下启母石的传说分析,作为黄帝族的后裔,禹氏族的图腾同黄帝原有的有熊氏氏族图腾一样,都是熊。殷商族的始祖契,是其母简狄吞玄鸟之卵,因孕所生。② 因此商族以鸟为图腾。少昊氏曾以鸟为图腾,其属下有几种不同的鸟图腾。而商族的图腾是玄鸟,同少昊氏部族中的玄鸟氏族相同。

第二节　先秦风俗

夏、商二代已进入文明社会,风俗与原始社会相比,已有很大改变。周代的社会生活,在夏、商的基础上,又有更大的发展和进步。在某种意义上说,从礼仪制度和习俗两个方面构成了河洛地区上古社会基本的生活模式,为以后国家的统一局面奠定了基础。

一、家族与宗族

家庭、家族是随着社会经济的发展和人口的增长而不断发展变化的,在一般情况下是由家庭和家族的不断裂变扩大,使得同姓近亲人群又分裂组成更多的父系个体小家庭和若干家族。若干个同姓近亲家族,又构成了宗族。宗族,无非是家族的扩大。不过就血统而言,家族比宗族更亲近些。家族一般聚居在一个地方,为的是便于互相照应,维护大家的利益。一个宗族,由于人口过多,就不一

---

① 《史记》卷一《五帝本纪》。
② 《史记》卷三《殷本纪》。

定集中居住一个地方而分散居住。这是家族与宗族的区别之一。

夏代已有许多家族。如斟寻氏、斟灌氏、有虞氏、涂山氏等。殷商的甲骨卜辞中也有许多家族名称。周族的始祖弃被舜封于邰(今陕西武功西南),号后稷,别姓姬氏。周立国之后,姬姓家族空前发展。特别是周初大分封,周武王同母兄弟十人及亲属大多得到分封。他们在封地又形成新的支系即新家族。如武王弟叔度封于蔡(今河南上蔡),虽因参与武庚叛乱事件被逐他乡,但其子胡继封,称为蔡仲,康叔封于卫(今河内淇县),他们的家族在该国都形成显赫的世家。

宗族,这个概念出现较晚,特别是它作为一种对整个社会都有较大影响力的同姓亲属松散的组织,则是商、周时期形成的。西周所确立的宗法制度,把政权、族权和神权合三为一。周王是全国姬姓宗族最高的族长,他所在的宗族是"大宗",其他姬姓宗族是"小宗"。周王王位原则上由大宗的嫡长子继承,同时也只有大宗才有祭祀祖先的权利。为了解决大宗和小宗的矛盾而确保大宗的王位继承,周王采取裂土分封的办法,将其王族兄弟和亲戚分封到各地。所谓"管、蔡、郕、霍、鲁、卫、毛、聃、郜、雍、曹、滕、毕、原、酆、郇,文之昭也。邗、晋、应、韩,武之穆也。凡、蒋、邢、茅、胙、蔡,周公之胤也"①。由此,可以看到姬姓宗族的分布情况。在春秋战国时期,随着诸侯势力的强大和王权的衰落,宗法制度逐渐瓦解,但是宗法观念对后来的封建社会影响深远。

二、饮食习俗与服饰

(一)饮食习俗

夏代人们的粮食仍然以粟、高粱、稻米为主,辅以果蔬。用陶器蒸煮以熟食。喝粥、吃饭,贵族则能饮酒。商代物产比夏代丰富,农业和畜牧业的发展给社会提供了较多的粮食和肉食,再加上水果、蔬菜,食物呈现出多样性。饮食用具除陶器外,还有青铜器。从甲骨卜辞可知,殷人一日有"大食"和"小食"两餐。大食在上午,小食在傍晚。殷贵族嗜酒,商纣时有"酒池肉林"。

周人鉴于殷人嗜酒荒政亡国的教训,以《酒诰》告诫人们"不腆于酒"。由于

---

① 《左传》僖公二十四年。

节制饮酒,周人的铜礼器中酒器大大减少,在洛阳北窑村的西周贵族墓出土的青铜器群中有鼎、簋、卣、尊、罍等。到了春秋战国时期,青铜礼器中,觚、爵之类酒器已罕见,而以鼎为中心的青铜食器则大大增加,并出现簋、敦、豆、笾等新器,形成一种新的青铜礼器集群。与殷人以酒器为核心不同,周人的青铜礼器则以鼎、簋为核心,形成不同社会等级的所谓用鼎制度。

《周礼·天官·膳夫》说:"王日一举,鼎十有二,物皆有俎。以乐侑食。"周王享用的是十二鼎青铜礼器,十二鼎中有主有辅。王之下是诸侯,用大牢九鼎配八簋等;卿和上大夫用大牢七鼎配六簋等;下大夫用少牢五鼎配四簋;士用三鼎或一鼎配二簋等。这是周代的用鼎制度①,已为考古发现所验证。除鼎外,其余簋的配属和其他铜器组合也有定数。但无论如何,用鼎的制度是严格的,等级不可僭越。在三门峡虢国墓地发现的"虢季"(M2001)和"虢仲"(M2009)、"太子"(M2011)等诸侯王级的大墓出土九鼎,其他出土鼎者数量有七、五、三、一,时间是西周至春秋,未见有僭越现象。但在春秋晚期到战国时期,由于诸侯势力强盛及王权衰落,出现礼崩乐坏的局面,用鼎制度也被破坏。

周天子和贵族的生活是非常讲究和奢侈的。《周礼·天官·膳夫》说:"凡王之馈食用六谷,膳用六牲,饮用六清,羞用百二十品,珍用八物,酱用百有二十瓮。"这里涉及五谷、六畜、珍禽异兽,视食物不同采用多种烹饪方法。总之,先秦文献中所提及的煮、蒸、爆、脍、烧、炖、煨、溜、燔、烙、熬、渍、醢、腊等五花八门的烹饪之法,御用厨师都无不用其极,尽量满足天子的食欲。天子诸侯和有爵位的上层贵族,其生活方式讲究列鼎而食,依照其等级,盛有牛、羊、豕、鱼等不同的肉食和黍稷、菜蔬。他们进食时往往有乐师使人在旁奏乐歌舞,所谓"以乐侑食"。这种生活方式,被人形容为"钟鸣鼎食"。因为周代的乐器是以编钟、编镈、编甬钟等为主的,其他乐器多为伴奏,故"钟鸣"即代表奏乐。"钟鸣鼎食"是周代贵族的饮食礼制,也可以说是古代一种高品位的饮食文化。

(三)服饰

史称"及虞夏之后,盖表布内丝,骨笄象珥,封君夫人加锦尚絅"。"桀女乐

---

① 俞伟超:《周代用鼎制度研究》,载《先秦两汉考古学论集》,文物出版社,1985。

充后宫,文绣衣裳。"①夏代的衣服为麻、丝所制。1975 年在偃师二里头遗址出土的镶嵌绿松石的圆铜器,上面蒙盖至少六层粗细不同的四种布,粗者为麻布,细者可能是丝织物。② 在墓葬中发现许多绿松石饰物。1981 年发掘的二里头一号墓出土残存的绿松石串珠项链就有 87 件之多,在其他墓葬中还出土有陶珠项链和贝壳串饰。这些饰物多在贵族墓中发现,说明在夏代服饰上的等级差别已很明显。

在河洛地区的商代墓葬中陆续发展麻、丝纺织品以及皮革制品遗物。经专家研究,商代的服装至少有交领右衽短衣、交领右衽长素长衣、交领右衽素小袍、交领长袖有华饰短衣、直领对襟有华饰短衣、高后领敞衿长袖短衣、圆领长袖花短衣、圆领窄长袖花大衣、圆领细长袖连袴衣等多种样式,下身也有多种裤和裙。③ 殷商贵族喜欢佩带各种装饰品,妇女尤甚,头上有束发的各种骨笄玉笄,颈上的管珠项链,腕饰和衣服上的饰物等。

周人服饰的质料,虽然仍是丝、麻、葛、纻、皮革等几种,但是布与丝的产量、品种、花色都比前代大有增长,特别是春秋战国以后的丝织品,更是丰富多彩。所谓"锦",就是用多种色线织出各种彩色花纹的丝织品,穿着舒适,流光溢彩。《诗经》中的《卫风》《郑风》《唐风》等常见到与锦相关的衣物,如锦衣、锦裳、锦衾、锦带,均为达官贵人等社会上层人士所享用。

周代的服饰,同夏、商有很大差别。"夏后氏尚黑,殷人尚白,周人尚赤。"④不过,这是指衣服的基色或主流颜色而言,并不是单纯的色调,它们可以有不同的质料、款式、花色和图纹。所谓"有虞氏服韨,夏后氏山,殷火,周龙章"⑤,实际是在素布或丝帛上,画上或绣上不同的图案纹饰。根据纺织技术,夏后氏的"山"是画的,殷的火是绣上的,周的龙则是织出来的,可谓龙纹锦。周人的服饰,不仅有等级性差异,还有不同场合穿着服饰的规范。周王尤其讲究,在朝聘、祭祀、婚礼、军旅、乡射、丧礼等不同的场合有相应的服饰,如"王之吉服,祀昊天上帝则服大裘而冕,祀五帝亦如之"。王以下各等级衣服,亦有规定:"公之服,

① 《盐铁论》第二十九《散不足》,第二《力耕》。
② 二里头工作队:《偃师二里头遗址新发现的铜器和玉器》,《考古》1976 年第 4 期。
③ 宋镇豪:《夏商社会生活史》第 384～385 页,中国社会科学出版社,1994。
④ 《礼记》第十四《檀弓上》。
⑤ 《礼记》第十四《明堂位》。

自衮冕而下,如王之服;侯伯之服,自鷩冕而下,如公之服;子男之服,自毳冕而下,如侯伯之服;孤之服,自希冕而下,如子男之服;卿大夫之服,自玄冕而下如孤之服。其凶服,加以大功小功。士之服,自皮弁而下,如大夫之服,其凶服亦如之。其齐服有玄端素端。"①由此可见,关于服饰等级的差别,主要是士大夫以上各级官员在规定的场合所穿着衣服的差别。衣服又分为吉服、凶服两类。吉服又分朝聘、会盟、婚嫁、军旅、乡射、祭祀等场合的衣服,凶服即丧服。衣服的等级差别,包括衣服的质料、纹饰和款式等方面。当时衣服上的纹饰,主要有山、火、日、月、龙、华虫等,山与火是继承夏商者,而龙纹则可能是周王的衣纹之一。而作为被剥削的平民和奴隶,生活在社会底层,温饱堪忧,"无衣无褐,何以卒岁"。

服饰,除衣服外,还有冠、履和装饰品。实际上三代人头上的布、丝、帛和皮革之类装饰,统称"元服",包括冠、冕、弁、巾、帻等。

仰韶文化时期就有以巾缠头之画,这应是冠之源。但以巾缠头的形式,在冠出现后仍保留下来,称为巾和帻。冠是后世帽的古称,但两者是有差别的,因为古人束发,冠,就是用一圈布或丝帛围成一圈,将头发束住,再以玉、骨笄绾住头发,然后将冠下沿所垂的丝带在下巴处打结固定。冠顶无盖以延发,而后世之帽则有顶盖,并无须以丝带固定。冠因所用的质料和款式不同,又有不同的名称。

冕,是专门为帝王、诸侯王、卿大夫所用的首服。《说文》曰:冕,"大夫以上冠也,邃延垂旒纩"。冕虽是冠中的一种,但是与冠大不相同,除其专门为王、侯、大夫所用外,其延是冠的长方形的顶盖,延的前、后和两侧分别垂悬小串珠、小玉石和彩绦等饰物,其中旒的多少,是等级的区别:天子十二,诸侯九,上大夫七,下大夫五。这种冕的设置,目的是使观瞻者难以看清其面目,借以增加统治者的威慑力。

爵弁,与冕相近,只是无旒,且改前低后高为平顶,其颜色又红中泛黑。而另一种弁,以鹿皮制成,称为皮弁,似为士所用。

冠、冕、弁在三代,均为贵族所享用,而巾、帻往往用麻、葛布制成,为平民庶人所用。还有一种特殊的冠,它以金属浇铸而成,专门为战争所用,称之为胄。由此可见,冠反映人们的身份和社会地位。

————————
① 《周礼》第三《春官·司服》。

足腿的服饰,当是裹腿和履。裹腿,至迟见于商代,周人仍用。履,为鞋的古称,因所用的质料和款式不同,又有履、屦、屐、扉、鞻等名称。其中,草制者曰扉,而用麻、丝、皮三种制成者,皆曰履。贵族之履,皆为麻、丝、皮制成,并视气候变化而更换。"夏用葛,冬皮履可也。"夏用葛布图凉爽,冬用皮履为保暖。平民因从事生产一般无履,在寒冬可着草、麻粗制的扉和屦。在当时,履也有贵贱之别。

三、居住与出行

(一)房屋建筑及居室陈设

夏代平民居住在半地穴式或地面上长方形的单间居室。二里头遗址发现有土台式长方形多间居室,似乎是一个大家庭的住所。《世本·作篇》称:"禹作宫室。"《竹书纪年》说:"夏桀作倾宫瑶台"。在二里头遗址发现的一号宫殿基址是一座由堂、庑、庭、门组合而成的宫殿建筑。商代一般平民的房屋仍然是小面积的地面单间住房,甚至是半地穴居所。在偃师商城、郑州商城遗址和安阳殷墟都有宫殿区。偃师商城内有宫城和两座小城,宫城内的大型宫殿建筑均由正殿、中庭、庑廊和大门组成。郑州商城的宫殿区以一座座建筑构成群落,而且每一座大宫殿有以大殿、中庭、庑廊和门道构成封闭性的单元。殷墟的宫殿区不仅规模大,而且布局有序,主体建筑与附属建筑错落有致。宫殿墙体版筑,厚实坚固,顶部为"四阿重屋",室内装饰华丽:"宫墙文画,雕琢刻镂,锦绣被堂。"[①]

周代的房屋建筑,与殷人稍有不同,早期多为长方形地穴式,居住面平整,有的似用火烘烤较为坚硬,屋内设有小灶,位于靠墙处凹入地下,椭圆形似小地坑。晚期的房屋,则呈圆形半地穴式,而且墙壁表面和居住面都抹上一层黄土细泥,显得平整美观。同样设火灶,有斜坡状门道通往屋外。这是一种土窑式民房。

在都城成周(今河南洛阳东),尚未发现宫殿建筑遗存。据《国语·周语》记载"谷、洛斗将毁王宫",东都王城的宫殿已被深埋于地下,荡然无存。

在周代,王侯行政场所和生活寝宫的建筑,往往是分隔的,而与殷人集行政、宗庙、寝宫为一组建筑不同。"昔者周公朝诸侯于明堂之位。三公,中阶之前,北面东上;诸侯之位,阼阶之东,西面北上;诸伯之国,西阶之西,东面北上。……

---

① 刘向:《说苑》卷二十《反质》引墨子语。

明堂者,明诸侯之尊卑也。"①可见,明堂在周代是朝会和行政的专门场所。关于明堂的建制有不同的记载,一说明堂上圆下方,茅草盖顶,凡九室。因未发现遗存,难知其详。

值得注意的是,西周时就在住房墙壁上开窗户。开窗是建筑技术的进步,可透明见光,又使空气流通,有利于人的健康。同时,在建筑材料方面,西周时已出现板瓦、筒瓦、人字形脊瓦和圆柱形瓦钉。这些瓦固定在屋顶面泥上,不仅可以防水,又延长草泥屋顶的寿命,所以瓦的创制是建筑技术的重要进步。

在周代以前,特别是殷人宫殿和贵族居所,尽管装饰华丽,却因房内未有床、桌、几、椅之类的家具而显得单调,给生活带来诸多不便。而到了周代,居室内则陈设着床、席、案、几等家具。人们睡在床上,比睡在地席上更利于防潮防病,利于健康。而案、几的使用,更方便人们的生活。当然,可能还有其他家具,因为木质易朽,难于发现罢了。

(二)交通与车马

夏代国中已有道路,出行开始使用舟、车等交通工具。史称大禹治水,"陆行乘车,水行乘舟,泥行乘撬,山行乘檋。"②在偃师二里头遗址发现用河卵石铺成的石子路和红烧土路,路面平整。偃师商城内,发现道路 11 条,纵横交错,主次配套。主干道宽敞平直,与城门对应。商代后期,以安阳殷都为中心,修筑了通向全国各地的道路,平直通畅,贵族乘马车或骑马出行,引重致远则用牛车。

周人在国内修筑更多的道路。所谓"国中九经九纬,经涂九轨"。"经涂九轨,环涂七轨,野涂五轨……环涂以为诸侯经涂,野涂以为都经涂"。③ 当时的道路有主次之分,路面宽窄不同,宽窄以轨为度。"轨"即一车两轮行路的宽度,故路宽有九轨、七轨、五轨之别。周道以王都为中心,通向各诸侯国和四方野外的各大聚邑,四通八达,而且道路宽阔平直。这种状况,在《诗经·小雅·大车》中有所反映:"周道如砥,其直如矢。""行彼周行,既来既往。"

周人的道路构成网络,得益于商品经济发展和春秋战国时期的战争频繁。周代对道路的管理更加完善,旅途馆舍设置更多。"凡国野之道,十里有庐,庐

---

① 《礼记》卷十四《明堂位》。
② 《史记》卷二《夏本纪》。
③ 《周礼》第九《考工记》。

有饮食;三十里有宿,宿有路室,路室有委;五十里有市,市有候馆,候馆有积。"①路途行人的食宿更加方便。

周人的驿传制度比殷人更加快捷。因为它采用节级递送的方式,使人马不疲劳而速度更快。当时,周人已设置专门掌管与周边方国或诸侯国交往的官吏,如掌客、司仪、行夫、象胥、掌讶、掌交等,使周朝对外交往频繁而有序。

周代舟车已成为普通的交通工具。春秋战国期间,诸侯混战,更大量使用战车。战车是当时各国重要的作战设备,各国竞相制造。直到赵武灵王提倡"胡服骑射"之后,才逐渐弃战车而重骑兵,于是马,车更多用于日常生活,骑马或乘车外出已是贵族的时尚。

车在商周时代有较多的发现。商代的车由辕、舆、轴、轮、轭等组成,全为木制,只有辔、轭首饰用青铜铸件。车的形制皆为单辕,车轮辐条亦为木制,每轮辐条有 18 至 26 根不等。周代车的结构,基本沿袭商制,稍有改进,但造车的工艺较高。值得注意的是,周人的等级制度已贯穿社会生活的各个方面,乘车也有等级制度:"服车五乘,孤乘夏篆,卿乘夏缦,大夫乘墨车,士乘栈车,庶人乘役车。"②乘车的等级差别主要标志是车的彩饰和马的装饰方面,而庶人所乘的只是一般载物车,不在等级之列。殷人的马车,常用两匹马,而周代贵族的马车,却常用四马,此在《诗经》中多见四马驾车之"驷"。但也有二匹或六匹马驾车现象。在洛阳东周王城发现的"天子驾六"车马坑,证明周王确曾用六匹马驾车。

在周代,除舟车之外,还有一种供人乘坐的肩舆,它是后世轿的前身。

四、婚姻丧葬习俗

(一)婚姻习俗

夏代父系家庭已占主流,平民的一夫一妻和权贵的一夫多妻并存。夏桀除妻妹喜之外,还有妾琬与琰。当时的婚姻礼仪尚不清楚。由妇好其人可知,商代贵族家庭中妇女地位较高。

同姓不婚的一夫一妻制度,至周代得到进一步巩固和完善,特别是春秋战国

① 《周礼》第二《地官·遗人》。
② 《周礼》第三《春官·巾车》。

以后在封建道德约束之下,基本保证子女的可确认性,血统是明晰的。婚姻习俗内容更加丰富和完善。主要有三个方面:

(一)婚姻制度的本质在于保证生育健康的后代。为此,必须根据男女生理成熟时间决定嫁娶的最低年龄。墨子曾云:"昔者圣王为法曰:'丈夫年二十,毋敢不处家;女子年十五,毋敢不事人。'"①韩非子也说:"丈夫二十而室,妇人十五而嫁。"②古人的生活条件差,寿命短,男二十岁、女十五岁,不仅可以成婚,而且必须结婚。而婚龄可能因时因地而异。也有较大的婚龄,"令男三十而娶,女二十而嫁"③。不过,尽管后一种婚龄可能有利于新婚夫妇成家立业,但是当时人们的寿命较短,所以人们宁愿选择前一种。

(二)至迟在周代的婚姻制度中,男女双方不能私订终身,必须经过媒人在男女两家穿梭说合。这在《周礼》和《诗经》中得到反映。《周礼》强调"媒氏掌万民之判"④,判,即半,男女各半,耦合为婚。而《诗经·卫风·氓》中亦曰"匪我愆期,子无良媒"。

(三)嫁娶礼仪逐渐规范。夏代的婚姻礼节尚不见繁文缛节,而商、周二代则不同。已有学者通过甲骨文卜辞的研究,认为商代的嫁娶礼仪,已有一定的规范⑤,主要有四:(1)议婚,即通过媒人商议婚事;(2)订婚,包括占卜和告祖庙之礼;(3)请期,以占卜选定吉日,或男或女方选定,经双方确定成婚日期;(4)亲迎,即成婚之日新郎要亲自迎接新娘。迎亲方式夏、商、周三代略有不同:"夏氏亲迎于庭,殷亲迎于堂。"⑥周代人们更重视礼节,"夫礼始于冠,本于婚,重于丧祭,尊于朝聘,和于射乡,此礼之大体也"⑦。婚礼被看做诸礼之本。早在夏、商时期婚礼已逐渐规范化。周代的婚礼中,除保留商代的四项礼仪外,又增加一些新的礼仪。根据《周礼》和《诗经》所见,可概括为:(1)"凡娶判妻入子者,皆书之"。为判明男女双方年龄,必须由媒人递送对方的出生年月的文书,即后世的

---

① 《墨子》卷六《节用上》。

② 《韩非子》卷十四《外储说右下》。

③ 《周礼》第二《地官司徒·媒人》。

④ 《周礼》第二《地官司徒·媒氏》。

⑤ 宋镇豪:《夏商社会生活史》第165~168页,中国社会科学出版社,1994。

⑥ 《通志·二十略·礼略》。

⑦ 《礼记》第四十四《昏义》。

所谓"庚贴",使双方判别对方婚否或者是否合适。(2)"凡嫁子娶妻,入币纯帛,无过五两"。即男方要向女方赠送彩礼,主要是丝绸布帛和金属货币。同时,女方出嫁时,也要"贿迁",即要带着财物作为嫁妆到男家。(3)迎亲时,男方要派车到女家迎新娘。《诗经·卫风·氓》中就描述了卫国民间婚礼的议婚、请期、纳采和亲迎的过程,最后是"以尔车来,以我贿迁",就是说新郎派彩车来迎,新娘带着嫁妆随归。总之,至周代,婚姻"六礼",即纳采、问名、纳吉、纳徵、请期、亲迎,已经形成。

先秦婚姻是一夫一妻制,这是当时婚姻的主体形态。不过,这是对占人口的绝大多数的平民百姓而言,而对达官贵人而言,就不受这种严格的限制。他们名义上有一个妻子,却往往多有三妻四妾,实际上又是一夫多妻制。

平民百姓的婚姻,往往只考虑再生人口,传宗接代。战国时期已是早期封建社会,子女的婚事一般由父母做主,由媒人牵线促成。孟子曾曰:"不待父母之命,媒妁之言,钻穴隙相窥,逾墙相从,则父母国人皆贱之。"①尽管如此,民间青年男女仍有美好真挚的爱情。《诗经》中有不少反映周代前期的婚姻。《周南·关雎》中反映男子对女子的思念,而《邶风·静女》《小雅·隰桑》则表现青年男女对爱情的忠贞。《卫风·木瓜》《郑风·溱洧》等反映男女在劳动中相爱并互赠定情物。《诗经》中的《王风·大车》《鄘风·柏舟》《召南·行露》和《邶风·谷风》等,从不同角度反映女子为捍卫自主的婚姻权利而抗争的状况。

(二)丧葬礼俗

夏代平民墓葬有的直接埋入墓坑,有的有木棺,但随葬品很少。贵族的大中型墓藏已用朱漆木棺殓尸,墓底铺朱砂,随葬品有铜器、玉器、陶器及乐器、装饰品。这一葬俗反映了当事人的原始宗教信仰。商代贵族有厚葬习俗,实行人殉人祭,有随葬品,甚至陪葬车马。

周代的丧葬制度已很复杂,并充满社会等级的差别。丧葬的礼俗,主要由招魂、哭丧、殓、殡、葬、服丧等六个部分组成。

招魂,即人刚死所举行的第一个仪式。当病人初死,将其置于正室地上,使人拿着死者的爵弁服即黑色礼服礼帽,上屋顶面向北方,长声三呼,呼唤死者的

---

① 《孟子》卷六《滕文公下》。

名字(男称名,女称字)。因招魂是希望死者魂魄回复躯体,故招魂又称"复"。"复,尽爱之道也,有祷祠之心焉。望反诸幽,求诸鬼神之道也。"①在后世丧葬中,招魂演变为设置一招魂幡。

哭丧,当确认病人已死,亲人要哭,称为"卒哭"。哭,是表示对死者的哀惜,哭时可陈死者生前的业绩与品德,以告慰死者。哭时不再呼死者的名字,此即所谓"卒哭而讳"②。因为死者魂魄已游离躯体,归于神鬼之域,若再呼其名字,即视为不敬。

殓,即尸体入棺前的仪式:第一,要为死者沐浴,梳头;第二,为死者穿上衣裳;第三,用米和贝放入死者口中,称为"饭含"。这个环节是有等级差别的:"天子饭九贝,诸侯七,大夫五,士三"③;第四,为死者袭服,给其穿左衽袍。然后为死者设瑱、瞑目等,充塞死者七窍和掩蔽死者的面目;第五,小殓,用布绞紧死者的衣服,再用衾被覆盖尸床;第六,在死者死去的第三天,将尸体入棺,其时还有很多礼仪,称为大殓。

殡,从殓到葬之间称为殡。殡期长短,同等级高低有密切关系:"天子七日而殡,七月而葬;诸侯五日而殡,五月而葬;大夫、士、庶人三日而殡,三月而葬。"④殡期长短,固然有显示地位高低之意,亦便于亲属宾客吊唁哀悼。

葬,即殡期满后,按葬制规定的时间出殡下葬。届时与死者生前亲戚朋友和有关人士都要来参加葬礼,葬礼的规格与死者生前的地位和所处的等级相关。下葬又有祭奠仪式。

服丧,死者下葬后其亲人还要为死者守灵服丧,期限3年。这一期限没有社会等级之别,所有人都一样。孔子曰:"子生三年,然后免于父母之怀。夫三年之丧,天下之通丧也。"⑤服丧是为儿子报父母养育之恩而设,具有孝敬之意。

在河洛地区,已发现一批西周墓、春秋墓和战国墓。但大多数都是中、小型墓,在三门峡发现诸侯国虢国墓地中有诸侯王一级大墓。当然,这也是一个族墓地,无论贵族和平民都埋在同一处,所以大、中、小墓都有,按一定次序排列。

----

① 《礼记》第四《檀弓下》。
② 《礼记》第一《曲礼上》。
③ 《礼记》第二十一《杂记下》。
④ 《礼记》第五《王制》。
⑤ 《论语》第十七《阳货》。

与殷商时期相比,周代的墓葬尽管仍是长方形竖穴,有棺有椁,但在形制方面还是有差别的。在洛阳王城和虢国墓地发现的大墓未见墓道,这一点同殷墓有明显差别。周墓中腰坑并不多见,且只埋一条狗而不殉人,而在墓中和二层台上殉人现象亦罕见。春秋战国时期的大墓有重棺重椁现象。上层贵族大墓往往还有车马坑附葬。而此时洛阳一般中小墓葬的随葬陶器,从早到晚则简化而有规律,即由鬲、盆、罐到鼎、豆、罐,再到鼎、豆、壶,最后是鼎、盆、壶,这是一般的基本组合,并不排除个别墓有变化。随葬品相对固定的组合,也是前所未有的现象。此外,如前面所言,随葬铜礼器的贵族墓,以鼎为中心的等级差别比较严格,这也是殷商所没有的。

五、祖先崇拜与祭祖礼俗

人类社会是一代接一代人延续发展的。父权确立后,世系以父系计算,父系祖先成为人们崇拜的对象。祖先崇拜,既有近亲祖先,又有远祖。当然,也不是一切祖先都是人们崇拜和祭祀的对象,而是本族的始祖和对本族或社会有突出贡献的非凡人物。"夫圣王之制祭祀也,法施于民则祀之,以死勤事则祀之,以劳定国则祀之,能御大灾则祀之,能捍大患则祀之。"[1]这里已指明几类祭祀对象,都是有卓著功勋者。所以,先秦时代人们只选择祭祀少数杰出的祖先:"有虞氏禘黄帝而祖颛顼,郊尧而宗舜;夏后氏禘黄帝而祖颛顼,郊鲧而宗禹;商人禘喾而祖契,郊冥而宗汤;周人禘喾而郊稷,祖文王而宗武王。……凡禘、郊、祖、宗、报,此五者国之典祀也。"[2]由此可见,先秦时代人们祭祀的祖先中有黄帝、颛顼、帝喾、尧、舜五帝,还有夏祖禹、商始祖契、周始祖稷,以及三代杰出人物。各朝代能弘扬祖德而业绩卓著者亦被列入祭祀的对象,例如:"杼,能帅禹者也,夏后氏报焉;上甲微,能帅契者也,商人报焉;高圉、大王,能帅稷者也,周人报焉。"[3]所谓"报"是报德之祭,是禘、郊、祖、宗、报五种国家祀典之一,流行于三代,只是各有不同祭祀仪式罢了。

三代对祖先的崇拜,主要表现为本族祖先建宗庙,设神位神主祭拜。但是,

---

① 《礼记》第二十三《祭法》。
② 《国语》卷四《鲁语上》。
③ 《国语》卷四《鲁语上》。

宗庙之建有一定的制度。"天下有王,分地建国,置都设邑,设庙祧坛而祭之,乃为亲疏多少之数。"①

商人对祖先崇拜,已经很突出。在商代早期的偃师商城和郑州商城,后期的殷墟,都发现了宗庙建筑基址。特别是殷墟,宗庙建筑已成群落。殷墟发现的三组建筑中,乙组21座基址是宗庙建筑基址,丙组17座是坛式建筑基址。两组建筑的布局,南北呼应,左右对照。甲骨卜辞中,有许多殷人祭祀先公先王近祖的记载。其中远世高祖神主要有夔、王亥、土、季、王恒、岳、河、兕、王吴等,其次还有上甲以下的近祖先公及大乙汤以下的先王先妣等。祭祀方式有单祭、合祭、特祭、周祭四种。② 单祭,是对某位先祖或先妣进行祭祀。合祭,是对多位祖先同时进行祭祀。特祭,是对近世直系祖先进行多种特殊祭祀。周祭,是用五种祀典对其祖先轮番和周而复始的祭祀。"殷人尊神,率以民事神,先鬼而后礼。"殷人对祖先的崇拜,几乎同他对自然神和至上神"上帝"一样崇拜,因此祖先在他们眼中已变成神,即祖神。

周人对祖先的崇拜,继承殷人的某些做法,但也有自己的特色。其主要表现在把祖先与天神的意志和人间的道德结合起来,塑造了受天命又有高尚道德的祖先神。周人对祖先的祭祀权,则又同王权和宗法制度结合在一起,充分反映其等级色彩。他们禘喾郊稷,却更重视文王、武王,以为祖宗之祀。周王掌握祖先祭祀大权,同时命令臣下和诸侯以祭祀祖先的行为维护周室的统治。这在《诗经》中有所反映。《诗经·大雅·韩奕》云:"韩侯受命,王亲命之:缵戎祖考,无废朕命。夙夜匪解,虔共尔位,朕命不易。"崇拜祭祀祖先成为维护西周等级制度的手段之一。在周代,祭祀祖先的权利是有等级的,王、诸侯、大夫、士祭祀祖先的权利不同,这是西周等级制度和宗法制度在祭祀中的体现。

三代崇拜祖先的历史,造成这样一种局面:"国于是乎蒸尝,家于是乎尝祀,百姓夫妇择其令辰,奉其牺牲,敬其粢盛……帅其子姓,从其时享,虔其宗祝,道其顺辞,以昭祀其先祖……上所以教民虔也,下所以昭示上也。"③这个习惯,延续到后世,形成崇拜祖先、祭祀祖宗的传统。

_____

① 《礼记》第二十三卷《祭法》。
② 王宇信、杨升南主编:《甲骨学一百年》第601~603页,社会科学文献出版社,1999。
③ 《国语》卷十《楚语下》。

六、岁时节庆

夏、商、周三代的历法不尽相同,所以不可能形成一致的岁时节日,也就是说,即使内容相同的节日,具体日期也不一定相同,故节日一般以月份为主,视情况而定日期。

(一)仲春二月青年男女之会

传说是女娲为人类建立婚姻制度,她是最早的媒人,后世的人也把她奉为高禖即神媒,并为她在郊外建立神庙。每年仲春二月,"玄鸟至,至之日,以大牢祠于高禖,天子亲往"①。玄鸟,即燕子。玄鸟至,即春归大地。"仲春之月,令会男女,于是时也,奔者不禁。"②婚姻是人生的头等大事。所以祭祀神媒,是因为人们企望得到美满婚姻。这是上至天子、下到庶民百姓都十分重视的事。特别是庶民百姓的青年男女,每年在祭祀高禖这一天,都在神媒庙附近的空旷场地上举行盛会,唱歌跳舞,尽情欢乐。在这个欢庆节日里,未婚男女,双方情投意合时,可以自由地在野外结合交欢,自由结婚,任何人不能干涉。这是长期形成的一种风俗。

(二)社祭会

我国以农业为主,历代帝王都把土地上庄稼的丰稔看做是关乎其江山是否稳固的大事,而庶民,特别是种地的农民,更视土地为衣食之源。所以,全国上下都有祭社祈祷丰收的共同愿望。"社所以神地之道也。地载万物,天垂象。取材于地,取法于天,是以尊天而亲地也。……唯为社事,单出里;唯为社田,国人毕作。"③通俗地说,社,就是土地神坛,社祭,就是祭祀土地神。社设于都鄙,即国有社,地方也有社。三代社祭时间有所不同,各诸侯国社祭时间也有区别。不过,为祈祷丰年,往往在春季进行。社祭时,人们为社神献上丰盛的祭品,并虔诚地行跪拜之礼。到春秋战国时代,社祭的内容,除了祭祀社神仪式之外,又增添了新的内容,即祭社时增加了狩猎活动或庶民自行组织的歌舞活动。此时,社祭便成为社祭会,成为"国人毕作"的全民节日。

---

① 《礼记》第六《月令》。
② 《周礼》第二《地官·媒氏》。
③ 《礼记》第十一《郊特性》。

（三）庆丰收与"大饮烝"节

每年秋后，庄稼收割完毕，农民一年的辛劳，总算有了收获；作为一国之主的天子，国库也将有盈仓的新粮。于是举国上下皆大欢庆。人们首先想到的是社神和祖先，认为是他们的庇佑，才获得丰收，所以要祭祀社神和祖先。"是月也，大飨帝（指五帝），尝牺牲。"祭祖祀社之后，天子在太学举行"大饮烝"宴会①，与诸侯和群臣饮酒，以庆丰收并祈来年，而庶民也在此时祀祖先，宴宾客，敬老人。正如《诗经·周颂·载芟》所歌曰："载获济济，有实其积，万亿及秭。为酒为醴，烝畀祖妣，以洽百礼。有飶其香，邦家之光。有椒其馨，胡考之宁。匪且有且，匪今斯今，振古如兹。"就是说：谷物丰收，万斤亿斤数不完。酿清酒甜酒，献给祖先享受，祭祀的礼仪百般多。有椒酒其乐，老人可安宁。不是这里今天才这般，自古以来就是这样。当然，庶民百姓庆丰收少不了载歌载舞，而且欢庆场面延续几天。作为古老的农业国，庆丰收是顺理成章的重大节日。此节庆对后世有深远的影响，至近代仍有"秋而载尝"的活动，即秋天新米谷收获后，有"尝新"，即有与亲友邻里共同尝食新米谷之俗。

（四）腊祭会

腊祭是在农历十二月（俗称腊月）初八举行。"命宰历卿、大夫至于庶民土田之数，而赋牺牲，以供山林、名川之祀。凡在天下九州之民者，无不咸献其力，以供皇天上帝，社稷、寝庙、山林、名川之祀。"②这是年终前祭祀包括天地名山大川为主的各方神祇。天子举行祭祀典礼，庶民百姓尽力献出丰盛祭品。这一天，举国欢庆，轻歌曼舞。子贡看了蜡祭欢乐场面后对其老师孔子曰："一国之人皆若狂。"后世喝腊八粥，就是腊祭的遗风。

先秦时代，特别是春秋战国时期，在各诸侯国都有一些地方风俗性节日。如郑国三月上旬有采兰水上以祓除不祥的民俗活动。《诗经·风·溱洧》就是描述这种活动的欢乐场景："溱与洧，方涣涣兮。士与女，方秉蕳兮。女曰：'观乎？'士曰：'既且。''且往观乎？'洧之外，洵且乐。维士与女，伊其相谑，赠之以勺药。"此外，卫国、陈国、魏国等都有其地方风俗的节庆。

---

① 《礼记》第六《月令》。
② 《礼记》第六《月令》。

第三节　秦汉风俗

秦汉时期实现了全国的统一,先秦时期的各部族融合为一,形成了汉族。河洛地区为秦汉王朝腹地,社会经济发达,交通便利,丝绸之路开通,河洛汉人与北方游牧民族的交往增多;儒家学说定于一尊,改变了河洛地区人民的社会生活方式和习俗。

一、衣食住行

(一)饮食

秦汉时期人们的主要食粮为黍、粟、麦、菽(豆子)、稻。在河洛所在的黄河中下游地区,粟的主导地位被麦取代,冬麦成为黄河流域的主要农作物,菽退居次要地位。随着粮食的增多,人们口粮标准提高,粮食加工方式得到改进,磨具不断改良,麦子加工成面粉,具有其他谷物所不具备的韧性、色泽和口感,于是面食成为主食的基本构成,而且花样日益丰富。当时将各种面食统称为饼,制法有蒸、烤、煮三种。具体说来有蒸制的蒸饼,水煮的汤饼,烘烤、烙制的炉饼等。除饼外,又有饭,即用麦、粟、黍、稻制作的干饭,称作"糒"或"糗",多为平民所食,还有粥,用粮食掺水煮成。

葵、藿、薤、葱、韭,称作"五菜",最为常见。此外还有芥、芹、芋、菘(白菜)、萝卜、葫芦、菠菜、蔓菁等菜蔬。人们已学会榨制豆油、菜子油和麻子油,动物脂肪逐渐为植物油所取代。

瓜果有甜瓜、西瓜、梨、桃、杏、柿等。张骞通西域后,西北地区的蔬菜果品陆续在河洛地区引种,其中有西瓜、葡萄、石榴、胡蒜、紫葱、胡麻、胡桃(核桃)、胡瓜(黄瓜)、茴香、胡豆(蚕豆)等,供人们食用。

肉食则有羊、猪、狗、鸡等,狗肉最为当时人喜食。人们已在池塘中养鱼。南阳人樊宏,"池鱼牧畜,有求必给"①。人们将豆子加工成豆芽、豆豉和豆腐。

---

① 《后汉书》卷三十二《樊宏传》。

1960 年在新密打虎亭 1 号汉墓中发现有描绘豆腐作坊的画像石,画面完整地表现出浸豆、磨豆、滤浆、点卤、榨水等主要工艺流程。此外,人们还会制豆酱和醋。菜肴的炒、爆、炸、煎技法也日益完善,菜肴品种有所增加。

饮料主要是酒,洛阳烧沟西汉墓出土大量陶瓮,就是盛酒的容器。此外,人们常饮浆。

在先秦时期流行鼎类的高足金属炊具,下面烧火以炊。汉代人们所使用的是既节约燃料又便于制造的砖灶。洛阳烧沟西 14 号汉墓中有灶具的陶明器,形制和今日农村的柴灶基本相同,后面有弯曲的烟囱,灶面的灶口上置釜和镬,釜上置甑可用来蒸食物。食具为陶制或木漆制,器皿有碗、杯、壶、盘等多种。用餐的筋或箸(即筷子)用竹、木制成,用匕喝汤,切肉则用刀俎。秦汉时人们一日三餐渐多,食品主要是五谷和菜蔬。

(二)衣服佩饰

冠服是封建国家规定的礼服,天子、后妃、太子、百官有所不同,与平民的衣着区别更大。

头上所着称元服,有冠、冕、弁、帻、巾等。汉代的冠前高后低,有委貌冠、通天冠、进贤冠、高山冠、武冠、却敌冠等多种。冕为特殊形制的冠,属统治者的礼服。东汉明帝永平二年(59 年),诏有司采古礼书制冕,对皇帝、王公、诸侯、卿大夫的冕有明确规定。[①] 弁为皮制,形若覆杯。帻将头全部盖住,巾是裹头的布。汉灵帝好胡服,外戚也别出心裁,随意改变服饰制度。士人多以葛巾、深衣作为装束。

衣服上为衣,下为裳,以颜色、质料和形制体现尊卑。先秦时人们所穿的深衣,至汉代演变为袍,用丝绵制成,为士民的便服,属于外衣。衣是单层的长袍,为一般地主和贵族的常服,东汉时成为武职官员的制服。襜褕为妇女常服,更为宽博,用厚料制作。外短衣有襦、袭。内衣则有亵、抱腹(兜肚)、心衣、裲裆、汗衣等名目。下体之衣有裈,过膝的称袴或绔(开裆裤)。汉末,服装一改旧风,"男子之衣,好为长躬而下甚短,女子好为长裙而上甚短"[②]。衣裳皆用带子系

---

① 《后汉书》志第三十《舆服志》。

② 《后汉书》志第十三《五行志》。

扎,需用带钩。

　　足所穿有履(单底)、屦等,用葛、麻、皮、丝制成,木制者称屐,皮制为鞜。舄和屐均为复底鞋。袜称韈,以皮或布制成,穿时须系带。当时习俗进门须脱鞋。

　　汉族成年男子的发式是束发为髻,儿童则为总发或总角。妇女发式甚多,盛行高髻,式样有双鬟髻、三角髻、三鬟髻、四起大髻等。新密打虎亭汉墓壁画中就有不少这类发式。东汉权臣梁冀的妻子发明坠马髻。妇女头上的饰物有步摇、簪、珥、珰、擿、华胜等,面部装饰有傅粉、深脂、贴钿、点唇、画眉等项。秦汉时期,男女均可傅粉。佩物有玉、刀、囊、觿等。桓帝元嘉年间,“京都(今河南洛阳)妇女作愁眉、啼妆、坠马髻、折要步、龋齿笑。……始自大将军梁冀家所为,京都歙然,诸夏皆放效”。①

　　汉代河洛地区与西北和北方胡族的交往频繁,东汉时都城洛阳逐渐兴起一股胡风。东汉末,汉灵帝“好胡服、胡帐、胡床、胡坐、胡饭、胡箜篌、胡笛、胡舞,京都贵戚皆竞为之”②。由此可见当时的风尚。

　　(三)住所家具

　　东汉定都洛阳,统治者倾力修建南北宫,以满足自己的奢欲,显示自己的权威。北宫的德阳殿,规模宏大,可容纳万人。殿前的朱雀阙,高耸入云,可与秦、西汉时期的阿房宫、未央宫相匹。这是皇帝的住所。宫殿大量采用斗拱抬梁式的多层木结构,并以砖石为基础和墙体,柱形、柱础日趋多样化。当时的楼阁,每层都是一个独立的结构单元。东汉时期,洛阳的宫殿以木结构的多层砖瓦建筑取代了以前的高台建筑,居住面貌为之一新。

　　达官显贵、富豪大贾的住宅,分为庭院式和楼阁式两种。庭院式府第有多种格式,以四合院、三合院最为常见。从河洛地区出土的画像石和陶明器看来,这类建筑有高大可通车马的正门,供主人宾客出入,又有为下人出入的小门。正门的前堂,为家人团聚和待客处所。堂两侧有夹室,后有房,有门户相通,为家庭成员住所,有的还有后堂。院内设有车房、马厩、厨房、库房及奴仆住室。东汉以后,楼阁式府邸增多。陈县(今河南淮阳)人彭氏,“造起大舍,高楼临道”③。河

　　———————
　　① 《后汉书》志第十三《五行志》。
　　② 《后汉书》志第十三《五行志》。
　　③ 《后汉书》卷七十七《黄昌传》。

南各地出土的汉代陶楼,层数高低不同,既能充分利用空间,又可登高眺望。庭院式和楼阁式建筑逐渐合一。楼阁为主人住处和库房,平房供下人居住和牲畜栖息。郑州空心砖画所示大宅,前院绕有围墙,右侧建有双阙,面对大道。院墙内外植有树木。第二道门偏在左边,门上有重檐庑殿顶。门内是一楼房,雕梁画栋,甚为精细。院中种植树木。[①]

平民居住采用木架构,墙壁为干打垒,屋顶为悬山式或平房,窗户狭长,有围墙构成的院落,院内有厕所和畜栏。河南内黄三杨庄发现有埋在地下的院落遗迹。贫民的住房则"甕牖绳枢",斧成木构,还有结草为庐及穴居者。

秦汉时河洛百姓多跪坐,以席子为铺垫。床原为卧具,无栏杆,上有枕、被、褥,后兼为坐器。床细分又有榻、枰、床之别。富贵人家则坐榻,榻小巧,便于搬动。床边配置凭几,以减轻跪坐的腿部压力。室内陈设有案,上置文房四宝。照明则用灯烛。装置物品的有籨、筐、笥等,室内杂饰有帷、帐、屏风以及布门帘、竹门帘。

(四)舟车舆轿

秦汉全国驰道的东西干线从河洛地区穿过。从洛阳入函谷关可达关中长安,沿丝绸之路可通西域各地,东循济水可抵定陶、临淄。洛阳往北,经邺城、邯郸可通涿、蓟,自陈留(今河南开封东南)沿鸿沟、颍水入淮,再向南沿淝水、巢湖直达长江。内河航运则用舟船。

秦汉时期的车辆可分为马车、牛车、羊车和鹿车(手推车)多种。皇帝王公的坐乘称"安车",立乘称"立车",装饰华丽。西汉中后期,双辕马车逐渐普及。车的名目有斧车、辎车、施车、轩车、軿车、辎车等。軿车多为妇女乘坐。贵族有一套车舆制度。舆轿是靠人力肩负为乘车代步的工具,汉代多用竹制,较为轻便。

在水陆要冲设有关津,设卡以行督察。河洛地区有函谷关、虎牢关等多个关卡,出入凭传(通行证)。黄河上又有孟津、小平津等许多津渡。在主要交通线路上设有邮传,备有传舍驿马,用以接待官员,此外也有私人开设的旅馆。

---

①　河南省文化局文物工作队:《郑州南关一五九号汉墓的发掘》,《文物》1960 年第 8、9 期。

二、婚姻丧葬

(一)婚姻嫁娶

秦汉时期河洛地区的婚嫁礼仪,在先秦礼仪的基础上稍有改变。汉初规定,女子十五至三十岁不嫁要受罚。但男女婚龄过小,也出现一些弊病。子女婚姻的决定权掌握在父母手中,如父亲谢世,由长兄决定。汉代人认为,有五种女子不可娶:一是丧妇之长女,二是世有恶疾,三是世有刑人,四是乱家女,五是逆家子。① 富贵人家男子除正妻外,多有妾媵,事实上是一夫多妻。

汉代从皇帝到庶人的婚礼,皆由《仪礼·士昏礼》的规定变通而成。其程序一是相亲,包括"纳采"、"问名";二是定亲,包括"纳吉"、"聘礼";三是成亲,包括"请期"、"亲迎"等。媒人受男方父母委托,到女子家中求婚,谓之"纳采"。纳采用雁,还有璧、羊、酒等,象征婚姻和谐美满。纳采后便问女子姓名生辰,男方占卜联姻是否吉利,称"纳吉"。然后行纳聘礼。皇帝纳聘用黄金,官吏用钱,以及车马、奴婢、布帛等。选定吉日迎娶新娘,称"请期"。新郎亲往迎接新娘,称"亲迎",多用车马。迎归后,行同牢礼,饮合卺酒,新妇见公婆。亲朋前往贺喜,举行婚宴。婚后三月,新婚妇女拜谒祖庙,婚礼告成。上述礼仪,平民多简化。

(二)丧葬礼仪

丧指哀悼死者的仪式,葬则是处理死者遗体的方式。丧葬之礼以葬礼为中心,可分三阶段:一是葬前的丧礼,包括招魂、哭丧停尸;二是葬礼,包括祭奠、送葬、埋葬;三是葬后服丧。秦汉时期河洛地区的汉族人多行土葬,上层社会普遍实行夫妻合葬,葬姿以仰身直肢最为流行。

秦汉时期盛行厚葬。河南永城北芒山的梁孝王墓地,凿山为室,随葬珍宝无数。西汉洛阳人"剧孟虽博徒,然母死,客送丧车千余乘"②。汉代还盛行为丧家赗赠的习俗,分为官赗和私赗两种。东汉官赗:"皇子始封薨者,皆赗钱三千万,布三万匹;嗣王薨,赗钱千万,布万匹。"③这种厚葬习俗,正如王符所说:"今京师

---

① 《后汉书》卷四十八《应奉传》注引《韩诗外传》。
② 《汉书》卷四十九《爰盎传》。
③ 《后汉书》卷四十二《光武十王传》。

贵戚,郡县豪家,生不极养,死乃崇丧。或至刻金镂玉,檽梓梗枏,良田造茔,黄壤致藏,多埋珍宝偶人车马,造起大冢,广种松柏,庐舍祠堂,崇侈上僭。宠臣贵戚,州郡世家,每有丧葬,都官属县,各当遣吏斋奉,车马帷帐,贷假待客之具,竞为华观。"①这种风气无益于奉终,无增于孝行,劳民伤财,败坏社会风气。

秦汉时期,墓室有石室、砖室、椁室和土室之别。帝王多用石室,规模宏大,官宦富豪多为砖室,并装饰大量画像石和壁画。椁室是棺外的木室,椁内放棺及殉葬品。土室为中下层人家所为,先竖挖墓道,再横挖墓室。墓上封土成坟丘,栽上树为标志。坟的大小依墓主身份而定。帝王之坟称陵,东汉皇陵有五座在洛阳北邙山上,六座在洛河南,陵周围的标志有寝、祠堂、墓阙、碑、神道、雕像等。

人初死,要沐浴饭含,即将珠、玉、贝、米等物放入口中。装敛用衣被,帝王有用金镂玉衣者。殉葬品有礼器、生活用品及明器,即用陶瓷、竹木制的车、舟、仓、房楼、俑及家畜家禽等。

人死后宣布死讯,亲属闻讯,要赴丧或吊唁。父母死后,其子女要行丧服三年。凡行丧,居官则离职,授官则不就。未葬时居服舍,既葬则庐墓,禁酒肉,禁娱乐。已婚者禁夫妻同居,未婚者不得聘娶。

三、娱乐活动

人们有闲暇时间,为愉悦身心,也开展一些消遣活动。秦汉时期,这种活动丰富多彩。

投壶,以一尊壶作为箭靶。壶颈长 7 寸,腹长 5 寸,口径 2 寸半,壶内填装豆子。另有投矢 8 支,用柘木或荆条削成,头尖腹大而尾细长。室内投壶矢长 2尺,庭内投壶矢长 2.8 尺,厅堂则矢长 3.6 尺。投壶的距离一般是矢长的 2.5倍。聚众饮宴时主人捧投矢献给宾客,宾客先推辞而后接受。连投 4 支不中,则罚酒,最后以中壶次数最多者为胜。

弹棋西汉末由宫廷流传到民间。棋盘用磨得光滑的石头制成,一般为方形,中间隆起,四周低平。棋盘两边各有一圆洞。棋子以硬木或象牙制成,共 12 枚。棋盘上洒滑石粉。游戏时,双方站在棋盘两边,各自摆好 6 枚棋子。用手弹棋,

---

① 王继培:《潜夫论笺校正》,第 137 页,中华书局,1985。

使自己的棋子穿过中间隆起部分射入对方圆洞。弹棋时要根据对方所摆棋局，采用拨、捶、撒等技巧打开对方棋子，为进入对方圆洞扫清障碍。将6枚棋子先弹入对方洞中者为胜。

樗蒲西汉时已出现，供两人或数人游戏。樗蒲所用器具有枰、杯、木、马、矢五种。枰即棋盘，上有关、坑、堑等行棋障碍。杯是投掷木的容器。木又称五木，木制供投掷用。马、矢均为棋子。矢代表步兵，可以围杀或阻止马前进。竞赛各方以投掷五木所得采来决定马的进退。五木全黑为卢，得采十六；二白三黑得采十四，二黑三白得采十，全白得采八，这四种情况称贵采。此外还有杂采：开为十二，塞为十一，塔为五，秃为四，撅为三，枭为二。得贵采可以连投掷，连续走马过关。这种游戏较复杂，决出胜负时间较长。

蹴鞠即古代足球，用皮革制成。东汉时期较为普及，南阳等地出土有以蹴鞠为内容的画像石。

第四节　魏晋南北朝风俗

社会风俗包括衣食住行、婚丧礼俗、节庆、娱乐等。魏晋南北朝时期少数民族进入河洛地区，使当地的社会生活发生较大变化，这一时期的风俗具有民族差异和融合趋同的特点。

一、服饰与饮食

（一）衣冠服饰

洛阳是魏晋及北魏时期的都城，生活着数量众多的帝王显贵，他们的衣冠服饰和平民有明显区别。

冠冕自东汉以降为帝王及地位较高的官员所专用，冕与衮服相配套。帝王多戴通天冠、远游冠，文职官员则戴进贤冠、高山冠。北魏宁懋石室中一官员戴笼冠，为北魏孝文帝改革服饰时参考武冠而制成。

平民百姓则戴帽。鲜卑帽又称突骑帽，由北方少数民族带入河洛地区。又有长帽和大头垂裙帽，出土文物称"风帽"，形制为圆顶，前沿位于额部，在脑后及两侧垂至肩部。孝文帝改革后这种帽为汉族服装所取代，北朝后期再度流行。

汉末至魏晋河洛的文人雅士在非正式场合多戴巾。

魏晋南北朝的服装体现着严格的等级差别。帝王着衮服，阎立本所著《古帝王图》中晋武帝所穿，就是实例。群臣穿五时朝服，衣料由朝廷供给。北魏孝文帝时制作的朝服，在裤褶服的基础上加以改进而成。孝明帝时再次改革服制，服装趋向博大。此外，还有披风（斗篷）。魏明帝曹睿曾穿缥纽半袖。

戎装中的铠甲，有两当铠、明光铠等，两当铠为其主流。裤褶，源于北方游牧民族，样式本来是左衽、小袖，裤腿较瘦。河南邓州出土画像砖中牵马者所着服饰，就接近于裤褶的本来样式。裤褶流行于中原后发生变化，出现右衽，裤腿肥大，类似裙裤或喇叭裤。洛阳出土的北魏元墓俑，裤褶样式既有左衽，又有右衽，袖子以宽大为多，也有窄小的。

皇后公主参与社会活动，如祭祀、亲蚕仪式，要穿单衣或蚕衣。三国魏时蚕衣多用文绣，西晋惠帝时改为纯青色。皇后的首饰有十二钿、步摇、大手髻、带绶佩等，公主以下首饰递减。此外，首饰又有簪、蔽髻、绶带等。

当时妇女的一般服装主要是襦、袄、裲裆、抱腹、帔、裙及裤褶等。汉末建安年间，女子喜长裙而上甚短，西晋初则上俭下丰，着衣者皆压腰盖裙。女子的日常服装是上身着襦衫，下面穿长裙。襦衫一般右衽，北朝时亦有左衽。洛阳出土的北魏元疤墓中的 V 形女侍俑和舞俑皆着左衽衫，但衣袖宽大，体现胡汉合璧的特点。小袖袄是鲜卑等北方游牧民族妇女的原有服装，在孝文帝改制前颇为流行，改制后仍有穿者。裙是妇女主要服饰之一，裤褶在西晋北朝时也较流行。

妇女的发式，西晋惠帝时流行撷子。史称"元康中，妇女结发者，既成，以缯急束其环，名曰撷子。始自中宫，天下化之"[1]。年轻女性常将头发束成双环，如顾恺之所绘《洛神赋图》，北魏宁懋石室中有许多年轻女性梳与双环相近的双丫髻。

魏晋时的女子面部多施用白粉、红粉，贴黄色花纸。男子也有施粉者，如何晏就"粉白不离手"。

脚上穿的则有履、屐、靴、袜等。履男女形制不同，男的为方头，女的为圆头。

---

① 《宋书》卷三十《五行志一》。

而晋惠帝元康年间,女的亦改为方头。靴由北方少数民族传入中原,在孝文改制前盛行,后有所收敛,北朝后期再度流行。

(二)饮食习俗

魏晋南北朝时期河洛地区的饮食习俗,既包含汉族百姓的传统,又有北方少数民族的习俗加入,显得更为丰富多样。西晋潘岳的《闲居赋》所说:"灌园鬻蔬,供朝夕之膳;牧羊酤酪,俟伏腊之费。"包括官员在内,平时只能素食,逢年过节方能食肉。

当时人们日常食用的粮食,主要有谷、黍、粱、大豆、小豆、大麦、小麦、水稻、旱稻等。河洛地区以旱作物为主,但在洛阳、黄淮地区及黄河以北的河内郡(治今河南沁阳)、邺城(今河北临漳西南)等地,都有面积较大的水稻产区,而且品种优良。魏文帝曹丕曾说,洛阳城南的新城稻"上风炊之,五里闻香",晋人袁准亦称赞"河内青稻,新城白粳"。

饭是当时的主要食物,以粟为主,兼用麦,或蒸或煮。此外,还有粥,以小米、麦或豆煮成。饼也是主要食品。魏明帝曾赐给何晏热汤饼。还有胡饼,汉末在洛阳推广开来,就是烧饼。冬季则食煮饼。当时人已掌握发酵技术。何晏曾指定要吃裂为十字的蒸饼,类似于开花馒头。此外,还有乳饼。而细环饼、膏饼,则属于油炸食品。

副食主要有蔬菜和肉食两大类。魏晋时期河洛百姓食用的蔬菜有茄子、葵菜、韭菜、蔓菁(芜菁)、芹菜、堇、芦菔(萝卜)、芋头、菜瓜、胡瓜(黄瓜)、冬瓜、瓠、蘑菇、芥菜、芸苔(菜苔)、胡荽(香菜)、苋菜等。《齐民要术》中专门有《素食》一节,记载制作瓠、茄子、紫菜、薤白、食用菌等各种蔬菜的方法,人们已懂得腌制蔬菜,供冬春季食用。

肉食有猪、牛、羊、马、驴等家畜,鸡、鸭、鹅等家禽,又有兔、鹿、獐、野猪、雁、雀、鹌鹑等野味。北方少数民族,喜食羊肉,加工方法有炙、炮、煎、焦、烩、蒸、煮、烧、炖等。炙是明火烧烤,即将整个动物以火烧烤,再割块分食。这是从北方、西北方少数民族地区传入中原的习俗,因而又称"貊炙"。还有胡炮肉,亦是如此。人们又将肉制成脯、腊,防止日久臭腐。

人们亦食鱼虾。史称"伊洛鲂鲤,天下最美;洛口黄鱼,天下不如"①。但是"伊洛鲤鲂,贵于牛羊"②,只有显贵富商及北来南方人食用。

河洛地区的水果有枣、桃、樱桃、葡萄、李、梅子、杏、梨、栗、榛、柰、林擒(沙果)、柿子、安石榴、木瓜、茱萸等。北魏时期洛阳白马寺的甜石榴、报德寺的"含消梨"、华林园的仙人枣及仙人桃等,都十分著名。当时人已将果品制成密饯、果脯和果粉。

当时的饮料主要是酒,魏晋名士都以饮酒相尚,如周颙、阮咸等均嗜酒。西晋洛阳等地酒肆、酒店随处可见,北魏洛阳有退酤、治觞二里,多以酿酒卖酒为业。葡萄酒、茶和酪浆魏晋时已进入河洛地区,成为上层人士的饮品。

二、居住与出行

(一)官第民宅

魏晋与北魏时期皇帝居住的洛阳宫苑,在前面已经述及。这里主要介绍高官显贵的府第和平民住宅情况。

西晋时期奢侈之风渐盛,洛阳的宗室权贵竞相建筑府第和庄园,王恺的府第和石崇、潘岳的庄园,豪华富丽,应有尽有。北魏后期,"帝族王后、外戚公主,擅山海之富,居川林之饶,争修园宅,互相夸竞。崇门丰室,洞户连房,飞馆生风,重楼起雾,高台芳榭,家家而筑,花林曲池,园园而有。莫不桃李夏绿,竹柏冬青"③。魏宣武帝修建华林园,"为山于天渊池西,采掘北邙及南山佳石。徙竹汝、颍,罗莳其间。经构楼馆,列于上下。树草栽木,颇有野致"④。

北魏洛阳商人的住宅,亦可与达官显贵媲美。史称洛阳"多诸工商货殖之民,千金比屋,层楼对出,重门启扇,阁道相通,迭相临望"⑤。

西晋士人山涛,有"旧第屋十间,子孙不相容"⑥,朝廷诏令增建。官员住宅往往有十数间至数十间。而洛阳里坊中的平民,每户住宅占地不过100平方米,

---

① 《太平御览》卷九三六《鲤鱼》引《河洛记》。
② 范祥雍:《洛阳伽蓝记校注》第161页,上海古籍出版社,1978。
③ 范祥雍:《洛阳伽蓝记校注》第206页,上海古籍出版社,1978。
④ 《魏书》卷九十三《茹皓传》。
⑤ 范祥雍:《洛阳伽蓝记校注》第205页,上海古籍出版社,1978。
⑥ 《晋书》卷四十三《山涛传》。

只有平房几间。

乡间大族多聚族而居。如北齐时濮阳侯氏"一宗近将万室,烟火连接,比屋而居"①。住宅形式,多为一进、二进、三进或多进的大宅院,围有院墙。正房多为一明二暗,两侧有厢房,另有厨房、厕溷等。住宅建筑材料有砖瓦,有土、木、石。

城乡居民住房屋者占绝大多数,但也有人住窟室。如西晋隐士孙登,汲郡(今河南卫辉)人,"于郡山北为土窟居之"②。北魏元弼,弃官"入嵩山,以穴为室"。北方少数民族住毡帐的习俗,此时也传入中原。

居室内的器物有床、榻、几、案、屏风、步幛等。床以木制,也有以石、玉制者,供坐卧。胡床东汉时期由西域传入中原,魏晋时流行开来,这是一种轻便坐具,形如马扎。床上夏季铺席,冬季铺毯或褥,床上有承尘、帷帐。榻专供坐,有独榻和连榻。室内还有遮目的屏风、步幛及帘。

(二)乘舆车船

魏晋时期皇帝离开宫馆出行,有一套车舆卤簿制度。西晋皇帝出行,乘金根车,驾6匹骏马,属车81乘。前有司南车、游车9乘、武刚车、云罕车、躁戟车、皮轩车等,后有黄钺车、大辇、五时副车、躁猎车、耕根车、豹尾车等。北魏孝文帝制作"五辂",辂车并驾5匹马。西晋时皇太子和王公大臣所乘车辆的等级和数量都有严格规定。北魏后期规定皇太子乘金辂、驾4马,三公、宗室诸王乘高车,驾3马,其余依次递减。高级官员则乘轺车。

魏晋时与秦汉的区别,首先是牛车的广泛使用,牛取代马成为公私车辆的动力。公卿大臣乘牛车之风始于东汉末,西晋极为兴盛。石崇和王恺曾进行比赛,牛车先入洛阳城门者为胜。十六国北朝时,牛车成为官员出行的主要交通工具,而且多为坐乘。犊车从汉代的下层人士乘坐变为魏晋的上层士人乘坐,车上增加许多华美的装饰,名称有云母车、七香车等。此外,还有用于军事的高速车辆——追锋车,用于弋猎的槛车以及装载帝王贵臣尸体的辒辌车等。

除牛车外,还有羊车、驴车、骡车。西晋武帝曾在宫中乘羊车。舆是一种没

① 《通典》卷三《食货三·乡党》。
② 《晋书》卷九十四《隐逸传》。

有车轮、以人力挑或抬的运输工具,有板舆、步舆等。辇则是用人力牵挽的车辆。

除乘车外,人们也骑马,马镫已经出现。安阳孝民屯十六国早期墓中出土有单马镫。

陆路乘车骑马,水路则乘舟船。三国魏时杜畿在孟津(今河南孟州东南)试验御用楼船,当地设有造船工场。洛阳一带的航运网东汉时已形成。漕渠"东通河济,南引江淮,方贡委输,所由而至"①。魏晋时洛阳大城东有大仓,仓下运船,常有千计。西晋杜预奏表说:"长史刘绘循治洛阳以东运渠,通赤马舟。"②后赵石虎时曾造万斛舟,运送洛阳铜驼到襄国(今河北邢台)。

三、婚嫁丧葬

魏晋南北朝时期河洛地区的婚嫁和丧葬习俗,也有其时代特点。一是早婚。由于战争频繁,瘟疫流行,导致人口锐减。如魏黄初四年(223年)三月,"宛、许大疫,死者万数"。晋武帝咸宁元年(公元275年)十一月,"大疫,京都死者十万人"③。人口的急剧减少,生产力的严重缺乏,加上家族传宗接代、数世同堂的观念,形成早婚早育的风气。西晋时束皙曾说:"男十六可娶,女十四可嫁。"④可见当时的婚龄,男子为十六岁,女子为十四岁。二是婚姻注重门第。魏晋时期的河洛大族,如颍川庾氏、陈留阮氏、河南褚氏、济阳蔡氏、荥阳郑氏、河南陆氏、河内司马氏等,都十分注重婚姻的门第,不与庶姓通婚,以保持自己华贵的门品和政治特权。三是财婚,即借婚嫁敛财。史称"近世嫁娶,遂有卖女纳财,买妇输绢,比量父祖,计较锱铢,责多还少,市井无异"⑤。这是一种买卖婚姻。四是冥婚。如魏明帝爱女淑卒,"取甄后从孙黄与之合葬。追封黄为列侯,为之置后,袭爵"⑥。它形式上是为亡者完婚,实际上是对生者心理的一种安慰。此外,三国袁准曾反对中表之婚,但当时的近亲婚,如姑舅表亲结婚亦不罕见。还有异辈婚,即婚姻双方家庭的辈分出现混乱,对辈分要求不严,又有幼童婚及指腹为婚。

---

① 《水经注》卷十六《谷水注》。
② 《北堂书抄》卷一百三十七《舟部上》《舟总篇一》。
③ 《宋书》卷三十四《五行志》。
④ 《初学记》卷十四《婚姻第七》。
⑤ 王利器:《颜氏家训集解》卷第一《治家》,上海古籍出版社,1980。
⑥ 《资治通鉴》卷七十二,太和五年。

由于时代局限,婚姻中存在诸多陋习。

　　魏晋时期的丧葬礼仪,基本依古礼而行。当时河洛地区的丧葬,在曹操、曹丕父子倡导下,形成俭薄之风。魏文帝曹丕作《终制》:"寿陵因山为体,无为封树,无立寝殿,造园邑,通神道。夫葬者藏也,欲人之不得见也。……为棺椁足以朽骨,衣衾足以朽肉而已。""无施苇炭,无藏金银铜铁,一以瓦器,合古涂车、刍灵之义也。棺但漆际会三过,饭含无以珠玉,无施珠襦玉匣,诸愚俗所为也。"①在皇帝的提倡下,曹魏王公大臣多行薄葬。陈王曹植亦薄葬。司马朗死,"布衣疏巾,敛以时服"。西晋帝室之陵墓,多遵从司马懿"不坟不树"的终制。但是西晋朝廷多厚赐臣下之葬,因而西晋达官显贵,厚葬者亦有之。

　　由于魏晋南北朝人口大流移,人们的乡土观念颇重。侨置郡县以安置南迁之民,就是满足其怀念本土的情感和恢复旧井的希望。"狐死首丘",客死异乡的人,家属多将遗体归葬故乡。但是北魏孝文帝迁都洛阳后,出于与反对迁都的保守派斗争的需要,规定代郡(今山西大同)人迁至洛阳的,一律为洛阳人,死后不得归葬代北。

　　当时的葬俗的另一点,是夫妻合葬,后妃夫人要祔葬帝王。西晋司空郑袤妻曹氏要求郑袤前妻孙氏与其合葬②,被传为美谈。孝文帝迁都洛阳后,规定代迁户夫妇合葬的原则:一是妇随夫葬;二是若欲合葬洛阳,亦可夫随妇葬;三是宁可两地葬,也不准男人归葬代北。

　　人死后,梳头沐浴,口填饭含,缠尸,佩玉,装敛并设灵堂祭奠。

　　遇丧事,亲友要前往吊唁。丧主哭,客行礼。达官显贵有丧事,会葬者人数众多,如袁绍丧母,归葬汝南,会葬者达3万人,出殡场面极为隆重。

　　父母死后,儿子要行丧礼。如河内山涛,年逾耳顺,仍"居丧过礼,负土成坟,手植松柏"③。

四、岁时节令

　　元日为四时之首,也是国家的盛典,朝廷则举行盛大的朝会。元日民间习

---

①　《三国志》卷二《文帝纪》。
②　《晋书》卷九十六《郑袤妻曹氏》。
③　《晋书》卷四十三《山涛传》。

俗,庭前燃放爆竹,进椒柏或屠苏酒、胶牙饧,造五辛盘,造桃板著户。正月十五日亦为节庆。"自魏氏旧俗,以正月十五日夜为打竹簇之戏,有能中者,即时赏帛。"晦日则到水边,操桨泛舟,临水宴乐,漂洗衣裙。

三月三日为上巳日。曹魏时将上巳日固定在三日。这天人们多到水边,以被除灾气。西晋时,会稽(今浙江绍兴)人夏统到洛阳,见上巳日洛阳城内"王公以下,莫不方轨连轸,并南浮桥边禊,男则朱服耀路,女则绵绮灿烂"①。

七月七日,有晒书、晒衣物的习俗。据记载,司马懿曾在这天晒书。陈留尉氏(今属河南)阮氏也在这天晒衣物,道北诸阮姓之人大晒锦绣衣物,五光十色,灿烂夺目;阮咸家贫,无衣可晒,便用竹竿挂一条大布围裙晒在院中。这天又是传说中牛郎、织女鹊桥相会之日,少女多乞巧。伏日也有酒食之会。

九月九日,朝廷举行重九宴会。当时菊花盛开,人们多采菊相赠。魏文帝曾采菊赠钟繇。

除夕为一年的最后一天。北朝时朝廷举行大傩仪式。

另外,每年仲春(农历二月)、仲秋(农历八月),要祠祀社稷先农。春祈秋报,求得年谷丰稔。祭祀社神多封土筑坛,坛上种社树。魏明帝时立帝社。晋武帝太康九年(公元288年)诏令"社实一神,其并社之祀"。北魏立太社、太稷、帝社于洛阳宗庙之右,形制为方坛、四陛。逢社日群众多在社下集会。

第五节 隋唐风俗

隋唐五代时期丰厚的物质基础使河洛地区的社会生活比以往更为丰富。由于中西交流的频繁,异族的生活方式强烈地影响着时代的风尚。中原的饮食、服饰、娱乐既有时代性,又具有明显的地域特点。

一、服饰与饮食

(一)服饰

隋及唐前期的男子,不论官吏还是吏民,都崇尚胡服。北宋的沈括指出:

---

① 《太平御览》卷三十《时序部·三月三日》引《夏仲御别传》。

"中国衣冠自北齐以来,乃全用胡服。窄袖绯绿、短衣、长靿靴、有蹀躞带,皆胡服也。……唐武德、贞观时犹尔,开元之后,虽仍旧俗,而稍博矣。"①

男子多穿袍衫,这是一种圆领窄袖、身长至足或膝的服装,隋唐普遍流行。洛阳遭灾后,张全义"悉召其家老幼,亲慰劳之,赐以酒食茶彩,丈夫遗之布袴,妇人裙衫。时民间尚衣青,妇人皆青绢为之"②。《河东记》载唐江西观察使韦丹到洛阳中桥见一鳖将死,"时天正寒,韦衫裤无可当,乃以所乘劣马易之"③。男穿布衫,女着青绢裙衫,应是河洛地区的情况。

唐代河洛男子盛行带巾,又称"幞头"。佛教诗人王梵志有诗《贫穷田舍汉》描写当时乡民的衣着:"幞头巾子露,衫破肚皮开。体上无裈袴,足下复无鞋。"文献中还不时有"掷巾于地"的记载,可知"巾"是一般下层男子的必备头饰。

男子盛行穿靴。靴传入河洛后,形制有所变化。直到五代,男子仍穿靴。五代后梁末年,在沙陀人的进攻下,后梁不支,"宰相敬翔顾事急,以绳内靴中,入见末帝"④。不仅武人而且文人也穿靴。女子穿绣花鞋,唐传奇中不乏其例。

这一时期的服饰体现了中外交流、南北融会的特色。《广异记》载:"唐蔡希闵,家在东都。暑夜,忽大雨,雷电晦暝,堕一物于庭,作飒飒声。命火视之,乃妇人也。衣黄裙布衫,言语不通,遂目为天女使。"⑤唐代侠女红线拜别薛嵩时,"梳乌蛮髻,贯金凤钗,衣紫绣短袍,系青丝轻履"⑥。元和末年盛行"悲啼妆",面部不施朱粉,惟一乌膏注唇,眉作"八"字行,"状似悲啼者"。

(二)饮食

隋唐五代时期,河洛地区为粟、麦产区,人们的主食为面食。饼是最普通的食物,帝王百官平民百姓皆食之。《广异记》载卜者对洛阳令杨玚说:"明日可以三十张纸作钱,及多造饼与壶酒,出定罪门外桑林之间,俟人过者则饮之,皂裘右袒,即召君之使也。若留而饮,君其无忧;不然,实难以济。"⑦《续玄怪录》载唐俭

① 沈括:《梦溪笔谈》卷一,见《丛书集成初编》。
② 张齐贤:《洛阳缙绅旧闻记》卷二,《四库全书》第1036册,台湾商务印书馆,1986。
③ 《太平广记钞》上第427页,冯梦龙评撰,庄葳、郭群一点校,中州书画社,1982。
④ 《新五代史》卷三十二《王彦章传》。
⑤ 《太平广记钞》卷六十二《雷》,冯梦龙评撰,庄葳、郭群一点校,中州书画出版社,1983。
⑥ 《太平广记钞》中,卷二十九《侠客》。
⑦ 《太平广记钞》上,卷十《道术》。

少时,乘驴到吴楚,经过洛阳时,向路旁小房的妇人求浆,妇人忙,"俭愧谢之,遗饼两轴而去"①。隋唐五代的饮食颇受胡族的影响,烘烤的胡饼也是此时河洛地区人民的主要食品。《广异记》载东平尉李麐,"初得官,自东京之任,夜投故城店中。有卖胡饼者,其妻姓郑,色美,李目而悦之"②。五代时,这种饼类制作水平有很大的提高,炉饼用不同的馅料。

河洛民众还喜食酪。张易在王屋山、嵩山苦学,"食无盐酪者五岁"③。刘皇后曾令"宦官进飧酪"于庄宗④。

汤类主要是浆,或称"浆水粥"。前引唐俭少时过洛阳时,曾向路边一少妇乞浆。《酉阳杂俎》载同州司马裴沇从洛阳往郑州,与一老人随行,"至一庄,竹落草舍,庭芜狼藉。裴渴甚,求浆。老人指一土瓮:'此中有少浆,可就取。'裴视瓮中,有杏核,一扇如笠,满中有浆,浆色正白,乃力举饮之,不复饥渴。浆味有杏酪"⑤。

唐代,河洛人士也养成饮茶的习惯,"茶圣"陆羽曾言:"两都并荆渝间,以为比屋之饮"⑥。茶业贸易兴盛,《封氏闻见记》载:"自邹、齐、沧、棣,渐至京邑城市,多开店铺,煎茶卖之,不问道俗,投钱取饮。"⑦

二、居住与出行

(一) 居住

隋唐五代洛阳、汴京(今河南开封)的宫殿豪华富丽,为帝王所居。乡村百姓住房较为简陋,就地选取廉价的材料修建而成,以木为栋椽,以茅草铺盖房顶,以泥土砌成台阶,即通常所说"草茨竹椽"或"茅茨土阶"。《纪闻》载"开元间,同官令虞咸往温县,道左有小草堂,有人居其中,刺臂血和朱,写《一切经》"⑧。因房屋建造得狭小,又称"蜗舍"。与这些房屋相配套的设施是"柴门",即用树

① 《太平广记钞》下,卷五十八《鬼三》。
② 《太平广记钞》下,卷七十七《妖怪六》。
③ 《十国春秋》卷二十五《张易传》。
④ 《新五代史》卷十四《皇后刘氏传》。
⑤ 《太平广记钞》下,1742 页。
⑥ 陆羽:《茶经》,《四库全书》谱录二,第 884 册,台湾商务印书馆,1986。
⑦ 封演:《封氏闻见记》卷六,台湾商务印书馆,1986。
⑧ 《太平广记钞》上,卷十五《释证》。

枝编扎的门,或"荆扉",即用荆条编织的门。刘方平隐居颍阳(今河南登封西)大谷时,诗云:"篱边颍阳道,竹外少姨峰";刘长卿的五绝:"柴门闻犬吠,风雪夜归人"。这些有草舍、柴扉、篱墙构成的乡村住宅就是贫民的住所。

乡村民居的规模很小,但那些"义门"的宗姓大户,宅院却很大。五代后晋天福年间,邓州王仲昭六代同居,其住宅规模宏大,有厅事、步栏,其前列屏树乌头。在正门左右两侧竖有"阀阅",以张贴功状。小阁橡木为正方形,以墨染黑,号称"乌头"。乌头南面有双阙,临街耸立。沿街种植槐、柳等树木。①

(二)出行

隋唐五代时期,河洛和关中为全国的政治、经济、文化中心,驿传和水路形成发达畅通的交通网,给民众的出行提供了便利。驿路交通以东都洛阳为中心可至四方,"夹路列店肆客,酒馔丰溢。每店皆有驴赁客乘,倏忽数十里,谓之驿驴"②。水路交通也呈现一派盛况:"天下诸津,舟航所聚,交通巴、汉,前指闽、越,七泽十薮,三江五湖,控引河洛,兼包淮海。"③

根据不同的地理状况和经济条件,人们选择不同的交通工具。达官贵人多骑马,《宣室志》载:"唐荥阳郑生,善骑射,以勇悍矫捷闻。家于巩洛之郊。尝一日乘醉,手弓腰矢,乘捷马,独驱田野间"④。马成为上层人士远行出游的必备工具。也有人骑驴,如唐俭少时骑驴过洛城。《感应录》载"天宝十四载,李泌三月三日,自洛乘驴归别墅"⑤。但骑驴者多为贫寒之士。"天下之士,什什伍伍,戴破帽骑破驴",以投诗谒见王公大人。也有骑骡者。《朝野金载》云"唐汴州刺史王志愔,饮食精细,对宾下脱粟饭。商客有一骡,日行三百里,曾三十千不卖"⑥。车也是当时的主要交通工具。

水路交通多用船筏,"东都龙门潭之南,有八节滩、九峭石,船筏过此,例及破伤"⑦。洛阳焦生被骑驴载至崖下,"崖下水深处河道弯曲,有筏数十双,上有

---

① 《旧五代史》卷七十八《晋高祖第四》;《新五代史》卷三十四《一行传》。
② 《通典》卷七《历代盛衰户口》。
③ 《旧唐书》卷九十四《崔融传》。
④ 张读:《宣室志》卷五,《四库全书》第 1042 册。
⑤ 《太平广记钞》卷五《仙五》。
⑥ 《太平广记钞》中,卷三十五《奢侈》。
⑦ 白居易:《开龙门八节滩诗二首并序》,《全唐诗》卷四百六十。

人宿止"①。

也有用脚力者,《续定命录》载吴少诚贫贱时,至上蔡,"逡巡,有一人是脚力,携包袱过,见猎者,揖而坐"②。

随着中外交流的加强,中亚商队的拥入,骆驼也偶用于河洛的交通。唐三彩中不乏骑骆驼的陶俑,隋唐洛阳城定鼎门遗址发现有骆驼蹄印痕。

三、婚丧习俗

隋唐五代时期,河洛地区的婚丧习俗基本沿袭前代,仍以"六礼"成婚,并保持着重视葬礼的传统。

(一)婚俗

婚仪"六礼"形成于先秦。隋唐五代时期的婚姻礼仪,仍基本履行这些仪式。纳采,即男方派媒人去女方家提亲。问名,即男方请媒人问女方的名字及出生年月日。女方复书,告以女方出生年月日及生母姓氏。问名与纳采往往在一次议事中完成。纳吉,即男方卜得吉兆,备礼通知女方,婚姻乃定。纳征亦曰"纳币",即男方以礼物送女方,女方接受聘礼,即表示确定婚姻关系。社会地位的不同,导致聘礼的差别很大。请期,即男方择定婚期,备礼告知女方家,征求女方意见。女方如同意,即为婚期。亲迎,即夫婿于婚日,盛服至女家,迎新娘入男方家。除天子外,自太子至庶民,皆需亲迎。亲迎之日清晨,男方之父需告庙,即往祖庙向祖宗神位报告婚事。

古代婚礼在黄昏时举行,故称"昏礼"。但到了唐代,河洛地区和其他地区一样,在拂晓时举行。新娘离家前,父母要对她进行一番教导,不要违背公婆夫婿之命。新郎将新娘迎入家后,要行"共牢"及"合卺"之礼,即共吃一份牲牢,同饮交杯酒,以表示共同生活的开始。

以上传统的婚仪,见载于《大唐开元礼》,成为官方倡导的仪式。而在现实生活中,一些地方性、民族性的婚俗也融入婚姻礼仪,为传统婚俗增添欢乐的气氛。如新郎以诗"催妆",迎新妇入"青庐",夫妇交拜时新娘"却扇",拦住新郎

---

① 张齐贤:《洛阳缙绅旧闻记》卷五,《四库全书》第1036册,台湾商务印书馆,1986。
② 《太平广记钞》上,卷二十《定数一》。

新娘的车索要食物的"障车",等等,使婚俗更具有社会文化意义。

（二）丧俗

隋唐五代的厚葬之风盛行,自达官贵人至平民百姓,在丧葬上莫不尽力铺张。汴州(治今河南开封)百姓赵怀正买一石枕。一年后,"赵病死。妻令毁(枕)视之,中有金银各一铤,如模铸者","各长三寸余,阔如巨指。遂货之,办其殓及偿债,不余一钱"[1]。由于丧葬的铺张导致清贫之士无力置办,刘温叟母,"终于玉泉之别墅,既殁无财可营葬事,其正直清苦也"[2]。

隋唐五代时期河洛人士乡土观念很重,客死异乡者,必归葬故乡。诗人杜甫一生坎坷,客死于湖南,其子流落湖湘,无力迁葬,至其孙杜嗣业方迁祖柩归葬偃师西北,距杜甫之死已数十年之久。[3] 韩愈死后,也由其弟子门生将其归葬河阳(今河南孟州)老家。

因遭战乱饥荒而大量死亡的乡民,多用"乡葬"。史称唐大历年间,关中饥疫,人多死,尸骸狼藉。"荥阳人郑损率有力者,每乡为一人墓,以葬弃尸,谓之乡葬。"[4]

由于城市的兴起和商业的繁荣,助人营葬成为职业。在河洛地区的城市中,有专门助人营丧的"凶肆",备有丧车和其他器具供租用,还有艺人为丧家鼓吹奏乐,唱挽歌。后晋高祖天福二年(93 年),高鸿剪上言:"伏睹近年以来,士庶之家死丧之苦,当殡葬之日,被诸色音声伎艺人等作乐搅扰,求觅钱物,请行止绝。"可见当时助丧行业的兴盛。

四、节日与娱乐

（一）节日

隋唐五代时期河洛地区的节日丰富多彩,几乎每月都有。在名目繁多的节日中,为民间所重视的是元日、上元、寒食、清明、端午、七夕、重阳、腊日和除夕,大部分流传至今。

---

① 《太平广记钞》下,卷六十三《宝》。
② 张齐贤:《洛阳缙绅旧闻记》卷五,《四库全书》第 1036 册,台湾商务印书馆,1986。
③ 《旧唐书》卷一百九十《文苑传下》。
④ 李肇:《唐国史补》卷上《郑损为乡葬》,上海古典文学出版社,1957。

　　除夕是岁之末,元日为岁之首,最受重视,有祭祖、守岁、行傩礼、燃爆竹、贴春符等习俗。除夕和元日是合家团圆的节日,白居易《岁日家宴戏示弟侄等兼呈张侍御二十八丈殷判官二十三兄》描写了骨肉团圆的场面。

　　正月十五为上元节,即元宵节,民间观灯之风甚盛。开元初,玄宗于东都洛阳上阳宫观灯,“大陈影灯,设庭燎,自禁中至于殿庭,皆设蜡烛,连属不绝”。

　　至唐朝,清明取代寒食,盛行于世。此时风和日丽,万物复苏。郊游踏青、荡秋千、放风筝、打球、拔河、斗鸡是寒食节的主要游艺活动。

　　五月初五为端午节,人们有以五彩丝、楝叶包粽的习俗,在有水的地方还组织有龙舟竞渡活动。

　　七夕,其主要活动为女子乞巧,民间的女子于庭院中摆蔬菜瓜果,焚香致祭,诚心乞巧。

　　九月初九为重阳节,是一个重要的节日,登高、佩茱萸、饮菊花酒为重阳习俗,代代相传,沿袭不替。

　　腊日是冬季的重要节日。“腊”为“岁终祭众神之名”[1]。随着佛教的东传,十二月初八为佛祖得道日,民间模仿寺院,如法自煮粥,祭祀众神。

　　(二)娱乐

　　隋唐五代时期河洛民众的文娱活动丰富多彩,主要包括竞技类,如马球、角抵;以智力博胜的棋类;还有各种观赏性质的乐舞、杂技、戏剧表演和适应市民阶层需要的新兴的说唱艺术。

　　马球在唐代风靡一时。它又称“击鞠”,是一种骑在马上持杖击球的运动。许多皇帝热衷于此,各地各界人士纷纷仿效,韩愈曾写诗劝谏徐泗节度使张建树收敛此风:“汴泗交流郡城角,筑场千步平如削”,“当今忠臣不可得,公马莫走须杀贼”[2]。还有骑“驴打球”。如李林甫未冠时,“在东都,好游猎打球,驰逐鹰狗。每于城下槐坛下骑驴击鞠,略无休日”[3]。

　　角抵,又称“相扑”或“角力”,是古代的摔跤运动,以两人角力决胜负,比赛紧张激烈,唐代宫廷宴会和节日都有角抵戏助兴。

---

①　《左传》僖公五年,杜预注。
②　《全唐诗》卷三百三十八。
③　无名氏:《李林甫外传》,见《唐开元小说六种》。

围棋是曾风行于魏晋南北朝士大夫之间的高雅游戏,到隋唐依然不衰,广泛流行于上层人士间。

隋唐五代的戏剧主要是参军戏,戏中有一定的故事情节,有对白、有动作,也有歌舞,剧目有《婆罗》《假妇人》等。歌舞戏有《兰陵王》《踏摇娘》《拔头》等,以歌舞为主,杂以说白。

傀儡戏广泛流行于民间。史载:"散乐有窟儡子等戏,玄宗以其非正声,置教坊以处禁中。"①城市中已有傀儡戏的演出。

杂技是当时河洛民众喜闻乐见的娱乐活动,民间杂技艺人,走街串巷,在城市和乡村进行表演。洛阳作为东都,杂技也和其他文化一样,呈现出更加绚丽的风貌。

唐代的说唱艺术包括寺院俗讲和民间的说书。僧侣为招揽信徒,在寺院观舍聚众讲演。寺院的俗讲促成民间说书艺术的形成,至晚唐五代,说书已成为城市市民消遣的主要方式,河洛一些地方的酒楼茶馆、佛事斋会及达官贵人举行的宴会,都是说书艺人表演的场所。

第六节　宋元风俗

北宋河洛地区的风俗比较奢侈。"澶渊之盟"后,君臣都认为从此天下无事,歌舞升平,奢靡之风在宋真宗的提倡下弥漫全国。王泳《燕翼诒谋录》卷二载:"咸平、景德以后,粉饰太平,服用浸侈,不惟士大夫家崇尚不已,井市闾里以华靡相胜。"金元时期,东北的女真人和蒙古人进入中原,河洛地区的风俗受到少数民族风俗的影响,出现一些新的变化。

---

① 《旧唐书》卷二十九《音乐志》。

一、服饰与饮食

（一）服饰

宋初宫廷衣冠缀饰不用珠玉，尚存简俭之风；宋真宗以后，奢靡之风弥漫开来，宫中、朝中的服饰往往成为庶人之富者模仿的对象。如朝廷大臣衣以紫色为上，后色深而成黝色，士庶浸相效仿，有人认为是"奇邪"之服。宋仁宗时，衣冠之饰更趋富华，至有"珠翡金翠照耀衢路"之说，许多富人"一袭衣千万钱不能充给"①。庆历年间，一批被没收的广东番商的珍珠运进皇宫，仁宗就赏给最宠爱的张贵妃一些。张贵妃在头饰上戴满珍珠，宫女纷纷效仿。士庶妇女也竞相购买珍珠，街市价格因此猛涨。

东京开封妇女有服契丹"钓墩"者，这是一种袜裤。宋徽宗"宣和之季，京师士庶竞以鹅黄为腹围，谓之腰上黄；妇女便服不施衿纽，束身短制，谓之不制衿。始自宫掖，未几而通国皆服之"②。衣服不用带扣，贴身短制，是辽、夏少数民族的服装，说明京师有很强的包容性，而宫廷时装不久便风行全国，足见各地均以京师马首是瞻。

北宋中后期，形制美观、穿着方便的"背子"开始流行，从皇帝到士庶都可穿用。背子前襟平行而不缝合，两腋以下开叉，袖大而长者为背子，短袖者为"半臂"，无袖者为"背心"。哲宗、徽宗都曾穿黄背子，宰臣穿盘领紫背子，一些武士着"打甲背子"、"团花背子"。妇女穿背子者也很多，禁中贵妇有着红背子者，上等妇女着紫背子。半臂（半背）本为武士服，属"非礼之服"，背心则更随便，东京街市有苎麻和生绢背心出售。宽大飘逸的"道服"为一些隐士和士大夫欣赏，范仲淹赞道服云："道家者流，衣裳楚楚，君子服之，逍遥是与。"③与道服类似的"野服（便服）"也很流行，神宗时翰林学士范镇致仕后居住京师，宾客不论贵贱皆野服见之。

女真人原居长白山和鸭绿江流域，天气冱寒，多以皮毛为衣。随着灭辽、灭北宋及占有淮河以北广大地区以及与汉人的交往日益频繁，服饰制度也逐渐起

---

① 徐松辑：《宋会要辑稿》刑法二之二一，景祐三年。
② 岳珂：《桯史》卷五《宣和服妖》，中华书局，1981。
③ 范仲淹：《范文正别集》卷四《道服赞》，《四库全书》本。

了变化,仿效汉人服装者愈来愈多。到金章宗泰和年间已有更多的女真人仿效中原地区汉人的服装。实际上女真统治者在进攻中原的过程中,早已有仰慕华夏衣冠朝仪之心,自兀术"掠得中国士大夫,教之立制度,定分陛"以后,接着"城郭宫室,政教号令,一切不异于中国"①,在衣饰方面仿效中原也是很自然的。同时金灭北宋后,又将宋朝宫廷中的冠服礼器劫掠一空,这些文物对女真人产生了难以估量的影响。熙宗到燕京(今北京)后使用汉朝天子的法驾,章宗时又制定礼服,原来金朝皇帝、臣庶衣服无别的现象已不复存在。

金朝统治者制定服饰的原则是尊上古而仿唐宋,官民之间在衣服的色泽、质料和式样方面都有严格的限制。如皇帝在祭祀时穿戴衮冕,足踏重底红罗面靴;行幸时则头戴通天冠,身穿绛纱袍;视朝时戴小帽或纯纱幞头,穿窄袖赭袍,黄满领;平时则皂巾杂服,与士庶无别。宣宗迁都南京开封,哀宗接着即位,就是这样装束。文武百官从一品至九品服饰的颜色、饰物的种类及大小、服饰上花朵尺寸等均有明确规定,从这些区别上就可看出官职的大小。至于士庶平日所穿衣服,章宗明昌年间全由礼部会同尚书省就巾、带、服、靴的样式作出规定。巾用皂罗纱,上面结为方顶,折垂脑后。方顶下边两角缀方罗,方罗直径为二寸左右,富有之家往往在方顶的十字缝处缀上珠子,其中最长的一颗叫顶珠。衣服的颜色多为白色,一般是窄袖、盘领,胸肩袖多饰金绣,以鹘、鹅杂花,或以熊、鹿、山林为纹。衣服长至膝下小腿中部,以便骑射,也即所谓圆领窄袖紧身短袍。腰中束带以玉为上,金次之,犀象骨角又次之。妇女多穿黑紫色裙子,上绣花卉。世宗大定十三年(1173年)规定士人及有师号的僧尼道女,允许穿花纱、绫罗、绝䌷,妇人可用珠子为首饰。百姓只许穿毛褐、花纱、素罗、丝绵,兵卒可穿无纹压罗、绢布、毛褐。奴婢只能穿、绢布、毛褐。倡优平时穿戴与百姓相同,遇到迎接、公宴可穿绘画之服。

女真人的发型是贮发结辫,正如徐梦莘在《三朝北盟会编》上帙卷三中所说:"妇人辫发盘髻,男子辫发垂后。耳垂金银,留脑后发,以色丝系之。"金兵灭北宋占领东京开封后,要求汉人从女真风俗,应髡发、左衽、短巾,不从者处死,因此,河洛地区的汉人在服饰和发型上均有一定变化。南宋人出使金国途经南京

---

① 《宋史》卷四百三十六《陈亮传》。

路(今河南),常常看到汉人衣饰、风俗都有女真化现象,原因就在于此。

蒙古人早期狩猎,多穿由皮革制成的短衣。蒙古人"头戴各色扁帽,帽缘稍鼓起,惟脑后垂缘宽长若棕榈叶,用两带结系于颐下,带下复有带任风飘动。其上衣交结于腹部,环腰以带束之。冬服二裘,一裘毛向内,一裘毛向外。女子有高髻,然女服近类男子,颇难辨之"①。元朝建立后,庶事草创,冠服车舆,皆从旧俗。世祖忽必烈统一天下后,"参酌古今,随时损益,兼存国制,用备仪文"②。上至天子,下至庶人服饰,均作了具体规定。仁宗时因为士民靡丽之风甚盛,混淆尊卑上下的界限,命中书省规定服色等第,上得兼下,下不得僭上,即品级高的官员可以穿品级低的官员的服装,但品级低的官员不可穿品级高的官员的服装,违者治罪。但"蒙古人不在禁限,及见当怯薛诸色人等,亦不在禁限"③。这一规定体现了民族的等级差别。衣服上的"兼存国制"是指质孙。质孙系蒙元时期特有的衣服,只在内廷大宴时穿着,若是大宴数日,每天都得更换不同颜色的质孙。大臣的朝服均是大袖、盘领、右衽。"一品二品用犀玉带大团花紫罗袍,三品至五品用金带紫罗袍,六品七品用绯袍,八品九品用绿袍。"④官民皆戴帽子,帽檐有的是圆的,有的前圆后方,有的像兜鍪。衣服贵者用浑金线为纳石失(金锦),或者腰线绣通神襴。

对平民百姓的衣着也有规定:不许穿赭黄色衣服,只能穿丝绸绫罗、毛毾,帽笠不许用金玉作装饰,靴子不准裁置花样。娼妓之家的衣着原来与官员士庶相同,不分贵贱,统治者认为有损体面,在至元八年(1271年)规定:"拟将娼妓各分等第,穿皂衫子,戴角冠儿,娼妓之家长亲属裹青头巾,妇女紫抹子,俱要各各常川穿戴。仍不得戴笠子,穿金衣服。"⑤在河洛汉人聚居区,"民间流行的服装,有上盖、布袍、团衫、唐裙、裙腰、背子、汗塌、裹肚等"⑥。上盖是男子穿的外衣,一般用在比较庄重的场合,如元杂剧《陈州粜米》中有几句台词:"好老儿,你跟我家去打扮起你来,与你做一领硬挣挣的上盖,再与你做一顶新帽儿,一条茶褐绦

①　冯承钧译:《多桑蒙古史》上册第31页。
②　《元史》卷七十八《舆服志一》。
③　《元史》卷七十八《舆服志一》。
④　叶子奇:《草木子》卷三下《杂制篇》。
⑤　《通制条格》卷九《衣服·服色》。
⑥　史卫民:《元代社会生活史》第111页,中国社会科学出版社,1996。

儿,一对干净凉皮靴儿,一张靴儿,你坐着在门首,与我家照管门户,好不自在哩!"①上盖可以是袄,也可以是袍子。唐裙和裙腰是妇女所穿的服式。唐裙和蒙古人所着袍服不同,是汉族地区传统的妇女装束,裙裾飘飘,舞袖低垂,穿起来别有风情,因而特别引人注意。裙腰又称腰裙,是汉族妇女穿的短裙。团衫是妇女的礼服。褙褡是无袖短衣,又称搭背、搭膊。汗塌是内衣。女子戴头巾,称包髻,首饰有钗、钿、耳环、梳等。男子所戴头巾(幞头)有唐巾、抹额(又称抹头、包头)。妇女普遍缠足,且以脚小为美,所穿之鞋称弓鞋。

(二)饮食

河洛地区食粮以粟麦为主,开封及周边地区官吏军兵也以漕粮大米为主食。面食有煮、炸、蒸、煎、烤等不同做法,《东京梦华录》载有面食数十种,仅带馅食品就有包子、馄饨、肉饼、肉油饼、灌浆馒头等品类,而包子又有玉楼梅花包子、虾肉包子、薄皮春茧包子等众多名目。蔡京府第专设有"包子厨"。宋仁宗出生时,其父真宗赐臣下包子,内包金珠,则宋"包子"一词寓吉祥之意。

肉食以羊肉为主,猪肉次之。宋神宗时,皇宫御厨一年消耗羊肉434463斤,猪肉4131斤。御厨羊肉多来自陕西和与辽的榷场贸易。民间猪肉消费高于皇宫,东京开封城每天有上万头猪从南薰门入城,杀猪羊作坊分布城内。除肉铺外,挑担及推车卖猪肉、羊肉的小贩也很多。其他肉制食品除鸡、鸭、鹅等家禽外,还有兔、獾、狐、鸽、鹑、鸠、鱼、虾、蟹等。新郑门、西水门和万胜门每天有生鱼数千担入市,淮南的虾也常用船运至东京贩卖。东京酒店与饮食店很多。

二、婚姻丧葬

宋代婚姻"不问阀阅",但仍重门第。张端义《贵耳集》卷下说:"满朝朱紫贵,尽是读书人。"进士是官宦富贵之家的首选对象,宋人称之为"榜下择婿"。每逢科举考试发榜之日,达官富室便出动"择婿车",到"金明池上路",选择新科进士做女婿,一日之间"中东床者十八九"②。由于竞争激烈,有些有权势者甚至采用强制手段,人称"榜下捉婿"。皇祐元年(1049年),冯京进士第一,永安(今

---

① 臧晋叔:《元曲选》第3册,第934~935页,中华书局,1958。

② 谢维新:《古今合璧事类备要》前集卷三十七《科举门·登第·择婿车》,《四库全书》本。

河南巩义西南)人外戚张尧佐"方负官掖势,欲妻以女",派人将冯京拖至家中,出示衾具,束以金带,强令成婚,并声称"此上意也"。冯京无动于衷,力辞。① 少数人为避免过度竞争,采用"榜前择婿"的方式,如御史中丞彭思永偶遇程颢,一见异之,许妻以女,后程颢果然中进士第。

宋代择婿注重个人前程,而未来富贵存在较大变数,故占卜问婚者不在少数。官僚求升迁,科场求中达,生病求消灾,更促进了卜筮业的发展。王安石说东京以卜筮为业者"盖以万计",其中高手一卦万钱。晏殊的夫人请"善相"的王青为其择婿,王青说,有一秀才姓富,明年状元及第,以后会做宰相,现在兴国寺下。于是洛阳人富弼做了晏殊的东床,后果然拜相。"京师卖卜者,唯利举场时举人占得失。"②对问眼前之利者,皆答曰"必得";对问以后之利者,皆答曰"不得"。科举下第者十之七八,所以人们都认为卜者"术精而言直",求卜者如织,而卜者"终身饶利"。卖卜者利用求功名者的不同心理,赚取他们的钱财。

嫁娶论财是普遍现象,"将娶妇,先问资装之厚薄;将嫁女,先问聘财之多少"。司马光对此批判说:"是乃驵侩鬻奴卖婢之法,岂得谓士大夫婚姻哉!"③开封人向敏中、洛阳人张齐贤两大宰相为娶寡妇柴氏,争得不可开交,直至惊动宋真宗,原因是柴氏有十万贯资财。卖婚者不只是女性,男性尤其是新科进士卖婚者也不少。对新科进士婚前要给"系捉钱",成婚后又给钱与其父母及其亲属,谓之"遍手钱"。官宦之家捉进士婿需花钱数百贯,白身商人要花费千余贯。富商大贾凭雄厚财力,既有出钱嫁女进士者,又有娶宗室女以为官户者。宋制"宗室袒免婿,与三班奉职","皇族郡县主出嫁,其夫并白身授殿直"④,三班奉职与殿直虽然官阶很低,商人却很眼红,争与宗室女为婚。神宗、哲宗时,县主的价格为五千贯一个,开封商人"帽子田家"一买再买,"家凡十县主"⑤。

婚嫁讲求资财与功名,造成"男不得婚、女不得嫁"的直接后果。皇弟扬王赵颢有女数人,婚嫁及期,而财用不足,不得不向神宗预借俸钱。程颢的女儿风格潇洒,趣向高洁,"择配欲得称者","但访求七八年,未有可者",落得终身"未

①　《宋史》卷三百一十七《冯京传》。
②　沈括:《梦溪笔谈》卷二十二《谬误》。
③　司马光:《司马氏书仪》卷三《婚仪上》,"丛书集成初编"本。
④　黄淮、杨士奇等编:《历代名臣奏议》卷七十五《治内》。
⑤　李焘:《续资治通鉴长编》卷四百七十二,元祐七年。

得所归"①。

宋代婚仪较为简便,将古代六道礼仪程序(纳采、问名、纳吉、纳征、请期、亲迎)简化为纳采、纳币(即纳征)、亲迎三道,每道程序的细则也有所省略。据《东京梦华录·娶妇》载,河洛婚俗主要有:(一)相媳妇。相媳妇是由男方或其母亲到女家,看中就以钗子插冠中,看不中则留下一两端彩缎与女方"压惊"。(二)铺房。婚前一日,女家派人到男家先行挂帐,铺设卧房。男家负责添置床榻、荐席、桌椅等,女家负责毯帐、帷幔、衾枕等床上用品。(三)坐花轿。至迎娶日,男方要以车或轿子迎娶新娘。公主出嫁,轿夫达12人。从上花轿到下花轿有起檐子、障车、拦门三重仪式。男家迎亲队伍到达女家,作乐催妆,促请新娘上轿。女家在新娘上轿后,要赏赐花红市例钱,否则迎亲队伍不肯起轿,此谓起檐子。障车是迎亲队伍返回男方途中被人阻拦,索下酒食钱财。开宝二年(969年)太祖诏令禁止,此后障车之俗不见记载。拦门是在到达男方门口时,乐官、茶酒等人拦住新娘不让进门,求得市例钱红,方让开路。(四)撒豆谷。新娘下花轿进入男家房门之前,要有指定的专门身份之人手拿花斗,斗中装谷、豆、铜钱、彩果等,边念咒文,边望门抛撒,孩儿们争相拾取。(五)坐富贵。新娘下花轿,不能踩地,要在青色毡席上行走。进门后,或先进入一间挂有悬帐的房间休息,谓之坐虚帐,或直接进入新房,坐于床上,叫做坐富贵。(六)拜先灵,又称拜家庙。新郎新娘牵着用红绿彩缎绾成象征恩爱的同心结,相向缓行,称牵手。用秤或机杼挑开盖头后,一拜先灵并天地,二拜舅姑即公婆,三夫妻交拜。交拜礼在入洞房后举行,新郎立于东,新娘立于西,新娘先拜,新郎答拜。女子以四拜为礼,男子以再拜为礼。(七)交拜之后,夫妻坐床上,男坐左,女坐右,礼官抛撒同心花果及物制钱币,钱币上刻有"长命富贵"等祝福文字,称"撒帐"。(八)交杯酒,即进行合髻与交卺之礼。合髻又称结发,新郎新娘得以一缕头发,与绸缎、钗子、木梳、发带等物,合梳为髻,表示白头偕老,命运与共。交卺又称交杯。宋交卺以彩丝连接双杯之足,夫妻对饮并交换酒杯,饮后将酒杯掷于床下,如酒杯一仰一合,则为大吉,众人贺喜。交杯酒后,婚礼即告结束,其他如拜门(新郎次日或三、七日到新娘家参拜岳父岳母)等,直到满月宴喜事才算操办完毕。

---

① 《二程集》第二册第641页,中华书局,1981。

宋代官私礼书对丧葬礼仪的规定都相对简便。陵墓预造制度被废除,皇帝死后才动工,一般七日便完成。如今坐落在巩义境内的北宋 7 个皇帝的皇陵,规模明显小于唐陵。不少士大夫反对厚葬,法令也规定不得以石为棺椁,内不得藏金宝珠玉,但此法令并未完全得到遵循。宋祁临终时叮嘱儿子丧事从简,不添置寿衣,棺用杂木,不要久殡,小为坟冢,并不以金铜器物置冢中,不做道场,不求名人做墓志铭。穷人丧葬较为简便,有的只能藁葬,即用草席裹尸掩埋。如张齐贤少时家贫,父死安葬连棺材都没有。北宋丧葬烧纸钱成风,富人办丧事做道场、将金银珠玉入坟冢的也很多。

女真人在迁居中原后,婚姻习俗受汉族的影响,有了明显变化。原来女子到结婚年龄后,"行歌于途。其歌也,乃自叙家世、妇工、容色,以求申侣之意。听者有未娶欲纳者,即携而归之"。甚至"父死则妻其(后)母,兄死则娶其嫂,叔伯死则侄亦如之"①。还有抢劫妇女成婚的习俗。迁居中原后,女真人的婚嫁不再是当事者所能自主,而是由家长决定,甚至是指腹为婚。成婚之前,新婿由亲属陪同,带上丰盛的酒食至女方家中,女家则不分长幼均坐在床上,接受男方众人的罗拜,这叫做"男下女"。行礼完毕,男家要向女方献上马匹,数目没有具体规定,视男家的财力而定,多者百匹,少者十匹,让女方挑选。选中的马匹愈多,男方愈高兴,女方则馈赠衣服作为回报。结婚以后,新婿要在女家服役 3 年,然后才能携妻子回家。

以上所说只是普通女真人的婚姻,富有之家实行多妻制,社会上还有娼妓。"契丹、女真诸国皆有女娼,而其良人皆有小妇、侍婢。"②小妇是妾,侍婢作为女奴供主人驱使,她们的社会地位比小妇还低。

元代的婚姻制度变化不定,到世祖至元年间才确定下来。统治者规定:"诸色人同类自相婚姻者,各从本俗法;递相婚姻者以男为主;蒙古人不在此限。"③这就是说,政府尊重各民族的婚姻习俗,每个民族的人若自相婚姻,可按照本民族的婚姻习惯进行,不同民族之间的婚姻,按照男子一方的婚姻习惯进行;但如蒙古女子嫁给外族人,可以依照蒙古人的风俗,不必受以男方为主的限制。因为

① 徐梦莘:《三朝北盟会编》政宣上帙三。
② 洪皓:《松漠纪闻》卷上,"丛书集成初编"本。
③ 《通制条格》卷三《户令·婚姻礼制》。

蒙古人是统治民族,在婚姻习俗上也格外受到照顾。

元代蒙古人的婚姻分抢亲、议婚两种。所谓抢亲,即不管女方是否愿意,只要抢来就可成为夫妻。这种风俗多是在蒙古国时期,进入元朝后便明显减少。所谓议婚是指父亲可代儿子向女方求婚,女方的父母照例得推辞几次,到正式同意后,就饮许亲酒。蒙古语把许亲酒叫作"布浑察儿",同时还要有"不兀勒札儿",也就是许婚筵席。聘礼一般是用马匹。但元代蒙古人之间婚嫁也讲究门当户对,平民不能与贵族缔姻,结婚只在贵族之间进行,这种婚姻称作"安答","安答"就是姻亲之意。安答之间也相互联姻,称作"安答忽带"。蒙古人在元代实行一夫多妻制,统治者规定,只要有利于种族繁衍,不管每个人娶妻多少,别人都不得忌妒。至于一个男子可娶几个妻子,没有统一规定,这要以他本人的赡养能力来定。财产多的娶几十个妻子是常有的事。蒙古族妇女珍视贞节,讲究礼貌,严禁已婚女子通奸,"她们不但把不贞看成一种最可耻的罪恶,而且认为这是最不名誉的"①。蒙古人还实行收继婚制,即父亲死后儿子可娶后母为妻,兄死则弟收其妻。在平民中,限于财产状况,一般只娶一妻,妻后母的情况不多见,娶寡嫂者却很多。这主要是因为嫂子不外嫁,侄辈由叔伯抚养,不会受到虐待。未婚幼弟若娶寡嫂,可省去许多彩礼,还是很合算的。

河洛地区汉人的婚姻仍沿袭原有习惯,从提亲到结婚分为几个步骤:一是议婚,先通媒妁之言,征得女方同意方可。二是纳采,也就是下定。男方父亲写好婚书,早上奉告于祠堂,以示不忘祖先,然后派子弟拿着婚书至女方家,女方父亲出见使者,奉书告于祠堂,复出给使者。使者复命,男方主人再告于祠堂。三是纳币,也就是下采。由男方出钱举办筵席,请女方亲人先至,男方至门外陈列币帛,令媒人通报,女方出门迎接。见礼毕,女方先入屋,男家携币随之,行饮酒、受币之礼,然后缔婚的男女可以相见。四是亲迎。结缡前一日,未婚妻使人布置其夫之室,次日夫婿迎亲,乘马至女家。行礼毕,女方登车,婿乘马先行,至夫家,夫妇交拜,就坐饮食。食毕婿出,复入,脱掉吉服,送出蜡烛,大会宾客。五是新妇拜见舅姑(公婆)。第二天清晨,新妇拜见公婆,公婆还礼,然后再拜见其他长辈。六是三日之后,新妇拜祭祠堂。七是新婿往见妻子父母。这些仪式虽然繁

---

① 　陈开俊等译:《马可·波罗游记》第 63 页,福建科技出版社,1981。

琐,但却是结婚不可少的手续。

　　结婚虽是人生大事,但沉重的彩礼使一般百姓不堪负荷,"近年聘财无法,奢靡日增,至有倾家破产,不能成礼,甚则争讼不已,以致嫁娶失时"①。媒人也以各种理由索要男女方钱财,致使"今日男婚女嫁,吉凶庆吊,不称各家之有无,不问门第之贵贱,例以奢侈华丽相尚,饮食衣服拟于王侯,贱卖有用之谷帛,贵买无用之浮淫,破家坏产,负债终身,不复故业,不偿称贷"②。统治者知道,如果这种现象得不到遏制,必将引起社会的混乱,便于至元八年(1271年)对聘礼的数额作出具体规定,对媒妇索要男女方钱财也有规定。大德八年(1304年)又规定聘礼和筵会的花销标准。

　　中原汉人受蒙古人收继婚制的影响,允许弟娶寡嫂,兄娶弟媳,但到了至元十二年(1275年),这类婚姻已被废止,违者刑杖。《元典章》载有至元十四年(1277年)刑部批准兄收弟媳刑杖断离之例。文宗年间已明令"诸人非其本俗,敢有弟收其嫂、子收庶母者坐罪"③。这里的"诸人",就是指汉人。

　　金代女真人死亡之后,用木槽盛之,葬于山林之中,不设任何标志。同时,女真人还有"烧饭"的风俗,即身份高贵者死亡之后,其亲戚、部曲、奴婢设牲牢酒馔前往祭奠,这种仪式称作"烧饭"。然后抱膝而哭,又以小刀轻刺额头,弄得血泪淋漓不止,亲人认为只有如此才能表示对死者的虔诚。进入中原后,烧饭之俗逐渐改变,更多地效法汉人的殡葬风俗。

　　金、元时期河洛汉人仍以土葬为主,也有个别地方实行火葬。埋葬之地称坟园、墓所,以家族墓地居多,也有全村用的公共坟地。家中贫窭无地可葬者,可埋瘗于系官坟地中。坟地一般选在高亮爽垲之地,风水必须要好。官宦之家与平民百姓的墓地面积均有规定:一品官员墓为90步,二品80步,三品70步,四品60步,五品50步,六品40步,七品以下20步。百姓之墓只有9步。坟地前的石人、石马、石羊数量也按死者生前的官阶来定,一般百姓墓前不许有。人死后,口中、身下放钱,称之为"口含钱"、"垫背钱";头或脚放一盏油灯,叫"随身灯",以备死者在阴曹地府照明用。出殡时沿途要抛撒纸钱,俗称"买路钱",走一段路

①　《通制条格》卷三《户令·婚姻礼制》。
②　胡祇遹:《紫山大全集》卷二十二《论农桑水利》。
③　《元史》卷三十四《文宗本纪三》。

要停下来路祭,祭时有唢呐伴奏。死者的子女亲属身穿孝衣,手执哀杖随灵柩前行,一直送到墓地。官宦或豪绅之家,丧车结彩,鼓乐队阵容庞大,送葬路上引来许多人驻足观看。死者埋葬后,每隔七天要做一次佛事,超度死者早升天界,一直到做过7次佛事,即在49天后,佛事才结束。贫窭之家无力做佛事,其子女亲属便在逢七之时到坟上祭奠,一直做7次,也即49天。

三、节日

宋代节日,名目繁多。每位皇帝的生日为"圣节",新皇即位,旧圣节自然消失。北宋两位听政的皇太后也曾立过节名。官定节日有元旦、上元节、中和节、天庆节等,气节和季节性节日有立春、社日、重午、七夕、寒食、中秋、重阳等。宗教性节日有二月三日梓潼帝君生日、三月二十八日东岳帝生日、四月八日释迦佛生日、六月六日崔府君生日等。宋末人金盈之在《醉翁谈录》中说,东京以寒食、冬至、元旦为三大节,过得极其隆重。以下择其要者简单介绍。

元旦。又称正旦、元日、呈日、年节等。元旦的庆祝从十二月八日腊八拉开序幕。十二月二十四日交年节正式开始。交年是新年的准备节,是祭祀"灶神"的节日,其主要仪式有:备酒果送灶王神;烧纸钱;贴灶马于灶上,以酒糟涂抹灶门。至夜在床下点灯,俗称"照虚耗",意谓把虚耗驱走,以求有利。换门神、挂钟馗、钉桃符,东京开封门神多"番人"模样。家家扫房,清除尘秽。宫中上千军士装扮成六丁六甲、钟馗、灶君等形象,鼓吹舞蹈,直到城外,沿途点燃爆仗,以示驱赶邪疬。元旦一早要穿新衣,亲邻拜贺,东京放关扑(赌博)三日,街市间以食物、柴炭、灯笼等节日用品"歌叫关扑"的很多,这种关扑带有游艺性质。沿街店铺多结彩棚,铺陈珠翠、衣靴、玩好等商品。舞场歌馆,车马交驰,热闹异常。朝廷举行"大朝会",百官及高丽、回纥等使臣入大庆殿朝贺,皇帝赐宴。

正月十五日上元节即元宵节,宋以前一般张灯一日,偶有三日,宋太祖乾德五年(967年)诏令东京从十四到十八张灯五日,各地三日,并形成制度。上元张灯是一年中最热闹的。宫城前有大型木棚彩灯,形成彩山,仅彩山左右门的巨型龙灯就有灯烛数万盏。百戏人物、神仙故事、花竹鸟兽等各类灯饰,有的悬于杆上,有的置在地上,至晚灯火灿烂,宛如仙境。市民区内"万街千巷,尽皆繁盛浩闹"，马行街南北近十里，"烧灯尤壮观"①。灯展期间，东京妇女身上喜欢佩戴大小如枣栗的小灯球、小灯笼，富人坐的车上也挂满不燃烛的灯饰，甚至有人把纸做的飞蛾、蜂儿灯用竹篾插在头上，晚上在人流中行走，纸灯震荡，宛然若飞。

寒食与清明。寒食节在冬至后105天，宋人又称百五节、禁锢节、冷烟节。从冬至后104至106日，厨房禁火三日，故节前要准备好节日食品，如麦糕、枣饼、乳饼、蒸糯米等。此节冷食，不按顿吃，故开封有"寒食十八顿"之谚。寒食节依元旦例，放关扑三日，因夏日将近，故搏扇子的最多。街市买卖以儿童玩物为重，如小扇、木刀枪、儿童专用的花球棒等。寒食三天是上坟的日子，但新坟要到清明日拜扫。此后，祭祖扫墓达一月之久，故寒食节也叫一月节。

清明在寒食第三天，"故节物乐事皆为寒食所包"②。是日，宫中赐新火给近臣、戚里，士庶出城扫墓。清明为踏青春游之日，集禧观、太一宫及皇家园苑向民间开放。东京人争相到园林、野外，在青草之上，芳树之下，罗列杯盘，互相劝酬，形成"四野如市"的景观。城内歌儿舞女也分散到各处园亭进行表演，至暮方归。

宋张择端《清明上河图》

冬至。东京人重视此节，以冬至前一夜为"夜除"，习俗也多仿元旦。《东京

---

① 蔡絛:《铁围山丛谈》卷五。
② 金盈之:《醉翁谈录》卷三《三月》,上海古典文学出版社,1958。(以下省略"上海古典文学出版社,1958")。

梦华录》载此日要"更易新衣,备办饮食,享祀先祖,官放关扑,庆贺往来,一如年节"。民间互相问候馈遗之风甚于元旦,故俗谚"肥冬瘦年"。冬至日多食馄饨,开封俗言:"新年已过,皮鞋底破,大担馄饨,一口一个。"①店铺歇市三日,饮酒赌博,称"做节"。官府特许百姓免公私房租三天。百官如元旦制朝贺天子,叫"排东仗"。

许多节日都有各类文娱、体育表演,其中以元旦至元宵节前后的活动最为丰富,东京御街两廊下歌舞百戏、奇术异能鳞次栉比,乐声传数十里。所有艺人都公开演出,有击丸踢球的,踩绳上杆的,表演傀儡戏、木偶戏、魔术、杂剧、讲史、相扑、猴戏、鱼跳龙门、使唤蜂蝶的,连街坊巷口无露台乐棚处,也设小影戏棚子,供附近儿童观赏。

有关金代节日娱乐的记载甚少,这是因为女真人进入中原后,战争之日多,和平之日少,而金宣宗迁都南京开封后,受到南宋和蒙古人的夹击,只过了20年便覆亡于蔡州(今河南汝南),不遑顾及此事。老百姓仍然沿袭占代流传下来的节日习俗,至元代仍是如此。

元代的假日有明确规定,凡京、州、府、县官员,"若遇天寿(皇帝生日)、冬至,各给假二日;元正、寒食,各三日;七月十五日、十月一日、立春、重午、立秋、重九、每旬,各给假一日"。蒙古人也沿袭了汉族风俗,如元正、寒食、立春、重午、立秋、重九等都不是蒙古人固有的节日,但在河洛地区却非常重视。统治者特别在这一天放假,以示对汉族的传统节日的尊重。和现代的礼拜天不同,元代是一月3次例假,即每月的"初十日、二十日、三十日,每月三次放假有来"②。节日按其重要程度分作三日、二日、一日不等,仅这些节日就有16天之多,再加上每月给假3天,一年的假期就很可观。

元正也叫元旦,即正月初一日,也就是民间的春节。这是一年中最隆重的节日,因此元代放假3天。每逢此日,百官脱去公服,与人互相志贺,同时各向对方馈赠手帕。士庶之家则彼此往还迎送,敦睦情谊。蒙古人也很重视春节,称之为白节。蒙古人尚白,认为白色象征纯洁吉祥,因称岁首为白月。在初一这天,居

---

① 《醉翁谈录》卷四《十一月》。
② 《通制条格》卷二十二《假宁·给假》。

住在河洛地区的蒙古人都穿上白衣,以表示吉祥如意。门外摆放供桌,上放供品,面对日出的方向磕头、拜天,再给家里供的神祇上香叩头。互相拜过年后,按辈分、年龄入座饮茶、敬酒。同平常饮酒不同,由该家主人用小酒杯从长至幼向所有的人敬酒,然后到亲友家拜年。节日饮食格外丰盛,还要燃放爆竹。

正月十五日是上元节,历代都有观灯的风俗,元代也不例外。宫廷中赏灯自不必说,民间从正月十三日便开始悬灯,直至十六日。

清明前一日或两日为寒食节,元朝统治者对这一节日甚为重视,特放假3天。在节日期间,人们祭祖扫墓,以此寄托哀思。达官贵人之家还有斗鸡、打球、荡秋千等游戏,穷人则用秫秸编成圆圈,人从圈中走出,然后掷圈于水,有以此摆脱贫穷之意。

重午也称端午,即五月五日,相传此节为纪念屈原而设,元代也继承这一传统。中原地区的汉人多在这一天吃粽子。粽子用糯米制成,还有艾虎、泥塑品等。住在河边的百姓还在这天竞赛龙舟。

七月七日称乞巧节,又叫七夕节,是夏季比较盛大的节日。在这一天晚上,少女和已婚妇女趁牛郎、织女鹊桥相会之时,在庭院中摆设香案,上放水果,虔诚地向织女乞巧。她们默默祷告,希望织女能保佑自己心灵手巧,万事顺遂。七月十五日为中元节,也称鬼节。蒙古人和汉人均相信灵魂不灭,由此世转往彼世,便在这天祭祀祖先,祈求祖先在冥冥之中庇佑阖家平安,幸福美满。

八月份的中秋节是河洛地区汉族的一个重要节日,各地都有赏月、吃月饼的风俗。当这天夜晚一轮明月徐徐升起,清辉洒满大地时,富贵之家装饰台榭,贫苦之家也选择高阜之地,一边赏月,一边吃月饼。有的地方还奏乐助兴,琴韵悠扬,笙歌聒耳,直到更深夜阑才罢。

重九即重阳节。重九登高习俗古代已有,那时菊花已经绽放,争妍斗艳,登高远望,天宇寥廓,使人心旷神怡。

十月一日为送寒衣节,祭祖上坟,称为扫黄叶。十一月冬至日家家包饺子,进入腊月,祭灶,贴春联,打扫卫生,迎接新春佳节的到来。除夕晚上,人们围炉絮语,很晚才睡,叫守岁。

除以上节日外,进入中原的蒙古人还要祭天。元代以祭天为国俗,"元兴朔

漠,代有拜天之礼,衣冠尚质,祭器尚纯,帝后亲之,宗戚助祭"①。老百姓也跟着
祭天,但时间一长,这种祭祀便逐渐消失。

第七节　明清风俗

明代经过百年社会经济的恢复与发展,河洛地区的经济也逐步地走向繁荣。
以商品经济为基础产生的各种思想和观点,对原来旧的谨尊程朱的传统伦理道
德和价值观、社会生活方式及人情世风都产生强烈的冲击,这突出地表现在社会
生活习俗的渐趋多样化上。清朝是满族人建立的政权,满人进入河洛地区后,也
带来了一些东北满族的风俗。

一、服饰、饮食与居住

（一）服饰

明朝对各级地方官和百姓的服饰有极严格的规定,洪武三年(1370年),规
定"官员器服不得有黄色为饰,及彩画古帝王后妃圣贤人物故事,日用龙凤狮子
麒麟犀象之形,如旧有进,限百日内毁之"。普通百姓,不许用黄,不得僭用金
绣、锦绮、纻丝、绫罗,只许绸绢素纱;首饰钗镯不许用金玉、珠翠,"止用银"。对
于服饰的面料、款式、色泽和饰物最讲究者莫过于妇女,明代规定,"士庶妻,首
饰用银镀金,耳环用金珠,钏镯用银,服浅色团衫,用纻丝、缕罗、紬绢。"严禁用
金绣。"袍衫止紫、绿、桃红及诸浅淡颜色,不许用大红、鸦青、黄色。不许僭用
宝石首饰②。由于有如此严格的规定,明初河洛人"贵贱之别,望而知之"。单一
的青、白、黑等颜色,整齐划一,平添几分呆板与单调,反映了严酷的封建政治统
治与文化专制。

明中期以后,服饰的功能由蔽体取暖转向求新求美,体现个性方向发展,前
期的淳朴风俗也逐渐被追求艳丽华贵、慕尚新奇的风潮所取代,服饰因禁忌的打

---

① 《元史》卷七十二《祭祀志一·郊祀上》。
② 《明史》卷六十七《舆服三》。

破而显得五彩缤纷,争奇斗艳。如南阳府(今河南南阳),明初"小民急公好义,狱论衰止,诚为美俗。而迨及隆(庆)万(历),四方之人附籍者众,渐有好游惰、习奢侈者矣……风俗失旧,人心不古"①。特别是商品交流的日趋频繁,商人又把南方最新潮的服饰带到北方,南方服饰成为河洛地区达官显贵效仿的对象。

清代河洛人因社会地位、家境状况不同,在服饰上便有差别。富裕家庭的男子多穿大襟长袍,袍分棉、夹、单三种,样式一致,都是右衽竖领,扣子用布盘成,下摆至脚踝骨处,两侧在膝盖处开叉。老年人外套马褂。妇女穿丝绸旗袍或凤云扇裙子,内穿红绿裤子。农民则穿对襟布扣短袄,外罩坎肩;妇女所着袄褂稍长,或对襟,或大襟右开,一般都有镶边,衣服拐弯处绘有图案。男女均着上腰大裆裤子。农民的衣料多是家庭自织棉布,自己染色;富裕之家则多用绫罗绸缎作衣料。

冬季寒冷,无论贫富都戴帽子。士绅之家戴帽壳,帽顶缀有红色或黑色的疙瘩,贫民多戴绒帽。洛阳富有人家戴"瓜皮帽",此帽用六块三角形细布缝制,帽顶缀有红色珠玉。一般农家戴的"瓜壳帽",则用粗布缝制,俗称"帽壳"。百姓穿的鞋袜,一般情况下男子穿手工布鞋,女子穿辣椒样绣花鞋;男子穿袜多是白色,女子着袜多是青色。

清代河河洛地区男女的发型与明代不同,改用满族发型,男子留长发,梳一长辫垂于脑后;女子婚前蓄长发,编为一根长辫,额前有刘海,婚后将头发挽成发髻,盘于头顶,插上簪子。此外还有金钗、耳环、步摇等头饰,以金、银、玉等制成。

(二)饮食

河洛地区地处黄河中下游,农作物以小麦、玉米、红薯、高粱、豆类为主,稻谷甚少。河洛民众尤其知道节衣缩食。有明一代河洛人的饮食根据不同社会等级,从粗茶淡饭,到品种较多,进而到丰盛再到奢侈浮华。由于河洛地区是元末战争的主战场,经济破坏严重。明朝廷致力于恢复生产,极力倡导节俭。规定官员家中的饮用器具统一制定,普通百姓"酒注用锡,酒盏用银,余用磁漆"②。不过,由于百姓当时尚不能填饱肚子,官员和百姓饮食无不节俭,如河南西平人衡

① 《南阳府志》卷一《舆地志·风俗》,康熙三十三年刊本。
② 《明太祖实录》卷一六九,洪武十七年。

岳在洪武末年任潮州同知,他"布衣蔬食,不异寒士"①。著名学者何景明享誉文坛,他描述自己的衣食说,"一饭一蔬一褐一葛……古人好生,非祭不宰鸡鸭。此外皆长物也"②。

明中后期,河洛地区一些城乡的饮食和宴会变得日益奢华。万历年间"姻家馈遗宴会之际,竞为靡丽,使中产之家四顾徘徊,而不能克举"③。城乡的豪门大族、商贾名流、炮凤烹龙,山珍海味,可谓"富家一席酒,穷汉半年粮"。嘉靖年间河南浚县一位绅士卢柟"好酒任侠",四方慕名者络绎不绝,"座上客常满,尊中酒不空"。他饮酒时,"脱巾卸服,跣足蓬头,按摩的按摩,歌唱的歌唱,叫取犀觥斟酒,连饮数觥,胸襟顿豁,开怀畅饮,不觉大醉"④。各级官吏学士擢升、亲谢、贺岁、往来,动辄则大操酒席,珍肴满桌,歌舞吹弹,纷华关陈。饮食华彩,如一股风潮,虽政府强令而不能止。河南人吕坤长期在山西、河南、陕西任职和生活,谙熟宴会之频繁越礼、丰盛奢靡的事实,曾提出公费招待标准。⑤

清代农作物产量仍很低,麦子一般情况下亩产仅百斤,除去田赋地租,已所剩无几,因此百姓多吃杂粮,遇到荒年,还要以草根树皮充饥。日常饮食以馍和面条为主,再伴以自家腌制的萝卜丝、酸菜、韭菜花等。少数富有之家才吃鸡鸭鱼肉。

不同地区有不同的风味小吃。如河南西华县逍遥镇的胡辣汤、临颖县繁城镇的锅盔馍、洪家牛肉等。洛阳一带的面食种类繁多,比如洛阳不翻,新安县烫面角、炒面、浆面条、刘秀羹、不翻汤,孟津刘水粉汤、尚记牛肉汤、洛阳海参、洛阳高家驴肉等,从清代一直流传至今。南阳的馍类就有蒸馍、油馍、菜合、煎饼、火烧、锅贴、油旋等,物美价廉,味爽可口。

(三)居住

明清两代河洛民居分为窑洞、宅院式住房两种。西部多山,居住窑洞者较多,其他地区多系平原,以宅院式住房为多。

窑洞的特点是因地制宜,不占耕地,施工简易,不用木料。窑洞按其建筑形

---

① 《续河南通志·人物志》,乾隆三十二年刊本。
② 《续河南通志·艺文志》,乾隆三十二年刊本。
③ 《续河南通志·艺文志》,乾隆三十二年刊本。
④ 《今古奇观》卷一五《卢太学诗酒傲公侯》,人民文学出版社,1957。
⑤ 吕坤:《实政录》卷二《节约驿递》。

式,可分几种。选择天然崖面开凿的窑叫靠崖窑或靠山窑,这种窑又分窑间窑、间墙窑、天窑、洞房结合窑等。窑间窑是充分利用黄土层的一种窑洞,先挖一个5尺的拱形空间,在门洞之后再挖高6尺、宽9尺的拱形窑洞体。间墙窑不必挖门洞,而是根据所需的窑洞高度、宽度去挖,然后用砖或坯垒砌窑间墙,封好窑洞后,墙上留门窗。天窑是在窑洞之上再挖一层窑洞。房洞结合窑顾名思义是有房有窑,两者结合在一起的。

在地面以下建的窑院叫天井窑院,或叫地炕院,简称地窑、窑煽。在地面上用砖、石、土坯建成一层或两层拱券式房屋,因不用木料,内部与窑一样,这种窑称锢窑。

无论是靠岸窑或天井窑洞,人们都要在窑壁上挖形状、大小不一的小龛或小窑,以增加面积,存放物件。贫寒之家的灶、炕、桌、柜等,都是就自然壁土砍挖垒砌而成的。

宅院式建筑有四合院、三合院、半个院等形式。典型的四合院是按南北轴线对称布置房屋的,以上房(主房)、东西配房(厢房)、南房组成。它是民居中最正规的形式,也是民居的最高档次,多为官宦富家居住。农家的四合院则比较简易。河洛农村中最常见的院落,即院内正房5间或3间,两边厢房各3间,南墙正中间设大门、影壁。此种房俗称三阁斗院或三条腿院。贫穷人家,除一座正房外,只一边有厢房,布局为一横一竖,俗称半个院。当然,更贫穷的人家也有只住一间茅草房或搭个棚子居住的。富贵之家建房时雕梁画栋,飞檐斗拱,施以彩绘,显得富丽堂皇,贫穷之家是难以企及的。①

二、婚姻丧葬

(一)婚礼

河洛婚姻风俗以朴素节俭为主,百姓重礼义、轻财货,婚礼体现俭朴而隆重的特点。男子通常十五六岁,女子十三四岁就可以婚配。

明清河洛地区的婚礼承袭古代"六礼"制度,纳采(说亲)、问名(合八字)、纳吉(定亲)、纳徵、请期(送好)、亲迎等,仍然是当时的婚礼程序。纳采是男方

---

① 耿瑞玲:《民间居住》第二章,河南人民出版社,1997。

托媒人向女方提婚,若女方同意,男方再备礼物向女方家求婚。问名是看男女两人"八字"是否相合,生辰、属相是否相克。纳吉是男方求神得吉兆,决定与女家缔结婚姻。下聘是双方缔婚后,挑选吉日设宴,互换定聘礼,也称纳征、纳币。送好是确定迎娶日期。河南洛宁县旧俗,女方收到男方送来的"好"后,回礼时要送一块发酵的面团,以保佑未来女婿升官发财。择定婚期后,男方要向女方送礼,女方也要回赠礼,并将已置办好的装奁送往男家。婚前一天,河南栾川、嵩县一带的新郎身着崭新袍服,头戴礼帽,在唢呐伴奏下拜坟谒祖,夜晚则在家演习礼仪。新娘在娘家祖先牌位前烧纸告辞,表示即将到夫婿家开始新生活。

多数地区还有"暖房"风俗,即新郎的嫂嫂要去新房叠被铺床,铺床时还有"撒床"仪式,多在新婚之夜进行,撒床一般是四样物品:核桃、枣、花生、带籽棉花。撒床时唱"撒床歌":"一对新人迎进房,新人请我来撒床,叫秋菊和海棠,端来瓜果我撒床。一把撒到床里边,生个儿子做武官。一把撒到床外边,生个儿子中状元。一把撒到床当中,生个儿子坐朝廷。一把麸,一把盐,人的引着小的玩。一把核桃一把枣,小的跟着大的跑。"①

迎娶之日,花轿上有一"压轿童",轿前有人沿途燃放爆竹,紧跟的是两个灯笼、两个火把、两支三眼铳以及鸣道锣、彩旗、唢呐等,一直把轿抬到女家门口。已经在家迎候的新娘着礼服,以红盖头遮面,端坐椅子上,由亲属抬入轿内。抵男家后,男家一人持一烧红的犁铧,上浇以酒,在轿周围正转三圈,倒转三圈,意为除秽避邪。有些地区还要唱"吉利歌"。如偃师的唱词是:"嘟嘟嘟,喳喳喳,我拿草把你夹铧。花轿到门前,四季保平安。花轿落下地,二人来吉利。"然后新郎出迎,向轿作揖,由两名女傧相挽新娘至天地桌前,拜天地,拜高堂,夫妻对拜,送入洞房,结婚仪式便宣告完成。

清代河洛地区的婚姻形式有娃娃婚、指腹婚、童养媳、招赘婚、换亲、结鬼婚(也称冥婚)等。

(二)丧葬

明清各地区的丧葬习俗大同小异。河洛地区多实行土葬。丧葬礼仪有讣告、设灵、选墓、卜吉、辞灵、报庙、入殓、送城、出殡、行葬、安神等程序。洛阳一带

---

① 洛阳市地方志编纂委员会:《洛阳市志》第 17 卷第 402 页,中州古籍出版社,1999。

丧葬仪式有浴尸更衣、报丧奔丧、大殓入棺、成服备葬、出殡安葬、除丧守孝六个程序。讣告即报丧,死者门口竖白纸柳枝幡旗,并以白纸帖或口头告知亲友,死者子女要披麻戴孝,鞋上缝一块白布。晚上死者亲属到土地庙焚香烧纸叩拜,次日早晨在本村通往城隍庙的十字路口,用草木灰撒一"方城",表示死者要去城隍庙报到。设灵、入殓是为死者设立灵堂,两边有挽联。子女要日夜守灵,以便亲友前来祭吊。入殓则是移尸入棺。选墓、卜吉是请风水先生选择一个适宜埋葬的位置,择吉日下葬。辞灵、出殡是安葬的前日晚,向灵柩举行告别仪式,俗称"辞灵"。送殡时以纸人纸马为前导,吹奏哀乐者随其后,然后是死者的长子手扶灵车缓缓行进,最后是亲属乘坐的送殡车。到墓地后,还有"摔脑盆"、鸣炮奏乐等仪式。行葬、安神是按选定的方位下棺,拢成土丘状,或用砖砌后再作坟冢。葬毕返家后,将死者灵牌放入中堂,供儿孙祭拜。

丧礼也多因循古礼,丧事用品袭衣、含饭、铭旌、绛帛和殓衣俱依品级有差。小殓、入殓之日,由熟人亲友至家中,包括姻、世、年、寅、乡均须到齐,择日开吊。每逢七日必有仪式,"五七"谓"复",意回煞日。孝子服孝三年,实则父二十七月,母二十一月。孝子装扮是"披麻戴孝",谓"齐衰"或"麻冠"。河洛地区土质松软,可以深埋,故土葬盛行。

在经济发达的地区和收入较高的家庭出现礼越僭制、婚丧奢侈浪费的现象,并有蔓延的趋势。明嘉靖年间河南郑州的婚丧人家完全背弃古训祖制,"有丧之家,僧道兼用,倡优杂进,虽婚姻嫁娶,亦所甘心"[1]。婚丧习俗在各地都有不同程度的由俭入奢趋向,如河南内黄县原来是"邻有丧,舂不相里;有殡,不巷歌。今各处愚民有遭父母、兄长之丧,殓葬之期,宰牲延款吊祭姻朋,甚至歌唱以恣欢,乘丧以嫁娶者,伤风败俗,莫此之甚"[2]。明王朝一些官员试图改变这种颓废的势头,但亦无法遏止。

三、节日习俗

明、清两代河洛地区传统节日甚多,内容也丰富多彩,表达百姓盼望五谷丰

① 《郑州志》卷一《风俗》,嘉靖三十一年刊本。
② 《明英宗实录》卷九六,正统七年。

登、祈求祖先庇佑、诸事顺遂的美好愿望。虽然其中有落后和迷信的成分,但大部分内容是健康的。这些节日有:

春节。正月初一始。初一这天全家穿戴整齐,祭祀祖宗,燃放鞭炮,吃一年中最好的饭菜,然后到近门亲邻处拜年。河南南阳一带认为初五为过年的最后一天;豫东商丘一带认为春节一直延续到正月十五元宵节;在豫东北甚至有"有心拜年,寒食不晚"的说法,可见春节在百姓心中的地位。

灯节。正月十五为元宵节,也称上元节、灯节。这天人们要吃元宵、赏灯。河南商丘和南阳等地凡新婚者,岳父母要把女婿一家请来度节,称"躲灯"。洛阳老城的新妇要在正月十七返回婆家,在十九"添仓",即把粮食装入麦囤内。

二月二。俗称"二月二龙抬头",此时气温开始转暖,天空有了雷声。南阳地区家家蒸"捂狼眼馍"、炒黄豆吃,认为"吃后不被狼吃、虫咬"①。

清明节。祭祖扫墓。

端阳节。五月五日为端阳节,也称端午节,是为纪念人诗人、政治家屈原而设,多吃粽子,门上插艾。

六月六。此日已出嫁的女儿回娘家探望。

七月七。此夕为牛郎会织女之日,女子乞巧。

中秋节。八月十五日,举家聚饮,吃月饼,赏月。

十月一。俗称鬼节,人们多在此日祭奠亡灵。

腊八。人们在这一天喝腊八粥,开始置办年货,有"吃罢腊八饭,就把年货办"之说。

腊月二十三。俗称"小年下"。人们于此日祭灶王爷,祈求他"上天言好事,下地保平安"。

除夕。家家年货已备齐,门上对联已贴就,庭院也已打扫干净,晚上阖家吃饺子,放鞭炮,围坐火炉旁饮酒说话,谓之"守岁"。

洛阳地区的节日还有酒祖日(农历十月二十一日为杜康生日,八月一日为杜康忌日,统称酒祖日)、金牛节(正月二十三日为老子骑青牛过函谷关之日)、三月三(古人称此日为"禊日",人们到洛水边洗容,祛灾除病)、祭药王(农历四

---

① 《南阳地区志》下册第538页,河南人民出版社,1994。

月二十八日,洛阳老城祭药王孙思邈)、望夏节(农历六月六麦收已毕,家家炸油条庆丰收)、青苗节(七月十五,夏季已过,大地绿禾如绣,故称青苗节)、重阳节(农历九月九日)、豆豆节(腊月初五日吃蚕豆、黄豆、豌豆、绿豆、豇豆等五种豆,俗称"吃五豆")等。

四、文化娱乐

明清河洛地区的民间娱乐活动比较丰富。经济的恢复与商业的发展在一定程度上推动了艺术的进步,也繁荣了民间文化。明初河洛地区产生了一些著名的曲作家。他们的散曲作品在民间广为流传。明末河洛地区还有多种娱乐形式,如书法、绘画和棋类、杂耍、口技、武技等,众多的娱乐项目受到不同阶层人士的喜爱。勋臣贵戚官绅由于有雄厚的经济实力和封建特权,可以蓄养文人、戏曲班子和武精艺高之人,可以出资赞助文化艺术活动。

周口关帝庙戏楼

河洛官商与平民都有自己的娱乐方式,但其共同特点就是由俭入奢。如在河南省城开封就专门设有娱乐场所,如书场等。也有一些官方认可的妓院,如开封的"富乐园","其中多有出奇美色妓女,善诙谐,谈谑,抚操丝弦,撇画、手谈、鼓板、讴歌、蹴圆、舞旋、酒令、猜枚,无不精通,每日王孙公子、文人墨士,坐轿乘马,买俏追欢,月无虚日"①。普通百姓也时有铺张消费,李绿园在他的小说《歧路灯》里就有所描述。

---

① 孔宪易校注:《如梦录·街市纪第六》。

乡村里普通百姓的文艺活动也趋向丰富多彩。河洛地区的庙会极负盛名。庙会上百姓不仅可以烧香还愿,也可以进行商品买卖。更重要的是,庙会上所表演的各种文艺节目异彩纷呈,汇集了民间精华。明嘉靖年间河洛地区庙会已初具规模,遍及各地。河南省城开封有著名的东岳庙会,"每年三月二十八日,圣诞之辰,五日前,会起,进香,做醮,拥塞满门。所卖各种货物,遍地皆是,棚搭满院,酒饭耍货,诸般都备;香火燎天,人烟盖地"①。方圆几十里乃至上百里的富商大贾和平民百姓拥向集会,领略多姿多彩的民间艺术。清代各地的庙会也人山人海,热闹非凡。

---

① 孔宪易校注:《如梦录·街市纪第六》。

第十三章　河洛文化与周边、外国文化的交流与互动

李学勤先生说:"在研究区域文化时,不可忘记把它放到全国这一整体的文化背景中去考察。对于这里谈的河洛文化即中原文化,尤其要作如是观,才能将这方面研究的重要价值充分凸显出来。""我们认为中原与周边之间的文化影响是双向的,也就是说各地区的文化彼此都有交流,有融合。"①植根于全国中心地区的河洛文化从它的形成开始,就不是孤立独存的。它是不断与周边地域乃至外域文化进行交流、碰撞、互动、吸纳的过程中发展起来的,同时对周边和外域文化施加了影响。郭齐勇先生说:"中国文化有活力,它是来源于中原文化和周边文化不断的融合和吸纳。中国文化的活力还来自跟外域文化的相互碰撞、交流。"②这句话首先说明中原文化及作为其核心的河洛文化在中国传统文化中的主干地位,同时说明不同地域文化的交流和互动的重要意义。下面,我们将河洛文化与周边文化以及外域文化的交流互动进行简要的探讨。

第一节　史前河洛文化与周边文化的碰撞与融合

河洛地区是华夏部族活动的中心区,裴李岗文化、仰韶文化、中原龙山文化

---

① 李学勤:《河洛文化研究的重要意义》,《光明日报》2004 年 8 月 24 日。
② 郭齐勇:《西方语境中的中国哲学》,《光明日报》2007 年 8 月 2 日。

等,就是华夏部族创造的不同阶段的考古学文化。早在史前,河洛地区的文化就与周边地区的文化发生交流和碰撞。

一、河洛地区与海岱地区的文化交流

徐基先生指出:"若就目前的考古发现作全方位考察,我国两大河流域以农业为生计的先民,最先走出旧居地、出现在周边居民面前的是河洛地区的早期仰韶人,随后跟进的则是东方海岱区的晚期北辛人及其后继者大汶口人。"[①]

海岱地区是东夷部族活动的中心区。东夷人至少从北辛文化起,就一直是居住在山东地区的土著居民,中经大汶口文化、龙山文化,直到岳石文化,都是东夷族居民创造的不同阶段的文化。华夏和东夷两个部族在今河南东部地区已有所接触,开始了两种文化的碰撞。

河洛地区是仰韶文化分布的中心区。仰韶文化与分布于山东半岛的大汶口文化在豫东地区相遇,形成犬牙交错和相互激发的局面。仰韶人开始东进的范围就较大——可谓先声夺人,从鲁南的滕州北辛,经鲁西的汶上东贾柏、阳谷红谷堆、阿城,到鲁北邹平的西南村(遗址),都发现了数量不等的典型仰韶文化(半坡类型和后岗一期)的器物,如蒜头(花苞)形细颈壶、敛口球腹壶、突唇敞腹盆和多钮大口缸等。这些器物明确地出现在津浦路线左近,说明早期仰韶文化传布或影响的范围限制在上述地带。后来仰韶文化东面到达泰山西侧,并产生了广泛而深远的影响。从苏北邳县大墩子,到鲁南邹县野店,直到鲁北章丘董东诸遗址,均见庙地沟期典型彩陶,如彩画钩叶圆点纹或弧边散角形的曲腹罐、折沿盆和敛口钵等。在大汶口早期文化中发现有在河洛地区盛行的仰韶文化彩陶盆和彩陶钵,这就说明早期大汶口文化曾受到仰韶文化的影响并吸收了它的因素。仰韶文化影响所及至于东海之滨。"在黄河下游,继后冈一期文化之后,便是大汶口文化的刘林期。""由于庙底沟文化的东迁,刘林期的分布范围,远较后冈一期缩小。""同时,刘林期居民积极接受并融合了庙底沟文化的先进因素,将自己的生产力及社会关系推进到一个新的发展时期"[②]。

---

① 徐基、刘嘉玉:《河洛文化形成中的外力作用》,《河洛文化与汉民族散论》,河南人民出版社,2006。

② 白寿彝主编:《中国通史》第二卷第174页,上海人民出版社,1994。

　　大汶口文化发展到中期,回过头来对仰韶文化又产生了某些影响,在郑州大河村第三、四期、鄢陵故城和禹县谷水第二期的仰韶文化晚期遗址中发现大汶口文化的陶规、陶壶、陶杯等。大河村三、四期所含大汶口文化因素,在陶器中表现得最为清楚,除罐形鼎、背壶、平底尊、圈足尊和浅盘豆等,遗址中还发现了随葬陶背壶的大汶口文化本色墓葬。

　　大汶口文化发展到晚期,对河洛文化的影响有增无减。此时的大汶口文化波及所至已经超过仰韶文化时期,从原有的京广铁路一带直抵洛阳平原。晚期大汶口文化昌盛,向西推进,漫过豫东地区到达伊洛河下游仰韶文化腹地,大汶口文化的遗址多达40余处,这是大范围的移民迁徙和扎根繁衍。① 他们是鲁东南的大汶口人向中原地区挺进发展的一支,带着自己传统的徽记符号("旦"、"日火山"),保持着自己的文化个性,又改变了旧有的文化面貌,故学术界命之为大汶口文化颍水类型或尉迟寺类型。② 因此在偃师滑城、二里头、孟津寺河南、汝州大张等河南龙山文化早期遗址中都发现有大汶口文化,还在偃师滑城、平顶山贾庄等地发现大汶口文化的墓葬,这些墓葬不仅随葬大汶口文化的陶器,还保留有大汶口文化盛行的随葬猪牙和死者拔掉上侧门齿的习俗。在典型的仰韶文化遗存中也常常闪烁着大汶口文化的光辉。如在河洛东区,分别见于郑州大河村四期和长葛石固八期的浅腹豆、圈足镂空豆、背壶、尊和盂,大河村五期的釜形鼎、折沿豆和大口缸等;北区晋南垣曲东关、夏县东下冯庙底沟二期遗存的背壶、宽肩壶、筒形杯等,渑池仰韶遗址中也出土了大汶口常见的口边捏塑出钩状钮的凹腰杯和陶缸。在河洛腹心地区也活动着大汶口人的身影,如偃师滑城一号墓和平顶山寺岗墓,分别随葬有典型的大汶口觚形杯、背壶、高足杯、陶豆和圈足尊等陶器。所有这些都说明大汶口人对河洛文化的丰富和发展,会产生积极的影响。③

　　河洛地区的仰韶人主要以深腹罐和釜、灶为炊器,东区早段(如郑州地区石固五期)用鼎尚少,中段(大河村文化一、二期)陶鼎渐多,其形制却与东方大汶

---

①　武彦津:《略论河南境内发现的大汶口文化》,《考古》1981 年第 3 期。
②　杜金鹏:《略论大汶口文化颍水类型》,《考古》1992 年第 2 期。
③　徐基、刘嘉玉:《河洛文化形成中的外力作用》,《河洛文化与汉民族散论》,河南人民出版社,2006。

口早期的锐折腹鼎、凿足盆形鼎酷似,另外还有白衣彩陶。东方先民自北辛文化直至岳石文化,炊器主要用三足鼎。结合白衣敷底技法和审美观念的西传,陶鼎和稍晚折腹豆之由东向西传,郑州地区当为第一站,自仰韶晚期到中原龙山文化,鼎与豆终成为整个中原地区先民的日常生活用具和礼器中的核心,并在夏、商、周三代得到发扬和提升。鼎之由炊器升格为宴享礼器,又为具有中国特色的古老的鼎鬲文化奠定了基础。

总之,"大汶口文化的发展并不是在自我封闭的情况下实现的,它同仰韶文化及其它相邻原始文化存在着相当密切的关系。不难看出,大汶口文化的鼎、豆的形制显然影响到仰韶文化的同类器物,它所特有的背水壶也不只一次的在仰韶文化秦王寨类型的遗存中发现。更值得注意的是在河南省仰韶文化的分布范围内,往往发现典型的大汶口文化的墓葬。说明大汶口文化对于仰韶文化的影响,至少有一部分是伴随着人口的流动而实现的。同一时期仰韶文化对大汶口文化的影响在程度上虽然要小一些,也还是相当明显的。例如仰韶文化陶器上的篮纹和彩陶上的带状网格纹,就都是在这个时候传入大汶口文化的。两个文化的密切联系,还可从二者发展的同步性体现出来。"①

龙山文化主要分布在今山东省,南及江苏北部,辽东半岛和河北唐山一带也受到它的强烈影响。龙山文化可能是少昊或两昊族系的文化,是东夷人的史前文化。与龙山文化大体同时的中原龙山文化分布的范围最大,内容也很庞杂。其中包括分布于河北南部和河南北部的后冈二期文化,分布于河南中部偏西的王湾三期文化,河南西部的三里桥类型,山西南部的陶寺类型等,都属于河洛地区。由此可见,龙山文化时代,河洛地区与海岱地区的文化基本同步发展。而河南东部的造律台类型文化,在文化面貌上介于龙山文化和中原龙山文化之间。

这一时期河洛地区直接受到海岱文化的影响。在郑州站马屯、临汝煤山、登封王城岗等遗址中,都发现了具有龙山文化特色的袋足鬶、圈足盘、三瓦足盆、觚和三角形足鼎,传统磨光黑陶的烧造技艺也传向西方。海岱龙山文化对豫北后冈类型的影响,表现在从制作工艺到器物造型,都具有浓厚的东方特点,如这里磨光黑陶甚多(占20%),又有薄胎黑陶和白陶,盲鼻、乳鼎纹和横耳等装饰附件

① 白寿彝主编:《中国通史》第二卷第221～222页,上海人民出版社,1994。

的采用,也与海岱龙山文化同趣;而鸟首形足鼎、折沿豆、横耳翁、子母口盆、筒腹单耳杯和白陶鬶等,简直与城子崖类型的同出器如出一模。而中原龙山文化对海岱地区的影响,表现在中原陶系的拍印文饰(方格、绳纹)和炊器用鬲,为鲁西居民加以改造后普遍采用,弦纹陶鬲一直传递到东南海滨。它使海岱地区及早地纳入古代中国特色的"鼎鬲文化"中。

综上所述,从考古发现看来,早在新石器时代,河洛地区和海岱地区的经济文化已开始相互影响。

传说中的五帝时期,伴随着华夏部族和东夷部族的交融,中原文化和海岱文化开始出现交流和互动。炎帝和黄帝部族从关中地区东下,先后到达华北大平原。黄帝部族据有中原地区以后,其势力逐渐向东部扩展,部分东夷人开始与之融合。据文献记载,东夷部族的首领有太昊、少昊和蚩尤。陈(今河南淮阳)是太昊之墟,说明东夷部族已经在河南东部地区活动。曲阜是少昊之墟。少昊曾被称作"五帝"之一。在黄帝和颛顼之间,少昊曾一度统治中原地区。黄帝在阪泉(今河北涿鹿东南)战胜炎帝后,"蚩尤作乱,不用帝命。于是黄帝乃征师诸侯,与蚩尤战于涿鹿之野,遂擒杀蚩尤"[1]。这是华夏部族和东夷部族之间的一场重要战争。黄帝取得胜利后,在黄河中下游地区建立了当时最大的部族联盟。

史称黄帝"举风后、力牧、常先、大鸿以治民"[2]。东夷人族属颇多,故史称"九夷",其中有风夷,风后当为风夷的首领。黄帝"得风后于海隅,登以为相"[3]。风后生活在海隅,当为东夷人。颛顼在帝丘(今河南濮阳)一带与夷族杂居。华夏部族的首领舜,"冀州之人也。舜耕历山,渔雷泽,淘河滨,作什器于寿丘,就时于负夏"[4]。雷泽在今山东菏泽东北,寿丘在今山东曲阜东北,负夏在今河南濮阳东南,说明舜曾在东夷人的中心区活动。史称舜摄政时,曾"殛鲧于羽山,以变东夷"[5]。羽山在今山东郯城东北。鲧治水九年不成,舜将他处死在羽山,欲使东夷人服从。舜又"东巡狩,至于岱宗,柴,望秩于山川。遂见东方君

①《史记》卷一《五帝本纪》。
②《史记》卷一《五帝本纪》。
③《史记》卷一《五帝本纪》注引《帝王世纪》。
④《史记》卷一《五帝本纪》。
⑤《尚书》卷三《舜典》。

长,合时月正日,同律度量衡,修五礼五玉三帛二生一死为挚,如五器,卒乃复"①。这就是说,帝舜在海岱地区推行华夏部族的礼仪制度。如此说不误,至迟在尧舜时期,华夏部族和东夷部族已开始文化方面的交流和融合。

夏禹及其后裔之分布,除少数在今陕西境以外,主要以河南为中心,并向东扩展至山东南部地区。大禹治水之时,有皋陶和益助之。"帝禹立而举皋陶荐之,且授政焉,而皋陶卒……而后举益,任之政。"②皋陶生于曲阜,偃姓,东夷人;益又称伯益,亦为东夷人。大禹以东夷人为助手,临终前又要将政权授之,可见当时东夷族和华夏族的关系已相当密切。于是有学者认为,"政治上在原始社会末期,华夏与东夷似乎已到了结成部落联盟的阶段"③,这就朝民族的形成跨出了第一步。

二、河洛地区与长江中下游地区的文化交流

在新石器时代,黄河中下游地区和长江中下游地区分属于两个不同类型的农业区。中原是旱地农作物起源的核心区,这里首先培育了粟和黍,可能还有大豆,园艺菜蔬有油菜、芥菜或白菜,经济作物有大麻等。养畜业是与农业紧密结合的形式出现的。先后饲养的家畜有猪、狗、黄牛、山羊、绵羊、猫等。农具主要有掘地的石铲,收割用的镰和爪镰,谷物加工用的石磨盘和石磨棒。而以长江中下游为核心的水田农业经济文化区一直以稻作农业为主,后来在缺水的丘陵地区又从北方引进部分旱地作物。这一地区的家畜家禽主要是猪、狗、水牛和鸡,后来又从北方引进了羊。农具中多骨铲或石铲,用以平整水田,后来出现了石犁破土器等。加工粮食则主要用杵和臼。这两种农业区的两种农业体系并不是彼此孤立,而是互有影响乃至在发展过程中发生互动。

大约公元前五六千年前,在长江下游的杭嘉湖地区和宁绍地区出现了河姆渡、罗家角文化。其后在黄河中游广泛分布着仰韶文化。在仰韶文化前期,太行山以东的整个黄河下游地区分布着后冈一期文化,接着是大汶口文化的刘林期。而与仰韶文化半坡类型和庙底沟类型大体同时,在长江中游有大溪文化早期,在

---

① 《史记》卷一《五帝本纪》。
② 《史记》卷二《夏本纪》。
③ 白寿彝主编:《中国通史》第三卷上册第184页,上海人民出版社,1994。

太湖平原及杭州湾地区则有马家浜文化。总之,"长江流域本来就有较发达的文化,在公元前第四千纪当地新石器时代的农业又有进一步的发展,并且与黄河流域发生密切的文化交流。"①

1. 长江中游

横亘豫、鄂两省交界处的桐柏山和大别山是中原地区文化和江汉地区文化的天然界限。新石器时代中期,源于黄河流域的仰韶文化向南延伸,源于长江流域而与仰韶文化大致同时的大溪文化向北延伸,彼此交汇于鄂西北。于是这一地区"在有些仰韶文化的遗址里出有大溪文化的因素,在有些大溪文化的遗址里出有仰韶文化的因素。"②

大溪文化的分布地区是:西起瞿塘峡两岸,东达洪湖之滨,北自荆山南麓,南抵洞庭湖畔。"自大溪文化居民分布区溯汉水而上,进入汉水上游的陕南地区,沿丹江、淅水则与伊洛地区相连,此两地均是半坡类型及庙底沟类型居民的分布区。更有甚者,在湖北境内的汉水流域及河南境内的淅水沿岸,均零散地分布着一些半坡和庙底沟两类型居民的移民点。这有利的地理条件和当时这些文化居民分布的格局,为他们进行文化经济交流提供了相当便利的条件。""从大溪文化的基本内涵来看,沿着汉水,尤其是淅水沟通同伊洛地区的联系,当是大溪文化居民对外交往的主要方向。需进一步指出的是当黄河中上游步入庙底沟类型时期,他们之间的这种交流,才达到相当频繁的阶段。同时,住居在江汉地区的大溪文化居民能直接吸收庙底沟类型的信息,而使他们和洞庭湖畔的同胞的文化面貌,呈现着显著区别。"③

近年来在鄂北的大寺、青龙泉、朱家台和乱石滩等地都发现有仰韶文化遗址。这里的仰韶文化还包含一些地方色彩,年代属于仰韶文化中晚期,有可能是仰韶文化由中原地区向这里延伸之后所遗留的文化遗存。仰韶文化南延的界限为大溪文化的分布范围,在大溪文化遗址中发现有仰韶文化小口尖底瓶和杯形钮器盖等。反之,在淅川下王岗仰韶文化中发现有大溪文化中常见的陶豆、陶碗和筒形瓶等。

① 白寿彝主编:《中国通史》第三卷《序言》第 16 页,上海人民出版社,1994。
② 向绪成:《试论长江中游与黄河中游原始文化的关系》,《考古与文物》1988 年第 1 期。
③ 白寿彝主编:《中国通史》第二卷第 198 页,上海人民出版社,1994。

仰韶文化(中期)成了四面开花(出击、裂变)的强势文化,南面越过鄂西北到达长江中游的沿江地带,如大溪文化的关庙山、红花套、螺丝山、大寺诸遗址,均出有庙底沟类型(期)的彩陶盆、钵、折沿球腹罐和双唇尖底瓶等典型陶器。在鄂北仰韶文化层上面叠压着屈家岭文化层。在屈家岭文化陶器中也发现有仰韶文化的彩绘花纹,不能否认,它也曾受过仰韶文化的影响。

反之,豫西南地区考古发现了丰富的屈家岭文化遗存,如淅川下王岗、下集和黄楝树等遗址。在豫中的禹州谷水河和郑州大河村(四期)也发现有典型屈家岭遗物,如鸭嘴形足顶、瓦足鼎、高足圈杯和折(双)腹豆等。① 豫南的南阳黄山、唐河茨岗和淅川下王岗等地也存在有屈家岭文化遗存;在豫中禹州谷水河仰韶晚期文化中发现有屈家岭文化的陶豆、圈足小壶、敛口杯、高柄杯和瓢形杯等等,形态和屈家岭文化的完全一样。屈家岭文化向北扩延的界限是郑州,在大河村仰韶晚期文化层中发现有屈家岭文化的陶鼎和陶锅,而后者是屈家岭文化的代表器,其它文化罕见。在大河村龙山早期文化中也发现有屈家岭文化的陶杯。看来,屈家岭文化对这里的影响,在时间上是很长的。

仰韶文化后期,大约从公元前3500年开始,社会已经进入铜石并用时代。这时在黄河中游分布着仰韶文化,下游是大汶口文化;在长江中游的两湖地区主要是大溪文化晚期和屈家岭文化,下游包括太湖流域主要是崧泽文化。

继大溪文化而起的屈家岭文化,时代与仰韶文化末期和庙底沟二期文化相当,向北沿伸到豫西南,其文化因素则传播到豫中的禹州一带。屈家岭文化主要是继承大溪文化,同时吸取一部分仰韶文化的因素而发展起来的。

大溪文化和屈家岭文化都同仰韶文化有非常密切的关系。大溪文化中的典型器物双腹杯,屈家岭文化中的典型器物蛋壳彩陶杯和粗陶高柄杯,都曾在仰韶文化后期遗存中发现过。仰韶文化后期秦王寨类型中分间房屋的出现可能也是受到大溪文化晚期分间房屋的影响。大溪文化中的某些彩陶和屈家岭文化中的篮纹陶等,则应是受仰韶文化影响的产物。

长江中游地区的大溪——屈家岭文化,在石器及玉器制造方面已经超过仰韶文化,并给予仰韶文化以较大的影响。长江流域在这一时期文化的发展水平

---

① 杨育彬:《试论河南境内大汶口文化和屈家岭文化》,《苏秉琦与当代考古学》,科学出版社,2001。

已不低于黄河流域,石器制作技术甚至较仰韶文化为高。

　　铜石并用时代晚期是龙山文化及其同时代诸文化活跃的时期。与龙山文化同一时代,在黄河中上游还分布有中原龙山文化和齐家文化,在长江流域则有石家河文化和良渚文化中晚期。这些文化不仅属于同一时代,具有相似的发展水平,而且相互间也有不同程度的联系,存在着一定的共同性。

　　黄河中游的河南、河北、山西、陕西等地分布着中原龙山文化,这是由仰韶文化发展而来的一个复杂的共同体,它包括后冈二期文化、王湾三期文化、陶寺类型、三里桥类型和客省庄二期文化等,豫东的造律台类型也有密切关系,我们可以统称为中原龙山文化,它应是诸夏的史前文化。

　　进入龙山时代,在江汉平原地区主要是石家河文化,它应当是苗蛮各族的史前文化。继屈家岭文化而起的石家河文化,其北界大致与屈家岭文化相合,其内涵则与中原龙山文化有不少共同的因素。石家河文化与中原龙山文化关系最为密切,有不少文化因素相似,这当然不是偶然的巧合。中原地区王湾类型的文化是中原龙山文化的一支,与石家河文化相渗透,如前者的少量镂空器和圈足器显示出后者的影响,后者的少量方格纹和绳纹则显示出前者的影响。[①] 湖北郧县的青龙泉遗址,下层为仰韶文化,中层为屈家岭文化,上层为带有龙山文化因素的石家河文化。这样的叠压关系,正是南北文化交相激荡的地卜实证。[②] 就上古的炊器而言,黄河流域多用鬲,长江流域多用釜。釜需支架,与支架连为一体则为鼎。随着北方和南方的部落迁徙和文化交流,鬲也出现在南方,而鼎也出现在北方。南方最早用鬲类甑形器和斝形器的是长江中游,时在新石器时代的晚期,为龙山文化南渐所致。

　　石家河文化分布的地区,大体相当于远古时代三苗集团的活动范围。三苗在历史上与华夏族系有非常密切的关系,舜、禹均曾与三苗打过仗。年代较早的屈家岭文化和年代较晚的石家河文化,以及在它们的西边而年代更早的大溪文化,都应当是三苗的文化遗存。

---

①　向绪成:《试论长江中游与黄河中游原始文化的关系》,《考古与文物》1988 年第 1 期。

②　张正明:《楚史》第 38 页,湖北教育出版社,1995。

2. 长江下游

早在新石器时代,长江下游地区就有了发达的稻作农业和成熟的丝织工艺。长江下游新石器文化的序列和阶段性是比较清楚的。和仰韶文化半坡类型大体同步的是太湖地区的马家浜文化。稍后,南京镇江地区有北阴阳营文化,太湖地区则有崧泽文化。偏处东南的江浙地区,早在新石器时代就已产生了较高的文化,且与黄河流域有过文化交流。

长江下游的海安青墩,崧泽文化中的吴县草鞋山、青浦崧泽等遗址,也见有仰韶式钩叶圆点纹和花瓣纹陶器,这大约是由大汶口文化或淮南薛家岗(一期)中介再传的结果。

但进入铜石并用时代后,在长江下游地区相当于仰韶文化后期的遗存发现较少,似乎也不完全是同步的,同仰韶文化的关系也没有大汶口文化和大溪——屈家岭文化那样密切和直接。① 这是由于在淮河中下游有属于淮夷系统的部族存在,河洛地区和长江下游地区的先民难以直接进行交往。

到了铜石并用时代晚期的龙山文化时代,长江下游至杭州湾一带是良渚文化,它可能是古越人史前文化的一支,其玉器文化尤为一枝独秀。受良渚文化的玉文化影响最直接且有相当深度的则是黄河中下游及淮河流域。② 由于玉矿资源、磨制技术、审美观念等原因,河洛地区从仰韶文化以来一直缺乏玉器,装饰品也以陶、蚌、骨、石质的居多。但在陶寺文化中却出现琮、钺、环、梳等大件玉器,而且这些玉器明显地具有良渚风格。自从陶寺文化中大量出现玉器以后,玉器文化便在河洛地区扎下了根。玉琮是良渚文化特有的器物,而河洛地区的二里头文化、商文化和周文化都有玉琮,形制也都与良渚玉琮类似,可见玉琮这一良渚文化因素被河洛文化吸收融合了。太湖地区和中原地区的文化联系以往一直很疏远,如此众多的良渚文化因素全面地出现在中原地区是前所未有的。

此外,仰韶文化的范围向西一直到甘肃省东部的渭河上游,说明关陇地区与河洛地区存在着大体相同的文化。在洛阳矬李河南龙山文化中曾发现齐家文化的双耳罐。

---

① 白寿彝主编:《中国通史》第 2 卷第 223～224 页,上海人民出版社,1994。
② 白寿彝主编:《中国通史》第 2 卷《序言》第 13 页,上海人民出版社,1994。

　　早期仰韶文化的发展势头,也沿黄河北上而止于河套顶一带。中期仰韶人北上河套地区的范围也较前扩大了,并形成了另具特色的白泥窑子文化、海生不浪文化和阿善文化。分布在北面的红山文化也曾受过仰韶文化的影响。

　　总之,从考古发现可以看出,河洛文化因素(仰韶文化)分别在江汉、海岱和河套地区出现,海岱地区的东方文化因素和江汉地区的古文化,乃至北方古文化与河洛文化的接触、碰撞与融合。

三、龙山文化后期周边文化对河洛华夏文化的认同

　　龙山文化后期,在晋南的陶寺遗址发现来自长江中下游良渚文化的玉石礼器琮、冠饰、镞形坠、大型推刀和屈家岭文化的月牙纹瓠,来自西方齐家文化的双大耳罐和折肩罐;还有北方红山——小河沿文化的玉环、多孔璧和折腹盆、折肩壶、陶案以及有关龙的信仰。在陶寺墓地出土十几种具有浓郁的晚期大汶口文化特色的玉、陶制品,如镶嵌玉片并带散孔的玉钺、玉璋,陶圈足尊、喇叭口壶、单耳杯、和口沿与肩部绘虹彩的大口罐等。上述器物是陶寺部落联盟或早期国家举行祭典或议事时使用的礼制性器具。苏秉琦先生指出:“在中原、北方、河套地区文化以及东方、东南方古文化的交汇撞击之下,晋南兴起了陶寺文化。……而且确立了在当时诸方国中的中心地位,它相当于古史上的尧舜时代,亦即先秦史籍中出现最早的‘中国’,奠定了华夏的根基。”[①]

　　在豫南下王岗晚二期文化中包含有湖北龙山和山东龙山文化的因素,而其主要内容为二里头早期文化,三个文化区的文化在这里相聚集,无疑将产生较大的融合作用。

　　龙山时代河洛地区正处于昂首阔步向文明时代迈进的时期,传说尧舜禹和三苗的长期对峙,最终禹迁三苗于三危。东西方又有联合又有斗争,反映在考古学文化上,可以看出中原龙山文化、二里头文化与南方的石家河文化、东方的龙山文化、岳石文化,甚至于东南的良渚文化产生碰撞和交流,为河洛文化吸收周边文化中的先进因素提供了条件和可能。所以在二里头文化中,我们不仅可以找到东方文化的因素,如山东典型龙山文化和岳石文化等,而且还有来自江汉平

---

　　①　苏秉琦:《华人·龙的传人·中国人—考古寻根记》第243页,辽宁大学出版社,1994。

原石家河文化的因素、甚至还受到东南地区的马桥文化、豫北冀南的下七垣文化、西北地区的齐家文化,以及北方草原地带的夏家店下层文化的影响。

可以断言,中原地区史前文化与周围史前文化的交往关系都是相当频繁的。如果从文化区分布方面讲,中原地区是当时交流、融会和锤炼各个地区文化精髓的大熔炉。①

河洛文化与周边文化融合的结果最终在龙山时期出现了诸多文明因素的快速增长和积累,大量的礼器不断涌现,并形成了一批积政权、神权于一体的权贵阶层,开始筑城以卫君,并逐步掌握冶铜技术。到二里头时期,河洛地区终于以它强大的文化根基,率先进入文明时代,并成为中国文明的核心。

第二节　先秦时期河洛地区与周边地区的文化交流

进入文明时代以后,特别是商、周二代,河洛地区基于其深厚的文化底蕴,充分显示了文化的凝聚力和影响力,迸发出辐射四方的力量。先秦时期河洛地区与周边地区的文化交流更为频繁,特别是与东部的海岱地区及南部的江汉地区的文化交流更多,融合加快。

一、河洛地区与东夷—齐鲁地区的文化互动

1. 夏商时期的文化互动

夏朝主要立国于今豫西地区。在夏代,东夷人和夏王朝关系密切,时叛时服。夏朝建立后,至夏王太康而失其国。史称:"昔有夏之方衰也,后羿自鉏迁于穷石,因夏民以代夏政。"②鉏在今河南滑县东南,穷石在今河南孟州西。后羿是东夷有穷氏之君,善射,喜欢打猎,乘夏中衰而夺取夏政权。历中康和相两代,华夏人受东夷人统治。至少康时,夏方复国中兴。要之,在夏代,东夷人曾一度统治夏国。据《竹书纪年》记载,夏朝强盛时,也曾征东夷,迫使东夷人服从。史

---

①　赵芝荃:《史前文化多元论与黄河流域文化摇篮说》,《河洛文化论丛》,河南大学出版社,1990。
②　《左传》襄公四年。

称："少康即位,方夷来宾,献其乐舞"。"后发即位,元年,诸夷宾于王门,诸夷入舞。"①东夷向夏王献乐舞,是夷夏文化交流的具体表现。夏朝灭亡后,夏部族不少人迁居东方和东夷人杂居。

商族崛起于今豫北冀南地区。《诗》云:"天命玄鸟,降而生商。"②商部族以鸟为图腾,与少昊相同,可能是东夷的一个分支。其始祖契曾佐禹治水,加入华夏部落联盟。商汤灭夏,建立商朝。商都城多迁,大多在河洛地区。在商代,海岱地区基本上处于商王朝的统治之下,但东夷人仍时有叛服。商王曾经征"人方",有学者认为人方即夷方。武丁时曾征夷方。这是商王朝和东夷的战争。到了商末,"商纣为黎之搜,东夷叛之。"③商纣又出兵以平叛。虽东夷的叛乱最终被平定,但商朝的国力也消耗殆尽。因此史书说:"纣克东夷,而殒其身。"④

2.西周河洛礼乐文化的东传

西周建立初期,周公营建洛邑,称作成周,是成王时期周王朝的统治中心,周公在这里制定礼乐制度。东夷的奄国参与纣子武庚的叛乱,周公领兵"东伐淮夷,残奄,迁其君薄姑。"奄国在今山东曲阜东,薄姑在今山东博兴县东南。西周王朝在海岱地区建立齐、鲁等国。史称周武王"封尚父于营丘曰齐,封弟周公旦于曲阜曰鲁"⑤,实则封周公旦长子伯禽于鲁。成王时期西周在东夷故地建立封国,不仅带去一批华夏人,而且带去华夏文化。如鲁公伯禽的受封时,朝廷"分鲁公以大路、大旂,夏后氏之璜,封父之繁弱。殷民六族:条氏、徐氏、萧氏、索氏、长勺氏、尾勺氏。使帅其宗氏,辑其分族,将其类醜,以法则周公,用即命于周,是使之职事于鲁,以昭周公之明德。分之土田倍敦,祝宗卜师,备物典策,官司彝器,因商奄之民,命以伯禽,而封于少昊之墟。"⑥由此可知,鲁国建立时,不仅从中原地区带去一批民人,包括一些巫祝史官和手工业技术工人,而且带去一批器物、书籍。齐国的建立也应是如此。以宗周、成周为代表的华夏文化开始对齐鲁地区产生影响。齐太公之国,"莱侯来伐,与之争营丘。"说明太公在营丘立国遭

---

① 《后汉书》卷八十五《东夷传》引《竹书纪年》。
② 《诗经》卷二十《商颂·玄鸟》。
③ 《左传》昭公四年。
④ 《左传》昭公十一年。
⑤ 《史记》卷四《周本纪》。
⑥ 《左传》定公四年。

到东夷人的激烈反抗。为了缓和矛盾,齐太公"因其俗,简其礼"①,保留一些东夷文化习俗。鲁国实行的文化制度和齐国不同。"鲁公伯禽之初受封鲁,三年而后报政周公。周公曰:'何迟也?'伯禽曰:'变其俗,革其礼,丧三年然后除之,故迟。'"②可见,鲁国对东夷人的传统文化、习俗、礼仪制度,采取变革的政策,即推行周朝的礼仪制度。但是,海岱地区实行周礼经历了一个较长的过程,春秋时期的一些小国还时而用周礼,时而用夷礼。

　　东周时期,都城洛邑(今河南洛阳)成为周文化的渊薮。东方的鲁国因为是周公子伯禽的封国,也保留着较多的周朝礼乐文化,于是诞生了崇尚西周礼乐制度的孔子。孔子亲自到洛邑向在周王室担任史官的老子问礼,今洛阳尚存"孔子入周问礼乐至此"古碑。孔子周游列国时,又长期穿梭于宋、卫、陈、蔡之间,自然会受到河洛文化的熏陶。孔子创立儒家学说,主要是受周代礼乐制度的影响。其学说后来主要由邹(今山东邹县东南)人孟子传扬。于是邹鲁地区成为儒学的摇篮和中心。史称:"邹鲁滨洙泗,犹有周公遗风,俗好儒,备于礼。"③战国中后期,兼并战争愈演愈烈,各国统治者以为儒学迂阔,不予重视。"然齐鲁之间,学者独不废焉。于威、宣之际,孟子、荀卿之列,咸尊夫子之业而润色之,以学显于当世。"④齐鲁地区仍然保持着儒学的中心地位。正如李学勤先生所说:"不管我们怎样去评价,儒学在历史上总是传统文化的核心。""大家一贯把这个区域(邹鲁)的文化看做中国传统文化的正宗。"⑤

　　3. 邹鲁儒学的西渐

　　儒学创立后,就开始了它的西渐进程。孔子周游列国,儒学开始在中原的传播。孔门弟子中可以确定是中原地区籍的,有卫国温(今河南温县)人卜商(字子夏),卫国(都今河南淇县)人端木赐(字子贡)、奚容箴、句井疆、廉絜;宋国(都今河南商丘)人司马耕(字子牛);陈国(都今河南淮阳)人颛孙师(字子张)等。"自孔子卒后,七十子之徒散游诸侯,大者为师傅卿相,小者友教士大夫,或隐而不见。故子路居卫,子张居陈,澹台子居楚,子夏居西河,子贡终于齐。如田

---

① 《史记》卷三十二《齐太公世家》。
② 《史记》卷三十三《鲁周公世家》。
③ 《史记》卷一百二十九《货殖列传》。
④ 《史记》卷一百二十一《儒林列传》。
⑤ 李学勤:《邹鲁文化研究序》,《邹鲁文化研究》,中华书局,2004。

子方、段干木、吴起、禽滑釐之属,皆受业于子夏之伦,为王者师。是时独魏文侯好学。"①孔门弟子子路、子张在中原地区的陈、卫等国传布儒术,而卫国人子夏对于传授六经、阐扬儒学做出了重要贡献。战国初期,魏文侯独好儒学,拜子夏为师,以国家行政力量推行儒学,置博士官,儒学一度在魏国兴盛。子张在陈国创立的学派也被韩非列为儒家八派之首。孔子之孙孔伋(字子思)一度居住卫国,后去宋国,困而作《中庸》。可见,战国时期,儒学除了在鲁国传授外,也在中原诸国广为传播。

在战国的百家争鸣中,道家、法家、墨家、纵横家等在河洛地区兴盛。如道家的老子、庄子,法家的商鞅、韩非,墨家的墨翟,纵横家的苏秦等,都是河洛地区人,并在这一地区活动。海岱地区除邹鲁外,以齐国的稷下学宫为中心,学术研讨和论争也很活跃。两地的学术文化在交流、争鸣中互相影响,并在更广大的地域传播。

在山东长岛地区的大竹岛发现一批战国时期的青铜器,"从铜舟、铜戈的形制看,都是中原地区常见的形式,说明在东周时代,地处我国海滨的长岛县大竹岛,已经与中原地区存在着频繁的经济文化交流。"②海岱地区和中原地区在文化上的差别逐渐消泯。

二、河洛地区与长江中下游地区的文化互动

1. 三代河洛地区与长江中下游地区的文化交流

夏商周三代,长江中下游地区同河洛地区的关系进一步密切,经济文化交流更加频繁。

黄河流域比长江流域较早的进入铜器时代。据古文献记载,黄帝曾"采首山铜,铸鼎于荆山下"。到了夏代,中原地区的铜器铸造业有了飞跃的发展。"以二里头文化为代表的中原地区冶铜业的进步特征主要表现在铜器数量增加,器类大大丰富,尤其是青铜容器的出现集中体现了这一时期的冶铸水平。另一方面,青铜合金已占据统治地位,而且主要是锡青铜、铅青铜和铅锡青铜。"

---

① 《汉书》卷一百二十一《儒林列传》。
② 齐文涛:《概述近年山东出土青铜器》,《文物》1972 年第 5 期。

"大约从二里头文化二期开始,在二里头这处大型中心聚落(或为都邑),逐渐扬弃了石范这种对铸造技术发展有很大限制的模具,这一变化极大地刺激并提升了中原地区金属冶铸业的水平。""到二里头文化晚期,又发明出高铅合金青铜,同样也是为满足铜礼器的需求而创新的技术。随着上述一系列'高科技'的出现,使得中原地区的金属铸造业开始大踏步迈进,在铸造技术上将其他地区远远甩在了身后,一跃而跻身于当时世界金属铸造业的前列。"[1]

但是河洛地区所在的黄河中游缺少铜矿。中国的铜矿密集在长江南岸,锡矿和铅矿更在铜矿以南。青铜时代的战略资源,一是铜,二是锡,三是铅。"奠都在中原的夏朝和商朝缺少有色金属资源,不得不到长江流域去找,后来的周朝当然也如此。铜器时代的黄河流域和长江流域,尤其是黄河中游和长江中游,正是以铜为纽带连结起来的。"[2]

商朝中期以后,实行南进的政策,成效颇为显著。吸引殷人深入南方的,也是铜和锡、铅。1988年在江西瑞昌县铜陵发现的古铜矿,开采年代上限为商代中期。湖北的阳新县和黄石市也有古铜矿,已知开采年代上限为西周,但附近有不少商代的炼铜遗迹。在江西新干县一座相当于商代的大墓中,出土制作精良的铜器400余件。湖南也发现不少商代中期和晚期的铜器,铸造水平不低于中原,造型和施纹则既有纯属中原风格的,也有富于江南特色的。在湖北和湖南出土的某些商代青铜器上有殷人的族徽。[3]

到了商代,湖北省中部和东部的长江以北地区分布着早商文化盘龙城类型,鬲是黄河流域的主要炊器,长江中游真正的鬲则始见于商代,是与殷人俱来的。晚商时期这一地区土著文化兴起,逐渐取代商文化在该地区的统治地位。

西周时期,由于不断的征伐战争和分封诸侯,周文化势力已逐渐深入到长江流域,而且居于统治地位。从考古材料看,周文化向东南扩展的路线有二:一是顺汉水而下,直至湖北省境内,所谓"汉阳诸姬"的文化即其代表;二是顺淮水而下,从河南省的中部直达安徽省的江淮之间。以上两个地域,在商末周初之时曾是荆蛮、淮夷居住之地,其文化一直受商文化的影响。周文化的势力进入之后,

---

①　李水城:《西北与中原早期冶铜业的区域特征及交互作用》,《考古学报》2005年第3期。

②　张正明:《楚史》第23页,湖北教育出版社,1995。

③　张正明:《楚史》第24页,湖北教育出版社,1995。

逐渐取代晚商文化的地位,从而形成以周文化因素为主体的商、周和当地文化等多种文化的融合体,两湖地区的楚文化和安徽江淮之间的群舒文化正是从这种融合体中形成和发展起来的。

文献记载,楚国受封于西周王朝。周成王时,"封熊绎于楚蛮,封以子男之田,姓芈氏,居丹阳"①。熊绎所居的丹阳一带尽管远离发达地区,而且不在交通线上,但并不闭塞。鄂西北和境土相接的豫西南是黄河流域文化同长江流域文化交相切劘之区,汉水中游的南阳、襄阳地区在黄河、长江两大流域的交汇点上。

西周时期,楚人立国未久,地处中原南部边垂,受到周文化的强烈影响,其代表性文化呈现出浓郁的中原特色,属于楚文化的"滥觞期"。"从考古学范畴来看,西周时期的楚文化没有形成完整的体系,它与中原文化近似,略有区别而无明显标志。"②

湖北当阳县赵家湖从 1975 年到 1979 年发掘了两周之际至春秋早期的若干楚墓。"无论从墓式、葬制和随葬的铜礼器、陶礼器来看,与中原同期同类墓都不乏相似之处。""其中,尤为明显的相似之处是:第一,都是长方形竖穴土坑墓,第二,铜礼器的基本组合都是鼎和簋;第三有些陶礼器的形制大同小异。"③但也有许多不相似之处。楚人来自中原,本来就带着中原的许多文化因素,这是不足为奇的,直到若敖、蚡冒时代,楚国的贵族仍以仿效华夏的礼制为荣。

据文献记载,以河洛地区为中心的夏王朝,与地处东南的百越族有着密切的联系。夏禹说"予娶涂山"氏女。"禹东巡狩,至于会稽而崩。"④涂山的地望,学术界有不同认识,除了河南嵩县说外,一说在寿春东北,今安徽蚌埠一带,一说在江南九江、当涂一带。而越王勾践"其先禹之苗裔,而夏后帝少康之庶子也,封于会稽,以奉守禹之祀。"⑤就考古学而言,太湖流域的马桥文化中的确存在有二里头文化的因素,而马桥文化的一些典型器物又在二里头文化中找到了踪迹。这说明河洛文化的影响已经到达江浙一带。商汤出兵灭夏,"桀奔南巢。⑥"南巢

---

① 《史记》卷四十《楚世家》。

② 马世之:《中原楚文化研究》第 87 页,湖北教育出版社,1995。

③ 张正明:《楚史》第 57 页,湖北教育出版社,1995。

④ 《史记》卷二《夏本纪》。

⑤ 《史记》卷四十一《越王勾践世家》。

⑥ 《国语》卷四《鲁语上》。

当在今安徽巢湖一带。

到了商代,江西的吴城文化是与中原商文化并行的一支考古学文化。关于它的性质,目前有两种意见,一种认为是一支土著文化,又具有中原商文化特色;一种认为是一支从中原南来的商文化,是商王朝在南方的军事据点。尽管意见不一,但有一点是共同的,即吴城文化与中原文化关系极为密切,是河洛文化的影响已到达这一地区的缘故。[①] 有学者指出,中原殷人渡江南迁后与土著的扬越人融合,殷商文化的某些因素逐渐被土人吸收,从而形成带有浓厚中原文化因素的吴越青铜文化。[②]

据文献记载在商末发生了周太伯奔吴的历史事件。周太王有三子,长子太伯,次子仲雍,少子季历。“季历贤,而有圣子昌,太王欲立季历以及昌,于是太伯、仲雍二人乃奔荆蛮,文身断发,示不可用,以避季历。”“太伯之奔荆蛮,自号句吴。荆蛮义之,从而归之千余家,立为吴太伯。”[③]太伯奔吴的事件,促使吴越文化与周文化的融合。到了吴王寿梦时,“吴于是始通于中国”,“朝周适楚,观诸侯礼乐”。吴王子季扎曾出使中原郑、卫、鲁、晋诸国,对周礼乐和《诗经》十分熟悉。

长江下游的南京镇江地区在夏代有点将台文化。商代,分布在宁镇地区的是湖熟文化,太湖地区的考古学文化是马桥文化。

在南京点将台遗址出土的陶器纹饰中,出现与河南龙山文化相似的绳纹、篮纹方格纹和独特的梯格纹。以点将台文化陶器与中原及邻近诸文化相比较可以发现,它与河南龙山文化、山东龙山文化、岳石文化和江淮地区的龙山至夏代文化有较多的相同或相近因素,而与二里头文化、良渚文化、江西的龙山文化和浙江肩头弄类型文化之间则极少或没有相似的文化因素。所以,点将台文化是一支具有鲜明地方特征的土著文化,它受中原与江淮地区诸文化的影响远远大于南方诸文化对它的影响。

湖熟文化是南京、镇江地区的土著文化,它由点将台文化直接发展而来。湖熟文化在发展过程中又明显地吸收融入大量中原商周文化的因素,最典型的就

①　张文军:《河洛文化的融合性》,《河洛与客家研究》,国际炎黄文化出版社,2006。
②　彭适凡、刘诗中:《关于瑞昌商周铜矿遗存与古扬越人》,《江西文物》1990 年第 6 期。
③　《史记》卷三十一《吴太伯世家》。

是鬲和鬲式甗。鬲是商周文化的典型器,是旱作农业区的主要炊器。可是湖熟文化却以鬲为主要炊器,而且湖熟文化中期的折沿宽唇分档袋形圆锥足鬲与二里岗的同类器很相似,晚期的侈口高弧裆鬲又具有西周鬲的风格。中原文化对湖熟文化的影响不是连续的而是断续的,大约在二里岗期和西周初期发生的影响最大。

马桥文化分布于太湖地区和南京、绍兴平原一带。马桥文化的石器和陶器首先是来自良渚文化因素,其次是河洛的夏商文化因素。扁平三角形石镞是二里头文化的典型器,半月形石刀也是河洛地区习见的收割工具,而在马桥文化中这两种石器却很多。泥质灰陶上压印带状云雷纹的做法也是二里岗文化的风格。马桥文化中占主导地位的是几何形印纹陶,所含的夏商文化因素虽然不占主导地位,但却反映出河洛文化对江南地区的影响。

吴国曾受封于西周王朝,主要领地在江苏省的长江两岸;传说越国是夏人的后裔,主要居于浙江省境内。吴越文化是在本地区原有文化如湖熟文化(或土墩墓文化)、马桥第四层及其上层以及昙石山中上层等文化的基础上,吸收商周文化的先进因素发展起来的。

商代长江下游地区已经出现青铜器,但是冶铸技术的水平比中原的商人要低得多。在湖熟文化和马桥文化遗址中都出土过小件铜器,还未发现过青铜容器,铜器铸造得也很粗糙,显示出它的原始性。太伯仲雍奔吴为江南土著带来中原的文化,其中包括引进中原的青铜器和青铜冶铸技术,从而使长江下游地区的青铜器铸造出现一个技术上的飞跃。

2. 春秋战国时期河洛地区与吴楚地区的经济文化交流

春秋初期,楚熊通自称王,是为武王。及其子楚文王熊赀即位,将都城由丹阳(今河南淅川)迁都于郢(今湖北江陵),楚国开始由偏僻山区进入江汉平原。由此北上,可达黄河中游,南下可通长江,地势险要,农业发达。这次都城迁徙是楚国成为南方强国的重要条件。武王至文王时,楚国始强大,渐侵陵江、汉间小国。楚国对外不断发动战争,基本上灭亡汉阳诸姬和诸姜小国,又北上争霸,东进江淮,成为中国南部最强大最发达的国家。至成王熊晖时,"布德施惠,结旧好于诸侯。使人献天子,天子赐胙,曰:'镇尔南方夷越之乱,无侵中国。'于是楚地千里"①。周王室事实上承认了楚王的南方霸主地位。

淮、汉之间是当时东西南北文化交汇的十字路口,楚文王灭申、息,占领这一地区。在楚人占领以前,这个地区的文化景观可谓五花八门,但占优势的是随、息、蒋等国的周文化。楚人进入淮汉之地,受益匪浅,主要得益于鹤立鸡群的随国。小国的文化对楚国也不是全无影响,如河南光山县黄君孟夫妇合葬墓是已知最早有封土的竖穴土坑墓,其封土形制对后来楚墓的封土形制似有导向作用。

从楚武王起,楚文化进入茁壮成长期。此前楚人一向歆慕中原的文明,能采用的就采用,能仿效的就仿效。但到武王时,他们开始边摸仿、边创造了。楚人进入江汉平原,历时渐久,不免沐蛮风,栉夷雨,文化面貌开始发生意义重大的变化。

1978 年到 1979 年在河南淅川下寺发现 20 多座楚墓,由此可以窥见公元前六世纪中叶楚国的经济文化状况。下寺楚墓出土大量青铜器,可以王子午列鼎和云纹铜禁为代表。从铸造工艺上说,已经使用熔模铸造法,又称失蜡法。这种工艺可以铸造复杂而精密的铸件。出土编钟造型巧、音色美、体制大,超过中原

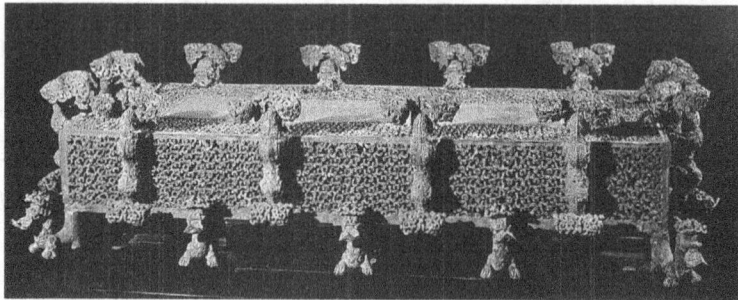

淅川下寺出土春秋云纹铜禁

同期的编钟,楚式鼎也令人耳目一新。总之,"楚国的青铜礼器虽以中原和关中的青铜礼器为张本,但有不少别出心裁的变化,到春秋中期已自成一体了。"②"以下寺春秋楚墓为代表的楚文化与中原文化有其共同性的一面,既反映了楚文化与中原文化有密切的关系,也反映了楚文化在其发展过程中,仍不断吸收中原文化的因素。"③

---

① 《史记》卷四十《楚世家》。

② 张正明:《楚史》第 187 页,湖北教育出版社,1995。

③ 河南省文物研究所等:《淅川下寺春秋楚墓》第 344 页,文物出版社,1991。

淅川出土春秋楚王子午升鼎

在经济方面,楚国吸取扬越的冶炼技术和随人的铸造技术,在发展中加以提高,青铜器生产突飞猛进,无论数量和质量都赶上并超过北方。外求诸人以博采众长,内求诸己而独树一格,这是楚国青铜器的发展道路。冶金、髹漆和织帛三行业的成就,反映了楚国经济的先进性。这种情况一直延续到战国前期,随州曾侯乙墓出土的铜器特别是编钟就是证明。

楚共王二年(前589年),令尹子重与中原诸国在鲁国的蜀邑(今山东泰安东南)会盟。鲁国献工匠给楚国,执斲(木工)、执鍼(缝纫工)、织纴(纺织工)各一百人。这些工匠将中原地区的生产技术带到楚地,有助于生产技术的提高。

在文化方面,楚人也向中原诸国学习。《国语·楚语》记申叔时说,应该教太子学《春秋》,学"世"(先王的世系和事迹),学"诗",学"礼",学"乐",学"令"(法令和规章),学"语",学"故志",学"训典"。这些大多是周的礼乐制度和文献。据记载,楚太史倚相能读通华夏古文献——三坟、五典、八索、九丘。楚灵王三年(前538年),灵王与郑、陈诸国国君会于申县(今河南南阳北),吴举叮嘱灵王对诸侯要以礼相待,灵王不知如何是好,问宋国的向戌和郑国的子产。向戌介绍大国国君会见小国国君的礼,计有六仪;子产介绍小国国君会见大国国君的礼,也有六仪。楚人还借用殷人和周人的文字,这种文字只有酋长和巫师能懂,同楚人自己的语言是不相合的。王子朝之乱发生后,将周王室的图书典籍带到楚国,对楚国文化的进步有很大作用。

春秋时期,就经济文化而论,楚与华夏诸侯国家已无显著的差别。但在继统方面与中原不同。中原的习俗是立嫡立长,而楚人多立季,即所谓"芈姓有乱,必季实立,楚之常也。"①楚国的官制与华夏不同,君权比华夏诸侯更集中,且在地方较早实行县制。春秋后期,楚国的经济文化已赶上华夏,并且具有自己的特色。

————————

① 《史记》卷四十《楚世家》。

　　楚国是一个"非夏非蛮"的国家。楚人从中原来到蛮夷地区,带有华夏文化的因素。但又入乡随俗,自称蛮夷,诸夏亦以蛮夷遇之。但是楚人仰慕华夏先进文化。楚国子囊主张"扶有蛮夷","以属诸夏",是楚国实行的民族政策。这种政策,有利于各民族和文化的融合。

　　楚灭中原诸国对铸造楚文化也产生深远的影响。在灭国过程中,"楚人进一步吸取了北方诸夏的文化传统,反过来又大面积地向南方扩大了华夏文化的影响,而且不断的融合了蛮、夷、巴、濮、百越诸族的文化精华,并在此基础上形成了光辉灿烂的楚文化"①。楚文化的构成极为复杂:它是在继承深受商文化影响的荆蛮和淮夷等本地文化的基础上,又不断吸收大量中原文化和少量越、巴蜀等文化因素融合而成为具有显著南方特点的文化。

　　楚北向用兵的历史,也是楚文化北渐的过程。"中原南部诸国文化在西周晚期均属中原文化范畴。约从春秋早期开始,渐渐受到楚文化的影响,从器物的形制和花纹来看,出现了一些楚文化的因素。楚灭中原诸小国以后,使得当地原有的文化发生深刻的变化,并被纳入了楚文化的范畴。"②东周时期,楚国侵地最多,幅员最

固始侯古堆大墓出土漆木盘龙

广,除了长江中下游各省外,还伸展到陕西、河南和山东等省的部分地区,这给楚文化迅速而广泛的传播创造了有利条件。

　　战国时期,楚地和中原的商业交流比较频繁。1957 年、1960 年于安徽寿县丘家花园出土的 5 枚《鄂君启节》为楚怀王六年(前 323 年)器。它分舟节和车节两种,是水路和陆路通行的凭证。鄂君启是楚国鄂(今湖北鄂州)地的封君。此节规定鄂君启经商的车船数量、行经路线、外出时间、所过关卡和免税物资范围等。鄂为江南的水陆要冲。此节表明,四条水路中的西北路从鄂城出发,经今鄂州、武昌之间的吴塘、梁子、牛山、汤孙等湖,自鲇鱼口穿过长江,溯汉水北上,

---

① 何浩:《楚灭国研究》第 9 页,武汉出版社,1989。
② 马世之:《中原楚文化研究》第 169 页,湖北教育出版社,1995。

经唐白河到达南阳盆地。陆路则由南阳盆地东北逾伏牛山口,折向东南经汝颍下游平原,至居巢(今安徽巢湖东北),接巢湖水系,沿流至江与水路会合。可见战国时期江汉平原地区和中原及江淮地区有着较为便利的交通,商业交换颇为频繁。1974 年 8 月在河南扶沟古城——曲洧城内发现一处楚金银币窖藏。战国时期楚国大量铸造金银货币,并用于商业流通领域,说明当时的商业仍比较发达,和中原诸国的商业往来较为频繁。

战国时期,"南北文化逐渐接近,如曾侯乙墓与中山王𰯼墓,一南一北,相距甚远,而所出铜器铭文字体相去无几"①。战国后期,楚国为强秦逼迫,都城东迁,楚文化也呈现衰颓之势。

总而言之,"自西周至春秋,中原文化因素在楚文化中较之于南方土著因素比重要大,但却呈现了由强到弱的趋势,而自春秋晚期开始,南方土著因素由偶尔出现渐被融合于楚文化之中,特别是战国一段,楚文化中南方土著因素骤然加强,直至楚文化作为一个整体消失"②。

在长江下游,周代有吴、越二国。吴人和越人族类相近,语言相通,居处相连。吴国的腹地在太湖流域,吴人西进和北上的基地是宁镇丘陵,越人西进和北上的基地是杭嘉湖平原。吴国的公族是周人和土著吴人混血的,越国的公族是土著越人。

吴、越是由来自中原的贵胄、豪杰或其他的人同当地居民共同建立的国家。春秋后期,吴、越经济迅速发展,并先后北上争霸,成为中原盟主。吴国兴于吴王寿梦之时。史称"王寿梦二年(前 584 年),楚之亡大夫申公巫臣怨楚将子反而奔晋,自晋使吴,教吴用兵乘车,令其子为吴行人,吴于是始通于中国。"③春秋时代吴国在晋人的帮助下学习车战技术,齐人孙武又带去中原的兵法,为吴国的强兵创造了条件。

吴国和越国都有铜矿。它们的铜器以农器、匠器和兵器为大宗,礼器和乐器很少。吴人在西周早期已能铸造相当精美的青铜器,可是后来发展缓慢。越人铸造铜器的历史比吴人的短些,发展也不快。

---

① 张正明:《楚史》第 265 页,湖北教育出版社,1995。
② 郭胜斌:《论考古学楚文化的文化构成》,《湖南博物馆文集》,岳麓书社,1991。
③ 《史记》卷三十一《吴太伯世家》。

　　在长江下游地区所发现的西周春秋时期的青铜器大体上可分为四类:一是中原青铜器,是吴人直接从中原带来的;二是越人和楚人的青铜器;三是吴人模仿中原样式铸造的青铜器;四是吴人自己设计创造出来的新式铜器。这类铜器的造型在中原地区从来没有见到过,图案花纹也与中原流行的纹饰不同,而与吴地流行的硬陶上的几何图形相似。在吴人独创的青铜器中值得称道的还有锯刃铜镰。在吴人铸造的青铜器中质量最好、技艺最精、水平最高、并在当时的中国居于领先地位的要数兵器,被发现的主要是戈、矛、戟、镞、剑。其中最值得称道的是剑。吴国当时拥有干将、莫邪等著名工匠,铸剑术在当时的中国堪称一流。吴国铜器在全国不少地方都有发现。①

　　在春秋晚期的吴国大墓中出土的玉器形制、式样、纹饰制作技术等都和同时代的中原玉器没有多大区别,可见吴人的玉器一定在寿梦始通中国以后重新接受华夏文化才出现的。

　　吴国从寿梦起,开始积极吸收中原的文化。吴王寿梦二年(前584年),吴伐郯,郯求和,中原为之悚动。寿梦曾经到北方访问,始知中土之辽阔,文明之昌盛。回吴国后,讲求富强之道,并且开始用诸夏的文字和典籍来教育几位公子。中经诸樊至余祭,积四十年之功,其文化已颇有起色。

　　吴公子季扎贤,精通周礼乐文化,吴王余祭四年(前544年)出使中原鲁、齐、郑、卫、晋诸国,闻歌观舞,多有评论。季扎的学识和品格倾动上国,改善了吴人的国际形象。同时也说明,吴国虽后起,却已全盘华夏化。

　　春秋时期江淮间有徐、舒等小国,成为南北交通的枢纽,也成为吴、楚争夺的对象。淮河中游和下游的文化景观与淮汉之间不同,以徐、舒为主体的淮夷文化占优势。徐人贵族文化素养在长江下游是最高的,其铜器铭文结体娟秀而用韵精严。舒人的文化素养虽不及徐人,他们的铸造技艺则不让徐人。舒墓所出铜器中的牺形鼎、平盖扁鼓腹鼎、异形盉等独具特色,所出印纹硬陶和原始青瓷则与越文化相通。徐、舒等国在沟通南北文化上起着重要作用。

　　总之,西周初期,吴、楚已在长江中下游地区立国。楚国在春秋初期开始强大,吴国则兴盛于春秋后期。春秋末期越灭吴,战国中期楚灭越,在吴越故地置

---

① 叶文宪:《吴国历史与吴文化》,第71~73页。

江东郡,统一了长江中下游地区。春秋时期,吴、楚通过政治上的北上争霸、盟会、聘问,军事上的战争、征服、灭国,经济上的战争掠夺、馈赠、贡献、商业往来,以及人才和技术的交流和引进,文化方面的互相通婚、吸收等,与中原诸国进行多种渠道的交流,使两地在经济发展水平上逐渐接近,文化上也出现融合趋同的趋势。战国时期,吴楚地区和中原地区在经济、文化方面的区别已不明显。

及至秦灭关东六国建立统一的秦王朝和汉武帝时中央集权的进一步强化,这两个地区经济联系更为密切,在文化上也融合为一体。

第三节　秦汉至北宋河洛地区与周边地区的文化互动

一、秦汉时期河洛地区与周边地区的文化交流

1. 河洛地区与海岱地区的文化交流

秦王嬴政二十六年(前221年),秦国最终灭亡关东六国,实现国家的统一,建立了中央集权的封建国家。秦王朝重视对关东地区的统治,法家学说也在山东诸郡推行。秦朝为了巩固统一,实行车同轨、书同文、行同伦,有利于河洛和海岱地区文化的同一。

秦始皇焚书坑儒,儒生受到很大打击,六艺也残缺不全。及陈胜起义,在陈县(今河南淮阳)称王,建立政权,"而鲁诸儒持孔氏之礼器往归陈王。于是孔甲为陈涉博士,卒与涉俱死。""及高皇帝诛项籍,举兵围鲁,鲁中诸儒尚讲诵习礼乐,弦歌之音不绝。"[①]

汉代长安(今陕西西安)和洛阳先后成为全国的政治中心,也是全国的文化教育中心。在长安和洛阳先后建立太学,为五经博士置弟子,传授经学,形成十四博士之学,儒学的研究和传播中心已经由齐鲁地区转移到关中与河洛地区。

东汉建都洛阳。光武帝刘秀"爱好经术,未及下车,而先访儒雅,采求阙文,补缀漏遗"。四方学士"莫不抱负坟策,云会京师,范升、陈元、郑兴、杜林、卫宏、刘昆、桓荣之徒,继踵而集。于是立五经博士,各以家法教授"。汉明帝亦好儒,

---

① 《汉书》卷一百二十一《儒林列传》。

亲自正坐讲经,诸儒执经问难于前。建初年间,章帝又"大会诸儒于白虎观,考详五经同异,连月乃罢。""熹平四年(175 年),灵帝乃诏诸儒正定《五经》,刊于石碑,""树之学门,使天下咸取则焉。"①东汉皇帝对经学的提倡,导致经学的兴盛,洛阳成为全国经学教育和研究的中心,地处京畿的河洛地区经学最为兴盛。

汉代,儒家经学作为一种统治思想,取得独尊地位。除了都城的太学外,又在全国建立学校系统,进行经学的研习和传播。朝廷选士,也以经学及经学指导下的道德行为为标准。这些,都促进了全国各地思想文化的统一,对汉民族的形成起到重要作用。

2. 河洛地区与北方匈奴地区的交往

东汉时匈奴分裂为南、北二部,南部归附于汉。东汉政府仿照西汉时对待稽侯珊的旧例,以诸侯王的礼仪,颁给南单于黄金质的玺绶;另赐衣裳、冠带、车马、弓箭、甲兵、黑节、用具、乐器、黄金及大量的锦绣、缯、絮等物。又由河东郡(今山西南部)转拨米糒二万五千斛、牛羊三万六千头,以接济他们。

南匈奴与东汉的关系十分友好。南单于每年遣子至京城洛阳"奉奏"(贡献礼物及汇报情况),贺正月,拜陵庙;而汉朝照例赠送大批的采、缯、食物予左右贤王以下及有功德的人员。此后每一单于死,汉朝都派使者前往"吊祭慰赐";另赠大批的缯、采,令分赏诸王、骨都侯以下,并把这种做法列为常规。东汉政府用于南匈奴的费用额相当庞大,每年竟达一亿九千余万之巨。

东汉初年北单于遣使至京城贡马及裘,后又远驱牛马至边境与汉合市,重遣名王,多所贡献,汉朝廷乃采取羁縻政策,颇加赏赐,略与所献相当。后因北匈奴迫切需要合市而发兵寇边,才于永平七年(64 年)答应合市,并遣使回聘。

元初四年(117 年),北单于逢侯被鲜卑击破,部众分散,皆归鲜卑。逢侯于次年请求归汉,被徙居于内地的颍川郡(治阳翟,今河南禹州)。

永和五年(140 年),南匈奴发生内乱,汉朝乃徙西河(原治平定,今内蒙东胜县东南)治离石(今山西离石县),上郡(治肤施今陕西榆林东南)治夏阳(今陕西韩城县南),朔方(治临戎,今内蒙磴口县北)治五原(今内蒙包头西)。原分布于此地的匈奴人更为南下,大多数深入集中到并州中部的汾水流域一带。这对

---

① 《后汉书》卷七十九《儒林传》。

于他们后来之由畜牧业经济转向农业经济,提供了一个有利的环境。

东汉时,特别是汉灵帝时,都城洛阳掀起一股胡风。"灵帝好胡服、胡帐、胡床、胡坐、胡饭、胡箜篌、胡笛、胡舞,京师贵戚竞为之。"①一时间,洛阳城内,追求和爱好胡物和胡族音乐舞蹈,成为上层社会的一种时尚。

3. 河洛地区与西域的交流

自西汉"张骞凿空",河洛地区已与西域发生经济文化联系。东汉朝廷派班超出使西域,洛阳成为丝绸之路的东方起点。东汉与西域的关系"三绝三通","通"的时间较长。"通"的时候西域诸国都要派一个王子以质子的身份长住洛阳,且经常到洛阳向东汉朝廷贡献土特产,朝廷也"厚加赏赐"。西域诸国"莫不献方奇,纳爱子,露顶肘行,东向而朝天子……驰命走驿,不绝于时月;商胡饭客,日款于塞下。"永元十二年(100 年)"冬十一月,西域蒙奇、兜勒遣使内附,赐其王金印紫绶。"②据林梅村先生考证,这是一支罗马商团出访中国洛阳。③

公元二世纪中叶,称雄中亚和南亚次大陆的贵霜帝国频频发生内乱,导致大批贵霜难民向中国逃亡,或涌入塔里木盆地诸国,或归籍原始故乡敦煌,最后抵达东汉京城洛阳的贵霜大月氏人仍有数百之众。上世纪三十年代初,马衡先生曾在洛阳发现东汉佉卢文井栏石条数块。佉卢文是贵霜官方文字之一。这条题记明确记述月氏人在洛阳建造佛教寺院的史实,是目前所知佛教传入中国最早的实物证据。④ 中亚粟特人和大月氏人大批来华经商,尤其是数以百计的贵霜难民在洛阳定居,给这座东方古都的文化、艺术、宗教乃至日常生活带来巨大影响。

二、魏晋南北朝时期河洛地区与周边地区的文化交流

北魏孝文帝迁都洛阳以后,城市繁荣,市场兴旺,吸引西域各地商人来洛阳从事经商活动,"自葱岭以西,至于大秦,百国千城,莫不欢附,商胡贩客,日奔塞下。所谓尽天下之区而已。"⑤由此促进了洛阳与西域的经济交流。当时的洛阳

---

① 《后汉书》志十三《五行志》。
② 《后汉书》卷四《和帝纪》。
③ 林梅村:《公元 100 年罗马商团的中国之行》,《中国社会科学》1991 年第 4 期。
④ 林梅村:《洛阳所出东汉佉卢文井阑题记》,《中国历史博物馆馆刊》1989 年第 13、14 期。
⑤ 范祥雍:《洛阳伽蓝记》卷四《城西》,上海古籍出版社,1978。

"附化之民,万有余家。门巷修整,闾阖填列,青槐荫陌,绿树垂庭,天下难得之货,咸悉在焉"①。

北魏迁都洛阳后,西域使者源源不断来洛阳朝贡,北魏也曾派使者西去。使者在河洛地区与西域的经济文化交流中扮演着非常重要的角色。他们不仅带有本地特产和珍稀物品,也带来各地的风土人情和人文信息。不仅密切了河洛地区与西域的政治关系,也加强了文化交流。西域制造琉璃的技术传入中土,中国种桑养蚕丝织技术传入西域。在文化方面也呈现双向传播之势。如西域的高昌国与北魏关系非常友好,孝明帝时王鞠嘉遣使奉表,"自以边遐,不习典诰,求借《五经》、诸史,并请国子助教刘燮以为博士,明帝许之"。于是高昌"有《毛诗》《论语》《孝经》,置学

安阳北齐墓出土黄釉瓷扁壶

官弟子,以相教授","文字亦同华夏"。不仅"风俗政令,与华夏略同",而且刑法、风俗、婚姻、丧葬与华夏"小异而大同"②。

西域文化的东传首先是宗教。孝明帝神龟年间,祆教从西域传入中土。我国称之为火祆教或拜火教,创始人是东部伊朗人琐罗亚斯德,教义崇拜火及日月诸天体。北魏统治集团中部分人笃信祆教。灵太后时,"废诸淫祀,而胡天神不在其列"③。景教也与这时传入洛阳。孝文帝迁洛后,佛教中心从平城(今山西大同)移到洛阳,河洛地区佛教兴盛,造像立寺,穷土木之工,佛教活动盛况空前。西域的杂技百戏,如魔术、化装歌舞、假面戏等在洛阳盛行,西域歌舞最为时人青睐。西域的佛教雕刻绘画艺术传入河洛地区,逐渐具有中原风格。

三、隋唐时期河洛地区与周边地区的文化交流

隋唐时期洛阳作为帝都所在地,经济十分繁荣,工商业的兴盛前所未有。在隋、唐两代,洛阳设有规模巨大的工商业市场。隋东都洛阳有丰都、大同、通远三

---

① 范祥雍:《洛阳伽蓝记》卷三《城南》,上海古籍出版社,1978。
② 《北史》卷九十七《西域传》。
③ 《魏书》卷十三《皇后传》。

市,比西京长安(今陕西西安)多一市。丰都市占据两坊之地,"邸凡三百一十一区,资货一百行"。市内店肆林立,货物应有尽有。唐代改为南市,规模更大。市内"一百二十行,三千余肆。四壁有四百余店,货贿山积"①。考古工作者近期在洛阳定鼎门遗址发掘一串串人足与骆驼的蹄印,其中骆驼蹄印为唐代洛阳与西域商贸交流提供了证据。

在东都洛阳修善坊、立德坊、南市西坊等坊里中建有祆胡寺、波斯寺等礼拜坛堂,为突厥、回鹘、中亚商胡聚会酬神乞福的所在地。隋代在洛阳建国门外,特设招待四方蛮夷属国酋长、贡使的四方馆,分为东夷、南蛮、西戎、北狄四馆。各置使者衙署,掌其方国及互市之事。唐代归之于鸿胪寺。景教于北魏时传入洛阳,在隋唐时逐渐传播开来。洛阳城"修善坊……唐有波斯胡寺"②,天宝四年(745 年)改为大秦寺。

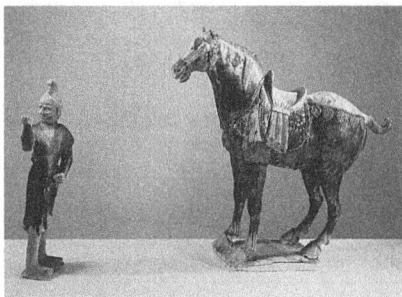

洛阳出土唐三彩马及牵马俑

入唐以后祆教在河洛地区得到更大发展。东京洛阳会节坊、立德坊,南市和西市各有祆教教堂一所。"唐河南府立德坊及南市、西坊,皆有胡祆神庙。每岁商胡乞福,烹猪杀羊,琵琶鼓笛,酣歌醉舞,酬神之后,募一胡为祆主。"③

四、宋代二程洛学的南传

洛学发祥于河南洛阳,程颢、程颐兄弟长期在西京洛阳一带从事教育活动,兴办书院,聚徒讲学,形成自己的学术派别,人们称之为洛学。其理论形态是理学,又称道学。

及至北宋末南宋初,二程弟子在不同地区讲学,洛学得以在外地传播,形成一些新的地域学派。如吕大临、吕大忠、吕大均在陕西传播二程洛学和张载关学;谯定、谢湜、马涓在四川传播二程洛学,是谓涪陵学派;谢良佐、胡安国、胡宏、

① 徐松辑:《河南志》第 15 页,中华书局,1994。
② 徐松辑:《河南志》第 12 页,中华书局,1994。
③ 《太平广记》卷二八五《河南祆主》引《朝野佥载》。

张栻在湖北、湖南传播二程洛学,是谓湖湘学派;杨时、游酢、罗从彦在福建传播二程洛学,是谓闽学派;周行己、许景衡、刘安节、鲍敬亭、袁溉在浙江传播二程洛学,成为崇尚事功的永嘉学派;王苹在江苏传播二程洛学,是谓吴学派,此学派与江西陆学有学术渊源关系。总之,这些学派由于受程颢和程颐思想学说差异的影响,而逐渐形成程朱理学、陆王心学、事功之学三大学术体系,而其中影响最大的应首推由二程奠基、朱熹集大成的理学。在此,我们主要说明洛学的南传及其与朱熹闽学的关系,也就是程朱理学的形成问题。

洛学在福建的传播,主要是通过福建籍的程门弟子杨时、游酢、罗从彦进行,经过李侗、朱熹的继承和阐发,形成闽学思想体系。其中南剑州将乐(今属福建)人杨时、南剑州沙县(今属福建)人罗从彦与南剑州剑浦(今福建南平)人李侗三人都是南剑州(治今福建南平)人,被后人称作“南剑三先生”,是洛学与闽学之间的重要中介人物。“他们递相传授,致力于二程洛学的传播和阐发,为闽学及其思想体系的形成和成熟作了必要的准备。”①他们是洛学在闽地的传播者,也是闽学的先驱者。朱熹是李侗的弟子,祖籍徽州婺源(今属江西)。但他生于闽,学于闽,学术活动也主要在闽地。正如清人蒋恒在其所《八闽理学源流》中所言:“盖朱子生于闽之尤溪(今属福建),受学于李延平及崇安(今属福建)胡籍溪、刘屏山、白冰水数先生。学以成功,故特称闽。盖不忘道统所自。”因而其学术流派称为闽学。朱熹发扬光大二程洛学,是理学的集大成者。

福建人杨时和游酢都是程颢、程颐的高足,他们与谢良佐、吕大临并称为程门四先生。据《龟山先生年谱》记载:起初,“明道先生之门,皆西北士,最后先生(杨时)与建安(今福建建瓯)游定夫酢,往从学焉,与言无所不说,明道甚喜,每言杨君最会的容易,独以大宾敬先生。后辞归,明道送之出门,谓坐客曰:‘吾道南矣。’”后来杨时又经常以书信问学。神宗元封八年(1085年),程颢卒。哲宗元祐八年(1093年),杨时又与游酢以师礼见程颐于洛阳,于是有“程门立雪”的佳话。杨时深得程颢的器重和赞赏。后来程颢看到学人多从佛学,惟独杨时、谢良佐不变,称赞说:“学者皆流于夷狄,惟有杨、谢二君长进。”杨时不仅对二程洛学信至笃,学至诚,业至精,而且是二程洛学的自觉传播者。他一方面利用自己

---

① 刘树勋主编:《闽学源流》第89页,福建教育出版社,1993。

学者兼学官的便利条件,辗转东南,兴教立学,积极传播二程洛学,另一方面又著书立说,阐发二程的思想学说。他认真修订《伊川易传》,并为之作序,又把二程的语录,改写成《河南程氏粹言》;又著《中庸义》,用二程理学思想诠释《中庸》,拓宽了解经途径。因此,史称,杨时既渡江,"东南学者推时为程氏正宗",并断言,朱熹之学"得程氏之正,其原委脉络皆出于时"①。总之,杨时在洛学南传过程中起到最重要的作用。

杨时的弟子罗从彦在向杨时问学时,也曾前往洛阳拜见程颐,归而卒业于杨时。他在杨时到朱熹创建闽学的道路上,起着承上启下的作用,他是从洛学到闽学之间的重要中介人物。

李侗是罗从彦的弟子,他二十四岁时,闻郡人罗从彦得河洛之学,遂前往求学。他一生没有做官,全力教授乡里,问学求道,有《李延平集》传世。

南剑三先生是二程的弟子或再传弟子,他们对二程的学说有继承也有发展。在本体论上,杨时祖述二程理学,坚持以理为本,认为理是宇宙万事万物的最高准则,理先验的存在于天地万物产生之前,是天地万物的根源。所以他说:"盖天下只是一理","一以贯之,只是一个自然之理。"②杨时所谓"理"是独立于客观事物之外的精神实体,它不依赖于人们的意识而存在,人们必须按照理的原则行动。李侗继承程颐的理本论,又把周敦颐的太极说糅合进去,用理深化太极。他说:"太极动而生阳,至阳之源。只是动静阖辟,至于终万物,始万物,亦只是此理一贯也。"③李侗把"太极"和"理"联系起来,是对周敦颐、二程本体论的发挥,是朱熹把"无极而太极"解释为"无形而有理"的先声。杨时和程颐一样赞赏张载《西铭》中的伦理观。这种伦理观阐述的事亲事君的伦理道德原则,就是天理的体现,人们应该遵守。罗从彦把这个原则具体化,把君臣、父子、国家、民众之间的相互尊重,爱君、爱民、爱国的相互关系,三者之间相互统一起来。

杨时对程颐的"理一分殊"说有进一步的发挥,并将其运用到社会领域,为伦理道德学说提供理论依据。他指出:"河南先生言理一分殊。知其理一,所以为仁;知其分殊,所以为义。所谓分殊,犹孟子言亲亲而仁民,仁民而爱物,其分

①　《宋史》卷四百二十八《杨时传》。
②　杨时:《龟山集》卷十三《语录四》。
③　李侗:《李延平集》卷2《答问上》,《丛书集成初编》,第2047 册。

不同,故所施不能无差等。"①就是说,宇宙万物都由一理派生出来,这一理又规定了万物的各种殊异。由此,知万物一理,也就知爱物与爱人,知万物之殊异,亦知社会等级之差异。要立爱心,必须从亲亲开始,这是理一分殊的精髓。李侗对"理一分殊"又有新的发展,认为万物之间的差别就是"分殊",这种"分殊"是由于各种事物所禀之气的不同而造成的。

要之,南剑三先生既是二程洛学在闽地的主要传人,也是闽学的先驱。他们在洛学和闽学之间起到了中介或桥梁作用,在理学发展史上有一定地位。

此外,胡安国在洛学南传中亦有重要地位。安国字康侯,建宁崇安(今属福建)人,学者称武夷先生。他不是二程的及门弟子,也未正式师事过任何程门高足,但他声明"自得于《遗书》者为多",与二程有私淑之谊。其理学思想上接二程。因此,全祖望说:"私淑洛学而大成者,胡文定公其人是也。……南渡昌明理学之功,文定几侔于龟山。盖晦翁、南轩、东莱皆其再传也。"②

朱熹是闽学的创建者,又是二程洛学的发扬光大者。他一生很少做官,主要在闽地著述讲学。因他曾在建阳考亭(今福建建阳西南)讲学,其学又称"考亭之学"。朱熹说他"大处自与伊川合",称赞程颐之学说"大纲统体说得极善",对"性即理"的命题特别推崇。朱熹的理学思想是在师承二程洛学的基础上,兼采众说之长,建立的一个庞大完整的理学思想体系。因为朱熹在学术思想上主要是继承和发展程颐的理一元论学说,故后人将他的学说和二程的学说联系起来,称"程朱理学"。朱熹对于周敦颐、邵雍、程颢、程颐等人的思想继承关系更是直接的,他以周敦颐所提倡的无极、太极和二程提出的理作为他的哲学体系的基本范畴。③

二程兄弟特别是程颐有明确的道统意识。他说:"周公没,圣人之道不行;孟轲死,圣人之学不传。道不行,百世无善治;学不传,千载无真儒。无善治,士犹得以明夫善治之道,以淑诸人,以传诸后;无真儒,天下贸贸焉莫知所之,人欲肆而天理灭矣。先生生千四百年之后,得不传之学于遗经,志将以斯道觉斯民

---

① 杨时:《龟山集》卷十一《语录二》。
② 《武夷学案·附录》。
③ 任继愈主编:《中国哲学史》第3册第254页,人民出版社,1979。

……"①程颐肯定程颢在圣学传承中的地位。朱熹也肯定二程的道统地位及自己对洛学的传承,他说:"宋德隆盛,滞教休明,于是河南程氏夫子两人出,而有以接乎孟氏之传。……然后古者大学教人之法、圣经贤传之旨,灿然复明于世。虽以熹之不敏,亦幸私淑而与有闻焉。"②朱熹编辑有《伊洛渊源录》《近思录》《河南程氏遗书》和《外书》。《伊洛渊源录》追溯道学的渊源和传承,分卷述说北宋理学创始人周敦颐、程颢、程颐、邵雍、张载等,并对洛学的门人、弟子谢良佐、游酢、杨时、尹和靖等作了专述,构建了以周敦颐为先驱、以二程为正宗、以张载为补充的正统的理学谱系。

二程所建立的以理为本的思想体系,对闽学的形成和发展产生了重大的影响,表现在以下几个方面:一、朱熹闽学以二程洛学的"理""天理"作为自己哲学的最高范畴,通过对理气先后、理气动静、理一分殊的详尽分析,建构了较为完备的理气论;二、朱熹闽学承继二程洛学对格物致知的解释,并通过对格物与致知、格物与穷理、知与行问题的解释,形成了比较系统的认识论;三、朱熹闽学承接二程洛学对心性的论述,就心、性、情、理及其关系作了全面的阐发,建立了完整、精致的心性学说;四、朱熹闽学昌明二程洛学的"天理人欲"之辨,肯认二程的居敬、积义、克己复礼的修养方法,成就了较为完善的人生修养论。

总之,朱熹在总结和发展宋代理学的过程中,对程颐的理学思想主旨进行了阐扬和发展,主要有三点:一是对天理论进行了系统化。朱熹把周敦颐的"太极图"宇宙生成论和邵雍的象数论与程颐的理一元论融合为一体,从理论的深层面上完成了"理"或"天理"学说的系统化哲学化论证,使天理论具备坚实的哲学基础;二是完善了理在气先论。程颐提出"有理则有气"的二者不可分离的观点,朱熹在理气不分的基础上,明确了理在气先的问题;三是全面发展了"格物致知"论。具体而言,首先是承认知识与道德的先天性,只是由于气禀所拘,"人欲"所蔽,才使人心有善恶、智愚的不同,只有去人欲,才能明天理,复天性;其次是要明天理,就要"即物穷理";其三是格物穷理是一个渐变积累的过程。经过豁然贯通,才能达到明理明德的圣人境界,于是他把人的认识论和道德论结合了

---

① 《二程集》第二册,第 640 页,中华书局,1981。
② 朱熹:《大学章句序》,《四书章句集注》,中华书局,1983。

起来。

总之,对理学而言,周敦颐可以说是先驱者,二程兄弟和张载可以说是奠基者,朱熹则是集理学之大成者。但朱熹的闽学并非是对濂学、洛学和关学的兼收并蓄,而是以二程洛学为基础,吸收周敦颐的太极理论和张载的气论,进行改造创新,发扬光大,建立了更为完备的理学思想体系,其影响非常深远。不仅及于中国元、明、清三代,也流传到朝鲜半岛和日本等地。

第四节　河洛文化在国外的传播

一、朝鲜半岛和日本

早在西周初年,中国河洛地区就与朝鲜半岛有交往。中、朝两国史书都有箕子去朝鲜的记载。史称:"武王胜殷,继公子禄父,释箕子之囚,箕子不忍为周之释,走之朝鲜。"[1]"于是武王乃封箕子于朝鲜而不臣也。"[2]《朝鲜史略》记载:"周武王克商,箕子率中国人五千,入朝鲜。"箕子为殷贤人,劝殷王纣不听,反被囚禁。武王伐纣,释之。后武王问殷亡国原因,箕子不忍言殷之恶,逃往朝鲜。如此说不误,不仅箕子从河洛地区去朝鲜,而且带去五千河洛人(殷遗民)。箕子到朝鲜后,"教其民以礼仪,田蚕织作",[3]又"作八条以教之,无门户之闭而民不为盗"[4],制定了朝鲜历史上最早的成文法。这是文献记载的河洛地区与朝鲜半岛最早的交往。箕子将河洛地区的生产技术和法律礼仪带到朝鲜半岛,促进了那里的经济开发和文化进步。

东汉初建武八年(32 年),"高句丽王遣使奉贡"[5],到达洛阳。高句丽建国时中央机构设置多借鉴汉朝。当时朝鲜半岛已有不少人学习儒家经典。曹魏正始八年(247 年)濊国"诣阙朝贡"。明帝景初年间,魏明帝派带方太守刘昕和乐浪太守鲜于嗣"越海定二郡,诸韩国臣智加赐邑君印绶,其次与邑长",加深了曹

---

① 《尚书大传》卷五《洪范》。
② 《史记》卷三十八《宋微子世家》。
③ 《汉书》卷二十八下《地理志下》。
④ 《三国志》卷三十《乌丸鲜卑东夷传》。
⑤ 《后汉书》卷二《光武帝纪下》

魏政权对当地的影响。西晋太康年间马韩、辰韩相继"遣使入贡方物",加强了河洛地区与朝鲜半岛的物品交流。北魏孝文帝迁都洛阳后,与朝鲜半岛的交往更为频繁。仅宣武帝时期高句丽即朝贡 19 次之多,北魏使者也频繁出使高句丽。新罗与北魏朝廷也有礼物贡纳和回赠,其政治机构名称也受北魏很大影响。

　　河洛文化对朝鲜半岛有明显的影响。朝鲜最早使用的是中国的汉字。高句丽、新罗、百济三国的天文学和地理学受中国影响很大,医学与史学在中国影响之下快速发展。在河洛地区儒学和佛、道两教学说的熏陶下,儒学特别是忠孝观念成为三国巩固统治的思想武器,佛教、道教开始在朝鲜半岛传播。东晋咸安二年(372 年),高句丽开设太学,以儒家的"五经三史"为教材。到了四世纪,百济也建立了儒学教育制度。六世纪新罗派留学生到中国学习,儒学开始在新罗广泛传播。七世纪道教在高句丽传播。繁荣在河洛地区的唐诗对朝鲜也有很大影响,新罗人崔致远受杜甫诗歌的启迪,写出了朝鲜历史上最早的现实主义诗作,李齐贤、李荇、权跸等诗人在杜甫的影响下创作了许多现实主义诗篇。[①]

　　早在东汉时期,日本列岛即与中国有所交往,日本使者不断来到洛阳。光武帝建武中元二年(57 年),"倭奴国奉贡朝贺,使人自称大夫,倭国之极南界也,光武赐以印绶"。安帝永初元年(107 年),"倭国王帅升等献生口百六十人,愿请见"[②]。光武帝所赐印绶 1784 年在日本九州福冈县糟屋郡志贺町出土,印文为"汉倭奴国王"五字。由此可见,中国的河洛文化对日本已有不少影响。

　　魏晋时期日本列岛上的邪马台国使者先后六次来到洛阳。魏明帝景初二年(238 年)六月,倭女王卑弥呼遣大夫难升米到洛阳朝贡,"献男生口四人,女生口六人,班布二匹二丈"。魏明帝封倭女王为"亲魏倭王,假金印紫绶",又亲自召见来使,封难升米为"率善中郎将",牛利为"率善校尉",并"以绛地交龙锦五匹、绛地绉粟罽五十匹、蒨绛五十匹、绀青五十匹"答所献贡值,又特赐"绀地句文锦三匹、细班华罽五张、白绢五十匹、金八两、五尺刀二口、铜镜百枚、真珠、铅丹各五十斤",显示了泱泱大国的风范。近期在河南洛阳发现一枚东汉晚期至三国的同向式三角缘神兽镜。无论从形制、文饰、铭文来看,此镜都与迄今为止日本

①　薛瑞泽:《河洛文化对东北亚地区的影响》,《中州学刊》2007 年第 4 期。
②　《后汉书》卷八十五《东夷列传》。

出土的三角缘神兽镜十分接近,有可能说明送给倭女王的百枚铜镜中包含有洛阳地区出土的三角缘神兽镜。① 齐王芳正始元年(240 年),魏朝廷派梯俊等人"奉诏书印绥诣倭国,拜假倭王,并赍诏赐金、帛、锦罽、刀、镜、采物",倭国王派遣使者答谢。正始四年,倭王又派遣其大夫伊声耆、掖邪狗等"上献生口、倭锦、绛青缣、锦衣、帛布、丹木、弣、短弓矢"②。正始八年,倭国女王卑弥呼与狗奴国男王卑弥弓呼相攻,魏朝廷派遣塞曹掾史张政前往调解,倭国女王因此派遣使者贡献生口方物。

　　隋唐时期日本与河洛地区的人员往来与文化交流更加频繁。隋炀帝大业年间,日本先后三次派使者来到洛阳。大业三年(607 年),倭王"多利思比孤遣使朝贡。使者小野妹子曰:'闻海西菩萨天子重兴佛法,故遣朝拜,兼沙门数十人来学佛法。'"可见这次日本使团主要目的是来河洛地区学习佛教。次年,隋朝派文林郎裴世清随小野妹子出使日本,受到崇厚礼遇。日本女皇接见裴世清,说"我闻海西有大隋,礼仪之国,故遣朝贡。我夷人,僻在海隅,不闻礼仪……冀闻大国惟新之化。"裴世清回国时,日本女皇"复令使者随清来贡方物",有留学生和僧徒 8 人一同来到洛阳。③ 大业六年正月,倭国又遣使贡献方物。大业十年,日本再次派使者来到洛阳,又有留学生和僧徒 5 人随团前来。这些留学人员在中国学习十余年,乃至三十年。唐代是中日文化交流的高潮期,日本遣唐使先后 15 次来到中国。高宗、武则天时期,日本使者三次来到东都洛阳。武则天长安二年(702 年)"冬十二月,日本国遣使贡方物"④。次年,"其大臣朝臣真人来贡方物……真人好读经史,解属文,容止温雅,则天宴之于麟德殿,授司膳卿,放还本国"⑤。可见中国文化对日本影响日益加深。

　　宋代太平兴国九年(984 年)三月,日本奈良东大寺僧人奝然率领弟子成算、祚壹、嘉因等朝贡,在西京洛阳朝见宋太宗,"献铜器十余事,并日本《职员》《年代纪》一卷"。宋太宗"存抚甚厚,赐紫衣,给郑氏注《孝经》一卷,记室参军任希

　　① 张懋镕:《试论洛阳发现的三角缘神兽镜》,《中国文物报》2006 年 12 月 12 日。
　　② 《三国志》卷三十《乌丸鲜卑东夷传》。
　　③ 《隋书》卷八十一《东夷列传》。
　　④ 《旧唐书》卷六《则天皇后纪》。
　　⑤ 《旧唐书》卷一百九十九上《东夷传》。

古撰《越王孝经新义》一卷,印本《大藏经》一部"①。次年返回日本。元代日本国山阴道但川正法禅寺主持沙门邵元来到嵩山少林寺学习禅法,师从息庵禅师。至正元年(1341年)三月,撰写《息庵禅师道行之碑》,碑文叙述息庵禅师生平,充满了对息庵地怀念之情。此碑现存少林寺碑林,是日本与河洛地区文化交流的历史见证。

日本的京都就是模仿洛阳汉魏故城和随唐城而兴建的,京都历史上曾有"洛阳"之称。洛阳唐三彩及其烧制技术也传入日本,日本烧制的三彩器称做"奈良三彩"。白居易的诗也传至日本,为人们所传诵。

二、中亚、西亚、南亚及欧洲

中国与中亚西亚及欧州的交往是通过著名的"丝绸之路"进行的。西汉时张骞"凿空",开通中原到西域的道路。东汉和帝时,班超从洛阳出发再通西域,使丝路向西延伸。

章帝章和元年(87年),安息(今伊朗)"遣使献狮子、符拔。符拔形似麟而无角。"永元九年(97年)班超派其副手甘英"使大秦(罗马帝国),抵条支(今土耳其南安塔亚)"。甘英到达安息国西界波斯湾而回,成为开通欧亚交通线的第一人。永元"十三年,安息王满屈复献狮子及条支大鸟"②。

永元十二年(100年)十一月,罗马商团经过一年的长途跋涉,到达洛阳,受到汉和帝的接见,和帝赐给"金印紫绶",回赠丝绸等大批物品。至"桓帝延熹九年(166年),大秦王安敦遣使自日南徼外献象牙、犀角、玳瑁,始乃一通焉"③。丝路全线开通。

东汉时期,河洛地区与印度已有人员往来、物品交换和文化交流。印度古称天竺,"和帝时,数遣使奉献,后西域反叛,乃绝。至桓帝延熹二年、四年,频从日南徼外来献"。"世传明帝梦见金人,长大,顶有光明,以问群臣。或曰:'西方有神,名曰佛,其形长丈六尺而黄金色。'帝于是遣使天竺问佛道法,遂与中国图画

---

① 《日本考》卷二《朝贡》。
② 《后汉书》卷九十八《西域传》。
③ 《后汉书》卷九十八《西域传》。

形象焉。楚王英始信其术,中国因此颇有奉其道者。"①印度佛教传入无疑是河洛地区与印度文化交流中的一件大事,对后世有深远影响。

　　隋唐时期河洛地区与中亚、西亚及欧洲的交往更加频繁。隋朝河洛地区与中亚来往密切。波斯国(今伊拉克)每遣使奉献。"炀帝遣云骑尉李昱使通波斯,寻遣使遂昱贡方物。"②唐代在东都洛阳南市西南的修善坊设有"波斯胡寺",南市东南的会街坊设有祆祠,北市西南的立德坊有"胡祆祠"。1955 年洛阳唐墓中出土波斯萨珊王朝银币 16 枚,1981 年在安培夫妇墓出土有罗马金币一枚,说明唐代波斯人及罗马人曾在洛阳经商。蔡伦造纸术在唐代中期传至中亚西亚,后来再传入欧洲。发源于洛阳的雕版印刷技术,也陆续传至欧洲。

三、东南亚

　　在东南亚诸国中,越南与河洛地区的交往最早也最频繁。西周初期河洛地区文化就开始对越南产生影响。史称:"交趾之南,有越裳国。周公摄政六年,制礼作乐,天下和平,裳以三象重译而献白雉。"③古代越南盛产珍珠,商贾用它换取中原地区的丝绸等物品。东汉初年,马援自交趾返回洛阳,带回明珠、文犀等物品。随着商业活动的频繁,文化交流也在进行。越南人说汉语,使用汉字,实行科举考试,以五经四书为教材,民俗也和中国大体相同。

　　明代河南开封的犹太人有 500 余户,人数多达数千人。他们长期与汉人生活在一起,受汉族传统文化的熏陶,其中的一些人不再学习犹太教经典,转而钻研儒学经典和传统文化,并参加中国的科举考试,有许多人中过举人、进士,成为政府的文武官员。这种文化上的融合导致民族之间的融合和同化,再加上犹太族与汉族的通婚,中国官方和民间都不歧视、排斥犹太人,这就为自然同化创造了条件。开封的犹太人到后来从服装、习俗和文化完全融入汉族之中。

---

① 《后汉书》卷八十八《西域传》。
② 《隋书》卷八十三《西域传》。
③ 《后汉书》卷八十六《南蛮西南夷传》。

第十四章　河洛文化与客家文化、闽台文化

第一节　河洛汉人的南迁与江南经济文化的发展

一、河洛汉人的大规模南迁

在中国古代,由于河洛地区发生战乱和灾荒,生活在这一地区的汉族人民多次向南方迁徙,其中规模最大的有三次:一次是发生在西晋末的永嘉年间,史称"永嘉南渡";第二次发生在唐代的天宝年间,中国北方发生"安史之乱",河洛地区成为战乱的中心,大批汉人南迁。诗人李白吟到:"三川北虏乱如麻,四海南奔似永嘉。"①在唐末黄巢起义后也有汉人南迁;第三次是北宋末年,金兵南下,攻陷东京开封,高宗赵构定都临安(今浙江杭州),中原人民大量随宋室南迁。

1. 永嘉南渡

永嘉之乱发生后,中原士女为躲避战乱,被迫背井离乡,迁徙到江南、河西和辽东地区。这次中原汉人的外迁,虽有到辽东依附慕容廆或到陇西投靠张轨者,但大多数南迁江淮地区,特别是西晋皇族和洛阳的公卿士大夫基本上都南迁江左。史称:"俄而洛京倾覆,中州士女避乱江左者十六七。"②"时海内大乱,独江东差安,中国士民避乱者多南渡江。"③这次中原汉人的大流徙在流向上以江南

---

① 李白:《永王东巡歌》之二。
② 《晋书》卷五十六《王导传》。
③ 《资治通鉴》卷八十七《晋纪九》。

为主,又发生在永嘉年间,故史称"永嘉南渡"。

关于永嘉南渡的人数,谭其骧先生认为,按《晋书·地理志》所辖地区统计,"以一户五口计,共有人口七百余万,则南渡人口九十万,占其八分之一强。换言之,致北方平均凡八人之中,有一人迁徙南土"①。这一观点为学术界大多数人接受。

关于永嘉南渡的路线和到达地域,前贤多有探讨,认识不很一致。

著名史学家陈寅恪先生以为,到南方避难的北方人,"约略可以分为两条路线,一至长江上游,一至长江下游。路线固有不同,在避难的人群中,其社会阶级亦各互异。南来的上层阶级为主的皇室及洛阳的公卿士大夫,而在流向东北和西北的人群中,鲜能看到这个阶级中的人物"②。据李剑农、谭其骧先生考证,永嘉之乱时,秦、雍等地汉人,主要出武关,经南阳进入湖北和四川,山东及苏北汉人主要迁居江都及长江南岸的镇江、武进一带,河南人士大多沿淮河诸支流东南下,迁至安徽,向正南迁至湖北省较少。③

客家学奠基人罗香林认为中原汉人永嘉南渡分为三个支派:"秦、雍等州的难民,多走向荆州(即今湖北一带)南徙,沿汉水流域逐渐徙入今日湖南的洞庭湖流域,远者且入于今日广西的东部,是为南徙汉族的第一支派。""并(按:治所晋阳县,在今山西省太原市西南)、司(按:治所在西晋洛阳县,今河南洛阳市东北)、豫(按:治所西晋陈县,在今河南省淮阳县)诸州的流人,则多南集于今日安徽及河南(按:指南阳市数县和信阳市淮河以南数县)、湖北、江西、江苏一部分,其后又沿鄱阳湖流域及赣江而至今日赣南及闽边诸地,是为南迁汉人第二支派。""青(治所原在临淄县,今山东淄博市东北临淄北;东晋移治东阳县,今在益都县)、徐(治所彭城县,在今江苏徐州市;东晋移治京口,今江苏镇江市)诸州的流人,则多集于今日江苏南部,旋复沿太湖流域,徙于今日浙江及福建的北部,是为南徙汉族第三支派。"④

汉魏洛阳故城正南有大谷关,西南有伊阙关,东南有辕辕关。笔者近期曾到

---

① 谭其骧:《晋永嘉丧乱后之民族迁徙》,《长水集》上册第 220 页,人民出版社,1987。
② 万绳南整理:《陈寅恪魏晋南北朝史讲演录》第 116 页,黄山书社,1987。
③ 李剑农:《魏晋南北朝隋唐经济史稿》第 3~7 页,三联书店,1959。谭其骧:《晋永嘉丧乱后之民族迁徙》,《长水集》上册第 221 页,人民出版社,1987。
④ 罗香林:《客家研究导论》第二章《客家的源流》,台北南天书局,1992。

偃师汉魏故城遗址以及其正南的大谷关和东南的轘辕关进行实地考察,结合文献记载,以为魏晋士人离开洛阳城,可往南过洛水,出大谷关,再沿洛阳—南阳—襄阳古道到达江汉平原;也可向东南经柏谷坞,出轘辕关至登封,再沿颍水而下,到达淮河下游。此外,也可以走水路,乘船浮洛水入黄河东下,到达荥阳,再向东南。

永嘉南渡并不仅限于永嘉年间。司马睿称晋王之时,中原大旱,司、冀、并、青诸州大蝗,迫使百姓继续南迁。这次南迁到东晋建立时达到高潮,其中以大族和官员的南迁为代表,有二十多个不同的姓氏族群。永嘉之乱所引发的汉族南迁的高潮历时一百多年,计其余波更长达三百年。其南迁路线前后大致相同,主要有东、西两线,东线以淮河及其支流汝、颍、沙、涡、睢、汴、氾、沂、沭等水和沟通江淮的邗沟构成主要水路,辅以各水间陆路。西线起点主要是洛阳,由洛阳经南阳盆地至襄阳,然后再由汉水东下。

永嘉之乱爆发后,"中原冠带随晋渡江者百家"①。百家是约数,言其多。据王大良先生考证,今河南境内南迁的大约有30多家。这些士族主要来自河南(洛阳)、河内、颍川、荥阳、陈留、陈郡、汝南、南阳诸郡。其中陈郡有袁、谢、王、殷、邓六姓,颍川有庾、钟、荀、韩四姓,陈留有蔡、江、范、阮四姓,荥阳有郑、毛二姓,汝南有周、应、李三姓,南阳有范、乐、刘、张、庾、宗六姓,新蔡有干、毕二姓,河内有郭、王、山三姓,义阳有朱氏一姓,河南有褚氏一姓,濮阳有吴氏一姓。基本上包含了河南的大部分士族。②

西晋末永嘉年间以后,中原士族大批南下,成为东南侨姓士族。汝南人周颉,随晋元帝渡江,得其重用。其兄弟周嵩、周谟也南渡仕于东晋。汝南人应詹,随刘弘任职荆州,遂仕于东晋。颍川(治今河南许昌市东)人钟雅也"避乱东渡"。颍川人庾亮,因父庾琛任会稽太守,随父在江南,遂留仕于东晋,诸弟庾冰、庾条、庾翼也在东晋为官。颍川人荀崧,为荀彧玄孙,避乱江南。荀组受石勒威逼,被迫自许昌东行过江,在东晋任职。陈留(今河南开封东南)人蔡谟,"避乱渡江",仕于东晋。陈郡(今河南淮阳)殷浩,父羡为豫章太守,因留仕于东晋。

---

① 颜之推:《观我生赋》自注。
② 王大良:《宁化石壁与客家民系渊源》,《宁化石壁与客家世界学术讨论会论文集》第147页,中国华侨出版社,1998。

陈郡袁瑰,为魏袁涣曾孙,"奉母避乱",南渡仕东晋。上述中原士人除了少数因父辈西晋时在江南任职,因而留在当地外,大部分是因躲避十六国时期的中原战乱而南迁。中原南迁士人在江南"求田问舍",重建家园,为南方的开发作出了很大贡献。

在南迁的中原士族中,影响较大的是陈郡谢氏和颍川庾氏。

颍川(郡治今河南许昌东)庾氏自庾琛为会稽太守,遂家于江东。其子庾亮元帝时任散骑常侍。庾亮与帝室联姻,其妹为晋明帝后妃,加上个人的儒玄之学和政治才干,成为朝廷重臣。王敦之乱时为左卫将军,因功封公。成帝即位,受遗诏辅政,为中书令。东晋朝中政事皆决定于庾亮。后因朝廷内部矛盾出为豫州刺史、平西将军,镇芜湖,讨平郭默叛乱。又代陶侃为江、荆、豫三州刺史,征西将军,率军北伐,出师受阻。其弟庾条,官至秘书监;庾翼,在庾亮死后,任都督江、荆、司、雍、梁、益六州军事、荆州刺史,代兄镇武昌,北伐途中病死。庾冰,历任中书监,扬州刺史,都督扬、豫、兖三州军事。王导死后入朝辅政,号称贤相。东晋前期,颍川庾氏在朝廷中居举足轻重的地位。

东晋中期,陈郡(治今河南淮阳)谢氏显赫一时。豫章太守谢辊子谢尚,初为王导掾属,出任建武将军、江夏相,在郡颇有政绩。累迁尚书仆射、镇西将军,镇守寿阳(今安徽寿县)。谢哀子谢奕,初为桓温安西司马,累迁都督豫、司、冀、并四州军事,安西将军,豫州刺史。谢安,早年隐居不仕。年四十始出,为桓温司马。桓温死后任尚书仆射,加后将军,居朝辅政。太元八年(383年)前秦君主苻坚率80万大军进攻东晋,谢安为征讨大都督,指挥部将抗击,在淝水决战。晋军取得胜利,保住东晋政权。谢安因功进授太保、都督扬、荆等15州军事,名权倾于天下。其弟谢万,累迁豫州刺史,监司、豫、冀、并四州军事,领兵北伐而无功。谢石,曾任尚书仆射,因军功晋升中军将军、尚书令,终至卫将军。子侄谢玄、谢琰亦居要职。南朝宋时,又有著名田园诗人谢灵运、谢朓,擅名文坛。

永嘉之乱中的中原士族以迁居江淮地区和长江下游为多,但也有不少人到达长江中游的江汉地区。永康二年(301年)聚集在荆州(治今湖北荆州市荆州区)的流民有十余万户,从皇家"太乐"的伶人也逃至荆州来看,从中原避乱荆州的人当不少。

2.唐代河洛汉人的南迁

唐玄宗天宝十四年(755 年),中国北方发生安禄山、史思明发动的叛乱。叛军南下,攻占东都洛阳和西京长安,河洛地区成为叛乱的中心,破坏十分严重。史称:"夫以东周(即今洛阳一带)之地,久陷贼中,宫室焚烧,十不存一。百曹荒废,曾无尺椽,中间畿内,不满千户。井邑榛棘,豺狼所嗥,既乏军储,又鲜人力。东至郑、汴,达于徐方,北自覃怀,终于相土,人烟断绝,千里萧条。"①锋镝所及,生灵涂炭,百姓辗转沟壑,纷纷逃难。"缘顷逆乱,中夏不宁,士子之流,多投江外,或扶老携幼,久寓他乡。"②时秦岭、淮河以南地区未遭叛军蹂躏,社会相对安定。而洛阳、长安"两京蹂于胡骑,士君子多以家渡江东。"③"天下衣冠,避地东吴,永嘉南迁,未盛于此。"④

安史之乱期间中原百姓的南迁,分布较为广泛。有迁往长江中游地区的:"自中原多故,襄、邓百姓,两京衣冠,尽移江湘。故荆南井邑十倍其初。"⑤有迁往长江下游地区的:"自中原多故,贤士大夫以三江五湖为家,登会稽者如集芥之集渊薮。"⑥也有迁往岭南的:"是时,天下已乱,中朝人士以岭外最远,可以避地,多游焉。"⑦

据周振鹤研究,"安史之乱"在短时间席卷大河南北之后,东线被阻于睢阳(今河南商丘),西线又受阻于南阳,南下的移民便在淮汉以南各地沉淀下来,形成了三道波痕。第一道达到湘南、岭南、闽南之地,第二道集中于长江沿线的苏南苏北、皖南赣北、鄂南湘西北一带,第三道则停留在淮南江北、鄂北和川中地区。三道中第二道人数最多,第一道人数最少。⑧

唐代中原百姓的南迁,除了安史之乱的大规模南迁外,还有唐高宗时陈政、陈元光父子的南迁漳州和唐末王审知的南迁闽越,将在下文述及。

3. 宋元中原士人的南迁

北宋徽宗靖康元年(1126 年),金兵南下,攻陷东京开封,北宋灭亡,战火几

①　《旧唐书》卷一百二十《郭子仪传》。
②　《全唐文》卷四十三《〔肃宗〕加恩处分流贬官员诏》,中华书局,1993。
③　《旧唐书》卷一百四十八《权德舆传》。
④　李白:《为宋中丞请都江陵表》,《全唐文》卷三四七。
⑤　《旧唐书》卷三十九《地理志》。
⑥　《全唐文》卷四五六《鲍防传》。
⑦　《新五代史》卷六十五《南汉世家》。
⑧　周振鹤:《唐代安史之乱与北方人民的南迁》,《中华文史论丛》1987 年第 2、3 期合刊。

乎遍及整个中原地区,史称"靖康之乱"。开封所在的河洛地区更是首当其冲,破坏十分严重。次年,康王赵构在归德(今河南商丘)即位,是为高宗,改元建炎。未几宋室南移,最后定都临安(今浙江杭州)。伴随着"靖康之乱"和宋室南渡,中原百姓大批南迁。史称:"中原士民扶携南渡,不知其几千万人。"①这是中国历史上继晋永嘉之乱后的又一次人口大迁徙。

金兵南下进入中原,"虏骑所至,唯务杀戮生灵,劫掠财务,驱虏妇人,焚毁舍屋、产业"②。"自中原遭胡虏之祸,民人死于兵革水火疾饥坠压寒暑力役者,盖已不可胜计。"③经过金兵蹂躏,中原大地满目疮痍,景象惨不忍睹,中原百姓为躲避战乱,背乡离井,南迁江淮。

金将宗翰率领的西路军到达河阳(今河南孟州)时,宋守将逃走,"中原人多亡命者,皆直大河而南走"④,即渡过黄河南逃。建炎元年(1127 年)八月,高宗"徙诸宗室于江淮以避敌,于是南宫北宅皆移江宁府,愿留京师者听之。南班至江宁者三十余人。又移南外宗政司于镇江府,西外于扬州西外"⑤。九月二十七日,高宗离开应天府,向江南进发,朝官将佐护卫前行,百姓跟随南下者甚众,"高宗南下,民之从者如归市"⑥。朱熹说:"靖康之乱,中原涂炭,衣冠人物,萃于东南。"⑦

二、中原汉人南迁对江南社会发展的促进

秦汉时期随着国家的统一,黄河流域的关中经济区和关东经济区连成一片,黄河中下游地区的社会经济发展迅速,在全国处于领先地位。秦西汉时期河洛地区已普遍使用铁器和牛耕,并兴建了一些水利工程,农业发展水平仅次于关中的三辅地区,是全国粮食和丝麻的主要产区。经过西汉 200 年的发展,到了东汉,河洛地区已经形成以若干重要都市为依托的联系密切的强大的经济区。而

---

① 李心传:《建炎以来系年要录》卷八十六,高宗绍兴五年润三月壬戌,台湾文海出版社,1980。
② 徐梦莘:《三朝北盟会编》卷一零六,炎兴下帙六。
③ 庄绰:《鸡肋篇》卷中《中原避祸南方者遭之惨》,中华书局,1983。
④ 蔡絛:《铁围山丛谈》卷二,中华书局,1983。
⑤ 李心传:《建炎以来系年要录》卷七,建炎元年七月,台湾文海出版社,1980。
⑥ 《宋史》卷一百七十八《食货志上六》。
⑦ 朱熹:《晦庵文集》卷八十三《跋吕仁甫诸公帖》,四库全书本。

在这时,江淮、江汉地区仍然人烟稀少,还是野兽经常出没的地方①,而在岭南,"九真俗烧草种田"②,尚采用火耕水薅的粗放耕作方式。

南迁汉人在南方经济开发中起到巨大作用。首先,江南地区原来地广人稀,以河洛为中心的中原汉人的南迁,使南方人口迅速增加,也增加了劳动人手。翦伯赞先生以为,西晋末永嘉之乱中"南迁人民到达长江流域的,总数至少有七十万人"③。唐代安史之乱及以后的藩镇割据,战争频繁,又导致河洛汉人大规模南迁,江南人口再度增加。史称"自至德(唐肃宗年号)后,中原多故,襄、邓百姓,两京衣冠,尽投江、湘,故荆南井邑,十倍于初,乃置荆南节度使"④。其次,南迁汉人带去较为先进的生产技术,促进了江南农业生产技术的进步。麦、菽在江南已开始推广栽植,适宜于旱作的区种法也开始在江南推行。例如郭文,"河内轵(今河南济源南)人也。……洛阳陷,乃步担如吴兴、余杭大涤山中……区种菽、麦"⑤。南北朝时期江南水稻种植已由直播耕作法转变为移栽耕作法。

魏晋隋唐时期,江南经济有了长足的发展。南北朝时期,江南的经济发展速度已经高于北方。隋唐王朝的经济开始依赖江南地区,唐安史之乱以后,全国经济的重心开始向南方转移。这些,与以河洛为中心的中原汉人的大量南迁不无关系。

河洛汉人的南迁,不仅促进了江南的经济开发,也加快了江南文化的发展。以中原名门为主要基础的东晋政权,南渡时也把汉魏河洛精英文化比较完整地搬迁到江东。正如史书所说:"衣冠轨物,图画记注,播迁之余,尽归江左。"⑥河洛地区的先进文化的南传,自然导致江南地区文化的进步。明人刘盘在其《成化记》中说:"永嘉以后,衣冠避难,多萃江左。文艺学术,于今为盛。盖因颜谢徐庾之风焉。"以谢氏、江氏为代表的南迁中原士族在文学、学术方面的成就在江南产生重大而深远的影响,甚至改变了当地的民风。由唐代"安史之乱"引起的移民浪潮,对南方文化也产生重大影响。例如荆州,在唐前期是一个中等州,

---

① 《后汉书》卷四十一《宋均传》,卷三十八《法雄传》。

② 《后汉书》卷七十六《循吏传》注引《东观汉纪》。

③ 翦伯赞主编:《中国史纲要》第二册第82页,人民出版社,1965。

④ 《旧唐书》卷三十九《地理志二》。

⑤ 《晋书》卷九十四《隐逸传》。

⑥ 《隋书》卷四十九《牛弘传》。

文风不盛。莘莘学子到两京参加科举考试,从未有一人及第者,被人们称作"天荒"。"安史之乱"后,中原百姓蜂拥而入,给这里落后的文化注入了活力。到大中四年(850年),荆州人刘蜕终于进士及第,得以金榜题名,时人称之为"破天荒"。此后,荆州又有许多士人科举得中,成为"衣冠薮泽"。

第二节　河洛文化与客家文化

一、河洛汉人的南迁与客家民系的形成

西晋末的永嘉南渡是中原汉人第一次大规模的南迁。唐代的"安史之乱"及唐末的黄巢起义,又导致中原汉人的大规模南迁。宋元时期金兵和蒙古军队进入中原,中原汉人第三次大规模南迁。这些南迁的汉人辗转去到江西南部、福建西部和广东东北部,在那里生活繁衍,保留了较多的中原汉族的生活习俗,与当地土著居民区别明显,被称为客家人,这就是汉族的客家民系。

关于客家民系形成于何时,学术界有不同认识。但是在客家民系的形成与发展中,河洛文化扮演着重要角色。丘菊贤、杨东晨说:"一般说来是晋宋之际,大批南移汉人渡江汇集在粤、赣、闽三省边境山区时,客户在逐步占绝对优势又自然形成南下汉人自己的大本营以后,客家民系始得形成。其主要特征是:沿用北方语言,保持中原有的风俗习惯等等。"①罗香林先生以为:"福老、客家、本地(又称广府)诸名称的起源,虽不在同一时代,然其民系特性的形成,则大体皆在唐末至宋初(五代在内)。"②清人徐旭曾则以为客家民系形成于元代,他说:"今日之客人,其先乃宋之中原衣冠旧族,忠义之后也。自徽钦北狩,高宗南渡,故家世胄,先后由中州山左,越淮渡江而从之,寄居各地。迨元兵大举南下,宋帝辗转播迁,南来岭表,不但故家世胄,即百姓亦多举族相随……难痛国亡家破,然不甘田横岛五百人之自杀,犹存生聚教训复仇雪耻之心,一因风俗语言之不同,而烟瘴潮湿,又多生疾病,雅不与土人混处,欲择距内省稍近之地而居之;一因同属患

①　丘菊贤、杨东晨:《中原汉人南徙与客家述评》,《河南大学学报》1990年第1期。

②　罗香林:《客家源流考》第340页。

难余生,不应东离西散,应同居一地,声气既无间隔,休戚始可相关……其闽、赣、湘、粤边境,毗连千数百里之地,常有数十里无人烟者,于是遂相率迁居该地焉……所居既定,各就其地,各治其事,披荆斩棘,筑室垦田,种之植之,耕之获之,兴利除害,休养生息,曾几何时,遂别成一种风气矣。粤之士人,称该地之人为客,该地之人亦自称为客人。"①这就是客家民系形成的过程。

客家民系的形成过程,由赣南闽西,再至粤北,终居梅州。然后又向四方和海外播迁。客家先民从中原、从河洛地区迁出,河洛地区是客家人的根。

二、河洛文化与客家文化

客家文化的主流是一种以中原文化为主导的、儒家文化为核心的文化,它特别崇敬先祖,重视教育。客家人重礼、敬神、崇祖的文化意识是从中原传来的。

客家人以耕读为本,家虽贫寒亦必令其子弟读书,子弟鲜有不识字不知稼穑者,日出而作,日入而息,即古人负耒横经之教。客家人多精击技,传自少林真派,每至冬日,相率练习拳脚刀予剑戟之术,即古人农隙讲武之意也。要之,客家人风俗勤俭朴厚,故其人崇礼让,重廉耻,习劳耐苦,质而有文。

客家祠堂

客家地区的民间舞蹈,如龙(灯)舞、狮子舞、采船舞、踩高跷等,都来自河洛,来自中原。木偶戏也来自中原。

客家人居住的土楼围屋,源自中原的坞壁(坞堡)。它既具有聚族而居的功能,又具有自我防卫功能。

客家人常说:"宁读祖宗田,不忘祖宗言。"客家人的语言,保留了较多的中原古韵,即古代的河洛方言。

———————

① 徐旭曾:《丰湖杂记》。

客家习俗之根也在中原,如岁时节庆,春节端午节,婚丧礼仪习俗,都与河洛地区相同。

总之,至今客家文化仍然保留着许多中原河洛地区的古代文化因素,客家文化来自中原,河洛文化是客家文化的源头。

第三节　河洛文化与闽台文化

一、河洛汉人南迁与闽地的开发

随着中原汉人的三次大规模南迁,河洛地区的先民大批到闽南生活。第一次是西晋的"永嘉南渡"。据何乔远《闽书》记载:"晋永嘉二年(308年),中原板荡,衣冠始入闽者八族,林、黄、陈、郑、詹、丘、何、胡是也。"路振《九国志》也说:河洛"衣冠入闽者八族,所谓林、黄、陈、郑、廖、丘、何、胡是也"。二者大同小异。第二次是唐代的"安史之乱",河洛汉人大批南迁,一部分人到达闽地。第三次是北宋末的"靖康之难",不少河洛士人随宋室南迁临安(今浙江杭州),也有不少民众移居闽地。以河洛为中心的中原汉人的多次南迁,不仅增加了闽地的劳动人手,而且带去了先进技术,对闽地的开发起到了促进作用。

在唐代,河洛汉人直接对闽地进行两次大规模的开发。

首先是唐高宗总章二年(660年),光州固始(今属河南)人陈政奉命率58姓入闽开漳。据《云霄县志》记载,是岁"泉、潮间蛮獠啸乱,民苦之。咸乞镇帅有威望者,以靖边方。朝廷以政刚果敢为,而谋猷克慎,进朝议大夫,统岭南行军总管,镇绥安。"于是陈政率府兵3600人,将吏120人,"前往七闽百粤交界"处"开屯建堡"。稍后,又有58姓将校携家眷前往增援。陈政病死,其子陈元光任鹰扬将军,身经百战,方平定啸乱。遂屯垦云霄山下,致力农桑,推广文教。武则天时,在闽南设置州县,以陈元光为漳州刺史。他率领中原移民烧荒垦植,兴修水利,务农积粟,惠工通商。"由是北距泉兴,南逾潮惠,西抵汀赣,东接诸岛屿,方数千里无烽火之警,号称乐土",陈元光也获得"开漳圣王"的美名。

其次是唐末的黄巢起义,王绪起兵响应,攻陷固始,以王潮为军正。后来王绪领兵南下,辗转到达南安(今属福建)。由于猜忌滥杀无辜,被将士处死,推王潮为帅。先后攻克泉州、福州,平定闽地。王"潮乃创四门义学,还流亡,定租税,遣吏巡州县,劝课农桑,交好临道,保境息民,人皆安焉"①,对闽地进行大规模的开发。于是唐朝廷以王潮为威武军节度使,福建管内观察使。王潮病死,其弟王审知代立。后梁建国,封为闽王。

这两次大规模的经济开发是福建历史上的重大事件,它极大地促进了福建古代经济和社会的发展。

数量众多的河洛南迁汉人辗转到福建南部定居,称作福老系。福老系可能形成于五代至宋时。他们不忘自己的祖根,自称"河洛郎"。詹悱的诗称:"永嘉乱,衣冠南渡,流落南泉,作《忆昔吟》:'忆昔永嘉际,中原板荡年。衣冠坠涂炭,舆辂染腥膻。国势多危厄,宗人苦播迁。南平频洒泪,渴骥每思泉。'"②

固始开漳圣王陈元光像

二、大陆汉人迁居台湾与台湾的开发

台湾古称夷州。早在三国时期,台湾与大陆已有经济、文化联系。黄龙二年(230年),孙权"遣将军卫温、诸葛直将甲士万人,浮海求夷州、亶州"③,这可以说是大陆汉族人利用先进文化知识开发台湾的开始。明清时期福老系和客家人都有不少人迁至台湾,成为台湾的主要居民。

福建南安郑氏是河洛南迁汉人之后裔,其先祖为南北朝时期著名的荥阳郑氏。郑芝龙明末官至都督同知。清军入关后,他于顺治三年(1645年)拥唐王朱聿键在福州建立南明隆武政权。次年清军入闽,他不战而降,终为清廷所杀。其

---

①　吴任臣:《十国春秋》卷九十《闽一·司空世家》,中华书局,1093。

②　《全五代诗》卷八十七。

③　《三国志》卷四十七《吴主传》。

子郑成功,爵封南平郡王,在南澳(今属广东)起兵抗清,曾与张煌言合兵进攻南京,没有成功。当时台湾为荷兰殖民者侵占,台湾人民不断起兵反抗。永历十五年(1661年),郑成功率领将士数万人,自厦门出发,经澎湖,在台湾禾寮港(今台南)登陆,围攻荷兰总督所在的赤嵌城(今台南),击溃敌人从巴达维亚派来的援兵,经过8个月的战斗,康熙元年(1662年)二月一日,荷兰总督揆一投降,台湾重回祖国怀抱。郑成功在台湾建立行政机构,推行屯田,促进了台湾社会经济的发展。不久,郑成功病死,其子郑经嗣位。清廷数次招抚,均未成功。康熙二十二年(1683年)六月,施琅率领战船300余艘,水师2万余人,攻占澎湖,郑克塽等求降。八月,清军进驻台湾,清廷在台湾设台湾府,下辖台湾、诸罗、凤山三县,隶属福建省。不仅实现了祖国的统一,也带来了台湾经济、文化的进一步振兴。

台湾现有居民2100多万,一般分为原住民、闽南人、客家人和外省人。原住民不到40万人,其他都是从大陆迁去的。

早在唐代,已有大陆汉族人民迁居澎湖列岛,"及唐中叶,施肩吾始率其族迁居澎湖",他写有《题澎湖》诗。"历更五代,终及两宋,中原板荡,战争未息,漳泉边民咸来台湾。"[1]宋代"七闽地狭人稠,为生艰难,非他处可比"[2],有不少人移居澎湖、台湾,逐渐形成了移民群体。南宋时人说:"海中大州号平(澎)湖,邦人就植粟、麦、麻。"可见中原的农作物已从福建传到澎湖。为防止骚扰,泉州知府汪大猷于乾道七年(1177年)在该岛建房200间,派水军驻守保护。元代澎湖"有草无木,土瘠不宜禾稻,泉人结茅为屋居之",从事放牧,"山羊之孳生,数万为群"[3]。泉州百姓移居并开发澎湖,促进了当地的畜牧业和农业的发展。

明清时期,大陆汉人,特别是福建人大规模迁往台湾。清代河南河内(今沁阳)人曹瑾、临颍人陈星聚曾在台湾做官,为发展台湾经济文化、抵抗外敌入侵作出重大贡献。

三、河洛文化与闽台文化

在台湾,汉族人口占82.7%。其中80%是由福建去台湾的闽南人,20%是

---

① 连横:《台湾通史》卷一《开辟记》。
② 廖刚:《高峰集》卷二。
③ 汪大渊:《岛夷志略》。

祖籍广东的客家人。他们承认河洛地区是他们的祖籍地，自称"河洛郎"，认同河洛文化。

　　闽南文化的主要来源是河洛文化，这是没有疑问的。因为闽南文化的载体是闽南人。闽南人可以说是由以中原移民为主，加上闽越族人、波斯等外国人、广东等邻省人在闽南地区居住，经过长期融合而形成的。"正因为这样，闽南文化之源是河洛文化，河洛文化和闽南文化的关系是源和流的关系。包括台湾闽南文化在内的所有闽南文化都是中原河洛文化的流。"①

　　郑成功收复台湾后，肃清奴化教育，建圣庙，立学校。郑经任命陈永华为国子监学长，聘中土之儒以教秀士；各社设小学，教之养民。"凡民八岁入小学，课以经史文章，台人自是始奋学。"②清光绪年间，河南临颍人陈星聚任台北知府，先后创办台北府儒学与登瀛书院，以发展教育，培养人才。

　　闽台地区的闽南人的语言是河洛古语③。台湾话是闽南话，台湾人称之为"河洛话"。就是说，台湾话就是"古汉语"，就是古代河洛地区汉人使用的语言。与"五胡乱华"后形成的汉语有所区别。台湾史学家连雅堂说："台湾之语传自漳、泉，而漳、泉之语，传自中土。"所谓中土，即指中原，河洛地区。

　　台湾人的婚丧嫁娶、节日礼仪大多来自中原河洛地区。台湾人高绪观说："台湾人文礼俗，源于中土。相袭入闽，举凡信神拜佛、敬天祭祀、婚丧喜庆、衣冠礼乐、四时年节以及习俗人情，皆是祖宗流传而来。"④台湾旧式的婚礼、丧礼、生子、节仪等，其许多细节都与河洛地区相同。

　　河洛百姓信奉多神，台湾人对神化的人或传说的神都作为神灵崇拜，例如开漳圣王、原始天尊、李老君、孔夫子、关羽、释迦牟尼、观音菩萨、炎黄二帝、伏羲、太昊，都是敬奉的对象。

　　总之，闽台文化之根在河洛，闽台文化与中原河洛文化关系十分密切。

①　胡沧泽：《河洛文化与闽南文化》，《河洛文化与汉民族散论》，河南人民出版社，2006。
②　连横：《台湾通史·教育志》。
③　吕清玉：《中原河洛文化是福建传统文化的摇篮》，《根在河洛》，大象出版社，2005。
④　高绪观：《台湾人的根——八闽全鉴》。

第十五章　河洛文化的特性和历史地位

第一节　河洛文化的特性

比较而言,周边地区的地域文化都明显具有自己的特点,特别是少数民族居住区是如此。河洛文化融会周边各地域文化的因素,不断发展、完善、创新,它又被历代统治者倡导和弘扬,不断向周边地区辐射,其自身的特点反而不很明显。对于此,有人说,没有特点就是它的特点。仔细分析,河洛文化还是有它的特性的。

一、河洛文化具有自己的特性

关于河洛文化的特点或者说特性问题,我们认为可以分为两个阶段,不可一概而论。比较而言,在先秦时期,河洛文化作为一种地域文化,其特点还是很鲜明的。秦汉以后实现了全国的统一,各个地域之间的文化差异逐渐缩小。河洛地区又长期都是都城所在地,其文化成为中国传统文化的缩影,因而不像周边少数民族地区那样,有明显的地域特征。

先秦时期,河洛文化有明显的地域特征。

古人早已发现,不同地区的民俗传统是有差别的,这种差异通过各自的行为系统表现出来。《礼记·王制》中记载"王使太师陈诗以观民风",就是要通过诗歌体察各地的民情。中国第一部诗歌总集《诗经》中的《国风》按照十五个地区汇编诗歌,生动地表现出各个文化区域的风土人情,是将文化按地域划分的先声。① 十五《国风》中属于河洛地区的有《王风》(今河南洛阳一带)、郑风(今河南新郑一带)、桧风(今河南新密一带)、邶风、鄘风、卫风(今新乡、安阳及河北邯郸一带)、周南(今河南汝州以南地区)、召南(今河南三门峡、华山以南地区)、魏风(今山西运城一带)、唐风(今山西临汾一带)。

春秋后期,吴公子季扎在鲁国,请观周乐。"使工为之歌《周南》《召南》,曰:'美哉! 始基之矣,犹未也。然勤而不怨矣。'为之歌《邶》《鄘》《卫》,曰:'美哉,渊乎! 忧而不困者也。吾闻卫康叔、武公之德如是,是其《卫风》乎?'为之歌《王》,曰:'美哉! 思而不惧,其周之东乎?'为之歌《郑》,曰:'美哉! 其细已甚,民弗堪也,是其先亡乎!'""为之歌《魏》,曰:'美哉,沨沨乎! 大而婉,险而易行,以德辅此,则明主也。'为之歌《唐》,曰'思深哉! 其有陶唐氏之遗民乎? 不然,何忧之远也。非令德之后,谁能若是?'为之歌《陈》,曰:'国无主,其能久乎?'自郐以下无讥焉。"②季扎听歌,即知属于何地民歌,一方面说明季扎知音,另一方面也说明各地民歌所反映的民风不同。

关于先秦河洛风俗,司马迁也有所论述。他说:三河地区"土地小狭,民人众,都国诸侯所聚会,故其俗纤俭习事。""郑、卫俗与赵相类,然近梁、鲁,微重而矜节。濮上之邑徙野土。野土好气任侠,卫之风也。""颍川、南阳,夏人之居也。夏人政尚忠朴,犹有先王之遗风。颍川敦愿。"南阳"俗好杂事,业多贾。其任侠,交通颍川,故至今谓之夏人。"③司马迁从自然条件和历史传统等方面出发,论述河洛各地的不同风俗以及与其他地区的差异,而且这种风俗一直延续到西汉。

春秋战国时期的学术也具有地域特点。侯外庐先生在其《中华文化史纲》中指出:"各个学派的流传分布,往往也有其地域特点。大略的形势可以描述如下:儒、墨以鲁国为中心,而儒家传播于晋、卫、齐;墨家则向楚、秦发展。道家起源于南方原不发达的楚、陈、宋。后来可能是随着陈国的一些逃亡贵族而流入齐国。楚人还保留着比较原始的'巫鬼'宗教,同样在北方偏于保守的燕国和附近

---

① 张志孚、何平立著:《中州文化》之《编者札记》第2页,辽宁教育出版社,1995。

② 《左传》襄公二十九年。

③ 《史记》卷一百二十九《货殖列传》。

的齐国,方士也很盛行,后来阴阳家就在齐国发展起来。法家主要源于三晋。周、卫位于各国之间的交通孔道,是商业兴盛之区,先后产生了不少专作政治交易的纵横家。"可见,河洛地区的地理位置和文化传统,决定了它是法家、纵横家及道家、墨家的起源地,儒家学说也在这传播。

由此可知,不仅河洛地区文化具有一些与其他地域不同的特点,而且先秦河洛地区不同国度的文化也具有各自的特点。

此外,河图洛书和洛学都是河洛地区独有的文化现象,也反映了河洛文化的地域特征。

二、河洛文化的特性

关于河洛文化的特点,学术界已进行过不少探讨,人们见仁见智,发表了一些颇有见地的看法。

李学勤先生说:"河洛文化的性质,是和河洛地区在历史上的地位分不开的。河洛居天下之中的特殊地位,决定了河洛文化的若干特点。"[①]这些特点便是传统性、开放性、综合性,先导性。

许顺湛先生说:"河洛文化最大的特点表现在以下三个方面:第一,国都文化连绵不断……第二,树大根深的根文化是河洛文化的又一特点,有许多文明源头都在这一地区……第三,大统一的思想根深蒂固,形成了传统的民族基因。善于吸收、包融、开放、凝聚的民族个性,在河洛文化都有充分的体现,但是最突出的是大统一的民族基因"。[②]他认为河洛文化具有国都文化、根文化和大一统思想等特点。

张新斌认为,决定河洛文化超越地域文化的关键是三个因素:一是地理因素,二是经济因素,三是政治因素。由于以上三个因素,可以基本确定河洛文化的若干特点:一是正统性,二是传承性,三是融合性,四是原创性。[③]

陈昌远先生说:"河洛文化具有自己的特点,它与齐鲁文化,燕赵文化,三晋文化,巴蜀文化,楚文化均不相同,不过它吸收其他地区的文化养料来丰富自己,

① 李学勤:《河洛的历史地位与河洛文化的性质》,《文史知识》1994 年第 3 期。
② 许顺湛:《河洛文化与黄河文明》,《光明日报》2004 年 9 月 7 日。
③ 张新斌:《河洛文化若干问题的讨论与思考》,《根在河洛》,大象出版社,2004。

萃取百家之长,而最后形成统一的文化体系并形成中心,表现出自己明显的正统性和稳固性,而且反过来又向四周辐射发展,最后融合于中华民族的整体文化复合之中。"①他认为河洛文化具有正统性和稳固性。

韩石萍说:"河洛文化作为一种地域文化,有其独有的地域文化特征。独特的风土人情、生活习俗、宗教信仰等无不显示着河洛人的特性。""笔者以为河洛文化具有以下几个特征:首先是源发性,也可以称之为先导性,其次是正统性,第三是兼容性,第四是奇异性。②

综上所述,我们认为河洛文化具有以下几个特性:

1. 开放性(包容性)

开放性也可以说是包容性。河洛地区地处天下之中,交通四达,周边各地域文化都在这里交汇、碰撞。河洛文化的萌芽阶段,即新石器时代后期,就与周边的大汶口—龙山文化、屈家岭—石家河文化、良渚文化、红山文化等有过交流和碰撞,并吸收周边地域文化的先进因素,例如良渚文化的玉礼器,从而使自己迅速发展,地位逐渐突出,成为各地域文化的核心。在西周时期又通过封邦建国,将河洛地区的礼乐文化向四方推广。春秋战国时期,齐鲁文化、楚文化都对河洛文化有较强的影响,儒家文化从邹鲁地区传入。汉唐时期河洛地区又以博大的胸襟,吸收中国西北和北方胡族,即匈奴人、西域各族人的优秀文化,包括物质文化上的土特产、生活器具,精神文化上的音乐、舞蹈、杂伎百戏等,特别是对异域天竺的佛教文化,也不排斥,吸纳后进行改造,使之成为河洛宗教文化的重要组成部分。"他山之石,可以攻玉。"只有开放,才可能与外界交流,才能吸收外部文化的优秀成分。俗话说:"有容乃大。"只有能包容,才能兼收并蓄,只有取人之长,补己之短,才能充实自身。河洛地区有自己得天独厚的区位优势,河洛文化广泛吸收周边地域文化的因素,才能长期保持自身的先进性。

2. 先进性(先导性)

先进性或者称先导性。因为先进,开风气之先,具有导向作用,可以引领潮流,因而具有先导性。河洛文化与其他地域文化相比较,长期具有先进性。河洛

① 陈昌远:《先秦河洛历史地理与河洛文化历史地位考察》,《河洛文化论丛》,河南大学出版社,1990。

② 韩石萍:《关于河洛文化的若干问题》,《根在河洛》,大象出版社,2004。

地区地处黄河中游,这里地表布满黄土,疏松肥沃,适宜原始人类耕种,中国最早的旱作农业就在这里产生。在原始社会末期,生活在河洛地区的华夏部族是当时最先进的部族,这里的先民率先摆脱野蛮和蒙昧,迈入文明的门槛,建立了早期国家制度。先秦时期,由于河洛地区是夏、商、周三代的京畿地区,开发比其他地区要早。这里较早使用青铜器和铁器,科学技术也比较先进,最早进入传统农业和手工业生产阶段。东汉至唐宋,这里人口稠密,生产技术先进,经济长期在全国处于领先地位,在文化教育方面也是全国的首善之区。官学和科举制度在河洛地区创立,东汉经学、魏晋玄学、宋明理学等,或者起源于此,或者在此兴盛,再向四方传播。因此我们可以说,河洛文化在中华民族文化中具有先进性或者先导性,又具有很强的向心力和凝聚力。

3. 正统性

所谓正统性,就是带有官方文化的特点。有学者称河洛文化为都城文化,也不无道理。河洛地区是全国建都时间最长的地区。全国如今有八大古都,河洛地区就有洛阳、开封、安阳、郑州四个,其中又以河洛地区的中心——洛阳建都时间最长。夏、商两代都建都于河洛地区,二里头遗址与偃师商城、郑州商城、安阳殷墟就是证明。西周洛邑为陪都,东周时成为首都。东汉、曹魏、西晋、北魏四朝均建都洛阳,隋、唐两朝以洛阳为东都,五代至北宋、金,以开封为东京,洛阳为西京。河洛地区长期是全国(或北方)的政治中心、经济中心,也是文化中心。这里是全国文化教育的首善之区,许多重大文化事件在这里发生,许多文化制度在这里创立。历代的王朝统治者把河洛地区的文化作为一种官方的正统文化,利用行政和教化的手段,向全国其他地区推广。因此,河洛文化为历代王朝所倡导,具有正统性。

4. 连续性

连续性又可称为传承性。在中国历史上,许多地域性文化兴起以后,经过一段辉煌,很快衰落、中断、乃至消失;有些地域文化却得以长期延续,长盛不衰。河洛地区的文化就得以长期延续,连绵不断。例如,在河洛文化萌芽的新石器时代,除了河洛地区的仰韶文化和中原龙山文化之外,在中国北方燕辽地区有红山文化,在东方海岱地区有大汶口—龙山文化,在南方长江中游有屈家岭—石家河文化,长江下游有良渚文化。在这些带有地域性的考古学文化中,除了河洛地区

的中原龙山文化和海岱地区的龙山文化在继续发展外,其他几种文化兴盛一段
之后就衰落了。而且中原龙山文化比海岱地区的龙山文化的发展势头更为强
劲,逐渐成为一种强势文化。它为以后的夏文化——二里头文化所延续。此后
夏文化又为商文化、周文化所延续。而有些地域的考古学文化,例如著名的颇有
特色的三星堆文化,至今尚难以弄清其来龙去脉。秦汉以后,虽然不断改朝换
代,甚至是在十六国、南北朝和五代时期,许多少数民族入主中原,在河洛地区建
立政权,但他们大都认同前代河洛地区的文化传统,包括封建制度、儒学思想等,
并予以传承和弘扬,北魏孝文帝的改制就是最典型的事例。因此,河洛地区的文
化发展链条数千年不断线,这就是河洛文化的连续性或者传承性。

第二节　河洛文化的历史地位

关于河洛文化的历史地位,学术界多有论述。李学勤先生曾称引全国政协
副主席罗豪才的话说:"河洛文化是以洛阳为中心的古代黄河和洛水交汇地区
的物质与精神文化的总和,是中原文化的核心,也是中华传统文化的精华和主
流。"①河洛文化在中华民族文化中具有十分重要的地位。范毓周先生说:"河洛
文化是根植于河洛地区的中国传统文化的主体和核心。河洛文化作为中原文化
的核心,源远流长,博大精深,曾经最早孕育出中华民族的远古文明,后来在中国
文明的数千年演进历史中,一直是中国传统文化源泉和主流,具有丰富的历史内
涵和无可比拟的重要地位。"②
我们认为,河洛文化是中华民族文化的主要根底和源头,也是中华民族文化
的核心和主流。

一、中华民族文化的主要根柢和源头

"参天之木,必有其根,怀山之水,必有其源。"如果说中华民族文化是一棵

---

① 李学勤:《河洛文化与汉民族散论·序》,《河洛文化与汉民族散论》,河南人民出版社,2006。
② 范毓周:《河洛文化的历史地位与现实意义》,《河洛文化与汉民族散论》,河南人民出版社,2006。

参天的大树,许多地域的远古文化构成了它的根柢的话,那么河洛地区的史前文化就是它的主根、直根。如果说中国传统文化是一条奔流不息的长河,它有很多源头,那么河洛文化就是它的主要源头。

要说明这个问题,必须从中华文明起源谈起。

关于中国文明的起源问题,在 20 世纪中叶以前,学术界一致相信起源于中原地区的"一元论"。20 世纪 70 年代以来,随着周边地区史前考古的许多重要发现,人们形容全国各地的史前考古遗址遗迹如同"满天星斗",逐渐形成文明起源的"多元论",认为中国史前文化是一个"多元一体的文化格局"。在新石器时代中后期的文化格局中,除了黄河中游的仰韶文化—中原龙山文化以外,比较重要的还有黄河下游的大汶口—龙山文化,燕辽地区的红山文化,江浙地区的良渚文化,长江中游的屈家岭—石家河文化。但是这些不同地域的文化的发展道路却不相同,红山文化、良渚文化和屈家岭—石家河文化在兴起以后又衰落了,只有黄河中游的仰韶文化—中原龙山文化和黄河下游的大汶口—龙山文化仍然继续发展,并向文明社会迈进。由于黄河中游的中原地区比黄河下游的海岱地区有更多的优势,中原地区的华夏族最先脱离了野蛮和蒙昧,跨入了文明社会的门槛。正如严文明先生所说:"中原区在新石器时代乃至铜石并用时代的文化发展水平虽不见得比周围地区高出多少,但因为地理上处于中心的位置,能够博采周围各区的文化成就而加以融合发展,故自夏以后就越来越成为文明发展的中心。华夏文明就是从这里发生,以后又扩展到更大范围的。"①如果说中国史前文化是一个"重瓣花朵式的多元一体结构",那么中原文化就是它的花心。

20 世纪中叶以来,由于中国考古学的长足进步,打破了中国文明起源于中原的一元论,人们逐渐认识到中国古代文明是"多元一体"的格局。20 世纪 80 年代,邵望平先生首先提出,中国古代文明以黄河、长江流域为基地,中原地区为中心,是多元的。② 这一观点逐渐得到人们的认同。

但是中国地域相当广阔,各个地区在中国文明起源中的作用和地位并不相同。正如李学勤先生所说:"中国古代文明诚然是多源的、多区域的,然而也必

---

① 严文明:《中国文明起源的探索》,《中原文物》1996 年第 1 期。

② 邵望平:《〈禹贡〉"九州"的考古学研究》,《考古学文化论集》(二),文物出版社,1989。

须看到,不同时期、不同区域的文化发展是不平衡的。也就是说,在若干关键的当口,特定的区域会起特殊的历史作用。例如大家关心的'跨进文明的门槛',便不可能同时在好多地区实现。"①他还明确指出,中原地区是中国古代文明的发祥地。

大量考古资料和古代文献记载表明,华夏文化是汉文化、中华民族文化的母体文化。华夏文化主要源自中国古代早期国家夏商文化及其更为久远的河南龙山文化。多年来的考古发现与研究已经证实,河南龙山文化是夏文化形成的直接源头。河洛地区是河南龙山文化的重要分布地区,就这点而言,河洛地区可以说是夏文化、华夏文化的发源地及其形成、发展的核心地区,也可以说是以后汉文化、中华民族文化的发源地。刘庆柱先生说:"从探索中国古代文明形成源头来说,夏文化直接渊源于河洛地区的河南龙山文化。"②

河洛地区是中原的中心地区。传说在五帝时代后期,"尧都平阳","舜都蒲坂",晋南就是尧、舜族系的中心区。考古工作者发现的山西襄汾陶寺遗址就是一处大型中原龙山文化遗址,城内面积已超过200万平方米,有多处夯土台基和高等级建筑的残迹,有估计超过一万座墓葬的公共墓地,有可能是王者的大贵族墓葬。陶寺古城已基本具备都城性质,说明这时可能产生了最初的国家,而且是一种小国林立的状态。

夏族生活在嵩山周围。尧时的鲧封地在崇山(即嵩山),因而称"崇伯鲧"。其子大禹被封为夏伯,都城在外方山之南的阳翟(今河南禹州)。他继承鲧的治水事业,取得成功。舜死,"禹辞辟舜之子商均于阳城,天下诸侯皆去商均而朝禹。禹于是遂即天子位"③。"禹都阳城",就在今河南登封告成。考古工作者在这里发现的王城岗遗址就是一处龙山时代的文化遗址,学术界认为它就是大禹时的都城遗址。此后夏的都城多次迁徙,都在河洛地区。考古工作者在河南偃师发现二里头遗址。在二里头遗址不仅发现几座前所未见的大型宫殿式建筑基址,构成规模宏大的建筑群,而且出土大量的青铜礼器和玉礼器。人们认为,二里头遗址是夏代后期的都城遗址,也就是文献记载的夏都斟鄩。考古工作者普

---

① 李学勤:《河洛文化研究的重要意义》,《光明日报》2004 年 8 月 24 日。
② 刘庆柱:《河洛文化是中华民族的核心文化》,《光明日报》2004 年 8 月 31 日。
③ 《史记》卷二《夏本纪》。

遍认为,二里头文化就是夏文化。

进入公元前 3000 年以后,随着中原地区在调整重组后再度崛起以及社会文明化进程步伐的加快,文化分布的格局也发生变化,在内重结构的中央形成一个核心。这个核心的出现,导致文化的交流活动除了继续在各地之间进行之外,更开始出现了一个围绕中原这个中心展开的趋势。① 以中原为中心全方位的交流,形成一股强大的向心力和凝聚力,促进着民族间的理解和认同,推进着多元文化和社会一体化趋势的发展。夏、商、周三代历史继承了这个强有力的趋势。

总之,河洛地区是中原的中心地区。考古发现和文献记载表明,河洛文化是中华民族文化的主要根基和源头。正如李先登先生所说:"文字、礼器、青铜铸造业、都城,以及河图洛书都是河洛文化对中国古代文明的重大贡献,河洛文化在中国古代文明起源和初步发展时期起着主源和核心的重要作用。"②

二、中华民族文化的核心和主流

关于河洛文化的历史地位,学术界多有论述。

张文军先生认为:"河洛文化之所以在中华文明史上具有十分重要的地位,并不仅仅是因为在这里诞生了最早的国家,率先进入了文明社会,而且还在于它融会四方、辐射四方的文化特征。在河洛文化起源与形成的过程中,依靠'天下之中'的地理优势,吸收周围地区的优秀的文化成果,不断地充实自己;在走向成熟以后,对周围地区产生了更为强烈的影响与巨大的吸引力,加速了文化融合的步伐,并象滚雪球一样,最终发展成为中华民族多元一体的格局。"③

刘庆柱先生说:"从对夏王朝以后的中国古代历史发展而言,河洛地区的河南龙山文化、夏文化是孕育华夏文明、中华民族文化、汉文化的核心文化。"④韩忠厚先生也说:"河洛文化是产生于河洛地区的中国古代的传统文化,是华夏文明——黄河文化摇篮的核心和象征,在中国文化史上占有重要地位。"⑤

---

① 赵辉:《以中原为中心的历史趋势的形成》,《文物》2000 年第 1 期。
② 李先登、杨英:《再论河洛文化在中国古代文明起源与初期发展中的重要地位》,《根在河洛》,大象出版社,2004。
③ 张文军:《河洛文化的融合性》,《中原文物》2003 年第 1 期。
④ 刘庆柱:《河洛文化是中华民族的核心文化》,《光明日报》2004 年 8 月 31 日。
⑤ 韩忠厚:《试论河洛文化在中国文化史上的地位》,《河洛文化论丛》,河南大学出版社,1990。

孟令俊先生说:"河洛文化在中华民族古文化的产生和发展中处于核心地位。同时,对中国其他各区域性文化的产生、发展和形成也都起到了促进和交融的作用。"①

刘乃和先生说:"在我国史前文化和进入文明社会后的文化发展过程中,中原文化,尤其是其中的河洛文化,始终发挥着中心作用和导向作用,因而成为华夏文明的核心,是炎黄文化的发源地和深远而丰富的民族文化的奠基石。"②

我们认为,河洛文化是中华民族文化的核心和主流。这是因为:

一、在上古时代,"中国"就是河洛地区的代称,华夏部族就在这里生活,因而河洛地区就是最早的"中华"。华夏部族在河洛地区建立了中国最早的国家政权,并逐渐实现了国家的相对统一。夏、商、周三代都在河洛地区建都,华夏部族逐渐与进入中原的东夷、苗蛮等部族融合为一体,到秦汉时期,形成了汉民族。在此后的封建社会里,历代汉族统治者又长期建都于此。河洛地区是这些政权的腹里地区,也是汉族的中心区。华夏部族和后来的汉族是中华民族的主体民族,华夏文化、汉民族文化是中国历史上的主流文化。因此河洛文化是中华民族文化的核心和主流。

二、中华民族文化的核心和主流是礼乐制度和儒家思想,或者再加上道家和佛学思想。中国的礼乐起源于河洛地区,延续至夏、商两代。西周时周公姬旦在洛阳制礼作乐,在吸收前代礼乐的基础上,制定了周代的礼乐制度。到了春秋时代,周平王东迁洛阳,洛阳成为周代礼乐的渊薮。虽然鲁国是周公之子伯禽的封国,也是一个礼乐的中心,但是据说在春秋后期,孔子曾经前往洛阳,向老子问礼。孔子在周代礼乐的基础上,创立了儒家学派。孔子周游列国时,首先在河洛地区传播儒学,孔子死后,其高足子夏等在"西河"教授,魏文侯等都向他学习。西汉时汉武帝"独尊儒术",而儒学的兴盛却在东汉。从东汉到魏晋,洛阳是全国儒学的教育和研究的中心。

三、道家、墨家、法家、纵横家都起源于河洛地区,魏晋玄学和宋明理学起源于此,佛教最先传入洛阳,洛阳又长期是全国或者北方的佛教中心。总之,河洛

---

① 孟令俊:《河洛文化的几个问题》,《河洛文化与汉民族散论》,河南人民出版社,2006。
② 刘乃和:《中原文化与传统文化·序》,高等教育出版社,1996。

地区长期是中国思想学术的中心。

综上所述,我们认为,河洛文化是中华民族传统文化的核心和主流。

第三节　研究河洛文化的现实意义

河洛文化是中国历史上一种有重要影响的地域文化。深入研究河洛文化不仅具有很高的学术价值,而且有着重大的现实意义。

一、河洛文化与增强中华民族凝聚力

有学者指出,以河洛文化为中心的中华文化的主要特点是:(一),历久弥坚的大一统思想;(二)根深蒂固的"中国意识"。

河洛地区就是最早的"中国"。河洛文化所强调的"中国"意识,是中国历史上多民族融合和民族团结的精神力量。从最早的炎黄集团发展到华夏族群,再突破夷、夏之别融合各个少数民族进入汉族群体,直至兼容所有中国境内的民族群体构成中华民族大家庭,都是在"中国"意识基础上形成的。

许顺湛先生说:河洛文化的特点之一,就是"大统一的思想根深蒂固,形成了传统的民族基因。善于吸收、包融、开放、凝聚的民族个性,在河洛文化都有充分的体现,但是最突出的是大统一的民族基因"[1]。在中国数千年的历史发展过程中,由于河洛文化所倡导的大一统思想深入人心,故在不同历史时期一度出现分裂局面,但一旦处于中心地位的王朝居于中原地区的优势地位,很快便以中央王朝的名义和号召力使中国重新走向统一。中国历史上几次从分裂割据走向统一,无不是河洛文化所倡导的大一统思想深入人心所造成深刻影响的结果。

河洛文化是一种根文化。河洛文化的强劲凝聚力和向心力表现在所有受其沐浴的中国人,无论走到哪里,都对自己的祖居地怀有深厚的情愫,都竭力保持自己的文化认同精神和民族归属感。最为典型的例子是客家人,他们在历史的变动中屡次播迁,但是无论走到哪里,都坚定地保存自己拥有的河洛文化,并称

---

① 许顺湛:《河洛文化与黄河文明》,《光明日报》2004 年 9 月 7 日。

自己来自引为骄傲的河洛地区。在今天的闽台地区,广大的闽南人承认河洛地区是他们的祖籍地,自称"河洛郎",认同河洛文化。河洛文化对他们有巨大的感召力和吸引力。

深入研究河洛文化的传承和影响,特别是研究河洛文化与港澳台同胞的关系,对港澳台同胞和海外侨胞对中华民族的认同感,凝聚世界华人、促进祖国和平统一,实现民族振兴,有着重大的现实意义。

二、河洛文化与和谐社会构建

21世纪以来,我国提出了构建和谐社会的主张。

河洛文化中蕴涵着丰富的和谐思想。在春秋时期,河洛地区就出现了所谓"和同"之辩。《国语·郑语》记载,史伯在回答郑桓公发问时说,西周的最大弊端是"去和而取同"。他说:"夫和实生物,同则不继。以他平他谓之和,故能丰长而物归之,若以同裨同,尽纳弃矣。"《中庸》中也说:"致中和,天地位焉,万物育焉。"

儒家的理想是"天下大同"。《礼记·礼运》说:"大道之行也,天下为公。选贤与能,讲信修睦,故人不独亲其亲,不独子其子,使老有所终,壮有所用,幼有所长,鳏寡孤独废疾者,皆有所养。男有分,女有归。货恶其弃于地也,不必藏于己;力恶其不出于身也,不必为己。是故谋闭而不兴,盗窃乱贼而不作,故外户而不闭,是谓大同。"东汉郑玄解释说:"同,犹和也,平也。"所以"大同"就是"大和"与"太平",也就是和谐社会和太平盛世。

儒家主张"仁爱",道家主张以谦下不争、清净无为来达到人的身心和谐,主张"挫其锐,解其纷,和其光,同其尘"。

总之,中华传统文化主张人与自然的和谐,人自身的和谐,人与人的和谐,人与社会的和谐。发掘河洛文化中和谐思想,有助于今天和谐社会的构建。

此外,河洛文化还包含着丰富的民本思想,河洛地区的志士仁人以天下社稷为己任,体现着高尚的爱国为民、无私奉献精神;河洛文化中也包含着一种自强不息、奋发有为的精神,一种改造自然和社会的雄心壮志,为实现美好理想而坚韧不拔、艰苦奋斗的精神。这些精神不仅在中华民族精神的熔铸中起到了十分重要的作用,在当前的现代化建设和社会主义核心价值观的树立进程中仍然值得弘扬。

参考文献

一、论文：

李学勤：《河洛的历史地位与河洛文化的性质》，《文史知识》1994 年第 3 期。

赵芝荃：《史前文化多元论与黄河流域文化摇篮说》，《河洛文化论丛》（第一辑），河南大学出版社，1990。

韩忠厚：《试论河洛文化在中国文化史上的地位》，《河洛文化论丛》（第一辑）。

陈昌远：《先秦河洛历史地理与河洛文化历史地位考察》，《河洛文化论丛》（第一辑）。

李先登：《河洛文化与中国古代文明》，《河洛文化论丛》第一辑。

窦志力：《河洛文化浅说》，《河洛文化论丛》第一辑。

戴逸：《关于河洛文化的几个问题》，《洛汭与河图洛书》，河南科技出版社，1996。

张振犁：《从"河图""洛书"及"祭祀河洛"神话的演变看"河洛文化"在华夏文明中的地位和作用》，《洛汭与河图洛书》。

李昌明：《河图洛书——中华文化之根》，《洛汭与河图洛书》。

刘宝才：《"河图""洛书"初探》，《洛汭与河图洛书》。

程有为：《河洛文化略论》，《洛汭与河图洛书》。

刘庆柱：《河洛文化是中华民族的核心文化》，《根在河洛》，大象出版社，2004。

许顺湛：《河洛文化与黄河文明》，《根在河洛》。

李民：《河洛文化与〈尚书·洪范〉》，《根在河洛》。

杨海中:《河洛文化主流地位的成因》,《根在河洛》。

张新斌:《河洛文化若干问题的讨论与思考》,《根在河洛》。

杨作龙:《探索河洛文化的物象之源》,《根在河洛》。

王永宽:《河图洛书的文化内涵》,《根在河洛》。

史善刚:《河图洛书新探》,《根在河洛》。

徐金星:《河洛地区与河洛文化概说》,《根在河洛》。

薛瑞泽:《河洛文化的概念问题》,《根在河洛》。

张岱年:《正确评定二程洛学》,《洛学与传统文化》,求实出版社,1989。

卢连璋:《论洛学在南方的传承》,《根在河洛》。

肖永明、朱汉民:《二程与〈四书〉学》,《根在河洛》。

刘庆柱:《中国古代都城考古反映的河洛文化历史地位》,《河洛文化与汉民族散论》,河南人民出版社,2006。

孟令俊:《河洛文化的几个问题》,《河洛文化与汉民族散论》。

张正明、董珞:《先秦河洛文化族属述略》,《河洛文化与汉民族散论》。

徐基、刘嘉玉:《河洛文化形成中的外力作用》,《河洛文化与汉民族散论》。

邢永川:《"河洛"初考》,《河洛文化与汉民族散论》。

范毓周:《河洛文化的历史地位与现实意义》,《河洛文化与汉民族散论》。

朱绍侯:《河洛文化与河洛人、客家人》,《文史知识》1994 年第 3 期。

李学勤:《河洛文化研究的重要意义》,《光明日报》2004 年 8 月 24 日。

张文军:《河洛文化的融合性》,《河洛文化与客家文化》,河南人民出版社,2012。

葛志毅:《汉代谶纬河洛说的历史文化意义》,《邯郸学院学报》2007 年第 1 期。

中国河洛文化研究会:《河洛文化:连结海峡两岸的纽带》,《光明日报》2006.12.21

二、著作

白寿彝总主编:《中国通史》,上海人民出版社,1989.

袁行霈、严文明、张传玺、楼宇烈主编:《中华文明史》,北京大学出版社,2006。

郑师渠总主编:《中国文化通史》,中共中央党校出版社,2001。

张立文主编:《中国学术通史》,人民出版社,2004。

薛名扬主编:《中国传统文化概论》,复旦大学出版社,2003。

徐杰舜主编:《汉族风俗史》,学林出版社,2004。

冯友兰著:《中国哲学史新编》,人民出版社,2004。

任继愈主编:《中国宗教史》,中国社会科学出版社,1985。

程有为、王天奖主编:《河南通史》,河南人民出版社,2005。

程有为、王天奖、鲁德政主编:《河南通鉴》,中州古籍出版社,2000。

王永宽、白本松主编:《河南文学史》(古代卷),中州古籍出版社,2002。

沈畅、沈少春主编:《中原文化史》,中州古籍出版社,2002。

程民生:《河南经济简史》,中国社会科学出版社,2005。

任崇岳:《河南移民简史》,河南人民出版社,2006。

安作璋、王志民主编:《齐鲁文化通史》,中华书局,2004。

张正明:《楚史》,湖北教育出版社,1995。

徐金星、吴少珉主编:《河洛文化通论》,光明日报出版社,2006。

张志孚、何平立著:《中州文化》,辽宁教育出版社,1995。

薛瑞泽:《汉唐间河洛地区经济研究》,陕西人民出版社,2001。

王永宽:《河图洛书探秘》,河南人民出版社,2006。

黄宛峰等:《河南汉代文化研究》,河南人民出版社,2000。

卢广森、卢连章主编:《洛学及其中州后学》,河南大学出版社,1999。

三、论文集:

河南哲学会编:《洛学与传统文化》,求实出版社,1989。

洛阳市历史学会、洛阳市海外练谊会:《河洛文化论丛》(第一辑)河南大学出版社,1990。

洛阳市地方史志编纂委员会办公室:《洛阳—丝绸之路的起点》,中州古籍出版社,1992。

河南省社会科学院河洛文化研究所编:《洛汭与河图洛书》,河南科技出版社,1996。

王彦武主编:《中原文化与现代化》,大象出版社,2002。

河南省河洛文化研究中心编:《根在河洛》,大象出版社,2004。

河南省河洛文化研究中心编:《河洛文化与汉民族散论》,河南人民出版社,2006。

跋

　　我出生在洛阳,中小学都在洛阳学习,从少年时代就受到洛阳厚重的历史文化熏陶,对河洛文化可谓情有独钟。

　　我首次涉及河洛文化研究,是在 1993 年。那年 8 月 8 日～10 日我参加了在河南巩义召开的"炎黄文化与河洛文明"国际学术讨论会,提交了《河洛文化略论》一文,并在大会上宣读。没想到这篇小文受到时任中国史学会会长的中国人民大学教授戴逸先生的关注,他在会议闭幕式上的讲话《关于河洛文化的几个问题》中,两次提到我的观点,并表示赞同,这对我来说无疑是很大的鼓励。

　　2003 年 10 月下旬在郑州举行世界客属第十八届恳亲大会期间,全国政协罗豪才副主席来到河南考察,提出河南应该开展河洛文化研究,此事后来由省政协陈义初副主席负责。次年元月,省政协要求我院承担河洛文化研究任务。我当时是历史研究所的所长,受王彦武院长的委派,和时任院纪委书记的杨海中同志一起,参加省政协的会议,接受了河洛文化的研究任务。后来陈义初副主席要我们将"河洛文化研究"课题申报国家社会科学基金重点项目,我们进行了认真的课题论证。这个项目被国家社会科学规划办公室作为重大委托项目立项,并给予经费资助。几年来,项目进展顺利,已经在《光明日报》上开辟《河洛文化研究》专栏,连续发表十几篇论文;并召开了三次河洛文化国际研讨会,编辑出版三本论文集,又撰写出版一套"河洛文化研究"丛书,本书就是其中的一种。

　　我长期从事河南历史、中原文化的研究工作,在河洛文化的研究方面应该说有一些积累。但是这部书稿是关于河洛文化的系统全面的论述,涉及面广,问题很多,人们的认识也有差异,撰写难度较大。而且我当时还承担有《中原文化通史》等其他研究任务,这部书稿的撰写起步很晚,时间非常仓促,无法反复推敲,精细雕琢,其中不足之处一定不少,敬请读者不吝赐教。

书稿撰写过程中参考和吸收了许多前贤时彦的研究成果,已在参考文献中一一注明。河南人民出版社文史处责任编辑杨光同志认真审读了书稿。《人生与伴侣》杂志社的美术编辑程笑歌对本书插图进行了制作、加工。在此书稿付梓之际,特表示诚挚的谢意。

程有为
2007 年 8 月于洛崤斋